中央编译局文库编辑委员会

主　任：贾高建
委　员：贾高建　俞可平　魏海生　陈和平　柴方国　杨金海
　　　　王学东　何增科　季正聚　郗卫东　张文成　曹荣湘
　　　　卿学民　刘明清　薛晓源

中央编译出版社文库编辑中心编辑小组

刘明清　薛晓源　谭　洁　尹承东　董　巍　贾宇琰　冯　章
苗永姝　邓　彤　侯天保　盛菊艳　李媛媛　薛迎春　董　妍

国家"十二五"重点图书

国际共产主义运动历史文献
第46卷

主　编　王学东
副主编　戴隆斌（常务）童建挺

共产国际第六次代表大会文献（2）
本卷主编　戴隆斌

《国际共产主义运动历史文献》顾问委员会

贾高建 俞可平 顾锦屏 高 放 张中云 殷叙彝 胡文建
宋洪训 顾家庆 洪肇龙 沈志华 杨光远

《国际共产主义运动历史文献》编辑委员会

主　　编：王学东
副 主 编：戴隆斌（常务）　童建挺
编　　委：（以姓氏笔画为序）
　　　　　王　瑾　吕瑞林　邢艳琦　许宝友　张文成　张文红
　　　　　陈新明　林德山　胡振良　姚　颖　彭萍萍　薛晓源

参加本卷译校工作的有
马宝华　乌传衮　章任贤　江永澄　胡树林　高和平
沙端一　宋洪训　赵永穆

参加本卷编辑出版工作的有
苗永姝　邓　彤　薛晓源

丛书编务统筹
苗永姝　李媛媛　董　妍

总 序

国际共产主义运动，是由以马克思主义为指导的无产阶级政党领导的国际性的无产阶级革命运动，其宗旨是推翻资产阶级统治和一切剥削制度，建立和发展社会主义制度，进而最终实现人的彻底解放，建立共产主义社会。

国际共产主义运动迄今已有一百六十多年的历史。19世纪40年代，马克思、恩格斯在创立科学社会主义理论的同时，努力把它与当时西欧无产阶级的革命实践相结合，于1847年6月创建了第一个国际性的无产阶级政党——共产主义者同盟，亲自拟定并于1848年2月公开发表了同盟纲领《共产党宣言》。这标志着国际共产主义运动的兴起。

自从共产主义者同盟建立以来，历经第一国际（国际工人协会）、第二国际、第三国际（共产国际），国际共产主义运动由小到大、由弱到强，从西方推进到东方、从欧洲扩展到全球，终于突破资本主义链条上一个又一个薄弱环节，取得了社会主义由一国到多国的胜利。二战后社会主义阵营的建立、民族解放运动的胜利进军、社会主义国家革命与建设的重大成就，为国际共产主义运动史书写了辉煌的篇章。20世纪末，由于东欧剧变、苏联解体，国际共产主义运动遭遇了严重挫折。但是，历史并没有因此而终结。由《共产党宣言》奠基的国际共产主义运动仍在曲折中前进。各资本主义国家中的共产党、工人党仍在不断探索无产阶级取得解放的道路；中国等社会主义国家仍继续高举社会主义伟大旗帜，为完善社会主义、最终实现共产主义而不懈奋斗。

国际共产主义运动一百六十多年跌宕起伏的发展历程，积累了卷帙浩繁的文献档案，留下了丰富的历史遗产。深入发掘和充分利用这些文献档案，对于我们准确地了解和把握国际共产主义运动的发展进程及各个时期的特点，科学地研究和总结国际共产主义运动丰富且宝贵的经验教训，具有极其重要的意义。特别是无产阶级国际组织，作为国际共产主义运动的重要载体，其文献档案对于国际共产主义运动史研究更是具有特殊的重要意义。

早在1984年春，中国国际共产主义运动史学会就发起编辑出版《国际共产主义运动史文献》。当时由中共中央编译局、中国社会科学院马列主义毛泽东思想研究所和近代史研究所、中共中央党校和中国人民大学等单位共同组建了编辑委员会。编委会商定：这套文献主要收编共产主义者同盟、第一国际、第二国际、第三国际、共产党和工人党情报局这五个国际组织已发表的全部文献档案，包括历次代表大会、代表会议和其他重要会议的记录、决议和有关文件；收编材料力求齐全；凡外国有选编完整的版本者，根据外国版本翻译；凡文件散见于外国不同出版物者，尽力搜集完整，组织力量统一编译；文件完全按照原件翻译，译文力求准确，不作修改删节，以便读者根据完整、准确的第一手材料了解这些国际组织的历史。在当时代管全国哲学社会科学基金的中国社会科学院科研局的资助下，经过编辑委员会、编译工作者和中国人民大学出版社的共同努力，这套文献于1986年开始陆续出版，截至1997年共出版了21卷。

到上世纪末，文献的编辑出版工作遇到了巨大困难。首先是编委会发生了重大变故，主编林基洲、副主编王颖和校纪英相继谢世；其次是出版经费难以为继。为继续出版这套文集，中国国际共产主义运动史学会多方努力，组成以会长顾锦屏为主编的新编委会，从全国哲学社会科学规划办公室争取到一笔资助，于1999—2001年又出版了两卷。此后，因缺乏经费，编辑出版工作完全陷于停顿。

2010年，在中共中央编译局和中国国际共产主义运动史学会的鼎力支持下，中央编译出版社以这套文献申报国家出版基金项目，获得立项资助。中共中央编译局对此项目高度重视，在国家出版基金资助的基础上，给予了相应的资金支持，组建了新编委会，成立了专门机构负责文献整理和编辑工作，并将这套文献纳入"中央编译局文库"出版规划。

经新编委会研究决定，这套文献定名为《国际共产主义运动历史文献》，在其前身《国际共产主义运动史文献》的基础上重新编辑出版。通过进一步广泛搜集资料和适当改变编辑方式，新《文献》的资料更详尽、收文更齐全。例如，在原《文献》的某些卷次中，对已出版的马克思主义经典著作中译本只列目录，不收正文，而新《文献》则全部依据最新的中译本收录，以方便读者查阅。此外，《国际共产主义运动历史文献》扩大了文献资料的搜集和选材范围，采用开放式结构，规模暂定60卷，约2500万字。

中共中央编译局和中国国际共产主义运动史学会对这套文献的编辑出版工作给予了强有力的支持，中央编译出版社为这套文献的立项和出版做了大量艰苦细致的工作，文献的前两任编委会和编译工作者在十分困难的条件下为这套文献奠定了良好的基础，中国人民大学出版社为这套文献的重新编辑出版提供了帮助，在此一并表示衷心感谢。

《国际共产主义运动历史文献》
编辑委员会
2011年12月20日

编辑说明

共产国际第六次代表大会于1928年7月17日—9月1日在莫斯科举行。出席大会的有57个党和9个组织的532名代表。中国有周恩来、向忠发、李立三、蔡和森、瞿秋白、苏兆征、张国焘等出席大会。大会通过了《共产国际纲领》和《共产国际章程》。纲领总结了无产阶级革命运动的经验，指出资本主义制度一定要崩溃和共产主义一定要胜利的必然性，肯定在资本主义发展不平衡的条件下社会主义可能首先在一个国家胜利的理论，并为各国共产党制订了当前斗争的战略和策略。大会强调民族解放运动的重要意义，阐明殖民地半殖民地国家革命运动的资产阶级民主革命性质及其有可能转变为社会主义革命的发展前景，并为这些国家的共产党提出一系列基本革命要求。大会选举布哈林主持共产国际的决策机构政治书记处的工作。大会提出的《国际形势和共产国际的任务》的提纲，过高地估计世界革命的发展形势，认为资本主义的相对稳定时期业已结束，资本主义的危机即将来临，无产阶级革命运动正在进入第三个发展时期即革命高涨时期。提纲肯定1928年2月共产国际执委会第九次全会提出的"阶级反对阶级"的口号，要求加强反对社会民主党的斗争，从而使一些国家的共产党犯了宗派主义的错误，为国际反法西斯统一战线的斗争带来不利的影响。在党内斗争问题上，提纲要求各国党把反对右倾机会主义和右倾调和主义的斗争放在一切工作的首位，致使许多国家的共产党犯了斗争扩大化错误，对这些国家的革命造成严重后果。在民族解放运动问题上，代表大会的有关决议否定民族资产阶级在民族民主革命中的积极作用，否定殖民地半殖民地国家的共产党争取中间势力斗争的必要性，使一些国家的共产党犯了关门主义的错误，造成自己的孤立。

共产国际第六次代表大会文献，根据1929年苏联国家出版社分6册出版的共产国际第六次代表大会速记记录译出。本卷收录的文献包括共产国际第六次代表大会第14—28次会议的有关文献。本卷末尾还附有《共产国际纲领草案》，这是一个会议讨论稿，经过本次大会讨论后，正式公布的《共产国际纲领》修改比较大。本卷文献根据《共产国际六次代表大会速记记录》（第1分册：国际形势和共产国际的任务）（莫斯科—列宁格勒国家出版社1929年版）（VI Конгресс Коминтерна. Стенографический Отчет）(Международное Положение и Задачи Коминтерна, Выпуск Первый) (Государственное Издательство, Москва – Ленинград, 1929)、《共产国际六次代表大会速记记录》（第2分册：反对帝国主义战争）（莫斯科—列宁格勒国家出版社1929年版）（VI Конгресс Коминтерна. Стенографический Отчет) (Против Империалистических Войн, Выпуск Второй) (Государственное Издательство, Москва – Ленинград, 1929)、《共产国际六次代表大会速记记录》（第3分册：世界革命的纲领）（莫斯科—列宁格勒国家出版社1929年版）（VI Конгресс Коминтерна. Стенографический Отчет) (Программа Мировой Революции, Выпуск Третий) (Государственное Издательство, Москва – Ленинград, 1929)译出。书中除译者加的译者注外，未注明的脚注为原书或者原作者加的注释，本卷主编加的注释均标明为编者注。

本卷主编依据中央编译局编译马克思主义经典著作的标准进行了人名、地名、组织机构名、报刊名等专用名的统一，并对书中个别译文进行了重新校订。

目 录

共产国际第六次代表大会会议记录

 （1928年7月28日—8月14日）······················· 1

第十四次会议（1928年7月28日）························ 3

 讨论布哈林的报告（续）···························· 3

第十五次会议（1928年7月28日）······················ 113

 讨论布哈林的报告（续）·························· 113

 致贺词·· 125

 讨论布哈林的报告（续）·························· 128

 台尔曼同志（德国）的声明························ 169

 希塔罗夫（青年共产国际）的声明·················· 170

 乌布利希同志（德国）的声明······················ 170

 佩珀同志（美国）的声明·························· 171

 罗明纳兹同志的声明······························ 173

第十六次会议（1928年7月30日）······················ 175

 许勒尔作总结发言······························· 175

 布哈林作总结发言······························· 191

 埃韦特的声明·································· 230

柯拉罗夫的声明 ………………………………………………… 231
　　格尔维克的声明 ………………………………………………… 232
　　许勒尔的声明 …………………………………………………… 232
　　台尔曼的声明 …………………………………………………… 232
　　斯特拉霍夫的声明 ……………………………………………… 233
　　就布哈林报告通过的决议 ……………………………………… 234
第十七次会议（1928年7月31日）………………………………… 237
　　贝尔作《关于同帝国主义战争危险作斗争的措施》的报告 … 237
　　呼吁书 …………………………………………………………… 272
第十八次会议（1928年8月1日）…………………………………… 273
　　加兰迪关于战争危险的副报告 ………………………………… 273
　　向库恩·贝拉致欢迎词 ………………………………………… 283
　　施内勒尔作关于战争危险的副报告 …………………………… 284
第十九次会议（1928年8月2日）…………………………………… 299
　　致贺词 …………………………………………………………… 299
　　通过帝国主义战争爆发十四周年宣言 ………………………… 300
　　洛夫斯通的副报告 ……………………………………………… 303
　　巴尔贝的副报告 ………………………………………………… 314
　　米科洛斯的声明 ………………………………………………… 325
　　格尔维克代表波兰代表团的少数派的声明 …………………… 330
第二十次会议（1928年8月3日）…………………………………… 331
　　讨论关于战争危险的问题 ……………………………………… 331
　　波兰代表团多数派发表声明 …………………………………… 358
第二十一次会议（1928年8月4日）………………………………… 360
　　讨论战争危险问题 ……………………………………………… 360

第二十二次会议（1928年8月4日） ………… 400
讨论战争危险问题（续） ………… 400

第二十三次会议（1928年8月6日） ………… 440
讨论战争危险问题（续） ………… 440
贝尔同志的结论 ………… 465
通过关于战争危险问题的提纲 ………… 472
选举成立若干委员会 ………… 472

第二十四次会议（1928年8月9日上午） ………… 475
布哈林作关于共产国际纲领草案的报告 ………… 475
邦廷和贝内特发表声明 ………… 507
贺词和答谢词 ………… 507

第二十五次会议（1928年8月9日下午） ………… 508
讨论共产国际纲领问题 ………… 508
告全世界劳动者书——反对波兰帝国主义侵占立陶宛 ………… 514

第二十六次会议（1928年8月13日上午） ………… 515
讨论共产国际纲领问题（续） ………… 515

第二十七次会议（1928年8月13日下午） ………… 563
讨论共产国际的纲领（续） ………… 563
印度尼西亚代表团的声明 ………… 618

第二十八次会议（1928年8月14日上午） ………… 619
致贺词 ………… 619
布哈林关于共产国际纲领的总结讲话 ………… 620
原则通过共产国际纲领草案 ………… 661
希腊代表团成员萨里斯、尼古劳的声明 ………… 661
布哈林的声明 ………… 661
库恩·贝拉的声明 ………… 662

附　录 …………………………………………………………… 663
　共产国际纲领草案 ………………………………………… 665
　导　言 ……………………………………………………… 665
　一、资本主义世界体系及其发展和必然灭亡 ………………… 668
　二、资本主义总危机和世界革命的第一阶段 ……………… 673
　三、共产主义的最终目的——世界共产主义 ……………… 680
　四、从资本主义向社会主义的过渡时期和无产阶级专政 …… 682
　五、苏联的无产阶级专政和国际社会主义革命 …………… 696
　六、共产国际的战略和策略（通向无产阶级专政的道路）… 701

共产国际第六次代表大会会议记录

(1928年7月28日—8月14日)

第十四次会议

(1928年7月28日)

主席：扎波托茨基

讨论布哈林的报告(续)

张彪(中国)：

由于不懂外语，我们参加讨论布哈林同志的报告和提纲感到困难。

我完全赞同布哈林同志在他的提纲中所提出的基本路线。我的发言主要谈中国问题，把中国当前的局势作一个简单的介绍。

首先从山东省的事态谈起。日本军队占领山东和满洲，其士兵在济南一带对居民进行血腥镇压，这些事件说明什么呢？这些事件说明，世界帝国主义结成统一战线反对中国革命。帝国主义的这一行动达到了采用猖狂进行公开武装干涉的方式直接瓜分中国领土的程度。

日本在武装干涉问题上之所以如此胆大妄为，是因为存在以下一些情况：

第一，民族资产阶级背叛了革命，这在很大程度上导致中国革命遭到暂时失败，遂使帝国主义有可能大胆地、毫无阻碍地占领山东及满洲。

第二，英国和美国之间的关系发生了变化。必须指出，这种关系从英美结盟变成了英美之间的冲突。从中可以看出，美国在远东的地位与

1921年华盛顿会议期间相比受到了某些削弱。另一方面，英国和日本之间在中国问题上出现行动一致的趋势。这两个帝国主义大国径自瓜分了中国领土：华南归英国，华北归日本。这是日本之所以如此明目张胆地动用武力占领山东和满洲的第二个原因。

最后，第三，华北的工农运动和反帝运动没有获得巨大的发展，无法阻止日本实现其对华北的掠夺政策。与此同时，英国在华南虽然还没有实行公开占领，却几乎已占据了垄断地位。英国把李济深将军置于自己的庇护之下，从而加强了自己在中国南方的地位。不言自明，美国感到受了凌辱，不甘心于这种状态。

这样一来，帝国主义大国之间的冲突正在扩大和激化。英国和日本采用公开瓜分中国的政策，而美国则推行"门户开放"政策。

美国这项政策的内在含义是什么呢？其含义就在于，美国企图通过统一的南京国民党政府同日本和英国一起把中国领土分成相等的几部分。但是，英国在南方和日本在北方具有实现自己剥削计划的强固基础。在这方面美国相对说来是软弱的。英国，特别是日本，向美国作出某些让步，使其有可能加强它在中国的基础的可能性十分有限。

日本也好，英国也好，都不愿意让中国成立统一的民族政府。这两个帝国主义大国都致力于在自己的势力范围内各自有一个分别为其充当工具的政府。而美国的愿望则是有一个所谓统一的政府，以便它能够在中国全国范围内实现自己的剥削计划。

美国能不能不实行上述政策而利用日本的企业把自己的资本输入中国呢？无论怎样说这种可能性极小，因为日本在中国问题上并不愿意成为美国手中的工具，而自己只做一个名义上的剥削者。美国和英国之间的关系也是如此。

如果是这样，如果情况确实如此，那么试问，从国内形势的观点来看，中国是否可能成立这样一个能长期存在下去的统一的民族政府呢？

固然，占据北京和天津以后国民党的力量有所加强。但是，随着力量的加强，国民党内部各种军阀派系之间的矛盾也扩大和激化了。原先，国民党各军阀派系有张作霖这个共同的敌人，在张作霖被打败以后共同敌人的威胁大大减弱了。

在国民党各派将领在北京召开的会议上，主要的问题之一是裁军。最近，蒋介石的参谋长就裁军问题向南京政府报告说，中国除满洲外现在有正规军220万人。按照他的报告，每年军费开支为7.2亿银元，而中国全国的收入只有4亿元。就算这4亿元全部用于抵偿军费开支，还差3.2亿元。不仅如此，据我们掌握的材料，军费开支超过7.2亿元，而全国收入的总数要低于4亿元。

国民党各派军阀代表着相互斗争的各种社会阶层的利益，他们裁减军队的可能性不大。事实恰恰相反，这些军阀正在争相把俘获的张作霖军队并入自己的名下。因此，这些军阀的军队不是在缩减，而是在扩充。

仅仅这一点就足以说明，国民党军阀之间必将为扩大自己的地盘和增加财政收入来源而进行斗争。这种斗争不可避免地要从政治斗争的形式转为公开的军事斗争。由于国民党军阀将需要大量资财维持军队，他们必然要加强对广大工农群众和小资产阶级的剥削。此外，他们今后仍然无法向士兵支付薪饷，而他们不给士兵发饷已经五六个月了。这种情况必将使工农兵群众和大部分城市贫民阶层更加革命化，他们必将给予国民党的统治以沉重的打击。

根据以上所述，可以得出几点结论。首先，建立统一的民族政府和形成便于实现由美国起主导作用的帝国主义大规模投资计划的所谓和平秩序是不大可能的。不过美国也决不愿放弃中国及其4亿居民，因为这4亿居民是进行大量剥削的对象，而中国又是富饶的原料产地。因此，美国不可能不同日本以及英国发生激烈的冲突。这是孕育未来战争的重大问题之一。此外，这也是太平洋地区帝国主义大国各种矛盾的核心问题。

其次，由于国民党的处境不可能就此稳定下来，因此还存在另一种前景，那就是发生军阀混战和劳动群众的赋税负担大大加重的前景。

我们再来看一看，所谓"第三党"能不能成为足以解放和统一中国的强大政党呢？对此我们坚定地回答说：不能。

谭平山、邓演达、陈公博等人领导的这些小集团具有小资产阶级的性质，具有改良主义和和平主义的性质。我们必须同他们进行斗争，以免落后的阶层受到他们的影响。

这个"第三党"目前还只不过是进行宣传活动和军事密谋的零星小集团，在群众中没有任何基础。

只有通过工农群众的革命斗争，才能够使中国从国民党和帝国主义的压迫下获得解放和解决土地问题。因此，"第三党"各集团在群众中制造幻想的客观可能性是极为有限的，这类幻想就是在落后阶层中也不可能维持较长时间。因此，"第三党"的客观前景也是极其有限的，在判断中国革命前途时对这个"党"可以不予考虑。

只有进行坚决的革命斗争，才是广大工农群众的唯一出路。在这种条件下，无产阶级及其先锋队中国共产党依靠群众斗争就能够胜利地把工农革命进行到底。

中国革命仍在继续。广州起义失败后，国民党曾说这次起义是中国共产党的最后一口气。西方的社会民主党断言中国革命已不存在。这种幸灾乐祸的情绪不会持久。新的革命高潮必不可免。在这场近期即将来临的高潮中，中国共产党领导的工农革命斗争与前一个时期相比必将更加广阔、更加激烈。

农民群众是革命运动的主力之一。土地革命仍然是现阶段中国革命的主要内容。我们应当扩大农民运动。但是，中国革命并不因此而成为纯粹的农民革命。这种纯粹的农民革命在中国历史上是有过的。太平军起义和义和团起义就是这种农民革命的表现。但是辛亥革命以后城市在革命运动中起决定性作用。现阶段无产阶级领导的中国革命是这样一种工农革命,其目的在于进行坚决的土地改革、消灭封建残余、驱逐帝国主义、争取民族解放、统一中国、推翻现行的国民党政权、实现苏维埃形式的无产阶级和农民的革命专政。

当前的斗争不仅仅是同国民党即地主、豪绅及资产阶级的斗争,而且是同世界帝国主义的直接斗争。这场斗争同前一时期相比不可避免地要更加激烈。它不仅将依靠中国内部革命阶级的有组织的力量,而且还将依靠兄弟的各国共产党的支持,特别是在反对帝国主义大国的干涉阴谋方面更是如此。

布哈林同志在提纲中谈到的关于中国革命的所有各点我都同意。不过我觉得应当指出中国革命的新高潮即将来临。还应当指出,在这场新的革命高潮中,阶级斗争将更加广泛和更加激烈。之所以必须指出这种趋向,是为了使中国共产党能够更明确更坚定地理解近期的任务,使兄弟的各国共产党现在就开始采取实际措施积极支持中国革命。

我还想强调指出,共产国际执行委员会第九次全体会议关于中国革命问题的决议是完全正确的。以前的各次决议也好,布哈林同志的提纲也好,都谈到必须争取广大群众,以便在中国组织和实施武装起义。问题现在只在于,中国共产党能否把千百万群众争取到革命方面来。有必要提醒大家,中国共产党还年轻。它在自己领导机构的成员方面、在政策方面和在日常工作方面都存在不少缺点。党曾经犯过严重的机会主义错误,后来又发生了盲动主义和冒险主义的错误。但是我们应当指出,中国共产党是一个有战斗力的党。这个党经历了一个激烈而残酷的阶级搏斗的时期。一度有300万有组织的工人群众和1000万有组织的农民曾处于它的领导之下。这个党目前也还面对着严重的白色恐怖,在白色恐怖的迫害下它损失了26000多人，有6000多人被关在监狱中。尽管如此，处于地下状态的中国共产党仍然是一个战斗的群众性政党。

为了使中国共产党成为一个真正的布尔什维主义的党，应当让它有一个能保证不放过每一个机会动员和组织广大工农群众的领导机构。我们党不久前犯了所谓"左"的错误。但是这类错误刚刚得到纠正，立即又发生了右的错误。这种右的错误表现为提出要求国民党政府恢复群众运动等口号。斯特拉霍夫同志在自己的发言中指出了这一点。从我们方面提出恢复群众运动的口号是错误的。斯特拉霍夫同志在发言中对这个问题的内容谈得不够清楚。如果这个口号是国民党人提出的，那么这个口号的意义在于国民党人想在国民党的机构中恢复工农部门。但是，当群众提出这个口号时，它就具有了别的意义。大家知道，群众性的工会和农会是被国民党查封的，原先争得的条件是被国民党废止的。因此，群众提出恢复群众运动的要求就是要求恢复原先的自由和原来夺得的阵地。以前，党对群众工作重视不够，因此同志们曾经提议参加这场争取恢复自由的群众斗争，以便引导群众同国民党作斗争，以便充实这一场斗争的内容，使之具有反对国民党的形式。但是，现在既然是我们自己将提出这个口号，那我们就应当提出"群众自身为自由而斗争"的口号。

让我们举个例子。铁路是属于国家的，但是铁路工人已经五六个月没有领到工资了。试问，我们是否应当走在群众前面，为争取国民党机关补发欠薪而斗争？是的，我们应当这样做。不过这个斗争应当具有群众性、革命性，而不应当像所谓"第三党"所想的那样属于和平的性质。这就是说，在争取群众的斗争中，我们应当坚定而勇敢地走在群众运动的前面来组织和扩大群众运动，把局部的发动变成为强大的群众性的发动。这样，群众就不会对国民党抱任何幻想，而客观上这就是对国民党的沉重打击；因为即使工农群众微小的局部要求国民党也无法予以满足。

正如布哈林同志所指出的那样,中国共产党理论水平太低。中国共产党是一个战斗的党。只要它在共产国际指出的争取广大群众的正确策略路线的基础上在工业企业中奠定基础,只要它进一步提高自己党员群众的理论水平,它就一定能完成它所面临的任务,共产国际的任务,中国革命的任务。

乌布利希(德国):

近几年来,工人阶级的战斗使德国共产党的经验大大丰富起来。与此同时,在这些搏斗中,党的力量和战斗能力在工人阶级面前鲜明地显示了出来。

共产国际执行委员会最近一次全体会议和红色工会国际代表大会分析了德国最重要的几次阶级战斗,据此指出:在许多重要的战斗中,一部分党组织对于无产阶级在斗争中的意志估计不足。例如,共产国际执行委员会指出,在五金工人发动斗争期间,党组织没有采取适当的措施按企业开展斗争,也没有同改良主义工会官僚的意愿针锋相对地发动广大工人群众参加这场斗争。对于动员广大群众和在企业中组织斗争的任务,从而包括对于为在广阔战线开展斗争创造前提条件的任务,党组织的认识是不够的。不仅在五金工人的运动中,而且在其他大规模的运动中,部分党组织存在尾巴主义的思想,这就妨碍了它们充分地履行工人阶级积极的先锋队的革命责任。

如何使党具备充分的能力在当前的经济斗争中履行革命责任,在企业中自下而上地发动广大的无产阶级群众,使他们违背改良主义工会官僚的意愿去开展大规模的斗争?这就是主要引起分歧的一些问题。关于这种分歧,我们在这里,在全体会议上,已经听到。这种分歧也是德国党内争论的主题。重要的是,共产党不应局限于一般性的鼓动,而要把群众动员起来，以便组织革命斗争。

埃韦特同志说共产党内存在着企图恢复已被克服的旧的派别观点的趋向，这是不正确的。他的说法逐字逐句引用过来是这样的："应该把那些可能引起已被共产党抛弃的旧的派别斗争再次重复出现的观点从党内排除出去。"这种态度只会妨碍搞清争论的问题。

目前，革命发展的曲线正在开始上升。这时制定的战略和策略，应能帮助党最大限度地发扬广大工人群众的革命战斗精神。可是结果发现，一批支持右翼派别的同志始终试图妨碍党去完成这些任务，而调和主义派别又对结束右翼派别的这种行径加以阻挠。这就是我们现在面临的问题。

德国共产党内围绕红色工会国际代表大会决议展开的争论说明，右翼集团的支持者对德国资本主义的稳定估计过高，而对于资本主义发展中的矛盾和无产阶级积极性的增长认识不足。无怪乎在谈及这些问题时一名右派的支持者在布雷斯劳宣称：

"目前，不可能在巨大的工业部门违背改良主义工会官僚的意志而举行罢工。"

在自己的发言中，埃韦特同志也特别强调稳定的各种因素。他宣称，资本主义在英国"结实而稳固"。我们并不倾向于低估英国帝国主义在工会机构帮助下为实现合理化所作的努力。我们对英国工人在最近一次大规模斗争中遭受的失败给予应有的评价。但是与此同时，英国存在持续不断的大规模失业现象，英国出口工业的危机仍在继续发展而并未缓和，煤炭工业的危机也无结束之趋势。报纸最近的消息证明，政府又开始对煤炭工业进行资助。

在评价社会民主党时，埃韦特同志也夸大了社会民主党的力量而没有充分强调这样一个事实，即由于目前工会机构和资本主义的经济机构及国家机构采取联合政策和日益融合，无产阶级（其中包括倾向于社会民主党的那一部分人）的利益同社会民主党上层干部之间的矛盾正在不可逆转地深化，而壮大和组织工人反对派的客观条件，以及使大部分无产阶级脱离社会民主党的客观条件，正在形成之中。

除此之外，埃韦特同志还突出地说到苏联的特殊困难。我们在德国对苏联社会主义建设的困难谈得很充分。联共（布）党和苏联政府，特别鉴于沙赫特审讯事件，公开强调这些困难，以便动员苏联的整个工人阶级克服社会主义建设中的困难。不过，我们以为，在欧洲应当比以前更加强调宣传进步的社会主义建设的积极方面，特别是当最近几周以来改良主义者和社会民主党人不停地进行挑唆时，更应当反其道而行之。

对资本主义稳定局面估计过高而对资本主义的矛盾估计不足的情况，在埃韦特同志的发言中还表现为，他认为维也纳"发动"只具有地方意义。我们的意见是，维也纳"发动"（这是埃韦特同志的叫法）并不是一次发动，而是维也纳无产阶级的起义，而且在当前局势下应当提出成立工人代表政治苏维埃的口号。我们完全拥护执行委员会就这个问题所通过的各项决议。

对当前形势的不同评价也表现为对德国选举结果的争论。很能说明问题的是，仍然是这些同志在评价德国选举时夸大社会民主党票数的增加，而对于共产党的质的成就则估计不足。毫无疑问，德国共产党首先在工业区获得了选票。这说明它对于起重大作用的无产阶级阶层的影响大大地加强了。埃韦特同志的朋友们在政治局发言说，选举结果标志着资产阶级的胜利。（有人喊道："你们听听，你们听听！"）后来这个观点有所改变，但对于这些同志的根本见解来说这个观点还是有代表性的。

埃韦特同志试图掩盖自己（与我们不同的）对当前局势的判断，他说有相当多的同志在提纲中看到了"萧条的前景"。我们在这里并没有听到类似的意见。在德国代表团中也没有一个同志发表过这样的观点。但是，从埃韦特同志的发言中可以看出，某些同志力图把提纲阐述的形势说成是走向萧条前景的形势。埃韦特同志的这种做法不仅同提纲的内容相矛盾，而且同布哈林同志的报告相矛盾。

由于分配给我的时间很短，我不能详细说明德国工会运动的复杂问题。这些问题极其重要，因为我们党组织的策略方针在工会工作中表现得最为充分。

台尔曼同志已经提到，在德国工会官僚机构中存在一种要把自由工会变成为资本主义经济建设机关、变成为新的德国帝国主义的附属机关的趋势。为此目的，工会官僚机构力图在反对派中不断制造分裂，并且力求把他们从工会中排挤出去，或者至少撤销他们的职务。

我们看到，工会官僚机构解散了柯尼希山的铁路工会地方组织，因为它认定这个组织对于帝国主义侵犯苏联计划的准备工作是一种障碍。由于柯尼希山这个铁路枢纽站对于德国资产阶级具有重要的战略意义，柯尼希山的铁路工人小组遭到镇压，被迫解散。

党在矿业工会着手按企业自下而上地动员工人参加争取每班工作七小时的斗争，于是工会官僚机构违背自己的意愿决定停止继续履行关于加班费的协议。工会官僚机构为了破坏反对派的积极活动和阻止其影响的增长，把65名工人开除出矿业工会。如今工会代表大会决定在工会章程中增加1条（第47条），规定中央理事会有权解散一批批地方小组。

柏林纺织工会的地方理事会也被解散。有人建议我们的同志发表一项声明，表示他们为共产党报刊撰写的文章将事先交由区理事会审查；如果共产党报刊出现对改良主义者的攻击，同志们有义务对共产党报刊的这种做法表示抗议。换句话说，改良主义工会官僚机构企图决定共产党报刊的内容。

柏林木器工会地方理事会遭到一次清洗。13名共产党人被开除，原因竟是因为在罢工期间他们坚定地维护木器工人的利益。

那么右翼派别的代表在反对开除问题上说了些什么呢？其中一人宣称，由于我们没有力量阻止开除共产党人，我们不应当公开表示反对，不该公开在罢工期间维护我们的革命路线！（有人喊道："你们听听，你们听听！"）这是地地道道的向改良主义工会官僚机构投降的政策。

为了回击改良主义工会官僚机构的上述政策，我们应当制订出所有工会组织中的革命工会反对派的纲领。只有通过这种办法我们才能够在社会民主党的队伍中形成工人反对派。《统一》杂志中某些可爱的朋友们认为，我们要做到这一点只能通过利用左派社会民主党领袖。其实不然，恰恰相反，只能通过从德国社会党手中争取工人的办法。只有这样我们才能有效地同德国社会党作斗争，从社会民主党手中把工人争夺过来，并把他们引向共产党方面。

除了在对待工会官僚机构开除共产党人问题上存在策略分歧以外，我们之间在罢工战略问题上也存在分歧。

我在这里举两个有代表性的例子。在目前形势下，工会官僚机构甚至竭力阻挠放弃恢复工资率协定的做法，因为每一次较大的经济冲突都要对社会民主党的联合政策有所损害。正因为如此，在爆发经济罢工的任何地方，工会官僚机构都自愿地去履行国家机关的职能，竭力镇压运动。

柏林的建筑工人不顾工会官僚机构的反对，为实行工资率协议的新条款而宣布罢工。我们的同志们提出的口号是：工人们，以企业为单位公开表示自己对问题的态度，要求工会官僚机构在工厂的大会上表明它对工人要求的态度。这个自下而上的统一战线策略是革命的策略。

但是，在大规模的罢工中也常常遇到另一种做法。在萨克森五金工人开展斗争期间，部分党员不是把工作重心放在自下而上的统一战线策略上,而是放在求助于社会民主党的工会领袖上。个别同志,以及在报刊上,这类观点的表述是:"第一要务是必须发动工会各级机构,因为只有先对它们施加压力才能持久地进行斗争。"此外还有这样的说法:"要强迫德国五金工会理事会放弃它的失败主义战略。"大家可以看出,部分同志实行了一种错误政策,他们把工人的注意力集中到工会官僚机构身上,而不是坚持发动广大工人群众的方针。

这种现象在柏林金属工业中也同样存在。当柏林五金工人开展运动时,工会官僚机构按照社会民主党的指使,竭尽全力镇压罢工运动。这时,我们的同志却在工会活动分子大会上提出了这样一个决议案:

"德国五金工会代表会议否决目前提出的解决冲突的办法,认为这种办法是完全不行的,因为在实际运用时它归根到底就等于降低工资和计件报酬。代表会议责成五金工会理事会采取一切措施立即实行罢工。"

在当时情况下,当工会官僚机构已经明目张胆地力图扼杀运动之时,在决议案中本应坚决明确地谴责工会官僚机构的政策,毫无必要委托五金工会理事会,即22名改良主义的工会官员来筹备罢工。我们的任务应当是明确地指出在企业中工人们应该怎样行动,以便迫使工会官僚机构表明自己对于那些正当要求的态度。如果在当前具体情况下开展斗争确实不可能,那就应当极其明确地指出不可能开展斗争的原因,以便工人们在未来的发动中运用这个经验于斗争的准备过程,并采取同工会官僚机构的政策针锋相对的行动。

鉴于上述情况,注意到埃韦特同志特别强调工人贵族的作用,是很必要的。他对黑克尔特同志发言的解释是不正确的。他说,没有参加工会的工人不能独自进行斗争。这种提法是错误的。和他不同,我们指出,收入高的工人在斗争中常以小团体观点指导其行动,对于把熟练工人的斗争同收入低的工人或非熟练工人的斗争结合起来缺乏应有的认识。他们不想把本工业部门的所有工人都吸引到斗争中去。柏林五金工人的运动也有过这种错误。在全体会议上不应像埃韦特同志那样掩饰这些弱点。

现在谈一谈德国共产党的党内方针问题。埃韦特同志声称,存在一种"在多数派队伍中产生派别思想的危险"。自知有罪的埃韦特同志忙不迭地喊叫道:"捉贼!"让我引证一些事实来答复埃韦特同志。

埃韦特同志不肯费神用事实来证明自己的论点,但是他的发言却使我们不得不声明,很大一批同志在埃森代表大会以后试图悄悄地修改党的路线。党的埃森代表大会以后,中央委员会全力以赴团结全党的力量,并且差不多让原先参加右翼集团的所有同志都担任负责职务。但是,这些同志却始终力图利用自己的职权,把他们的错误观点强加给共产党。他们说:我们认为自己有权在党的实际工作过程中向党员宣传我们的观点。但是,要知道这就是派别活动。右派集团的派别活动在一定程度上被用来巩固以格哈特同志为核心的小集团的阵地。现举以下事实为证:

1. 党的六月中央全会被利用来修改埃森全党大会关于左派社会民主党的决议。

2. 在围绕布兰德勒行动纲领而展开的争论中,同志们反对在决议中列入这样一句话:"对于把行动纲领变成为某个集团的纲领的同志们,应当坚决地进行斗争。"对于这种危险应当发出信号。埃韦特同志的朋友们起先是反对就这种危险发出信号的。

3. 因为柏林党组织代表会议的召开,他们曾试图把某些同志排挤出柏林委员会常委会,并在常委会中加强调和主义思潮的影响。

4. 他们企图通过扩大政治书记处形成由参加格哈特—埃韦特集团的同志们组成的多数派。

5. 提出这样一项要求,参加工会部领导的不只是瓦尔歇一个人,而且这一派别的其他同志也担任党内的领导职务。

6. 在最近一次中央全会召开前夕，同志们宣称：主要的危险是左倾。而这恰恰发生在右派在工会部占了多数，千方百计拒不执行共产党的决议，而且公开反对这些决议的时候。

总之，当主要危险来自右派的时候，这些同志却认为主要危险不在右派而在左派，并且提议不对瓦尔歇派进行斗争而是对开姆尼茨的同志们进行斗争。

7. 当提出议会候选人问题时，同志们一再坚持不仅提出布兰德勒和塔尔海默，而且还提出一批其他同志，以便改变干部机构成员的力量对比。

8. 以格哈特集团为核心的同志们力图首先利用柏林工会机关以调和主义思潮的精神影响柏林的党员群众。直到现在为止，最大的柏林工会党团仍然由反对红色工会国际决议的人在领导。在其他党团的常务局中，这些同志也有很多代表。很少有新干部被吸收参加工作。

9. 在围绕红色工会国际代表大会的争论中，同志们试图多少掩饰一下多数派和右翼集团之间的分歧。

事实便是如此。我希望埃韦特同志在提出自己的论点时也引证事实。他不可能这样做。我以上所举的事实证明，埃韦特同志硬说政治局千方百计要给某些同志乱扣帽子是不真实的。右派也好，调和主义分子也好，都是以自己的行动给自己选定了帽子。只有当他们用事实证明他们决心同政治局中的多数派肩并肩地贯彻执行第六次世界代表大会的决议时，他们才能够甩掉这些帽子。

同志们，我再就埃韦特同志关于俄国代表团的提法所作的最后一次发言讲几句话。俄国代表团强调指出，主要的危险是右倾，但与此同时也必须坚决反对调和主义思潮。在提出的补充意见中说道，必须吸收党的优秀分子参加党的工作，以及采取团结全党的坚定方针。台尔曼同志清楚而明确地宣称：我们同意主要的危险是右倾，但与此同时也必须同调和主义派作斗争。他们和右派相互利用。调和派阻挠党同右派作相应的斗争。因此，在同调和派作斗争时，既要从思想上着手，也要采取组织措施。台尔曼同志明确指出，如果跟着埃韦特走的同志们转向上述立场，那么就有可能消除党内的分歧。埃韦特同志是怎样回答的呢？他回答说：党的领导机关的多数派也可能堕落成为一个小集团。（台尔曼喊道："托洛茨基也是这样说的。"）台尔曼同志讲的完全正确，托洛茨基也是这样说的。这有点像托洛茨基分子的组织观点。

但是，同志们，不仅仅只是埃韦特同志在中央全会上这样说。在德国代表团的会议上一名右派观点的女信徒也宣称：任何人都可以被称为右派，只要他坚持的观点与官方的不同，而不管这些观点正确与否。换句话说，这些同志们承认党的决议只承认同他们自己的观点相符合的那一部分。

固然，埃韦特同志随后又把所讲的话的语气稍加缓和，声明说：消除分歧是可能的，但是为此必须所有各方面都怀有真正的意愿。台尔曼同志清楚明确地宣称，在中央委员会和代表团中，这种意愿是存在的。但是，埃韦特同志回答说：好，但是存在多数派堕落的危险。而这个多数派指的正是愿意消除分歧的多数派。这对党内的多数派是从未有过的侮辱。埃韦特同志表现了对于消除分歧的极为独特的意愿。他表示同意，但却保留某些附带条件。

总之，一旦埃韦特同志认为有必要维护另一种政策，他就会借口多数派正在堕落而自命有权破坏纪律。托洛茨基对于联共（布）党的庞大的多数派也是这样说的。埃韦特同志应当明白这样一点：或者他沿着德国代表团和德国政治局表示完全拥护的俄国政治局提出的道路前进，或者，如果他不走这条路，如果他不愿意同中央并肩携手严守纪律地贯彻执行已经通过的决议，他就可能成为所有背离党的总路线的人的代表。① 对于这种后果埃韦特同志应当有清醒的认识。在德国代表团的会议上人们对埃韦特同志已经提出告诫，其要旨也就在于此。

我就要讲完了。一开始我就提出党的主要课题是什么。党的主要课题就在于尽最大的可能发挥党的活动能力去克服在最近几次罢工中表现出来的机会主义立场。必须在全党范围，包括在各个基层党组织，开展自我批评。之所以必须这样做，是因为在正确运用党的经验的同时，不仅仅要紧接着有一个正确的政治方针，而且各基层组织必须在自我批评的基础上组成能保证全党有纪律地、完全一致地贯彻执行第六次世界代表大会决议的领导机关，获得能够做到这一点的组织保证。我们希望，在第六次世界代表大会决议的基础上我们能够最大限度地巩固党的统一，使党的积极性最大限度地发挥出来。

罗明纳兹（苏联）：

在这个讲台上发言的所有人都表示同意联共代表团向第六次世界大会提出的提纲。不过我觉得，并非所有在这里发言的同志都能同样正确地理解，或者说得更准确些，都能同样正确地解释这个提纲。从革命前景的角度来看世界发展新阶段的基本特点是什么呢？提纲对此作出了清楚明确的回答：资本主义稳定中矛盾的激化和发展，其中包括世界性的矛盾和各个资本主义国家内部的矛盾的激化和发展，不可避免地要导致稳定局面的动摇和资本主义危机的剧烈激化，并且最后导致当前的稳定时期进入大灾难时期，亦即革命浪潮新高涨时期。提纲所指出的革命前景是与世界性矛盾和各个资本主义国家内部矛盾的增长相联系的。当前，核心的问题是战争危险正在临近，而且不止是临近，在中国这样的

---

① 参见乌布利希同志在第十五次会议结束时就此问题所发表的声明。

国家战争已经爆发。业已开始的瓜分中国的行动无可辩驳地证明了这一点。但是,同志们,正是由于战争危险十分临近并且正在成为今天的现实威胁,不应当对于因各个资本主义国家内部矛盾增长而不断扩大的革命可能性估计不足。这将会是一个大错误,而照我看来提纲根本没有给这种看法提供任何口实。根据对当今时期的上述分析,提纲为共产国际提出了近期的总路线。这条总路线是由下列任务所决定的:同日益临近的战争危险作斗争,保卫苏联,保卫中国革命和殖民地运动,以及最后一项(但就其重要性而言并非最后一项),鉴于资本主义危机日益增长,必须使无产阶级准备好为推翻资产阶级政权、建立无产阶级专政而进行直接斗争。这就是向第六次代表大会提出的方针和路线。如果从这样的观点来看待某些同志的发言,我觉得毫无疑问发表同意提纲的声明并不就等于真正同意这个提纲。首先我谈谈埃韦特同志的发言,不过我不准备详细说它,因为刚才发言的乌布利希同志已经对埃韦特同志作了极其详尽的回答。我觉得埃韦特同志虽然企图维护我们代表团向第六次代表大会提出的提纲,实际上却回避了提纲中规定的路线和方针。埃韦特同志在这里阐述了这样一种思想,即各国共产党的胜利、无产阶级革命的胜利不可能一次成功。这是一个无须作任何证明的真理,没有人准备就这一点同埃韦特同志争论。但是,埃韦特同志援引这个毫无争论的真理是为了证明维也纳起义是一般规则的一个例外,在奥地利以外的其他国家这种起义是不可能的。埃韦特同志强调说,奥地利是个只有维也纳一个大城市的国家,这种起义在其他国家再次出现是不可能的。埃韦特同志几次脱口说出这样的话:在当今时期,革命斗争不可能存在。这一段我作了笔记,如果需要,可以附在记录稿后面。我认为,把维也纳起义看做为在其他国家不可能再发生的一种例外现象的评价是不正确的,而且是与提纲的方针完全背道而驰的。维也纳起义是一种革命爆发,如果有一个联系群众的强大的共产党,这次起义本可以成为奥地利无产阶级革命的起点。这种革命爆发在其他国家是否有可能发生呢？无疑是有可能的。按照提纲规定的方针来看，维也纳起义是一次完全合乎规律的现象，是由于资本主义矛盾激化而必然要发生的。在评价英国的大罢工时，埃韦特同志犯了更大的错误。他干脆宣称，如果说英国的罢工（起先是总罢工，而后是矿工的罢工）显示了英国工人阶级的力量，那么另一方面，它也表明了英国资产阶级稳定局面的强大和巩固。这个结论不仅同提纲的内容直接相矛盾，而且同共产国际原先对英国总罢工的种种评价相矛盾。共产国际一贯十分强调1926年英国罢工斗争的巨大革命意义，一再指出1926年事件是英国资本主义稳定局面极不巩固和动摇的反映。我认为没有必要花时间对埃韦特同志的论调进行批驳。

其次，我觉得埃韦特同志对于欧洲工人向左转过程的规模和性质没有作出正确的判断。埃韦特同志在这里作了一个形象的比喻。他说，不能把德国选举中支持共产党的选票看得重如金石，而把支持社会民主党的选票看得轻如草芥。当然不能这样比较，因为两者的比重相差太大。但是我认为，埃韦特同志把支持共产党的选票和支持社会民主党的选票完全等量齐观是极大的错误。埃韦特同志宣称，如果支持我们党的每一张选票都是加到我们党秤盘上的金石，那么支持社会民主党的每一张选票也都是加到资产阶级秤盘上的金石。这个比喻是不恰当的，也明显地表明埃韦特同志对欧洲特别是对德国工人阶级向左转过程的性质理解得多么不正确。德国共产党在选举中提出了革命的口号。它提出的是无产阶级专政即工农政权的口号，而工农政权就是无产阶级专政的同义词。共产党并没有对工人提出任何因为自己参加议会工作就会给工人带来任何改善的许诺。共产党向工人提出的许诺只是强化斗争，扩大斗争。在选举期间共产党号召德国无产阶级进一步鼓足力量进行革命斗争。社会民主党则提出了积极的改良主义纲领。社会民主党极其有效地利用了在很大程度上还影响着德国工人阶级的民主主义幻想。在当前情况下，把支持号召工人进行不倦斗争、进行革命改革的战斗的革命政党的选票同支持在自己的旗帜上写着和平的有机建设纲领的妥协主义政党的选票等量齐观是完全不正确的。因此，如果说支持共产党的每张选票都重如金石，那么，不管怎么说，支持社会民主党的选票的分量就轻得多了。

我还想就埃韦特同志发言中的另外两点谈一谈。乌布利希同志已经详细地谈到了，但我认为不妨再提一次。

埃韦特同志赞同许多代表团关于把苏联经济发展的速度和性质作为专门的一节列入提纲的建议，但是他却提出要对这项建议加以扩展，以便更好地向共产国际通报苏联在社会主义建设道路上遇到的困难。会场上有人当即问他：关于这些困难不是已向欧洲工人阶级进行了充分的通报吗？但是埃韦特同志却认为关于这些困难向西欧无产阶级通报得仍然不够。

那么这意味着什么呢？乌布利希同志说过，欧洲工人阶级绝不会误以为我国社会主义建设的道路是轻而易举的，我说这番话是完全正确的。

从我们党和共产国际方面来说，它们正在尽一切可能，有时甚至过分地向全世界显示在我们建设道路上发生的困难。埃韦特同志建议的后面究竟隐藏着什么，我还不完全清楚。埃韦特同志最好能更清楚地解释一下他的意思。我们从来不缩小我们前进道路上的困难。从这方面对共产国际和联共进行指责是没有任何根据的。

最后，说一说埃韦特同志涉及的党内问题。埃韦特同志把一切问题都归结到一点，即在对党内右翼集团、右倾派别采取组织措施方面，他同德国共产党中央的多数派存在分歧。我必须说，如果真要谈德国共产党领导机构的缺点，那么它的缺点并不在于对右派同志、对于公开背离共产国际列宁主义路线的人、对于公开破坏党的纪律的人，过多地采取了组织措施和党内处分措施，而是它采取这种组织措施太少了。（鼓掌）

我认为，只要听了昨天洛佐夫斯基同志的发言，没有一个大会代表对此会产生怀疑。洛佐夫斯基同志的发言举出了地方党组织领导人和重要的党的工作人员公开出面为阿姆斯特丹国际辩护的一系列事实。德国共产党无论如何不应当允许担任党组织领导工作的同志为阿姆斯特丹国际辩护，从而腐化党的组织。

我以为，把政治路线同组织措施完全分开是不正确的。应当清醒地面对真理。如果党实行某一种政治路线，而在党内却正在形成旨在迫使党离开这条政治路线的集团或派别，在这种情况下就不可能始终仅仅局限于采用一般性的说服手段。在某种场合下，对于右翼集团，对于右翼派别，以及对于右翼反对派采用的组织措施，必须由党的领导机构采取党内处分这种组织措施予以对付。

至于谈到埃韦特同志一再断言德国共产党的多数派正在蜕化为一个特殊的小集团，那么埃韦特同志在进行这种指责时本应当提出一些多少有点分量的证据。摆不出一件事实就在第六次代表大会上对一个大党的领导机构提出这样的指责，这是不应该的。这样做是不行的。乌布利希同志已经提到，我们党内反对中央多数派的反对派分子原先就曾提出过这类指责。他们在每一次会上都宣称：派别集团是中央的多数派，而我们可不是派别集团。这一次埃韦特同志对德国党的中央提出这类指责，莫非是为了掩盖另一个事实，即那些因党内生活的各种问题而联合在埃韦特同志周围的同志们的活动才带有真正的小集团性质？我以为，情况正是这样。

另外，关于埃韦特同志，我想说的最后一点就是：既然埃韦特同志接受联共党代表团关于如何评价德共党内关系的建议，那就应当不加任何附加条件地接受这项建议。埃韦特同志在这里提出的附加条件有可能成为进一步产生分歧、进一步反对党中央领导机构的基础，因此，代表大会应当使我党代表团提出的关于德国党内状况的建议不带任何附加条件地被接受。

下面我接着谈谈另一个也接触到不少政治问题的发言人，佩珀同志。

照我看来，在抹杀欧洲工人阶级向左转过程的意义方面，佩珀同志较之埃韦特同志有过之而无不及。提纲是怎样说的呢？提纲说："欧洲各国工人阶级向左转的总过程在继续发展。"这里讲的是"总过程"，而佩珀同志在发言中是怎样说的呢？他宣称，我们不能说连德国、法国、英国这样的国家都出现了工人阶级总的说来向左转的现象。这句话是从他的发言的速记记录稿中摘引下来的。佩珀同志当时就提出了大大小小一系列附加条件。在提出附加条件方面佩珀同志是一个能手。你找不到他的哪一个论点，哪一个明确的思想，不随着带有成十个附加条件，而这些附加条件使你无法弄清楚佩珀同志究竟想要干什么。不过这一次他把自己的思想表达得相当清楚，尽管他的附加条件还是不少。对于上面援引的那句话，佩珀同志随即补充说，基本部分，即欧洲工人阶级的大多数还没有显示左的倾向。第一，工人阶级的基本部分并非始终就是工人阶级算术上的多数；第二，从来也没有人说过，欧洲无产阶级基本部分向左转的过程已经结束。提纲以及整个说来共产国际的所有发言，都是说欧洲正在发生总的说来向左转的过程。最后，同情苏联的情绪的增长，维也纳起义，因萨柯和万泽蒂而引起的示威游行浪潮，所有这一切都最为明显地表明，欧洲无产阶级基本部分向左转的总过程已经开始，并正在继续。

佩珀同志在这里所维护的关于美国工人阶级向左转和激进化的前景问题的观点，在我看来就更加错误了。有人在这里已经指出，不久前佩珀同志在《真理报》上提出了一个十分可笑的论断，说美国资产阶级具有无限的可能性足以收买美国无产阶级的广大阶层。这当然是极大的夸张。不过佩珀同志在自己的发言中说，随着美国世界霸权的扩大，改良主义和美国劳联的基础不可避免地要增强，社会稳定也必将得到巩固。社会稳定能否巩固，这个前景还有待于证实。至于美国世界霸权的扩大是否必然要引起社会稳定的巩固，这更是大有争议的问题。我以为佩珀同志这样描绘美国阶级矛盾发展的前景是不正确的。当然，拥有世界霸权可以使美国资产阶级更便于收买很大一批无产阶级阶层，但是如果说随着美国霸权的扩大社会稳定就会同时得到巩固，那就很值得怀疑了。在我看来，这样说是不正确的，正确的恰恰是相反的观点。佩珀同志在发言中指出，美国工人阶级向左转的过程受到以下各种界限的限制。为了保持他这一部分发言的"原貌"，我想全部援引佩珀同志的论据。他说，美国无产阶级进一步向左转受到的限制有：第一，各资产阶级政党之间不存在政治分歧；第二，今天资产阶级队伍中的政治分歧比以往任何时候都要少；第三，不存在几年以前那种支持第三党的政治运动；第四，不存在全国范围的支持工人政党的运动。他说，所有这一切都是美国工人阶级向左转所遇到的障碍。把所有这一套看做是障碍，无论如何是不可能成立的，更不必说这四条中一再重复的只不过是说美国资产阶级队伍中不存在严重的分歧。佩珀同志在这四条论据中所说的全部内容，无非是反映了这样一种情况，即美国资产阶级的政治势力正在以最集中、最露骨的形式同美国无产阶级相抗衡，也就是说，美国的阶级对抗表现得最为明显。而这种情况恰恰应当成为美国工人阶级队伍向左转过程的保证和促进因素，而不是像佩珀同志所想的那样会引起这个过程的减弱。佩珀同志把美国工人运动发展的前景看颠倒了。我没有时间详细谈论佩珀同志在判断美国资本主义发展前景时所作的所谓经济分析。我只说明以下一点：如果把佩珀同志吹嘘美国帝国主义实力的那一部分发言刊登在美国报刊上，人们一定会把它当成是民主党或共和党（这无关紧要）某一名候选人在竞选大会上的演说。（鼓掌）我用一点时间向大家披露佩珀同志在美国《共产党人》杂志发表的一篇文章中的一段。在这篇文章中，佩珀同志对美国工人运动发展所描绘的暗淡前景表述得更加清楚。为了同洛佐夫斯基同志辩论，佩珀同志在这篇文章中宣称，在美国要完成把未参加工会的工人组织起来和建立新工会的任务，受到以下情况的阻碍（不妨听一下）：

"1. 妨碍我们的情况是，美国的资本主义仍然十分强大，并且在继续向上发展。

2. 妨碍我们的情况是，美国工人阶级作为一个整体处于优惠地位。

3. 妨碍我们的事实是，美国存在一个人数最多、力量最强大的工人贵族阶层。

4. 妨碍我们的事实是，基本工业部门和大型企业的无产阶级由出生在国外、讲不同语言的工人组成。

5. 妨碍我们的事实是，我们这里建立了一个力量最为强大的金融资本的政府，这个政府运用军队、警察、法院压迫工人阶级并竭力摧毁一切工人组织。

6. 妨碍我们的事实是，有组织的企业主正在全国范围内发起一个成立开放性作坊和御用工会的运动。

7. 妨碍我们的事实是，钢铁、煤炭、纺织等工业部门的很大一部分工人不得不生活在企业主经营的城镇里。那里的一切，无论是土地、房屋、道路，还是学校、商店，都全部为企业主所有，那里的国家政权直接掌握在资本家手中，他们建立起自己的一整套私人警察和工厂特务系统。

8. 妨碍我们的还有这样一个'微不足道'的情况，即美国的工业已经从上到下实现了托拉斯化。我们不应忘记，欧洲非熟练工人的工会是在实现托拉斯化之前组织起来的，那时把这类工人组织起来要容易一些。今天的美国正处于托拉斯大发展时期，资本家及其政府的反抗和压力比在此以前的别的国家表现得更为剧烈、更为有效。

9. 妨碍我们的情况是，美国共产党的力量仍然很微弱，数量也不多，因此我们不得不运用极为有限、极为软弱的力量去执行伟大的历史任务，而这项任务无论在何种情况下又是我们所不能避免的。"

总而言之，什么都是障碍，障碍就是资本家在剥削工人，障碍就是资本主义存在本身，任何前途也没有。（鼓掌）

可是事实上，佩珀同志列举的大量情况恰恰是在最大范围内、最有力地组织最广大的美国无产阶级群众的有利因素。佩珀同志连资本家反对工人等一类事实都看成是共产党在未参加工会的工人中进行工作的障碍。根据这样的"前景"，美国的共产主义运动是不可能发展成强有力的运动的。

我认为，美国具备一切条件，足以使我们共产党（毋庸讳言，它现在还只是一个小派系）在目前美国表现得特别尖锐的各种矛盾的基础上成长为一支强大的力量。尽管美国资本主义发展的曲线仍在上升，尽管美国资产阶级有可能收买无产阶级上层的很大一批人，但对于共产党的发展壮大来说，美国现在的条件要比许多别的国家更为有利。美国要发展壮大革命的共产党仍然具有极为丰富的源泉。这就是巨大的社会矛盾，这些社会矛盾由于资本主义的发展正在日益广泛的基础上不断重新出现，而佩珀同志却忘掉了这些社会矛盾。据此，我想再指出一个情况，那就是在我看来，在美国应当采用共产国际执行委员会第九次全会向英国和法国提出的策略。

佩珀同志不久前就这个问题在《共产国际》杂志上发表过一篇文章。我不准备摘引这篇文章。佩珀同志在这篇文章中指出了在美国妨碍实行这项左的政策的五个原因，同时又指出了有利于实现这项政策的五个原因。（笑声）不过总的结论仍然是：不能在美国实行国际执行委员会向法国和英国提出的策略。

迫使共产国际要求英国共产党和法国共产党把方针向左转的基本情况是什么呢？这种基本的情况在美国也存在，而且十分明显。这个基本情况就在于：改良主义竭力向右转，社会民主党正在同国家机关融为一体；这个基本情况就在于改良主义正在疯狂地反对共产主义运动。所有这一切在美国毫无疑问是存在的,而且非常明显。因此,坎农同志所谈的关于纽约共产党员投票选举得到共和党和美国劳联支持的社会党候选人的事实,从美国的条件来看,同从法国的角度看一样,也是不可容忍的。这类事情在美国共产主义运动中不应当再发生。佩珀同志企图以美国情况特殊为借口,而为这类事实辩解是毫无道理的,这种做法极其恶劣。在美国要实现乃至尽快实现共产国际在英国和法国所实行的转变,条件是完全具备的。对于佩珀同志在这个问题上所持的立场必须予以驳斥。而且我还认为,虽然我对美国党内的派别斗争并不特别熟悉,如果美共中央的多数派完全赞同佩珀同志的观点,那么美国党中央的反对派一定在很多方面是正确的。(鼓掌)

(沃罗夫斯基在座位上喊道:不能这样批评佩珀同志,他是美国共产党的英雄好汉。)

我想就中国问题谈几点意见。关于广州起义在提纲中写道:"代表大会认为,把广州起义看做盲动是完全不正确的。广州起义是中国无产阶级在中国革命过去一个时期所进行的一场英勇的掩护战,尽管在领导方面有严重的错误,但它终究是新的苏维埃革命阶段的旗帜。"①

提纲的这一段文字,由于它将成为第六次代表大会的决议,具有极其重大的原则意义。它不仅给托洛茨基反对派的诽谤以应有的回答(他们和社会民主党配合默契,宣称广州起义是共产国际组织的一次盲动行为,一次冒险行动),而且也结束了我们队伍中即共产国际队伍中在评价广州起义问题上的左右摇摆。这种左右摇摆达到何种程度,从有一位赖因贝格同志在《共产国际》杂志最近某一期上发表的一篇文章中就可以看出。这篇文章的恢恢宏论就在于一个含义深刻的结论:结果顺利

---

① 参见本次代表大会通过的《国际形势和共产国际的任务(根据尼·伊·布哈林同志的报告拟定的提纲)》第54条。——编者注

的起义就是好的起义,结果不利的起义就是不好的起义。例如,就广州起义赖因贝格同志写道:

"广州起义遭到了失败,而且也不可能不遭到失败,这是因为起义的社会基础不够广泛,广州和广东省胜利举行起义的条件不够成熟,革命和反革命双方实际军事力量的对比对起义不够有利,起义的时机(12月11日)选择不当。"

同志们,向第六次代表大会提出的提纲关于广州起义是怎么说的呢?提纲说,党的领导机构在起义准备和实施过程中都犯有重大错误,但是广州起义本身是完全符合规律的,是必需的和正确的。否则它就会是一场盲动。可是赖因贝格同志又是怎么说的呢?他说,广州共产党人最大的错误就是组织起义本身。赖因贝格宣称:

"起义领导人在军事上和组织技术上的错误(对计划考虑不周、不占领兵工厂和军火库、不善于构筑街垒、对于解除了武装的步兵团和炮兵团的士兵未加利用)毫无疑问对广州斗争的结局也产生了重大影响,然而它们在上述客观原因中只起附带的作用,而不是决定性的作用"。

这就是说,主要的错误在于根本不应该组织起义。这个观点同我在这里从递交第六次代表大会的提纲中援引的内容毫无共同之处。

赖因贝格同志在这里什么都谈到了,就差没有讲"盲动"两个字。如果组织起义时确实没有足够广泛的社会基础,起义的条件不成熟,实际的力量对比又不利于起义,如果组织起义为时过早,那这种起义就是盲动。我要声明,从这种观点即赖因贝格的观点出发,任何一次不成功的起义,都可以毫无困难地说成是盲动,例如,1905年的十二月起义、1923年的汉堡起义、1924年的爱沙尼亚起义与广州起义相比更应当称做是盲动。

当我阅读赖因贝格同志的文章时,我曾断定赖因贝格是佩珀同志的笔名。（笑声）赖因贝格同志的所有论据同佩珀同志当时反对广州起义时提出的理由竟相似到这种程度。

为什么我在这里又一次提到佩珀呢？因为不久以前佩珀同志竟然鼓起勇气（让我们说得缓和一些）在美国《共产党人》杂志上宣称，国际执行委员会第九次全会从头到尾全部接受了他关于中国问题的观点。

同志们，其实大家都知道，佩珀同志对广州起义问题的意见是：在广州起义开始前他是反对的，在起义开始后他是反对的，在起义结束后他还是反对的。（鼓掌）他反对起义所持的所有论据，无论就其实质或就其形式而言，如今又在赖因贝格同志的文章中全部重新出现。不过后来还是发现，赖因贝格并不是佩珀，而是另一个同志。但是这并不能使事情有所变化。佩珀同志认为，他的功绩就在于他还在广州工人发动起义以前就向中共领导人提出过警告，指出广州起义必然要遭到失败。同志们，我并不想把佩珀同志和孟什维克完全等同起来，并把他说成是孟什维克，不过我必须提醒一句，在1905—1906年期间孟什维克反对十二月起义的根据也是认为起义当时过早，并且认为反对为时过早的起义是他们的功劳。

就这个问题让我借用一小段引文。

列宁写道：

"普列汉诺夫说了一个笑话，把自己比作杀死了自己的儿子以惩其过早进行战斗的罗马统帅。笑话是俏皮的。可是，假如我是'儿子'，那么在'革命力量**已经超过政府力量**'的**决战**关头，我会毫不犹豫地**一枪打死**（或者像罗马人那样一剑刺死）提出同反动派勾结的口号的'**爸爸**'，并且心安理得地让后世的蒙森们来评断我的行为是杀死叛徒、处决叛徒呢，还是大逆不道。"①

---

① 《列宁全集》中文第2版第15卷第47页。——编者注

赖因贝格同志和佩珀同志对于广州起义的评价与提纲所作的评价毫无共同之处。

为了避免造成一种印象，似乎我想掩盖自己本身在中国问题上的错误因而专事攻击别人的错误，我应该直截了当地声明，在第九次全体会议之前我也犯过一个严重错误，在这里我要提出来。我的错误在于，我曾认为广州起义并不是一次后卫战斗，并不是对整个一段革命时期进行总结的最后一次斗争行动，而是中国革命新高潮的开始。事态的发展驳斥了这一种观点，事态的发展表明：广州起义是一系列革命搏斗的整个链条中的最后一个环节，这些革命搏斗在1927年年中开展得特别广泛，然后逐渐低落，而以最后的有力一击——广州起义而告结束。

紧接着广州起义之后就开始了衰退局面。我的错误就在于，我对广州起义后的局势作了不正确的判断，并由此出发继续认为今后仍应当采取广州起义前的那一种举行直接武装起义的方针。现在已经十分清楚，在广州起义以后，这样的路线是没有根据的。第九次全会以及随后向第六次代表大会提出的提纲都完全正确地提出这样一个问题，即武装斗争的口号现在只能是宣传口号，只有在出现自发农民运动的地区共产党人才应当领导农民起义的行动，在农民起义中使自己得到巩固和加强。但总的说来，农民起义的口号现在对于中国共产党来说只能是宣传口号。但是，如果有谁说，由于早在1927年底广州起义之前衰退时期即已开始，所以广州起义本不该举行，那么这就是对共产国际在这个问题上的路线的不可容忍的歪曲。我想引用一小段列宁恰恰是谈到这类问题的话。列宁写道：

"马克思主义者总是**第一个**预见到革命时代的到来，还在那些庸人做着甘当顺民的奴才梦时，马克思主义者就开始唤醒人民，敲响警钟。因此，马克思主义者总是**第一个**走上直接革命斗争的道路，走向直接的搏斗，揭露社会上和政治上形形色色的中间分子的调和幻想。因此，马克思主义者总是**最后一个**离开直接革命斗争的道路，只有当一切可能的办法都已用尽，当没有**一点**希望走比较短的道路，当发出准备群众罢工和起义等号召都显然失去基础的时候，才离开这条道路。因此，马克思主义者对那些无数的革命叛徒是鄙视的，这些叛徒竟对马克思主义者叫喊说：我们比你们'进步'，我们早就不干革命了！我们早就'服从'君主立宪制了！"①（鼓掌）

我以为中国同志完全有权用列宁的这一段话回答所有指责他们不慎重地和过早地举行广州起义的人。只要还存在革命高潮将继续发展的一点点希望，就应当像中国同志去年12月份所做的那样行动。现在，情况已经更加清楚，完全可以认定中国不可能沿笔直的革命道路发展，而是曲折前进的（列宁在提到历史转变时常喜欢采用这样的说法）。在这种情况下，就完全是另一回事了。（主席摇铃）

同志们，我还有关于瓦尔加同志的很大一段话要说。这纯粹是理论问题，不过我的时间已经过了。如果大家不给我延长时间，那我就到此结束。（鼓掌。喊声：欢迎，欢迎。）

我认为有必要非常简要地（虽然这也是一个很值得注意的题目）谈一谈瓦尔加同志在这里所讲的内容。瓦尔加同志在这个讲台上宣称，世界资本主义体系发生了极其巨大的结构变化，这表现为失业现象的性质完全变了。瓦尔加同志认为，现在的失业现象与前一时期相对扩大的工业预备大军不同，是一种**"结构性"**失业现象。瓦尔加同志在代表大会前出版的一本书中（这本书大部分与会代表想必都已看过），对这个思想作了更详尽的发挥。在书中瓦尔加同志宣布："以前，工人阶级作为整体（在社会总产值中）的比重，即**可变资本**，在工业大国中只是相对下降。而最近发展的结果，如今已出现绝对减少。"（《衰退时期

---

① 《列宁全集》中文第2版第14卷第157—158页。——编者注

的经济》第53页）这就是说，按照瓦尔加同志的意见，在所有工业大国中开始生效的是这样一种发展规律，即可变资本，从而也包括工人阶级的数量，在固定资本增长的同时，绝对地下降了。

布哈林同志在其报告中已部分地涉及这个题目，佩珀同志也谈到一点，但发挥得最为详尽的是瓦尔加同志。我不准备和布哈林同志辩论。布哈林同志认定**只是一个事实**，即目前我们在美国看到，在C（固定资本）增长时可变资本正在绝对地下降，而原先当固定资本增长时V（可变资本）只是相对地下降。布哈林同志并没有从这个事实得出任何总的结论。我不同意布哈林同志的有一点，那就是在世界历史上这种现象根本不是第一次出现。我可以在这里摘引一些马克思的专门的段落来证明这一点。马克思在《资本论》中曾举出大量事实说明，当固定资本增长时，在一段时间内个别工业部门会出现可变资本绝对下降的现象，就业工人数目绝对下降的现象。因此，布哈林同志谈到的那种现象绝不是这类现象中唯一的现象。

佩珀同志也谈到了这个问题，但是我想在理论方面佩珀同志的分量是可以不予考虑的，所以我就直接谈谈瓦尔加同志的论据。（笑声）

瓦尔加同志并不限于确认个别事实。他从个别事实得出了总的结论。这个总的结论是与马克思的全部学说完全背道而驰的。

瓦尔加同志本人也并不隐瞒，他的论点同马克思发现的法则相比是一种新的东西。我读一段《资本论》中马克思的说法与瓦尔加同志的提法相反的地方："简单再生产不断地再生产出资本关系本身：一方面是资本家，另一方面是雇佣工人；同样，规模扩大的再生产或积累再生产出规模扩大的资本关系：一极是更多的或更大的资本家，另一极是更多的雇佣工人。"在这一段话结尾处马克思说："因此，资本的积累就是无产阶级的增加。"①

而瓦尔加的论断则相反,认为现在随着资本的积累,工人阶级不是扩大而是绝对地减少。

我必须指出,这种理论不是特别新的理论。这是杜冈-巴拉诺夫斯基一度曾经提出过的理论。布哈林同志在自己那本批驳罗莎·卢森堡的书中给了杜冈-巴拉诺夫斯基一个极好的回答。

不过,同志们,早在马克思那时就已存在过这种理论。马克思在《资本论》中曾经嘲笑过某一个加尼耳,这个人提出的就是瓦尔加同志在这里维护的思想。马克思说,加尼耳"的观点的愚昧,只有用他自己的话才能表达出来",接着他引用了加尼耳的话:"注定要从事生产和消费的各阶级的人数在减少,而管理劳动,安抚、宽慰和开导全体居民的各阶级的人数在增加……他们占有因劳动费用减少、商品丰富和消费品价格低廉而产生的全部利益。人类沿着这个方向正在升入天才创造的至高领域,进入宗教的最深奥的境界",等等。② 再往下就都是神秘主义的胡说了,不过我们感兴趣的是,加尼耳断定从事生产的各阶级人数在减少,而管理劳动的阶级人数在增加。我敢说,如果现在提出一种总的理论,认为在大量积累的条件下,在固定资本增长的条件下,可变资本(V)绝对地减少,那么这就一定意味着加尼耳的观点在复活。这恰恰和马克思所说的关于资本主义发展规律的全部内容完全南辕北辙。

瓦尔加的总的结论的根据何在呢?瓦尔加同志得出自己结论的根据无非是两张表。我为此曾详细地对这两张表进行了批判。现在我只能顺便说一说主要方面。其中一张表是从一份美国杂志《商业年鉴》中抄来的。这份杂志说,1919—1925年期间工人的数目减少了7%,而工

---

① 《马克思恩格斯文集》第5卷第708、709页。——编者注
② 《马克思恩格斯文集》第5卷第515页。——编者注

业、农业和铁路运输总产量增加了20%。

同志们，首先，这张表中没有经过准确核实的数字。其次，表中只列入农业、采矿业、钢铁工业和铁路运输的数据。公路运输又到哪里去了呢？如果采用铁路运输的数据是为了研究与 C 相比 V 减少的情况，那么应当把公路运输也计算在内，而在公路运输部门中工人的数目有很大的增加。就业工人数目增加极多的建筑业又到哪里去了呢？不应当根据一张令人生疑的表格得出结论来修改马克思的整个学说。顺便我还要说明一点，那就是瓦尔加同志在分析这张表中的数据时把资本的技术构成和资本的价值构成两者混淆了。而这两者是不能混为一谈的。瓦尔加引用的关于英国的数据说明，自 1923 年至 1928 年期间工人的数目在绝对地减少。但是，有人驳斥这些数据，如斯佩克塔特同志就这样做。

此外，在英国出现了生产资料生产的停滞，而不是固定资本的增长，在那里失业现象因经济萧条而不断增加。瓦尔加同志的数据涉及的是 1925 年，那时美国的失业现象比现在要少得多。就是现在也不是因为技术变革引起了失业现象的增长，而是经济萧条引起的；不是 C 的巨大增长，**而是美国生产力发展的停滞引起的**。当然，在代表大会上很难就理论问题进行争论，这里的讲台不是干这种事的适宜场合。不过我提到这一点是为了强调说明，要推翻马克思的旧法则并提出新法则，至少也要认真研究一些有分量的材料。马克思为了证明很简单的法则常常援引大量的具体材料，而瓦尔加同志在这样重要的问题上却满足于两张令人生疑的表格。事实上失业现象的状况是怎样的呢？事实上，无论过去还是现在，技术变革一向只能引起个别企业、个别工业部门工人数目的缩减，但只是在一段时间内如此。工业不停地吸收和排斥工人将导致预备大军迅速增长，但是整个积累过程将伴随着工人阶级的绝对增长。我们现在看到的是劳动预备大军的加速增长，但这并不能废除关于资本主义在自己的每一个发展阶段都不断地生产出越来越多的工人这一规律。

现在围绕失业现象发生的一切情况一点也没有超出马克思提出的发展法则的范围。资本主义正按照马克思发现的法则发展和死亡,因此没有必要臆造出新的法则。由于时间不够,这一部分发言我只能草草结束。

最后我认为还有必要谈一个问题。我认为,共产国际现在采取的加强共产主义运动内部反对右倾危险的斗争,不言而喻绝不意味着要削弱我们对于托洛茨基反对派的不可调和的态度。不过,现在同托洛茨基分子斗争的尖锐阶段正在成为过去,而右倾危险则正在各个共产党的许多方面显露出来。我们在美国党内、德国党内、斯堪的纳维亚各国党内、法国党内等,都看到这种情况。代表大会及时注意到这种危险并给予应有的回击,这正是在共产国际队伍中稳妥地同时克服这种倾向的保证。

洛夫斯通(美国):

我以为美国党应当就我们代表团某些同志不可容忍的发言向代表大会作出解释。我愿向你们保证,我不准备像他们那样在这里仔细地分析我们内部的问题。在当前没有必要分清每一个人对所犯的错误应负有何种责任。我只想对美国当前的经济局势作一些分析,而在分析时不仅仅以美国为出发点,而且主要考虑到美国的经济局势对整个国际资本主义的现状发生了何种影响。然后,研究几个涉及美国共产党人的作用和任务的问题。

库西宁同志曾经批评过我们的一些同志,说他们以"暂时的和表面的现象"作为自己制定政策的基础。我认为,从这个判断出发我们可以发现,这正是我们党的某些同志在政策上犯错误的根源。工人党(共产主义)反对派的同志们现在把当前的经济形势同美国帝国主义经济发展的基本趋向混为一谈。我们否认一切刻板划一的观点,因为这种观点是从根本上反列宁主义的。

美国党的反对派宣称他们原则上接受布哈林同志的提纲,但他们又提出了七项附带条件：第一，他们希望对若干章节再进行研究修改；第二，他们要求对其他一些章节更加突出地予以强调；第三，他们断言生产增长速度减慢已经十分明显地表现出来，他们还断言输出也存在这种现象；第四，我们的反对派要求**"再次突出"**美国；第五，按照我们的反对派的意见，布哈林同志的提纲没有明确地说明帝国主义国家内部的阶级斗争同资本主义国家相互之间的矛盾的相互依赖关系；第六，像福斯特同志在这里说的那样，"必须由代表大会为美国描绘出更加具体的前景"；第七，我们的反对派一面接受布哈林同志的提纲，一面又想听到关于美国的**"新的言论"**。在其他方面，我们党的这个自封的左翼，即因右的错误多次遭到共产国际谴责的"左翼"，接受了布哈林同志的提纲。

那么究竟应当怎样评价美国帝国主义呢？布哈林同志说，美国帝国主义正在向上发展，正是这种发展引起并推动欧洲合理化进程向前发展。中央委员会也确认美国帝国主义处于上升时期。我们的反对派的同志们用蛊惑宣传代替马克思主义分析，指责我们为美国帝国主义吹嘘，因为我们承认美国帝国主义目前强大这样一个客观的、虽然对我们来说并不愉快的事实。莫非是，举例说，在7月4日我们举行游行示威期间（当时我们的同志因反对帝国主义的行动而遭逮捕），我们在为华尔街吹嘘？同志们，如果从这种观点看问题，那么斯大林同志就应该被谴责为美国帝国主义的歌颂者，因为就在不久之前他说到美国帝国主义是一颗上升的明星。用我们的反对派的话来说，那么这里还有一段吹捧美国帝国主义的话，这段话在布哈林同志的提纲中：

"这一事实的总的社会经济基础是资本主义危机发展缓慢，因为其某些组成部分在发展，另一些组成部分比较缓慢地衰退。属于这一类的有以下事实：美国作为世界剥削者、债权人和高利贷者的地位日益巩固（美国的繁荣

'Prosperity')……"①

我们的中央委员会在评价美国帝国主义时从来不曾提出过像布哈林同志代表俄国代表团提出的提纲里所作的那样尖锐正确的表述。

让我们看一看反对派又是怎样说的。我从他们的文件中摘引以下几段：

"对这些矛盾的成熟程度进行的分析表明，美国资本主义正面临达到自己发展的顶点。"

这一段引自比特尔曼—福斯特的提纲。其次：

"目前的经济萧条必不可免地要成为深刻危机的预兆。"

再次，邓恩同志在共产国际主席团宣称：

"还有，——在这方面我们都有过错，不过中央的多数派自然要负主要责任，我们党一方面对于美国阶级斗争发展之快估计不足，对于美国国民经济衰退的速度估计不足，另一方面又对群众斗争意志的加强估计不足。"

对于"国民经济"这个术语的马克思主义解释，你们自会有正确的认识。不过结论十分清楚：对美国帝国主义进行这种"分析"的人没有写过一篇有关的文章，没有在我们的报刊上，也根本没有以任何形式在全党面前发表过一行对于美国经济局势的分析，而且自我们党存在以来都没有过，这是极其值得庆幸的事！列宁主义者不能成为幻想（即使是自己的幻想）的牺牲品。不过，首先还是应当成为一个列宁主

---

① 参见本次代表大会通过的《国际形势和共产国际的任务（根据尼·伊·布哈林同志的报告拟定的提纲）》第18条。——编者注

义者。

现在谈一谈美国当前的经济局势。那里存在萧条现象。的确,目前美国出现了严重的萧条现象。其主要征候是:大规模失业现象,这首先是此种萧条现象本身造成的后果,此外也是疯狂的合理化过程所引起的,这种合理化过程实际上不断制造不从事生产的工人大军。其次,原先曾是美国帝国主义骄傲的巨额产品在自己的发展过程中产生了尖锐的矛盾。第三,在信贷领域(不应忽视美国是主要的世界债权人)由于资本的骇人过剩而发生了危机。在各种工业部门也同样存在危机。但是,这类危机并不是衰退的现象:它们是这些工业部门中合理化发展的征兆。可以举出煤炭工业、石油工业、纺织工业为例。

美国帝国主义内部是否存在矛盾呢?提交给我们中央二月全会的、反对派也表示接受的提纲极其明确地指出了美国帝国主义的一系列矛盾。请允许我宣读下面一段引文:

"为了正确认识美国帝国主义的发展和可能的前景,我们还应当考虑到美国资本主义内部存在着威胁其生存的根本矛盾。简略列举如下:(1)存在过度的、剩余的生产能力,表现为某些工业部门的'过度发展'。(2)农业状况从根本上恶化的现象日益严重,出现危急局面。(3)信贷出现剩余。(4)大力进行分期贸易,其规模极为巨大。美国的繁荣在很大程度上就是建立在这种分期贸易的基础之上的。这种提前消耗工农未来的购买力的做法可能暂时推迟经济萧条现象,但一旦经济危机来到必将成为加强危机的因素。(5)某些主要工业部门出现解体现象。原因之一是当前合理化没有充分推广和这些工业部门处于从属地位,例如煤炭工业就从属于钢铁工业和铁轨轧制业,另一原因是像煤炭工业和石油工业这类工业部门与其他工业部门相比更依赖于世界市场的分配条件。(6)欧洲大型卡特尔的迅速发展证明,其他帝国主义强国的能力在不断增长,不仅能同美国帝国主义相竞争,而且足以打破其独霸的局面。(7)美国资本主义在主要原料如橡胶、氮肥、石油、锡、镍等方面都依赖其他帝国主义强国。(8)

资本输出的日益增长使美国帝国主义面临一个问题，那就是自己的外国债务人完全用商品来抵偿。而这反过来又导致美国的税率降低，因为这是保证债务人有可能偿清借款的必要条件。而这样做又意味着债务人同债权人即美国资本主义的竞争日益加强，不仅包括在世界市场上的竞争，而且包括它本身迄今为止几乎是毫无限制的广大国内市场上的竞争。"

同志们，让有的人去说我们只突出强调美国帝国主义的力量吧！我们明确认定，强调说明，并且完全清楚地指出了美国帝国主义内部发展着的矛盾，以及由此而造成的我们党开展工作的日益增长的可能性。能否认为现在已经存在明显的衰退因素呢？能。我们已经强调指出，并且是十分明确地强调指出过美国帝国主义的这些衰退因素，如食利者阶级的发展，以及迄今为止一直是美国繁荣现象基础的国内市场的缩小。

然而，我们也不应当对于美国资本主义还存在相当力量和拥有潜力估计不足。我只列举其中若干主要的潜力：

1. 对美国的后方（拉丁美洲及太平洋岛屿）加强剥削和资本输出。不应忽视，美国帝国主义目前正试图在拉丁美洲和太平洋岛屿建立自己垄断性剥削的经济"后方"。当然，这样做可能引起同其他帝国主义势力的冲突。此外，美国帝国主义者的侵略行动还将激起殖民地和半殖民地群众的反抗。

2. 继续实行生产特别是分配过程的合理化，对分配进行改组的倾向就是这方面的表现。

3. 发展电气化和使用电能。当前电能在美国工业发展中所起的作用相当于1870—1880年期间铁路所起的作用。

4. 开发美国的鲁尔区——实现南部的工业化。

不过我们看到这些潜力时不应陷于消极悲观。我们重复一遍我们在二月全会上所讲过的话，即我们认为正是美国帝国主义的这种侵略性才是日益增长的军国主义化的根源，这也使我们更加相信美国必会卷入即将爆发的帝国主义战争。在分析美国帝国主义所起的作用时，我们不应当对美国资本主义的实力估计过高。尽管美国资本主义外表繁荣，却存在着从根本上破坏其生命力的势力。主要的是我们不应忘记，国际资本主义目前正处于自己最后一个阶段——帝国主义走向衰亡的阶段。

我们的反对派或者只看到美国资本主义的矛盾，或者只看到它的强大。他们无法看到，正是美国帝国主义强大本身产生种种矛盾，从而也为我们党开展活动提供了日益增长的可能性。

现在，我想分析一下我们的反对派对布哈林同志提纲所提出的某些批评意见。首先谈谈所谓生产率增长速度减缓的问题。同志们，谁不知道，随着基础的扩大增长速度要逐渐减弱。

其次，反对派领袖比特尔曼同志在进行判断时只是随意选了一个时期，而且是一个为时较短的时期，这就预先使他的结论失去了价值。

第三，我们想提醒他一句，事态的发展并不始终是按直线方式进行的。

第四，他选来作为比较基础的时期是一个所谓非正常的战争时期。

最后，美国帝国主义的生命力如何，是不能仅仅用某几年内产品产值的数字来衡量的。需要对合理化的整个体系，特别是对生产单位的生产率水平即每个人时的生产率作出判断。

在这方面，比特尔曼同志的结论离真理太远。可以确认的恰恰是一种相反的倾向，而这种倾向又恰恰证实布哈林同志提纲的正确和比特尔曼同志结论的不正确。工业中 1914 年需要 100 名工人的劳动来生产的产品，在其他各年需要的工人数相当于：

年份	工人数
1919	102.2
1921	99.6
1923	80.5
1925	71.0
1927	64.0（近似数）

这表明1914年时需要100名工人完成的劳动，后来所需要的工人数逐年下降。直到1919年以前，工业中就业的工人数量和劳动生产率同时上升。现在，我们看到的是生产率不断增长的趋向，但与此同时，特别是最近三年以来，工业中就业工人的数量明显下降。大工业中每一个工人的平均生产率，1927年与1914年相比提高了45%。

第二点，比特尔曼同志确认出口额增长速度减慢。像比特尔曼同志那样把这几年同战争年代相比较是可笑的。首先，战争年代和战后最初几年是一个非正常时期。其次，我们应当按战前的美元来计算产品产值，而不能按票面价格计算。要得出正确的结论，就不能同1919—1921年时期相比较，因为这个时期不能作为正确的标准。而主要的是，我们不应从统计数字上机械地评判事实，而应当运用辩证的方法。美国不是生活在真空之中。我们应当把美国放在同其他帝国主义大国的相互关系之中来对它进行考察。问题是：美国是否继续在国际市场上不断挫败其他帝国主义大国？我们的回答是肯定的。这才是美国帝国主义现有的实力和生命力的标志。在这个基础上，美国的输出，与比特尔曼的数字相反，仍在继续增长。

但是，比特尔曼同志为什么对于当前形势最典型的特征报以缄默呢？为什么他对于恰恰是理解当前国际形势关键因素（在布哈林的提纲中就是这样正确指出的）的资本输出方向的趋向报以缄默呢？这种值得令人注意的缄默原因何在呢？而这方面的事实却证明，美国帝国主义仍然在不断向上发展。原因恰恰即在于此。请允许我就此引用下面的表格：

美国的资本输出

年份	数额（万美元）
1923	4400
1924	87800
1925	103100
1926	113500
1927	137700

这些数字不包括长期债务在内，而是上述年份增加输出的新的资本的净数。

1928年头六个月，美国输出资本达105316.4万美元，而1927年上半年则仅为79427.7万美元。这就是说，美国资本主义在每一秒钟营业时间内投资于国外和本国证券的钱，包括对外输出和用于国内金融市场，为1000美元。

让我们看一看，比特尔曼同志的主要论据是什么？他用以证明他关于美国帝国主义正在衰退的错误理论的主要论据是，工人的平均国民收入降低了。比特尔曼同志引用这一事实来证明美国无产阶级的贫困不断加深。这是荒谬的。他忘记了一点，即虽然毫无疑问美国工人遭受剥削的程度在不断加深，但这一事实本身却根本不能说明工人的生活状况恶化。**较高国民收入中较小的比重大于较低国民收入中较大的比重**。为了证实我们的论断，我们在这里举出一些材料，它们能说明美国的国民收入在不断增长：

年份	国民收入（万美元）
1921	6273600
1922	6556700
1923	7676900
1924	7936500
1925	8646100
1926	8968200

　　这就是说，七年内增长了280亿美元。这难道不是最大的下降？这是比特尔曼同志下降的顶点。

　　瓦尔加同志断言美国的生活水平没有下降是正确的。实际收入确实每年增长7%。问题在于反对派把实际工资和剥削的程度混为一谈了。

　　从自己这种对于收入的错误分析出发，比特尔曼同志就得出了一个反对布哈林同志提纲的最为"气势汹汹"的结论。比特尔曼同志指责提纲没有充分阐明帝国主义外部冲突和国内冲突之间的依赖关系。这意味着什么呢？原来比特尔曼同志想造成一种印象，似乎在布哈林同志的提纲中帝国主义大国之间的冲突被描绘成是没有阶级基础的，是和每个个别的帝国主义国家的阶级斗争没有任何联系的。这种指责显然是十分可笑的。如果这种指责确有根据，那么布哈林同志代表俄国代表团提出的提纲就根本没有丝毫马克思主义了。

　　比特尔曼同志只在一定程度上同意"提纲的基本路线"，那就是他在发言时提出的："共产国际应当就美国发表一点**新的言论**"，应当对美国**重新加以强调**。换句话说，布哈林提纲的"旧的言论"是不够的和不正确的。这使我想起一首古老的美国歌曲："你想什么就讲什么，你讲什么就想什么。"比特尔曼同志说,我们党已经不那么年轻了。但是听了他的发言,我开始相信,尽管党已经成年,而我们的某些理论家却仍然还很年轻。

下面谈一谈美国帝国主义的作用。中央委员会认为,美国帝国主义日益增长的侵略性在当代是以其日益加强的实力为基础的。这正是当前世界形势独有的特点。我们的反对派断言,这种日益增长的侵略性的基础在于……——我还是逐字引证吧:在于"美国帝国主义日益减弱的潜力"。这是对提纲的根本错误的"补充"。但愿我们党和共产国际摆脱这类关于美国的"新言论"!这种**"新的强调"**是根本错误的。反对派的错误根源何在呢?他们无法理解,美国帝国主义的发展和它的侵略性是可以并行不悖的。按照他们的看法,侵略性只能是衰退的结果。因此,反对派宣布一种臭名昭著的理论,说中央委员会如果不同时承认美国帝国主义处于衰退阶段,就不能说美国帝国主义富于侵略性。请看他们用来批评党的材料是些什么。他们如此坚信自己的幻想和自己关于美国帝国主义衰退的错误结论,以至于指责中央委员会说,中央对于英美冲突和日美冲突的政策是立足于这样一种观念,似乎美国在中国是尾随在英国帝国主义和日本帝国主义之后行动的。

还是让我们看一些事实吧。我援引我们的反对派中一位"理论家"对英美关系的评价。在考察英美关系时,邓恩同志宣称:

"如果美国帝国主义确实希望使自己和帝国主义世界(我们在本文中只考察帝国主义大国之间的冲突,而不涉及帝国主义反对苏联的共同斗争)获得和平,那么它的行动方式看来就会十分简单。为了达到这两个直接目的,只要两个最强大的帝国主义国家,即美国和英国,签署一项反对战争的条约并商定共同反对任何其他帝国主义国家或任何一个破坏和平的国家,那就完全足够了。这样一种联合力量已经相当强大,任何帝国主义大国集团也不敢对它挑战。"

中央委员会驳斥对于英美冲突的这种机会主义的、非列宁主义的评价。中央委员会确认（布哈林同志的提纲也是如此），当前的英美冲突相当于战前英德冲突所占的地位。

现在谈谈日本问题。我们的中央委员会确认，日美之间的帝国主义冲突正在发展，而且必不可免地要越来越尖锐。目前，美国帝国主义大力进行反日宣传，华尔街也力图使人们相信美国是中国的朋友。这两种手法的目的都是为了在无产阶级中制造反日情绪，以便为太平洋地区的帝国主义战争做好准备，并形成一种可笑的观念，似乎美国真是中国的朋友。考虑到所有这些情况，我们急需揭露美国的帝国主义宣传，说明美国帝国主义的具体侵略作用。美国帝国主义目前暂时给日本某些行动自由，这是因为总的说来中国革命孕育着更加严重的危险。我们是否否认日本帝国主义与美国帝国主义之间存在发生冲突的根源？我们是否否认太平洋上存在斗争？真是胡说。我们对这两者都不想否认。我们否认的只是一点，即似乎我们的任务在于掩饰美国帝国主义作为日本消灭中国积极伙伴的作用。党的策略的基本路线不应当立足于帝国主义大国之间的分歧，而应当建立在所谓本国政府即压迫美国无产阶级的美国政府的具体作用上。

再谈几句关于向左转的问题。美国是否存在革命化的进程？中央委员会的回答是肯定的。当前革命化的规模是否很大呢？我们的回答也是肯定的，而且我们说，革命化的进程现在比拉福莱特运动高潮以来任何时候都更加广泛。我们还要进一步说，激进化的进程正在不断加强，不过还没有达到美国全国的规模，从另一方面说，深度也还不够。如果这个进程能发展为美国全国性的进程，并具有相当的深度，那它就会获得某种群众性的政治表现。我们也就会亲眼看到无产阶级大量的经济搏斗。我们也就会目睹一场罢工战争。但是，工人阶级的绝大多数仍然追随着格林、沃尔和反动的工会骗子手和资产阶级政客的政策。

反对派在向左转问题上的错误在于,他们断言,似乎美国的革命化过程已经具有普遍性,已经席卷工人阶级的基本群众。我们的反对派分子之所以发生这一错误,是因为他们认为革命化只有在资本主义衰退时期才有可能出现,而美国帝国主义在他们看来正好处于这一时期。他们无法看到美国帝国主义日益增长的实力本身就在不断产生种种矛盾,而这些矛盾就是促使群众向左转的根源。

简单谈谈失业现象。在美国由于存在大规模失业现象和骚动不断增长,我们党开展活动的条件越来越成熟了。我们党对此作出了正确的反应。

反对派在这里多次讲到反对右倾危险的斗争。美国党多年以来一贯不断反对右倾危险。另一方面,我想提请同志们回忆一下列宁同志的一句忠告:"重要的不是言语,而是行动。谁相信言语,谁就是傻瓜。"① 反对右倾危险的斗争在我们的反对派那里简直变成了一种讽刺。例如,反对派的一位同志曾向我们代表团提过一个关于更改我们党的名称的建议。他声称:把党称做"共产党"证明你们左倾;如果你们坚持认为根据合法性的客观动机要保持党的名称为"工人党(共产主义)",那就表明你们右倾。同志们,这是些什么手法呢?何必穿戴上极"左"的服装。用不着采用"左"的装饰。何必采取这类无原则的手法呢?为什么你们要隐瞒自己队伍中的分歧呢?为什么你们要夸大和强调同我们的分歧呢?你们想干什么?是想机械地把欧洲的条件移植到美国的土壤上来吗?请告诉我们,你们用什么来进行投机呢?是利用想象中的别的党内的摩擦吗?

同志们,我不想多谈细节,不过还是需要向你们简要介绍一下我们

---

① 参见《列宁全集》中文第2版第40卷第232页。列宁的原话是:"……谁相信口头上说的,谁就是一个不可救药的十足的傻瓜。"——编者注

党的发展，在最强大的帝国主义国家中进行活动的这个党的发展。这对于理解我们内部当前的形势是完全必要的。在我们成立的最初时期，我们是极"左"派。我们的所有错误大都属于极"左"的性质。我们党同极"左"派进行了多次战斗。例如，以"左"派之一的身份在此大为炫耀的坎农同志就曾经提出过一个肃清极"左"倾向的极为简单的办法，他建议从我们党开除5000名工人。值得庆幸的是我们否决了这种做法。

我们党的生活后来一个时期又主要是存在右的指导思想。这是在1924—1925年期间，当时主持党的领导机构的是洛尔、福斯特、比特尔曼。我们可以简单回顾一下现在的反对派在党内占多数时我们党中央委员会的策略。

（1）当时由福斯特出版并作为工会教育联盟正式机关刊物的《劳工先驱报》公开宣传如今已为大家所否定的工人银行。

（2）洛尔（因犯机会主义错误已被驱逐出党）在他所出版的《人民报》上把福斯特—比特尔曼—洛尔—坎农集团占据多数的党代表大会当做托洛茨基多数派的胜利加以祝贺。而我们试图加以否定，却毫无结果。

（3）这次代表大会向共产国际提出请求，希望国际执行委员会关于在工厂基层支部的基础上对党进行改组的决议不要运用于美国。

（4）我们曾试图在托洛茨基主义刚一露头时便加以抑制，但未能成功。直到我们从参加莫斯科第五次代表大会的代表那里得到指示之后，托洛茨基主义才第一次被以福斯特和洛尔为首的当时我们党的中央委员会的多数派所否决。

（5）整个工会工作的安排都寄希望于熟练工人，寄希望于工人贵族。而对于把未参加工会的工人组织起来的工作却丝毫不予重视。当时只把已有的工会的联合看成是唯一的任务。我们为把组织未参加工会工人的工作推进一步的种种打算（如1923年的党代表大会）均遭到否决。

（6）当时实际上是福斯特多数派思想领袖的洛尔后来被开除出党。第五次代表大会向我们党发出专门的指示，要求福斯特多数派与洛尔的追随者（现在已在党外）决裂而同鲁滕贝格的支持者实行联合。这是第五次代表大会上共产国际对美国问题的政策。

（7）接着共产国际在第五次代表大会上宣布：

"聚集在坎农同志周围的同志们发表了一系列声明，这些声明证明，他们试图对小资产阶级施加影响时没有站稳共产主义的立场。"

（8）现在自封为"左派"的人当时对于黑人工作问题上的政策是怎样的呢？我援引反对派分子之一邓恩同志在红色工会国际第三次代表大会上的发言。劳驾洛佐夫斯基同志费神听一听，并回忆一下我下面讲的内容。在听取关于黑人问题的辩论时，反对派对于这个复杂而重要的问题所采取的无原则态度使我大为吃惊。请允许我引用邓恩同志对1924年福斯特—洛尔中央委员会关于黑人问题政策的叙述：

"下面谈谈黑人问题。我应当说，在听取关于黑人问题的辩论时，我为某些同志对待这个复杂而危险的问题的轻率态度而感到吃惊。请允许我首先提出，美国黑人是美国无产阶级的一部分。工人阶级中已经组织起来的那一部分，集中在美国劳联的各个工会中。有组织的黑人工人的数量相对说来不少于，很可能还多于有组织的白人工人。黑人工人没有组织起来的原因，并不在于种族对立，而在于整个说来美国无产阶级都没有组织起来。在有黑人工作的工业部门中，他们按同其他人平等的原则参加工会。矿业工会的情况就是这样……建筑业的情况也是如此。有的工会只吸收高度熟练的工人，这类工会不吸收黑人。不过，一旦黑人在这些工业部门数量增加并开始同参加工会的工人竞争时，他们也将会以同别人平等的原则被吸收参加这些工会。从根本上说我们反对工会二元论，所以我们也不能赞同平行的黑人工会。种族偏见是存在的，这不假。但是，同种族偏见作斗争的最好方法是把白人工人和黑人工人联合在统一的组织中，而不是把黑人引向街垒的一边，把白人引到街垒的另一边。

我们看到吸收黑人参加白人工会的工作已在进行。如果洛佐夫斯基同志不顾这一切而坚持在美国组织独立的黑人工会，那么我们就要请他到美国来至少用一年时间亲自接触这个问题。我坚信，在下一次代表大会上他就会同敢于提议用这种办法解决黑人问题的同志拼命。"

总之，这位同志，不是别人而正是邓恩同志，他在正式代表美国党就黑人问题发言时曾邀请洛佐夫斯基同志去美国贯彻执行自己的政策。我们的中央委员会采用了另一种策略，而没有在这个问题上求助于洛佐夫斯基同志。

（9）让我们看看，库西宁同志在共产国际执行委员会第五次全会上是怎样表述当时的福斯特—洛尔多数派即现在的反对派（在工党问题上）的立场的："按照委员会的意见，多数派对于偶然的和表面的政治现象抱有过多的希望。"

现在谈谈我们党生活中的当前时期，即自1925年末以来的时期。

我们看到，从那时起我们党在现在的中央委员会领导下，已开始向建立布尔什维主义党的方向演变：

（1）我们在产业基层支部的基础上改组了党。

（2）我们提高了党的思想水平。

（3）我们把党引上了开展群众工作的道路。现在我们党的党员有47%参加了工会，而在我们接管党的领导机构之初，参加工会的党员只占32%。

（4）我们开展了把未参加工会的工人组织起来的运动。而在我结合帕塞伊克爆发的著名罢工试图具体开展这一运动把未参加组织的纺织工人组织起来的时候，反对派曾出面反对这类步骤，指责我们提倡工会二元论（1925年的中央十二月全会）。

（5）我们在从思想上和组织上团结全党方面取得了重大成就。

（6）我们为在黑人中开展群众工作打下了基础。

（7）我们进行了反对机会主义的斗争，继续开展反对洛尔的斗争，并反对了美国帝国主义对工人阶级乃至对我们党的某些成员（即现在的反对派）的思想影响。

反对派首领之一茨沃贝克同志宣称，由于俄国革命不再是鼓舞美国工人的源泉，消极悲观的情绪正在我们党内发展。请允许我摘引1926年8月当时担任我们党第二个大区芝加哥区组织员的茨沃贝克同志写给中央的信：

"消极悲观情绪控制了党员……总的说来，其结果是使普通党员和党的领袖在一定程度上丧失了信心……

目前我们党再不能依靠俄国革命的光荣过日子了，我们就应当比任何时候都更明确地承认，我们的主要任务是同工人阶级建立联系，并在实际上成为工人阶级日常生活和斗争的一个因素。"

在这位同志看来，俄国无产阶级革命的理想同党积极参加工人阶级的日常斗争是矛盾的。我们当即毫不留情地驳斥了这种理论，指出这是机会主义最恶劣的表现。

当福斯特同志发挥这样一种理论，似乎工会官僚机构是不可战胜的，似乎美国工人的储蓄蕴藏着不断扩大的可能时，我们批驳了这种理论，认为这种理论是又一个证据，证明美国帝国主义实力的强大对于我们党的思想产生着致命的影响。请允许我摘引福斯特同志在1926年7月号《工人月刊》上发表的题为《工会资本主义》的文章。让我们看一看，在这次代表大会上以最纯粹的左派面目出现的福斯特同志当时是怎么讲的：

"现在，工会官僚所拥有的恬不知耻地全部用于压制工会内部民主的财力已经十分有限。即使如此，要撤销工会官僚的职务仍是极其困难的。一旦获得大批资本主义机构的资源，他们又将变得真正不可战胜。

……（工人）的储蓄是存在的，储蓄总额极大，这类储蓄蕴藏着无限的迅速增长的可能性。"

我们不准备把这种提法说成是为美国帝国主义大肆吹嘘的典型。

我们党首先忙于组织未参加工会工人的工作。在我们党的历史上，工会教育联盟采用给未参加工会的工人保留地位的组织原则，这还是第一次。在矿业、纺织、缝纫、制鞋、橡胶等工业部门，我们已着手组织新的工会。在纺织、矿业、缝纫等部门我们已经部分地建立了新的工会。我国发生的每一次罢工，我们党都处于中心地位。在帕塞伊克罢工和其他一系列罢工中，在围绕萨柯和万泽蒂事件开展的运动中，在反对美国帝国主义者在尼加拉瓜发动战争的斗争中，在反对压迫殖民地群众的斗争中，我们每次都站在斗争的前列。现在对左翼的领导权已完全掌握在我们党手中。

坎农同志在这里批评了我们的选举运动。我只需援引他来莫斯科之前在《工人日报》上发表的文章就行了。在这篇文章中他可是对我们的选举运动大加赞扬的。这就是说，在莫斯科讲的是一套，而在纽约讲的又是另一套。请允许我摘引坎农同志6月5日在《工人日报》上就我们的选举运动所发表的一番话：

"无论是谁，只要参加了代表会议或者注意了会议三天来的工作，他就会毫不怀疑地认为，党终于给自己的选举活动打下了实际基础。

这是第一次在美国全国范围内实际显示我们党的目的、性质和组织。代表会议组织得十分完善，准备工作是高水平的。它的特点是情绪确实不断高涨。代表会议各方面准备工作的顺利安排是1928年运动的好兆头。

参加刚刚结束的代表大会的有来自 39 个州和哥伦比亚特区的 296 名有表决权的代表，与会的还有各兄弟组织的 150 名代表。革命工人运动的优秀活动家阿妮塔·惠特尼和卢西·帕森斯等参加会议，使会议具有更加重大的意义。参加会议的还有一个人数众多的黑人代表团，这就巩固了各个种族在他们共同斗争中的兄弟般团结的纽带。举行罢工的矿工、纺织工人和缝纫工人也派出代表参加了会议；南方和遥远的西部也派来了代表。代表大会的人员组成值得专门大书一笔，它显示出一个真正全美组织的图景。

各个代表团的性质，以及在报告和讨论中涉及的阶级斗争的迫切问题，都令人信服地证明，共产党对待选举运动的态度远远不同于资本主义政党和改良主义政党的态度。代表大会取得的完全无可辩驳的成就使我们完全有理由断言，我们正在接近实现一个最重要的任务，那就是巩固我们作为全美国范围政党的地位。

近几年来，党的发展在很大程度上是在工人群众局部斗争的基础上实现的。目前，我们党正集中自己的力量在更广阔的舞台上进行共同的斗争。这里就包含着以我们的全美选举运动开始为标志的转折的巨大意义……党已经赢得了为工人阶级的经济利益而奋斗的战士的荣誉。剥削者及其'工人'走狗之所以对我们表示憎恨和恐惧，就是因为我们给了他们沉重的打击……许多工人对我们的工会工作反映良好，他们以为我们的全部活动也就局限于这一项工作。我们在帕塞伊克进行了坚持不懈的斗争。我们过去和现在都在反对企业主、警察、美国劳联中的叛徒和社会党，直到停止缝纫工业的生产。当前，我们党是煤矿工人英勇斗争的灵魂。"

在黑人工作方面我们犯有许多错误，不过我们终于为这项工作打下了良好的基础。

在组织方面我们完成了我们党的机关的统一集中。我们在采矿业的宣传运动期间吸收了 1000 多名新党员。目前我们党拥有 15000 多名党员，而今年即 1928 年每月增加党员 600 人。我们现在拥有各个企业基层支部发行的报纸 28 种，总发行量达 6 万份。

我们是否在进行反对右倾危险的斗争？谁也不能指责中央委员会在对党的工作实行领导方面过于谨慎和因循守旧。中央委员会规定任何党员对破坏司法禁令（"Injunction"）毫无作为就要被立即开除出党。在反对上述禁令的斗争中，特别是在煤矿工人罢工期间，我党有数以十计的党员被投入监狱。在组织纠察队和上街游行示威时也发生同样的情况，在这些活动中我们党都积极参加，有时还进行领导。

就在最近几天，我们的中央委员会还不得不否决了美国反对派首领之一茨沃贝克同志关于放弃在纺织工业中建立新工会的意见，根据是反动的纺织工人联合工会——我们美国最为反动的一种工会——已宣称要着手把未参加工会的群众组织起来。我们毫不留情地反对了这种左右摇摆和因循守旧的情绪。我们也反对了明尼苏达出现的右倾危险。反对派的支持者断言，那里的工人党的纪律性同共产党的纪律性一样严格，而且这些反对派同志们在那里坚持支持资产阶级政治活动家希普斯特德作为候选人参加美国参议员竞选。

在反帝工作方面我们反对了反对派代表之一戈麦斯的和平主义错误。

在采矿工业宣传运动期间，我们反对了反对派分子佩肯在无烟煤地区所犯的右倾错误。

在进步党人问题上，正是中央委员会注视着在同他们达成协议时不使领导权转到他们手中。请允许我援引一些提案：

"政治局，1927 年 11 月 16 日。福斯特的提案：

'只有进步党人和右翼的联合力量才能提出必要的行动纲领和实现对矿业工会的领导。'

政治局，1928 年 2 月 22 日。邓恩的提案：

'我们应当竭尽全力同进步党人和正直的反对派分子建立联盟，因为在当前

必须对机枪、骗子手和政府作斗争时，没有这样的联盟就无法取得和实际贯彻对矿业工会的有力监督。'

洛夫斯通的提案：

'这并不意味着，我们把斗争的领导权交给进步党人或正直的反对派分子。'"

我们的中央委员会对社会党采取更强硬的态度是完全正确的。在这里围绕着所谓对待社会党的机会主义态度掀起了一场风波。我要说，比特尔曼和福斯特也曾主张派出可靠的和值得信赖的人员到社会党去进行专门的工作。请允许我援引我们政治局1927年12月14日会议的记录：

洛夫斯通的提案：

"就社会党四月代表会议问题决议：由书记处会同各州委会讨论向社会党派出少数优秀同志，以便按照我们关于建立工人党的政策的精神开展工作的提议。指派担任此项工作的同志应经书记处批准。"

比特尔曼的修改意见：

"这项关于向社会党派出可靠同志的建议应当只涉及拥有大量工人的那些组织。这一措施的主要目的在于，从内部破坏社会党现在领导机构的威信，并为阐明必须建立工人党而进行宣传鼓动。"

福斯特的修改意见：

"奉派前往拥有某些无产阶级成分的社会党支部工作的同志的任务应当是，宣传我们的纲领，以求造成这些组织瘫痪，并把上述无产阶级成分吸收到我们党里来。"

洛夫斯通用以取代前一提案的提案：

"工人党在其目前对待社会党方面的基本任务在于：使所有追随社会党的工人离开社会党。这样做的基础首先是那些足以揭露社会党作为工人阶级政党已经破产的具体的、直接的问题，例如：关于工人党的问题、对待工会官僚机构的态度、对待政府特别是对待帝国主义和对待苏联问题上的态度。这一场宣传运动应当通过提倡统一战线的方法来加以实现，这种方法可与激烈攻击目前的社会党及其现今的领导机构同时进行。"

洛夫斯通的提案：

"本次会议通过的策略应当成为对政治局指定的小组（对待社会党策略问题专门小组）的总的指示。"

总之，我们可以看到，在这件人们指责中央委员会多数派所犯的骇人听闻的机会主义罪恶中（如果一般说来可以把这称做罪恶的话），我们反对派的首领们毫无疑问是参加了的。而且从提案来看他们比多数派走得更远。

我们的反对派在这里还就潘肯事件大肆喧嚷，似乎这个事件足以证明中央委员会的另一个机会主义罪恶。可是，反对派在纽约州委会中的支持者不仅一致投票赞成我们关于选举潘肯的策略，而且在1927年10月27日的政治局会议上福斯特同志还提出了一项堪称为我们党有史以来在对待社会党方面所犯最恶劣的机会主义错误的典型范例的提案。福斯特的这个遭到否决的提案声称：

"纽约州委会关于对潘肯（社会党的法官候选人）表示某种支持的策略是不正确的。党本应当向社会党提出一项总的提议，即在纽约的选举中投票支持以最低纲领为基础的统一工人阵线的共同名单。"

关于自己的这一项提案，福斯特同志在这里闭口不谈。

反对派指责我们党的中央委员会犯有机会主义错误，因为采取了向社会党发出公开信的错误做法。请允许我回顾一下这封公开信的始末，以便揭露反对派在这里对中央委员会的攻击是极其无原则的。

"政治局。1927年11月7日。比特尔曼的提案：

'政治局的小组应当草拟一封给维克多·伯杰和社会党中央委员会的公开信，批评社会党的战略，并提议明确地主张于1928年确定真正的工人党的共同名单或者确定统一的工人名单。'

政治局。1927年11月25日。比特尔曼的提案：

'我们重申政治局上一次关于向社会党发出公开信的决议，并建议书记处采取措施贯彻这一决定。'

政治局。1927年12月7日。

'比特尔曼提出给社会党公开信草稿交小组最后审定。'"

从以上所述可以看出，虽然这个错误的责任整个说来应由中央委员会来负，但反对派在其中起了很大的作用。党不止一次强调指出社会党策略具有反无产阶级的、资产阶级性质。4月9日，在收到共产国际主席团最近一封信之前，政治局记录了洛夫斯通的下述提案：

"党发出的不是给社会党的声明，而是就社会党代表会议给工人们的正式文告。"

我们党在五月全会的决议中详细地阐述了自己反对社会党的策略。比特尔曼同志在这里宣称，他和整个反对派承认并且正在改正自己的错误。其实他应当说，反对派仍然一次又一次重复自己的错误。

下面谈一谈当前的分歧。一直到五月全会之前，党内的分歧并没有以激烈的形式表现出来。原先存在的分歧并不是沿着旧的线索发展的：这些分歧主要涉及工会问题，是在比特尔曼和中央委员会多数派（也包括福斯特在内）之间展开的。在比特尔曼同志关于我们日常宣传鼓动中的政治罢工问题的提议方面，情况也是如此。

直到最近一次全会开幕之前，所有同志一致认为没有必要在会上通过某种政治决议。坎农同志和比特尔曼同志甚至还提出了这方面的相应提案。这两个提案被一致通过。4月20日，比特尔曼同志建议政治局确认，"自3月6日以来，全党表现了执行中央全会拟定的路线的更大决心"。看来，直到最近我们现在的反对派并没有发现任何右倾危险，也没有感觉到来自这方面的威胁。

关于洛佐夫斯基同志，我想谈几句洛佐夫斯基同志，我说你滥用了自己作为红色工会国际领导人的地位。我们欢迎批评，特别是欢迎来自洛佐夫斯基这样一位老布尔什维克的批评，但是我们劝告洛佐夫斯基同志不要再把自己和红色工会国际等同起来。

我们深深感觉到，在涉及美国党的问题上，与其说洛佐夫斯基同志像一个教师，不如说他更像一个检察官。他指控的是什么呢？他武断地说，我们否决了红色工会国际的决议。他武断地说，我们同德国党的右翼建立了统一战线来反对红色工会国际。洛佐夫斯基同志的想象力太没有边际了。

人所共知的所谓不接受红色工会国际决议这件事的实际情形究竟如何呢？（1）福斯特同志向中央五月全会提出了关于工会工作的议案，我们投票赞同。（2）约翰斯顿同志提出了一个极端派性的文件作为红色工会国际的代表团在代表大会上的报告；这个文件被我们否定了，甚至连洛佐夫斯基本人也未必会坚持要我们接受这个文件。（3）我们通过了一项赞同红色工会国际决议的决议。（4）洛佐夫斯基同志昨天指责说，发给工会教育联盟代表大会、左翼代表大会的电报在中央委员会内引起了不满。这是毫无根据的。福斯特同志曾反对这封电报的内容。我不能准确地把他的话重复一遍，怕速记员会提出抗议。他讲了这封电报对代表会议造成的印象。

不过我们公布了这封电报，并且在我们收到关于组织未参加工会的工人的忠告很早以前我们通过了下述决议：

"政治局。1927年11月2日。

'为了同未组织起来的工人建立积极的联系，工会教育联盟应当同工人俱乐部、工厂委员会和其他按工厂或地区成立的组织保持密切的接触。工会教育联盟的所有小组和所有领导机关都应有相应工业部门和地区内其工人未加入工会的各企业的代表。'"

至于谈到洛佐夫斯基关于我们同德国党的右翼建立统一战线的令人发笑的指责，那么，洛佐夫斯基同志，请你记住："住在玻璃房子里的人不应当乱扔石头。"在你之前很久我们就反对过布兰德勒，并且同德国代表一起在第七次全会上进行斗争，纠正了你们的路线。你们对于德国右派分子的批评正确吗？我们百分之百地接受了这个批评。

但是，为什么你们在指责我们的时候不援引任何一段文字根据呢？而你们在批评德国人时不是援引了吗？为什么你们对我们不这样做？你们为什么不引用我们的文章和文件？

我们没有批评过红色工会国际的决议吗？当然，批评过！是谁批评的呢？特别是福斯特同志，而对此，你们——在五月全会关于工会的决议中——却保持缄默。福斯特还在一封篇幅很长的——达18页——给洛佐夫斯基同志的信中批评了红色工会国际的决议。在党内任何地方，只要有可能，福斯特同志就对之进行批评。5月份福斯特同志写了一篇文章答复洛佐夫斯基同志对我们的批评，我准备向你们引证的也就是这一篇文章。我所援引的是福斯特同志的话，洛佐夫斯基同志维护了他，却又把他忘却了，而我维护了他，但记住了他在这次批评中的情况。在这里福斯特同志是完全正确的。我按照1928年7月号我们的《共产党人》月刊的文字引用这一段话。这篇题为《老工会和新工会》的文章针对坎农同志的批评维护中央委员会在工会问题上的立场。福斯特同志在文章中写道：

"洛佐夫斯基同志对我们工会策略的尖锐批评使中央全会的讨论显得十分激烈。这个批评大部分是明显没有根据的。例如指责说,似乎我们'围绕美国劳联问题纠缠不休',似乎我们'一再请求改良主义工会的首领组织未参加工会的工人,挽救工会,领导罢工,等等',似乎我们存在'关于统一战线的形而上学的观念',等等。洛佐夫斯基同志也未能对美国的形势进行仔细的分析和提出我们在老的工会中确切的工作路线,以及说明这项工作对于建立新的工会的关系。对于所有这些论断在关于工会的决议中都作了详细的说明,我们在这里不必再予重复。在洛佐夫斯基同志的批评中,真正宝贵之处,是有力地把党的注意力转向建立新的工会这一迫切问题。"

洛佐夫斯基同志没有任何根据就毫无顾忌地攻击我们党在组织未参加工会的工人群众方面完全无所事事,与洛佐夫斯基同志的全部诽谤活动恰恰相反,我们党在这条战线进行了大量工作。

请允许我继续引用福斯特同志文章中的话,而洛佐夫斯基同志自然会毫不犹豫地接受它的话的。福斯特同志写道:

"尽管最近两三年以来我们党越来越坚定地坚持建立新的工会,并且在各个工业部门直接着手组织未参加工会的工人(我们在汽车、冶金、煤炭、制鞋、纺织、肉类包装等工业部门以及在海运部门中的活动足以证明这一点),但是我们进行所有这些工作并没有足够明确的目标,没有足够清楚地认识到我们究竟向何处去。"

这才是切切实实的批评,但是这样的批评从来不合洛佐夫斯基同志的胃口。

我个人不同意红色工会国际决议的某些方面。在这项决议中红色工会国际为我们党制定了工会工作的路线,竟然一句话也不分析工人运动的形势。在这方面我也想声明我同佩珀同志之间存在重大的分歧,他宣称他99%地同意红色工会国际的这项决议。我仍然保留原来的批评意见。红色工会国际决议中对工人运动的状况丝毫不作分析并非偶然。还有待于洛佐夫斯基同志去发现美洲大陆。

看来洛佐夫斯基同志有一种习惯，那就是在进行自我批评的时候把涉及他本人的事情忘得干干净净。在这种场合，他把自己完全排除在视界之外。

洛佐夫斯基同志不负责任地指责美国党并不是第一次。在第七次全会上洛佐夫斯基同志指责我们党对于工会教育联盟的工作和帕塞伊克罢工工人的利益采取消极怠工的态度。但事实证明这类指责毕竟毫无根据，后来洛佐夫斯基同志自己也承认了这一点。

同志们可能会问，究竟为什么洛佐夫斯基同志对我们党如此冷酷无情，如此抱有成见？回答是这样的：几年以来我们一直在反对他，目的是要迫使他修改工会教育联盟（属美国的左翼派别）的纲领。这个纲领很久以来一直包括有这样一项条款，即任何工人只要在很早以前曾经不承认过无产阶级专政，他就要被开除出联盟。我们不得不进行反对在建立和发展左翼（洛佐夫斯基是努力加以维护的）方面的这种错误观念的斗争。许多年来，工会教育联盟纲领一直保持有承认无产阶级专政的条款。

回想起我们在这个问题上为战胜洛佐夫斯基而经历的种种事件，我们不禁产生一种想法，即洛佐夫斯基同志并没有任何权利指责别人"混淆了整整两个大陆"。红色工会国际的悲剧就在于它是由洛佐夫斯基同志领导的，而这个人几乎一接触任何一件事情，就要把这件事搞得一塌糊涂。

在第九次全会上我们党又使洛佐夫斯基同志的策略遭到一次严重的失败。洛佐夫斯基同志在那里提出了一项关于美国工会的决议，其中一个字也没有提到共产党人必须在美国劳联现有的工会中进行工作。美国代表团在第九次全会上提出了一项反决议，其中特别强调必须组织处于工会组织之外的工人，同时宣称必须继续和加强共产党人在美国劳联内部的工作。洛佐夫斯基同志激烈地反对这个修改意见，不过遭到了迎头痛击，——甚至连福斯特同志也拒绝支持洛佐夫斯基同志对于我们党在矿工宣传运动中的政策问题的立场。

洛佐夫斯基同志看来对于自己对美国工会政策问题的理解具有特殊的兴趣。在红色工会国际执行局最近的某一次例会上，洛佐夫斯基同志谈到美国问题时发表了一个荒诞的声明，似乎美国劳联得到发展的唯一条件是共产党人不去组织未参加工会的工人；如果共产党按这个方向工作，它就不会有发展了。

很明显，洛佐夫斯基同志反对我们中央委员会是出于派别的动机。我们警告洛佐夫斯基同志：或者他自己不再插手美国的派别行动，或者我们将强迫他这样做。我认为，洛佐夫斯基同志在相当一段时期内所起的作用是，他成了鼓励我们党内派性的主要力量之一。

最近几个月，党在组织未参加工会的工人方面做了大量工作。我们党的几千名党员被开除出工会。我们党在领导罢工方面开展了有力的活动。我们需要忠告和批评，但洛佐夫斯基同志的攻讦我们并不需要。

同志们，我想说明，尽管我们的反对派进行了尖锐的没有根据的批评，我可以向代表大会保证，美国党不会再走上派别斗争的道路。代表大会不应该在了解事物的真实情况方面犯下错误。尽管我们的反对派在毒气烟幕弹的掩护下拼命地试图把我们党推上自相残杀的派别斗争的道路，我们不会再卷入派别斗争了。我们党反对过右倾危险。我们在这里对布哈林同志代表俄国代表团建议的提纲专门提出修改意见，建议指示美国党中央继续和深入开展反对右倾危险的斗争。这就是我们的政策。令人吃惊的是，在我们党的历史上反对派第一次批评现今的领导机构及其支持者犯了所谓右倾错误。原先他们总是批评我们犯了"左"倾错误。

党需要和平。我们处于重大宣传运动的时期：煤炭工业的宣传运动、选举运动和在一系列工业部门组织未参加工会的工人的运动。和平是完全可能的，因为虽然我们的反对派犯有种种错误，经历过种种曲折，发生过种种动摇，但他们越来越接近共产国际的正确路线，越来越接近中央委员会实行的政策。中央希望党内和平。因此，我们坚持要反对派解散自己的联盟（福斯特—坎农联盟）。我们要求共产国际否决毫无根据地强加给中央委员会的关于右倾的指责。我们要求共产国际从此永远制止搞宗派主义的反对派反对中央委员会的行动。美国党意识到形势的严重性。我们决心竭尽所能维护我们党的团结统一，完成我们在开展黑人工作方面、在反对对尼加拉瓜发动的帝国主义战争方面，以及在组织未参加工会的工人方面所面临的任务。在共产国际的协助和领导下，我们将沿着建立统一的、群众性的美国共产党的道路向前迈进。

布兰特（波兰）：

第六次世界代表大会应当把消除波兰共产党内的现状和巩固党的布尔什维主义领导看成是重要的任务之一。在这方面居于首位的是两个问题：（1）党内的思想分歧是否很大，这些分歧是否大到了足以形成派别斗争，或者现有的矛盾是否有可能和解？（2）波兰共产党中央执行的是正确路线还是错误路线？对这两个问题必须作出绝对明确的答复。在布哈林同志和联共党提出的提纲中对这两个问题作了如下的回答：党的路线是正确的，党取得了巨大的成绩，思想分歧不是很大。波兰党中央委员会中的多数和波兰代表团中的多数也持同样的看法。代表团确认，在反对孟什维克的各种攻击和反对右倾错误的斗争中党保证这条正确路线取得了胜利。我们并不把孟什维克的立场看成是一种完备的原则路线。我们指出一系列错误，而且是机会主义的错误，但这些错误是能够并且应当加以克服的。因此，多数人总是主张真正的合作，并且在第四次党代表大会上采纳了实行合作的观点。在那次代表大会上我们投票支持孟什维克的候选人参加中央委员会。

他们是因为我们投了票才当选的。

大家昨天在这里听到了连斯基同志发表的一个令所有人大吃一惊的声明，他说他也不认为分歧很大，并且认定党的路线"整个说来是正确的"路线。但是，不仅过去的全部实际行动，而且连斯基同志发言的内容，都是和这项声明相矛盾的。连斯基同志说，路线整个说来是正确的。但是还没有换一口气他又补充说：中央委员会的领导集团是右派集团。右派集团怎么能够执行正确的路线？他说整个说来路线是正确的。但是一分钟以后他又断言，这条路线是犯一连串右倾错误的路线，正在发展成为右的倾向。他说分歧不大，但是布兰特的小册子却证明存在重大分歧。连斯基断言，这本小册子是"把法西斯主义作者的思想转换成马克思主义的语言"，是维护法西斯主义的思想！同志们，连斯基同志是在第六次世界代表大会的崇高讲坛上讲这番话的。他发言时按稿子照本宣科，因此不可能有任何口误。如果中央委员会的多数派出版并维护一本阐述法西斯主义观点的小册子，那么这里指的就是共产主义同法西斯主义的分歧——这样的分歧就不是不值一提的小事。如果连斯基的论断是正确的，那么分歧绝对不小，而且是原则性的分歧。那就应当把多数派开除出共产国际。但是，如果这个论断不正确（事实当然是这样），那么，通过这个很能说明连斯基同志发言基调的实例大家可以看到孟什维克进行派别斗争的方法。这是一种完全不负责任的方法。这种派别斗争的方法毒化着全党的空气。

我们有权指出，连斯基同志关于分歧不大、关于愿意实行合作、关于自我批评等方面的声明都是一些空话，都是为了适应代表大会的气氛而不得不讲的空话。孟什维克的全部实际行动与这些空话并不相符，但却和他发言的其余内容相符合。不过我没有时间来叙述这些实际行动，我们将在委员会中说明这些事实。我只想强调一点。在第四次党代表大会上选举中央委员会时，少数派不投多数派同志的票，而我们投了少数派同志们的票。少数派预先就拒绝合作，他们进入中央委员会只是为了对多数派进行攻击。他们以后的全部活动也都带有这种性质。少数派一贯对中央进行派性攻击。他们奉行的是分裂政策。

我敢断言，少数派提出来反对中央的所有提案，以及他们每次向党员群众散布的所有提案，都是右倾的。就拿统一战线问题来说吧。在选举运动期间，少数派的同志们建议实行自上而下的统一战线。连斯基同志曾想否认这一点。我给他读一段少数派向政治局提出的提纲。提纲中说道："党原则上**不排除**对所谓'反对派的'机会主义政党实行**自上而下**的统一战线，而是根据具体情况加以**运用**。"

而这涉及波兰社会党这样一个同法西斯主义的联系比任何其他社会党更为密切，比德国和法国社会民主党走得更远的社会民主党！连斯基同志硬说这只是某些同志的做法。我敢断言，出席中央委员会会议的所有少数派的同志们都投票支持这个提纲。下面再以战争问题为例。连斯基同志指责我们粉饰战争危险。我要指出，少数派的同志们在不久前召开的白俄罗斯共产党代表大会上拟定的提纲就说到，反对苏联的战争危险正在日益减少。而在讲这番话时，波兰正在大力进行战争准备，我们正处于重大事件的前夕。

再举农民和农业工人问题为例。恰好目前波兰农民正在发生剧烈分化。皮尔苏茨基凭借自己的经济政策不仅把波兰本土境内的而且把西白俄罗斯和西乌克兰的上层农民都争取到自己一边。富农和贫苦农民之间的经济斗争和政治斗争更加尖锐了。在这种时刻，西白俄罗斯的少数派同志捍卫的口号是，我们应当率领包括富农在内的整个农村前进。我们对此进行了斗争，我们否决了这些错误的提案，我们反对同社会民主党建立统一战线，反对粉饰战争危险，反对率领"整个农村"前进的口号。

还可以举出关于稳定局面中的矛盾的问题作为例子。华沙委员会的同志们断言，皮尔苏茨基在华沙选举中的成功是由于工人阶级的生活状况有了改善。这恰恰是皮尔苏茨基和社会民主党人讲的话。他们硬说，稳定对于工人阶级来说是有好处的，稳定局面的产生并不损害工人，它改善无产阶级的生活状况。

还有最后一个例子。连斯基同志宣称他和台尔曼同志意见一致。但是，少数派同志在1928年5月华沙五金工人罢工期间提出了对生产进行监督的口号。这是台尔曼同志的观点吗？恐怕未必。少数派在给华沙青年委员会的号召书中要求对生产进行监督。我就谈到这里。我要肯定地说，这一切都是机会主义的错误，但并不是无法改正的机会主义错误。我们没有说少数派同志正在为系统的、深思熟虑的机会主义路线辩护而且从本质上说没有能力改正错误。如果他们想要反对正确路线，他们今后还会出现种种偏向。谁要反对正确路线，谁就非犯错误不可。他们能够改正错误，但只能通过真正实行合作的办法。我们要求，也可以要求少数派同多数派实行合作，维护党内布尔什维主义的纪律，少数服从多数。

还要就我那本被连斯基同志说成维护法西斯主义思想的小册子讲一句话。顺便说起，他硬说我否认波兰的工业家们希望战争。波兰的工业家是波兰法西斯主义的主要支柱。如果他们不希望战争，还有谁希望战争呢？总不会是工人或农民吧？中央委员会一方面把反对战争、保卫苏联当做自己活动的主要内容，另一方面又出版一本小册子否认波兰资产阶级希望战争，这怎么可能？连斯基想证明的东西太多了，所以他什么也未能证明。

他想把这种荒唐话说成是我讲的。但这种荒唐话后面却隐藏着真正的分歧。是什么原因推动波兰资产阶级发动反对苏联的战争呢？少数派倾向于把这些原因归结为纯粹的经济动机，主要是上西里西亚工业需要销售煤和生铁的问题。这就是说，他们把反苏战争问题不同总的国际形势和社会革命时代联系在一起进行考察。他们把这个问题从社会主义和资本主义的伟大历史斗争的一部分变成为上西里西亚工业产品的销售问题。我们说，资产阶级（其中包括工业家）希望战争，但是并不仅仅由于考虑到销售的需要，而是波兰局势中所有的政治矛盾、经济矛盾特别是社会矛盾推动他们发动战争的。正如推动英国进行反苏战争的不仅仅是因为需要向苏联销售工业产品，而是由于所有的种种矛盾，特别是帝国主义和社会主义建设之间的重大社会矛盾。具有决定意义的并不是上西里西亚的销售问题。否则就无法理解，为什么1920年皮尔苏茨基要向基辅进攻，而当时上西里西亚还不属于波兰，波兰的工业也还十分可怜。无法解决的土地问题、民族问题、工人阶级和全体劳动群众斗争的激化，所有这一切使波兰资产阶级感到与苏联为邻包藏着巨大的危险，如果同它相邻的苏联将进行社会主义建设，它就无法长久地在波兰保持阶级统治。关于战争起因的问题并不是一个学院式研究的问题。它决定着未来战争的性质问题。这将是普通的帝国主义战争，还是不寻常的资产阶级反对无产阶级专政的阶级战争？这首先将是反对无产阶级专政的阶级战争。这才是我们应当告诉波兰工人的最重要的事情。我们不应当像连斯基同志所要求的那样，仅仅把销售的利益放到首要地位，因为我们这样做就会抹杀战争的性质。关于我的小册子，我应谈的就是这些。

同志们，我们赞成自我批评。我们批评过我们的错误，例如，我们批评过第四次党代表大会之前我们在乌克兰问题上所犯的错误。但是，连斯基同志以自我批评为名提出来的东西，却是对布尔什维主义的自我批评的嘲弄，却是败坏党，是同党作斗争。我们希望代表大会帮助我们结束这场党内斗争，并且是从政治上而不是从形式上结束这场斗争。这就意味着要在正确的政治路线的基础上把党团结起来，维护这条正确路线，反对一切右的和极"左"的倾向，反对一切派别攻击，维护布尔什维主义的铁的纪律。这样波兰共产党就会取得更大的成绩，就会成为反对帝国主义的不可战胜的堡垒，领导波兰无产阶级战胜法西斯主义。

埃尔科利（意大利）：

我们一致认为，共产国际第六次世界大会面临两项基本任务。

其一是搞清自第五次代表大会以来的较长的4年中世界共产主义运动做了些什么。必须在此基础上对成功、失败、成绩、缺点、错误和我们尚须纠正的失误进行总结。

另一项基本任务是，在对每一个国家的国际国内形势的主客观各方面进行深刻分析之后，制订今后总的工作路线，确定为了达到预定目的我们应沿着什么方向前进。

同志们，我以为就第二项任务而言，我们在代表大会上已经取得了重大的成果。布哈林同志的报告和提交国际执行委员会的提纲提出了总的路线，对这个报告和提纲所进行的讨论，据我看来，十分清楚地阐明了这条基本路线。尽管参加讨论的大多数人把全部注意力仅仅集中于详细探讨本国和本党的状况，甚至仅仅集中于分析本国党内派别斗争的细节，从而在一定程度上忽视了对整个路线的考察，忽视了对一系列个别事件和一系列问题分析所得出结论的正确性的考察，忽视了对我们据以安排自己全部工作的预想前景的正确性的考察，尽管如此，这次讨论仍使我们得益匪浅。

请允许我代表意大利代表团宣布，我们同意提纲所提出并在布哈林同志的报告中得到进一步阐述的总的路线。不过，在强调说明我们同意这条路线的同时，我们要特别提到和着重指出涉及共同性问题乃至形势个别细节的某些情况。

首先谈一谈我们对客观形势所作判断的意义,或者更准确点说,对于导致我们作出这个判断的那种方法提出一些看法。

我们十分满意于这样一种情况,那就是无论在提纲和布哈林同志的报告中,还是在大多数的发言中,同志们都力求摒弃那种描述客观形势的完全没有内容的固定格式(méthode purement verbale)。这种固定格式就在于先认定存在稳定,然后又给"稳定"这个术语加上一大批修饰语,并把这些修饰语根据不同的程度和分量加以排列,就以为解决了全部问题。我们必须坚决弃绝这种纯粹咬文嚼字的方法。我们的方法应当是仔细而深刻地分析所有的因素,而不管它们在我们看来是否有利。

在构成形势的种种因素中,有一些因素是对我们不利的。我们坚持认为,对这些因素必须认真切实地加以研究和分析。问题绝不在于持乐观态度还是悲观态度。在这里听到有的同志说,我们应当依据乐观或悲观程度的大小,亦即依据对于不利于我们的客观要素重视的程度,来判断和划分我们中间的派别,这使我们感到有些意外。同志们,我们不能用这样的标准来判定我们中间的派别。例如,当我们研究美国帝国主义这类现象时,我们的任务在于极其详尽地对这一现象进行判断。如果我们看出美国存在危机的征候,那我们就应当清醒地查明这些征候的性质、深度,以及美国帝国主义尚拥有的潜在力量的规模。对危机估计过高和对这些潜在力量判断不正确的倾向,无论如何不应称之为"乐观主义"的倾向。承认必须对当前形势的所有因素进行批判性的分析,这在我们这里不应当成为引起各种派别之间分歧的原因。问题不在于乐观或是悲观,而在于正确地运用共产国际第四次代表大会开会期间列宁最后一次在这个讲台上对我们提出的告诫:"……我们……不但要向俄国同志说,而且也要向外国同志说:目前这个时期,最重要的是学习。"①

---

① 《列宁全集》中文第2版第43卷第288页。——编者注

这就是列宁给共产国际留下的最后遗言，我们应当在自己的全部活动中完全彻底地按列宁的遗训办事。

但是，同志们，仅仅国际领导机构运用这种对客观形势进行区别对待的分析方法是不够的，仅仅主要由我们在这里对经济形势和政治形势的各种要素进行认真的深刻分析是不够的。必须使共产国际的每一个支部在这条道路上都能取得和领导中心一样的成就。我敢断言，只有不多的几个党已经有效地和认真地解决了这个任何一个马克思列宁主义政党都必须解决的重要任务：学会全面透彻地认清客观形势及其各个组成要素；学会看出这些要素相互联系的实质、它们之间的相互作用和变化，并从而判定其前景，这种前景应使我们有可能（即使是概略地）预见今后的发展以及特别是可能发生的突然变化。

我敢肯定，整个共产国际和各个党之所以犯错误，根本的原因就在于缺乏对客观形势的这种分析。这类事例在任何一个党的生活中都存在。所有这类事例使我们深信，我们在自己的工作中通常遵循的只是一般性的公式和原理。这些公式和原理对于判断总的形势来说是正确的，但也仅仅适用于认识我们所处的历史时期的总的特征。一旦我们转而有区别地分析形势时，我们就力不胜任了。因此，我们研究的结论总是"Post factum"（在事实发生之后）才问世。这些结论几乎总是确认已经发生的事实，而不是预见这些事实。事态的发展始终使我们有些措手不及，原因就在于此。我们始终有点赶不上形势，原因也在于此。我刚才提出的问题对于确定列宁主义策略的实质是具有普遍意义的。

大家想必还记得我们在前几次代表大会上和国际执行委员会的全体会议上同极"左"派的争论。极"左"派指责列宁主义的策略是"无原则的实用主义"。这个指责是由博尔迪加抛出来的。我们驳斥了这种评价，击败了这种思潮。我们尽自己的一切可能肃清了我们队伍中的这种思潮。不过不应忽视，缺乏对形势的详细分析确实会使我们走上某种

"无原则的实用主义"的道路。那么，如何称呼仅仅依靠形式上的、空洞的、表象上的认识而确定我们的策略的倾向（多少有些"右倾"或"左倾"）呢？"左"和"右"这两个术语对于我们现在和将来都具有重要意义，可以用来表示工人运动脱离引向革命目标的道路的两种主要倾向。但是与此同时，"左"和"右"这两个术语只有在以下场合才具有充分的意义，那就是当我们把它们同一定的形势、同我们面临的任务以及从这种形势引出的方针联系在一起的时候。

我已经指出，缺乏分析可能造成对当前形势反应迟缓，而迟缓的反应无疑从来不会是完全正确的。这种反应永远会有某些错误，即使沿正确道路前进时也是如此，因为由于迟误，结果不是超越现实就是跟不上现实。但是不能排除，它也会把我们引上不正确的道路。

自从第三次世界代表大会以来，我们在分析客观国际形势方面所做的全部工作的主要成果，在我看来，就在于我们确定无疑地、清楚地掌握了这样一个真理，即资本主义的衰退绝不是不间断地直线下降。相反，资本主义的衰退过程受到不断激化的内部矛盾的深化和发展的制约，因此它的总的曲线有时上升，有时下降。只有牢牢地掌握这个真理，我们才有可能按照其实际意义判断这个事实：我们看到资本主义有所上升，而这种上升绝不改变我们所处时期的总的性质——即仍然是资本主义制度衰退和死亡的时期。

在分析矛盾（资本主义危机就是这些矛盾的发展所决定的）的基本原因时，我们应当承认，这些原因中最为主要的原因在于生产力的发展，以及同时在于这种发展的不平衡性。提纲对这一点完全正确地特别加以强调，并且给予正确的评价。我们在第七次扩大全会上予以十分重视的市场问题也具有重大的意义，但是只有把市场问题同生产力发展的问题以及同生产力发展不平衡的事实联系在一起，市场问题的重要意义才能显现出来。

现在举意大利为例来说明。最近两年（现在仍然如此），意大利经历着严重的经济危机。这场危机的基本原因在于，在某一时刻意大利生产力的发展超出了界限，冲破了意大利国民经济的传统框框。当然，其断裂线的走向是由意大利资本主义的历史发展和内部结构决定的。意大利资本主义内在的软弱性，自始至终靠剥削群众的方法加以克服的各生产部门之间的比例失调，以及其他国家市场行情的变化对意大利的影响，所有这些因素都促成了危机的深化，使危机的表现大大激化和加深。

但是，在分析最近时期的形势时必须承认，经济危机的发展似乎稍有停顿。危机的最强烈的表现缓和了下来。意大利资产阶级是通过采取一系列措施而做到这一点的。其中最主要的是：（1）外国资本的帮助；（2）对劳动群众施加异常强大的经济和政治压力；（3）法西斯主义帮助资产阶级更清楚地认识到自身的利益。这样一来，政府才得以干预经济生活，并采取种种措施推迟危机的到来，而不去采用极端的办法解决问题和克服危机。资产阶级的总利益恰恰就在于延缓问题的解决，从而获得集聚力量的机会，以便阻挠工人运动和无产阶级革命的发展——意大利资本主义内部矛盾深化的这一不可避免的结果。

总而言之，意大利资本主义目前采取的是守势。但是，实际上这种守势只不过是为了掩盖正在准备一场激烈斗争的事实。这场斗争现在已经展开，其目的是在国内和国际市场夺取新的阵地。

对于意大利的上述看法，只要加上一些限制条件同样适用于许多其他国家。当前，在许多资本主义国家中，资本家表面看来采取守势，但实际上却以此来掩盖其进攻行动。生产力发展形成的压力正在越来越快地使任何民族资本主义转入积极的进攻。

这种转变采取何种形式呢？首先，每个国家的内部平衡遭到破坏。这特别表现为广大工人群众受到更加强大的压力，农业危机不断激化和城乡阶级分化加快。这一切都是普遍的现象。正因为如此,我们代表团坚持要求认真讨论农业问题,而且是从全局上来讨论,不是仅仅从加强我们机关中的某一个相应部门出发,详尽地研究资本主义制度内部矛盾的后果和形式,以及由此而产生的无产阶级和我们各国党的任务。我必须说明,我个人对昨天东巴尔同志就这个问题的讲话是不满意的。他重复了一大堆我们已经听过不止一次的一般原理,却没有向我们阐述农业问题的现实表现,也没有指出当前我们应如何在农民中进行工作。这样的讲话,这种大量堆砌一般性词句的做法,是无助于解决问题的。东巴尔同志在发言中完全忘记了法国是这样一个农民的作用仍然十分巨大,而我们的农民政策问题异常尖锐的国家。从东巴尔同志的这一表现中可以清楚地看到,在这方面我们还有多少事情要做。另一方面,生产力增长所造成的压力正在把各帝国主义之间的和平斗争方法变为远非和平的方法。这是当前形势的另一个主要侧面。列宁在论述帝国主义的那本书中早就强调说明了帝国主义之间的和平斗争方法和非和平斗争方法。他把建立关税壁垒列为和平斗争方法之一。在当代我们看到,另一种看起来似乎是和平的斗争方法正在被广泛运用,我指的是成立大型的国际卡特尔。不过主要的是,我们生活在由和平方法向非和平方法过渡的时期。这种过渡局部说来已经完成。殖民地战争和扼杀中国革命的战争就证明了这一点。正因为如此,在分析国际形势时我们常常感觉到其中孕育着种种意外事件。正因为如此,我们意识到面临着十分重大的任务。正因为如此,我们应当把战争的前景看成是基本的发展前景。

这种战争的前景——作为主要的发展前景,应在代表大会上大力加以强调。这是因为,在我们某些党内,对于这个可能前景的全部意义还没有真正认识。人们虽然在谈论战争,宣传反对战争,但给人的印象却是,与其说真正认识了战争的不可避免性,不如说是对已通过的提纲表示应付的态度。对于我们正在接近战争这一事实的认识,在我们各个党内并没有深深扎根,也没有成为决定我们在这方面工作的因素。

但是,从实质上说战争前景在今天的确切意义是什么呢?我们一直在谈论把世界分裂开来的种种矛盾,其中一方面指的是帝国主义列强之间的矛盾,另一方面指的是帝国主义强国同苏联,亦即资本主义世界同社会主义世界之间的矛盾。我们也一直认为(或者说这一直是我们潜在的出发点),第一类矛盾(即帝国主义列强之间的矛盾)的增长在一定程度上即使不阻碍,至少也要迟滞帝国主义国家同苏联的矛盾的发展。同志们,我以为现在应该放弃这种观念了。这种观念已经与现实情况不符。

为了证明这一点,我要提到科斯切娃同志的发言。她在这里说,提纲过分强调德国在欧洲以及在全世界的作用,其实应当给予英国以更多的关注。当然,从目前形成的欧洲局势来看,应当承认英国拥有政治霸权这一突出的事实。同样毫无疑问的是,一旦欧洲资本主义与美国资本主义发生冲突,英国必然成为欧洲资本主义的首领。然而在研究问题时只考虑到局势的当前"政治"方面则是错误的。应当从发展中考察这种种现象。英国的政治霸权已不再同经济霸权联系在一起,而德国的政治地位则同它的经济发展和作用不相称。必须注意到,当前欧洲和全世界资本主义国家的所有矛盾在很大程度上都处于德、英两国争夺欧洲霸权的斗争影响之下。但是,这场争夺欧洲霸权的斗争将在何处得到解决呢?这场斗争只能在反对苏联的斗争中得到解决。研究一下英国和德国的立场和方针,我们只能得出一个结论,那就是无论是英国还是德国要解决夺取欧洲霸权的问题只有走上同苏联作战这条道路。

正因为如此,才可以断言,帝国主义列强之间的矛盾已不再是能够迟滞第二类基本矛盾即资本主义世界同苏联之间矛盾的因素。相反这第一类矛盾只会促使第二类矛盾的增长和加深,并将加速第二类矛盾爆发和反苏战争的发生。

难道我们提出存在战争前景的目的和意向是为了把西欧资本主义大国开展阶级斗争的前景推到次要地位？把这两个前景相互分开是不可能的事。这两个前景是极其紧密地联系在一起的。这首先就因为生产力的增长本身客观上在不断地增加战争的危险，生产力的增长是在资本主义积累的基础上进行的，而资本主义积累的基本要素正是对工人阶级大力加强政治和经济压迫。其次，从主观方面看，对工人阶级的经济和政治压迫正是战争准备的不可分割的一部分。正因为如此，我们不能把同战争危险作斗争的必要性同在西欧国家开展阶级斗争的必要性分割开来。无论对于资产阶级还是对于我们，这两者都是相互联系的。

事实上，反苏战争的最初接触战已在全世界发生。各方面阶级斗争的尖锐化和激烈状态，就是这类初步接触战的表现。在白色恐怖猖獗的国家内受到迫害、被投入监狱和遭到肉体消灭的我们的同志们便是反苏战争中的第一批战士和牺牲者。必须一而再、再而三地反复强调指出，资本主义国家公开的反苏斗争与各个国家资产阶级反对无产阶级的斗争之间这种极其紧密的联系。

我们觉得，在提交给我们的提纲草案中，对于涉及阶级力量增长和经济形势的客观矛盾向阶级矛盾转化的部分未作足够充分的阐述，而这种阐述是必不可少的。之所以必须对这一部分作更多的研究，在我们看来，是因为必须重新明确地提出法西斯主义的问题。毫无疑问，共产国际在这方面取得了重大的成就。在1921年、1922年和1923年期间，人们谈到法西斯主义时，是把它看成某一时期内而且是在一定条件下资本向工人阶级进攻的一种特定的形式。现在考察这个问题，必须与随着资本主义世界客观矛盾的加深而出现的资产阶级和资产阶级国家的政治机构趋向反动方向的改组联系起来。对问题必须从这样的角度来考察，才能清楚地看到法西斯主义的真实性质和作用。

因此我们认为，必须对于到处都在发生的而且成为当前历史时期基本特点之一的所有资产阶级政治机构趋向反动方向的变革这个总的问题加以研究。不过在试图总结意大利在法西斯方面的经验时，则不应操之过急和走得过远。这里必须采取区别对待的方法进行分析。

法西斯主义是反动势力最彻底、最完备的形式。但是，反动势力**并不仅仅**只具有这样一种形式。反动势力还具有其他的形式，这些形式不同于法西斯主义，但也具有与法西斯主义同样的巨大作用。例如，当1924年清楚地看到法国统治阶级面临对国家的所有政治机构实行反动的改革时，我们法国党的某些同志提出了"法西斯来到"（"Le fascisme est là"）的口号。现在已经完全清楚，这个口号是不正确的。反动势力果然来临，但它所采取的形式与法西斯主义完全不同。我们当时在法国看到的不是法西斯运动，而是资产阶级及小资产阶级的左翼政治集团的变动，以及它们被反动联盟所吞没。反动势力不是戴着法西斯的面具行动，而是以左翼议会团体的形式出现。

照我们看来，法国共产党在这方面所犯的一部分错误，其根源在于这样一个事实，即法国共产党未能准确地认识到法国政治趋向反动所采取的形式。用最概括的方式来表示，可以把法西斯主义看做是反动势力的这样一种形式，它只是在特殊条件下，主要是在大工业资产阶级力量薄弱而为了维持和巩固自己的统治不得不对群众采取完全特殊的暴力形式和政治压迫形式的条件下发展起来的。此外，反动势力采取法西斯主义的形式只有在这样一种场合，即由于城乡中小资产阶级的某些阶层发生变化而有可能使反动运动成为"群众性"运动的时候。

自然，把法西斯主义看做是某些国家在完全特定的历史条件下资产阶级反动势力的典型形式，就会导致一些极其重要的政治结论和战略结论。对于我们来说，基本的一条结论是，法西斯主义的形成及由此而引起的对资产阶级制度彻底的反动改革不可能开辟第二次资产阶级民主革命的前景，而只能证明无产阶级革命已完全成熟，证明我们所处时期的不是资产阶级民主革命,而是无产阶级革命的准备时期。

时间不允许我更展开地发挥这个论据,不过我想就某些同志对法西斯主义和社会民主主义所作的对比讲几句话。我们认为,指出法西斯主义和社会民主主义之间存在明显的思想联系是完全正确的。此外还应指出,在不少场合下存在着有机的联系,在某些场合和在某种条件下社会民主主义还采用明显的法西斯主义方法。但是,与此同时,在这方面必须注意防止过分的概括,因为在法西斯主义和社会民主主义采用法西斯主义方法之间存在着巨大的差别:法西斯主义整个说来是大资产阶级和大地主领导的中小资产阶级的运动,它在工人阶级的传统组织中并没有扎下根。而另一方面,社会民主主义则是以工人群众和小资产阶级群众为依靠对象的运动,它主要是从被广大工人群众看做是本阶级传统组织的组织中汲取力量的。

在转而分析主观因素时,我们首先应当看到革命形势的客观因素和主观因素常常是不相适应的。

这种不相适应的情况仍然是当前形势最典型的特点之一,而正是这种不相适应的事实决定着我们的任务。当然,目前这种不相适应的情况已在日益缩小。所有资本主义大国的工人群众正在向左转。否认这一过程是完全错误的。这一过程的征候显而易见,闭眼不看是不行的。但是,如果认为这种向左转的过程是自动发生的,而且它也自动地把群众引向共产主义的革命立场,那则是极大的错误。这种对事态的看法是完全错误的。

我们眼前的这种群众左倾化的问题究竟是怎样的呢?罗明纳兹同志断定群众左倾化的过程并没有结束而是仍在继续,我仍不明白他在讲这番话时究竟想说明什么。十分明显,这一过程不能认为已经结束。如果这个过程"结束"了,那将意味着阶级斗争的历史过程停顿了。事实并非如此。我们的任务在于准确地判明群众左倾过程的特点,弄清出现在我们眼前的群众的动向。群众向左转的出发点是什么？它可能把群众引向何方？这个问题应当这样地提出并加以讨论。

我们在这里首先应当提出，工人阶级的某些阶层不断向左转，正在离开资产阶级政党和摆脱资产阶级的影响，另一些阶层则正在离开社会民主党，脱离社会民主党的队伍。但是与此同时，也有一部分工人群众摆脱了资产阶级的影响，却又接受了社会民主党的影响。这是一种分化的过程，我们必须认真地加以研究。最后还有，工人群众摆脱资产阶级的影响并站到阶级斗争的立场上以后又会走上什么道路呢？他们是否会像在1919—1920年那样走上夺取政权的道路？不，我们并不能这样断言。群众主要是走上了发挥更大的积极性、更加有力地反抗资产阶级的政治进攻和经济进攻的道路。这意味着：第一，同资本主义压迫和剥削进行局部的斗争；其次，群众对共产主义的同情在增长；第三，对苏联的好感在加强。不过我断言，无论在哪一方面，没有我们各个党对群众施加有力的、不间断的影响，没有我们各个党发挥政治积极性和开展斗争，群众不可能牢固地占领任何阵地。只有通过共产党开展的斗争，工人群众才能够巩固地占领并扼守他们现在已经想夺占的那些阵地。

于是这里就发生一个"悲观主义"和"乐观主义"的问题。我坚决否认对工人群众左倾化的性质和形式以及对这种左倾化给我们提出的问题进行深入的分析就是悲观主义的表现。同志们，我们一定要提防把悲观主义色彩同真实情况的反映混为一谈。总得承认，我们还要克服许多障碍。而群众自身也要克服种种障碍，然后才能完全彻底地转到我们一边来，走上彻底进行革命阶级斗争的道路。

存在哪些困难呢？首先是资产阶级的反动进攻，这种进攻把群众同我们隔开，起着瓦解群众、分散群众力量的作用。某些国家已出现这种情况。

其次，工人阶级自身正在发生结构性变化，这一点起着重大的作用。这种变化由于工人贵族的社会地位下降和中间阶层的工人群众加速分化而使无产阶级的某些阶层同我们更加接近。不过，从另一方面看，也不应闭眼不看这样一个事实，即由于这种结构性变化，工人阶级队伍中正在形成新的工人贵族，形成这样一些无产阶级阶层，即仍便于社会民主党在其中扎根并为社会民主党对整个工人阶级扩大影响提供合适土壤的无产阶级阶层。

第三，必须承认，社会民主党在工人阶级中仍有相当的组织基础，这种组织基础在奥地利或比利时范围最广、力量最强，在意大利这类国家中则力量最小。不过，这种组织基础到处都存在，甚至在那些反动势力的进攻已把工人运动几十年来建立的所有阶级组织全部摧毁的国家内也是如此。

我们向各国共产党提出把同社会民主党进行最猛烈的斗争作为基本任务。这样做正是因为我们看到在工人阶级中存在有利于社会民主党扩大影响的客观条件，正是因为在工人群众彻底向左转和迅速地从现今的立场转向彻底进行革命阶级斗争的立场的道路上还存在障碍。由于同样的原因，我们才提出，更猛烈地同我们队伍中的右倾危险作斗争，是各国共产党的基本任务。可以说，有利于社会民主党对工人阶级的一部分人保持影响的那些条件和客观事实，实质上也能为我们自己队伍中右的错误和倾向制造适宜的土壤。最近两三年来，可以说在共产国际范围内没有一个党不曾发生过右的错误。不过，尽管这些错误的形式各有不同，还是可以把它们归纳为几个基本类型。

一方面，这些错误在我们的某些党内和个别同志身上之所以发生，是因为面对在我们眼前形成的联合力量有某种恐惧情绪。这个联合力量包括反动的国家机构、作为这种国家机构支柱并在一定程度上与之融为一体的改良主义工会，以及工人阶级内部改良主义工会的反共政策，等等，等等。所有这些因素的作用给我们各个党造成十分不利的局势，这种情况给我们的队伍带来混乱,并给某些人造成幻想,似乎只要对我们最大的敌人——社会民主党——作出让步,就能使力量对比变得对我们有利。照我看来,这就是我们一些秘密活动的党,如巴尔干各国党,产生右倾的根源。

右的错误的另一个根源,是认为社会民主党还起着革命作用。这种观点就是法国共产党犯右的错误的根源。

最后,最危险的倾向表现于准备向社会民主党的思想和政策作出让步,要我们各个党接受近似社会民主党路线的政治路线。德国共产党内右的危险就具有这种性质。因此我们认为,德国共产党必须同这种危险作最坚决的斗争。

不过,既然我们都承认必须同社会民主党作更有力的斗争,那么试问该以什么方法、用什么形式进行这一斗争呢?这是我们应当加以研究、考察和分析的一个新的领域。为了战胜社会民主党,我们应当怎样开展工作呢?必须承认,我们还没有摸索到,或者说得更准确些,我们还没有学会运用正确的方法。且举思想斗争领域为例。我们在这一领域中的工作失误完全是显而易见的。社会民主党还掌握着几十万工人的思想。我们必须同社会民主党的思想进行斗争,而且不仅仅是用提纲和决议作斗争,而是要当着广大群众的面进行这一斗争。这一点我们做得是否够了呢?照我看来,是不够的。我们应当承认,即使在一般理论问题方面,我们现在还停留在列宁和布尔什维主义在战争时期和战后最初几年所采取的立场上。我们在这个方面前进得很少,并不足以针对社会民主党的新的思想立场顺利地同它进行斗争。

我们同社会民主党的论战显然是不够的。甚至我们在群众面前进行论战时使用的语言也是枯燥无味、平淡无奇和官气十足的。我们的文风使人觉得我们所写的决议是为了调和两种相互敌对的思潮,缺乏足以吸引群众的那种深刻的说服力和革命激情。

下面谈一谈在争取实现局部要求方面的斗争问题。由于群众的左倾化如我所述在这方面反映得特别明显,因此十分清楚,我们应当主要在这方面同社会民主党作斗争。正是在这方面,反对社会民主党的斗争正在成为真正争取群众的斗争。然而在这方面我们究竟干了些什么呢?

第七次全体会议的决议规定,在无产阶级争取实现局部要求反对合理化后果的斗争中,掌握领导权是我们各个党的基本任务。但这项决议没有得到全面彻底的贯彻。许多本来可以从社会民主党手中夺取过来的阵地,现在仍然被它控制着,其原因就在于此。

我们各个党在争取实现局部要求的斗争中所做的工作给人们造成这样一种印象,似乎我们认为社会民主党在这方面的作用还没有发挥完毕。实际情况并不是这样。应当让工人们看到,我们善于也愿意在这方面开展斗争。我们自己坚信也要让别人相信,我们是唯一的工人阶级政党。但是,如果我们的日常活动在与工人最有密切关系的方面不能体现这一点,如果我们不去为使工人群众摆脱社会民主党的影响而进行斗争,如果我们不去设法使他们相信只有我们能够满足他们在同资本主义压迫作斗争中的要求和愿望,那么,仅仅认识到我们是唯一的工人阶级政党又有什么用呢?

现在我想简单地总结一下我们在第五次和第六次世界代表大会之间的活动。这期间我们取得了许多成就:我们的影响扩大了,我们各个党在思想上和组织上得到某些加强,但是与此同时也存在不足之处,对此必须加以说明。

其中包括我们在中国的局部失败、几乎存在于所有各个党内的严重的右倾错误、对英国矿工的罢工声援不够,以及在组织方面和思想方面的一系列弱点。

在布哈林同志的报告中,——可能在共产国际的生活中这还是第一次,——对所有这些缺点都进行了切实和全面的分析,而且清楚地提出了共产国际在克服这些缺点方面的任务。我们对此表示欢迎。但是，应当说，共产国际的中央领导机关还是第一次提出自我批评的口号，因此未免处于不很愉快的境地。这种处境可与一位伦理学教授的处境相媲美，这位教授在结束关于良好品行的讲课时不得不声明说："请遵守这些规范，但不要学我本人的样子。"这句话换一个说法就是："按照我所说的做，但不要按照我所做的样子做。"共产国际领导中心活动中的缺点在工作的各个方面——政治方面和组织方面，都反映了出来。现在举个例子：如今所有人都同意必须坚决反对右倾和右的错误，可是为了纠正法国共产党的路线，即一条可以说完全是由右倾和右的错误组成的路线，我们克服了多少抵制啊！塞纳区参议院选举事件的发生以及不时出现的"混合的"妥协理论还嫌不够。必须再出一次照资产阶级法律办事的丑闻，才能使共产国际懂得，必须坚决提出纠正法国共产党政治路线的问题。不过，由于共产国际执行委员会干预过迟且未能使所有党员和工人阶级充分了解这种干预，因此后来改变党的路线所收到的效果大受影响。在选举运动中，法国共产党未能完全取得可能获得的成功，因为它的选举政策在很大程度上具有"即兴"安排的性质，它为时过迟，而且并不是以若干年来在党的工作的各个方面彻底贯彻政治路线为出发点的。

今后共产国际执行委员会应当更加直率地和更加坚定地发扬这种批评精神，布哈林同志的报告就是这种批评精神的范例。

至于谈到我们党，那么意大利代表团坚定不移地坚持认为，在提纲涉及我们的成绩和失误的那一部分要增加更多的批评，要直接指明所犯的错误和这些错误的不良后果。我们所以坚持这样做，是因为我们的经验告诉我们，必须把对于我们所有各个党都具有重大意义的问题，即合法性问题彻底地提出来。战争即将来临，因此，秘密活动也势在难免。但是，地下活动的准备工作表现在哪些方面呢？是否就是建立一个从事地下活动的新的机构？不，这恰恰是最次要的一部分任务。主要的任务在于，从政治上提出地下活动问题，以及在广义上提出组织问题。换句话说，我们的各个党要能够适应各种条件，及时预见到可能出现的局势（而不是当局势已经成为历史再去考虑），并能使工作方法适应于新的形势。从实质上说，这在某种程度上是这样一种任务，那就是：善于在形势需要时后退几步，以便今后有可能更大规模地开展革命工作。

会上还提到一系列其他缺点：官僚主义、不善于吸收新党员、缺乏革命的战斗力，等等。关于所有这一切都提到过，但是我不曾发现有人作了什么努力来克服这些缺点。不仅如此，会上也不曾指出，为了克服这些缺点，应沿什么方向开展工作。我们应当弄清，所有这些错误是否产生于某一个共同的根源。而且只有找到这个根源，我们才有可能判明应怎样进行工作来克服这些缺点。

我们认为，为了在出现缺点的一切工作方面都获得积极成果，必须在以下三个基本方面开展工作：

（1）务必加强我们各个党的党内政治生活。

（2）必须扩大我们各个党和整个共产国际的党内民主。

（3）应当明确地提出建立各个党的领导中心和共产国际领导机构的问题。

这三个问题极其紧密地联系在一起，因此它们实际上构成了一个统一的问题，那就是在真正党内民主的基础上发展我们组织的问题。

我们不时谈论我们的运动思想水平不高。但是，同志们，难道不采取广泛讨论各国共产党都关心的所有问题的方针，不采取结合整个工人阶级的状况讨论这些问题的方针，就能够提高思想水平吗？怎样反对"官僚化"，怎样吸收新党员，怎样使我们的基层支部活跃起来？若干年以来组织部一直在探讨的就是这些问题。组织部取得了某些经验，也拟定了若干一般性的规定，但是必须承认，这个部的成绩不大。缺点仍然存在，而且在某些场合，尽管我们的组织部做了工作，这些缺点甚至愈益严重。问题的实质在于，只有转向另一个立足点，才能取得成绩。

我肯定地说，吸收新党员的任务、进一步活跃我们的基层支部的政治生活的任务、清除"官僚化"的任务，所有这一切都是同一个问题，即我们各个党的内部生活问题的不同侧面，只有在扩大党内民主的基础上才能解决这些任务。

当一个工人离开车床来到我们基层支部工作的时候，这个基层支部不应当仅仅局限于把共产党组织日常工作中的具体事务托付给他。应当使这个工人感觉到，从今以后他就是这样一个组织的成员，有关工人阶级的所有问题在这里都能获得解决。他应当积极参加制订政治路线的工作，即整个工人阶级为反对资本主义而斗争的路线。总之，提高我们各个党的革命力量和战斗精神的问题是同扩大党内民主的问题联系在一起的。

现在谈一谈有关中央领导机构的问题。对于这个问题我们必须予以更大的关注。把第四次代表大会时我们各个党中央领导机构的组成同它们现在的组成相比较，我们就会确信，从那时以来几乎没有一个党的中央领导机构保存了下来。只有少数中央领导机构的组成保持不动，其中包括意大利党的中央委员会，它的组成到第六次代表大会时仍然和第五次代表大会时一样。这个中央委员会在这段时期内既反对了右的倾向，也反对了极"左"的倾向。它清除了这两种倾向，同时又保持自己完整无损，把党开展斗争所需要的所有力量都团结在自己的周围。

最近两年以来我们有时也不得不采取组织措施，在采取组织措施时我们并未犹豫不决。不过，无论在中央还是在基层，这类组织措施和整个党内斗争都是遵循一定的政治路线公开进行的。如果说第五次代表大会以来我们党内生活的经验中有什么可以成为共同财富的东西，那么就正是这样一个事实，即党的中央领导机构是在一定的政治路线和公开的政治斗争的基础上逐步形成的。

至于说到我们在建立我们各个党的中央领导机构方面的活动，那么，作为口号我们可以借用歌德临死前最后说的话："多一点光明吧！"无论如何要避免无原则的派别斗争。所以我们才认为，在党内各种思潮进行政治斗争中转而采取组织措施时，必须持特别谨慎的态度。表现为某种组织措施的一些斗争形式，如果使用得不够审慎，就会具有不以我们的意志为转移的自在性，就会不听从我们的意志而发挥作用。这类斗争方法可能形成自己的内部逻辑，并且也同样不顾及我们的意志而常常导致我们各个党的领导力量瓦解，甚至使其变为一盘散沙。不能闭眼不看这样一个事实，即类似现象在我们的某些支部目前是存在的。对这一点必须予以重视，现在防止酿成过于严重的后果还为时不晚，应立即着手反对这种危险。

具体地说，我们代表团可以谈谈我们对于法国党和德国党中央领导机构问题的意见。关于法国党，我们认为，已经应当公开提出和解决在一定政治路线的基础上建立统一的和单一的党的中央领导机构的问题，即建立能够坚定领导全党实现这条路线的中央委员会的问题。至于德国，我们表示同意这样一种主张，即德国共产党的最大危险来自右方，德国党的中央应当集中自己的力量同右的倾向和党内残存的社会民主党思想进行斗争。但是，对于德国党的政治局内部存在的不同思潮问题，我们认为，对各种问题的不同意见在党的中央领导机关中可以正常存在，而且绝不是必不可免地要导致派别斗争。如果德国党在这些分歧意见的基础上发生了派别斗争，或者政治局的多数派对少数人采用组织措施，那将是非常危险的，因为这会意味着党的领导机构的基础受到削弱，并使党的政治生活和党内民主受到限制。德国同志们面临的任务在于，在统一的政治路线的基础上开展工作，为使全党彻底理解这条政治路线而斗争，以及在这条政治路线的基础上实现党所需要的所有领导力量的团结统一。

共产国际第六次代表大会应当在什么样的标志下进行工作呢？我一面注视着讨论的进行，一面给自己提出这个问题。我必须指出，尽管各国同志们的发言反映出我们内在软弱的迹象，但这次讨论仍然证明，我们的工作、组织活动和斗争都取得了国际性的经验。这个经验是我们取得的，是工人阶级中优秀分子的经验。我们一致同意第六次世界代表大会应当在同战争危险作斗争、同社会民主党和欧洲的右倾危险作坚决斗争的标志下进行工作。但是，为了扩大和发展已经取得的经验，为了把这些经验变成为我们充满统一和彻底性的整个思想斗争和政治斗争的基础，我们的代表大会也应当在进一步开展自我批评的标志下进行工作。要多研究！要学会更好地、更全面地掌握事态，要更好地认识和纠正自己本身的错误。这些品质在目前远不是次要的东西。获得这些品质就是共产国际、它的中央领导机构和所有支部面临的任务。我们如果想要把无产阶级解放的事业推向前进，把革命推向前进，我们必须顺利地解决这项任务。

贝内特（英国）：

我想谁也不会在这里指责美国同志们，说他们在本次代表大会期间一言不发。我想美国同志们是从这样的前提出发的，即他们感兴趣的问题正是共产国际所面临的重大问题。我个人认为，只有一个情况能说明这一前提，那就是我们都相信：英国和美国之间的竞争是各帝国主义大国之间相互关系中最重要的因素。但是，正因为我们认为这个因素是国际关系的核心，我以为本次代表大会必须对英美这两个国家内部的力量对比加以分析。希望美国同志允许我从英国谈起。

英国代表团对于布哈林同志提纲的总的意见已由墨菲同志作了表述。尽管谁也不会否认存在"第三时期"，即提纲中谈到的技术急剧发展和资本主义加速改组的时期,但我们仍有责任强调指出当前时期的所有矛盾,不仅仅是帝国主义大国之间的矛盾,不仅仅是帝国主义世界和殖民地世界之间的矛盾,也不仅仅是资本主义世界和社会主义世界之间的矛盾,而且还有资本主义国家内部劳动与资本之间的矛盾,这种矛盾日益激化并从而为各国共产党提出了新的可能性和新的任务。因此,我们才坚持认为,在提纲中必须提到英国帝国主义的衰退。

我们要十分明确地指出,不仅在场的英国代表,而且还有英国党的所有领导工作人员,都不同意瓦尔加同志对英国资本主义合理化的成就和前景所作的评价。我们认为,事实,无法否认的事实,批驳了关于英国开创了新时代、关于出现第二次工业革命的一切理论。不过还是有一个部门,一个颇为重要的部门,在实现美国化方面取得了某些成就。我指的并不是所谓工业的"新部门"。我们始终认为,"新"工业部门的相对繁荣并不能补偿基本工业部门的衰退。

在美国化方面相对有进展的是工人运动本身。很值得注意的是,正当蒙德无法在资本家中给自己的英国工业合理化计划找到追随者的时候,他在英国工党和英国工会首领中找到了英国工人运动美国化的支持者。

首先让我们看一看国际关系这个领域。谁都知道,所谓帝国工人联合会在某种程度上是美国工人联合会政策的反映。固然,前者具有更大的美化作用、粉饰作用,但终究是工党的帝国主义政策的反映。但是英国的社会帝国主义者并不局限于为英国帝国作些简单的表演。可以举工党的帝国主义分子在印度的活动为例。这些活动值得我们极其认真地加以注意。例如,在不久前萨克拉特瓦拉同乔希的争论中曾经有人宣称:

"英国某些熟悉工人运动的人提出了一项十分明确的报告,认为:如果工党右翼和英国工联代表大会的官员能把印度工人运动的领导权掌握到自己手里,他们就一定能制止颇有威胁的印度革命活动,为英国帝国主义保证这个国家的安全。"

珀塞尔和戈尔斯沃兹在印度的活动证实,这项报告确实有过。英国职工大会的首领同印度工会代表大会首领达成的协议具有真正重大的意义。我只从今年2月26日签订的这项秘密协议中向大家举出两条。其一是:

"决定今后英国工联代表大会总理事会将作为全印度工会代表大会在英国的直接代表。该总埋事会决定对印度提高工人福利联盟给予全印度工会代表大会的支持表示自己的谢意。"

这项决议案的意义何在呢?十分简单。工联代表大会总理事会是帝国主义的代理人,而印度提高工人福利联盟是同帝国主义进行斗争的组织。这是第一项决议。

第二项决议宣布,英国总理事会应派出自己的组织者前去协助印度工会的"贫困的"工作人员。在珀塞尔和戈尔斯沃兹向总理事会所作的总结报告的第43页上,我们看到这样一段文字:

"我们的意见是,我们必须在加强英国工会运动与印度工会运动的联合方面迈出果敢的步伐,以便进行持久而有系统的组织工作。"

与此同时,独立工党(这个党的主席马克斯顿先生曾和其他中派主义组织一起签署过促进国际无产阶级团结的宣言,并同库克一起反对过蒙德主义)向"贫困的"非工会工作人员派出自己的顾问,以便帮助他们在以卡达利为首的工会中开展工作,而这个卡达利在阿姆斯特丹工会国际的支持下正在公开反对共产党人和左翼人士。

在这里我想就南非讲几句话。我认为邓恩同志把南非党代表邦廷同志的发言称之为社会民主党式的发言是完全正确的。不过还应当作一点补充。邦廷同志宣称，在最近六年内他们除通告以外，没有从共产国际得到任何东西。这不是事实。去年就向他们发去一个很好的决议，是在来自南非的一位同志的帮助下拟定的，提出了在对当地人进行工作问题上的新的政治路线和策略路线。邦廷同志反对这项决议倒是事实。中央委员会的多数派和他相一致也是事实。不过这并不说明决议不好。尽管中央委员会的多数派反对这项新决议，以及因而这项决议只得到部分贯彻，即使如此，这项决议仍然已经取得良好的效果。

现在，同志们，请允许我谈一谈英国本身的情况，或者说谈一谈工党和工联代表大会首领们的"美国式"的国内政策。只有孩子才会相信，所谓蒙德代表会议建立的机构会是自愿的仲裁委员会。这个代表会议所通过的各项决定的真实意义在于，对于旨在反对某些罢工形式——政治罢工、声援性罢工——的工会法提出补充，其目的是取消作为工人阶级斗争武器的罢工。蒙德所要的花招意义即在于此。蒙德代表会议所达成的所有协议意义即在于此。

当然，有人会说：英国工党首领在印度的活动和蒙德代表会议的活动证明，这些首领们的"美国化"政策取得了一定的效果。不过，要解释蒙德主义在英国取得胜利的原因并不困难。那些曾经策划破坏总罢工和造成煤矿工人失败的首领们自然做好了充分的准备，以便对在他们促成的罢工失败之后随之而来的消沉情绪加以利用。这里我还要谈谈我们自己的事情，即共产党本身的问题。应当承认，共产党并未做好实现必要的转变的充分准备，没有准备好适应新的形势，并在煤矿工人失败后的一段时期巧妙地进行反对改良主义者的斗争。正因为如此，同志们，我们才把新的策略，即第九次全会通过的策略，看做是一个新时代的开端，看做是反对改良主义者的必要的武器。不过，坦白地说，我们应当说明，现在要谈论采用这个新策略的效果还为时过早。我们还没有条件在实践中运用这个策略，而要这样做也并不容易。为了证明这一点，我列举以下几个论据：

1. 要实际运用这个新的策略，我们**整个**党的指导方针必须有一个转变。而这种转变不是在一小时或一天内能够实现的。

2. 决议本身在比较次要的问题上，如在是否应拒绝参加工党的口号问题上，在是否应当实行扣款捐献于政治目的问题上，造成了某些不明确之处。

3. 在决议中丝毫没有谈到随着大选临近必将日益增多的大量补选活动；因为英国形成了一种传统，就是在临近大选的最后几个月内，占统治地位的政党总是加紧授予数量众多的种种荣誉称号和提升官职，以便充实该党的金库，供即将来临的选举之用和在官员中加强自己的地位。由于所有这种种花招①，就出现了大量的补选活动。在决议中丝毫也没有谈到有关补选的策略。这是一个很重要的问题，因为如果我们没有一个能在30—40次补选中经受检验的策略，那么，我们在大选运动中就未必会形成这样的策略。

尽管存在上面列举的各种事实，我还是要声明：英国的消沉时期即将结束，而且我们能够预见到工人即将觉醒，那时我们的地位将得到加强，我们一定能够正确地和顺利地贯彻执行我们新的策略路线。试以库克和马克斯顿的事件，或者以总理事会内部在蒙德主义问题上的分裂为例。所有这一切都是新的转变的明确无疑的征候，都证明萧条时期即将结束。

可惜的是我必须在此宣布，在开始阶段我们对待库克—马克斯顿事件的政策并不很成功。我还要说，我们在宣传运动期间也犯了某些错误。本来应当通过批评马克斯顿、希克斯等人来推动运动，而我们却认

---

① 例如指定众议院议员为参议院议员。

为应当通过对库克和马克斯顿进行领导来推动运动。这是一个严重的错误。但是仍然不应怀疑,就我们党本身来说,它自上到下都接受了新的策略路线,并且力图加以贯彻。

同志们,现在谈谈印度。首先我要强调说明,尽管珀塞尔和戈尔斯沃兹签署了上述秘密协议,但我们亲眼看到,在这之后印度随即出现了强大的运动,这一场运动不仅反对英国帝国主义,不仅反对印度资产阶级,而且也反对改良主义者。我听说,我们的印度代表团正在就此准备相应的建议。不过我想指出,虽然改良主义者在实现英国工人运动"美国化"方面看来取得了某些效果,但是如果对这种成就估计过高则是极大的错误。与此同时,对于我们在英国内部和殖民地所拥有的巨大可能性估计不足也是错误的。蒙德主义加深了群众同官僚机构之间的鸿沟,而工党的帝国主义花招则使英国共产党人同印度无产阶级更加紧密地团结在一起。

现在谈谈美国。那里形势怎样呢?当福斯特同志和其他人说到迫切需要强化我们对右倾现象的斗争、迫切需要在我们的策略上实行彻底的转变时,我们都表示完全同意他们的意见。当福斯特同志在这里确认群众中出现某些革命化现象并说这对我们把未参加工会的工人组织起来提供了新的可能性时,我们还是说:完全同意。但是,当福斯特同志宣称美国经济处于危机状态时,我们则要说福斯特同志不完全正确,因为当前的萧条现象无论如何也不是美国经济衰退的前兆。不过,即使在福斯特同志的这个断言中也还是存在一点真理,那就是目前阶段孕育着开展真正的阶级斗争的巨大可能性。只有孩子才无法理解这一点。

只要研究一下美国的全貌,大家就会看到那里具备共产党开展各方面工作的肥沃土壤。但是,虽然我们同意福斯特同志在这里发表的许多思想,不过当他把自己的论点变成为自己本派别的纲领时,我们要声明:在这里我们是有分歧的。共产国际曾经通过一项决议(我认为,必要时应当再次重复并强调这项决议),指出在美国党内继续进行派别斗争就意味着使党内斗争蜕化为宗派斗争。有的同志提出某些建议(这些建议我们可能全部接受,也可能部分接受),这是一回事。一旦这些建议具有了派别纲领的性质,那就是另一回事了。在这种情况下,我们就要高喊危险存在。在这种情况下,我们甚至不再相信这些建议是真心实意提出来的,是实事求是的。任何斗争,只要带有派别斗争的性质,它就不再是反对右倾现象的斗争,而变成为反对党和党的成就的斗争了。(鼓掌)同志们,情况就是这样。

另一方面,我必须极其明确地表示,当多数派的同志们就群众的革命化、就美国的经济形势提出这么多附加条件,当他们把情况描绘成会使工人产生必须同现有条件妥协甚至无法期望美国会出现强大的工人运动的思想时,他们正好给运动帮了倒忙。美国的局势正处于剧烈变动的过程之中。已经发生的变化极其重要,十分深刻,不能不对这些变化作出判断,并从中得出必要的政治结论和策略结论。不过这些政治结论和策略结论应能使全党团结在这样一种纲领的基础上,即不仅要最坚决地反对右倾,而且也要反对挑动派别情绪的任何企图。当前条件下的主要任务是巩固党,团结党。在这里提到的许多错误并不仅仅是某一个集团的错误,而是全党的错误。请允许我举出其中的一些例子。就说潘肯事件吧。福斯特想躲到共产国际代表身后藏起来,但国际代表不可能知道雅各布·潘肯是何许人。如果他知道支持潘肯就相当于在英国支持托马斯,在德国支持谢德曼,在法国支持保罗-邦库尔,他无论如何也不会赞同这种"狡黠"的手法。第二点涉及那封著名的给社会党的公开信。我希望在这一点上丝毫不要推给共产国际代表。这是两个集团的共同错误。

最后一点,最大最重要的问题是黑人工作问题。就算某几个黑人同志在批评美国党时用语过于激烈,但基本上他们是正确的。无论是少数派还是多数派都完全忽视了这一部分工作。黑人工作未能很好开展，党未予以足够的重视。我们必须在黑人工作中实现彻底的转变。不久前就这个问题草拟过一个新的决议，但在这项决议中也把主要的东西忽略了。美国党如果不首先清除自己党内的白人沙文主义，它就不可能在黑人中开展任何工作。（鼓掌）否认或隐瞒这个事实是无济于事的。人们多次指出，只要英国同志在殖民地工作，特别是印度的工作方面不作出重大改变，他们是不可能取得任何成就的。更为正确的是，只要美国党不坚决改变自己在黑人工作方面的策略，它就不可能有所发展。

美国党内的两个集团之间是否存在分歧呢？我以为是存在的。其中许多分歧具有深刻的根源，但其性质并不足以证明必然要出现派别。我坚信美国党应当改变自己的策略。至少有一点是清楚的：只要党还没有牢固地领会到必须清除这两个派别并像一个团结一致的党组织那样共同工作，党就不可能前进。

米科洛斯（乌克兰苏维埃社会主义共和国）：

提交代表大会的关于共产国际状况和任务的提纲的基本特点是包罗一切。这个提纲包括了我们工作的各个方面、各个领域，不仅对经济形势和国际关系进行了统一的分析，而且分析了各个党的状况，同时还广泛地涉及各个大陆的所有重要国家。提纲的意义十分重大，不是仅仅偏重于欧洲，不是仅仅偏重于美国，也不是仅仅偏重于"白人"。就这一点而言，提纲进一步摆脱了还是从第二国际沿袭下来的旧的欧洲主义的传统。既然在提纲中为埃及、小亚细亚及印度尼西亚各国规定了特殊的任务，也许继续这样做下去是有益的。不过这个问题不是原则问题。

我们各国党正在同社会民主党的传统决裂，而且这个过程还在不断深化。在这方面，土地问题和民族问题具有异常重大的意义。在这两个问题上我们各个党内社会民主党的传统还很严重。提纲在第42段中提到我们各个党工作的重大缺点时指出,其中之一是农民工作和被压迫少数民族工作不够,这是正确的。提纲也同时专门指出,捷克斯洛伐克党在这方面对民族问题重视不够,而整个说来捷克斯洛伐克共产党因"红色节"活动失败而经历的危机要求对捷克斯洛伐克共产党内的许多许多方面大力加以注意和重新进行审查,其中就包括少数民族的工作。鉴于乌克兰布尔什维克共产党提出的备忘录,共产国际已经对捷克斯洛伐克共产党在外喀尔巴阡乌克兰地区的工作进行研究,并指出了今后的工作任务。

我还认为,美国黑人同志们在代表大会上的发言证明,美国共产党对黑人问题重视不够。很能说明问题的是,甚至连对于黑人具有极为重要意义的问题,即黑人运动的"种族"性质问题,美国共产党竟没有一个代表在这里谈到,这个问题应当在作殖民地问题报告时列入议程专门进行讨论。但是,现在进行一般性讨论时就应当提出,这种"种族"观点是根本不正确的,这种观点会把我们的工作、把我们对于黑人问题的观点,从研究社会特征转向研究人类学的特征。这样做应当遭到美国共产党的强烈抵制和批评。

可惜由于时间不够我不能谈这个问题。现在我只谈一个问题,即乌克兰问题,如果来得及也谈谈波兰问题。(喊声:"请谈谈,请谈谈。")看来,共产国际从已经公布的文件中知道了西乌克兰共产党内发生的事件。这个党中央委员会的多数派起先支持苏维埃乌克兰共产党里的民族主义倾向,然后即转而执行明显的民族主义路线,最后竟自己置身于共产国际之外,成了实际上支持皮尔苏茨基政权的叛徒。

其他党的同志们可能要问,共产国际为什么要把注意力用于中欧一小块土地上的一个不大的共产党的一小批首领身上。同志们,应当承认,对于在那里发生的事件的意义不应以面积大小及该组织成员多少来衡量,而应根据这个组织和这些事件对整个共产国际和整个国际运动的客观意义来加以衡量。

应当承认，在皮尔苏茨基法西斯统治下，波兰越来越明显地表现出它是世界帝国主义对苏联进行打击的直接工具。波兰境内存在着一些英、法及其他帝国主义者为了从那里打击苏维埃社会主义共和国联盟而予以十分关注的基本力量。而西乌克兰的领土则是帝国主义今后进攻苏联的主要地区，是必经之门户，苏维埃乌克兰的领土更是首当其冲。苏维埃乌克兰已经多次被世界帝国主义当做向红色共和国心脏莫斯科发起进攻的跳板。1918年德国帝国主义的进攻、1919年俄国邓尼金反革命势力的进攻、1920年皮尔苏茨基向基辅的进攻，这一切都说明在最近的将来帝国主义将沿着哪一条路线发动对苏联的进攻。对于皮尔苏茨基法西斯政府说来，特别重要的是要保证自己后方的安全。目前波兰军队中有数量众多的西乌克兰人。要率领他们向苏维埃乌克兰进攻以反对苏联，除非波兰法西斯政府能够设法欺骗和毒害西乌克兰的劳动群众。现在，西乌克兰的民主主义政党，首先是乌克兰民族民主联盟，正在从事这桩诽谤、污蔑苏维埃乌克兰（首先针对我们在乌克兰实行的民族政策路线问题）的肮脏卑鄙的活动，推行这种肮脏卑鄙的背叛政策。整个民族资产阶级和富农阶层已和法西斯政府勾结在一起策划进攻苏维埃乌克兰。但是，只有以前曾在共产党旗帜下进行过工作的叛变分子和叛徒集团把欺骗群众和使他们疏远苏维埃乌克兰的叛卖任务承担起来，广大劳动群众、工人阶级、贫农和中农才有可能受蒙骗。西乌克兰共产党中央委员会中原先担任领导的多数派客观上恰好起着这样的作用。这不是个别集团的简单的叛变而已。我们面临的这种现象可能对于世界帝国主义通过波兰和通过西乌克兰来进攻苏联、进攻苏维埃乌克兰，具有决定性的意义。正因为如此，我们才不得不予以特别的关注，并提请大家，亲爱的同志们，认真注视这个在西乌克兰境内发生的看来似乎并不大的事件。我们看到，健康的共产主义运动、西乌克兰的工人阶级，已经克服了这次背叛的后果。恐怕任何其他地区都不可能发生这样的事情，即眼看有人将发动进攻，在西乌克兰这样的地方，却发生了共产党领导机关多数人叛变的事。西乌克兰工人阶级的健康力量迅速肃清了这次叛变造成的致命后果。我可以告诉大家，不久前召开的西乌克兰共产党代表大会确认，拥护共产国际的组织已经完全恢复，并查明只有人数不多的两三个集团仍然留在已同法西斯勾结的瓦西里基夫集团的叛徒旗帜之下。

我们面临的问题，西乌克兰布尔什维克共产党和波兰共产党面临的问题，亦即我们曾经向共产国际提出的问题，是这次叛变的原因、根源问题。我们应当说明，在我们解释清楚这次叛变的原因和根源之前，我们不可能清除党的领导机构这次叛变所造成的全部后果。这个问题是长期辩论、长期讨论的焦点。这个问题我们曾向共产国际提出，共产国际也多次讨论过。我不能不十分惋惜地表示，波兰共产党中央少数派的代表连斯基同志在这里发言时把这些问题上原来的分歧一次又一次地搬了出来。连斯基同志宣称，他谴责波兰党多数派在西乌克兰问题上的错误立场。

不过，波兰党少数派的同志们，请允许我说一句，你们对于西乌克兰问题的立场不正是共产国际讨论的中心吗？去年共产国际执行委员会开会期间，关于西乌克兰共产党原领导人叛变的原因和根源问题有两种认识、两种解释。其中一种是波兰党少数派提出的，另一种是乌克兰布尔什维克共产党代表团和波兰党中央多数派提出的。（主席摇铃。喊声："讲下去！"）我早就要求发言，但在限定时间以后才让我发言。（鼓掌。喊声："讲下去！"）由于我既要代表苏维埃乌克兰布尔什维克共产党发言，又要代表西乌克兰共产党代表团发言，因此我请求延长我的发言时间。（鼓掌）我们说过，叛变的原因在于1926年皮尔苏茨基五月政变以后波兰的阶级关系发生了变化，即波兰的整个资产阶级（包括各个民族的资产阶级：波兰的、乌克兰的、犹太的）团结了起来，从而引起了西乌克兰阶级关系的变动。这对于共产党内的个别不坚定分子产生了影响。叛变的原因在于波兰阶级关系的变化，而这就导致了西乌克兰共产党内部某些分子在当前的新条件下分离了出去。这个解释业经共产国际于1926年8月通过，并于1927年12月重申，而1928年1月，即在瓦西里基夫和他的小集团叛变以后，共产国际执行委员会议又一次重新确认这个观点。

波兰党少数派的代表又是怎样解释的呢？他们说，瓦西里基夫集团的叛变并不是客观社会政治条件变化的结果，而是由于新的条件才使得西乌克兰党中央原领导机构一直存在着的民族主义叛变本质得以暴露出来。波兰党少数派的同志们，你们的建议，你们的解释，并没有被共产国际接受。那么，你们现在为什么要来到代表大会的这个讲台上说话，为了共产国际通过的解释而谴责波兰党中央的多数派呢？而这样做，你们事实上是在抨击共产国际接连确认了三次的决定。波兰党的少数派不是以深刻的社会政治原因去进行客观的解释，而是在寻找一种主观的解释，怀疑并诬陷西乌克兰共产党过去的所有活动是民族主义。

西乌克兰共产党中央多年来，在波兰党中央（并有乌克兰布尔什维克共产党中央的参与）领导下，在共产国际领导下，执行了正确的、布尔什维主义的路线。而且，虽然瓦西里基夫和另一些人是1919—1920年期间从民族主义的乌克兰资产阶级阵营转到我们方面来的，虽然他们毫无疑问犯过个别的有时甚至重大的错误，但是整个说来，在皮尔苏茨基1926年政变以前，这个集团在共产国际领导下所走的方向是对的，做了很好的工作。把所有这些工作说成是始终只不过用共产主义词句作掩护的民族主义是没有任何根据的。这样做就意味着打击整个西乌克兰共产党，而这个党曾极其迅速地克服了自己原领导集团叛变所造成的后果，表明它本质上是健康的。但是，当阶级力量发生变化时，瓦西里基夫和其他一些人以前的民族主义思想就反映了出来，那时，他们在民族主义资产阶级的压力下便开始转向民族主义倾向的立场，一直坚持这种倾向并对抗共产国际，直到滑入叛变的深渊。

情况就是这样，共产国际执行委员会也先后三次接受了这种解释。而波兰党中央的少数派却提出另一种解释，他们说，西乌克兰共产党原先的领导集团总的说来从本质上说就没有能力在民族问题上执行正确的列宁主义路线。总的说来"从本质上说没有能力的理论"对波兰党中央的少数派起着重大的作用。确实如此，试以波兰内部的关系为例。现在的斗争应作何解释呢？是因为多数派以前的错误、以前的右倾吗？这是有过的。但是，难道少数派没有犯过"左"倾甚至极"左"的倾向吗？连斯基同志提到了瓦尔斯基同志1923年所犯的托派性质的错误，他当时是不同意的。你们为什么如此片面？你们为什么不提及当时你们原先的同伙多姆斯基的错误？当1920年苏军打退皮尔苏茨基对基辅的进攻并为解放波兰而进军华沙城下时，多姆斯基发表抗议，声称这是来自莫斯科的"赤色帝国主义"。连斯基同志当时并未和多姆斯基划清界限啊！你们究竟为什么要提起过去的过失呢？人们是逐步掌握列宁主义观点的，也是通过错误锻炼领导机构的。瓦尔斯基原先的错误和连斯基原先的错误都不值得再提，它们已经相互抵消了。而在皮尔苏茨基五月政变期间也不只是某一方犯有错误。1926年5月皮尔苏茨基发动政变时，波兰党中央的多数派和少数派都同样犯有错误。当去年共产国际根据这些分歧对错误进行分析时，共产国际最后要求波兰党代表大会一致通过决议。这样就消除了波兰党中央内部的政治分歧。连斯基当时宣布自己同意共产国际和联共提出的决议案，而这项决议就曾指出在多数派和少数派之间不存在原则性的政治分歧。但是他当即又提出了自己的一个原则性分歧意见——关于从本质上说没有能力的理论。连斯基同志已不是第一年提出这个理论，他以这种理论为基础形成自己的派别，并据此认为瓦尔斯基、科斯切娃等所谓多数派的代表，照他看来，从本质上说就没有能力采取列宁主义的立场。证据是不需要的,连斯基也不提出证据。这就是他的出发点。但是请问:连斯基同志的这个观点在波兰党的第四次代表大会上是否列入了讨论的日程呢?列入了。在第四次党代表大会上是否讨论了呢?讨论了。是的,这个观点在会上进行了讨论,并为代表大会和共产国际所否决。大会在原则路线上取得了一致的意见。既然没有原则分歧,那么就可以(这样做也是正确的)推选新的中央委员会,成员根据力量对比大体上各占一半。不过,虽然所有的分歧都已消除,仍然还剩下一个分歧,那就是连斯基同志关于瓦尔斯基和科斯切娃集团从本质上说没有能力采取列宁主义立场的理论。于是,连斯基同志就在这一理论的基础上,在这个唯一的原则分歧的基础上组成了自己的派别,并进行了一年的斗争。

为什么要死抱住已被否定的分歧一次又一次地进行斗争呢?

要知道除了这一点以外什么也没有了,其余一切都是微不足道的小事,其余一切都是次要问题。但是,既然连斯基同志想要在这种所谓西乌克兰共产党从本质上说没有能力采取列宁主义路线、瓦尔斯基从本质上说没有能力采取列宁主义路线等理论的基础上组成一个派别和党,那么我就产生一个问题:连斯基同志从本质上说有没有能力到某一个时间放弃自己的本质无能理论呢?

当然,在波兰党内存在许多不正常的现象,如解散华沙委员会和共青团常务局等。但是,当看着波兰党少数派首领在讲台上发言并且宣称不容许破坏中央委员会的党纪时,我曾极其认真地倾听,竟发现连斯基有一项绝大的发明,他竟把列宁主义的整个组织学说完全首尾倒置。他发明并且认为,如果中央委员会不服从自己的各个部门,那这就是不可容忍的破坏党纪!你瞧!他在说不能容忍破坏纪律,说中央正在反对各个部。可是,如果少数派的代表置身于中央委员会的各个部而又不服从中央委员会,那么这是一种什么样的斗争呢?在这种情况下,就应当对这些部稍稍动用一下纪律这个武器。连斯基同志在这里发言批评主席团关于华沙委员会的决议,并且想利用这一点来反对多数派,使自己从中得到好处。不过他忘记了一点,那就是必须承认,共产国际现在看到,在目前条件下根本谈不到继续采用对等原则。(鼓掌)这是在共产国际必须提出来的主要之点,在代表大会结束之前,必须对此做出果敢的决策。虽然从第四次党代表大会以来不存在原则分歧,但连斯基的本质无能理论仍然在起作用,必须加以清除。我坚信,共产国际在这次代表大会上对波兰问题进行研究以后,能够最后解决这件事,彻底废弃这种不可容忍的方法,平息这场纷争,帮助波兰党真正团结起来,建立起坚强的、团结的、统一的中央委员会。这个中央委员会应能在当前同帝国主义搏斗的重要时刻完成自己的任务,领导波兰无产阶级为反对帝国主义的进攻、为建立苏维埃政权、为实现社会主义而斗争。

雷曼(捷克斯洛伐克):

关于捷克斯洛伐克共产党的问题,许多发言者在这里都已谈到。我也是想从另一个角度来谈谈。首先我想分析一下存在于两部分同志之间的分歧。一方面,许多反对派的同志不完全同意捷克斯洛伐克党迄今为止所执行的路线;另一方面,一些同志就是在"红色节"活动失败以后仍然认为这条路线是正确的。"红色节"失败在捷克斯洛伐克共产党的队伍中引起了争论。这一场争论的实质何在呢?问题的实质在于,一个遭受了如此重大损失而又不能在决定性的时刻迎击反动资产阶级的政党能否拥有一条完全正确的路线?在回答这个问题时,必须清楚明确地声明:捷克斯洛伐克党在"红色节"期间的失败证明,捷克斯洛伐克党内存在着严重的右倾机会主义的危险;党的路线并不是明确的布尔什维主义路线。关于"红色节"的争论,首先就是围绕着这个问题进行的。中央委员会就此通过了一项决议,主要说明"红色节"的失败同党的总的错误和缺点有关，但是指出这些缺点还不能正确解释失败的原因。伊列克同志在自己的发言中列举了与"红色节"有关的所有个别错误。但是，照我看来，问题的提法不应当这样，而应当是：发动"红色节"活动期间所发生的全部个别错误是否就足以解释党遭受如此重大损失的原因呢？只有这样提出问题，才会得出唯一正确的结论，即"红色节"遭到失败的真正原因要从捷克斯洛伐克共产党的整个路线中去探寻。我手头掌握有若干证据，足以说明现在，在"红色节"以后，党内是怎样解释这些问题的。党的某些机关现在把事情说成似乎"红色节"根本就不是什么失败。《斯洛伐克》杂志写道，这一天走上布拉格街头的有10万工人。这10万工人究竟在哪里呢？至少在布拉格街头并不曾有过这么多人。这种说法反映了一种企图抹杀党的失误、不愿意从事物的实际情况出发得出相应结论的倾向。捷克斯洛伐克问题的另一个根源就在于有人企图抹杀失败这个事实本身。也存在另外一种倾向，这种倾向表现在党的中央机关报上。我想从《红色权利报》所阐述的新理论中摘引几句。这家报纸写道："在布尔什维克化的党内，决定并举行任何发动都是有广泛基础的。这就是说一切都是广泛的集体性决定，是广泛的集体行动。因此，如果党犯了某些错误的话，那责任一向在于整个无产阶级集体。"

同志们，这是一种什么倾向呢？这种倾向是企图把党的领导机构失败的后果推到广大无产阶级群众身上，推到所有党员群众身上，他们当然无论如何不会同意这种解决问题的办法。应当绝对肯定地说，捷克斯洛伐克的事态结局如此悲惨，整个责任应由党的领导机构来负，而不应由党员群众来负。

为了说明有些人把党的路线作了多么"精辟"的论证，只要扼要举出伊列克同志在发言中关于经济的分析就够了。他是怎样谈论捷克斯洛伐克的经济形势的呢？捷克斯洛伐克目前正处于有利的形势，这是不容怀疑的事实。但是，要分析经济发展趋势，简单地认定捷克斯洛伐克形势有利是完全不够的。至于几周之前召开的党代表会议所作的分析也仅仅限于确认这一事实，这种解决问题的办法更是站不住脚的。

捷克斯洛伐克经济发展的趋势究竟怎样呢？是和世界范围资本主义的发展趋势完全一样的。我们看到的是垄断化、托拉斯化、合理化。所有这些现象在较小的国家里也同样存在。捷克斯洛伐克生产的迅速发展给这个国家提出的市场问题比任何一个资本主义国家都要尖锐得多。例如，英国已规定对从捷克斯洛伐克输入的食糖征收关税。这样一来，整个捷克斯洛伐克资产阶级面临着销售市场大大缩小的前景，结果自然造成一片慌乱。这就意味着，资本主义发展新阶段所引起的所有矛盾，将来在捷克斯洛伐克要比其他大的资本主义国家更加尖锐。这种情况一方面自然会导致捷克斯洛伐克增加对帝国主义大国的依赖，另一方面将使战争的威胁变得更加严重、更加紧迫。

同志们，对所有这一切必须有一个十分清楚的认识，必须仔细地分析这个国家经济的主要事实，而不能仅仅局限于空谈大好形势。

请允许我现在谈谈捷克斯洛伐克共产党的一系列实际政策。如果我们判定战争危险对党来说是一个极为重要的问题，那么党就应当把准备迎接未来的重大事变作为自己的主要任务。

布哈林同志的提纲正确指出，在捷克斯洛伐克党内合法主义的倾向还很严重，它一方面不善于为秘密活动准备土壤，另一方面它也不善于以必需的毅力捍卫自己的合法地位，为扩大自己的合法权利而斗争。虽然党在这方面不时采取某种措施，但是仍然不能认为合法性问题曾经成为某一次群众发动的基础，或者曾同其他的局部性发动结合在一起过。没有根据说党正在使工人阶级注意这个问题，没有根据说党正在创造条件使工人阶级认识这个问题的极端重要性，而这个问题又是同党争取合法地位的斗争以及同反对战争威胁的需要联系在一起的。

合法主义是党继续发展道路上的最大障碍之一。我敢断言，党对这一危险的认识不够清楚。

还存在着一系列别的机会主义倾向，由于时间不够，我不可能详细阐述。在这里我只提出党对工会问题态度这一点。

众所周知，捷克斯洛伐克开展红色工会运动的工作条件是很不利的，捷克斯洛伐克的红色工会运动是以一种联合工会的形式组织起来的，这样的联合工会完全剥夺了群众发挥自己主动性的可能。同志们，这种情况影响了红色工会迄今为止进行的整个实际斗争。在大多数场合，开展斗争时统一战线是从上层即在红色工会领袖和改良主义工会领袖之间建立起来的，而群众本身实际上没有被动员起来，没有参加到斗争中去，因为红色工会运动的组织原则迄今为止一直是发动群众和深入群众的障碍。

除此之外，红色工会还采取了一种完全错误的机会主义方针，这些工会的思想方针不以开展上述群众工作为宗旨。

同志们，到什么时候党才清楚地认识到这种危险并向群众发出警告的呢？是在我们为提高工资而进行的重要搏斗、在捷克斯洛伐克已经处于最紧张炽烈的时候，是在一系列战斗因工会上层领导机构的上述机会主义政策而遭受失败的时候。只是在一系列群众运动失败或未能充分广泛开展以后，党内才提出红色工会的问题。而现在，在红色工会国际第四次代表大会已经对红色工会作出了明确的决定并且阐明在捷克斯洛伐克必须采取建立企业工会的方针以后，我们看到，正如昨天洛佐夫斯基同志所指出的那样，改造工会的过程发展依然过于缓慢。

我不可能在这里谈到许多其他问题。在结束发言时我要说一句，如果把捷克斯洛伐克党的所有这些错误加以分析，就可以看出，党内存在严重的右的危险，党所采取的方针包含着一系列严重的机会主义倾向。正因为如此，代表大会必须在这方面提出明确的指示。

在捷克斯洛伐克必须把斗争的重点放在反对右的机会主义倾向方面，主要应当打击机会主义现象，因为这种现象现在甚至在党的领导机构本身也已暴露出来。

同志们，我声明：俄国代表团就捷克斯洛伐克党领导机构本身存在某种机会主义消极情绪而对关于捷克斯洛伐克的提纲所作的补充以及他们指出这个事实的做法，都是完全正确的。

我还可以指出一种情况，那就是捷克斯洛伐克的党员群众完全清楚当前的形势，参加共产党的工人群众要求急速改变党的现行方针。几天以前，布拉格十部中的骨干分子要求坚决改变党的方针。就此我还可以补充一点，赖兴贝格州召开的一系列干部代表会议也同样通过决议，要求彻底改变党的方针，主张更新党的领导机构。这些事实说明，如今的党员群众比四年前我们党内进行讨论时已经更加成熟了。

正因为党员群众在思想上更加成熟，我坚信党一定能够更好地接受这一次新的争论，这一场新的讨论，党在自己成员的无产阶级部分的帮助下一定会在布尔什维克化的道路上向前迈进。

蒂特尔（德国）：

我打算谈谈德国党政策中的几个重要问题。国会选举的结果毫无疑问是共产主义的巨大胜利。这次国会选举表明，在当前局部稳定的形势下德国无产阶级表现了向左转的总趋向。但与此同时我们也不能闭目不看一个重要的事实，这就是社会民主党的发展。工人阶级普遍左倾化，改良主义仍有增长，两者之间的这种矛盾正是一个**具有决定意义**的问题，布哈林同志在提纲中和发言中也都指出了这一点。这就是关于改良主义的问题。

德国社会民主党不仅是**世界上最大的改良主义政党**，而且也是在改良主义方面**最为彻底的**、在同资产阶级合作方面比所有其他党走得更远的政党。它是第二国际的重要支柱。而这个党到目前为止**仍然还受到德国工人阶级多数的拥护**。这种状况有利于托拉斯资本的加强和保证它的统治地位。资产阶级民主在德国成了托拉斯用来直接控制国家的工具。但是，由于社会民主党的影响，德国工人阶级的大部分仍然还**对这种民主十分向往**。资本的集中、企业主联盟势力的不断扩大，都使纯粹工会斗争的范围日益缩小。差不多每一次较大的工会冲突在目前形势下都具有政治意义，并向工人阶级提出了参加实际斗争以反对资产阶级国家的任务。另一方面，托拉斯化使企业主有可能通过提高价格在短时间内把工资的任何提高都完全抵消。在这方面工会官僚也已登台表演，他们的影响起着保护资本主义免受进一步震撼的作用。工会官僚把工人的经济斗争限制在一定的范围之内，使它不致触动资本主义国家的基础，他们越来越成为资本主义剥削的调节器。

共产党应当把改良主义对群众的影响消除干净。既然我们现在已经有能力削弱社会民主党，那么一旦出现严重的尖锐革命形势我们也一定能够摧毁社会民主党。社会民主党还在以自己的政策在德国的广大无产阶级群众中散布一种幻想，似乎有可能给德意志资本主义共和国注入民主主义和社会主义的内容。这个党还能用社会民主党官员有可能充实国家机关这种前景来诱惑群众，并让他们相信这就是改革资产阶级国家机关的萌芽。这个党还能利用工会官僚机构和各级国家仲裁机构的活动来**散布经济民主主义的幻想**。在这些基本问题上，所谓"左派"社会民主党领袖同社会民主党中央委员会官方政策的拥护者是没有丝毫区别的。社会民主党"左"派领袖的政策，旨在用激进的词句麻痹不满的群众，把他们引入改良主义影响的轨道。

在对待"左"派社会民主党的策略上，我原先犯过错误。这些错误是在如何利用群众利益与左派领袖虚伪激进政策之间的矛盾问题上，以及如何利用改良主义阵营内部矛盾的问题上。

同志们，这种**群众与领袖之间的矛盾却是党顺利执行统一战线政策的基础**。事实是：工人对"左"派领袖的压力愈大，这类"左"派领袖的言词就愈是激进；不过对于我们共产党人来说，我们的策略路线也就变得愈加**复杂困难**。

群众在目前采取的是什么态度呢？

台尔曼同志在自己的报告中说，支持社会民主党的 900 万选票中多数是小资产阶级的票。（台尔曼在座位上说："这不对，我没有这样说过。"）黑克尔特同志说过，工会是把在小企业中就业的工人和工人贵族分子联合在一起的组织。如果我们读一下我们党三星期以前在国会选举后发表的号召书，我们就会看到其中有这样一种说法：投票支持共产党和社会民主党的"这 1200 万人斗争的统一性"。这样我们就会发现对选举存在一种完全矛盾的评价。不过，如果我们想赢得现在还跟着改良主义者走的群众，**那么首要的前提是要清楚地、正确无误地分析**改良主义拥护者的社会成分和政治成分。

社会民主党究竟是什么样的政党呢？

它是工人的政党吗？不错，社会民主党就社会成分而言确是把相当一部分工人阶级联合和组织到一起的政党。但是，**就其政治性质和政治内容**而言，社会民主党是小资产阶级的乃至帝国主义的政党。在对待社会民主党和首先在对待"左派"领袖的政策方面，我们的任务在于用共产主义的观点对之进行批判，从而推动群众前进一步。首先必须通过具体的和日常的斗争向社会民主党的工人和追随者揭露领导机构的政策同群众当前利益之间的尖锐矛盾，并推动这些群众去实现我们日常的目的和最终的目标。中派主义，"左派"社会民主党，是横在群众和共产主义之间的最大障碍。

我们对待中派主义的策略和原则问题早已解决，已有过明确表述，并且制订了实际办法。（有人喊道："不过你并没有看到！"）我们在斯巴达克同盟时期的政策、我们在哈雷对待独立社会民主党的态度、我们在战争期间对待考茨基和哈泽的拥护者的态度，以及苏联布尔什维克党对待托洛茨基主义的原则政策，都说明了这一点。（有人喊道："回想一下莱比锡代表大会吧。"）中派主义领袖以其激进言词妨碍着向共产主义前进的群众明确地辨别方向。他们在改良主义的范围和界限之内推行一种**所谓的反对派**政策。我们的任务是通过正确的日常政策加速拥护社会民主党的工人阶级内部的左倾化过程，使工人转向共产主义方面。

因此，我们不应当在思想上站到中派主义的立场上去，而应当自始至终从我们共产主义的原则观点出发，对其进行无情的批判。因为只有**击败中派分子，战胜中派主义**，我们才能把群众争取到我们方面来。

争取群众的问题是每一次世界代表大会关注的中心。统一战线政策是争取群众的手段和革命方法。我们应当运用统一战线政策取得对群众的领导权。我们应当表明，我们是在所有一切方面，无论是在工资方面、社会政治问题方面，还是公用事业、文化问题方面，我们都是群众直接的日常要求的最有能力的捍卫者。只有在工会中、在合作社中以及在所有的群众组织中正确开展工作，这种统一战线政策才能得到运用和贯彻。在这类组织中，我们的同志应当表明，他们善于根据当前斗争的具体情况为群众争取尽可能有利的实际结果，从而同群众密切地联系在一起进行革命斗争。我们应当针对两派改良主义者在工人阶级内部散布的幻想，阐明我们关于必须为建立无产阶级专政、建立工农政府而斗争的观点。我们应当向劳动群众表明，作为工人阶级真正民主制度的无产阶级专政，只有通过打碎资产阶级国家机构才能够实现。这种原则宣传不应脱离现实政策，而必须以当前形势的具体条件为出发点。

同志们，在选举中取得巨大胜利之后，我们党的领导机构完全松垮了下来。党的领导机构出现**信心不足和动摇的现象**。由埃森党代表大会和共产国际的指示所拟定的党的政治路线总的说来是正确的，但是党的领导机构却未能自始至终根据具体的现实情况正确地贯彻这条路线。这个事实最明显地表现为我们党的领导机构在选举结束三周之内竟一直保持沉默,直到三周之后才向全党和有阶级觉悟的无产阶级群众提出斗争纲领和可行的当前要求,**但是却未能把它们同有效的革命宣传结合起来**。遗憾的是,未能利用这个号召来发动广泛的宣传运动以争取群众。**选举结束后党的领导机构陷于瘫痪状态**。而这恰恰又是在社会民主党采取一系列狡黠手段的时候。在这种情况下,由于缺乏任何政治领导,党完全处于束手无策的地步。这种束手无策的状态和缺乏具体指示的情况也反映在党的中央机关报《红旗》上以及无一例外地反映在所有地方出版物上。(有人喊道:"闻所未闻!")但是,缺乏党的领导(有人喊道:"闻所未闻!")是机会主义危险的重要源泉之一。(笑声。有人喊道:"你现在讲的是谁编造的?简直闻所未闻!")

无论我们研究什么问题,我们都能看到党的动摇和软弱无能。(有人喊道:"是谁参加了图林根五金工人的选举?")在苏尔五金工人罢工期间我们曾取得很大的胜利。我们不得不在三条战线作斗争:反对企业主的战线、反对改良主义者的战线和反对托洛茨基拥护者的战线。

鲁尔的矿工曾进行过大规模的经济斗争,但在那里党也同样无所建树。党不去真正组织群众,不去真正地开展革命宣传(这样做可以为这一冲突的政治激化创造前提),而是一再重复同一个刻板的公式:结合争取提高工资的斗争求得运动的扩大和联合。

这里有一些数字。我们可以对比一下1926年和1928年选举萨克森(德累斯顿、莱比锡、开姆尼茨、德伯尔恩、弗赖贝格、迈森、普劳恩、茨维考、包岑、克里米乔)五金工人联合代表大会代表时的选票数字。

    1926年 8645(反对派)   13303(改良主义者)
    1928年 11807(反对派)   26092(改良主义者)

莱茵地区—威斯特伐利亚（杜塞尔多夫、埃森、波鸿、赫尔姆、盖尔森基兴、巴门、奥普拉登）的情况是：

1926年　3902（反对派）　　　　3941（改良主义者）
1928年　4417（反对派）（11%）　5367（改良主义者）（14%）

（有人喊道："那么图林根的情况如何呢？"）由于给我发言的时间很短，我不可能详细谈到全部选举结果。如果给我延长时间，我可以谈一谈图林根和其他州的情况。可惜毫无疑问，这些选举结果并不是个别州内的个别现象，这是全国的普遍现象。不过这两个例子是很典型的，因为这两个州都举行了五金工人的罢工。这就是说，这两个州里党的积极性最强。我们在苏尔的行动很顺利，打破了改良主义分子和所谓"列宁崩得派"的影响。

这些现象之所以出现，不仅由于缺乏中央的必要政治指示和强制规定，还因为在当前党的工会政策指导下真正的统一战线一开始就必然四分五裂。党员群众的主动精神被官僚机构和党的工作的机械作风以及压制基层一切首创精神的做法破坏殆尽。同志们害怕在超出纯粹地方范围的问题上表现任何主动性，害怕表示自己的思想，害怕这样做他们会受到来自党的官僚机构的迫害。（有人喊道："如果是这样的话，你早就不是书记了！"）事情发展到这样的地步，同志们常常害怕会被指责为"左"倾或右倾。

这样一来常常出现这样的情况，即在有决定意义的情况下什么事也不干，党员同志失去党的领导而不得不无所事事。此外，党的活动能力削弱（最近以来）的原因还应该从中央委员会根据德国党和俄国代表团在第九次全会以后的协议的基础上通过的新的党内方针中去探求。第九次全会以后党所执行的方针，就执行以来现有的经验看，必将导致党走向孤立的地步。这个方针意味着在统一战线策略方面，在争取工会和在此基础上加强党内集中方面实际上背离"公开信"所提出的并经埃森党代表大会所批准的路线。

我不想详细叙述这类事实。我只不过强调说明我的观点。不过，同志们，我必须表示反对洛佐夫斯基同志发言中的某些内容。洛佐夫斯基援引了图林根州委会的记录。我们讨论过红色工会国际代表大会的问题。关于"阿姆斯特丹分子是资本主义的工具，是工贼组织"的提法，特别是"工贼组织"一词，在这里起着重大作用。在这里我并不像洛佐夫斯基同志想要人们相信的那样反对这种评价，相反，我是强调了这种评价。

我可援引州委会一次会议记录中的一段话来作证。我当时在会上说：

"在关于我们的国际任务的提纲中，阿姆斯特丹分子被称做'资本主义的工具'。从客观上说，这是正确的。在英国矿工罢工期间，德国工会领袖不是站在斗争的英国工人一边，而是站在国际矿业资本和帝国主义者一边。工会领袖奉行联合政策，因此，他们是资本主义的工具。但是，在我们的工作中重要的不只是说出真理，而最主要的是怎样说出真理。"

可见我说过这是**"正确的"**。我始终无法理解，为什么洛佐夫斯基同志要说相反的话。在我们的工作中重要的是，在每一个个别场合我们将**怎样**向工人们解释阿姆斯特丹分子的组织是工贼组织。

只有采用**正确的布尔什维主义的方法**，我们才能够争取到广大群众。我们应当避免我们同企业中广大工人群众之间的裂痕不断扩大。相反，我们的任务在于推动以我们和广大工人群众为一方和以改良主义领袖为另一方之间的裂痕不断扩大，以便一旦工会领袖进行分裂时（而事情正在向这方面发展）广大群众会转到我们这一边来。

我很想从德国工会的实际活动中举几个实例来证实我的话。可惜给我规定的时间已经到了。

我本来想再谈一谈在讨论中出现的若干重要问题，并且提一下行动纲领和监督生产的口号。这个口号是在第三次世界代表大会和第七次扩大全会上提出来的。如果它现在被宣布为机会主义的口号，那我服从这项决定。

我只想再说一说党内方针。台尔曼同志说："德国的右派集团是一种接近于叛党的危险。"洛佐夫斯基同志说，右派同志们同党的联系十分薄弱。（台尔曼从座位上说："我不是这样说的，我反对这种说法。"）如果在这里有人讲了类似的话，那么在德国将会有什么样的反应呢！我提醒大家注意，这种评价目前可能给党造成严重的困难。我只举一个例子来说明，事情已经到了何种地步。当我所在的那个区选举第六次世界代表大会的代表时，一名中央委员发言说："摆在面前的问题是：拥护共产国际还是反对共产国际。"（乌布利希从座位上说："这样说完全正确。"）这就是说："谁赞成蒂特尔同志，谁就是反对共产国际！"乌布利希同志现在还强调这一点。那样的话，我要求作出相应的结论！

我不想隐瞒，在某些问题上——在几十年中做了有效的革命工作的同时——**我也犯过错误**。有机会主义的错误，也有"左"的错误。我未能自觉改正这些错误，是通过党的说服教育加以改正的。但是，现在人们反对我是因为在某些策略问题上我持有不同的意见。不过我始终执行埃森党代表大会的路线，而且今后也将严格服从党的决定。**但是最主要的是，**对于我们党内的任何一项切合实际的提议，特别是当这一类提议出自所谓"右派"之口时，不要在还没有进行真正认真的讨论之前就给它扣上**机会主义**的帽子，将其否定。采用这种做法就会使党的思想政治生活陷于瘫痪，而这一点正是党发展党员时吸引力不够和成员流动性大的又一原因。

我绝不是要求对背离党的现行决定的现象采取容忍态度。不过现在的领导机构不容许同志们在探求复杂形势下如何采用更好方法时表示丝毫不同的意见。这就是危险所在。机会主义的危险是主要的危险，对这一评价绝不应有任何改变。同机会主义、改良主义妥协，对待改良主义采取容忍态度，这些都是不能容许的。这意味着与党分离。**在这方面不允许有丝毫调和折中。**

我之所以这样说，是因为我许多年来（我强调一句，几十年来）一直在无产阶级队伍中进行斗争，也一直坚持这种观点。在战前和战争期间我们都在斯巴达克同盟中为反对改良主义而斗争。谁现在断言我们想把改良主义引入共产党，他讲的就不是事实，他就侮辱了同志，因为这些同志的过去证明情况恰恰相反。

我们的领导机构的张皇失措，破坏了党的活动能力，应当通过发扬主动精神、通过自下而上地激励党员**群众**来加以克服。只有这样，领导机构才会有能力尽快地对新发生的种种问题作出反应。为此，必须根据联共（布）党中央的号召书和斯大林同志的演讲和文章开展必要的自我批评和发扬党内民主。

党内所有健康力量的聚集，党内新老干部的联合和团结，应当通过共同探讨和明确德国工人运动的所有问题来实现。

必须进行一个时期的解释工作。这样做的结果将是：过去所有党员的经验将得到运用，党将在思想上恢复完全的一致，所有派别都将被清除，各种力量将真正聚集起来（这种力量的聚集不是生硬地做到，而是从政治上达到这一点）。与此同时，这种解释工作将会为同真正的机会主义错误作真正必要的斗争创造条件。德国的战争政策可能造成十分严重的局势。资产阶级将会利用改良主义和采取恐怖手段来对付我们。这对我们说来是一次检验，我们已是第二次经受检验。苏联面临着战争的危险，这种危险日益严重。苏联在世界上唯一的支柱就是各国共产党。巩固各国共产党，促进各党领导机构的团结，在党内创造必要的条件使各国党在决定性的形势下不致一筹莫展，——这就是第六次世界代表大会的任务。为此，就必须像斯大林同志在自己的演说和文章中所一再强调的那样开展自我批评。因此，党在思想上必须团结统一，必须拥有坚强的领导机构，必须无情地开展自上而下的和自下而上的自我批评。吸收所有同志、所有新老干部参加党的工作，在埃森党代表大会路线的基础上不断地聚集力量！在第六次世界代表大会的决议的基础上真正把力量聚集起来！（发言一再为高呼声所打断）

（会议休会）

第十五次会议

(1928年7月28日)

主席：雷梅尔

讨论布哈林的报告(续)

比茹（法国）：

共产国际代表大会应当制订青年共产国际的政治路线，至于实施既定决议的方法，应由青年共产国际召开自己的代表大会进行讨论。因此，必须让共产国际和所有的共产党都能了解和认真地分析青年共产国际活动的优缺点，以便吸取相应的教训，得出相应的结论。

这里没有人会怀疑，青年共产国际及其所属支部必须极其认真地研究现时的局势并且直接地探索新的工作方法，以便将它的影响扩展到广大青年工人阶层中去。

青年共产国际的一项重大任务是，结束存在于青年共产国际的政治影响与其所属多数支部组织力量之间不相适应的状况。这个问题不是什么新问题。前几年就讨论过这个问题，也曾引起青年共产国际执行委员会和青年共产国际历次全会的注意。应当说，迄今为止，收效甚微。在这次代表大会上和青年共产国际的代表大会上，健康的自我批评将有助于克服缺点，促进我们组织的顺利发展。

我们应当分析青年共产国际的有益经验。我想提请各共产党注意青年共产国际最近一年来一般活动中两件极其重要的事。

我指的第一件事是反对军国主义的斗争，其次是党和共青团之间的相互关系。

首先讲反对军国主义的斗争问题。我不打算详谈这个问题，因为在辩论反对战争危险的斗争方法时还将认真地讨论这个问题。但是，闭口不谈青年共产国际的活动也是不可能的。在第五次和第六次全会之间的时期，各国党为弄清反对军国主义斗争的问题做了许多工作。我们在许多党内开展了反对那种低估军队中工作的思潮以及某些和平主义思潮的斗争。在美国、捷克斯洛伐克和英国的党内，都进行过这种斗争。

青年共产国际曾在各地帮助人们理解反对军国主义斗争的意义，有时还领导了这一斗争。

在谈到反对军国主义斗争的成绩时，不能忘记英国共青团在英国大罢工期间和武装入侵中国期间的经验，不能忘记英国共青团在摩洛哥和叙利亚战争期间的经验及我们的美国同志的经验。

必须提到的是，一些共产党常常不能充分地考虑到，对于反对军国主义的斗争，必须从政治上加以领导，而不是单纯地帮助共青团去开展这一斗争。

资产阶级军事机构的改组，要求我们认真地分析社会民主党青年所起的作用，这些青年实质上一直是按各国社会民主党的方针确定其立场的。但是，在工人青年队伍中占主导地位的传统的反军国主义精神，迫使各社会民主党不得不谨慎行事。我们应当时时保持警惕，毫不留情地揭露社会主义青年领袖们的蛊惑性言论。

必须分析青年工人队伍中刚刚露头的和平主义思潮。资产阶级力图依靠其组织把这种思潮纳入一定的轨道。

在同资产阶级和平主义组织进行不间断的无情的斗争的同时，我们决不能忘记，只有通过在工厂、军营、舰船、军训营地和一切有工人青年的地方开展宣传和有力的群众工作，才能消除青年工人中的"和平主义"幻想，把他们引上布尔什维克的反军国主义斗争的道路。

现在讲一讲青年共产国际和党的相互关系。我将以青年共产国际与法国共产党之间的相互关系为例，具体地谈一谈这个问题。最近一个时期，青年共产国际开展了坚毅的斗争，反对机会主义的、右倾的思潮。青年共产国际及其所属所有支部在这方面态度明朗，战斗坚决。我们开展反对军国主义的斗争，同时也是反对我们党内的社会民主主义和机会主义倾向残余的斗争手段之一。

1927年，共青团是最早对我们党内的倾向和错误作出反应的一批组织之一。去年11月的"公开信"在很大程度上是根据共青团的倡议写成的。在整个端正党的路线时期（这种端正路线的工作现在仍在继续，远远没有结束），共青团发挥了极其重要的作用。

我不准备多谈你们十分熟悉的关于产生种种倾向和错误的来龙去脉。从对这些倾向和错误的分析的结果来看，产生这些错误的根源是：

1. 对经济形势和政治形势理解不够；
2. 对中央委员会全会决议或全国代表会议规定的任务不甚理解；
3. 对有"合法主义"思想的分子作出了过多的让步。

共青团对端正党的路线所提供的帮助，不仅仅是参加辩论，而且还开展了许多实际工作；参加这种实际工作的不是个别同志，而是整个共青团组织。

参加贯彻旨在端正党的路线的政策的活动，首先是开展解释工作，这对整个党来说是不可或缺的活动，因为不仅在基层，而且在党的骨干中，对党的新策略和新的政治路线都存在着模糊认识。

许勒尔同志在其报告中谈到我们的共青团在法国举行的选举中所起的巨大作用和新的经验。应当指出，不能仅仅从推举一两个候选人的角度来看待共青团参加选举的问题。这一点并不是根本的。重要的是，整个共青团第一次动员起来在全国宣传共青团的口号，我们利用我们在选举期间获得的一切机会让青年工人看到，共青团是什么样的组织，它的活动具有什么意义。依靠我们掌握的资料和我们向党提供的大批鼓动员，我们在选举期间，在所有的竞选集会上，我们都成功地提出了使青年工人感兴趣的口号，特别是我们的反军国主义的口号。

我们积极地参加了选举和其他形式的活动。我们不是局限于进行批评，而是积极地参加党的工作，注意不让错误和背离党的路线的倾向发展，特别是在基层干部和区的积极分子感到有困难的选区。当选举运动出现错误和混乱时，我们的共青团员同志总是首先作出强烈的反应，以自己的行动表明，青年们清楚地认识到我们党在选举运动中的作用。

我们在工会运动中的工作也是帮助共产党了解其在工会运动方面所面临的问题。十分显然，不仅在竞选策略方面，而且在党的一切活动领域，特别是工会运动方面，都存在着端正党的路线的问题。

还可以讲几句话来说明，法国共青团不是局限于进行批评，而是全面地参加了端正党的路线的活动。在历次中央全会会议上和最近一次全国代表会议上，共青团的代表团就曾对党拟定的决议草案提出过一系列重要的修正意见。我说过，在法国，端正党的路线的工作尚未结束。最近，在这次代表大会结束之后，法国党就将从政治上加强自己的领导，以便在各方面继续贯彻业已开始的端正党的路线的政策。我们也要配合党的实际工作，在各大区所有基层组织开展思想教育工作。

共青团是党的未来接班人，因此，不能用脱离实际的态度对待共青团干部的形成。必须懂得，只有让共青团员经常参加党的一般工作和活动，我们才能培养出党的新干部。

我们已经在我们的共青团内组织了党的核心，现在我们应当扩大这个核心。我们对"党的核心"是怎样理解的呢？我们是不是指在共青团内共事的党员呢？不，我们不是这样提出问题的。我们指的是那些没有退出共青团而又在党的核心机关工作的共青团员，他们正利用共青团的全部经验教训为党工作。我们的大多数支部都要走这条路，我们竭诚希望我们的党员能在这方面帮助共青团。

在结束我的发言之前，还有几句话要说一下。我们同意，共青团应当发展和改进自己的工作方法，共青团应当找到适当的方法，使自己首先成为有各种辅助组织为后盾的青年组织。我们认为，共青团应当保持为共产主义青年的组织，继续保持为一个政治组织，一个共产主义的组织。我们坚决反对任何解散或取消现在这样的共青团组织，因为它在最近一个时期获得的经验证明了共青团的重要作用。所有的党都应该帮助我们的组织发展成长。

马哈茂德（印度）：

同志们！印度的青年运动现在已进入一个新的时期。这个新时期是从印度建立"印度青年联合会"和其他类似的组织开始的。直到1925年为止，印度的青年运动始终局限于主要出身于中产阶级的具有唯心主义思想的学生。这些年轻的唯心主义者迷恋于民族主义的高谈阔论，实际上很少考虑经济纲领，更谈不上与印度的劳动大众结合。对于他们来说，群众只是普通的炮灰，他们想按照民族主义利益来领导这些群众。当然，总有个别的知识分子参加到革命运动中来，但是，他们的活动往往只是扔几枚炸弹或者采取某些政治剥夺行为。这就是他们解放印度的全部纲领，他们从未考虑过其他的使祖国获得解放的办法。

由于受甘地领导的不合作运动（不同英国政府合作）的影响，1920—1922年期间，这些人靠向了印度国民大会党的和平主义立场，但是，在确信这一运动的错误主张之后，一些激进分子又回到了恐怖主义立场。其中一部分人可能现在仍然附和甘地的哲学，但是，随着国内革命运动的不断加强，他们正日益脱离甘地的和平主义。共产主义青年运动的重要作用表现在它将印度青年的注意力引向了群众。新的共产主义革命思想正在青年中间扎根。青年们开始意识到，如同恐怖主义一样，不合作运动的纲领也是无法实现的，他们渐渐地聚集到那些在共产党影响下开展活动的或直接由共产党员组织的革命团体和革命政党的周围。

印度的青年运动始于1905年，当时，学生作为一个统一的团体，为抗议瓜分孟加拉的行为而奋起斗争，主张抵制英国货。出现了各种各样的组织，但所有这些组织不是恐怖主义性质的组织，就是改良主义的组织。直到所谓布尔什维克阴谋案和关于少数同志活动的案件经过各种各样的审理之后，印度才开始出现真正的共产主义宣传。这种共产主义号召在印度青年中所引起的热烈响应，预示着革命事业的光辉前景。

这个新的青年运动无疑将在保证无产阶级对印度革命的领导权方面发挥重大的作用。运动正在缓慢地然而是坚定地向前发展着。每天都有新的进展。共产主义一度曾引起人们的怀疑。如今，形势不仅发生了变化，而且不少地方把共产主义当做摆脱困境的唯一途径而予以欢迎。连那些同共产党观点不一致的人，如左翼自治运动的青年支部，也公开承认，只有通过民族主义者同工人运动的联盟，才能获得独立。印度北方（旁遮普）的共产主义运动通过争取被卷入印度教和伊斯兰教宗教纠纷的学生的办法，为革命事业作出了巨大的贡献。

印度政府十分警觉，当即采取了严厉的镇压手段来对待这个青年运动，特别是一小批共产党人。他们搜查了共产党人的住房，没收了他们的书刊并逮捕了他们的领导成员。然而，这种镇压不仅没有摧毁青年运动，反而给它输入了新的战斗坚毅精神。

拉合尔的"印度青年联合会"组织是1926年在共产主义小组影响下，由印度北部激进的学生和城市青年建立起来的。这个组织主要是在农村青年和工业部门的青年中开展工作。它正日益巩固并成为集中统一的组织。这个组织正在逐渐向农村和工业企业扩展开去。在不久前席卷印度的罢工浪潮中，这个组织发挥了积极的领导作用。此外，它还有计划地开展了一项运动，以争取参加工会的青年和那些仍受民族主义者或改良主义者控制的农民组织。

印度无产阶级因为有了共产主义青年运动和共产主义小组为主要依靠，于是开始庆祝五一节以表示国际无产阶级的团结。这在1923年以前的印度是从未有过的事。根据"印度青年联合会"的倡议，5月1日在拉合尔召开了隆重的群众大会，数千名工人参加了这次集会。这次群众大会由共产党员主持，大会通过的决议谴责了印度警察开枪射击罢工者的行为，痛斥了英国在筹划反苏战争中所持的帝国主义立场，表示了对英国工人和国际无产阶级的声援。

孟买也组织了这种五一节庆祝大会，参加的工人达1万，而且一致通过了决议，其中写道：

"大会向全世界工人致以敬礼并伸出友谊之手。大会认为，只有国际无产阶级团结一致，无产阶级才能砸烂资本主义锁链，赢得确保其自由生活的条件。大会要求立即批准规定八小时工作日的华盛顿协定，实行最低工资额规定，向失业工人提供国家救济，实行养老金和工伤补助，享受普遍选举权和义务教育，废除童工制度。"

在这次群众大会上，关于俄国革命历史的报告受到了普遍的欢迎。

所有这一切都证明，印度青年运动虽尚未达到欧洲国家那种发展水平，但在促使无产阶级群众和农民群众的革命化方面确已发挥着巨大的作用。要说印度青年运动有什么不足的话，那就是缺少一个全印度统一的青年政党，这个青年政党应与青年国际紧密联系，又同英国青年运动保持同样的接触，以便更好地协调行动，共同进行反对英国帝国主义的斗争。

格尔维克（波兰）：

说实在话，我本应当在今天的发言中向大会报告我们在波兰工作的情况。但是，听了波兰同志布兰特以及米科洛斯同志今天在大会上所作的两个发言之后，我不得不涉及他们提到的另一些问题，况且这是一些目前对我们党来说很有意义的问题。首先，我要讲一讲与布哈林同志的报告和他提出的提纲有关的以及与罗明纳兹和洛佐夫斯基两位同志的发言有关的问题。

同志们，我们在国际范围内看到的那种工人群众左倾化的现象，在我们波兰也有。这种左倾化过程的发展是在工人阶级表现出极大的积极性的同时出现的。最近两个月来，波兰全国掀起了汹涌澎湃的罢工浪潮。白俄罗斯西部爆发了大规模的纺织工人大罢工，许多小型企业发生了罢工事件，不少重要的工业部门爆发了具有相当规模的经济罢工。

在这种情况下，党在工人阶级经济斗争方面发挥怎样的作用，怎样开展工作和制订怎样的策略路线，是具有头等重要意义的。十分清楚，在这种情况下党的独立性，党独立自主地采取行动，是具有决定性作用的。遗憾的是我们犯了德国党犯过的同样错误，犯了曾遭受工会国际严厉批判过的那些错误。

在比亚韦斯托克爆发纺织工人大罢工时，罗兹的纺织工业部门也出现了直接罢工的形势。当时，改良主义者企图阻止斗争的爆发，工人们则多次召开大会和群众集会，表示斗争的决心，并借此迫使改良主义者通过决议，承认罢工的必要性，可是，依然未能宣布实行罢工，原因很简单，就是因为罗兹组织的领导人坚持了错误的观点。在这个问题上，临时中央内部以及中央工会工作部和罗兹党组织领导人之间，是存在着严重分歧的。工会工作部建议，不要受改良主义者的摆布，要独立地举行罢工。工会工作部指出，继续推迟罢工将给工会的官僚们以机会，从一开始就把罢工镇压下去。但是，中央委员会中那位属于右倾思潮人物的同志坚持另一种观点，认为我们在罗兹省不掌握领导权，不经过工会领袖们的批准，我们不能举行罢工。甚至在改良主义者虽未确定罢工开始日期但"原则上"已宣布实行罢工的时候，我们的那位同志及罗兹党组织的领导人仍然坚持上述观点。中央委员会工会工作部一而再、再而三地提出的建议均被斥之为"极左的"和"盲动主义的"东西而拒之门外。结果，我们白白错过了举行直接罢工的机会。

这是一条地地道道的机会主义错误路线。后来事态的发展证实了工会工作部观点的正确性。直到改良主义者实行叛卖活动之后，在他们签署了工资合同之后，罗兹的一家大工厂——波兹南斯基工厂才爆发了罢工。

这次罢工以同盟歇业、大批解雇工人而告终。为了避免将来重犯类似的错误，波兰委员会（我向它提供了一切必需的材料）应当对罗兹发生的事作出明确的评价。

随着波兰工人阶级积极性的日益提高，党也应该明确地而不是模棱两可地制订自己在经济斗争方面的独立的策略路线。

不言而喻，党的领导层中存在的严重分歧也渗透到了党员群众之中。

同志们！由于时间有限，我应当讲一讲党内的状况了。我们党领导层中的右派集团并没有把党的大多数争取到自己一边去，所以他们就走上了分裂的道路。为了筹划分裂行动，右派分子确实毒化了党内的空气。

我手头有这些同志向波兰共青团发出的一份号召书。这份号召书是我见到过的最最缺乏理智的一份号召书。它通篇充满诽谤之词，实属闻所未闻。这篇号召书指责波兰共青团领导"采用对付共产主义运动的那种警察手段来反对右派"。号召书就是这样写着的。你们可以想象得出来，这里造了多少谣言。所有这一切都是对着共青团的领导来的。而共青团的领导在最近几年来已经使自己的组织成为青年共产国际的优秀支部之一，并且英勇地进行了反对法西斯独裁的斗争。值得指出的是，尽管科斯切娃同志的集团一再企图分裂共青团，却提不出共青团的一个政治错误。来自右派的分裂活动以及在华沙的组织中也采取了同样的方式。

我们曾竭尽全力，使事态不致发展到无可救药的地步。我们提出过一个又一个妥协性建议。但是，一切建议均遭拒绝。对于右派同志们来说，归根结底为的是让共产国际代表大会面对既成的事实，似乎波兰党内原来的少数派已经彻底消除了。

在原多数派集团搞了上述分裂活动之后，华沙党组织、共青团、东布罗瓦党的相当一部分人，以及许多原先持多数派观点的同志都对这种反党行为表示了极大的愤慨。华沙党组织的700多位党员和全体共青团员通过许多决议，表明了这种态度。在华沙，只有30—40位同志附和科斯切娃同志的分裂主义观点。

我们党内出现了一种严重的局面。对左翼的无情斗争削弱了党的力量，有可能使无产阶级失去对波兰共产党的信任。

科斯切娃和布兰特同志今天在这里找不出一点理由来为这种在波兰危难之时削弱党的荒诞政策辩护。所以我认为，代表大会的最主要的任务之一是，以最坚决的方式谴责这种已成为国际问题和整个共产主义运动问题的政策，并且立即着手整顿波兰党内的状况。

同志们！共产国际把实行团结的政策的责任交给了中央委员会，可是大多数中央委员没有执行这个政策。这就表明，在我们处于危难的时期，是不能把领导党的责任托付给他们的。

布兰特同志在发言中问，既然右派的路线是错误的，那又怎么能认为中央总的路线是正确的呢？这是不矛盾的。要知道，中央委员会的工作，是我们在合作中发挥出同等作用的结果。例如，中央委员会第一次全会通过的提纲就是少数派提出的，这些提纲至今仍是党的工作的基础。但是，后来党在西乌克兰问题上接受了右派的决议案，于是犯了错误，共产国际不得不出来加以纠正。这一错误造成的后果是，曾经反对过共产国际决议、反对过联共（布）和波共四大的瓦西里基夫同志，在一段时期内仍然担任乌克兰党的领袖。

布兰特同志今天指责我们犯了一系列机会主义的错误。我看到过《国外通讯》经布兰特同志同意后发出的一份电报的电文，这份电文说，波兰党内的左翼集团不承认对苏联战争威胁的迫近性。此外，布兰特同志还指责我们似乎在目前仍认为党的任务是夺取"整个农村"。这些指责显然是无中生有。而讲这些话的人正是那位在自己的小册子中（这本小册子已被连斯基同志批得体无完肤，而且我们还将在委员会内对其展开详细的批判）就皮尔苏茨基农民政策问题写过下列内容的同志：

"农产品价格的提高，对消除存在于生活富足的农户与难保温饱生活的农户之间的界限产生着作用。这样一来，这种上层农民的总数扩大了，而他们对土地革命是不感兴趣的。"

而对于皮尔苏茨基的政策所造成的战争危险问题，这位同志写道，这种危险乃是一种"历史趋势，尽管它还没有成为当前的现实"。

可见，布兰特同志没有对皮尔苏茨基推行的稳定政策作出马克思主义的评价，他不理解农民群众的赤贫化过程，对战争危险的估计也是完全错误的。

现在谈一谈米科洛斯同志，他提到了少数派在瓦西里基夫事件上的态度问题。米科洛斯问我们：你们根据什么断言，瓦西里基夫同志犯了组织上的机会主义错误，说他在以前也不可能坚持正确的共产主义策略？米科洛斯同志当然不会同意这种说法。米科洛斯同志的观点，在我看来,是对西乌克兰党遭受的分裂危机作出了错误的判断。我认为,米科洛斯同志过去就是把瓦西里基夫集团看成我们党内唯一的列宁主义集团而闭口不谈该集团错误的人之一,这些人在党的领导对西乌克兰党的态度问题上犯严重错误的过程中起着推波助澜的作用。现在瓦西里基夫已经投入反革命阵营,如果米科洛斯同志仍然否认瓦西里基夫只是暂时委身于共产主义运动之中,那么,我要宣布,这显然是与共产国际的二月决议相违背的。二月决议有这样一段话:

"瓦西里基夫集团的领导人是从资产阶级的、反革命的民主派阵营里暂时转过来的,在整个国际资产阶级……的当前时期,这个集团的危害性尤为严重。"等等。

可见,瓦西里基夫来自反革命的资产阶级民主派阵营,是暂时靠向共产主义运动的。如果米科洛斯现在仍然赞扬瓦西里基夫过去的活动并以瓦西里基夫(他曾毫无根据地把西乌克兰党的历史同他自己的集团等同起来)的论据来反对波兰党内的少数派,如果米科洛斯同志因此而继续坚持我们在中央委员会中反对党内右派的批判过的那种观点的话,同志们,那就很清楚了:米科洛斯同志坚决与共产国际在西乌克兰问题上的立场分道扬镳了。

还有一个问题:米科洛斯同志对连斯基同志进行了骇人听闻的诽谤性指责。他今天声称,连斯基同志似乎支持过多姆斯基对党的立场,说连斯基同志似乎没有同多姆斯基划清界限。而这里所讲的连斯基,正是与红军一起向华沙进军的连斯基,而多姆斯基是反对红军这次进攻的人。

我们对这种利用代表大会的讲台诬蔑波兰共产党的一位领袖的行为表示抗议。

代表大会应当结束我们党内这种严重的局面。代表大会应当对这种状况加以整顿；应当理解，我们党的领导层中的右翼是无能力实现我们党的团结的。因此，代表大会应当作出相应的结论并采取实际措施，以便整顿波兰党内的状况，建立一个比较坚强的领导机构，建立一个有能力赢得共产主义胜利的、强大而统一的党。

致贺词

国际主义工厂工人代表克鲁格利亚舍夫同志向大会致贺词：

在我们开展斗争的年代，我们历尽艰险。在我们夺得政权的时候，工业破败不堪。工人们要在两条战线——军事战线和工业战线上拼杀。尽管困难重重，工人们迅速地行动起来，拿起武器，打击敌人，振兴工业，为的是把革命进行到底。我受国际主义工厂1800名工人的委托，向共产国际第六次代表大会致贺词。工人们希望享有光荣的英雄们——共产国际第六次代表大会的代表们能将革命进行到底。

我们向你们赠送一帧布哈林同志的肖像匣，这是我们国际主义工厂一位工人绘制的。请接受这份礼物。（鼓掌）

马斯洛夫同志代表"红旗"工厂12000名纺织工人向大会致贺词：

苏维埃共和国联盟的工人，特别是我们"红旗工厂工人"，在共产党领导下，曾经经历了艰苦而伟大的发展阶段：我们和沙皇制度进行了长期的斗争，1917年2月推翻沙皇制度，1917年10月建立了无产阶级专政，接着又同国内外反革命势力，同饥饿和破坏进行了斗争，我们都胜利了。

恢复时期结束后，我们转入了改造时期，我们实行了工业和农业生产的工业化。我们"红旗"工厂已经实行七小时工作日，（鼓掌）我们增加了3500名工人，开展了合理化运动，提高了生产率。我们向联共

（布）提供了我们一切最优秀的和最能表示工人觉悟的东西。（鼓掌）在紧张地从事我国社会主义建设的同时，我们并没有忘记战争危险。我们在警惕地捍卫我们成果的同时，随时准备保卫世界无产阶级的利益，（鼓掌）同世界资产阶级进行斗争。我们牢记伊里奇关于国际工人团结一致的遗训，并号召世界无产阶级在共产国际的旗帜下，为将来的斗争和胜利而战斗！（鼓掌）

赫里普诺夫同志代表捷多夫斯克织布厂工人致贺词：

他说，祖传于工艺厂的纺织工人向无产阶级的先锋队——共产国际第六次代表大会致敬，并热切希望国际无产阶级能在全世界实现俄国工人阶级已在苏维埃俄国实现了的事业。

科先科娃同志代表克拉拉·蔡特金工厂的女工们向代表大会致贺词，她说：

女工们密切注视着代表大会的活动，因为她们懂得，共产国际是无产阶级的主要捍卫者，它要使全世界的妇女获得解放。代表大会的决议将会指明正确的道路，如何在苏联建设社会主义的经济。科先科娃同志在结束发言时说："我们女工将同整个工人阶级一起贯彻共产国际代表大会的各项决议，我们向大会敬献一份礼物——我们为我们捍卫十月革命成果的红军而缝制的军服样品。"科先科娃同志向主席团赠送礼品——一套红军制服。（鼓掌）

梅尔策同志代表莫斯科共青团组织积极分子向大会致贺词：

请允许我代表红旗共青团、代表莫斯科团组织积极分子向共产国际代表大会致敬。我们的共青团组织和同我们在一起的全体青年怀着高度的警惕性注意着革命运动的进展情况，注视着群众革命化的进程。我们对恐怖主义、对反动派的回答是，以十倍的坚毅精神参加我们国家的工业化，参加对生产实行社会主义合理化的活动。下述事实便是最好的证明：共青团支部开了一次支委会，讨论第二次合理化公债问题，出席会议的10位同志一下就认购了810卢布的公债。这种情况在我们组织下属的其他支部也有。我们的青年参加社会主义合理化运动到底有多大劲头，你们只要到我们工厂去看看就一清二楚了。我们知道，我们的成就实质上也是你们的成就，我们的不足也就是你们的不足。但我希望你们相信，我们不仅善于在和平时期进行建设，我们也善于在必要的时刻拿起武器，给我们的敌人以回击。说明我们青年正在准备战斗、准备斗争的最好事例是我们组织的共青团进军。我们显示了高度的组织性和巨大的坚毅精神。姑娘们和我们的妇女团员，个个都不落后。我们还参加了军事行军。（鼓掌）我们还研究军事问题。我想，我们将和我们的成年同志一样，成为有用的战士。请转告你们的共青团员，转告全世界——西方和东方——一切国家的共青团，我们和他们站在一起，我们了解他们斗争中的艰难，我们随时准备帮助他们。

祝你们工作顺利，祝你们意见一致。

无产阶级坚定不移的领导者——共产国际万岁！

未来的世界革命万岁！（鼓掌）

雷梅尔（会议主席）：

我们不可能把每天收到的大批贺电和贺信都直接向大会宣读。所有的贺电贺信都将予以公布。但其中有3份电报具有特殊的意义，所以我向大会宣读一下。

第一份电报写道：

"我们停泊在Z城港口的希腊轮船'NN'号部分海员祝贺共产国际第六次

代表大会的召开并向世界革命司令部的英雄代表们致以最热烈的祝愿,祝他们成功,向他们致以热烈的同志般的敬礼。"

第二份电报写道:

"为了庆祝共产国际第六次代表大会的召开,鲁布佐夫斯克县洛克捷夫斯克乡于7月20日成立了以共产国际第六次代表大会命名的公社。谨向全世界无产阶级致敬。

公社委员会"

代表大会收到欧洲最大的化工企业"洛伊纳工厂"的德共工厂支部发来的贺信,信中写道:

"'洛伊纳工厂'工厂支部向世界共产主义革命党第六次代表大会致以热烈的兄弟般的敬礼,祝大会获得圆满的成功。我们忠于我们永世不忘的领袖列宁的遗训,请大会相信,我们一定不倦地工作,把'我们的'企业变成真正的共产主义堡垒,特别是要动员'洛伊纳工厂'的数千工人起来反对威胁苏联的帝国主义战争。我们决不允许用'洛伊纳工厂'制造的毒气去杀害红军战士。第一个建设社会主义的国家是我们的圣地。所以,我们以及和我们一道的革命工人阶级,将用我们的身躯保卫苏联。

我们为在我国也开展社会主义革命斗争而深受鼓舞,谨向你们致以敬礼。

'洛伊纳工厂'所属企业德共工厂支部
科恩签字"

讨论布哈林的报告(续)

奥皮茨(德国):

首先我想就科斯切娃同志的发言谈几点意见。科斯切娃同志企图利用台尔曼同志有关少数必须绝对服从多数的讲话，为科斯切娃集团对华沙组织和共青团中央所采取的少见的荒诞措施服务。这种企图必须坚决予以批驳。不允许对共产国际第二次代表大会的提纲和台尔曼同志的发言作这种解释，因为它完全忽视了民主集中制的基本原则，而民主集中制的原则是与纪律问题相联系并且是纪律的前提。少数派的任何错误，即使是波兰共产党少数派所犯的错误，也不能为采取类似波共采用过的那种手段辩解。而科斯切娃同志的声明只能证明，她和她的集团有意坚持这种方针并企图为这种方针辩解。代表大会应当对此表示反对。

德国党在有关托洛茨基反对派的辩论中也克服了很大的困难。那个时期，柏林党组织也曾反对过党的领导，反对过中央委员会。但是，德国党否定了科斯切娃集团在波兰党内采用的那种压服的办法。正因为这样，德国党才有可能团结一致地向前进。我们认为必须作以上说明，以便排除利用台尔曼同志的讲话去为科斯切娃同志服务的可能性。

请允许我就共产党对左翼社会民主党的态度问题同大家交换几点想法。我们认为，代表大会应当特别指出社会民主党内部发生的某种变化，况且各种选举的结果已清楚地证明，德国无产阶级和国际无产阶级正在进一步左倾化。

通过前一时期的经济斗争和选举，德国党大大地加强了自己在德国重要地区的政治影响。德共从中得出了具有实际意义的结论。它将下列任务提到了首要位置：第一是深入开展企业部门和工会中的工作；其次是贯彻好工会国际代表大会的各项决议。因为只有贯彻好工会国际代表大会的决议，德国党和其他党才能按革命需要去利用工人阶级的左倾化。然而，在讨论工会国际代表大会的决议时却表现出犹豫不决的态度，甚至直接的抵制。埃韦特同志在这次代表大会上的发言中就表现出类似的犹豫不决的态度。抵制情绪则表现于一些同志身上，他们对左翼社会民主党采取错误的方针，并且认为当前行动纲领的主要之点是对生产实行监督。蒂特尔同志在前阶段也属于对生产实行监督的口号的拥护者。蒂特尔同志在发言时企图冲淡这一点，说什么没有时间就这个重要问题发表意见。可是他却有足够的时间去污蔑党的领导，去否定德国党的工作。如果他就这个问题发表意见，那就好了，因为就这个问题进行辩论，就会发现蒂特尔同志完全不像他在这里矫揉造作的那样谦逊，而是一个与右派集团有牵连的并且也在进行反对德国党领导的派别活动的人。

监督生产的口号现在首先也是得到蒂特尔同志支持的，而在当前，这个口号与改良主义者提出过并且还在继续提的要求别无二致。我想证明这一点并向大会讲清你的（发言人转向蒂特尔同志）观点。在冶金工作者机关报《冶金工人报》1927年9月24日号上，有位名叫魏曼的写了一篇题为《经济独裁还是经济民主》的文章，其中写道：

"国民经济中的平等权利是宪法所保障的，据此工人阶级应当享有监督和参加督促其劳动成果是否为工人阶级造福的权利。工人阶级应当用'对经济实行监督'的号召来同企业主提出的'经济自由'的口号相抗衡。"

蒂特尔同志在这个问题上讲了些什么呢？他在代表团的机关刊物上讲得相当详细。在一篇题为《行动纲领作用何在？》的文章中，蒂特尔同志就有这样一段话：

"现在，改良主义者向工人阶级进行类似的欺骗，一方面提出什么'经济民主'的要求，同时又要求对托拉斯和卡特尔实行监督。我们共产党人应当像列宁在世时那样，坚决反对这种欺骗行为。"

蒂特尔同志接着写道：

"在开展争取提高工资和争取面包等斗争的同时，我们应当提出包罗万象的

'组织口号'。这并不是去寻找什么'智慧之石'或'奇迹'。我们应当给群众指明反对托拉斯统治的革命道路,同时又要坚决地揭露改良主义者鼓吹'经济民主'的骗局。"

由此可见,我们应当辩证地提出问题,而不能像乌布利希同志那样,表面地、机械地提出问题。我们提出的一切当前政治口号和经济口号,都应当从反对托拉斯资本的角度提出来。这些口号都应该与直接革命形势下最坚决的行动口号之一相适应,即与监督生产的口号相适应。

我们在这里也可以看到,对生产实行监督的口号并不像蒂特尔同志和他的朋友们所说的那样,是百分之百的列宁主义,这个口号在目前恰恰是百分之百的改良主义。

在贯彻工会国际代表大会决议的过程中,也可以看到这种抵制和这类不正确的观点。我可以用许多例子来证明这一论断。蒂特尔的一位朋友在莫斯科时举手赞成红色工会国际代表大会的决议,可回到德国后他却投票反对这些决议,进行反党的派别活动。我掌握着一份曾向汉堡地区党委会会议提出的决议文本。顺便提一下,右派同志们在这个决议中提出了下列要求:

"共产党员要开展坚决的思想斗争,反对改良主义者的分裂企图,竭尽全力维护工会的团结。

共产党员应当在工会章程和决议规定的范围内开展自己在工会中的全部活动,只有在特殊情况下才允许有超出这一规定的例外。"

由此可见,这些同志是要我们按工会官僚们的章程和决议所规定的范围开展活动。这种对改良主义工会规定所抱的毕恭毕敬的态度,使我们无法开展斗争,无法去领导工会国际代表大会决议所要求的、反对改良主义官僚们为所欲为的斗争。

在我们现在所处的时期和今后一段时期内,正需要大力加强反对上述错误观点的斗争，需要加强同左翼社会民主派的斗争。德国选举的结果同样表明，社会民主党如果没有这股左翼势力，是不可能顺顺当当地去欺骗工人的。几乎在所有的社会民主党中，我们都能看到类似的分工；几乎在所有的社会民主党中，我们都可以看到，企图以漂亮的空话欺骗工人的左翼社会民主党人，实际上恰恰是极右社会民主党政策的倡导者和贯彻者。在德国的竞选斗争中，左翼社会民主党人扮演的也不是配角，而是主角。左翼的一位领袖在德国社会民主党基尔代表大会上的发言，最能说明左翼社会民主党人在一切社会民主党中所担任的角色。这个人不是别人，就是萨克森左翼社会民主党领袖之一的利布曼。他毫不含糊地对中央委员会说：亲爱的中央委员会，你们应当为我们奉行这种政策感到高兴，假如我们放弃这种政策，你们在党内就不会有社会民主党的工人了。这位利布曼不加掩饰地道出了社会民主党左翼所起的真正作用。但是，左翼社会民主党人，特别是德国的左翼社会民主党人，在工人阶级配合德国工人大规模罢工行动而举行的经济斗争中也要弄了这种假把戏。当右派推行分裂工会的政策时，他们不敢稍有反对。可是另一方面我们却看到，左翼社会民主党人企图用漂亮的革命辞藻阻挡工人转向共产主义阵营。我们可以用事实说明这一点：5月1日，我们与左翼社会民主党人一起在开姆尼茨组织了五一游行。联合发表了《告工人书》。这份也有开姆尼茨左翼社会民主党人签名的号召书写有下列内容：

"同有产阶级不可能有和平，同剥削者和压迫者不可能有全民的合作，同企业主不可能有认真的合作。强化阶级斗争——这就是口号！

所以我们举行五一游行，争取八小时工作日，争取人应当享受的一切劳动报酬！

反对仲裁法庭的独裁，反对废除罢工自由！

争取劳动保护，维护青年权利！

反对巧取豪夺，反对重利盘剥！

反对资产阶级联盟，反对资本主义的阶级国家！

反对帝国主义策划战争，反对新的血腥屠杀！

争取各国人民的和平，保卫苏联！

加强各政治组织和工会组织！

争取释放无产阶级政治犯！

争取社会主义！"

这就是德国左翼社会民主党人耍弄革命辞藻的典型事例。左翼社会民主党人在其他国家也耍弄这些革命辞藻。不少发言者都曾指出过这一点。

当我们问到这些左翼领袖该怎样看待联合的政策时，他们便支吾搪塞，不同意我们提出的要求了。我举这个例子是为了说明，德国党的某些同志和少数部门上了这些左翼社会民主党人的当。我这里有几张《法兰克福工人报》。在一篇题为《预兆》的文章中写道：

"开姆尼茨联合庆祝五一节，社会主义联盟号召选举共产党人，这就是无产阶级统一战线即将战胜恶意分裂的两个预兆。"

在另一篇文章中却又写道：

"我们全文发表开姆尼茨市工人组织的联合号召书，为的是让广大工人阶级群众看到，社会民主党内部不仅在一系列策略问题上而且在许多原则问题上存在着多么深刻的矛盾。"

这样一来，同志们，由左翼社会民主党人签过字的号召书，实际上只是左翼社会民主党领袖耍的一个花招，《法兰克福工人报》却把这份号召书吹捧成是同社会民主党中左翼实行联合的一个步骤。其次，为了在这家报纸上强调一下社会民主党内部不仅存在策略上的分歧，而且存在着原则分歧，发表这份号召书也就足够了。同志们，事实恰恰相反。左翼社会民主党的领袖们压根儿不曾想过在社会民主党内实行分裂，相反，他们坚持的正是自己组织的统一。可以举出上百个例子来说明，左翼社会民主党领袖们是把这种统一置于一切之上的。

我们肯定战争威胁迫在眉睫（许多发言者也指出了这一点），所以低估左翼社会民主党领袖的作用就更显得危险了。每当工人阶级起来坚决反对资产阶级的时刻，总是左翼民主党人出来反对工人。这就是左翼社会民主党人所扮演的叛卖者的角色。他们并不像德国党内某些同志所认为的那样，代表着走向共产主义道路上的一个阶级，他们是这条道路上的一个障碍。我们德国代表团中发生的争论以及埃韦特同志发言后在代表大会一次会议上引起的争论，都与上面这一点有关。埃韦特同志指责德国党未能充分利用社会民主党内策略上的分歧。但是，埃韦特在发言中完全错误地阐述了社会民主党的发展情况及该党内部的现实状况。他首先指出，社会民主党在德国选举中获得的900万张选票证明，德国工人阶级倾向于联合政策。这种说法是根本错误的。事实恰恰相反。工人投共产党或社会民主党的赞成票，不是赞成社会民主党的联合政策，而是赞成反资本主义阵线，所以我们应当从中得出有利于共产党开展工作的实际结论。不言而喻，如果我们在向社会民主党工人进行宣传鼓动时像埃韦特同志那样提出问题，那我们是不可能动员工人起来反对德国或其他国家的左翼社会民主党领袖的，我们是不可能向前迈出具有重大意义的步伐的。埃韦特同志的看法建立在对德国选举结果的错误分析的基础上，根据他的分析，德国社会民主党是一个十全十美的大党。根据埃韦特同志的说法，必然会产生这样的印象。但是，要知道，这是对社会民主党内状况极端无知的说法。同时，也必须考虑到，左翼社会民主党在竞选运动中和竞选运动前确实起了极重要的作用。投社会民主党赞成票的900万工人中，至少有300万人是投左翼社会民主党的赞成票的。这一点必须强调指出，埃韦特同志还低估了德国无产阶级的斗争能力。他对德国党在目前时期开展经济斗争，包括违背工会官僚们的意志而进行的经济斗争的能力估计不足。他不明白，德国党依靠红色工会国际代表大会的决议及自己在企业和工会中的机构，有深厚的潜力去利用工人阶级的左倾化以发展革命形势。所以我们认为，党的多数派奉行的政策，不仅仅像埃韦特同志所说的那样，总的说来是正确的，而且是唯一正确的政策，它为我们率领德国广大工人群众冲破改良主义头目的意志去开展斗争提供了条件。这一政策使我们有可能去实现红色工会国际代表大会的决议，使工人群众脱离改良主义者，组织起一个团结的、统一的党，一个能依靠共产国际第六次世界代表大会的决议、实行自己政策的党（如果必要的话，还要违背埃韦特同志及其朋友的意志，违背蒂特尔同志及其朋友的意志）。我们将怀着这种信心去开展工作，将以这种精神去行动。

格林鲍姆（西乌克兰）：

几分钟之前，格尔维克同志污辱了一位老布尔什维克、1897年的布尔什维克党党员、十月革命的组织者之一米科洛斯同志。在此我必须声明，米科洛斯同志是第一个提醒西乌克兰共产党和波兰共产党注意西乌克兰共产党内民族主义倾向滋长的人。后来，又是米科洛斯同志始终支持了西乌克兰共产党少数派反对叛徒集团的斗争。这些都不是格尔维克同志而是米科洛斯同志做的。我以西乌克兰共产党的名义拒绝格尔维克同志离奇的指责。

科斯切娃同志在发言中提到国际帝国主义正在战线的某一段——波兰策划对苏发动进攻。我想对她的发言作一点补充，即法西斯阶级敌人和波兰占领者在波兰人占领区内——西乌克兰和西白俄罗斯的全部政策都是受这种策划战争的意图所支配的，对这两个国家是不加区别的。

我必须指出，法西斯政府的这项政策与波兰历届政府的政策大不相同。那就是，民族民主派只想对已占领地区实行波兰化，这对他们的胃口施加了某种限制，而皮尔苏茨基政府则给这种波兰化倾向加进了更贪婪得多的企图，提出了"从此海到彼海的波兰"，即从波罗的海到黑海的波兰的口号。这种思想意味着不仅要把对西乌克兰的奴役永久化，而且要奴役和压迫拥有 3000 万人口的工农国家——苏维埃乌克兰。

事实上，法西斯对西乌克兰的全部政策自始至终就是服从于这一思想，即进攻各苏维埃共和国。

波兰法西斯政府懂得，为使斗争结局不至于给它带来灾祸，它必须把受它压迫的部分居民争取到自己一边，至少要使他们中立。

皮尔苏茨基政府的土地政策就是为了达到这一目的，即争取居民和使居民保持中立。这项政策对被占领区，主要是对被占领的农业区，是有一定影响的。它对合作组织和文化组织的财政政策也是为了达到这一目的，即从经济上进而在政治上迫使这些群众组织的领导人服从法西斯政府的领导，把这些组织变成法西斯帝国主义手中的工具。土地划小和土地规划政策也是为此目的服务的，这项政策从表面上修改了皮尔苏茨基当时实行的所谓军民开发边缘区政策，以此散布幻想，似乎法西斯政府有能力解决西乌克兰大多数居民感到最为重要的土地问题。最后，皮尔苏茨基政府对"少数"民族的政策同样是为上述目的服务的。这项政策在于收买一小撮知识分子，而对广大劳动群众继续实行更为残酷无情的政策。只要提一下禁止文化组织"启蒙社"在整个沃伦选区的活动的例子，就足以说明上述问题了。这是以前任何一届波兰政府都不敢做的事。但是，在干这一切勾当的同时却唱出自由民主的高调，并对苏联和苏维埃进行恶意的诬蔑。

必须肯定，这项政策取得了一定的效果。乌克兰资产阶级日益丧失其对民族解放运动的领导权，让位于我们党和西乌克兰共产党，它看到苏维埃乌克兰规模宏大的社会主义建设，因而对富农在苏维埃乌克兰的复活失去希望。为了挽救自己受到威胁的阶级利益，乌克兰资产阶级心甘情愿地投向波兰占领者一边。不但乌克兰资产阶级如此，在我们自己的队伍中也可以找到一小撮叛徒，他们经不住敌对势力的攻击，于是屈服于敌人，转到了苏维埃共和国敌人营垒一边，投入阶级敌人的营垒，投入波兰占领者的营垒之中。

在选举战进入高潮之后，一直在西乌克兰共产党中起领导作用的瓦西里基夫—图里亚斯基集团实行分裂，与鲁特·费舍—托洛茨基分子开始勾结，面对波兰法西斯主义及其策划战争阴谋的现实，他们开始攻击西乌克兰共产党正确的民族政策。

但与此同时，我要特别强调指出的是，党员群众毫无疑问是相当有水平的。当时中央委员会中的少数派在难以置信的短时间内，依靠乌共（布），包括米科洛斯同志（而不是格尔维克同志）及共产国际的真正的、道义上的支援，并在波兰共产党中央委员会的直接领导和积极帮助下控制了局势，使一小撮叛徒孤立于党和工人之外。我举两个例子：在发生分裂后两个月举行的选举中，叛徒集团在利沃夫仅得票 106 张，而我们得票 3600 张；在德罗戈贝奇地区（鲍里斯拉夫也属该区），叛徒们的候选名单是经当局批准的合法名单，可他们仅得 28 张赞成票，我们党的候选人名单是被当局宣布为无效的，可是投我们赞成票的达 4300 张。我们能够获得如此无可否认的成绩，就是因为我们坚持了正确的路线，坚持了共产国际的路线（我要斩钉截铁地指出，连斯基同志昨天攻击波兰共产党的正确路线，那只是一种烟幕，企图以此为掩盖，攻击共产国际的路线），成功地避免了这种困扰波共中央的派别活动蔓延到党的西乌克兰支部中去，而当时确实是存在着这种倾向的。

我有机会在此宣布，我们全党都理解并赞同我党中央委员会在处理和消除乌克兰共产党党内危险中所持的路线。这条路线与波兰共产党中央及其多数派的路线、与共产国际的路线是一致的。连斯基同志也不可能否认这一点。这绝不意味着我们已经可以避免一切危险了。相反，日益公开化、日益尖锐化的战争威胁告诉我们，共产国际所有支部，特别是波兰共产党和西乌克兰共产党，正面临着前所未有的危险。

我们的代表团代表着党的领导机关和全党的一致意见，我们意识到，整个形势无疑地要求我们集中注意右的主要危险，注意敌人正加紧活动，力图瓦解我们的队伍，甚至企图消灭我们的队伍。我们代表团认为，形势要求有一个统一的、享有威望并具有正确政治路线的领导机构。鉴于上述考虑，我们西乌克兰共产党力所能及地支持了波共中央和议会党团的正确路线，以必要的坚韧态度同反对派同志们的右倾和"左"倾倾向进行了斗争。今后，我们仍将坚持反对一切倾向，而不管它来自何方，但我们认为，右的危险是最主要的。

连斯基同志昨天改头换面搬出了所谓科斯切娃同志的集团"本质上无能"的老调。有鉴于此，我得声明，我们不承认任何集团有自封"左派"的特权。连斯基同志，你们的集团在五月事变之前，除了犯有全党性的一切机会主义错误外，在你们自己的花束中还有不少鲜艳的花朵，如自治的口号和勃罗诺维奇同志的民族布尔什维克理论，而且在党的第四次代表大会结束后很短时期内，你们的集团就暴露出一系列机会主义倾向。这些倾向都是严重背离党的正确路线的机会主义倾向。例如，科斯切娃同志提到过的公开信；对波兰社会法西斯主义者实行统一战线的机会主义策略；发动整个农村（包括富农）与法西斯政府对抗的口号；在农村工人运动中依靠小资产阶级团体——所谓人民意志派，而不依靠共产党员；要求我们让出一张议会委任状给犹太人代表，理由是我们在华沙得到许多犹太人的赞成票，而且只有犹太人才能维护犹太人的利益。这个集团能挖空心思犯下这么多错误，我们岂能赋予它提出所谓"本质上无能"论的权利。我们认为派别斗争使党的活动陷于瘫痪，使领导机关的指示得不到尊重和贯彻，它给党带来了灾难，在当前情况下，这是一种反革命行为。我们要求在中央委员会中建立起坚强的多数，这个中央委员会应当贯彻正确的路线并吸收一切健康的革命力量积极参加党的工作。我们要求实行铁的布尔什维克纪律，要求少数服从多数作出的决定。

总而言之，我们同意科斯切娃同志的意见，希望能像对待德国党那样，运用21条的第12条来对待我们党，因为我们党在目前状况下比共产国际任何其他支部更需要团结统一，因为只有坚强而统一的领导才能可靠地把日益逼近的帝国主义反苏战争变为国内战争，变为推翻资本主义制度、争取世界社会主义革命的斗争。

施特恩（捷克斯洛伐克）：

我们代表团认为绝对有必要在这次代表大会上讨论有关我国"红色节"的问题。我们同意青年共产国际一位代表发表的意见，即这一事件应当引起共产国际的严重关切。但是，我们认为在这次代表大会上不大可能按需要的那样十分认真和详细地讨论"红色节"的问题。我们认为，这件事必须由负责处理这个问题的总书记处的一个委员会去处理，而且它们也会处理好的。所以我们只打算在这次代表大会上阐明党中央的亦即代表团大多数人的观点，与此同时我们要明确而公开地说明并承认，在中央委员会和我们代表团内部是存在着与这种观点不相同的看法的。伊列克同志在其报告中已经这样做了。但是，雷曼同志在谈到他对"红色节"的看法时却这样说：按照多数派的看法——诚然，他们只是代表团中微弱的多数，分歧完全被歪曲了。所以，我受委托在此向大家阐明，按照代表团这个多数派的看法，我们中央委员会和代表团中派别情况究竟如何呢？

雷曼同志的发言首先给人造成一种不正确的印象，似乎在我们代表团和中央委员会中,基本的分歧,真正深刻的分歧,是中央委员会和雷曼同志所在集团之间的分歧。所以我也首先就这个问题发表一点意见。按照我们的看法,真正深刻的分歧完全在另外的方面。我们党在对"红色节"的评价问题上有一种右的思潮,它的代表人物就是扎波托茨基。我们看到,在这个数量不大但影响不小的集团与党之间,观点上存在着真正严重的矛盾,真正深刻的分歧。我可以对这种矛盾作这样的描述:扎波托茨基同志以及他的集团宣称,主要危险是右倾,最大的危险是机会主义倾向。但是,这个集团以"红色节"的结果为依据所作的批评,是从右的方面进行的批评。这种批评是说,同志们认为我们在这方面做得太多了。而我们则认为,我们根本不是做得太多,发动本身并不是错误,而是我们做得太少,我们没有做好这次发动,没有采取能导致这次发动取得胜利的正确政策。

  上述思潮对这个矛盾的表述不够清楚,所以这个矛盾在这次代表大会上也暴露得不够。例如,这个矛盾在另一个问题上也有所表现,这个问题虽非主要问题,但我还得谈一谈,因为它很有代表性,能说明我们党和这个集团在如何理解"左"、右倾问题上的不同看法。首先,这个集团中某些同志持有一种观点,认为根本的错误不是在"红色节"那天没有采取任何行动帮助参加游行的6000—7000名工人。确实,某些同志是讲过:是啊,应该为他们做点什么。可是,连这些同志也认为,这已经不可能使整个事态发生任何变化,已经毫无意义了。我们也持有这种看法,即不可能靠最后一刻的发动把已遭失败的运动变成大规模的群众性发动,事态已经不可能有根本的扭转了。但是,我们认为,严重的错误在于,没有采取任何措施,哪怕是试一试,将已走上街头的六七千工人组织起来进行示威游行,因为这样做有可能使我们遭受失败的程度发生较大的变化。我们认为,对失败估价的根本不同之点就在这里。

  如果要我们现在讲清楚中央委员会和雷曼同志在此发言时所代表的

那个集团之间到底有哪些意见分歧，我们是会感到相当困难的。这不仅因为，在我看来，问题涉及的并不是那么严重、那么深刻的原则分歧，而且还因为存在着其他的原因。这个集团中聚集着各种各样对中央的看法不甚满意的同志。因此，在这个集团中存在着各种各样的意见。我们还可以看到，这个集团中一些同志的意见时时都有变化。例如，雷曼同志向代表团提出，他准备在代表大会上发表自己的观点，一开始连属于该集团的一些同志也反对雷曼同志在代表大会上发言和发表他最初的论点。我想，这一派代表中的多数人是不愿声明，雷曼现在代表他们所作的发言是符合他们的观点的。

我不可能面面俱到地分析这篇发言，我们将在委员会中进行议论。我只讲下面一点看法：这篇发言的大部分（这也是可以得到证实的）只是重复党以前许多决议以及最近一次党代表会议决议和党中央关于我党当前路线的决议早已肯定过的东西。雷曼同志发言的另一部分则是赞成布哈林同志对于我党错误所讲的内容。不言而喻，我们是完全同意发言的这一部分内容的。我想，我们队伍中没有任何人会去否定这一批评的正确性。而且我们还要大大充实这一批评的内容，因为布哈林同志自然不可能把对我党活动批评时该讲的话全都讲完。

雷曼同志发言中这些部分的内容并不构成分歧的对象，实质上只是重复党本身已讲过的东西，尽管雷曼企图把这些说成是党似乎想回避的东西。但是，除了这些部分以外，雷曼同志的发言和这个集团中多数同志的发言一样，仍有许多夸大其词、牵强附会和错误之处。雷曼同志声称，正确的政治路线问题是基本的问题。我们同样认为这是具有决定性意义的问题，而且同样地坚持一种看法，即我们在遭受了这种失败之后，应对政治路线作一次认真的检查。但是，我们不同意雷曼同志的下述说法：既然承认犯了严重的政治错误，那么政治路线无疑也是错误的。布哈林同志在他的报告中涉及中国的那部分讲话中指出，那里的政治路线是正确的，但犯了严重的政治错误。所以，如果我们说政治路线是正确的，这决不意味着我们不承认在实践中犯了严重的政治错误。提出关于检查政治路线的问题，就意味着我们将进行探讨，弄清我们错误之所在。

我们认为，我们党对捷克斯洛伐克形势所作的分析及由此分析而引申出来的任务，总的来说是正确的。我们说我们的政治路线一般来说是正确的，而在运用这条路线时犯了严重的政治错误，指的就是这个意思。

雷曼同志引证了报刊的某些反应，想说明党的路线似乎是错误的。但是他忘记补充一句：报刊上的片言只语往往与党的路线和实际相悖，而党作出的明确决议却与它完全不同。我们当中谁也没有把"红色节"的结果说成似乎有10万工人走上了街头。当我们的机关报《红色权利报》在报道中企图把责任推到广大群众身上的时候，我们当中谁也没有去掩盖错误。我们代表团曾开会一致否定那种把责任推到群众身上的观点，雷曼同志是出席了那次会议的。

雷曼同志企图把事情说成是，似乎我们所作的全部经济分析就在于说明，我们给捷克斯洛伐克的局势下了定义，因此他特别责怪伊莱克同志。这一点同志们可以自己去查看查看。伊莱克同志有充分的权利说，在一次简短的报告中当然无法对捷克斯洛伐克的形势作出十分准确的分析，这件事要由委员会去做。在雷曼同志提到的那次党代表会议上，我们当然也不仅仅局限于给局势下个定义。雷曼同志出席了这次党代表会议，并且同意代表会议对经济状况所作的分析。当然，我们在会上没有重复那些具有长期意义的一贯说法，如捷克斯洛伐克是一个不大的国家，等等。这自然不是现代史上的最新事实。在判断形势时，我们经常指出，作为一个国家，捷克斯洛伐克缺乏活力，这就加剧了经济危机，增加了捷克斯洛伐克的依赖性。在党代表会议的主题报告中也指出了这一点。

　　雷曼同志就工会问题所作的批评也是言过其实的。我们自己对在工会中的工作也进行了批评，但是，雷曼同志声称，似乎党只是在红色工会国际第四次代表大会之后，在掀起了大规模的工资斗争之时，才看到组织跨国工会联合会的做法孕育着危险。这就使人难以明白了：在连三岁小孩都知道我们一开始就指出过这种危险的情况下，雷曼怎么会说得出这种话来呢！至于说我们在这方面的斗争是否十分得力，那是另一个问题，但绝对不能如此夸大其词。

　　我们认为，尽管存在上述种种模糊认识，尽管存在上述种种分歧（当然不能都去责怪这个集团），作为这个集团活动基础的那些趋向和意图还是健康的。我们对这个集团的评价是，它所追求的东西同我们所追求的东西是吻合的。在遭受了这次失败之后，对我们党的整个政策和整个党的状况应当认真地、仔仔细细地进行一次检查，而且不应当限于仅仅采取公开的自由辩论来检查我们党的状况，我们还应当毫不留情地揭露和消除我们党所犯的错误和缺点。这些同志所追求的东西，作为他们的基本动机的东西，是一种正确的感受，即这一次不能再让事情像往常不止一次发生过的那样：批评了，而且像现在时兴的那样进行了"自我批评"，可是大部分只是纸上谈兵，一切依然如故。

　　因此，这些同志希望这一次情况能有所改观，希望这次批评能转变为更新党组织（有人喊道："还要更新领导。"）的一种生动活泼的活动。由于这个集团所追求的东西正是中央委员会决议中所阐述的东西，而且也是必要的东西，所以，对我们党目前的状况抱悲观主义态度是毫无根据的。因此，我们同这个集团中的某些同志还有一点不同之处，即在我们看来，党内还没有发生危机，也许这种危险会爆发，这我们还不清楚，而党现在对此有所反应则是一种健康的和有益的现象。如果我们党内没有分歧，那倒是怪事。但是，不管分歧如何，党内这一次确实有一种要求自上而下彻底地、认真地更新党的机体的愿望,因为我们认为迄今为止的党的状况,是造成那次失败的原因。因为我们意识到,党没有达到其应达到的水平。所以我们渴望能通过无情地揭露和消除缺点的办法,帮助党顺利地完成它在新的战斗中担负的任务。

舍恩菲尔德(奥地利):

奥地利代表团已经阐明了自己对布哈林同志提纲的观点。我们同意这个提纲,但希望在评价奥地利马克思主义、法西斯主义和其他问题上能说得更明确些。作为奥地利党中央少数派代表,我想谈一谈某些有争议的问题。首先讲提纲。奥地利可以作为提纲的一个形象化例子,说明工人阶级中的分化现象一方面表现在共产主义影响的增长,另一方面表现在社会民主党的暂时发展。7月15日以后在无产阶级队伍中出现的消沉情绪不仅不会加强共产党,反而会削弱党的力量。为了避免产生幻想,必须记住,左倾化的过程不是一帆风顺的,而是曲折迂回的。它充满着矛盾,而且可能会同时出现社会民主党力量壮大的现象。

其次,我认为在提纲中必须更突出地强调指明,由于资本主义内部矛盾的发展,而不一定是军事行动的结果,也可能爆发革命运动和起义。

在去年的起义之后,奥地利党在关于党的策略问题上存在过分歧。其他一些支部对正确解决这一争端也表示关切:

1. 工人代表苏维埃问题。共产国际执行委员会责备我党未提出这一口号。我同意纲领草案对这一口号所需前提的提法。然而,奥地利不存在这种前提条件。资产阶级处于联合过程中,他们行动坚决而且团结一致,谈不上动摇的问题。奥地利共产党对无产阶级的影响甚微,也未能在无产阶级最有影响的阶层中扎根。在社会民主党队伍中,不管是右派,还是貌似的左派,都一致反对起义。尽管存在种种弱点,党还是公开地领导了起义，号召工人组织武装战斗队并试图从组织上实现这一目标。可是，党却没有能力在斗争蓬勃发展的阶段中去实现建立工人代表苏维埃的口号。

2. 起义被镇压后，共产国际执行委员会向我党发出公开信，指出奥地利马克思主义的破产，并把这种失败与社会民主党的失败等量齐观。执行委员会在公开信中说：

"由此可见，7月15日以前，社会民主党既有能力让工业无产阶级群众跟它走，也有能力让小资产阶级群众跟它走。"

公开信接着写道：

"但是，在奥地利，7月15日是奥地利马克思主义垮台之日。奥地利马克思主义垮台了，它丧失了继续阔步前进的土壤。"

确实，奥地利马克思主义在思想上垮了，7月15日后它的立足点也发生了动摇。但是，近一年来的发展却证明，它对广大无产阶级群众的影响暂时还未减弱。7月15日后，社会民主党的影响，无论是在无产阶级中，还是在小资产阶级中，都有所加强。可见，共产国际执行委员会和我党中央指出的前景并未得到证实。

近一年来，共产党无论在政治上还是组织上甚至都有所退步。它对群众的影响也减弱了。

阶级矛盾的激化最初并非有利于奥地利共产党，而是有利于奥地利社会民主党。党中央多数派认为，尽管一年来，发生的事实似乎有些自相矛盾，奥地利无产阶级确实出现了左倾化，共产党的失利完全是中央的错误政策所致，是组织工作上的缺点造成的。这种说法也是对的，因为党在组织工作方面确实存在着许多严重缺点，它确是犯过许多政治性错误。但是未取得成绩并不仅仅由于这些原因。我认为，我们大家，无论是中央委员会还是共产国际执行委员会，都过高估计了奥地利的形势，没有考虑到在无产阶级遭受失败后的初期是会出现退步的。

奥地利无产阶级的左倾化早在 7 月 15 日之前即已出现。7 月失败后，左倾化进程速度放慢，但是，7 月 15 日以前对左倾化起作用的基本因素，如对无产阶级日益严重的压制和日盛一日的法西斯主义，不仅没有消失，而且更为严重，所以，左倾化速度再次加快，其中部分原因则是国际范围内出现了无产阶级的左倾化。十分明显，在这样的时期，迫切需要共产党明确地、强烈地反对社会民主党的背叛行径。我们认为，共产国际执行委员会应当认真地检讨一下奥地利的形势，制订出符合我们力量和实际情况的路线。由于已制订的前景计划与事物的客观进程不相一致，最近几个月来党内滋长着一种悲观倾向，某些地方甚至出现了严重背离党的共产主义方针的右倾倾向。中央同心协力地同这些危险展开了斗争，并且强调必须加强反对社会民主党的斗争。希塔罗夫同志昨天发言时提醒大家注意奥地利共产党有被力量强大的社会民主党融化的危险。但他没有拿出任何一点证据来证明他的说法。不管党有多少错误和缺点，这种被融化的危险并不存在。

最好还是别作这种预测，因为它只能证明这种预测的发明人看法肤浅、结论轻率。不过，必须要求共产国际极大地注意并尽最大可能支持奥地利支部同共产主义最危险的敌人——奥地利社会民主党进行艰苦的斗争。

米茨凯维奇-卡普苏卡斯（立陶宛）：

由于时间有限，我只讲两个问题：波兰—立陶宛冲突和波兰共产党内部的斗争。布哈林同志的提纲未提及波兰—立陶宛冲突。这一点必须在提纲中加以补充，因为波兰—立陶宛问题在准备反苏战争中是起很大作用的。英国和法国帝国主义者强迫立陶宛投入波兰怀抱，其主要目的在于组成一条从波罗的海到黑海的反苏统一战线。现在，波兰武装占领立陶宛的危险又起，十分尖锐。皮尔苏茨基倚仗英法帝国主义者的全力支持，再次策划对立陶宛采取激烈行动。目前又出现了去年11月底的那种形势。8月中旬，特种军团联盟代表大会将在维尔诺举行，皮尔苏茨基打算到会发表演说，另有4个师预定在立陶宛分界线附近举行大演习。波兰、法国和英国的报刊正在为皮尔苏茨基的反立陶宛激烈行动制造舆论。社会民主党的刊物在为帝国主义报刊帮腔。在波兰国内，皮尔苏茨基的反立陶宛侵略政策不仅得到波兰地主们的支持，因为他们渴望夺回自己在科夫诺立陶宛失去的领地，而且得到资本家，甚至小资产阶级，特别是小资产阶级知识分子的支持。这些资本家力图为波兰商品夺取立陶宛市场和经过立陶宛取得出海口，小资产阶级和小资产阶级知识分子对立陶宛的态度则完全反映了地主和资本家的愿望，以所谓波兰对立陶宛负有"伟大的""历史"使命的胡言乱语欺骗群众。波兰整个所谓资产阶级和小资产阶级舆论，波兰所有的资产阶级和小资产阶级政党，包括波兰社会党，在这个问题上都靡集到了皮尔苏茨基周围。只有以共产党为首的波兰工人阶级的先锋队和摆脱了资产阶级影响并与工人阶级结成联盟的部分最贫困的农民反对帝国主义波兰夺占立陶宛的政策，首先把这种政策看做是发动反苏战争的一个步骤。但是，波兰共产党至今未能发动大规模的群众性抗议活动来反对皮尔苏茨基对立陶宛的掠夺性政策。波兰法西斯政府看到了这一点，于是力图利用有利于它的国内和国际形势。它想通过对立陶宛事实上的兼并来巩固自己的地位。在波兰法西斯主义国内存在重重困难的今天，这一点尤其重要。不管是采取公开的还是经过伪装的办法占领立陶宛，都会大大有助于皮尔苏茨基的反苏战争的准备。因此，波兰法西斯主义目前正全神贯注于立陶宛。

共产国际各支部是否已准备给予帝国主义强盗们这种不仅针对着立

陶宛的独立而且首先是针对着苏联的阴谋以坚决的回击呢？

遗憾的是，尽管立陶宛地区的事态可能成为公开的反苏进攻的开端，共产国际各支部未必有此准备。波兰和立陶宛共产党是否已经做好应付这种事态的准备呢？我可以对自己讲的话负完全责任，我要说，他们并无这种准备。立陶宛共产党因遭受疯狂的法西斯恐怖统治的打击，目前正处于危机状态；波兰共产党虽在工人和农民群众中享有巨大影响，而且在选举中获得很大胜利，但却忙于派别斗争，也无力开展群众性抗议运动来反对皮尔苏茨基对立陶宛的侵略政策。

我想提醒共产国际第六次代表大会注意这一情况。

现在谈一谈波兰共产党内的斗争。我要提出的第一个问题是，党内是否存在着两条路线，是否一派是右的而另一派是左的呢？

共产国际早该对波兰问题作点研究了。波兰共产党内一度存在过严重的右倾和极左倾向。共产国际第五次代表大会曾严厉谴责过波兰共产党的右倾倾向，指出右倾集团可以向党提出种种动听的布尔什维克口号，却不会实行革命的布尔什维克策略。但是，从那时起，已经过去了许多时日，党在这段时间里学到了某些东西。自那时起，我们看到波兰共产党内曾出现过以多姆斯基为首的极其危险的极左倾向，其实那也是一种右的倾向。后来，我们又看到了1926年5月犯的极其严重的右倾错误，这个错误是整个波共中央包括**科斯切娃**同志的一派和**连斯基**同志的一派所犯的错误。

1927年召开的波共第四次代表大会在共产国际的积极参与下仔细地研究和批评了波共1926年5月以后所犯的种种错误，并且得出结论，认为两派都有错误，但总的来说，党的路线，两派的路线，都是正确的。

波共在四大后犯的错误比四大前少。共产国际也承认这一点。联共代表团和共产国际六大主席团也认为波共中央的政治路线是正确的。但无论哪一派都犯了一些错误。如果说现在还要多费口舌来谈论这些事情，那首先是因为波兰共产党内激烈的派别斗争仍在继续。在此种情况之下，一些早已认识到的并且已经消除了的错误又被搬到共产国际代表大会上来了。

波共中央少数派在议会选举时向波兰社会党呼吁建立统一战线的错误，就属于这种已被认识并克服了的错误。那是一次右的错误。

少数派是在共产国际执行委员会督促下才认识那次错误的。但少数派并没有坚持错误，因此，波共中央少数派现在也无根据过多地去注意那次错误。可是，多数派却在这样做，这就说明，他们谈不出少数派还有更严重的错误。另一方面，原少数派这一严重右倾错误证明，认为左倾系少数派所独有的看法是相当错误的。

原少数派所犯的另一错误是，它建议所有跟随共产党的组织都与共产党结成公开的选举联盟。在波兰的条件下，这无疑是错误的策略，但是，中央委员会的少数派虽不像承认第一个错误那样公开和坚决，但却承认了这一错误。

布兰特把关于"整个农村"的提法和所谓富农能干革命的错误想法都归咎于原少数派，这是严重地歪曲了西白俄罗斯共产党中央原多数派（它属于整个波共少数）在"关于整个农村"的提法上的错误。我们将在委员会里详细谈到这一问题。多数派指不出中央少数派在党的四大以后还犯过什么严重错误。

现在谈少数派所犯的错误。少数派首先提出西乌克兰问题。波兰共产党内在这个问题上存在着严重的分歧。在波共四大以前和四大期间，波共中央多数派无疑犯了极大的错误，开始时他们支持西乌克兰共产党原领导集团，后来又故意掩盖该领导集团错误的严重性，看不到西乌克兰农村中存在的深刻矛盾和西乌克兰富农已投向波兰法西斯一边，看不到瓦西里基夫—图里亚斯基集团反映着西乌克兰农村中这种变动情况和代表严重右倾机会主义倾向的事实。四大以后,波共中央多数派没有充分揭露和批判瓦西里基夫—图里亚斯基集团的错误。但是,波共中央少数派指责多数派在四大后没有立刻承认西乌克兰原领导集团路线的错误以及该集团在四大前在路线上所犯的错误,这又是不正确的。应当说,四大以后波共中央多数派在对待瓦西里基夫—图里亚斯基集团的态度方面基本上是站在共产国际的观点一边的,而共产国际在波共四大以后曾不止一次地研究过西乌克兰问题。实际上波共中央多数派奉行的路线是共产国际的路线,这条路线基本上是正确的。最能证明这一点的事实是:几年来一直独霸西乌克兰共产党领导权的瓦西里基夫—图里亚斯基集团,除了一小撮小知识分子以外,未能吸引任何人跟他们走。在西乌克兰主要中心城市的选举中,这个集团得票少得可怜,只有106票,这也是再好不过的证明。在瓦西里基夫—图里亚斯基集团于1月份分裂出去并投入反革命阵营以后,多数派和原少数派对它的评价基本上是相同的。这个集团现在完全垮台了。什么原因使它垮台了呢?是波共中央和西乌克兰共产党中央的正确政策呢,还是错误的政策呢?须知,波共中央少数派至今在西乌克兰共产党中几乎不享有任何影响,因此不可能把我们党在西乌克兰的成绩算到他们自己的账上。显然,这些成绩应当归功于波共中央的正确政策,也就是说,应归功于波共中央的多数派和与多数派关系比较密切的西乌克兰共产党中央委员会。

另一个问题是布兰特同志的小册子问题。我同意一种看法,即波共多数派一些同志比较过高地估计了波兰扩大国内市场的能力,而过低估计了波兰资产阶级向外扩张的企图。布兰特同志在其小册子中论证说,波兰历史上存在过向外扩张的倾向,但扩张不是当前的问题。可是,像维日比茨基一类波兰大资本的代表人物却写道,波兰资本向外扩张已成为当前最迫切的问题。

尽管如此,还是不能根据布兰特的小册子就得出结论,认为波共中央多数派对反苏战争的危险估计不足。我认为，不是根据布兰特的小册子，而是根据党为反对战争危险而开展的运动和日常工作，才应提出关于对反苏战争估计不足的指责。而在这方面，无论是多数派还是少数派都没有开展群众性的反对波兰占领立陶宛的抗议运动，都没有在军队中开展自己的工作。波共也好，西白俄罗斯共产党和西乌克兰共产党也好，其基层都十分明显地存在着过低估计这项工作的现象，对此，多数派和少数派的支持者都负有责任。主管这项工作的同志也证实了这一点。

其次，少数派指责多数派似乎错误地估计妥协派政党并对妥协派政党采取了错误的策略。而且还举出瓦尔斯基同志在议会的发言为例。我要说，这种指责的根据是牵强附会的，是以某些表达欠当的言论和任何党都存在的个别错误为依据的。科斯切娃昨日在会上谈及社会民主党时所发挥的观点，乃是党的路线，是波共原多数派的观点，所以毫无疑问也是正确的观点。

在统一战线策略的运用问题上情况也是如此。这方面最大的错误是原少数派在选举时所犯的错误。各地所犯的许多个别性错误，如在西白俄罗斯所犯的错误，都是与中央原少数派和多数派的支持者有关系的。

格尔维克同志紧跟华沙中央书记处少数派发表呼吁书之后，现在又对中央原多数派提出了新的指责："放弃党在罗兹的独立作用，宣扬似是而非的理论，说什么只有在选举中获得多数赞成票的地方，党才能起领导作用。"如果情况果真如此，那可真是犯了地地道道的、无可救药的机会主义了。但是，经验教会我们要慎重地对待这类声明。我也要提醒到会的成员，不要急于从格尔维克同志的发言中作出轻率的结论。对他提到的有关罗兹的事实及他所归纳的情况需要进行仔细的核查。这项工作也要由共产国际执行委员会的有关委员会去做。

以上就是原多数派和原少数派指出的全部错误。这些错误主要属于右的性质。

十分明显，在波共和整个波罗的海地区，如在其他的资本主义国家的党内一样，右是当前的主要危险，右的错误是当前的主要错误。应当特别注意集中力量开展反对这些危险和错误的斗争。这一点在波罗的海地区——在波兰、立陶宛、拉脱维亚等国，尤为明显。

但是，能否说波共党内的一派是右派而另一派是左派呢？共产国际依据对波共及波共党内斗争的长期研究，得出的结论是否定的。两派的错误主要是右的错误。因此，不久前召开的一次有两派显要代表人物参加的西白俄罗斯共产党的重要会议通过了一致同意的决议，认为无论是原多数派还是原少数派都不是右和极左危险的代表，这些危险首先来自党所处的客观环境，来自党的干部缺乏足够的布尔什维克的锻炼。对此建议，原多数派和原少数派都曾表示赞成。可是，几个小时以后，原少数派在另一决议案中却建议并赞成取消这一提法。这至少可以证明，少数派代表的原则性是不够的。

显而易见，用波共中央原多数派和原少数派都犯有某些错误来解释两派之间的尖锐的派别斗争是不可能的。我强调的是双方都搞了导致党发生分裂和崩溃的派别斗争。在不久前召开的那次重要会议上，波共多数派和少数派的代表都承认了这一点。但是，他们现在只看到另一方的错误和罪责。这是不能同意的。对华沙发生的事，不是哪一派，而是两个派别都应负责。中央书记处仅以一票之多数便通过决定，采取了不可容许的、犯罪的步骤——解散了共青团全国委员会和共青团中央；但是，从另一方面讲，共青团全国委员会一直推行不服从中央领导的政策，并且对中央多数派进行诽谤性的攻击，共青团中央站在波共中央少数派一边积极地参与派别活动。华沙发生的事情只能证明，波共党内两派的派别斗争已发展到何等严重的程度，证明绝不能让派别斗争继续下去，必须立即停止这种斗争。基层都强烈要求停止派别斗争。不久前我们曾有机会同西白俄罗斯一些活跃的工作者们讨论西白俄罗斯共产党和波兰共产党内的状况，他们中各派支持者都有，请听一听他们的声音吧。

格罗德诺区委书记、波共少数派的拥护者Б同志说："从去年以来的一年中，没有一位在下面工作的人被提拔。脱产担任工作的党员遭到逮捕后，一切都处于涣散之中。党员看到的只是争吵不休，对这种争吵反应十分强烈，认为是毫无道理的争斗。党在工人心目中的威望日减。最近以来实际工作开展得很差。没有一次会议做过一点新的工作。各派都不执行党的决议。这种党内纠纷不停止，我们就毫无出路。可现在没有做过任何积极的工作。""如果派别斗争继续下去，我们将走向彻底垮台。""我们将蜕化为普通派别，成为一个互相攻讦的派别集团，如此而已。"

一位来自布列斯特、不属任何一派的B同志说："派别活动极大地阻碍了党的活动的开展。许多人现在把派别斗争置于党的原则和党的纪律之上。各派自订纪律并把它置于首位，而将政治活动置于次要地位。一开始就在区委中大谈派别斗争，到该通过指示的时候，时间不够了，于是指示也就没有时间去下达了。同志们相遇时第一句话就是：'你赞成多数派还是赞成少数派。'"

布列斯特区委书记M同志也不属于任何一派，他说：派别斗争发展到了公开化的程度。他这种说法是对的。他说："我们党组织松垮的部分原因就在于派别斗争。""派别斗争造成我们组织内部的相互仇视。每个人都想去诋毁另一个人，这就是事实。"

西白俄罗斯共产党中央监察委员A同志说："派别斗争是主要的祸害。罢工斗争（指西白俄罗斯的罢工斗争）就是在我们不知道的情况下发生的。"

平斯克区委书记、波共少数派的拥护者T同志说："从派别斗争中得利者是派别分子。我们则深受派别斗争之害。派别斗争对工作妨碍极大。这是一种使党动摇的寒热病。如果我们不能治好党内的这种毛病，那将会十分糟糕。""必须建立坚强的领导，什么样的坚强领导，这并不重要。但必须建立起一个能在共产国际帮助下采取坚决手段根除派别斗争的坚强领导。其他出路是没有的。""如果不能在这里结束这场斗争，我真不想回国。必须结束它，必须建立一个坚强的领导。"

我还可以从波共中央原多数派支持者的发言中引证许多这类话。他们都承认派别活动是双方都有的。

我毫不怀疑，在土生土长的波兰积极分子中也存在着这种情绪。罪恶的派别斗争在几乎长达两年的时间里使波共动荡不定，党员群众和整个工人阶级对此都已感到厌倦。共产国际六大应当结束这种派别斗争。波兰共产党竟让其领导人不受惩罚地继续进行这种并非用内部分歧就可辩解的派别斗争，它负的责任实在是太大了。必须尽快解决问题，因为派别斗争非但没有停止，而且在继续发展。必须不等大会结束就建立一个委员会以消除波共党内双方的派别活动。

陈宽（中国）：

我完全同意布哈林同志的提纲和报告。我只想简要地谈一点，即共产国际各支部的国际任务。我们大家都知道，防止战争危险的斗争、保卫苏联、反对各帝国主义国家干涉和瓜分中国的斗争，是现时期国际共产主义运动的中心任务。但是，实际上，几乎共产国际的所有支部对这些中心任务都没有给予应有的重视。我指的不仅是共产主义运动尚处于初期发展阶段的东方各兄弟党，而且是指对这些任务说得多而做得少的西欧各兄弟党。在这次代表大会上同样可以看到，参加讨论共产国际任务问题的发言者，很少谈到如何实际地支援殖民地的革命运动。

1925—1927年的中国大革命发生于所谓战后第二时期。在世界革命不平衡发展的过程中,中国革命具有更为重大的国际意义。但是,我们的兄弟党对此太不关心了。致使英、日、美等国的帝国主义者有可能在上海三次起义的时刻,畅通无阻地向中国派遣战舰和军队,轰炸南京,发动对中国革命的总攻击,此后又迫使中国民族资产阶级及其代表——新军阀投降,与此同时又镇压了上海工人的英勇起义。如果不把苏联劳动人民给予中国革命的全力支持计算在内,那么我们可以肯定地说,在全世界无产阶级有效地、有力地支持中国革命本来可能创造出一个无比有利于无产阶级的全新形势的时刻,就在这样的时刻,我们的兄弟党依然是通过支持中国革命的决议多,贯彻决议的行动少,而行动无疑地才是他们应尽的责任。因而帝国主义军队不仅至今仍有可能留在中国;而且正在想方设法企图着手瓜分中国。广州十二月起义虽然不过是劳动群众在革命失败时期的一种英勇抵抗行动,而且中国共产党在其中犯有一系列组织上和军事上的错误,但它却开辟了中国苏维埃革命的新时期。广州起义的国际意义是不容置疑的。广州起义虽以失败告终,但工农兵和城市贫民在广州建立的苏维埃及深深扎根于南方和北方广大劳动群众心中的苏维埃思想,作为起义的成果,却给迅速发展中的土地革命以强有力的推动。西欧和美国的兄弟党不仅没有支持这次起义,甚至还有一些同志企图否定这场革命斗争的意义。我指的首先是佩珀同志,他在共产国际执行委员会第九次全会上不遗余力地把十二月广州起义描绘成是一次过早的起义,把它说成是后一时期一切盲动错误的根源。这种观点和托洛茨基反对派的论点如出一辙,区别仅仅在于佩珀同志没有敢于将其结论系统化。

目前的国际形势比以往任何时候都紧张。在我们面前有两种选择:或者是我们为保卫苏联、为中国革命、为防止战争危险而进行必胜的斗争,或者是帝国主义者取胜。帝国主义正在企图暂时缓和自己内部的矛盾,以期瓜分中国和挑起反苏战争。如果我们大多数兄弟党在这方面不能大力进行工作,依然满足于作决议、发呼吁,那么,帝国主义的反苏战争一旦爆发,就会使我们措手不及。

一些同志对于中国革命的发展问题,持有极其肤浅的错误见解。例如,佩珀同志在谈及广州起义和整个中国革命的时候,常用这样的理由来增强其结论的分量,似乎帝国主义、土豪劣绅、民族资产阶级和新军阀的联盟是铁板一块,牢不可破,似乎他们之间不存在矛盾。佩珀同志谈及此点时是如此地兴奋激动,就像他在这次代表大会上渲染美国帝国主义的发展时一样,引起了巨大的轰动。佩珀同志忽略了无产阶级在革命中的无可置疑的领导作用,他对农村土地革命的深入和发展也视而不见,他把这些都忘得一干二净。所以他认为,在现存的反动制度下在农村发展农民自治运动的建议是可行的,这就不足为奇了。而在中国工农革命群众的眼睛里,这种看法只不过是第三党领袖——谭平山、邓演达的论调的翻版而已。

在最近一期《工人画刊》上(责任编辑是明岑贝格同志),由于疏忽大意,我们替国民党捧了场。这期杂志的封面上印有"第三党"领导人之一、孙中山夫人(宋庆龄)的肖像。在照片背面扉页上还印有摘自孙中山《建国方略》的词句,而孙中山的学说是反对阶级斗争的,是国民党反动派现在的旗帜。在同一期杂志中的一幅照片下面还有这样的语句:"中国无产阶级和中国青年将遵循中国革命的伟大领袖孙中山学说的精神,继续奋斗。"这类宣传不仅歪曲了中国革命的真正面目,而且会给各国工人造成一种不正确的、模糊不清的印象(明岑贝格同志说这是在他不在的情况下出现的政治错误,已予以纠正)。这种无稽之谈比那些只看到中国的长辫子和裹小脚的资产阶级报刊有关中国的荒唐报道更为无聊。所有同志都知道,现阶段的中国革命已是苏维埃革命,中国革命早已不是遵循孙中山精神,而是根据马克思列宁主义精神发展的。受孙中山思想熏陶的中山信徒们,无论是蒋介石之流的右派,还是宋庆龄、邓演达这样的左派，在中国劳动群众无往不胜的革命发展过程中恰恰是应当被击败的分子。

谈一点关于共产国际东方各支部之间党的关系问题。中国革命在东亚殖民地和半殖民地的无产阶级运动和民族运动中无疑占有重要的地位，因而，中国共产党和这些国家兄弟党的联系具有重大的意义。中国革命群众，特别是中国共产党人一贯极为关切地注视着日本共产党的发展，注视着朝鲜共产党人在朝鲜和满洲的活动，注视着中东铁路的事态，注视着印度罢工浪潮的发展，注视着安南共产党未尽如人意的工作，注视着印尼共产党与当地华侨的关系以及其他情况。这些兄弟党在过去给予中国革命许多帮助，这是无可争议的事实。但是，中国共产党和这些兄弟党之间没有任何联系或者仅有极少接触，这个事实也是无可争议的。这个缺点应当坚决克服。

我们认为，只有当中国革命、日本无产阶级运动和印度革命——这是同一链条上的三个最重要的环节——同时获得发展的时候，东方革命才能胜利。共产国际东方各国的支部必须在这次大会上建立起实际的联系。共产国际和东亚革命运动之间的联系应当更加紧密。共产国际不仅应当一如既往地从政治上和组织上领导运动，而且应当在实际工作过程中给予更大的帮助。一方面必须向那里派出能实际胜任工作的共产国际代表，另一方面要使各支部有更多机会参与共产国际的工作。共产国际过去在中国的代表，有的不能胜任工作，有的犯了严重的错误。共产国际执行委员会东方部的力量在数量和质量上都不能胜任如此繁重而复杂的工作。客观形势要求共产国际在东方革命运动的工作中更前进一步。

最后，对共产国际各支部内各种倾向的国际性质问题讲几点看法。联共（布）党内的托洛茨基反对派已成为一种国际现象，这已经是历史事实。不过，一个党内的其他右倾和"左"倾倾向也不可避免地会传播到其他兄弟党中去。布哈林同志谈到战后第三时期的特点之一是群众的左倾化。随着工人阶级内部力量对比的激烈变化，共产党的某些领袖恰恰会犯各种各样的错误。例如，中国就有一些人站到盲动主义一边，自我孤立，脱离群众，另一些人出于对敌人的恐惧，过分强调合法斗争的意义，因此犯了明显的机会主义错误。例如，有个别中国同志坚持要由国民党召开国民会议，又如某些德国同志认为，只有取得改良主义工会工人贵族的同意才能举行罢工。佩珀同志甚至断言，在中国反动的白色恐怖统治制度条件下必须开展农民自治运动。佩珀同志向我说过，第九次全会关于中国问题的决议就采纳了他的政治路线。我看，那些犯右倾错误的同志可能采纳了佩珀同志的观点，但共产国际执行委员会第九次全会的决议决没有接受他的观点。

　　一旦爆发帝国主义战争，特别是爆发帝国主义的反苏战争，这种右倾定会造成更大的危害。同志们，我们要记住 1914 年宣战时惨痛失败的教训，我们要以最大的毅力，共同反对我们队伍中的国际性右倾危险。

科尔奇克（西白俄罗斯）：

　　同志们！在帝国主义世界策划对苏进攻和帝国主义集团将反苏战争的准备工作列为最紧迫的任务之一的时刻，在法西斯波兰正在这一集团中扮演十分活跃的角色的时刻，在这样的时刻，西白俄罗斯作为未来的战场，作为法西斯专制势力在反苏战争中的浅近后方，其作用虽十分有限，却极为重要。西白俄罗斯起着西乌克兰所起的同样作用，波兰的法西斯独裁政权正确地估计到西白俄罗斯的这种作用，因此，正竭尽全力于摧毁西白俄罗斯的革命运动和加强其在西白俄罗斯的法西斯占领基地，力图使群众脱离革命斗争轨道，向法西斯主义妥协。西白俄罗斯法西斯政权全部政策所追求的正是这一目的，这在它的民族政策中表现尤为明显。法西斯政府的民族政策是它进行战争准备工作的一个组成部分。这个政策的主要方面是对广大无产阶级和劳苦农民群众及民族解放运动实行最野蛮的恐怖统治，以此瓦解群众的斗志，摧毁群众的革命组织，另一方面是对白俄罗斯农村的富裕农民、对富农和知识分子的上层作出某种让步，把这些人拉到他们一边去，并利用小恩小惠和要弄各种手腕，在广大农民特别是中农群众中散布幻想，在民族解放运动中制造动摇情绪，进而瓦解这一运动。

法西斯独裁政权的这一政策在最近一段时期颇有收获。我们看到了一个无可争辩的事实，即白俄罗斯农村的上层——富农，已彻底投入法西斯阵营，走上坚决与革命运动为敌的道路，成了法西斯主义在西白俄罗斯的马前卒。

法西斯主义在某些农民阶层首先是中农阶层中散布幻想的手法也颇为成功。引起的动摇范围相当广，其表现之一是，部分农民在议会选举时竟投法西斯候选人的赞成票，表现之二是民族解放运动的某些成员放弃了革命斗争。可是，与此同时，法西斯专制政权对无产阶级、对农村贫苦农民以至中农基本群众的剥削和压迫政策却愈演愈烈。农村赤贫化的过程日益加快，农民基本群众的缺地现象更加严重。所有这一切更加剧了西白俄罗斯农村中的阶级斗争，推动了农民基本群众反对地主、波兰移民和富农的斗争。

在法西斯集团加强联合的同时，我们党的影响也在扩大和加强，革命运动在发展和深入，无产阶级和被剥削的劳动农民群众的联盟在加强，民族解放运动和波兰革命运动的联盟也在无产阶级的领导下不断巩固。

我们党是在极其艰苦的条件下，在残酷的法西斯恐怖统治环境中开展工作的。但是，尽管存在所有这些困难，我们党仍然取得了重大成就。我们的党壮大了，党在无产阶级中间的影响虽还远远不够，但已经得到加强。党领导着西白俄罗斯强大的农民运动和民族解放运动。我们党领导过拥有10万成员的白俄罗斯劳动群众的组织，即白俄罗斯工农协会。法西斯主义曾多次打击这个组织，要消灭这个劳动群众的合法组织。

但是，西白俄罗斯的革命运动并未因遭受这些打击而减弱下去。法西斯力量在加强联合，革命阵营也加紧团结在共产党的周围，加强自己的联合，不断得到巩固，我们的影响日益巩固和扩大。

在指出这些成绩的同时，也要看到我们工作中的一系列不足之处。主要的缺点之一是，我们党的成分主要还是农民。我们党内的无产阶级核心力量还十分薄弱。在西白俄罗斯无产阶级力量较弱且处于分散状态而农民中已掀起声势浩大的革命浪潮的情况下，这种状态更加危险，所以我们给自己提出的基本任务是，扩大我们在无产阶级中特别是在大工业无产阶级中的影响，加强我们党的无产阶级核心力量。我们党是在小资产阶级自发势力包围中开展工作的，这种自发势力对我们党的压力相当大，在这样的条件下，我们队伍中发生动摇的危险就更大，我们党内出现右的错误和右倾的危险就更大。因此，我们着重强调我们党应当同我们党内的主要危险——右的危险作斗争。这个危险之所以迫在眉睫，还可从另一事实得到证实，即我们工作中的错误多半属于右的错误。不过，正如最近召开的党代表大会指出的那样，我们党和党的中央委员会所犯的错误都已经受到批判和揭发。所以，波兰共产党原多数派集团中某些同志在这里发言时说他们揭露和批判了我们的错误，这是完全不真实的。我要在这里指出格林鲍姆同志所作的歪曲发言。他说格尔维克和连斯基派的错误在于他们支持了西白俄罗斯自治的口号。这是不真实的。诚然，我们党在1926年召开的第三次代表会议上提出过支持自治的口号，从而犯了一大错误。但是，这个错误是整个波共中央犯下的，其责任也应由它来负。我们认识了这个错误并且自己予以改正，还在1926年，西白俄罗斯共产党第二次中央全会就承认了这个错误，撤销了第三次代表会议提出的支持自治的口号。布兰特同志硬说，我们党似乎仍坚持把整个农村连同富农一起发动起来进行革命斗争的观点。这是极其严重的歪曲，只能用布兰特同志对这一问题采取了派性态度来加以解释。我们从未持有引导富农进行革命斗争的观点。我们明白无误地提出过同富农作斗争的问题；不过我们犯了另一个错误，这个错误就是，对民族运动中某些阶级因素估计不足，对西白俄罗斯农村因波兰资本主义局部稳定状态得到加强和法西斯政府的政策不断稳固而出现的变动估计不足，在已经发生法西斯政变之后仍然提出党应当引导尽可能广泛的群众，如有可能则引导整个农村同民族压迫作斗争的论点。这个错误受到第八次全会的批评并得到了纠正，后来，我党代表大会也对此进行了批评和纠正。布兰特同志在这里带着偏见批判我们的错误，可在他自己的小册子中却贩卖根本错误的观点，说什么法西斯政府的政治是想使整个农村富裕、使贫农发展为中农、使中农变为富农的路线。这是一种极其严重的机会主义错误观点，可波共中央多数派至今未与这一错误划清界限。

我们率先与西乌克兰共产党原领导瓦西里基夫集团的民族主义的机会主义方针作斗争，这一事实证明，对我们进行指责，说我们似乎认为必须引导整个农村连同富农一起走革命斗争的道路，那是多么的缺乏根据和荒诞无稽。正是波共中央原多数派科斯切娃集团，当时完全彻底地支持瓦西里基夫集团在建立统一的乌克兰民族阵线问题上的立场，支持该集团关于农村工人运动不得超出一般性乌克兰民族俱乐部的范畴的观点，以及该集团在农民"赎买土地"问题上的立场。瓦西里基夫集团用"农民按农民委员会规定的价格获得土地"的口号取代了"土地不予赎买"的口号，其原因就在于这个集团力图使我们的革命口号适应农村中富农上层的利益的需要。波共中央原多数派支持了这一右倾方针并在第四次代表大会上为其进行辩护。

我还想在这里谈一谈米科洛斯同志的发言。他不是进行实事求是的批评，而且十分荒谬地指责波兰共产党原少数派和多姆斯基同志唱一个调子。米科洛斯同志在其反对波共原少数派的斗争中采用的这些方法不是什么新鲜玩意儿。例如，他在联共（布）第十五次代表大会上发言时就完全歪曲了我们在民族问题上的观点，布哈林同志在同一代表大会作总结报告时驳斥了他的发言。在西乌克兰共产党中央全会会议上，米科洛斯同志同样歪曲了我们的观点，硬说波共少数派诽谤西乌克兰共产党，把西乌克兰共产党的全部历史看成只是掩护其民族主义实质的外衣。这是完全不符合事实的。我们指责的不是西乌克兰共产党，而是瓦西里基夫集团，而这个集团确实从未彻底克服其民族主义意识，现在更是陷入了与我们敌对的阵营之中，但我们从未将瓦西里基夫集团与西乌克兰共产党等同起来。

我们党的代表大会完全赞同西乌克兰共产党的政治路线，同时指出了党在活动中所犯的那些早为我党中央批评过的错误。这项决议是代表大会一致通过的，但在如何对待波共中央报告的问题上我们存在着分歧。同志们，我们承认，波共及其领导在波共第四次代表大会后的政治路线总的来说是正确的，但我们肯定地说，在贯彻这条路线的过程中犯了一系列右的错误和背离正确路线的错误。代表大会的多数人在指出这些错误时，并没有区分这些错误是波共中央原多数派所犯还是原少数派所犯。我们认为必须对所有的错误展开批判。这也是代表大会多数人的观点。但是，代表大会的少数人持另一种观点，他们拒绝批评科斯切娃集团的右的错误并且投票反对我们为指出这些错误而提出的修正意见，在就波共中央报告的决议案（该决议指出了科斯切娃集团的错误）举行表决时，他们也投了弃权票。

同志们，我的发言就要结束了，我只想再讲一点，即米茨凯维奇同志正确地谈到了西乌克兰共产党多数派中那些同波共少数派保持一致的我们同志的发言,这些发言指出了派别斗争的严重危害。我们大家都抱有这种观点并且强调派别斗争的害处。

但是,值得注意的是米茨凯维奇同志未举出波共原多数派集团中任何一个发言。我们清楚地意识到派别斗争的危害,力图使我们党在波共四大和西白俄罗斯共产党一大制订的正确路线基础上团结一致。我们认为,应当通过我们党内反对右的危险的斗争,通过对右的错误的批判,而且是无情的批判,取得这种团结。我们不同意在组成我党未来领导机构方面所采取的那些方法和提出的建议。我们认为,只要西白俄罗斯共产党中央的政策正确,只要党内大多数人支持中央委员会(这在代表大会已有表现),代表大会是能够选出一个反映代表大会和党的观点的中央委员会来的。共产国际执行委员会的观点却不是这样,它决定不让我们的中央委员会发挥作用。我们不同意这一决定,但是我们服从这一决定,而且忠实地将这一指示贯彻于行动。但是必须指出,对波兰共产党的另一部分,即西乌克兰共产党却没有采取这种削弱其影响的政策。我们看到,以格林鲍姆同志为代表的西乌克兰共产党中央委员会和科斯切娃同志一派完全沆瀣一气,他的发言是专门针对波共中央少数派而来的,是完完全全地为科斯切娃同志那一派辩护的。

贝内迪克特(奥地利):

奥地利代表团多数派委托我就舍恩菲尔德同志代表少数派所作发言讲点意见:舍恩菲尔德同志就共产国际执行委员会对七月起义的态度挑起了论战,他对在七月起义时刻提出工人代表苏维埃口号的必要性表示异议。舍恩菲尔德同志认为提出苏维埃口号是错误的。舍恩菲尔德同志否认当时存在提出这种口号的前提条件。按照他的说法资产阶级并未瓦解,它没有遇到深刻的危机,而共产党对起义没有起什么大的影响。同志们,就他提出的第一个理由去进行发挥是不值得的。难道还有什么东西能比无产阶级举行起义使资本主义统治受到更大的震动吗？舍恩菲尔德同志说什么共产党对起义进程没有发挥多大影响，我要说，共产党在7月15日的表现是良好的，它在群众中是享有影响的。同志们，这完全可以理解，因为共产党是为武装无产阶级的口号而斗争的。正因为无产阶级在7月15日自发地提出了这一口号，党自然而然地获得了对运动的广泛影响。党享有影响，但它没有在组织上给这次起义制订广泛的措施，从这一点来看，它犯了一个错误，因为它没有把建立工人代表苏维埃的口号作为进一步发展七月起义的组织基础。党很快认识到了这一错误。还在12月，党就认识到工人代表苏维埃的口号对于七月起义来说是正确的。但是，在7月15日以后党又犯了一系列严重错误。7月15日以后，奥地利共产党多年来第一次有可能着手克服社会民主党的影响。经过7月15日事件，社会民主党在群众面前充分暴露了自己的面貌。如果共产党能表现出应有的主动精神，能全力以赴地开展反对社会民主党的激烈斗争，党是能够使广大群众脱离社会民主党的。但是，党在这方面犯了错误：党没有同社会民主党划清界限。同志们，7月15日以后党错误地提出了警察归市政机关管辖的口号，从而使群众对社会民主党燃起新的幻想。在维也纳的工厂委员会选举中，党提出的口号是拒绝提出单独的候选人，换句话说，党错过了与社会民主党相对抗、鲜明地表明自己原则立场的机会。

　　同志们，共产党和中央委员会曾试图纠正自己的错误。但是，在纠正这些错误的过程中，党内右的反对派力量开始增长，他们企图逼迫党重新回到过去的错误路线上。舍恩菲尔德同志声称，必须同右派作斗争。可是，同志们，从来没有一个右倾反对派不提出同右派作斗争的口号。舍恩菲尔德派在其分析中犯了什么错误呢？首先，舍恩菲尔德同志否认奥地利无产阶级在前一时期发生过左倾化，而且对共产国际执行委员会第九次全会有关决议表示异议。舍恩菲尔德同志的理由是什么呢？

他首先指出的是社会民主党正在发展。而共产党呢，据他说，不仅数量没有增加，而且有所减少。此外，按照舍恩菲尔德同志所代表的某些同志的说法，社会民主党的代表大会再好不过地证明了一个事实，即广大无产阶级群众正在右倾化。这些同志以为，伦纳取胜一事反映了群众的意志。那么，社会民主党力量增长这一无可争辩的事实又是怎么回事呢？我们不止一次地指出过，左倾化是一个十分复杂和相当矛盾的过程，它既有利于共产党，也有利于社会民主党。但是，转向社会民主党的工人是来自资产阶级阵营，是原先不关心政治的人。这就是参与政治生活的过程，就是左倾化的过程。同志们谈到伦纳在社会民主党中取得的胜利。确实，他在代表大会上获胜了。但是，同志们，代表大会并非群众意志的反映。代表大会就曾把7月15日谴责为旁门左道，可是维也纳的无产阶级至今仍忠于7月15日思想。

伦纳胜利了，上层右倾了，但与此同时也发生了阶级力量两极分化的过程，而且出现了群众激进化和左倾化的过程。

同志们，舍恩菲尔德同志的态度是危险的，这一点可以从共产党在7月15日前夕的方针中看出来。由于我们在7月15日前缺乏足够的准备，由于我们没有觉察到这种左倾化的过程，所以我们没有能够按照需要和可能做到的那样将7月15日事件推向前进。

必须避免重犯这些错误。决不能闭眼不看左倾化的进程，必须意识到这一进程。

还有一点也是不足为怪的，即谈论关于出现了右倾化趋势的恰恰是舍恩菲尔德在这里所代表的那些同志。7月15日前夕他们就认为，在奥地利无产阶级中，退步倾向占着主要地位。经过7月15日事件之后再来同这种理论进行辩论，是会令人发笑的，但是，我们已经看到，这种悲观主义方针是多么的危险，这种束手无策的感觉又是多么的危险啊！不错，共产党没有得到加强，但不必对此感到奇怪。由于共产党发生了动摇，由于共产党没有表现出坚强的意志并同社会民主党划清界限，所以原先准备转向共产党的无产阶级中的动摇阶层，因看不出共产党与社会民主党之间的区别而没有转向共产党，这是可以理解的。

最后，再就奥地利马克思主义问题讲几句。由于受到这次代表大会的影响，舍恩菲尔德改变了他在这个问题上的观点。他已经承认我们关于奥地利马克思主义在思想上已破产的论断是正确的。然而他对有关七月起义的决议却表示异议，说什么："不错，奥地利马克思主义破产了，但社会民主党成长了，因而，说社会民主党也破产了是不妥当的。"这里有两个概念交织在一起。共产国际执行委员会从未讲过社会民主党已经破产，但是，社会民主党的政策，奥地利马克思主义的政策连同其虚假的革命行动，确已破产。至于社会民主党本身，它并没有破产，相反，它正在全世界其他明显的改良主义政党赖以发展的同样基础上得到发展。

我的发言就要结束了。奥地利共产党无疑是一个力量较弱的党。要胜任它所面临的任务就更困难了。这里反映出稳定中存在的矛盾现象和不稳定现象。我们应当强调指出，奥地利实行的合理化给无产阶级造成的损害比任何其他地方都严重，由于实行合理化而采取高压政策，由于法西斯主义和工厂中的法西斯措施日益加强，工人的斗争意志也日益高昂。我们需要一个能与法西斯主义和社会民主党作坚决斗争的共产党。只有在党消灭了自己的错误、不再过高估计敌人、不再过低估计党的前途并进而克服本身的悲观主义的情况下，才有可能做到这一点。我想，在第六次代表大会的帮助下，共产党是能够克服自己的错误和悲观主义方针的。如果共产国际能比迄今为止更好地帮助它，那么，共产党是能够胜任自己的任务的，它一定会成长为一个健康的、优秀的党，一定能够充分解决所面临的伟大历史任务。

少先队员① （中国）：

在共产国际第六次代表大会上提出了关于青年共产国际活动的专门报告，这一事实本身说明，大会十分重视青年运动。但是，必须指出，各国共产党对共青团工作的指导和帮助很不够，这也是事实。

我们基本同意许勒尔同志的报告。但是必须指出，青年共产国际没有全部完成自己的任务。由于资本主义合理化过程正在发展，青年在生产中的作用和意义增大了。过去工作的一个主要缺点是：青年共产国际在贯彻新的工作形式方面，在深入开展青年群众工作方面，以及在组织青年争取自身利益方面，没有根据新的条件及时改变方针。

我们现在正日益临近第二次世界大战。因此，青年的作用和任务尤为重大。青年共产国际的活动必须首先根据客观条件采取相应的新的工作形式，以便争取广大工农青年群众，引导他们进行积极斗争，反对军阀统治，反对对苏联的军事威胁，反对帝国主义干涉和强行瓜分中国领土。

许勒尔同志在其报告中指出，党对青年工作重视不够。不仅如此，有些地区参加工会的青年甚至不能享有与成年工人同等的权利。

如果这种轻视青年的态度还在我们共产党的队伍中存在，那只能是一种社会民主派的倾向。这不仅是错误，而且简直是耻辱。

瓦西里耶夫同志在讲话中指责青年共产国际过分热衷于政治，而对组织工作的意义估计不足。我们不能完全同意这个观点。

以中国共青团为例，事情不完全像瓦西里耶夫同志所想的那样。不错，中国共青团十分重视政治工作，但与此同时，我们从未忘记和轻视组织任务及对劳动青年群众的工作。此外，在中国革命历史的转折关头，中国共青团积极支持共产国际的路线，帮助中国共产党纠正其领导

---

① 关向应。——编者注

成员的机会主义错误，积极参与完成党的迫切的政治任务。必须承认，中国共青团是做得正确的。

许勒尔同志在报告中指出并强调了中国共青团在反对中国共产党的机会主义错误的斗争中建立了特殊的政治功绩。报告人丝毫没有夸大当时的实际情况。但是，参加大会的中国代表团中某些同志对此表示不满，说什么根据报告人对中国共青团的评价，似乎贬低了共产党的作用而抬高了共青团的身价。

不管这种观点有何来源，可以肯定地说，它是不正确的。党应该把共青团看做是正在共产党领导下开展斗争的无产阶级青年的先锋队。共产党应把共青团的工作看做是自己整个工作的一部分。把共青团组织和党的组织对立起来的观点，不应该在我们队伍中存在。

不言而喻，中国共青团有许多缺点。特别是它在政治上还不成熟。在与党的机会主义错误作斗争的过程中，这个缺点暴露得十分明显。在共青团队伍中，还存在着"左"倾的毛病。加强对团员的政治教育，提高他们的政治觉悟，并把这些任务和日常实际工作结合起来，这就是中国共青团当前最主要的任务之一。

中国共青团的全部活动应致力于实际执行争取广大工农青年群众的路线，吸引他们参加各种革命活动，并在这一斗争中把共青团变为真正的无产阶级青年的群众性组织。中国共青团的政治路线应当为广大工农青年所知晓。

布哈林同志在其报告中仅仅指出了中国共产党内有"左"倾危险。但是，事实上，纠正了中国共产党内的"左"倾，却又出现了右倾。不言而喻，我们应当继续同"左"倾危险作斗争，但是，无论如何不能忘记右倾的危险。右倾比"左"倾更危险，它可能使机会主义的错误重演。

尽管中国共青团在艰苦的条件下进行斗争，但是，年轻的革命者在共产党领导下定能和前一时期一样顺利地完成各项任务。

台尔曼同志(德国)的声明

我必须向大会发表如下声明：

蒂特尔同志在这次会上的演说，看来一定是右派试图在德国采用的工作方法的一种表演，这种方法就是在作自我批评时诋毁别人和散布谎言。我不打算谈论蒂特尔同志许多荒谬绝伦的说法，但必须作如下两点驳斥：

第一，根据速记记录，蒂特尔同志说：

"台尔曼同志在报告中说，社会民主党的900万张赞成票多数是小资产阶级投的票。"

根据我的发言的速记记录稿（同样未经修改），我是这样讲的：

"据粗略的估计，我们还不掌握确切的数字，可以认为，社会民主党获得的900万张选票中约300万张是小资产阶级投的。"

由此可见，蒂特尔同志的说法是不对的。

第二，蒂特尔同志在发言中说（我仍按速记记录引述）：

"台尔曼同志说，德国的右派集团是一种近似叛党行为的危险。"

这种说法也是不正确的。我曾肯定地说（仍然按未经修改的速记记录引述）："地区的某些领导同志故意缩小和轻描淡写地谈论右派集团理论倾向的作用，以及机会主义毛病在实践中所起的作用，而这些毛病常常发展到了背叛德国共产党的程度。"

遗憾的是，我所说的是真实情况。一些同志在改良主义者的压力下，竟然发表声明谴责我们共产党的报刊去批判工会中的官僚和他们的叛卖行为，这些情况说明了什么呢？工会中的一些共产党负责人在开展竞选斗争中竟然拒绝公开表态支持共产党，同时却有一些共产党员公开地利用整个工会机构去为社会民主党效劳,这又说明了什么呢? 一些同志违反党的指示,赞同改良主义者中止罢工的叛卖性行为,这又意味着什么呢? 总而言之,我的讲法是完全正确的,蒂特尔同志想偷梁换柱显然是办不到的。

希塔罗夫(青年共产国际)的声明

我不揣冒昧地提请大会注意如下声明:

我在就奥地利问题发表的讲话中说过,如果共产国际不设法使兄弟的奥地利共产党内部健康化的话,那么,与力量雄厚的社会民主党相比,奥地利共产党将越来越被排挤到次要地位。

舍恩菲尔德同志在其发言中指责我的看法是浮光掠影,还说我不如不作上述发言。由于时间关系,我当时发言时未举出多少事实来论证自己的观点。我的意见只是反映一种忧虑,即如果不迅速地向存在于奥地利共产党中的右倾思潮(这种思潮已相当明显)宣布无情的战争,党的存在将受到极大的威胁。

舍恩菲尔德同志本人的发言再清楚不过地证明,我的意见丝毫不是什么"浮光掠影"。他的发言十分肯定地表明,我所指出的危险是确确实实地存在的。

乌布利希同志(德国)的声明

埃韦特同志在发言中说,任何领导层中的多数派都可能蜕变为一个集团。我曾对此表示异议并声明,这种观点很像托洛茨基的组织观点。我还就此说过,埃韦特同志赞成俄国代表团的提法是有保留的:当埃韦特同志认为这种或那种形势有利于他为另一种政策进行辩护的时候,他就会说，"我不受纪律的约束，因为多数派正在走向蜕变。"我当时还指出："托洛茨基对联共（布）强大的多数派也讲过同样的话。"我的这些提法是绝对正确的。我还就同一个问题说过："如果他（埃韦特同志）不想和中央携手并进，按纪律规定去贯彻已作出的决定，那么，他最终必然堕落为托洛茨基主义。"我认为这一提法不妥，所以现在收回这一提法并作如下改动："到那时一切表现出脱离党的总路线倾向的人就会把埃韦特同志当成他们的聚合点。"

佩珀同志（美国）的声明

罗明纳兹同志在大会上提出了一个荒谬绝伦的论点，说我把广州起义称做盲动。可他拿不出我的一篇文章、我的一次讲话来做证据。

我关于中国革命问题的各次讲话均已散发给出席执行委员会第九次全会的所有代表。我不得不在这里引述其中的几段：

"关于广州事件应该提出的第一个论点是：我们对中国无产阶级的广州起义持肯定的态度。这个论点应该是我们评价广州起义的原则性论点。广州起义的意义何在呢？在起义被镇压下去的当天晚上，也就是在我们还没有任何机会和那些直接参加起义的同志们交谈之前，我曾尝试着对起义作一个扼要的评价。当时，即在那天晚上，我写了如下几行字，并且至今仍持这个观点：

'广州苏维埃共和国的建立是具有历史意义的。它是中国无产阶级最豪迈的业绩，标志着中国革命达到了前所未有的、登峰造极的程度。'

接着写道：

'资产阶级只记革命失败的账，却不愿看到，在远东最重要的中心之一，建立起苏维埃政权是何等重大的革命成就。广州，这个资产阶级革命的摇篮，现在成了中国无产阶级革命的摇篮，这个事实有着象征的意义。孙中山的广州现在变成了列宁的广州。'

作为评价广州起义的结束语,我写了下面一段话:
'严重的失败,但不是最后的失败。它是未来胜利的源泉和保证。'"

请看我是怎样评价广州起义的。那是在遭受失败的时刻,而不是在胜利后的次日。我不认为我们现在有什么理由在任何程度上重新考虑对广州苏维埃意义的评价。

在执行委员会第九次扩大全会前夕,我在共产国际中国问题讨论会上的报告,开头也用了这几句话。这个讲话已印了几百份。我作报告时,罗明纳兹同志在场。我在那次讨论会的总结发言中曾直截了当地反对那种不仅谴责广州起义中的错误而且谴责起义本身的观点。我是这样和洛佐夫斯基同志争论的:

"最后,对洛佐夫斯基同志的发言还有一点小小的意见。洛佐夫斯基同志方才关于广州起义的说法是不对的。他攻击了广州起义本身。这是不对的。可以而且应该抨击起义中的错误,但不应攻击起义本身,不应攻击工人的斗争。"

作这个总结发言时,罗明纳兹同志在场。因此,我敢断言,罗明纳兹同志刚才讲了假话,有意识的假话,硬说我曾经把广州起义说成是盲动。这是假话,是有意识的假话,而且不是第一次假话。但是,应该期望,这是罗明纳兹同志在共产国际执行委员会的短暂的然而不十分成功的巡回演出中的最后一次假话。

颇为引人注目的是,在这里以五大洲和共产国际所有 50 个支部仲裁者面目出现的罗明纳兹同志是如何实行自我批评的。他在这里只字不提执行委员会第九次扩大全会曾经批评了他的中国不断革命论,曾把这一理论斥之为托洛茨基理论,是一种有害的观点,是一种同托洛茨基在 1905 年所犯的错误相类似的错误。

罗明纳兹同志的声明

我在发言中说过,佩珀同志对待广州起义是这样一种态度:佩珀同志在广州起义发生前反对广州起义,广州起义过程中反对广州起义,在起义之后仍然反对广州起义。我敢断言,证据不胜枚举,无论是文字的,还是口头的。共产国际执行委员会第九次全会,特别是全会前夕召开的讨论会的参加者,对这些都记忆犹新。佩珀同志没有直截了当地说广州起义是盲动,他缺乏这个勇气。但是,佩珀同志设置了一些前提,从这些前提中只能得出一个结论,即广州起义是盲动,此外,不可能有其他结论。我今天并没有说过,佩珀同志把广州起义说成是盲动。我说过:我引用了赖因贝格文章中的一段话。这位赖因贝格断言:"广州起义遭到了而且不可能不遭到失败,因为起义的社会基础不够广泛,在广州和广东省举行起义要取得胜利的条件尚不成熟,革命和反革命军事力量的实际对比不十分有利于起义,起义的时机(12月11日)也选择不当。"

在谈到这段引文时我说过,为了得出广州起义是盲动的结论,这段话里该说的全都说了,只是没有说出盲动这个词而已。随后,我还补充了一句,说这个赖因贝格可能是佩珀同志随便用的一个化名,因为佩珀同志和赖因贝格的论据在本质上甚至在形式上都毫无区别。佩珀同志刚才说了什么呢?他引了自己发言中的几段话,说在起义的时刻他是站在广州工人一边的。难道他应该站在张发奎将军一边不成?这还不够!但是,佩珀同志在他刚刚引用过的那篇讲话中和已由共产国际执行委员会备案的他的不少发言稿中宣称过,他在起义之前就反对举行起义,并说他认为广州起义为期过早和缺乏必要的社会基础的看法是正确的。只缺一点上层建筑,那就是没有说出盲动一词。但这丝毫抹杀不了这样的事实,即实际上佩珀同志一贯将广州起义评价为一种盲动的行为。

佩珀同志认为有必要在这里宣布,我离开共产国际这个事实应当被看做是共产国际的莫大幸运。这我不清楚。我的工作问题不是我个人的事情,更不是佩珀同志的事情,而是党的事情。是党,而不是由佩珀同来决定此事。但是,要说佩珀同志留在共产国际内工作是共产国际的莫大幸运,我倒表示怀疑。(鼓掌)

佩珀同志还捎带要求我说一说关于不断革命的问题。我在第九次全会之前说过,中国革命正在转化为社会主义革命。奇怪的是,佩珀同志竟就这个问题对我进行责难。佩珀同志在他宣读的那段引文中就曾说过,广州起义标志着中国无产阶级社会主义革命的开始。(笑声)他比我们勇敢多了,我说的是正在转化为社会主义革命,而他却说无产阶级革命已经开始了。就这样佩珀同志现在和那时一样还竟敢恬不知耻地指责我是托洛茨基主义,等等。

我不得不再次重复我在中国问题讨论会的辩论中说过的话:佩珀同志是一位能干的人,是一位有经验的人,只是他的作风,他那耍弄计谋的作风,迫使人们不能像看待一个严肃的政治家那样来看待他。

(会议休会)

第十六次会议

（1928年7月30日）

主席：雷梅尔

许勒尔作总结发言

几点总的看法

参加青年运动问题讨论的党的代表，即成年党员同志的人数不多，这是一大遗憾，从这一点来说，讨论情况不尽令人满意。问题不在于仅仅通过这次共产国际代表大会提出青年问题并以我们的青年同志为主展开讨论，而是要使党本身更多地关心这些问题。从参加青年问题讨论的成年同志较少这一事实中，我看可以得出两点结论。

结论之一是，成年党员同志对这些问题存在着某种程度的冷漠和不够关心。其次，各党和代表团显然不能或不愿意就青年运动问题提出与我在报告中所述基本路线和建议有重大分歧的建议。

虽说参加讨论的党内同志人数甚少，但仍应指出一个令人愉快的例外，即台尔曼同志作了发言。他的发言表明，他本人和德共领导对青年工作是多么的关怀。同志们，这一点并非偶然。确实，在德国，尤其是在最近时期，党和青年之间的合作关系有了很大的改善和发展，相互支持的关系日益牢固。当然,还不能说在这方面已经尽善尽美了,但是,许多党都可以从中学到,德国党和青年是通过什么方法建立起更为紧密的合作关系的。

既然我提出了党和青年的问题,我想借此机会更突出地强调一下我在报告中只是略为提到过的一个问题。这就是党应更积极地支持青年团的问题。同志们,青年运动问题确实应当从这个观点出发加以阐述。必须使青年团从党的方面获得更大的支持。我举一个例子。会上有人批评青年团的工作,可是,同志们,批评青年团的工作也不那么简单。要知道,我们的青年团虽然首先属于青年共产国际的一部分,青年共产国际对其工作负有责任,但它同时又分属于各该国有关的党领导。如果共青团队伍中出现了错误和缺点,那么,这既与青年共产国际有关,也与各该国的党有关。这一点再次证明,各党必须更深刻地理解青年运动问题。

以共产国际为例,它的代表大会曾不止一次地通过一项十分简单的决定,委托各党在建立党组织的同时要普遍建立青年组织,因为许多地方的党组织没有建立自己的青年组织。对于各国党来说,主动地担负起这项任务,派出几位年轻同志去建立青年组织,根本不是很难的事情,对党的支部来说,虽然问题要复杂一些,因为企业中的工作必须做得更扎实。但事情同样也是不难的。不过,即使是这样简单的决定,如能得到贯彻,青年的力量也会大大加强。还可以举出许多例子来说明,必须从这个观点,即从党应给予更大支持的观点出发,来提出青年问题。

我已经讲过,根据讨论情况可以得出结论,**各代表团同意报告提出的总路线和各项建议**。确实,几乎所有的发言者都本着这一精神表示了意见。我特别表示欢迎的是,会上没有提出任何企图削弱青年团政治性质或在共青团之外再成立广泛的、无一定形式的工人青年半政治性联盟的建议。由此可以得到证明,大会总的来说同意我们从列宁那里继承下来的原则和基本路线，青年团应当保持其作为政治组织、战斗组织和教育组织的性质。

还有其他几个问题由于时间不够而未能在报告中充分阐述，现在我来谈一谈。我不是说，我的报告过于简短了，但是，因为当时到了休会时间，某些问题阐述得比较简略。所以我想现在较详细地谈一谈。

首先是关于**自我批评**问题。某些同志认为，我们青年自我批评不够。同志们，我要断然宣布，这种假设是毫无根据的。我们青年果真反对自我批评吗？我们要毫不含糊地拒绝这种假设。我们完全懂得自我批评的革命作用和意义，我们知道，从列宁时代起，这就是对党的领导的一项指令和原则。而且我们也明白，从革命观点来看，在当前时刻，无论是对共产国际、联共（布）和共产国际各支部而言，还是对青年共产国际而言，自我批评都具有巨大而迫切的意义。因此，我们赞成对我们的错误和不足之处进行尖锐的自我批评。至于我的报告，确实提到了青年共产主义运动的成就，但是，第一，我只是在联系工人青年所处状况和斗争的总情况时谈到成绩，第二，谈到成绩也只是为了说明我们所得重要结论的依据。

我想根据报告的速记记录简要重复这几点结论：

"我们可以肯定，青年共产国际无可争辩地扩大了影响，并不断取得政治上的成果，这是第一位的积极因素。但是，与此同时，我们也要承认另一个**更为重要的**事实，那就是，这种影响的扩大没有或者几乎没有转化为青年共产主义运动组织上的发展壮大。需要着重研究的基本问题是，我们的政治影响日益扩大，而青年共产主义运动总的人数却呆滞不动，两者完全不相适应。"

我还说过：

"固然，如我所说，现实情况不足以使我们感到高兴，如果我们以此为满足，那就大错而特错了。我们无条件地运用自我批评的武器。我们绝对不想夸大我们影响的增长和政治成果的发展程度。正因为如此，我们把人数稳定不变的事实看成是十分不妙的情况。我们认为，这一事实是我们存在严重弱点的征兆，克服这一薄弱环节是我们最为重要的任务。"

我想，根据这段引文，即使是没有听过我的报告或没有十分注意我报告的精神的人，也会相当清楚地看到，重点就在**这个**问题上，也应该是在这个问题上。然而，却有一些同志把青年共产国际的状况想象得比实际情况阴暗得多，于是，为了改变这种状况，他们常常提出一些与我们的原则和事物客观情况的要求不相符合的建议。如果我们因此而不接受他们的建议，这些同志又会把这一点说成是我们缺乏自我批评精神。不能这样来看问题。青年运动的处境相当严峻，我们应当公开承认这一点并由此而得出相应的结论。但不能夸大其词。

有鉴于此，我想摘引列宁的一段话，看一看列宁是怎样谈论对青年运动进行批评的。列宁不止一次地亲自谈到青年运动问题，有时还十分尖锐地批评过青年运动，特别是在战争时期，青年共产国际作为一个整体是拥护革命的阶级斗争的，但是，也犯了错误。当时，列宁论述了某些思想，我们应当把这些思想作为我们的指导方针继承下来，以避免两种极端的倾向：削弱对青年运动的批评或进行过火的批评。

列宁曾就《青年国际》的出版写了下述一段话：

当然，青年机关刊物**还**缺乏理论上的明确性和坚定性，也许这在任何时候都是难免的，因为它毕竟是血气方刚、热情奔放和正在探索途中的青年的机关刊物。但是，我们对**这样一些**人缺乏理论上的明确性所抱的态度，应当完全不同于我们对我国"组委会分子"、"社会革命党人"、托尔斯泰主义者、无政府主义者以及整个欧洲的考茨基主义者（"中派"）等人头脑中的糊涂理论和缺乏彻底的革命精神所抱的态度。有些成年人正在把无产阶级引入迷途，却妄想领导和教训别人，这是一回事。我们必须同这种人作**无情的**斗争。有些**青年**组织公开声明，它们还在学习，它们的基本任务就是为各社会党培养工作人才，这是另一回事。对这些人应当尽量帮助，要尽可能地耐心对待他们的错误，并且竭力设法主要是用**说服**而不是用斗争的办法来逐步纠正他们的缺点。有些上了岁数的人或者老年人，往往**不善于**正确地对待那些不得不**通过不同的道路**，即通过和他们父辈**不同的道路**，**以不同的方式**，在不同的环境下接近社会主义的青年。因此，我们应当无条件地**支持青年联盟的组织上的独立**，这不仅是因为机会主义者害怕这种独立，而且按事情的实质来说也应当如此。如果青年没有充分的独立性，他们既**不能**把自己锻炼成为优秀的社会主义者，也**不能**培养自己去引导社会主义运动**前进**。

我们主张青年联盟完全独立，但也主张有充分的自由对他们的错误进行同志式的批评！我们不应当讨好青年。"①

列宁接着写道：

"再说一遍，对这些错误应当加以反驳和澄清，应当尽量设法同青年组织接触和接近，从多方面来帮助它们，但是要**善于**对待它们。"②

我想，列宁已经讲得十分清楚，党的领导和所有的成年党员同志在对待青年团的态度方面，无论是批评他们的错误还是对他们进行教育，究竟应当采用怎样的指导方针和方法。我认为，列宁关于组织上的独立性的论述对波兰党也是有用的。

在其他党内，例如在保加利亚党内，近几年来我们也不常看到他们令人满意地运用这一原则。

在即将结束我关于自我批评问题的开场白的时候，我还想补充两句话：我们欢迎大家对我们的工作进行批评，我们认为这种批评是适当

---

① 《列宁全集》中文第2版第28卷第288页。——编者注
② 《列宁全集》中文第2版第28卷第290—291页。——编者注

的、有益的和有积极意义的。我们不会生气，我们不反对批评，我们自己也不放弃批评，所以我们不反对对我们工作的批评，我们可以进行辩护，我们也有能力进行斗争。我们认为，会上开展的批评一定能给共产主义青年运动、给青年共产国际和整个共产国际带来积极的效果。

我们任务的重心何在

我们自己究竟怎样看待**我们任务的重心**所在呢？我已经说过，重心在于克服我们的缺点，首先是解决我们的数量与我们青年团日益增长的影响不相适应的问题。

我们又是怎样认识我们任务的政治重心所在呢？那就是，青年共产国际第五次代表大会应当实行某种转折。关于这个转折，我想稍微多讲几句。

这是什么样的转折呢？也许有必要举一些实例加以解释。能否说，这就是简单地"转向群众"、"转向群众工作"呢？如果这样提法，那我们就会离题太远了。不能不承认，在以前的相当一段时间内，即在第二次和第三次代表大会期间，青年共产国际就曾同共产国际一道实行了这种面向群众的转变，实行了争取群众的工作方针。我们青年团已经在群众中开展了这项工作，这是无可否认的。我们在群众中的影响日益扩大，这也是无可辩驳的事实，不过，我们没有能够在组织上巩固这一成果。**全部问题在于我们应当在组织上扩大我们在群众中日益增长的影响并继续改进我们的群众工作**。群众工作的方针虽早已制订，但不是所有地方都充分地贯彻于实践之中，即使付诸实践，也缺乏十分具体的办法。

为了使同志们更好地理解这种转折的内容，向大家介绍一下我们**青年共产国际怎样探索通向这种转变的道路和怎样找到这条道路的情况**，也许是合适的。有人认为我们只是现在才懂得这种转变的必要性，认为这种转变似乎是由外部强加给我们的，这种想法是不对的。拉斯特同志和布伦克勒同志在发言时已经举例说明，最近两三年来他们的青年团组织以及青年共产国际在这方面开展了工作并且取得了一定的实践经验。但是，即使说我们早已理解实行这种转折的必要性，那也只是在少数青年团中实行这种转变，而且很不充分。所以，作为一项总的任务，这个转折依然是摆在我们大多数青年团也就是摆在整个青年共产国际面前的一项任务。这个结论是从实践经验中得出来的，这就告诉我们，这个基础是十分牢固的，我们今后仍可以此为基础开展我们的工作。

我们的第四次代表大会就曾十分明确地承认，作为一个群众性的组织，青年共产国际就其规模而言尚不能令人满意。那次代表大会确认：

"尽管青年共产国际及其支部做出了相当的成绩。第四次代表大会仍要指出，青年共产国际目前**还没有成为群众组织的联合体，除了俄国的共青团以外，我们青年国际中还没有任何一个群众性的组织**。这表现在：与党以及整个劳动青年群众相比，青年团**在人数上所占比例还完全不能令人满意**，有时简直是微不足道。加入组织的工人青年对群众的影响也比党对群众的影响小得多。"

决议举出了一系列详细的例证，并接着写道：

"在此情况下，摆在青年共产国际面前的基本任务和以前一样，依然是争取最广大的工人青年群众和农村劳动青年群众，从数量上、影响上以及组织和活动等方面把共产主义青年团变成劳动青年的群众性组织。"

这就是我们第四次代表大会对这个问题的态度。但是，我们不能肯定地说，第四次代表大会已经看到了解决这一问题的道路。代表大会虽曾通过某些正确的决议，但总的来说并未正确地指出，我们应将注意力集中于哪些问题，集中于哪些主要问题。相反，在1925年初召开的全会上，青年共产国际还想靠提出几个呆板的口号来寻求这些问题的解决。例如，当时曾抛出两个口号，一个是年底前把团员人数增加一倍，另一个口号是，在3月至9月期间，即到国际青年节之前，所有的青年团都要根据生产支部的原则进行改组。这显然是以机械呆板的态度去解决第四次代表大会提出的问题，因此，不必多说就可知道，这些口号、这些建议是不会得到贯彻的。

但是，青年共产国际通过实际工作也学到了有益的东西。例如，1926年3月召开的青年共产国际执行委员会全会就曾通过几项重要决议。可以说，这些决议的实质内容现在仍然是适用的，也可以说，我们当时就曾规定了正确的任务。唯一觉得遗憾的是我们没有把这些决议付诸实施。

例如，我们当时的全会在谈到青年共产国际不够令人满意的状况和青年团发展不快的情况时曾指出过：

"在许多青年团组织中都可以看到，成员流动性大，有时甚至达到50%。这种现象值得我们严重注意，应当采取有力措施予以克服。它削弱了我们团组织的力量，使团组织的政治水平得不到任何提高。流动性过大的基本原因是，青年团的内部生活开展不够，范围狭窄，内容贫乏，不适应从政治上发挥号召力的要求，也未能使新参加组织的成员和团的日常工作发生联系。我们的团组织未能使青年工人的全部需要或至少是最重要的需要得到满足。这种现象必须坚决予以克服。"

这里所写的东西，如果不是全部，至少是它的重要部分，今天同样是适用的。决议接着写道：

"某些青年团为了贯彻执行委员会扩大全会的决议，曾在充实宣传鼓动工作和教育工作的方法方面作过初步的尝试，采用过更多满足青年工人文化需要的方法，开展文体娱乐活动，演出政治讽刺剧和话剧，组织青年节活动、乐队、合唱团和青年之家等。对于这种不断丰富我们的工作方法的行动必须予以欢迎。如果过高估计这种做法对于青年团发展所具有的意义或者把它和青年共产国际开展斗争的其他方法对立起来，那是会带来危险的。尽管如此，这种充实我们工作方法的行动是生活本身的产物，对于我们吸引工人青年并领导他们前进是很需要的。表面化、公式化的做法至今仍在我们的队伍中占着统治地位，它对采用任何新的方式去掌握群众都起着消极的作用，必须着手同这种做法进行有力的斗争。我们的团组织有足够的能力在争取青年和组织并领导青年（因为他们不在我们的组织之内）的斗争中去试验各种工作方式方法并在工作的各个领域中运用这些工作方法和工作方式。在这方面的任何主动精神都应当受到我们的欢迎和仔细的研究。"

同志们，你们可以看到，这一点在现在也是可以写进去的。这在当时是正确的，在今天也仍然是有用的。

再就辅助性组织和在群众组织中开展工作的方式问题讲几句。对于这个问题同样有过重要的决议。该决议说：

"青年共产国际所属的一切团组织，一刻也不能忘记第二次世界代表大会提出的把所有工人青年都吸引到我们队伍中来的任务，必须十分重视工人青年中的所谓的非政治性组织（如体育组织、各种文化组织等）并把领导与这些组织有联系的群众的工作作为自己的重要任务。必须根除那种把这些组织看做是与我们敌对的组织的观点。我们应当掌握并领导这些组织。对于所有处于地下状态的青年团来说，情况更是如此。德国青年突击队的经验表明，我们不仅应该和能够利用这类组织，而且可以和应该发挥首创精神，建立这类组织，以便影响广大的非党群众并领导他们。然而，利用各种机会对工人青年群众实施领导的做法，在任何情况下都不应当抹杀青年共产国际第二次和第三次代表大会所规定的共青团应起的作用。与此同时，我们应当根除我们过去在这方面存在的盲目崇拜的毛病。还应当克服过去对待工会青年支部的那种机械呆板的态度。"

此处所说的机械呆板的态度，指的是我们第二次代表大会曾经作出了错误的排斥工会青年支部和一概排斥工会各种青年组织的决议。1926年的全会纠正了这种错误。

这里所说的一切在今天仍然是可以加以强调的。所以我要再说一遍，应当感到遗憾的是，我们那时没有像现在这样以极严肃的态度去促使这些任务和指示得到贯彻，而这一点是青年共产国际的错误。不然，我们本来是可以赢得不少时间的。当然，发生这种事情不是因为存在不良意图，而是纯粹出于历史原因：将青年组织由过去的先锋队和青年党变为真正的群众性青年组织，是一件很不容易的事情。

1927年1月召开的全会又前进了一步，这主要表现在关于工会中的青年支部和青年委员会的问题上。全会就青年参加工会的形式问题通过一项决议，要求第五次代表大会改变原先的原则。按那条原则规定，我们不需要在工会内部建立任何特殊形式的青年组织。决定确认，青年需要有各种辅助组织、群众性组织和交叉性组织，应当建立这类组织。

由此可见，同志们，一年以前我们实际上已经对这一点作了很多研究，而且通过决议，要求在工会中发展这类组织。现在，我们已经在许多国家的工会中建立青年委员会，甚至建立革命青年支部，这是可以肯定的事实。

1928年3月的全会其实就是为第五次代表大会制定指示的会议，这次全会对上述决定的阐述更为明确、更为准确。全会彻底清除了在工会中建立青年组织方面存在的最后障碍，发出了要求广泛建立并利用这类组织的决定。全会还强调，在所有其他问题上都必须实行转变，以采取适合青年特点的、更生动活泼的群众工作方法，如建立生产单位的青年支部，采取更活泼的宣传鼓动方法，建立体育组织和青年突击队等。

对如何活跃我们的工作，也曾下达过明确的指示，而且这些指示是在全面地进行自我批评同时又保持青年团政治性质的基础上形成的。

同志们，你们一定会说，我在这里讲述的一切都很好，而且证明，青年们进行了探索并且找到了它,可是,为了找到它,青年们花费了不少时间。

为了使这一点成为现实,我们需要花费许多时光。这是对的。是呀,我们探索正确的道路并且找到了它,但花去的时间可不少。原因在于过去不曾有过共产主义类型的群众性青年组织,而这一点是被某些同志所忽略了的。曾有过社会民主党类型的青年群众组织,也曾有过资产阶级类型的群众组织,可是,除了苏联之外,任何地方却不曾有过共产主义类型的群众组织。所以共产国际领导的青年运动没有可能去照搬某种模式,也无法模仿现成的榜样去建立自己的组织。青年共产国际仿效了1907年社会主义青年运动的某些原则。其实,青年共产国际应当作些尝试,以创造青年运动的新形式,建立一个共产主义的青年群众组织。由于历史的原因,要做到这一点是需要花费一定的时间的。但是,我们认为,我们目前已经达到了这样一种状况,即依靠我们的实践经验和我们的工作,我们能够清楚地想象得出共产主义青年组织应当成为什么样的组织。

所以我们现在可以实行一定的转折,或者更确切地说,可以在我们的代表大会上支持业已开始的转折。这种转折应当在严格保持共产主义青年团的战斗性质和政治性质(其基础是参加政治斗争)的情况下予以实现。我们正在实行的转折归纳起来有以下几点:(1)是布伦克勒同志所说的"青年政策",就是说,我们应当更多地注意青年运动的具体问题——政治的、经济的、军事的和文化的,而不管这些问题出于一般性政治问题还是青年所特有的问题。总之是要更多地注意"青年政策"。(2)在群众组织中开展工作和为群众组织而开展工作。摆在我们面前的首要问题是工会中的工作问题,在这里开展工作需要有特殊的青年工作方式——建立青年委员会和青年支部。再其次是未参加组织的青年的联合问题。俄国代表团在重新加以阐明的提纲草案中提出这个问题是正确的。工会中有组织的青年人数十分有限，而且工会吸收的只是很少一部分青年工人。因此，我们面临着一个尖锐的问题：我们应当怎样对待这些未加入组织的青年工人。我们同意应当探索新的途径，我们也十分清楚，必须把这批青年联合到或多或少比较独立的青年组织中去。这种联合究竟采用何种形式，是生产性青年组织或学生组织的形式，还是一般性的青年经济组织的形式，这个问题将在我们的代表大会上进行讨论。我们的新建议也是不超出现在实行的工会工作方面的总的共产主义策略，即共产国际和工会国际所规定的策略范畴的。这样，我们就能更加不受那些阻碍革命斗争开展的工会官僚阶层的束缚了。这里讲的都是有关如何为未参加组织的青年的建立特殊的工会组织的问题。最后，还有体育问题以及如何在我们应当建立的辅助性组织中如青年突击队中开展工作问题等。

  第三个基本问题是运用更加生动活泼的方法开展宣传鼓动工作问题。我反复看过多次全会的决议。我们将就这个问题向我们的代表大会提出详细的提纲。通过德国和俄国的共青团，我们已经获得了丰富的经验。这个经验应当加以利用。我们应当竭力使团内生活适合青年人的需要，找到相应的方法。必须满足青年热切希望广泛交际的愿望。在不少国家中，支部和地方青年组织往往只搞纯组织性的工作。这在法国和英国即重要的大国中尤为严重。青年工人去参加支部或地方组织的会议，从头到尾就是去听干巴巴的有关组织工作的议论，于是，他们再也没有参加类似的团的活动的愿望和兴趣了。青年团成员流动性大，也与这些现象有关。组织内部的生活应当生动活泼，丰富多彩。在发展工作和宣传工作方面，应当找到新的方法，如举行革命文艺晚会，利用电影、"兰衣剧"、"红色游览活动"、宣传鼓动队等。分地区或举行全国性的青年集训也是行之有效的方法。通过这些集训，犹如通过游行示威活动一样，我们可以看到我们行动的强大威力和团结，可以看到一定的纪律性。因此，我想提一提类似德国青年突击队和其他组织实行的统一制服问题，因为某些代表看到我们共青团代表穿着制服，也许感到奇怪。而在我们看来，这种制服对青年人是颇有吸引力的。我们打算运用德国共青团的这一经验，今后在其他国家的共青团中也实行类似的统一制服。由于穿着这种制服，我们的行动显得更有声势，也更有助于我们影响的扩大。这对于活跃我们组织的工作也是十分有利的。

综上所述，同志们，为了活跃我们的宣传鼓动工作，我们研究创造过各种各样的方法。

但是，对于我们来说，**这还不是最重要的**。对于我们来说，最最主要的是，我们参与了政治生活，更加注意了青年问题，开展了群众组织工作。

我们实施了"转折"的第四点是，改善了组织工作，加强了技术工作。更加注意青年问题，向活跃工作方法方面转化，加强对群众组织的工作，使工作适应青年的需要和特点——这些就是我们打算向我们的世界代表大会提出并在会上加以肯定的基本任务。

青年共产国际——群众性的共产主义学校

瓦西里耶夫同志在发言中责备我们共青团过多地从事了党的活动。许多同志，如希塔罗夫同志、中国的少先队员同志以及布伦克勒等同志，对此作了答复。这种指责当然是毫无根据的。首先，把参与党的政治活动和青年工作对立起来，这是根本错误的。这两方面的工作是一个整体。必须正确地将两者结合起来，同时又要采取青年人易于接受的方法开展党的政治工作。其次，我们通过实例证明，除了一两个例外情况，我们青年团都是在正确的范围内参与党的生活的，是遵守了布尔什维克路线的，共青团和青年共产国际对各共产党是有很大的帮助的。认为党的政治活动似乎在青年运动中作用过大的说法是不正确的，应当予以驳斥。

但是，瓦西里耶夫同志列举了两个似是而非的证据，在此值得一提。第一个证据说，我们的生产支部一无所获。可是，瓦西里耶夫同志，根据速记记录来看，情况并不像他想象的那么糟糕。他断言，1924年时有620个生产支部，而现在只有270个了。这不符合实际情况。我们现在又有600个支部了。这就反映了成员的稳定性。尽管瓦西里耶夫同志列举的数字不确实，但我们仍然承认，我们在生产支部的工作方面是有缺点的。但是，不管怎样，这些现象并不能成为瓦西里耶夫同志的论据。另一个所谓"证据"就更是绝对错误的了。为了加强他的论点，即所谓我们给青年运动加进了过多的党的政治活动，瓦西里耶夫同志说，第五次世界代表大会关于将共产主义青年团变为群众性组织的决定尚未得到贯彻。我得请瓦西里耶夫同志原谅，但我觉得，这种说法多少有些天真幼稚。瓦西里耶夫同志大概自己也没有注意他讲了些什么。他显然只想到把问题说得尖锐些。谁也无法想象，有哪个共产主义青年组织或者随便哪个共产主义组织在如此短促的时间内能变成一个群众性组织。总该考虑到1924年后发生的历史事件和我们运动发展的具体条件吧。我已经说过，从来不曾有过共产主义类型的青年群众组织。群众组织不可能这样快建立起来。为此需要耗费大得多的劳动。我们的第五次代表大会面临着一项重要的任务。我们将要通过一项纲领，这个纲领当然将包括我们过去曾作为指导原则的那些基本原则，但也将对我们的任务作出某些新的阐述。

在这个纲领中，我们将阐明整个共产主义青年的总的状况，指明他们现在应当成为怎样的青年和应当如何工作。新提纲草案的基本思想是我们从列宁那儿继承下来的提法，按照列宁的提法，共产主义青年团应当是**工人青年的群众性共产主义学校**。列宁不断地强调，青年的根本任务在于学习。列宁在对青年的演说中说过：

"如果根据这一点来看青年的任务，就应当说，全体青年的任务，尤其是共产主义青年团及其他一切组织的任务，可以用一句话来表达：就是要学习"。①

列宁不止一次地阐述过上述这些思想。1922年时我们曾邀请列宁同志出席我们的代表大会。列宁同志未能到会，他给我们发来了一封信，信中写道：

"亲爱的同志们！我很抱歉，不能亲自向你们致意。谨向你们致以最良好的祝愿，祝你们工作顺利。希望你们在享受崇高称号之时不忘最主要的任务——必须脚踏实地地将青年的训练和学习推向前进。

致以

最美好的共产主义敬礼

B. 乌里扬诺夫（列宁）
1922年11月4日"②

这就是列宁的话。他在讲到学习和培养的时候，总是马上作出详细的解释，说明学习的含义和怎样进行这种学习。列宁一再强调，要在争取工人青年各方面的利益的斗争基础上，在参加争取共产主义胜利的斗争的基础上进行学习。列宁说过：

"这就是对青年一代应该怎样学习共产主义的回答。

青年们只有把自己的训练、培养和教育中的每一步骤同无产者和劳动者不断进行的反对剥削者的旧社会的斗争联系起来，才能学习共产主义……

要实现这一点，必须有这样的青年一代，他们在有纪律地同资产阶级作殊

---

① 《列宁全集》中文第2版第39卷第293页。——编者注
② 经查，《列宁全集》中文第2版没有收录这封信。——编者注

死斗争中已开始成为自觉的人。在这个斗争中，他们中间一定会培养出真正的共产主义者，他们应当使自己的训练、教育和培养中的每一步骤都服从这个斗争，都同这个斗争联系起来。培养共产主义青年，决不是向他们灌输关于道德的各种美丽动听的言词和准则。我们要培养的并不是这些。当人们看到他们的父母在地主和资本家的压迫下怎样生活的时候，当他们自己分担那些开始同剥削者作斗争的人们所受的痛苦的时候，当他们看到为了继续这一斗争以保卫已经取得的成果，付出了多大的牺牲，看到地主和资本家是多么疯狂的敌人的时候，他们就在这种环境中培养成为共产主义者。为巩固和完成共产主义事业而斗争，这就是共产主义道德的基础。这也就是共产主义培养、教育和训练的基础。这也就是对应该怎样学习共产主义的回答。"①

把这个公式加以简化，那就是"共青团——群众性的共产主义学校"。这个公式极其明确地为我们指出了开展工作的指导方针。如果我们坚决遵循这一方针，我们一定能避免错误。不能只强调这个公式的一面，比如说，只强调"共产主义"，而忘记了群众性。同样，也不能强调"群众性"，就忘了共产主义。我们也不能集中全力注意教育而忽略了教育的共产主义性质和运动的群众性。必须遵守这一公式的所有三方面因素：既要群众性，又要保持在参加阶级斗争基础上的**教育**组织的性质，还要保持**共产主义政治**组织的性质。

列宁在1907年讲过三大口号（八小时工作日、民主共和国和没收地主财产），这些口号曾作为党的根本口号。我们觉得，我们的工作也应当像提出三大口号那样，以"三大支柱"为基础。我们有我们应当坚持的"三大支柱"，不仅要密切注意，不使其中任何一根支柱被人偷换去，而且要注意不让其中任何一根支柱倒下。我们应当牢固坚持共青团作为工人青年的群众性共产主义学校的这三大要素。

---

① 《列宁全集》中文第2版第39卷第306—307页。——编者注

在即将结束发言之前，我想表示一点看法，即总的来说关于共青团工作问题的讨论表明，在基本路线和我们应该实现的重要设想问题上，意见是相当一致的。代表大会起了极大的推动作用，这对我们的所有支部都具有重大意义。资本主义稳定中隐藏着的矛盾越来越尖锐了。内部矛盾愈演愈烈，发生社会斗争和危机的土壤日益扩大。外部矛盾造成的威胁日益严重。战争危险已迫在眉睫。在所有这些问题上，青年都可发挥很大的作用。

在我们领导的这场为实现共产主义而奋斗的斗争中，青年共产国际和共产国际的任务在于争取工人青年，从而去争取未来。同志们，我们认为，只要遵循代表大会提出的坚定的指导原则，青年共产国际是一定能够完成自己的任务的。（鼓掌）

布哈林作总结发言

一、辩论的优缺点

同志们！会上展开的讨论在许多方面都具有重要的意义。首先引人注目的是，一大批同志就共产国际执行委员会的报告作了发言，发言者近90名之多。这在过去历届大会上是从未有过的现象。尤其需要特别指出并强调的是，一些黑人同志、东亚国家和整个殖民地国家的代表，特别是中国同志在会上发了言。还有一点也相当重要，即一系列南美国家的共产党人积极地参加了讨论，规模之大，在共产国际存在的整个历史上还是首次。还须指出的是，许多一向不受重视的小党的代表也作了发言。

总结讨论的结果，我要说，这些讨论是**具有重大的积极意义**的。所以我也想先谈一谈辩论中带有典型性质的**积极面**。

首先是**批评和自我批评**。批评涉及我们的提纲、我的报告以及共产国际和不同党的实践活动。

对于我们工作中积极开展自我批评的风气，应当抱竭诚欢迎的态度。几乎所有的党的代表都参加了讨论，这也是一个积极因素。尤其令人高兴的是，我想再说一遍，一些"新"党（殖民地国家和南美的党）的代表在会上作了发言。

在提出的意见中，许多意见无疑是**正确的**。对于这些意见，无论是这次大会的决议，还是在共产国际会后的工作中，都应当加以考虑。诚然，讨论中提出的意见多数属于非原则性意见，是就次要问题提出的意见，但是，对一系列重大问题仍然提出了不少有分量的批评意见。属于这类意见的有：对**农民**问题的批评意见；根据对资本主义目前阶段的分析而提出的必须更多注意**失业问题**的意见；殖民地工作的一系列问题；**黑人**问题；与某些党及共产国际执行委员会实践活动有关的特别是涉及我们整个机构组织工作中缺点的许多意见。

但是，讨论也存在一些**消极面**。首先是在讨论的内容上存在着某种局限性。在会上发言的多数同志首先或者完全只谈"本"国的事，而不涉及运动中与当前形势相联系的基本的和根本性的问题。不言而喻，我不反对这个或那个代表团去分析和阐述与他们直接有关的问题。相反，这样做是大家所希望的，因为它有助于交流经验，使我们的经验为集体所有。没有这种经验的交流，是难以想象共产国际及其代表大会怎样开展工作的。但是，从另一方面讲，我仍然以为，发言者发言时不涉及基本问题，这是辩论中的一大缺点。这是辩论的一个消极面。

我不打算去谈会上发生的少数冲突，它使我想起**海涅**的一段诗句：

"这既非勇士们的决战，也非对心上人的颂扬；

而是云游僧舞刀弄剑，同犹太教牧师相较量。"（笑声）

我不认为有必要去细谈"云游僧"和"犹太教牧师"一对一的决战。

二、资本主义的稳定和关于"第三时期"的争论

共产国际第五次代表大会和关于稳定的问题

同志们！我首先谈基本的问题——**资本主义的稳定**问题，以及我们争论中最主要的问题——**关于所谓的第三时期的问题**。

在前一次代表大会即第五次代表大会上，正如你们所知，还没有出现"稳定"这个术语。第五次代表大会上发生了什么事情，它对经济形势和一般政治形势作过何种估计呢？第五次代表大会在其关于世界经济的提纲中首先肯定的是世界经济的衰落。提纲直截了当地提到了世界经济**衰落**、货币**混乱**、欧洲经济**危机**。我们当时在经济提纲中即已指出，欧洲经济处于恶性循环之中，而且不可能摆脱危机状态。我们还指出了世界性的土地问题危机。共产国际在其提纲中强调指出了资产阶级无力克服货币混乱状况，等等。

第五次代表大会根据**季诺维也夫**同志的报告通过了一项有关**策略**的决议。这项决议所作的一般政治分析的实质是什么呢？它指出的基本点是存在一个叫做"民主和平主义的时代"。

总之，在分析了当时的形势之后，我们指出了世界经济衰退，欧洲经济经常发生危机和作为政治上层建筑存在着一个"民主和平主义时代"等事实。正如同志们所知，民主和平主义时代表现于：英国的"工党政府"，法国"左翼联盟"的胜利，丹麦的"工党政府"以及其他国家出现的形形色色的联合倾向。这就是当时的一般形势，就是第五次世界代表大会对形势的估价。它**只字未提**稳定的事。"稳定"这个术

语是1925年才初次出现在我们这个圈子里的。

在第五次世界代表大会上——我要再三强调，以便指出整个形势发生了某种转折，——**并未谈到稳定的问题**。强调这一事实有何意义呢？之所以必须指出这一事实，为的是清楚地揭示第五次代表大会以来客观形势发生的变化的意义。正因为如此，我们在提纲的第一部分提出了关于**第三时期**的观点。我们在联共（布）代表团中也讨论过关于三个时期的论点并作了某些修正。当然，联共（布）代表团接受这种三个时期的划分法，并不一定成为证明这一论点无可辩驳的根据。这一论点还必须实事求是地加以论证。

为什么否定第三时期的存在是错误的

提纲中的有关段落是这样说的：

1. 第一次世界大战以后，国际工人运动经历了一系列历史发展阶段，这些发展阶段反映了资本主义总的危机的不同阶段。

第一时期是无产阶级的直接革命发动时期，这个时期的顶点是1921年。这个时期的结束有两方面的标志，一方面是苏联战胜外国武装干涉势力和国内反动派，无产阶级专政得到巩固，共产国际宣告成立；另一方面是西欧无产阶级遭受一系列失败。1923年德国无产阶级的失败，是这个时期的终结点。这次失败是第二时期的起点。**第二**时期是资本主义制度逐步形成局部稳定的时期，是资本主义经济出现"恢复"过程、资本发动全面进攻和无产阶级大军因遭受严重失败而力量大为削弱不得不进行防御战斗的时期。另一方面，这个时期又是苏联出现迅速恢复过程和在社会主义事业中获得重大成就的时期。最后是**第三**时期，这个时期从根本上讲是资本主义经济超过战前水平的时期也是苏联经济几乎在同时超过战前水平的时期（开始了称做"改造时期"的时期，社会主义的经济方式开始在新技术基础上进一步发展）。对于资本主义世界来说，这个时期是技术迅猛发展，卡特尔、托拉斯和国家资本主义化倾向加速发展的时期，同时也是世界经济按资本主义总危机（市场的缩小，苏联的存在，殖民地运动，帝国主义内部矛盾的加剧）前阶段整个进程所规定的方式运转中各种矛盾急剧发展的时期。这个第三时期使发展着的生产力与日益缩小的市场之间的矛盾大大激化，它不可避免地将成为帝国主义国家之间的帝国主义战争、帝国主义国家反对苏联的战争、反对帝国主义和帝国主义者武装干涉的民族解放战争和声势浩大的阶级搏斗的新时期。这个时期使一切**国际**矛盾（资本主义国家与苏联之间的矛盾，对华北的军事占领——这是瓜分中国和帝国主义者互相争夺的开始，等等）尖锐化，使资本主义国家的内部矛盾（工人阶级群众的左倾化，阶级斗争的激化）尖锐化，**使殖民地运动**（中国、印度、埃及）蓬勃发展。这个时期的发展进程必然是，经过资本主义稳定中各种矛盾的进一步发展，走向资本主义稳定的进一步动摇，走向资本主义总危机的急剧尖锐化。

反对三时期划分法的人断言，第二时期和第三时期毫无区别，因而划分第二、第三时期没有任何道理，完全没有根据，是多此一举。

假定不存在区别。那么，世界经济超过战前水平的事实应当怎样看待呢？我以为这是一个颇有意义的事实。为什么呢？请允许我用通俗的语言加以阐述。举出的这个事实的意义在于，它揭示了**发展演变的进程**。在战前水平未被超过的时候，可以认为，这个或那个国家生产力的增长带有偶然性质，这种增长并不一定是具有典型意义的东西，不一定是与该时期存在有机联系的特点。但是，当世界经济或这个经济的资本主义部分开始超过战前水平的时候，我们就不得不作出更谨慎细致的估计，就应当对我们原先的估计进行较为重大的修正。我们的目光不会短浅到看不见如此重大的事实和**视而不见**的地步。

由此可见，这种区别是客观存在的。它是由技术的和经济的因素所决定的。闭口不谈这种区别是**不行的**。

有人说，第二和第三时期之间没有区别。那就要问一句：为什么我们对总的形势的估计发生变化了呢？要知道，问题不是我们的脑袋变聪明了，而是形势变化了。在这一进程的初期还只是出现了稳定的萌芽现象，所以我们那时确有充分的根据认为这些现象或多或少带有偶然的性质。现在我们失去了这种根据。情况变得**更为明朗了**，现在事实具有**更大的说服力了**。这就决定了对形势应当另作估计。

许多同志否认第二时期和第三时期之间存在区别，可是同时又说矛盾大大激化。

那么，这种"矛盾激化"又从何而来的呢？从天上掉下来的吗？这两种看法是无法调和起来的。总不能既说"形势不存在任何差异"，同时又承认矛盾在激化。因为人们要问，这种激化的**基础**是什么？有人说，形势没有什么不同。可是中国却在进行着新的战争。"区区小事"，难道真是这样吗？这是对**战争危险**和业已存在的**战争**的严重的**估计不足**。"形势不存在任何差异"，可是，反苏战争正在加紧准备。这难道也是"区区小事"吗？我们过于天真，却认为这是世界历史形势的**基本特点**。如果我们这样无知，竟看不到这些"区区小事"，那我们可真是一钱不值，我们就不可能指望赢得领导权了。作为领袖看不到形势有任何变化，认为欧洲经济是处在最低点还是处在迅速发展之中，都无所谓，认为中国是否爆发还是没有爆发战争，帝国主义是否在准备进攻苏联还是并无此种准备，如此等等，一概无所谓，这样的领袖算什么领袖呢！如果我们没有能力看到所有这些**新的**事实，那我们算是毫无出息的人了。那么，我们的策略路线（试比较英国、法国等）也就无法理解了。既然我们在老地方原地踏步，那么策略路线也就是多余的了。

我列举了一些为反对第三时期提法而提出的最尖刻的论据。还有其他一些不太绝对的论据，例如说：第三时期看来是不存在的，但是，还是应该提到的。我想抱着良好的愿望但又是准确地对**这种**"论点"也进行一点分析。

先回答波兰代表团**科斯切娃**同志的问题。科斯切娃同志说：

"至于谈到战后时代划分为三个时期的问题，我们认为，区分第二和第三时期的界限不能以技术进步为特征，因为技术进步是战后资本主义发展总的恢复时期的前提。第三时期的特征究竟是什么呢？最有代表性的特征是这样一个事实，即由于生产力的高度发展而在稳定过程中积累起来的那些矛盾，现在开始表面化并震撼着整个资本主义社会制度。"

坦率地讲，我不理解这种议论的逻辑。**不是技术发展，而是**矛盾！但是，矛盾本身又从何而来呢？科斯切娃同志讲到与"生产力的高度发展"相联系的矛盾。我要请问科斯切娃同志，**没有**技术进步能否有"生产力的高度发展"呢？迄今为止，我和许多同志一样，都同意马克思的说法，认为生产力是劳动工具和劳动力的总和。因此，**不能把**"生产力的发展"同"技术进步"分割开来，那样做是错误的，在理论上是完全没有根据的。在提出**本**时期生产力获得高度发展的论点的同时，却又否认**该**时期技术的巨大进步；坚持认为与生产力方面的变化有关的矛盾正在激化，同时却又排斥这一判断事物的准则。这种态度即使从最简单的逻辑常识来看，也是完全**不协调的**。

第二个谈到这个问题的发言者是**斯特拉霍夫**同志（中国）。他说，我们不太理解这个问题，所以，我们相信，第三时期是不存在的。但是我们赞成在提纲中提到这个第三时期。

谦虚是一种美德，对于某些共产党人来说，它是十分需要的。对此我可以完全表示同意。但是，同志们，我不能承认，这一切都是有根据的。当斯特拉霍夫同志讲到第二和第三时期之间没有什么区别的时候，下面有人喊"讲得对"。我不知道，这是**谁**的声音，但它不能证明发出这一喊声者具有特别的逻辑能力。如果说生产力发展和技术进步之间存在着内在的依存关系的话，显然，在逻辑与发声功能之间不一定存在同样的关系。

斯特拉霍夫同志在发言结束时说道，提纲中还是应该提出第三时期。但是，既然第二和第三时期之间没有任何区别，亲爱的斯特拉霍夫同志，那又何必筑一道墙呢？或许是我们的纸张太多，无处去使？说第三时期实际上并不存在，但提纲中仍应提到第三时期，这种说法同样不是什么高明的逻辑。有时是存在这种情况：提纲中包含的某些东西，而在现实中并不存在。这我同意。但是，说这种提纲是策略高明的表现，恐怕我们谁也不会相信。因此，如果第三时期不存在，那最好把它从提纲中删去。但是，如果您建议在提纲中保留它，那就说明您内心有愧，**您感觉到**，这个倒霉的第三时期终究对您还有点什么"用处"。它当然是"有用处"的：它会帮助我们制订出正确的**策略**。

提出关于第三时期问题的意义是什么呢？"这篇大道理的用意"何在呢？用意在于我们以此强调指出，资本主义的稳定不会一朝一夕就在世界经济中消失。这样的强调是必要的。我们的代表团在谈到第三时期时正是从这一点出发的。

三、战争问题是中心问题

战争危险是整个局势的中心

现在谈**第二个基本问题**。这个问题引起的辩论比第一个问题更热烈。可惜的是，就这个问题发言的同志还不算多。我想先提一个题外的问题：对执行委员会报告人的要求是什么？是否要求他周游世界，然后来报告说：墨西哥发生的事如此如此，阿根廷又如何如何，尼加拉瓜的情况迥然不同，而合作化运动中又怎样，是否要我走遍全球并且把一切都讲得那么彻底，既讲合作化运动，又讲墨西哥政府呢？喔，那样当然所有同志都会感到满意。例如，墨菲同志会得到充分的满足，因为我谈到了合作化运动。（笑声）假如我再讲几句关于墨西哥的情况，墨西哥的同志也会感到满意。也许这是一种好办法，因为所有同志都会由于我提到了"他们的"运动而普遍感到满意。可是，对于一个马克思主义者来说，问题的核心是要从纷纭繁杂的事实中把握住基本的趋向并根据这些基本趋向确定**主要的策略方针**。我认为，这才是我的任务。那么，当前整个形势的核心是什么呢？我们指出了世界经济在各方面发生的巨大变化，但是，整个世界形势的核心问题是什么，我们策略的关键又何在呢？我在报告中对这个问题作了十分坦率和明确的回答：**战争问题是整个形势的中心问题。战争危险则是形势的核心**。依我之见，战争危险是目前整个形势**最具有代表性的特征**。

帝国主义和社会民主党的反应

同志们，在这个问题上我想首先可以同无产阶级的敌人——帝国主义者和社会民主党人进行一番"辩论"。他们的报刊已经对我的看法作出了反应。首先讲一讲波兰的帝国主义报刊。半官方报纸《时代》发表题为《苏联的忠贞》的社论，对我的观点进行评论，其中写道：

"布哈林的报告证明，共产国际和苏联政府是一码事。迄今为止，苏联政府一直是把自己同共产国际分开的，而希望无论如何都要同苏联保持正常关系的国家也一直是这样理解这种公式的。波兰也属于这样的国家。现在，这个公式站不住脚了。因为苏联政府不能宣布不承认布哈林是政治局即苏联最高政权机构的委员。李可夫坐在共产国际代表大会的主席团位子上（显然是把李可夫和美国人或印度人混淆了！——布哈林），所有的苏联报纸都刊登了布哈林的报告，这些情况证明，苏联政府不再把自己同共产国际分开了，它揭下了伪装。现在我们明白了，苏联政府和共产国际是一码事，苏联政府正准备同波兰打仗，波兰共产党人将在这次战争中扮演间谍和破坏者的角色。"

另一家波兰报纸即波兰陆军部机关报《波兰武装报》写道：

"布哈林关于波兰共产党在一旦爆发波苏战争时所起作用的声明并不使人感到突然。但是，引人注目的是，这位在目前统治着俄国的黑手党中担任一系列高级职务的政治家，在讲到可能同波兰作战时竟不认为有必要掩盖其计划和目标，使用了十分大胆的、可以说是极其**蛮横的语调**。这时我们才发现，仅仅是所谓共产主义制度存在这个事实以及对这种制度的宽容态度，就可能给每个国家的对内和对外关系带来多么严重的、毁灭性的破坏。布哈林的声明迫使那些至今一直要求让波兰共产党合法化的人们哑口无言了。因为共产党就是敌人。

皮尔苏茨基是共产主义制度最危险的敌人，所以，一切反对共产主义的人都应该团结到皮尔苏茨基的周围来。"

同志们，你们一定十分清楚，这些言论的含义是什么。从我的报告中特地挑出了关于**战争危险**这一点，这绝不是偶然的。

社会民主党的报刊也对我的报告作出了反应。国际社会民主党中央机关报《前进》周刊（7月27日号）写道：

"在莫斯科召开的共产国际代表大会上，措词华丽的提纲被说成是对奇迹的一种政治信仰，这种信仰的先知先觉者就是布哈林。在共产国际中，对奇迹的政治信仰曾以多种形式出现。一会儿说德国应当出现奇迹，一会儿又说巴尔干会出现奇迹，一会儿又说奇迹来自太平洋岛国。现在，布哈林又求助于中国，求助于美国和欧洲之间的矛盾，但首先是求助于战争。"

这家周刊接着发表"评论"说：

"老一套庸俗的马克思主义理论又兴起来了：在资本主义条件下生产力的增

长导致对市场的争夺，争夺市场的斗争则导致战争，一定如此，绝无可能避免这一前景。就像太阳必然升起那样千真万确，战争必然爆发，而且很快，甚至极快爆发，也成了不可怀疑之事，因为布哈林讲了：战争乃是当前的迫切问题。一旦爆发战争，则必然有进一步的发展：帝国主义战争将产生国内战争、世界革命和苏维埃制度在全世界的胜利！世界革命万岁！或者说得更确切些——因为这还是第二步行动——战争万岁！"

照此说来，我们的口号成了"战争万岁"！该周刊继续写道：

"他们竟然相信会出现奇迹：社会民主党发展的连续性及其为实现社会主义而在政治实践中所采取的行动的继承性将会中断！历史将再次从1914年开始。即出现新的1914年，这就是给世界各国共产党散布的幻想，好让他们闭眼不看他们所面临的不很美妙的前景和当前毫无出路的处境。于是，他们高高兴兴地回到了老的论点：战争乃一切创举之开端。"

同志们，请允许我从自己的角度对这些"评论"也作一番评论。首先讲关于马克思主义理论的问题。只要读一读德国社会民主党在战争爆发前历次党代表大会的最后决议，就足以看清楚，社会民主党人是多么随随便便地抛弃了一度也曾被他们作为决定其在战争问题上立场依据的马克思主义的。我曾亲自出席过社会民主党在开姆尼茨召开的党代表大会。我记得这是1912年或1913年的事情。哈泽宣讲了报告，所有这些"庸俗的马克思主义理论"当时都曾被德国社会民主党作为在关于战争问题上的指导性理论。就连国际代表大会的决议也是以这个"庸俗的马克思主义理论"为基础的。

马克思、恩格斯和列宁论战争和革命

让我们看一看马克思、恩格斯和列宁对这些问题是怎样看的。比如，"庸俗的马克思主义者"马克思于1854年2月2日在《纽约论坛

报》发表的题为《欧洲战争》①的文章中写道：

"但是不要忘记，在欧洲还有一个第六个强国，它在一定的时刻将宣布它对全部五个所谓'大'强国的统治并使它们个个战栗。这个强国就是革命。它已经长久地沉默和退却，但是现在商业危机和粮食匮乏又把它召上战场。……只要一个信号，这个欧洲最大的第六强国就会披戴灿烂的盔甲、手持宝剑昂然走出来……这个信号将由快要到来的欧洲战争发出……"

"庸俗的"马克思主义者卡尔·马克思当时就是这样估计形势的。那么，大名鼎鼎的"庸俗的"马克思主义者恩格斯又是怎样估计的呢？恩格斯在1887年给西·波克罕的小册子撰写的序言中写道：

"……对于普鲁士德意志来说，现在除了世界战争以外已经不可能有任何别的战争了。这会是一场具有空前规模和空前剧烈的世界战争。那时会有800万到1000万的士兵彼此残杀，同时把整个欧洲都吃得干干净净，比任何时候的蝗虫群还要吃得厉害。三十年战争所造成的大破坏会集中在三四年里重演并殃及整个大陆；到处是饥荒、瘟疫，军队和人民群众因极端困苦而普遍野蛮化；我们在商业、工业和信用方面的人为的运营机构会陷于无法收拾的混乱状态，其结局是普遍的破产；旧的国家及其传统的治国才略一齐被摧毁，以致王冠成打地滚落在街上而无人拾取；绝对无法预料，这一切将怎样了结，谁会成为这场斗争的胜利者；只有一个结果是绝对没有疑问的，那就是普遍的衰竭和为工人阶级的最后胜利造成条件。

如果军备的互相竞赛制度发展到极端而终于产生它的不可避免的结果，前景就是这样。国王和达官显贵老爷们，这就是你们的才略把旧欧洲所弄到的地步。如果你们再也没有别的办法，只能开始跳最后的大战舞，那我们只能听其自然。战争可能会把我们暂时抛到次要地位，可能会夺走一些我们已经占领的

---

① 这篇文章系恩格斯所写，译文见《马克思恩格斯全集》中文第2版第13卷第8页。——编者注

阵地。但是，如果你们放纵你们以后将无法对付的力量，那么不管那时情况如何，在悲剧结束时你们也就垮台了，而无产阶级的胜利要么已经取得，要么已经不可避免。"①

我读了这么长一段引文，为的是给大家听一听，像马克思和恩格斯这样的"庸俗的马克思主义者"对战争和革命之间的联系是怎样考虑的。不过，可能有人会说：不错，这是已经部分得到实现的预言。整个问题正好是这样：您引证的文字作为同社会民主党进行辩论，那是很好的论据。但是所有这一切能否都用来解释目前的形势呢？对此我想引证另一位"庸俗的"马克思主义者列宁同志的观点。他认为，第一次世界大战结束后资本主义可能会繁荣起来。他写过，也设想过革命今后发展的前景。他在这方面说过些什么呢？列宁同志写道：

"我们不想忽视这样一种令人失望的可能性，即尽管群众的不满和骚动多次爆发，尽管我们很努力，但是仍然没有从这场战争中产生革命，在这种最坏的情况下人类还会经历第二次帝国主义战争。"②

由于战争的结果，革命在某些国家中取得了胜利。苏联已经存在着无产阶级专政。但是，无产阶级在苏联赢得胜利后，列宁仍看到爆发新的帝国主义战争的前景。在去世前不久写的最后一篇遗作中，他再次强调了这一前景。他讲到并写到了**第二次帝国主义战争**和第二批伟大的革命。我认为，他这样说是继承了马克思和恩格斯以及一切真正能够理解世界形势的人们的传统的。

为什么帝国主义者和社会民主党人焦躁不安

现在我问你们，同志们，为何帝国主义者谈到战争就如此焦躁不安

---

① 《马克思恩格斯文集》第 4 卷第 331—332 页。——编者注
② 《列宁全集》中文第 2 版第 28 卷第 178 页。——编者注

呢？社会民主党内就此问题出现的不安情绪又从何而来呢？为何正是对我报告中的这个问题会有如此激烈、突然和直接的反应呢？把这一点细细思考一下。为何首先遭到抨击的是关于即将爆发世界大战的论点呢？为何还在搞其他种种名堂来反对我的"蛮横的行为方式"和反对我的"蛮横的"言论呢？

这是因为，客观上关于战争危险的问题，是**整个国际形势的中心问题**。这就是我们的敌人对我们的分析作出如此神经质的反应的原因所在。

这也是完全可以理解的，因为我们**揭露了他们的罪恶活动**，撕下了这一活动的一切伪装，戳穿了一切假象，我们公开地指出了帝国主义者怎样**策划**和**进行**战争的**真相**。许多同志忘记了战争正在东亚进行的事实。难道能够一笔抹杀这个事实吗？也许我们应该说，这个战争是只对"不文明的"人民——中国人的，所以，对于我们"文明的"欧洲人来说它并不存在？只有瞎子才看不到，战争已在中国进行。只有瞎子才看不见，日美矛盾激化到了何种程度。同时，这也是完全可以理解的，因为为了帝国主义者的利益，为了社会民主党的利益，为了一切希望维持世界资本主义制度的人们的利益，就必然要玩弄种种阴谋诡计，冲淡这个命题。帝国主义在行动。它在耍弄手腕。它提出了形形色色的"和平主义"条约，如凯洛格公约。它使出了巧妙的花招，比如，美国政府最近向南京政府发出的照会。它还采用其他许多手法；组织国际联盟代表会议，空喊和平口号，总之，帝国主义正千方百计**掩盖其罪恶活动的基本事实**。社会民主党如何呢？社会民主党现在的**主要**作用何在呢？它的主要作用还是掩饰当前形势发展的这一基本事实，从思想上粉饰甚至抹杀这一事实。他们高喊，资本主义大国渴望和平，只有"可诅咒的"无产阶级国家才是和平的破坏者，其原因就在于此。他们为国联和其他一切和平主义组织唱赞歌的原因也在于此。难道这还不清楚吗？我们可是千百遍地讲过这一点。真正奉行和平政策的国家只有一个,这就是苏联。建议认真地实行普遍裁军的国家只有一个,这就是苏联。对任何重新瓜分世界、对任何殖民地和"委任统治"都不感兴趣的国家只有一个,这就是苏联。正因为这样,帝国主义者及其走狗们才竭力破坏一切有效的相互关系。

四、资本主义制度的内外矛盾

低估战争危险是对共产国际威胁最大的危险

帝国主义在说:我们不需要战争,是苏联需要战争。连那位皮尔苏茨基也在一本正经地说,我不要战争,是苏联要战争。可与此同时,他们都在发狂似地加紧准备对苏联发动进攻战争和相互之间的战争。我绝不是想说,几个月后这场战争就一定会爆发。我绝对无此想法,而且也不可能有这种人,他能够准确地断定何年何月爆发战争。问题也不在于早几年还是迟几年爆发战争。反正战争危险每月都在增长。我认为,这是一清二楚的。帝国主义关切的是如何冲淡这个命题,社会民主党人关切的**同样是这一点**。我们却毫无必要去掩盖事实。**所以,我不同意以任何形式去缓和这一事实的严重性**,哪怕是采取把外部矛盾和内部矛盾分割开的形式也罢。

某些同志——我们代表团中也有孤零零的几个人而且到末了还是孤家寡人——他们在一只口袋里装着内部矛盾,在另一只口袋里装着外部矛盾。这样做对吗?不,这是不对的。这是对战争危险估计不足的表现。从客观的角度来看,这是存在于共产国际中的右的危险的表现。**对我们形成威胁的主要危险是对战争危险估计不足**。由于这个问题不是那么简单,相反,是个很复杂的问题,所以我认为有责任**采取最通俗的方**

式讲清这个问题，以避免产生一切误解，并尽可能地作出清楚的说明。

那么，首先要问，我们共产国际内部是否存在低估战争危险的现象呢？毫无疑问是存在的，很多同志如**多列士、塞马尔、埃尔科利**等都谈到过这一点。我们大家都谈到了这一点，并且强调指出，在加入共产国际的各党的实践中，诸如中国革命、日本侵华战争等，都没有得到足够的反映。但是，客观形势表明，战争危险日益增长，帝国主义者和社会民主党人的立场已经一清二楚，所以，我们应当十分严肃地对待低估战争危险的问题。而产生这种低估战争危险的原因在于，把战争危险问题与其他许多问题一样看成是很平常的问题。我们没有把其他问题与战争危险问题紧密联系起来，使其他一切任务服从于反对面临的战争的斗争。而正是这样地提出问题才符合客观形势和我们的任务。因此，我想较为广泛地阐述这个命题。

同志们，你们也知道，列宁在就海牙会议撰写的文章中曾经说过，战争时期或即将爆发战争的前夕，**总有**一部分共产党报刊要出丑的。当然，也可以说列宁是位"悲观主义者"，但事实如此，白纸上写着黑字，列宁确实是这样写的。这就是说，列宁确实是这样描述形势的，确实是这样"不谨慎"地表达的！我不知道，这些预言是否实现，但我清楚，由于对战争估计不足，**这种危险是存在的**。所以我要问一声，有什么危险可以和这种危险相比呢？几乎没有，因为这是整个形势的基本问题。

应该怎样提出关于内部和外部矛盾问题？

我请你们审议一下，这是否确确实实是基本问题。如果你们承认它是基本问题，那就很容易从中得出必要的结论。依我的看法，如果有人试图将重心从这个战争危险问题上移开，转到内部矛盾或其他什么东西上面去，那就意味着他们不懂得形势的全部严重性。而所以那样提出问题，是与某种过低估计业已开始的对华武装干涉有关系的。我认为，我们在谈到各党缺乏足够的**国际主义精神**时指出的那些缺点也是同这一点有关系的。

与此同时，关于**内部**矛盾及这些矛盾和**外部**矛盾处于何种**联系**的问题，这是一个相当复杂的问题。

我已经说过，某些同志的做法是，一个口袋里装着内部矛盾，而另一个口袋里装着外部矛盾。这种观点**不符合事物的客观状态，必然导致错误的策略结论**。我们不妨探讨一下这个问题。我首先要问，**没有战争是否可能有革命形势**？这个问题是完全合乎情理的。回答是，当然可能。断言只有**爆发**战争才会出现直接的革命形势，那是十分荒谬的。诚然，从历史上看，大的革命多半是因为存在战争而爆发的。普法战争时期诞生的巴黎公社、紧接日俄战争之后爆发的俄国第一次大革命、俄国的二月革命和十月革命以及欧亚两洲因世界大战而爆发的一系列革命，都可以作为例证，这些革命都与战争密切相关。但是，能否断言，在我们的时代，甚至在德国或捷克斯洛伐克这样的国家中，也**只有**发生战争才能出现直接的革命形势呢？这种看法将是十分荒唐的，它在实践中将意味着我们应当"等待"战争的爆发或在自己的工作中只考虑这一种前景。试问，我们是否应当作为一种主观因素，作为一种肯定的力量，在任何情况下都做好迎接革命形势的准备呢？当然，毫无疑问是应该的。我再说一遍，提出其他的策略将是荒谬的。但是，爆发革命的**可能性的程度**（我们是就一般情况而言），在不同情况下是各不相同的。我觉得可以这样来表述：直接的革命形势，比如说在欧洲，我看，即使没有战争，也是可能出现的。但是，在**存在**战争的情况下，直接革命形势是绝对**不可避免**的。一旦爆发战争，直接革命形势将是历史**赋予**我们的机会。战争**必然**伴随着革命。因此，否认在单一的内部矛盾发展的情况下也可能出现直接革命形势，那将是根本错误的。

为了驳斥一些同志把内外矛盾完全孤立起来的折中主义观点,现在有必要阐明关于这些矛盾**互为作用**的问题。

这两类事实之间的**相互关系**如何?赖以作为出发点的关键何在?在进行这种分析时应得出何种结论?我们策略方针的**基础**应该是什么?依我看,具有头等重要意义的是世界性的经济矛盾,是大的世界性冲突。就以英国为例吧。那里的内部矛盾是否在激化呢?当然在激化。但是,英国这种矛盾的加剧是与世界性的大英帝国的衰落过程相联系的。而大英帝国衰落的根源难道不是多半在于国际形势吗?难道衰落的原因不是由于美国的竞争、英国自治领和部分殖民地存在离心力,以及其他一系列**国际**因素吗?如果英国资本主义处于另一种国际环境,那你看,结果也将会是完全不同了。

现在举另一个例子,即以**德国**的内部矛盾为例。谁个不知,德国的稳定是美国资本主义促成的呢?能否把这个国家的内部关系同国际因素截然分开呢?假如美国稍一停止给德国贷款(**佩什**描绘过这种前景),这不可避免地会出现**内部**的崩溃。

现在我们谈另一类事实。为何我们仅仅局限于涉及经济的经济学一个方面呢?我指的是政治学,部分地也指政治经济学方面。例如,我们谈到"工业稳定"、"蒙德主义"、社会民主党的背叛行为以及它同国家机构融合等。所有这一切都是百分之百正确的。但是,你们试试看,能不能**单纯地**从内部矛盾增长的观点来解释这些情况呢?你们就办不到了。"工业稳定"是什么意思?这是最明显的所谓国内和平的方式,也就是**准备战争**的最好的手法。谁不懂得这一点,**谁就是无视问题的实质**。产生英国工会法的原因是什么呢?无视**外部**问题和完全忽视准备战争的活动,那样能否理解英国的这个"内部"法案呢?如果无视这一切,那我们连比较勉强的反对这一法案的宣传鼓动活动也搞不起来了!社会民主党这一新的方针是同所谓建立国内和平问题联系在一起的,这一方针难道不是更突出了社会民主党在对外政策方面所扮演的叛徒角色吗？这一点难道不是连三岁小孩也一清二楚的吗？社会民主党正将其整个方针的重心摆到这一方面。能否找到这种怪人，他会否认邦库尔的战争法案与法国国内形势及其外部形势之间存在着联系呢？我还可以列举一系列这类事例，但上述所引事例已经相当令人信服地说明，**一切其他的问题都是服从于战争危险这个中心问题，服从于战争问题的**，内政问题如此，内部矛盾问题也是如此。对内政问题及与内政相联系的策略问题采取任何其他的态度，都将是缺乏根据的，也决不会是革命的态度。

反对战争危险的斗争应当贯穿于
我们整个日常工作

我们大家都认为，必须加强**日常的群众斗争**。某些党在实践中却在这方面大有问题。可是在理论上大家都是同意这一点的。**我们的**日常工作和**社会民主党的**日常工作区别何在呢？我想是应该有区别的。那么区别究竟在哪里呢？区别在于共产党人必须将大众关心的问题（而每个共产党员都必须关心这些问题）同所谓"大的政治"问题联系起来。拿一个英国共产党员来说吧，当他面临着组织一次哪怕小范围的罢工任务的时候，他该怎样开展鼓动工作呢？必须把反对限制工会自由的斗争和群众迫切的要求，和反对工会法的斗争**联系起来**。把这个工会法同"蒙德主义"和**战争准备**活动摆到一起，把反对战争的斗争同争取建立无产阶级专政的斗争联系起来。他就应当这样开展活动，否则他就不成其为共产党员了。无产阶级中极其广泛的阶层参加过上一次世界大战，他们知道帝国主义资产阶级强加给人类的这场灾难的"代价"及其无法形容的卑鄙无耻的程度。我们开展日常工作时，应当结合群众所关心的哪怕稍带某种重要性的问题，指出战争的危险性。丢掉自己手中的这张王牌，从技术上讲是可能的，但从政治上讲，那将是极端不明智的。我想毫不含糊地向同志们提出这个问题，请大家好好考虑考虑。依我看，我们对形势可能有两种估计，而且不同的分析会产生不同的策略方针。一种方针是总的问题和日常工作问题互不配合，另一种方针是坚定地把一切日常要求同战争问题——我们时代的中心问题联系在一起。共产党人的策略应当是，坚定地把一切局部的当前的迫切问题同总的大问题联系在一起。当然，这种联系**要求有很高的技巧**：高谈阔论、空喊一阵是不行的，必须采取巧妙的方法开展宣传鼓动工作，不能孤立看待各种问题，而要统筹兼顾，使各种问题从属于目前的基本问题——战争问题。我们批判社会民主党人（右的和"左"的），因为他们是最有害的欺骗工人阶级的能手，同时还要强调指出，所谓"经济民主"和"仲裁"不单是在经济上起作用，而且是一种准备战争的活动。必须让无产者、让贫苦农民看清这一点，必须**这样来**开展我们的全部宣传活动，必须按**这个**方向来制定我们整个的策略方针。不需要杂乱无章地罗列一大堆事实，而应当从种种事实中，从一切发展着的倾向中抓住中心，抓住战争危险这个中心问题。在统筹解决局部要求和战争问题及反对战争的斗争的关系问题时，我们应当把这些活动同宣传无产阶级专政联系起来。当然，即使不发生战争，争取无产阶级专政的直接斗争也会被提到首要地位上来的。这种情况是可能的。但即便如此，也必须指出，战争已经给未来投下了不祥的阴影。总之，我已经分析了内部问题和外部问题之间的**相互关系**。我强调指出了不能采取**折中主义**态度对待这个问题。这个分析说明，必须制定坚定果断的方针，必须集中注意战争问题，注意把其他一切问题同它联系起来，注意开展专门的宣传鼓动工作，使无产阶级做好同资产阶级、同社会民主党进行斗争的准备。这就是我们的基本策略方针。这是共产国际唯一可行的方针。

五、共产党的某些局部性工作问题

必须为工会问题上的正确路线而斗争

现在我们谈几个局部性问题,但每个局部性问题都有其本身相当重要的作用。请允许我先就我们的**工会策略**问题,就我们在工会中的工作问题讲几点想法,因为这个问题在会上曾引起辩论。共产国际各个执行机构曾通过决议、通告、信件和其他文件,一再强调必须联系统一战线策略,**在工会中开展艰苦的工作**。这是人人皆知的。我在会上描述并分析过的世界形势,更加尖锐地突出了这个问题,再次把**争取群众的任务**提到了首位。在当前形势下,我们若要顺利地反对战争危险,反对这种危险的战争,前提就是要争取群众。**不在群众中开展工作,就不可能争取群众**。从我们的国际关系的角度来看,我们应当重申我们原先说过的话:加紧开展工会工作是极其需要的。

我们不应当丧失争取实现工会统一斗争中的主动权。在当前形势下,我们尤其强烈地感到需要有群众根据地。这就是加强整个工会工作特别是加强工会国际的工作之所以成为各国共产党基本工作任务之一的原因所在。在这次会上讨论工会问题时冒出了各种倾向。一些同志提出,必须把未加入组织的人组织起来,必须建立独立的组织与反动工会相**抗衡**,在前提条件十分明确的情况下,应当将从改良主义者那边争取过来的组织合并到工会国际所属工会中来。这就是我们所捍卫的路线,就是工会国际第四次代表大会基本通过的那条路线。但是,我们在会上听人讲到,存在着种种**抵制**上述决议的倾向,说工会工作缺乏共产党本身的面貌,由于**害怕**被开除出工会,有的人完全屈服于改良主义,等等。不过,也有另一种倾向,有人甚至企图从理论上为这种倾向寻找根据，这就是否认有必要在反动工会中开展工作的倾向。这类倾向往往来自下面，原因是在反动工会中开展工作实在困难，因为我们确实会被开除出反动工会，所以在如此困难的环境中工作，必须对我们的路线有坚定不移的信念。产生退出反动工会的倾向，还有一个原因，即在许多国家的工人中都存在着大量未加入组织的工人。在美国，甚至像法国这样的国家中，都有这种情况。多列士同志发言时说，在法国，参加组织的只是工人中极小的一部分。十分清楚，把未加入组织的工人组织起来，是当前的基本任务之一。但是，我们绝对不会因此而放弃在反动工会中包括在工会运动已发生分裂的国家的反动工会中开展工作的口号。某些同志企图从理论上证明，改良主义的工人组织、工会等是根本无法争取过来的。他们把工会机构和国家机构进行类比，说什么争取资产阶级国家机构是不可思议的。实际上无论是马克思也好，恩格斯也好，还是后来写过《国家与革命》小册子的列宁也好，都曾指出过，把国家争取过来，就是要打破国家机器，用新的国家机器取而代之，争取国家的过程即在于此。

  这些同志对工会状况的判断也是按这种类比办法进行的。说什么工会中有一个根深蒂固的有组织的官僚机构，这是一部类似资产阶级国家机器的机器，据他们说，这种机器只能加以摧毁，而不可能争取过来。而只有打破资产阶级国家机构之后，才有可能摧毁这部机器。由此得出的结论是，在夺得政权之前，不可能控制反动工会。从这种前提出发，可以轻而易举地得出否定在由改良主义者领导的工会中开展工作的结论。但这并不能证明，反动工会无法争取过来。不错，这是一项极为艰巨的任务，在许多国家中很可能只有在社会主义革命的过程中，在夺得政权之后，才能在这方面取得彻底的胜利。我国也有过这种情况，但是我们从未放弃对孟什维克工会的工作。光说不可能争取过来的话，这是对形势过于悲观主义的估计。资产阶级的国家机构不是由工人构成的。

工会的情况则是，上层是一批高高在上脱离群众的官僚，而下层是按职业组织起来的工人群众。"争取"不到整个机器，但可以争取下层，争取工厂委员会和这个机构的某些环节。一处突破，就可以向纵深发展。只要依靠群众，在这条工会战线的某些地方打开缺口是可以做到的。是否可以把这称做是打破或摧毁了机构呢？在某种意义上说，是的。撤掉改良主义领袖，用我们的人取而代之，我们就**改组**了这个机构。对这个或那个机构的任何占有，都意味着对这一机构的某种"清洗"，意味着对它的改组。这是明摆着的事实。但是，从理论上把工会和国家进行对比是没有根据的。

列宁在其光辉著作《共产主义运动中的"左派"幼稚病》中十分尖锐地提出了必须对反动工会开展工作的问题。列宁举出的论据是大家所熟悉的。不应当从一个极端走向另一个极端。一方面，必须依靠红色工会国际第四次代表大会的决议，同反对派进行斗争。会上曾有人讲到德国共产党发生的令人愤慨的情况。我们也应当反对那种脱离革命形势提出（这样做孕育着严重的危险）的诸如工人监督生产那样的口号。必须首先反对这种真正的右的倾向。但是，另一方面也不应该陷入另一极端，否认对反动工会开展有效工作的可能性本身。

对群众组织的工作

我们在讨论青年工作问题时提出的原则同样适用于工会工作。我们要求青年带着自己的信仰，到一切**有工人的群众组织**中去，而不要顾虑这些组织的非共产主义或非革命的性质。在我们加紧同社会民主党进行斗争（没有这种斗争就不能推动我们事业前进）的时代，在存在着爆发战争的前景的情况下，深入到**无产阶级群众**中去，是我们夺取胜利所绝对必需的前提。不实现这个前提，我们共产党的存在都是难以想象的。对我们影响的增长抱单纯的乐观希望是不够的。我们对这种增长表示祝贺,但是,大家都知道,在我们党日益增长的影响和组织上巩固这种影响之间,存在着众所周知的不相适应的情况。要清除这种**不相适应**的状况,就需要我们对工会和其他群众组织展开强有力的工作。威廉·明岑贝格同志讲得十分正确,他说我们应当极其注意群众组织。这些组织的形式多种多样,然而我们到处都应占有自己的阵地。顺便说一句,明岑贝格同志指责我低估反帝同盟的意义,这是完全不公正的。我在报告中和一些同志展开论战所反对的正是这些同志对反帝同盟的取消主义倾向。他们企图从理论上肯定这些取消主义倾向。赞成这种倾向的人说,这不是纯粹的共产主义组织,甚至也不是**无产者**的组织,那里面有许多知识分子,其中一些人明天就会成为**民族革命运动的叛徒**,等等。反对在这些组织中开展工作的人担心,这种不定型的非共产主义组织会"取代"了共产党。被归入这类组织的有:反帝同盟、"统一小组",还有苏联一些有知识分子或没有知识分子参加的工人代表团和其他代表团,等等。某些同志担心共产党会被这些组织**排挤掉**。当然,把这些组织想象成是取代共产党的机构,那将是**对共产主义的出卖**。这是不言而喻的事。但是,有谁这样去看问题呢?我们不是把这些组织看成共产党的替代物,而是把它当成向广大群众施加影响的据点。明岑贝格同志说,布哈林同志也许因为手头缺乏情报资料,所以没有指出同盟在墨西哥的大规模活动。确实,同志们,我没有谈及这个问题。但是,墨西哥难道就能洗清一切过失吗?比如,我就没有看到同盟在中国问题上做过有益而必要的工作。它在这方面做得**太少了**。明岑贝格同志比别人更清楚同盟在**组织上的弱点**。我提到同盟的缺点,不是为了建议撤销我们对它的支持,而是为了帮助它。不是威廉·明岑贝格一人,而是我们大家都有责任。我们对同盟的帮助太少了,我们没有给这个组织派出足够的力量。我们的党没有给同盟以应有的协助。这是毫无虚饰的事实,应当据此事实作出结论。

群众组织问题属于最重要的问题之列，即将召开的全会应当制订一系列实际措施，正确地解决这个问题。路线清楚了，但实际行动不够。我们已经不止一次地就这个问题通过决议，也不知讨论过多少次了。这些决议可以拿出来显示一番，但实践不符合这些纸面上的决议，这是事实。

关于失业问题

一些人在会上谈到**失业问题**是不无根据的。许多同志，特别是英国的汉宁顿同志都谈到这个问题。提纲中的有关部分应当加以发挥，给这个问题以极大的注意。

昨天，由于某些涉及美国的特殊问题的缘故，会上就失业问题展开了辩论。罗明纳兹同志对瓦尔加同志提出了一系列指责。一方面，他说瓦尔加同志在谈到从事生产劳动的工人人数下降时修正了马克思的基本原理。这种情况，据他说，实际上是根本不存在，也不可能存在的。另一方面，罗明纳兹同志声明，他不同意我的下述说法，即历史上第一次出现类似的东西，因为马克思曾列举过无数这样的事实。

我想应当从这两个论点中选择一个：或者是类似的情况过去和现在都存在，或者是不可能有任何类似的情况。（罗明纳兹插话："不存在发展的规律。"）

不错，不错，不存在发展的规律。（罗明纳兹插话："我这是针对瓦尔加讲的。"）可您也是同我进行辩论的呀。

第二个论点是排斥第一个论点的。罗明纳兹同志在这里是一箭双雕，既想当婊子，又想立牌坊。

情况究竟如何呢？一般来说，工人数量是否可能减少呢？可能的。

这就像马克思在《资本论》第 1 卷中列举的那些少数情况那样，是可能发生的。不是"某某人"，而是罗明纳兹同志提到的那位颇有名气的法国经济学家**加尼耳**发挥了一整套理论：资本主义愈发达，工人数量愈会减少，而**资本家**的数量增长得愈快。如此说来，工人会变成资本家了！马克思说，这是一派胡言，这种理论是腐朽而令人发笑的。但是，难道在涉及"美国"情况时谈过这类话吗？难道瓦尔加同志和卡弗（以及加尼耳）持同一看法吗？难道瓦尔加说过，工人会成为资本家吗？天晓得！瓦尔加讲的是工人成为**失业者**。因而根本没有加尼耳的一点影子！因此也不必去惊动加尼耳。其次，马克思列举了个别工厂的个别例子，说那里的工人数量在减少。那么现在是否可能在某一个国家，**哪怕**是在某一段时间内，发生（首次！）同样的情况呢？我想是可能的。可能会有某一个国家在世界经济中占有**特殊的地位**，具有某些与众不同的**独特的**发展特点，就像马克思时代英国工业中那些与众不同的个别工厂或个别部门那样。如果我们现在提出什么资本主义发展的新的"自然法则"，那会是极不慎重和极其不当的。首先，我们极少占有经过验证的资料，作不出这样的归纳。但是，我们完全可以谈论已有的事实。有一个国家在世界经济中占有特殊的地位，这就是美国。

一个拥有如此雄厚经济实力而且技术发展速度如此之快的国家，它的前进速度不同于总的平均数而一时出现飞跃，这是完全可以理解的。美国发生的正是这种情况。

这意味着什么呢？从整体上进行全面分析来看，这意味着产生失业的过程是多种多样的，有着各不相同的过程：由于不景气、危机，可能造成失业人数增加；由于实行合理化，可能使失业人数上升。最后，还有像美国出现的那种情况，即由于技术的飞跃式发展而使工人的绝对数量时而出现缩减。

我绝不同意许多同志在会上提出的那种论点，说什么美国帝国主义的内部潜力已经"枯竭"。这种潜力并没有挖尽，而且我从根本上反对这种观点，因为这在理论上和原则上都是不正确的，这是卢森堡的理论。（有人喊道："这是瓦尔加讲的！"）是的，瓦尔加也讲过这种话，但在这个问题上我不同意瓦尔加的看法。这种观点不对，这是罗莎·卢森堡理论的翻版。在目前这样的市场关系中，在像美国这样的国家里，每次补充投资不可能像在南美那样获取那么多赢利。而这个问题不像某些同志想的那样简单，这是个很复杂的问题。我们总的结论是：产生失业的原因是**多种多样的**，对于这些原因必须进行分析。有萧条时期发生的失业；有合理化引起的失业，甚至在发展曲线上升时也会出现失业；还有在技术发展速度极快的情况下，与发展曲线迅速上升同时出现失业曲线的迅速上升。比如说，英国和美国的失业，就是不同类型的失业现象。我们共产党人把所有这些失业现象看成是资本主义矛盾发展的产物，这是不言而喻的。我们应当利用这些矛盾的发展，促使**阶级斗争的激化**。

农民问题

现在讲几句关于农民的问题。我认为，柯拉罗夫同志以及意大利、巴尔干、南美、波斯的同志和其他一些同志就这个问题提出的批评性意见是很有根据的。但从我自己这方面讲，我也可以指责所有这些同志，说他们只字未提到**农业无产阶级**。而这个问题在欧洲发达的资本主义国家中是一个特别严重的问题。

现在，整个农民问题情况如何呢？我认为，我们在1925年的有关决议中对这个问题的总的提法至今仍然是正确的。随着资本主义暂时稳定时期的出现，我想，在高度发达的西欧国家中，我们在农民中开展工作从客观上讲，将比较困难。

广大农民群众（不是中国型、俄国型或罗马尼亚型的那种处于赤贫状态的农民，而是德国、法国、捷克斯洛伐克等西欧式的"中农"和"下中农"）在整个资本主义机体发生巨大震荡时是处于巨大的骚动之中的。不能把中国的农民和德国的农民类比，也不能把我国的中农和德国的中农类比。这是完全**不同的**类型，这是**另一种**农民。

列宁在第二次代表大会上就讲过这一点，而且强调指出了这一差别。由于受到战争和西欧发生的巨大动荡的影响，这些阶层同样发生过摇摆。但是，在目前稳定时期，我认为，要在大的资本主义国家对这类农民开展工作，将是十分困难的。

然而，正因为如此，我们应当强调在**农业工人**中开展工作的重要性。在不同的国家中，农业无产阶级现在正遭到全面的进攻。与此同时，在另一类型的许多国家中，土地问题日益尖锐：巴尔干国家，特别是**罗马尼亚**爆发的事件告诉我们，这个问题具有特殊的意义，因此，在这些国家中我们应将这一问题作为我们最重要的政策问题提出来。对那些在最近的将来可能出现直接革命形势的**殖民地**国家，我们也应当采取同样的态度。比如在中国，农民问题就是革命的最迫切的中心问题。对**南美各国**的农民问题，我们也应当给予特别的重视。南美各国的国家政权几乎都有其特色（执掌政权的是大土地占有者、大地产主）。其中某些国家是大地产主执政，实行一种兼有资本主义剥削和封建奴隶关系的制度。在某些实行种植园制度的外国殖民地国家，我们也遇到过类似的情况，这些国家立有专门对付黑人的特别法规。在印度尼西亚、印度、南非（黑人被剥夺了土地），农民问题起着极大的甚至是决定性的作用。对于我们某些党来说，在这些国家中，农民问题是主要的、基本的问题。以欧洲国家为例，这个问题在波兰同样具有极其重大的意义。

然而，就这个问题发言的同志几乎没有提出任何具体的建议。在提出的具体建议中，我只举一条，这条建议归纳起来是，我们应当重新考虑我们在 1925 年对**农民政党**的看法。这条建议的发起人认为，在具备上述客观前提的情况下（在某些国家中农民问题具有极大的重要性），我们应当组织农民**政党**。

我不同意这项建议，并且认为没有任何理由要接受这项建议。为接受这项建议而列举的理由是缺乏说服力的。有人对我们说，既然我们必须更多地注意农民问题特别是各个殖民地和半殖民地国家及南美国家的农民问题，那么，据他们说，自然而然地得出一个结论，即必须组织农民政党。但是，**为什么呢？**我们已经审议了这个问题并且在一定意义上解决了这个问题，如提出必须组织农民协会，争取扩大在该协会中的影响及通过我们的党团来监督协会活动。在我看来，这个方针过去是完全正确的，现在仍然是正确的。有什么必要再成立一个特别的农民政党呢？如果从殖民地资产阶级民族革命可能发展和转化为社会主义革命的前景来考察这个问题，那么，成立新的政党将意味着什么呢？要知道，那将意味着同共产党争夺无产阶级。因为你总不能这样提出问题：在某时某刻之前我们"允许"这个党存在，时候一到，我们就二话不说，要"消除"和取消它。不，同志们，这个党会发展起来，最终成为同共产党竞争的党。当然，如果农民党已经存在，那么，我们应当努力地争取它，使它接受我们的影响。但是，在首次提出组织农民的问题的地方，我觉得建立农民协会要好得多，因为通过这种途径，我们可以把**更广泛的**农民群众组织起来，通过更可靠的方法引导劳动农民阶层跟我们前进。这种农民组织形式可以吸引更多的成员，也更容易使它接受**无产阶级的**共产主义政党的影响。可见，所有这些政治考虑都说明，不能接受上面那种建议。我们以前就是这样解决这个问题，就是这样说明我们制订路线的依据的。

在南美开展工作的意义

请允许我再谈几个问题。

首先我要强调一下**南美国家**的问题。我已经讲过,南美各国党派出如此广泛的代表出席我们的代表大会,这还是首次。这当然说明了我们的运动在南美各国已得到发展。这些国家现在对我们具有十分重要的意义,因为它们在**世界政治**中起着一种颇为独特但十分巨大的作用。我们已经指出过美国资本主义在南美日益严重的侵略性,也指出过尼加拉瓜反对北美合众国帝国主义入侵的解放战争。我们大家清楚地知道,墨西哥的抵抗具有何等巨大的意义,我们也知道,这种反抗和反对美国帝国主义的强大的人民运动现在正在一系列南美国家中发展起来。我们清楚地知道,这个问题是和各该国的某些内部问题特别是土地问题和反封建主义的斗争交织在一起的。在对南美国家的策略方针问题上,我们中间存在着各种不同的思潮。我现在无法回答这些有争论的问题。我只想强调一点,从反对战争和反对帝国主义的观点来看,总之,从发展强大的人民革命和强大的土地革命(其中也可能表现出向社会主义革命转化的倾向)的观点来看,南美各种问题从整体来说将日益具有更大的意义。

黑人问题

接着还必须强调一下**黑人**问题的意义,共产国际曾就这一问题通过一系列决议。然而,有关的党至今对这一问题未给予特别的重视,这也是事实。此外,几乎所有的黑人同志都说,在对待他们的态度上,种族沙文主义的残余仍未根除。我不否认这一事实。既然在比较小的民族问题,如西欧的民族问题上,我们共产党内部还时常发生各种摩擦,那么,怎么可能设想如此巨大的文化和种族上的差异会不在我们共产党内部留下任何痕迹呢？可以看到，在讨论这个或那个涉及黑人问题的议题时，甚至在共产国际的委员会中有时也会出现不正确的调子，在讨论关于南非的问题时我就亲眼见到过这种情况。我们现在应当坚决地改变这种状况。我们要以代表大会的名义在我们提纲中给所有我们的同志加上一条义务，即要求他们在这方面贯彻正确的路线，毫不留情地反对任何"种族沙文主义"的表现。对于黑人问题，必须不仅从北美形势的角度，而且从南部非洲局势的角度来加以研究。

关于印度局势问题

讲几句关于印度的问题。某些印度同志同我发生了争论，所以我得给他们一个答复。例如，**拉贾**同志反对我对印度当前经济形势的分析。他说我毫无道理地只字未提**印度的工业化**。但是，我必须向同志们指出，印度同志在创造"印度非殖民地化"理论时，企图拿我的一次发言作为依据，我在那次发言中确实没有讲到印度的非殖民地化，但却指出过，我们在印度看到有大量的外国投资。

现在谈我的报告。难道我真的没有谈到印度的工业化吗？我没有使用"工业化"这个词。但既然我讲到战时和战后时期都有大量**投资**，那么，这也就是指工业化的问题了！况且这也不是分析当前印度局势中具有重大意义的问题。下面的问题才是具有决定意义的问题，即现在英国帝国主义的政策是否发生了**转折**？英国帝国主义的经济政策是否出现了**变化**？我认为，恰恰在近几年中，英国资本的输入势头大大减弱了。现在我们看不到以前那种发狂似的投资速度和投资大幅度上升的曲线。因此，印度不存在原先那种高速度的经济发展过程。最近时期那里发生了某种**转折**。正因为如此，出现了**贫困化**和赤贫的过程，农民不是变成为城市工人，而是沦落为被束缚在土地上的受尽剥削和奴役的半乞丐；

在这种土壤之上，国内市场繁荣不起来，工业则除此之外还要受到英国竞争的压力，所以也处于停滞状态，而且英国本土在"权利和优惠"等许多方面享有特权。这就是印度形势的独特之点。拉贾同志说，英国企图收买农民中的上层。这是对的。但是，我觉得拉贾同志夸大了这种过程。实际上是赤贫化过程在进一步发展，而这才是将来点燃革命火星的基础，这也是资产阶级掀起**对抗**不列颠帝国主义的运动的基础。至于我们在印度的策略问题，我已经在前面讲过了。

关于维也纳起义和"左"翼社会民主党问题

关于较小的党的方面，我认为有责任对**奥地利**问题讲几句。某些同志问我，我对维也纳七月起义保持沉默是否证明，我们改变了自己对这个问题的观点。每个同志都知道，我们当时讨论过奥地利问题，而且相当激烈地反对过兄弟的奥地利共产党的立场。在我们通过的决议中，我们曾指出，维也纳起义确实是一次声势浩大的革命**群众**运动，我们的党应该提出**苏维埃口号**，并在这一口号之下**领导**起义，等等。大概所有的同志都熟悉这一决议。依我看，我们没有任何根据改变当时的观点。至于说这个运动在它当时所达到的阶段上是否有些孤立，这是另一个问题。当时，要号召德国和捷克斯洛伐克的无产阶级群众举行总罢工是不行的，要在他们中间掀起重大的群众性行动也是办不到的，从**这个**观点来看，维也纳起义在某种程度上是孤立无援的。但是，在事态进一步**发展**的情况下，我们有可能取得另一种形势。这是完全可能的。谁能保证事态进一步发展不会引起德国和捷克斯洛伐克的更大骚动呢？这种可能性在事前是无法排除的。不能把关于孤立甚至是相对的孤立的论点作为反对我们在奥地利的革命策略的理由。从奥地利党的观点来看，我们当时是否有可能使这个运动继续发展呢？我想是有可能的。党犯了一个错误，没有帮助建立起**苏维埃形式的群众组织**。它是有可能做到这一点的，但是它错过了这样做的时间，因而犯了极大的错误。我认为共产国际执行委员会全会的决议是绝对正确的。至于说在目前情况下是否可能发生类似的事件，这是另一回事。我不认为这种前景有什么特别的可能性。但这完全是另一个问题。

奥地利事件特别有力地说明了关于"左"翼社会民主党人所起作用的论点的正确性，说明他们是革命无产阶级最危险的敌人。

六、几个策略问题和党内问题

策略的转变和右的危险

现在就某些**党内**事务说几句。同志们，大家十分清楚，在代表右的和极"左"的托洛茨基反对派被击败之后，右的危险无疑是主要危险。无论从当前任务看，还是从将来的观点看，这个危险都是很严重的危险。会上不止一次地从当前任务的观点谈到这种危险，在谈到德国党，谈到工会工作、捷克党和红色节的时候，在谈到反对派反对我们在法国的"新策略"的时候，都提到了这一点。右的危险是既成事实，无论从当前利益还是从未来的观点看，右的危险都是一个实际存在的危险。

以捷克问题为例。党曾力图把群众动员起来，可是力不从心。面对未来的事态，好像是搞了一次不成功的预演。对内部毛病的诊断书说明，这个毛病还相当严重。我们现在应当十分冷静地思考一番。我并不特别赞成**喊叫**右的危险和"左"的倾向。我认为，最近一年来共产国际实行了**大的转变**，确实是大的转变，而不是小的转变，首先是在英国党和法国党内。罗明纳兹同志不知因何缘故认为有必要声明，发生的向左的转变是不大的转变。他这样做是完全不对的。我觉得，实行的转变是向左的大转变，特别是在英国党内。熟悉英国党内部生活的人都晓得，我们同英国工人运动中一贯存在并且对我们党产生过巨大影响的一切旧传统实行了决裂。（喊声："法国也是如此。"）是的，法国也是如此。但我不能同时讲两个国家。我继续讲。英国工人阶级中有一种根深蒂固的传统，就是所谓统一的"有组织的劳动"传统。这种"统一"是改良主义者手中的一张王牌，他们可以采取欺骗手法利用这个口号，同革命思想、同革命党进行斗争，等等。这种"统一"（革命工人同披着羊皮的改良主义恶狼的统一）是无产阶级摆脱改良主义者影响的巨大障碍。而这些改良主义者一面依靠警察的庇护，一面高喊统一，公开推行令人愤慨的开除和分裂的政策。这个传统在英国无产阶级中是如此根深蒂固，以致我们某些优秀的同志对同时反对**鲍德温政府**和反对工党的思想也感到不可理解。他们说，鲍德温政府是主要危险，只有整个工人阶级组成统一战线才能同它斗，而整个工人阶级是由工党控制的，这就是说，只有和工党一起并在它的帮助下我们才能推翻鲍德温政府。这就是最初的方针。由此而产生了党代会通过的那个口号，即建立"在工党执行委员会监督下的工人政府"的口号。后来，英国同志来了个陡转弯，当然不无共产国际执行委员会的帮助。因此，在取得了**这种转变**的时候，怎能不看到这对于全党生活意味着**什么**呢？我们在实行这个转变时既没有不必要的喧嚷，也没有谴斥那位同志，我们采取的办法，是说服和长时期的诚恳的同志式的辩论。当然，发生摩擦是不可避免的，尽管如此，转变将因此而更牢靠。这个策略上的变化是**英国工人运动史上最重大的事件**。

我们大家都很清楚，法国党内也存在过根深蒂固的议会传统。仅仅几个月之前，议会传统就在对国家态度是否忠诚的问题上（关于逮捕问题）有所暴露，这难道不是事实？这是否是偶然事件呢？是否是表面现象呢？不，这些传统已经牢固地植根于党的骨干头脑中了。可是，过了不几个月，我们陡然实行了转折，提出了"阶级对阶级"的口号，提出了不投社会党票的口号，同志们，这在法国党的策略上可不是小的转变，而是一次**大的转变**。在实行这次转变中同样**没有不必要的空喊**，但却牢牢地依靠党的下层，对动摇者采取同志式的说服方法，只对顽固不化者开展了斗争。在实行这个策略的过程中不是没有摩擦，不是没有内部冲击，也不是没有内部的困难，但是，法国共产党实行的转变确实是**一次根本性的转变**。这是**法国共产党**成立以来，党的**历史上最根本的转变**。我当然不是想说，法国共产党、英国共产党和共产国际建立了什么"功勋"。但是，如果客观地看问题，难道这两个大党在策略上实行的转变还不大吗？我想，是很大的转变。这个转变是否是**对右的危险的重大打击**呢？当然是重大打击。这一策略上的转变是否是一面照妖镜，靠它便可以使隐蔽的右的危险暴露在光天化日之下呢？当然是的。产生右的反对派，对这一策略的正确性发生种种怀疑的原因也在于此，必须同右的反对派进行斗争的原因也在于此：同法国党和英国党内右的思潮进行斗争的最犀利的武器，就是始终不渝地运用这一**"新的策略"**。

  我已经说过，右的危险今后还可能扩大。为什么呢？因为列宁同志在我上面引证的文章中所说的那种现象还不能排除，就是说，我们一部分报刊的水平还不高。这种可能性完全不能排除。至于说不正确的态度将发展到何种程度，那是另一个问题。但是，要知道，问题还不仅仅在于报刊。不仅是报刊，而且某些党**组织**同样会发生这种情况。谁能保证在发生直接的战争危险的时期，当我们必须在策略上和其他方面实行种种转变时、不会出现某些"脱离"现象呢？在我们的策略上和组织问题上，在对公开活动和秘密活动的态度方面以及在其他许多方面，会发生一系列转变。谁能保证个别的党内不会发生脱党，不会出现某些危机性的事实和现象呢？发生这种脱党现象是完全可能的。当然，这种脱党现象首先将发生于各党的极右人士之中。因此，如果我们能将现实形势和我们的发展前景进行一番分析，那么，我们就会在党内活动方针问题上得出结论：必须对右派展开全面的全线出击。

党内问题

各种破坏纪律的现象掩盖着右的危险，这当然是不能容忍的。我们必须强有力地反对这种现象。但与此同时我得说一句，对党内的右的危险展开强有力的斗争，甚至开展毫不留情的**战争**的问题，绝不是排除党的统一问题，绝不是取消妥善地开展这一斗争和保持党内斗争"**分寸**"的问题。我们发现德国存在右的危险。我们就建议在提纲中提出开展强有力的斗争反对这种右的危险，建议在提纲中写上有计划地克服对右的危险的调和态度。但是，与此同时我们应当千方百计地采取各种方法团结那些站到党的埃森代表大会和共产国际决议立场上来并答应要对右的危险展开无情斗争的同志。（下面有人喊道："这是已在做的事了。"）

联共（布）代表团，比如说，委托我表明态度（因为现在谈到德国党），我们反对把埃韦特同志排挤出党的领导的任何企图。不过我要说明，德国党的领导同志并无这种意图。我们想在会上创造这样一种前提，使现在的领导机构中不出现任何裂痕。所有的同志都应当在严守纪律和严格遵守少数服从多数的原则的基础上开展自己的活动。没有这个前提是根本无法进行政治斗争的。脱党现象进一步发展，领导层四分五裂，党内发生分裂等，将造成极其不幸的后果。所以我认为，我们的工作要获得成功，基本的前提是纪律。我们特别明显地感到，这个问题在波兰是多么的尖锐。团结、统一、纪律，这是使革命顺利向前推进所绝对必需的。最近以来，我们在共产国际内部看到各种各样的危机现象。某些党所出现的这类危机现象给工人阶级造成了极坏的影响。只有在明确的而且得到坚决贯彻执行的政治路线基础上才能消除这些危机。这是今后一切发展的前提。例如，在德国党的少数派中间存在着某种改变党的领导的想法。我认为这种想法是不对的。我们不该这么干，因为这将导致德国党发生内部的斗争。共产国际执行委员会完全彻底地支持历史形成的、以台尔曼为首的中央政治局的核心领导。我认为，诸如党内民主、新的党的骨干、提高党的理论水平、活跃党的基层支部以及开展群众工作等问题，应当作为党的重大问题提出来。党必须更多地学会开展真正的政治生活，杜绝一切无原则耍弄政客手腕的因素。

以**波兰**这样的党为例。党内并不存在重大的政治分歧，可是派别斗争却十分激烈。再以现在的**美国**党为例。就在最近，至少我们都知道，美国党已着手消除和克服内部摩擦，可是，我们看到，那里又燃起了斗争之火。这种斗争是如此的"活跃"，已发展到想利用当前的局势，以最激烈的方式继续这场斗争的地步。是否存在重大的政治分歧呢？依我看，美国党内的分歧是不很大的。这种分歧是否严重到了有足够理由组成不同派别的地步呢？看来还不是。就以出了名的关于如何对待美国帝国主义的问题为例。一部分人说，美国帝国主义大大加强了，另一部分人则断言，他们的对手，也就是发表上述意见的同志，是在给美国帝国主义做广告。这种话是不该讲的。这种讲法不会带来好处，也说明不了问题。老实说，我对美国在不久的将来就会出现革命的形势并不抱什么希望。我可以完全公开地讲这一点。世界上没有任何一个国家的资本主义像美国的那样强大。资本主义在美国发展到了它的极盛时期。当某个同志说，直接革命形势不可能出现，这有什么特别可怕的呢？但是，如果有人说在美国工人中开展工作是没有任何根基的话，那当然是不好的。可是，据我所知，并没有人讲过这种话。存在失业，这是事实，美国工业发生了变化，这也是事实，非熟练工人发生骚动，这同样是事实。是否存在着共产党发展的土壤呢？是的，是存在的。然而，能否因此而为尖锐的派别斗争找到理由呢？当然不能。必须采取一切措施防止这种斗争的继续。

在我看来，**捷克斯洛伐克**党的问题是最棘手的问题。可能我们还不掌握足以对局势作出正确分析并制定相应措施的全部材料。但是，红色节事件是颇具代表性的。捷克斯洛伐克党内的事情不妙，不仅反映在领导层中，而且反映到党的基层，反映到全党，不仅从**政治路线**的角度，而且从党的基本**方针**和存在严重的社会民主党思想残余来看，都是不妙的。所以亟须执行委员会在代表大会之后或在大会期间专门研究一下捷克问题，以便不仅就捷克党的领导机构方面，而且就该党的整个方针问题采取相应的措施。最近以来，我们看到捷克党犯了一系列错误，如在关于工厂委员会的法令草案的问题上以及准备在总统选举中投马萨里克的赞成票和其他许多可以看出该党**消极态度**的问题上。但是，现在看到的还不过是消极态度而已。

这就给我们加上了一项任务：必须特别细致地进行分析并深思熟虑地制订振兴该党的措施。

现在，当我们必须千方百计加强自己队伍的时候，我觉得我们面临着一项极为重大的任务，即加强党的**思想教育**。在党的思想教育方面，我们的工作开展得不够有力。依我之见，**加强思想工作**，开展思想斗争和思想讨论等，是我们各个党的任务之一。这与我们整个发展的总路线是一致的。比如，我们要做好应付战争的准备，这就意味着我们既要对参加社会民主党的工人，而且要对我们党自己的工人开展大量的思想工作，而我们的宣传鼓动读物却很少，靠一味地空喊口号是不可能让社会民主党的工人接受我们的影响的。因此，在战争向我们日益逼近的时候，绝对必须加强我们党的内部生活，必须提高普通党员的积极性，为他们的成长创造条件，为培养新的骨干分子创造条件。纪律，这是我们的信条。但是，同志们，我想向你们公布一封未发表过的列宁同志给我和季诺维也夫的信件，列宁同志在这封信中给我们写了下面一段话：

"假如你们把一切不很听话但很聪明的人赶跑，而把只知顺从的混蛋留在身边，那你们一定会毁了党。"

我认为，列宁同志这条意见是完全正确的。我们各党的领导机关中需要有坚强的人物，需要有敢于把一切工贼赶出我们运动的那种人物。但是，与此同时，我们也需要有这样的人——我希望我们能有这样的人，他们能够充分掌握分寸去争取每一个"并不愚蠢"的党员，使这些党员回到党和共产国际的正确路线上来。

七、结 论

同志们，我的报告就要结束了。毫无疑问，国际形势将日益紧张。我们正面临着第二次世界帝国主义战争。这不是说，明天就会爆发反苏战争。但是，如果要问，留给我们的准备时间有多少，那我得说，我们的时间是**很少的**。这是无可辩驳的事实。对于这仅有的一点时间，这难得的喘息时机，我们应当用全副精力和革命的拼搏精神加以利用，以便巩固和团结我们的党，把广大无产阶级群众争取到我们一边来，并把广大农民阶层吸引过来。

这是极其艰巨而重要的任务。没有艰苦卓绝的工作，没有我们每时每刻毫不间断的艰苦工作，我们是无法完成这些任务的。大家都知道列宁在给出席海牙会议的同志的指示中所说的一段话：重要的事情不是高喊举行总罢工等。要紧的是必须**有步骤地**做好应付战争的准备，**有步骤地**同战争危险作斗争，**有步骤地**同社会民主党作斗争，**有步骤地**揭露它的诡辩，**有步骤地**训练组织等。如果我们的党不作出高度紧张的努力，我们是无法做到这一点的。我们应当要求我们的党和共产国际执行委员会加强思想工作，付出更大的精力去征集党员，改善我们党的机构，改进处理日常问题方面的工作，进一步巩固党的队伍，加紧我们青年组织吸收新成员的工作，更有力地开展对殖民地的工作和军队的工作，做好转入地下状态的准备。以为我们可以像现在这样，继续过比较"平静"的日子，那等于是陷入幻想。除此以外，我们还应当采取一切措施，防止我们各党发生类似捷克斯洛伐克党红色节那样的糟糕事情。

同志们，共产国际诞生于战争年代。共产国际不止一次地获得过重大的胜利。苏联的成立就是世界无产阶级最伟大的成就。如果资产阶级竟然放出战争恶魔，那么，无产阶级最终必将占有全世界。我们共产党人将同弗里德里希·恩格斯一道正告整个统治阶级：先生们！试试看，你们敢挑动一切战争势力，把你们的战争恶魔放出来！共产国际的回答将是团结自己的队伍，进行革命，进行国内战争，夺取无产阶级专政的胜利！（热烈鼓掌。全体代表起立，向报告人欢呼。）

埃韦特的声明

我得作如下声明：

有人在会上说，我和其他许多同志赞成联共（布）代表团对有关国际形势的提纲的建议是有保留的。我们必须声明，这种说法与事实不符。我在发言中阐述的想法完全是针对德共中央多数派在党内问题上的方针的。这一方针表现于德共代表团的大会发言中，也反映于乌布利希、奥皮茨和罗明纳兹等同志的会上发言。部分发言是受代表团核心小组的委托而作的。这些发言表明，我们的担心，即担心党的领导机关中的多数派可能违背联共（布）代表团建议的原意，利用贯彻决议之机，为其改变埃森代表大会通过的党内方针的目的服务，这种担心还是有根据的。乌布利希和罗明纳兹同志在德共代表团多数派赞同下荒谬地和违背良心地指责我奉行托洛茨基主义和反苏的方针，也属于这种反映。乌布利希同志后来的声明丝毫没有消除这种指责。最能证明这一点的是说我们似乎成了党内的主要危险，甚至当台尔曼同志在德国代表团会议上发表声明和解释之后，这种说法也丝毫没有停止。

我提请大家注意布哈林同志受联共（布）代表团核心小组委托所作的关于不允许旨在将我排挤出党的领导机关的倾向存在的发言。如果我或者其他同志果真代表着党内的主要危险，那自然应当把我们排挤出党的领导。

上面提到的那种说法不仅证实了我们对德共党内方针存在的担心是合乎情理的，而且也说明了他们所采用的斗争方法。

根据我们的看法，这类斗争方法是同决议的内容和精神相违背的。决议要求党的领导促进党的团结，贯彻把一切站在共产国际和德共埃森代表大会决议立场上的人团结起来的政策。我们反对他们那种方法，其原因就在于此。

乌布利希同志说我似乎企图采取迂回手法否定党的埃森代表大会的决议，这种说法只能被认为是存心将大会引入歧途。我将向大会说明乌布利希同志所提到的各项事实。

柯拉罗夫的声明

许勒尔同志在其总结发言中提到，波兰和保加利亚的共产党没有给予青年以应有的注意。因为问题涉及保加利亚，我认为有必要声明，这种情况是不符合实际的。实际情况是，保加利亚共产党和保加利亚共青团之间一直存在着十分正常的关系。党一贯注意共青团在组织上的独立性，听取青年们的种种要求并全力支持共青团的工作。许勒尔同志作此发言可能是出于某种误会。为了避免产生一切误会，我认为有必要作上述声明。

格尔维克的声明

米茨凯维奇同志认为有必要对我所提供的关于党在罗兹罢工期间所犯错误的材料表示怀疑。我在此声明,我掌握有这一问题的全部材料,我将向大会提供这些材料。

许勒尔的声明

就柯拉罗夫同志的意见讲几句。我向大会作报告时谈了青年共产国际最近以来的整个发展情况,也谈到了最近几年来青年共产国际对各国党的态度,在回顾过去时顺便提到保加利亚党同样不够注意青年团组织上独立的原则。这方面过去是有不少例子的。我不妨给你们举一个事实,在党的代表会议上确实出现过这种主张从根本上改变党与青年团之间关系的思潮,并且打算据此作出某些组织上的结论。如果从柯拉罗夫讲话中能够得出结论,证明最近时期在这方面发生了变化,那我们将会首先表示欢迎。

台尔曼的声明

布哈林同志关于德国党领导机构的讲话以及埃韦特同志的声明给人一种印象,似乎德共领导中有些同志持有不让埃韦特同志参加领导机构的意见。我谨向第六次代表大会声明,德国党全体领导人从未持有这类看法。实际情况是一个时期以来,埃韦特同志一直在很窄的小圈子里发表意见,认为必须改变德国党的领导成员,改变被共产国际执行委员会第九次扩大会议以及俄共和德共代表团联席会议所承认的并经俄共代表团同意和批准的唯一正确的德共领导机构。

第二个事实。埃韦特同志声明说,在第六次代表大会会议上发表的那些意见(根据这些意见可以看出埃韦特同志那方面存在着某种程度的保留)与实际情况不相符合。我认为,尽管埃韦特同志在今日发表的声明中断言,他对俄国代表团提出的修改意见并无保留,可是,他在第六次代表大会召开前发表的言论中确实存在着某种矛盾。埃韦特同志方才的发言从内容上看是一次全面的攻击,毫无和解之意,而我,比如说,在发言中是主张和解的。

第三个事实如下:我要提醒注意,工人运动队伍中以及党内的右的危险是最严重的危险。如果埃韦特同志在当前情况下继续坚持其政治方针和党内方针,那么,等待他的将是斯大林同志在俄共和德共代表团联席会议对他所说的那种命运:他将成为一切不满者和一切右派的中心,这些人必将聚集到他的周围去。

斯特拉霍夫的声明

我发言的第一部分结构十分清楚,其基本思想如下:

(1)我想"第三时期"是存在的。

(2)对于缺乏国际知识和经验的中国同志和其他同志(我指的不仅是我个人)来说,第三和第二时期之间的差别讲得不够清楚和明了。

(3)这也就是说不足以解释我在发言中列举的那些问题。

(4)仅仅由于这个原因,也就是说由于对这些问题解释得不够清楚,所以许多人不清楚第三时期同第二时期有何区别。

(5)我建议哪怕是在代表大会之后也要通过撰写一批小册子等办法,较全面地讲清这些问题。我根本没有也不可能(出于我的政治观点)建议从提纲中删去第三时期。

谨声明如上。

斯特拉霍夫

就布哈林报告通过的决议

雷梅尔（会议主席）：

我们对这一议程最后几项任务的讨论就要结束了。各位手头都有有关这个问题的提纲。共产国际执行委员会建议以俄共代表团的提纲为基础，连同许多代表团提出的修改意见，一并交委员会进行讨论，以便形成代表大会的最后文件。

是否还有哪位代表想就这一问题发表意见？没有。现在进行表决。谁赞成将本提纲作为委员会进一步讨论的基础？

好，建议一致通过，无人反对。

德共代表团提出下列内容的建议：

"第六次世界代表大会赞同共产国际执行委员会、共产国际监察委员会和青年共产国际前一时期的活动。"

现将这一建议提交大会讨论。

有谁想发言？

谁赞成共产国际执行委员会及我方才提到的各机构的活动，请举起代表证。一致同意，无人反对。

现在选举负责讨论提纲和修改意见的委员会。主席团向我们提出一个建议，建议下列同志参加委员会：

布哈林、斯大林（由莫洛托夫代表）（苏联），台尔曼（德国），塞马尔（法国），埃尔科利（意大利），墨菲（英国），伊莱克（捷克斯洛伐克），科斯切娃（波兰），洛夫斯通（北美合众国），李光（中国），洛佐夫斯基（红色工会国际共产党党团），希塔罗夫（青年共产国际），基尔布姆（斯堪的纳维亚国家），柯拉罗夫（巴尔干），库西宁（边区国家），马纳瓦（印度尼西亚），海德尔（近东），拉塞尔达（南美），片山潜（日本），西坎德尔（印度）。

召集人台尔曼同志，秘书雅布翁斯基同志。

无代表参加委员会的代表团可以书面形式向委员会提出修改意见，并有权为自己的建议进行口头辩护。

谁想发言？

没有。现在表决。

请举起代表证。好！一致通过主席团的建议，无人反对。

这样，议程的第一项已全部审议完毕。

乌克兰代表团的洛维茨基同志想作一点解释性发言。

洛维茨基（乌克兰）：

同志们！我们乌克兰共产党（布）出席共产国际第六次代表大会的代表坚决抗议波共少数派代表格尔维克同志对最老的布尔什维克、联共中央委员、乌共（布）领导人之一米科洛斯同志进行的政治攻击。

格尔维克同志在涉及米科洛斯同志在西乌克兰共产党中的工作时竟然把米科洛斯同志称做"接受犯严重错误者忏悔的牧师"，并且贸然宣称，米科洛斯同志对西乌克兰共产党内部问题的观点与共产国际的观点是矛盾的。

为了回答这一攻击，乌共（布）代表不得不肯定地指出，米科洛斯同志多年来在西乌克兰共产党中所开展的对该党布尔什维克化具有重大作用的工作，是完全受共产国际委托并按照共产国际的指示进行的，受到了西乌克兰共产党中央委员会的好评和支持。

米科洛斯同志对西乌克兰共产党出现危机的原因及瓦西里基夫集团

的叛变的看法，是同西乌克兰共产党中央委员会的观点相吻合的，这一观点反映于乌共（布）中央三月决议之中。

因此，我们不能不认为，格尔维克同志的政治性攻击和他在7月28日的大会例会上的发言是针对乌共（布）中央委员会的。

米茨凯维奇同志在同一次例会上的发言再次肯定了众所周知的事实，即最近一年半来一切有关西乌克兰问题的重大决定都是共产国际执行委员会作出的，格尔维克同志及其同伙攻击的实际上不是波共中央多数派在乌克兰问题上的路线，而是攻击共产国际的路线，这样，我们就再无必要就这一问题同格尔维克同志进行任何对话了。

我们不揣冒昧地向第六次代表大会大声疾呼，只是想说明，因对前不久所犯严重民族机会主义错误（勃罗诺维奇的小册子、布曾斯基的宣言和其他一些精彩杰作）负有责任而背着沉重包袱的波共少数派成员，特别是格尔维克同志，现在正将自己置于可笑的境地——完全不自量力地想教训乌共（布）中央和米科洛斯同志，什么是正确的民族政策。

（会议休会）

第十七次会议

(1928年7月31日)

主席：塞拉

贝尔作《关于同帝国主义战争危险作斗争的措施》的报告

共产国际和反对战争的斗争

引 言

自从召开第五次代表大会以来，已经过去了四年。这四年不仅是工人阶级进行斗争、开展争取提高工资的群众运动的时期，不仅是发动罢工和各种大规模运动、反对加紧剥削工农群众的时期，而且也是酝酿战争的时期。军事上的这种种准备（毁灭手段的机械化、战争技术的改进、民众的军事化）现时正在疯狂地急促推进，其速度甚至超过了1914年前的武装速度。帝国主义列强一面准备战争，一面又力求签订同盟条约和秘密军事协定，同时不惜使用各种花言巧语，高谈阔论"和平"、"裁减军备"和"宣布战争是非法行动"。面对这种局面，共产国际将无产阶级应对战争威胁的问题列入了第六次代表大会的议程。

直到第八次全会之前，对战争问题的讨论始终采取了最一般的形式。帝国主义发动反苏战争的危险还没有提上议事日程。我们出版了用一般词句撰写的呼吁书。只是从第八次全会起，保卫苏联和中国革命的必要性才迫使我们将训练无产阶级应对战争危险的问题提到了第一位，并拟定了一些具体方法和口号。我们相信，这次代表大会将批准第八次全会的提纲并着手解决自己的主要任务：动员帝国主义各国和处于帝国主义统治之下的殖民地及半殖民地的最广泛的工农阶层起来支持这些方法和口号，代表大会将进一步完善这些方法和口号。

第八次全会时，我们批评了我们的兄弟党，因为他们完全没有将中国革命和对苏联的挑衅行为同战争危险联系起来。我们当时指出，这些党在审视这些问题时，将它们作为一些孤立的现象。令人遗憾的是这个缺点至今依然存在。例如，白色恐怖和对我们中国同志的迫害并没有引起足够的注意；我们各个兄弟党对法西斯分子对我们意大利同志的无情进攻也揭露得不够。今年5月，当日本人在山东开始冒险行动时，没有一个共产党发出过抗议的声音，甚至不曾发表共产国际的号召书。这就是说，我们远远没有履行我们共产党人的革命义务，不善于将重要事件同反对战争的总斗争联系起来。

看来，共产国际许多支部仍旧认为战争是遥远的未来的事情。这种因循守旧和消极态度，在我看来，不仅仅是因为组织上的软弱无力。我认为，许多同志还不理解我们对待改变了的战争形式的基本原则。因此我们有些党看不见危险的因素，也不能像共产国际要求的那样来利用它们。正因如此，我们才不惜冒着被指责老调重弹的危险，在我们的提纲中一再强调马列主义的一条基本原则，一再提醒列宁的指示，**"没有革命的理论，就没有革命的实践"**①。

---

① 列宁的原话是："没有革命的理论，就不会有革命的运动"。参见《列宁全集》中文第2版第23页。——编者注

我在报告中将分析我们反对战争斗争中的一个很重要的侧面。我认为，我们应当谈谈战争是不能避免的，谈谈近期内发生战争的可能性。一些同志因为我们讲战争不可避免而感到惊慌，要我们注意战争不可避免这种预测可能引发的危险。他们说，坚信战争不可避免将导致产生消极态度。不消说，确实存在某些这样的危险。沉湎于战争不可避免的想法也同认为战争是遥远的将来的事情同样危险。这两种观点都可以产生消极态度，尤其是我们脱离群众中日常的革命工作，而抽象地谈论战争的时候。这是实实在在的危险。不过我认为，最好还是注意现在的实际情况，加强我们反对战争的斗争，而不要因为战争距我们还很遥远、是未来的问题而陷入消极情绪。

一、英国和美国之间的竞争

战争迫近的客观征候有哪些？我们不妨回顾一下主要的帝国主义集团。在许多征候中我们应当把美国和英国之间的对抗和竞争放在首位。英美之间的对抗现在是帝国主义阵营中的主要矛盾。

英美之间的经济矛盾在军事和政治方面最鲜明的表现方式就是近年来取得巨大规模的海上竞争。美国在1922年华盛顿会议上取得了在主力舰方面和英国的均势后，于1927年试图迫使英国自愿同意在巡洋舰方面的均势。美国企图用这样的办法，不经过战争，而仅仅依靠自己的经济优势来逼迫英国彻底放弃它原先的政治原则——拥有比任何一个其他强国都更强大的舰队——迫使英国同意在现阶段和美国保持均势。1927年夏季，按照美国的倡议，召开了有美国、英国和日本参加的日内瓦海军会议（法国和其他国家拒绝参加会议）。这次会上美国提出了自己的建议。然而这一次英国并没有让步，日内瓦会议以失败而告终。会后，尤其是美国，开始了疯狂的建造军舰的准备。

美帝国主义为了自己的"防务"究竟希望拥有一支什么样的舰队？提交给立法机关审批的建造军舰计划的数字以及美国海军部长威尔伯为此提出的说明表现得很清楚。

美国和英国的报刊引用了美国新海军计划的以下官方数据：法案规定在最近五年内建造 71 艘海军舰只，其中每艘排水量为 10000 吨的巡洋舰 25 艘，排水量为 33000 吨的航空母舰（萨拉托加型）5 艘，9 艘雷击舰和 32 艘潜艇。说明这项计划时，威尔伯宣称：

"在呈报给海军领导部门的这份造舰计划中我们并没有考虑 5∶5∶3 的比例关系，而是集中注意了满足我们自己的需要。新造舰计划的错误就在于过分看重这个比例关系。如果华盛顿协议不扩大适用于一切类型的军舰，那么 5∶5∶3 的比例关系对于决定我们的造舰计划就是一个错误的标准。"

威尔伯说："英国坚持它必须建造更大吨位的巡洋舰，而不管其他大国的海军计划。这件事最有力地证明，我们也必须建造更大吨位的巡洋舰，而不管其他大国的海军计划。"威尔伯在讲话中还论证了必须"保卫贸易"，声称："我国的商人和工厂主必须能够在他们已经站稳了脚跟的外国市场上坚持下去，而且随着欧洲再度建立起正常的秩序，我们就应当为我国的产品寻找新的市场。展示我们的国旗能大大推动我国商界争取新销售市场的斗争，而这种斗争能否取得胜利，在很大程度上决定于现代巡洋舰能将我国的威望提到什么高度。"

这份造舰计划的总开支初步估算为 7.25 亿美元。但美国的一些海军权威人士（休斯海军上将）认为，这笔开支将高达 10 亿美元。威尔伯 1928 年 1 月 11 日声称，而且两天后他正式宣布，**为了装备新军舰，美国打算在今后 20 年内耗资 25.7 亿美元。**

这项 20 年计划包括建造每艘排水量为 10000 吨的巡洋舰 43 艘、大量潜水艇和分舰队的雷击舰。威尔伯认为，如果这项计划得以实现，美国舰队就足以胜任它"面临的保卫任务",尽管这项计划将违反华盛顿协议规定的比例关系。

布鲁克林美国海军委员会主席、海军上将查尔斯·普伦基特在演讲中所作出的断言最鲜明地展示了美国海军人士对待同英国的未来战争的心情。1928年1月23日,普伦基特在纽约共和党俱乐部里发表了题为《美国是否应当拥有和世界上最大的舰队相同的舰队?》的演讲,他对战争危险作了如下断言:"我们比过去任何时候都更接近了战争危险,因为我们在贸易中执行了竞争并将其他国家排挤出去的政策。这样的政策必然导致战争,但是如果你们不想打仗,那你们就应当像一头蜗牛那样,一见到贝壳就立刻钻进去。如果你们想要控制海洋,那就只好作战,——这就如同你们现在坐在这里一样的确凿无疑。只要我们继续执行我们现行的政策,战争就绝对不可避免。"有人问,他指的是不是同英国的战争,普伦基特回答说:"是的,我指的是英国,或者是将涉及其利益的其他任何国家。英国不会立即向我们宣战,而是强迫一个小国这样做,自己则躲在它身后。"

从上面对英美对抗的整个叙述可以看出,这种对抗是现时主要的帝国主义对抗。它的发展前途必然导致战争。未来的几年将充满了军事上和政治上准备未来的战争。主要的参战国将是英国和美国。这些准备活动是今后解读整个国际局势的关键。

二、英国、法国、意大利之间的竞争

下一组矛盾由英国、法国和意大利之间的关系构成。就在不久前,欧洲分裂成两个阵营:英国阵营和法国阵营。英国挑选了意大利做自己的盟友,而法国则倾向德国一方。图瓦里和里窝那在欧洲政治舞台上执行的是相同的方针,就是推动英意接近,而反对法德靠拢。

不过，去年英国外交在对法国的态度中出现了一些变化。

英国充当了法意之间的调解人；他对意大利施加了一些压力，迫使意大利作出让步。结果意大利不得不大大减轻它对南斯拉夫的侵略，而且在参与管理丹吉尔方面降低要求。最后，任命法国驻罗马的新大使和开始法意之间的谈判表明，这两个国家之间的关系具有了较为和平的性质。目前两国正在寻求妥协，以便推迟1926—1927年时曾被认为是不可避免的战争。

至于解决保证的问题，英国业已放弃了它自己早先的、众所周知和法国大相径庭的立场，并（在自己1928年1月28日谈这个问题的备忘录中）提出了新观点，表明它在这个问题上完全赞同法国的观点。

现在正在谋划英法之间经济上的接近：正在进行关于签订贸易协定的谈判；计划在伦敦设立英法银行；已经草签了将来分配摩苏尔石油产品的条约。

上述种种事实表明，**英国外交策略中出现了一些变化，它在一定程度上正在改变欧洲大陆上的国际局势**。

但是毫无疑问，英国政策的这种改变是经过深思熟虑的。对近来国际局势的分析使我们得出结论，这种变化原因有以下几点：

1. 英美之间的矛盾（前面已经对这些矛盾作了分析）不断加深。
2. 英国和苏联关系破裂，因此英国执行积极的反苏政策，力图实现自己的强烈愿望——建立欧洲各国的反苏统一战线。
3. 德国经济实力的增长必将导致英德之间原有矛盾的复燃。
4. 法国货币的稳定加强了法国的国际地位，使它在外交上更具独立性。

这些因素迫使英国外交放弃原先的反法政策，在较长时期内执行同法国合作的政策。今后英法关系的变化将取决于上述四种因素的发展。

总之，我们看见了欧洲的两个主要帝国主义强国现在走向接近的某种趋势。

三、意大利、法国和南斯拉夫之间的竞争

意大利同法国以及意大利同南斯拉夫之间的关系在很大程度上受到法国和英国的影响，尽管现在可以明显地感到这种影响有所削弱，我们还是应当注意，地中海上的战争危险依然存在，它迟早是要爆发的，因为这些国家之间的根本矛盾不可能用和平方式解决。这场战争必然要转化成世界大战，因为它会立即将英国和一些次要国家卷入战争。

因此必须确定英国舰队的配置。现时英国的主力集中在地中海。法国舰队也几乎全部集中在这里。地中海上海军力量配置的比较表如下：

地中海上海军力量配置的比较表

	战列舰	巡洋舰	航空母舰	轻巡洋舰	雷击舰	潜艇
英国	11	10	2	4	32	7
法国	9	6	1	4	27	9①
意大利	5	11	1	4	40	41
西班牙	2②	10	—	—	8	16
希腊	2	2	—	—	23	2
南斯拉夫	—	1	—	—	11	2

从上面的表格中我们看到，英国是地中海的主人，能够将大西洋舰队和地中海舰队联合起来。不仅如此，站在英国一边的有意大利，可能

---

① 不包括其基地经常改变的海岸警备潜艇。
② 17000 吨级的旧式军舰。

还有西班牙。如果爆发战争，法国将很难同北非和叙利亚保持联系。

英国资产阶级保卫自己通往印度和东方航线的历史统治地位和在地中海站稳脚跟的决心同意大利企图向叙利亚、安纳托利亚、阿拉伯半岛、埃及和阿比西尼亚拓展殖民地的扩张野心发生了冲突。不消说，不应当忘记各个帝国主义强国在镇压亚洲和北非的民族主义运动上是一致的。而来自高加索的石油气息把他们因共同敌视苏联而连接在了一起。

四、法国、英国和德国之间的竞争

至于另一个重要的集团，也就是法国、德国和英国之间，已经非常明显的是德国资产阶级在修改道威斯计划的打算中不能指望英国的合作，所以转而同美国调情。这在一定程度上是由于英法关系的改善，其指向如我在前面谈到的那样，不仅仅是针对苏联和在帝国主义看来是危险的民族革命运动的，而且是针对德国的。

德国经济的发展和巩固再次使这个国家成了英国危险的对手。德国和英国都参加了关于建立国际托拉斯的谈判，以及在炼钢、煤炭和化学工业方面签订协议，但至今不曾取得物质性成果，这自然不是出于偶然或者暂时性的原因（英国工业的集中程度还不够）。这里有与战前导致了英德对抗类似的、更为重要的原因。英国资本在德国工业中的影响不久以前（两三年前）还是相当强大的，近来已经难觅踪迹了。

在东欧、斯堪的纳维亚以及欧洲其他地区的竞争不久就会爆发。必须看到，德国的出口超过70%（1927年是72.7%）是输往欧洲市场的。将英国商品从欧洲市场上排挤出去现在对德国而言是一场阻力最小的斗争，而且在这方面德国确实取得了很好的成绩，下面的这张表格可以作证。

德国和英国在东欧各国的进口中所占比重（%）[①]

	1924 年	1925 年	1926 年	1927 年
芬兰的进口				
德国	29.8	39.9	34.9	32.6
英国	18.8	17.0	12.9	14.2
爱沙尼亚的进口				
德国	36.6	29.4	29.2	26.4
英国	13.3	12.2	12.1	14.3
拉脱维亚的进口				
德国	38.9	41.4	39.9	—
英国	16.3	13.8	9.9	—
立陶宛的进口				
德国	—	56.5	53.8	53.4
英国	—	8.3	7.9	6.4
波兰的进口				
德国（据海关统计数字）	—	31.0	23.6	25.2
英国	—	7.9	10.4	9.2
南斯拉夫的进口				
德国	8.3	9.9	12.0	11.9
英国	10.6	8.2	5.8	6.6
保加利亚的进口				
德国	20.2	19.6	21.9	20.4
英国	13.2	13.1	11.3	12.2

[①]《经济评论》第 16—17 期。

五、美国、英国和日本之间的竞争

美国、日本和英国构成了另一个集团。这几个大国在远东的对抗属于帝国主义之间最重要的矛盾,孕育着战争危险。近年来这种对抗的性质发生了根本变化。英日之间和日美之间的对抗占据了最重要的位置。几年以前,英国在华盛顿会议上撕毁了和日本的同盟关系并着手修建新加坡海军基地时,日英关系似乎比日美关系更具敌意。可是后来发生了使日美关系再度尖锐化的事情:1924年禁止日本人移居美国,1925年美国舰队在夏威夷群岛附近举行太平洋军事演习、扩大美国在太平洋的海军基地等。

1927年日内瓦海军会议时的形势使日本起来反对美国,而支持英国的主要提案。中国发生的事件使英国遭到重创,迫使它寻求和日本妥协。正因如此,日本和英国的报刊在1927年都倾向于讨论恢复英日同盟的问题。有鉴于此,美国策划了旨在接近日本而孤立英国的反措施。这方面极为著名的事件就是美国银行家的代表拉蒙特访问日本,以及向南满铁路提供巨额贷款的谈判。谈判进展得很顺利,眼看就将签订协议了。如果说美国对提供这笔贷款还犹豫不决,那仅仅是因为提供这笔贷款的意图在中国引发了巨大的抗议浪潮。至于日本,它的政策中已经可以察觉到某种向美国靠拢的倾向。日本需要资金,并打算巩固自己在华北的地位,不得不追求同美国的合作。

可是1928年初发生的一些事件使日本接近美国的企图可能被推翻,而两国的关系再度尖锐化。这些事件有:美国和南方人士签订了消除南京事件的协议和日本侵入山东。第一件事表明美国希望在中国推行较为积极的政策,因此惊动了英国,在日本引起了某种不安。日本在5月里入侵山东,毫无疑问让美国很不舒服,因而迫使它采取了反措施;英国则力求利用新局面来加强自身同日本的关系，而损害美国。

六、军费支出

前面我们谈的一直是各个帝国主义集团之间的政治关系，它们的对抗和竞争。现在来谈谈军费预算。五大强国——法国、英国、意大利、美国和日本——军费支出（包括陆军部以外的其他各部的军事支出）总额的增长引人注目。

1913年，这些支出为113270万美元；1923—1924年度为211890万美元；1926—1927年度为188190万美元；1927—1928年为205710万美元。

再看五大国陆军常备部队的人数，1913年时总数是1753000人，1927年为1896000人，1928年为1865000人。

也就是说，1928年作战部队的总人数比1913年增加了112000人。

但是，军队的人数还不足以准确地描绘当代军国主义。现在军事力量增长的主要因素是军事装备。

首先就是空军。近几年来各大国空军的发展情况从下面的表格中可见一斑，表格仅仅指出了（除德国外）军用飞机的数量。

国名	1923年	1924年	1925年	1926年	1927年
英国	408	599	630	约730	834
美国	520	560	约600	620	约700
法国	1250	约1400	1550	约1580	约1650
意大利	250	400	665	640	600
德国（民用飞机）①	145	249	324	416	512
日本	150	200	327	394	434
共计	2723	3408	4096	4380	4730

---

① 根据凡尔赛和约，德国被禁止拥有空军。

上面的表格说明，各大国的空军每年都在增加，1923年至1927年几乎增加了一倍。

这些数字并不能反映空军质量的增长。例如，从数字上看，也许会觉得意大利的飞机架数1927年有所减少，可是这毫无疑问并不意味着意大利的空军削弱了；相反，由于许多陈旧的飞机已经被最新式飞机所取代，意大利的空军得到了加强。其他国家也有同样的更换装备问题。

由于建造新型船只，各大国的海军也扩大了。

例如，英国海军航空母舰的总吨位1922年是76000吨，1926年为88000吨，到1930年可以达到140000吨。

美国和日本的相应数字分别为：1926年30000吨和15000吨，1930年88000吨和69000吨。战前这种军舰一般是不列入舰队的。

下面的数字表明潜水艇吨位的增长。

单位：吨

	1923年	1926年	1930年（预计）
英国	55000	46000	80000
美国	21000	80000	92000
日本	5000	37000	50000
法国	41000	38000	125000
意大利	16000	18000	48000

可是所有资产阶级国家，除了常备军之外，全都保持着大量准军事化的志愿者组织和非常备的军事队伍，进行战争训练。这些军事—社会组织正在迅速扩大。下面的表格虽然没有列举详尽的数字，却仍然可以说明这些组织的人数。

军事—社会组织的人数

	1913 年	1926 年	1927 年
法国	—	1040000	约 1100000
英国	—	500000	550000
美国	330000	1561000	1727000
意大利①	—	218000	约 259000
德国②	—	3630000	5000000

总之，我们看到了所谓的大国中军国主义在不断增长，准备战争的步伐正在加紧。我们引用的数字清晰地表明，未来的帝国主义大战就其规模而言，将超过 1914—1918 年的战争，而且谁也不敢断定它就是最后一场战争。

七、资本主义世界和苏联

资本主义世界敌视苏联，其主要原因在于苏联作为共产主义运动和世界革命中心所产生的巨大革命影响。

近年来资本主义的政治和经济稳定加强了资产阶级，而削弱了工人阶级的地位，也不可避免地加深了世界资本主义对苏联的敌视，视其为资本主义制度彻底稳定的主要障碍。

世界资产阶级在一些国家击败了革命运动后，日益明确地感到必须打垮作为这个运动主要堡垒的苏联。因此同苏联**斗争**就成了世界帝国主义向工人阶级进攻的新阶段和试图稳定资本主义的继续。

---

① 法西斯民团。
② 仅指民族主义军事组织。

资本主义纯经济方面的利害关系也要求消灭苏联,并将它的土地纳入世界资本主义经济的轨道。

资本主义各国对市场的需求日益尖锐,促使它们希望利用有巨大潜力的苏联市场。但是现在苏联市场的作用并不像战前时期那样巨大。苏联在世界贸易中所占比重(%)就说明了这一点。

	1913 年	1926 年
进口	4.2	1.3
出口	5.1	1.5
总额	4.6	1.4

苏联贸易额的缩减(比战前时期缩减了 2/3 和 3/4),在资产阶级看来是由于垄断了对外贸易,排除了私人资本。因此国际资本的首要任务就是取消对外贸易的垄断和保证较为自由地进入苏联市场。

苏联市场从向它投资的观点看,也可以起到巨大的作用。从对资本主义各国的经济扩张至关重要的增加资本输出的角度看,苏联市场的巨大潜力具有更重大的意义。但是现在资本还找不到进入苏联的途径。这一方面是由于不信任,另一方面是不愿意促进苏联社会主义经济的发展。为了在这方面相应地利用苏联市场,国际资本主义必须破坏社会主义经济的根基,而且最要紧的就是破坏苏联国内实行的国有化。

在审视苏联和资本主义各国的经济关系时,应当看到最近两年内对苏联经济立场的压力加大了。

英苏关系破裂后,这种经济压力获得了新的推动力。只消看看下列事实,就可以知道国际资产阶级对苏联日益加深的仇视态度:

1. 英国资产阶级在断绝同苏联的关系问题上几乎是完全一致的。
2. 许多国家都企图给苏联设置信贷封锁。

3. 法国资产阶级在同苏联的经济谈判中毫不妥协的立场。

4. 建立法德同盟（蒙齐计划）并对苏联采取一致的经济政策的顽固意图；英美的金融工业界也卷入了这个问题的谈判。

5. 美国发生的苏联黄金案和法国政府企图抢夺这些黄金。

6. 德国在同苏联的经济谈判中的要价越来越高，而且借口德国工程师被捕而破坏了谈判。

7. 受到英国极力抵制同苏联的贸易条约的影响，希腊资产阶级突然变得强硬起来。

8. 拉脱维亚反对贸易条约的活动。

上述事实明显地说明，如果说国际资产阶级还没有实现行动的完全一致，它至少对苏联的经济压力是越来越一致而且实际了。

随着资本主义日趋稳定，它对市场的需求必然越来越强烈，国际资本对苏联的压力进一步加强也就指日可待。出于这种压力，资本主义世界将面对使用武力来解决将苏联纳入资本主义经济轨道的任务。

基于上述事实，不难看出苏联同资本主义世界的政治关系日益紧张。

这方面的决定性事件就是1927年英苏关系的破裂。毫无疑问，这次破裂也表示了资本主义世界和苏联之间关系的变化。应当认为，以承认苏维埃政权和资本主义各国企图和苏联达成"临时协定"为主要内容的前一阶段已经结束了。从现在起，资本主义世界和苏联的关系进入了一个新时期，将不断发生新的纠葛、破裂、抱怨、日益增长的固执，以及世界资产阶级企图建立针对苏联的统一战线。

英苏关系破裂之后，与之相关联的各地反苏趋势日益加强。有以下事例可以作证：

1. 同法国的纠葛导致召回拉柯夫斯基，法国帝国主义的反苏立场更加强烈。

2. 反映在报刊和德国政府政策中的反苏趋势日渐增长。

3. 皮尔苏茨基取得政权后，波兰的政策具有越来越反苏的性质，而在英苏关系破裂后，变得越来越挑衅。这方面典型的是针对苏联代表的恐怖行动，波兰几乎毫不掩饰地威胁并准备强占立陶宛（1927年11—12月），波兰半官方刊物《1772年的边界》狂热的宣传，波兰紧张的备战等。

4. 波罗的海沿岸各国的反苏倾向大大加强。芬兰、爱沙尼亚和拉脱维亚的执政者或者是公开的亲英分子，或者是深受英国影响的人。

5. 英帝国主义在东方空前活跃起来。这很可能是由于苏联的对华关系恶化了，而土耳其更明确地靠拢西方。

6. 主要也是由于英国的影响而出现的同希腊的纠纷。

种种事实表明，苏联同资本主义世界的关系日渐紧张。影响苏联国际地位的另一件大事就是中国革命的失败。这次失败巩固了帝国主义首先就是对苏联构成最大危险的英帝国主义的阵地。现在英帝国主义可以集中主要力量来同无产阶级的国家作斗争。彭加勒取得四月选举的胜利后，法国的政策较之过去大约会具有更加明确的反苏性质。毫无疑问，英国为推动法国和苏联决裂而施加的压力将更为顽强；不仅如此，这种压力比过去有更多的成功机会。这方面英国为拉拢法国而采用的外交手腕构成重大危险。可以断言，英国现在采取旨在恢复英法合作和调和欧洲矛盾的策略，其原因在于同美国的关系紧张，同时也是出于英国包围苏联准备入侵政策的需要。

日本近来也出现了一些征候，表明它的对苏政策已经不那么友好。日本的反苏活动特别因为所谓共产党阴谋而发展起来。同时与日本统治阶层关系密切的远东白卫分子无疑也在积极活动。

近年来，尤其是洛迦诺会议之后，德国对外政策的种种变化都表明，德国在对苏关系上越来越看重各大国的态度。德国帝国主义势力的增长迫使德国资产阶级对于同帝国主义列强勾结的兴趣日益强烈,而对来自苏联的政治上的支持日渐冷淡。基于这些设想,可以预期,德国不会对英法解决对苏战争的办法设置不能逾越的障碍。上述种种事情和设想让我们得出结论:对苏战争的危险增加了,而且有进一步增大的趋势。

这个结论也从苏联的西部邻国扩充武装和战争准备中得到证实。

八、苏联西部邻国的战争准备

在资本主义世界反对无产阶级国家的未来战争中,苏联西部邻国将扮演武装先头部队的角色。因此对它们的战争准备和武装力量的巩固应当给予充分关注。在描述这些西部邻国武装力量的状态之前,必须指出它们从外交上准备战争所取得的成绩。仅在1926年,他们就签订了以下针对苏联的军事—政治协定:

1. 作为1925年同盟条约补充的法波军事协定。
2. 波罗同盟条约和军事协定。
3. 法罗同盟条约和军事协定。
4. 意罗"友好"协定,以及作为其补充的意大利给予罗马尼亚军事政治支持的秘密协定。

除了这些主要的条约和协定之外,还有较早时期签订的一些协定,即:拉脱维亚—爱沙尼亚同盟条约,波兰同拉脱维亚及爱沙尼亚的秘密条约,波兰—捷克斯洛伐克协定,罗马尼亚、捷克斯洛伐克、南斯拉夫协定等。

所有上列关于相互支持的协定和条约是一个广泛的体系,将苏联西部邻国彼此之间以及同最重要的大国连接在一起。虽然英国没有直接参加这些协定,但这种情况并不表示,一旦这些边境缓冲国和苏联发生战争,英国不保证向他们提供援助。英国不想用同盟关系捆住自己的手脚是一个策略问题,它显然不会使我们削弱这样的信念:在波兰和边境缓冲国同苏联的战争中恰恰是英国的支持将发挥主要作用。

苏联西部诸邻国的军费支出每年都在递增。例如,波兰陆军部的预算在1926年是62400万兹罗提,1927年是66300万兹罗提,而1928年则高达74500万兹罗提,也就是说,三年内军费支出增长了将近20%。

然而这些数字还不能囊括波兰的全部军费支出。很大一笔数字是由其他部门拨付供军费支出的,例如,用于军事工业、边防部队、居民的军事化、军事移民等。如果计算全部军事费用,我们就看到比军事用途要大许多的数字,也就是,1927年为84400万兹罗提,是全部国家支出的44%,1928年为102500万兹罗提,为全部国家支出的41.3%。

也就是说,仅仅在去年一年内,波兰的军费支出就增加了21.4%。

罗马尼亚的军费也在增长:1927年仅仅陆军部的军费支出就达4100万美元,1928年是4900万美元,也就是一年内增加了20%。

至于整个预算,1927年军费支出占20%,而1928年占20.4%。

波罗的海沿岸各国的军费支出也在增加。除芬兰外,其余各国的军费大约占到国家预算的30%。

苏联西部各邻国(芬兰、爱沙尼亚、拉脱维亚、波兰和罗马尼亚)的兵员数也是逐年增加的:1923年时,他们的兵员总数是431000人,1927年是521000人,1928年是552000人,也就是说,五年内增加了30%。这是我们根据预算得出的数字,实际上兵员人数还要大一些。

军事组织在每个国家中都是非正规的、完全是阶级的军队,其数目正在迅速增长。爱沙尼亚、拉脱维亚、芬兰和波兰的军事组织1923年时有大约30万人,1926年增加到70万人,1928年达到140万人。也就是说,苏联西部各邻国(除罗马尼亚外)军事组织的人数增加了将近四倍。这方面波兰花的力气最大,其法西斯军事组织的成员1926—

1928年间增加了一倍多（1926年为565000人，1928年初为120万人）。

以上数字仍然不足以充分展示苏联各个邻国的武装和备战的情况。空军和海军的迅速扩大、大规模发展军事工业和修建战略铁路具有重要意义。

为陆军和海军服务的空军。作战飞机数量增加的数字如下：

国名	1923年	1926年	1927年	1928年初
波兰	140	220	260	292
罗马尼亚	112	132	171	178
芬兰	48	72	70	80
爱沙尼亚	14	24	32	36
拉脱维亚	24	33	40	54
共计	338	481	573	640

总之，五个国家的空军五年内增加了将近一倍。

苏联西部各邻国的海军也在增长。

不过增长最迅速的是军事工业。为了发展军事工业，所有邻国都拨出了大量经费。结果波兰近几年内修了好几个大军工厂，还建成了自己的航空工业，大大扩充了化学工厂。

因此，军事工业1927年能够在发生战争时向波兰提供30%的军事装备，而1924年时只能提供8%。航空工业能够满足这方面的全部需求。

罗马尼亚、拉脱维亚和芬兰也在扩大自己的军事工业。

最后，近年来所有邻国都在外国资本的参与下修建了战略铁路。

上述种种事实表明，苏联的西部邻国在大国的支持下正在大力发展自己的武装力量，准备同苏联作战。毫无疑问，近两年来的事态发展不断加大了对苏联的战争危险，而且近年内看来还将维持这种趋势。

所以发动国际无产阶级的力量，同武装干涉的危险作斗争不但没有失去自身的意义，相反，在目前形势下是共产国际最重要的任务。自国内战争以来，这项任务从来不曾像现在这样重要而紧迫。

九、和平、裁军和社会民主党

当今世界的奇怪现象之一就是帝国主义者越是接近战争，越是起劲地制造军事装备，不断完善军事技术，他们就越是高声叫嚷要"裁减军备"，越是信誓旦旦地宣称他们希望"和平"。我们刚才列举的许多事实证明，他们关于"和平"和"再也不应当有战争"的种种高谈阔论是多么空洞荒唐、矫揉造作。帝国主义阵营各种矛盾的激化，以及作为其直接结果的军备竞赛推翻了我们已经进入和平时期的思想。

可是帝国主义者及其社会民主党的同盟者的各种高谈阔论究竟是什么意思呢？我们知道，帝国主义强盗处于无产阶级革命威胁之下时，于1919年成立了国际联盟并向对战争感到厌倦的人民承诺裁减军备。我们还知道，国联花了六年时间才记起了这个承诺，因为裁军的筹备委员会直到1925年12月才成立。从那时起，裁军委员会开过几次会，可是裁军大会的召开时间还不曾确定。

现在从日内瓦的讨论和国际联盟的活动中可以看出，没有一个资本主义政府打算过裁军。关于讨论"保证"、"裁军"、"宣布战争非法"等的漂亮言词只不过是准备战争的烟幕。这就是国际联盟的真正历史作用。

不过在帝国主义者关于假裁军的巧言令色讨论中，也有一个令他们难堪的因素，这就是苏联政府。起初由于沃罗夫斯基同志被杀害，导致苏联和瑞士交恶,苏联代表拒绝出席日内瓦的会议。帝国主义分子就利用苏联代表的缺席,指责苏联抵制国际联盟的"裁军"工作。直到1927年夏季,局面才发生了变化,苏联代表团得以揭露帝国主义用国联作掩护对苏联采取敌对态度。

苏联政府的提案是对帝国主义的沉重打击。一个大国第一次郑重地宣布要全面裁军。帝国主义外交官十分恼火,而他们唯一能做的就是嘲笑苏联的提案。但他们又不得不面对这样的事实:并非受到共产国际影响的千百万无产者毫不掩饰他们对苏联提案的同情。

苏联是如此坦率而公开地宣布赞成裁军的唯一大国。只有苏联政府才是和平的真正保卫者,在同其他国家的各种关系中奉行和平政策。苏联没有领土野心,全力投入社会主义经济建设,对苏联而言,和平如同空气一样不可或缺,是无产阶级国家成长和发展所必需的。

但是苏联对于正在准备对它采取新军事进攻的帝国主义者不停的捣乱和敌对阴谋不能视而不见。只是这些阴谋诡计能否成功,也正如军事装备的增加和改进一样,取决于劳动群众的态度。

所以介绍和宣传苏联政府的和平政策是反对帝国主义反革命战争的必要手段。因此,十月革命十周年时成立的新组织"苏联之友"在向广大工人群众介绍苏联无产阶级在相对和平的环境中取得的成绩时,应当起重要作用。不用说,如果认为苏联工人和共产党员放弃了任何备战行动,放弃了保卫自己的国家,那就大错特错了。如果帝国主义干涉者企图侵入苏联,他们将遭到迎头痛击。

但是,共产国际各个支部应当把无产阶级国家的和平纲领同帝国主义国家各党的反战任务区别开来,这个无产阶级国家被公开的敌人四面包围,敌人准备向它发起进攻,准备摧毁它。并不是所有的共产国际支部都明白这种区别,明白苏联代表团在日内瓦提出裁军提案的意义。有一种倾向要将这些提案机械地纳入各党的反战计划,将它们和相应的帝国主义政府的战争目的对立起来。这种错误立场应当受到坚决的谴责。决不能把捍卫苏联政府的裁军提案当做各个共产党反对帝国主义的活动，以此替代列宁关于武装无产阶级、用革命手段推翻资产阶级政权的口号。各党应当寻找把年轻的社会主义共和国的和平政策——作为揭露帝国主义战争贩子及其社会民主党同盟者的伪善嘴脸的手段——与共产党人主张裁减资产阶级军备、武装无产阶级的坚持不懈的斗争联系起来的方法。

苏联代表团的提案对于社会民主党的政治家也是一个沉重打击。这些夸夸其谈的假和平缔造者的嘴脸比以往任何时候都被揭露得更为彻底。他们唯一能做的就是效仿那些规规矩矩的资产阶级内阁主义者，把苏联提案说成是"不可能实现的"、"幻想的"等等。社会民主党人指责苏联代表团挑起群众的幻想，使他们以为资本主义政府似乎能够接受苏联的裁军提案。例如，社会主义工人国际布鲁塞尔代表大会提出的决议草案就明确地谈到，社会主义工人国际"不会陷入错误，也不相信在政府中的主要位置被资本主义和帝国主义阶级占据时，能够实现全面裁军"。这里无疑指的是苏联提案。

1927年12月，《前进报》写道，苏联无疑希望和平，它的裁军提案标志着它放弃了早先的原则，标志着**转向和平主义**。

英国工人运动全国联合委员会1927年12月8日通过决议，其中说："这种种提案的目的同工人运动一贯认为一切文明政府的全部外交政策的目的是吻合的，那就是：消除作为各文明民族国际关系中的决定性因素的武力，**而代之以建立在理性、公正和国际合作之上的政治**。"

然而社会民主党人掩盖了苏联提案的实质，也就是宣称帝国主义武装同资本主义制度是不可分的，并号召工人阶级起来反对战争的主要根源资本主义制度和帝国主义。他们忽略了李维诺夫同志1927年11月30日声明的开场白，他说：

"苏联政府一贯认为，在资本主义制度的条件下，没有根据指望消除导致武装冲突的根源。只要存在资本主义制度，军国主义和海上霸权主义就是这种制度的自然产物。它们的成长加深了现有的矛盾，大大加速并激化了潜在的冲突，将它们变成必然的武装冲突。"

第六次世界代表大会支持苏联代表团在日内瓦所持的立场。

对待日内瓦苏联的提案，各社会民主党的态度在很大程度上取决于他们对当时日内瓦的外交活动的立场。例如，德国社会民主党持较为友好的态度，仅仅是因为李维诺夫在日内瓦的发言改善了德国代表团的处境。

法国社会民主党执行左翼集团的外交路线，反对同苏联决裂，可是对裁军提案持怀疑态度。尤其是布鲁塞尔的《人民报》，它在法国社会党人不打算公开束缚自己的那些外交问题上往往扮演法国社会党人喉舌的角色。《人民报》公然声称，苏联的提案对裁军事业弊大于利。

英国工党的报纸认为，通过裁军提案是一件轻而易举的事情。工党别无他求，只希望友好地通过俄国人的提案作为谈判的基础。

第二国际所有这些政党的政策，都在必须考虑其支持者的和平主义倾向（特别在竞选活动中）、必须同布尔什维主义作斗争（也是在竞选时）和外交政策的现实需求之间摇摆不定。例如，决定德国社会民主党立场的原因是：德国由于凡尔赛和约，希望其他国家裁军，而无须通过任何国际仲裁法庭和安全条约。英国工党的观点是，裁军之前必须签订国际仲裁协定和安全条约，换句话说，它所持的立场和德国社会民主党的立场是针锋相对的。法国社会党人则认为，裁军、安全和仲裁是一个不可分割的整体，这些问题应当同时解决。

这就是说，法国和德国社会民主党的立场鲜明地反映了它们政府的观点。正如英国人的态度反映了最后一届工党政府，也可能包括未来工党政府的立场一样。

社会民主党领袖对他们资产阶级主人的忠诚也表现在军队形式的问题上。例如，希法亭1927年5月在基尔代表大会上发言时声称：

"战前我们是坚决反对常备军，而主张军队采用民兵形式。可是，我不打算掩饰这个事实，现在我，我认为还有我们中央委员会的绝大多数成员，反对民兵体制。我们之所以反对是因为现在，如法国在新军事技术领域所表现的那样，民兵体制是军事化的最强有力形式。

既然如此，那就应当得出结论，我们对待国防军不应持原则上否定的立场，任务也不是反对国防军，而在于为支持国防军而斗争，让它成为共和国手中的可靠武器。"

另一方面，保罗－邦库尔的名字同法国关于使全民军事化的新法律紧密地联系在一起。保罗－邦库尔在为茹奥关于裁军的一本书所写的序言中批判了雇佣的常备军，声称："国家将不得不为自己的军事组织挑选形式。"茹奥本人在同一本书中声称："民兵和职业军队的本质区别在于前者完全是防御性的。国际联盟迫使自己的成员国将这个组织变为单纯防御性的组织，而将武力开拓的精神一笔勾销。"

英国工党坚持职业军队的现有形式，但仅适用于"在大陆上采用陆上裁军条约"。至于英国的殖民军队，则任何争论和讨论对它都不适用。

从上述事实可以看出，各个共产党面临着三项任务：（1）揭露社会民主党人是怎样抹杀存在战争危险这个事实的；（2）揭露各国的社会民主党是怎样在裁军问题上，用自己的方式捍卫本国资产阶级的观点。并在和平问题上作出骗人的承诺，借以防止选民的左倾；（3）揭露各个社会民主党在外交政策方面是怎样保护本国资产阶级的利益的。

迄今为止我们的各个支部对这些任务表现得很冷淡。必须比早先更系统地加紧进行这项活动。

十、和平主义的危险

现阶段对于革命的无产阶级而言，最大的危险就是广泛开展的和平主义运动。和平主义是资产阶级在准备战争期间麻痹群众的最具欺骗性的形式。和平主义者反对一切战争，反对流血和暴力，反对一切军事勤务及使用武器。在这方面有些社会主义者将和平主义者追求的和平同社会主义的终极目标——全球范围的彻底裁军混为一谈。所以我们在各种调停运动中都会发现同和平主义者调情的伪社会主义者。

和平主义运动实行某种"分工"。在这个运动的队伍中我们可以看到纯教权主义的和半宗教的和平主义者、国际联盟的拥护者，还有既同前者也同后者调情的假社会主义者。

明显的资产阶级宗教和平主义给自己提出的目标是，缓和资本主义制度的惨剧并寻找一种理想的麻醉剂，使帝国主义的阴谋变得较为易于被人们接受而顺利地实现。这就是准备让上帝站在"被他选中的民族"一边，也就是资产阶级及其"祖国"的政府一边。同这种欺骗宣传作斗争是我们共产主义者日常活动中极为重要的一个环节。

国际联盟对于因1914—1918年的流血而对战争感到厌倦的各族人民而言，过去是、现在仍然是一场最大的骗局。国联在老的和新的小国中制造并不断煽起裁军、领土不容侵犯和今后拒绝战争的幻想。同时它还向广大劳动群众灌输用"裁军"、"谈判"和"仲裁"取代战争的思想。

它通过自己的各种会议、报刊，还通过自己的专门机构，如国际劳工局、国际联盟之友协会，大肆宣传这些幻想，与此同时，帝国主义大国集团悄悄地干着国联的事情，而将小国蒙在鼓里。

的确，国际联盟是帝国主义阴谋和秘密准备新战争的最冠冕堂皇的挡箭牌。它煽起幻想，仿佛参加国联的各国政府除了和平之外，别无他求，而实际上占据主要地位的却是大国集团的财力和武力优势。得到国联支持的和平主义宣传是对群众准备应对一般战争，特别是对没有加入国际联盟的苏联作战的一种细致入微的思想训练。因为国联的章程在一定程度上束缚了所有成员，责成它们同"侵略"方作战，而对于资本主义各国政府来说，制造有利于宣布无产阶级国家苏联为"侵略"方的条件并不是什么难事。已经发生了特别是领导着帝国主义分子建立反苏集团的英国资产阶级制造的一系列挑衅事件（北京、伦敦、杀害苏联代表）。打着国际联盟的白色旗帜，由麦克唐纳、保罗-邦库尔、王德威尔得、皮尔苏茨基、墨索里尼和第二国际领导的，反对布尔什维主义的十字军东征是再简单不过的事情，这种可能性完全符合社会帝国主义分子对苏联和共产国际的疯狂仇恨。

对劳动群众而言，和平主义最危险的形式就是社会民主党人反对使用任何暴力手段同资本主义作斗争，他们反对无产阶级使用武器推翻资产阶级的任何企图。纯粹的社会帝国主义者麦克唐纳、保罗-邦库尔等并不反对使用暴力和武器，如果是用来对付他们资产阶级"祖国"的敌人。可以作证的是伊拉克、埃及、叙利亚、摩洛哥、中国和印度尼西亚发生的事件。他们主张在必要时用铁和血来维持自己的资产阶级国家政权。他们不惜使用国家政权来对付本国的工人，如果这些工人表现出愤懑的话。韩德逊之流、诺斯克之流等等就是这样的人。因此，第二国际中的这些内阁主义者声称他们似乎并不反对暴力和武装斗争，不过是十足的伪善而已。他们只是反对为无产阶级而斗争，但并不反对保卫资产阶级的斗争。

而和平主义的破产也许最鲜明地表现为社会民主党的假左翼在反对战争中的角色。这些"左派"社会和平主义者中特别突出的是独立工党中的布拉德福德、兰斯伯里、布罗克韦、马克斯顿集团。这里不妨引用表现该集团中占据主要地位的思想混乱的一些典型例证。布拉德福德在谈到欧洲存在潜在的（隐蔽的）战争时，声嘶力竭地喊道：

"不仅不存在能够控制世界的超国家政权，而且这种政权存在本身对世界船队的私有主来说，也是不利的。"①

可是在谈到英国谋求对埃及的控制时，他却说：

"如果混合法庭继续存在是有根据的，或者某个外国对警察的控制在一段时间内是需要的，那为什么应当出头的是国际联盟，而不是大英帝国？显然，国联是苏伊士运河理想的守护者。"（《新领袖报》1928年1月13日）

独立工党中的许多人都在起劲地证明一个想法，似乎战争危险来自对战争的议论，仿佛战争是一个"心理"问题。布拉德福德在评述1927年的国际形势时说：

"（战争）危险来自莫斯科离奇的推测，仿佛英国希望借助战争消灭它。可是据我看，这个推测是言过其实了。"

独立工党的领导人不仅将"战争危险"的全部责任都推到苏联政府头上，更有甚者，他们还帮助在和平主义的基础上营造敌视苏联的氛围。例如，兰斯伯里说：

"谁要是希望今后不再有战争，他就应当拒绝参加任何战争，而不管它是由谁发动的。"

尼维森紧跟兰斯伯里，号召人们拒绝参加战争，指责苏联是强制人们服兵役而"不顾他们的信仰"的国家。独立工党中这些社会和平主

---

① 1927年7月24日《新领袖报》。

义者的"左翼"集团毫不掩饰的伪善最突出的表现也许要算布罗克韦拒绝前往苏联参加十月革命十周年的庆祝活动了。他的借口是苏联监狱中还关押着社会党人,因此,苏联是没有政治自由的。

人们拒绝服兵役是和平主义最危险的形式之一。作为反对帝国主义和战争的这种不值一提的手段,早在1914—1918年间就已经被充分揭露了,可是社会民主党的"左翼",特别在英国、美国和斯堪的纳维亚各国,却还在继续玩弄这个口号。这个和平主义的口号在德国也有它的拥护者。例如,《阶级斗争》杂志(第4期)的激进"军事评论员"库尔特·黑勒声称:

"在和平主义者看来,即使在国内战争中也必须消灭义务兵役制……那些认为从事艺术、哲学、科学研究、宗教和技术进步比搞斗争更为重要的人,那些认为自己因此而比借助武装暴力能为整个阶级带来更多好处的人……这样的人不能强迫他们去当兵。"

对于那些憎恶"暴力"、阻碍无产阶级事业的人提出的和平主义的拒绝服兵役的主张,列宁早就作出了共产主义的回答。在关于无产阶级革命的军事纲领的文章中,列宁指出:

"被压迫阶级如果不努力获得有关武器的知识,学会使用武器,占有武器,那它只配被压迫,被虐待,被人当作奴隶对待。"①

在同一篇文章中,列宁同害怕一切战争和居民军事化的、软弱的和平主义者争论。他声称:

"今天,帝国主义的以及其他的资产阶级,不仅使全体人民而且使青年军事

---

① 《列宁全集》中文第2版第28卷第90页。——编者注

化。明天,它也许要使妇女军事化(多好的预言!——T. 贝尔)对此我们回答说:那更好!快点前进吧!军事化进行得愈快,反对资本主义的武装起义就来得愈快。"①

列宁向无产阶级的妇女—母亲们发出呼吁,希望她们告诉自己的孩子:

"你快长大了。人家会给你枪。你要拿起枪来,好好地学习一切军事方面的东西——这是无产者所需要的,这并不是为了去打自己的兄弟……像社会主义的叛徒劝你去做的那样,而是为了反对'自己'国家的资产阶级,为了不是靠善良的愿望,而是用战胜资产阶级和解除**它的**武装的办法来消灭剥削、贫困和战争。"②

这就是对第二国际"左翼"社会民主党的"军事评论家们",其中包括独立工党之类的人道和平主义者们的详尽回答。

革命的无产阶级不会将"抵制"资产阶级军队的办法视为预防战争的手段。在本国政府取得胜利之前,资产阶级的军队不可能通过全面"抵制"兵役就被瓦解。推翻资产阶级的斗争要求革命的工人阶级在军队内外,在工业无产阶级的群众性运动中,特别在军事工业和运输业中进行综合工作。不是要采取个别人的行动,而是要进行群众性的宣传,将帝国主义战争转变为国内战争——这就是共产党人对和平主义者的回答。

十一、法西斯主义

帝国主义准备反苏战争的现阶段,其特点是所有资本主义国家都在

---

① 《列宁全集》中文第 2 版第 28 卷第 91 页。——编者注
② 《列宁全集》中文第 2 版第 28 卷第 92 页。——编者注

坚决镇压工人运动和共产党人。在"民主"国家，针对无产阶级的立法、逮捕共产党人，交付法庭审判并投入监狱，已经提上了日程。在明显的法西斯国家——意大利和巴尔干各国、波兰和波罗的海沿岸各国——对共产党人和凡是有反法西斯情绪的工人采取严刑拷打、判处终身监禁的办法，甚至杀害。宣布战争非法的资产阶级口号到处都同宣布共产党非法的口号相伴而行。共产党已经进入了第三次代表大会预言的非法时期。

由于危机一个接着一个，各帝国主义集团之间争夺市场的斗争日益紧张，战争的倾向越来越强烈。全球的资产阶级都知道自己面临着一场决战。他们也知道，这场决战已经将劳动大众和资本主义剥削者之间公开的阶级决斗提上了日程。

资产阶级明白，在这场决斗中各个共产党和革命的无产阶级苏维埃共和国将率领工人阶级的军队来反对它。因此，如果资产阶级和资产阶级制度想要站稳脚跟，那他们就应当首先摧毁他们一贯的敌人共产党员。这就是现在迫害和白色恐怖的客观内情。

所以说，既然今天"民主的"美国、英国和斯堪的纳维亚各国，"共和制的"法国、德国和捷克斯洛伐克，法西斯的意大利、波兰和日本，以及追随帝国主义强国的所有国家都在疯狂迫害和压迫革命的工人，那就很清楚，现阶段就是准备战争的阶段。

法西斯主义在各个国家中具有不同的形式。战争刚一结束，在美国打着三K党和美国退伍军人团旗号的恐怖活动就开始了。所谓"公司工会"，以及雇佣暗探和杀手团体，为美国法西斯主义的发展提供了有利的土壤。

英国的资产阶级除了反社会主义和反共产主义联盟、英帝国联盟和经济联盟之外，还成立了其他明显的法西斯团体，它们起着"黄色团体"和工贼的作用，开展反共产主义宣传。起类似作用的还有英国退伍军人协会、军事训练军官营和其他组织，如"大战之友"。同时不久前成立的类似组织"蒙德化学公司"，以及由蒙德和西特林领导的要求工业和平的运动，其目的也是为成立法西斯团体做准备。而反工会法则为这一切准备了条件。

德国的非正规军队："钢盔队"、"狼人"、"德国军官协会"、"青年"，社会民主党的组织"帝国的旗帜"，都是法西斯主义的形式。而工厂法西斯主义也十分鲜明地通过工厂体育俱乐部、民族主义的和白卫分子的工厂支部以及工厂警卫和密探表现出来。

所有资本主义国家中的各种法西斯团体，其唯一目的就是消灭和镇压工农组织，取消劳动群众的一切民主"权利"，以便更有效地保卫资产阶级国家，保证实现它的帝国主义战争目的。

至于共产党人同法西斯主义的斗争方法，这方面没有什么万验不爽的灵丹妙药。共产党应当利用自己的政治经验来探索按照同法西斯斗争的实际和具体要求、发动工农大众的最有效手段，以求最终粉碎法西斯主义。各党从我们德国的红色前方战士身上可以学到许多东西，用街头斗争来回答法西斯分子的挑战。

十二、四年来的斗争

第五次代表大会以来已经过去了四年，发生了许多重大事件，其中有军事斗争和起义。占据主要地位的是摩洛哥、叙利亚、中国、尼加拉瓜、印度尼西亚发生的事件。同时还有一些事件规模稍小，但对于国际无产阶级运动具有同样重要的意义。这些战斗的大部分都是殖民地和半殖民地人民反对帝国主义铁蹄统治的革命起义。这些起义为他们直接涉及的国家，也为共产国际提供了具有战略和策略价值的丰富经验。在这些战斗中，我们的一些党在共产国际执行委员会的领导下表现很好，当然也应当看到，出现了一些严重的缺点和错误，许多支部表现消极，而他们本当利用大好时机，开展异常重要的反军国主义工作。

限于本报告的篇幅，不可能详尽无遗地分析共产国际各个支部的反军国主义工作。但是被直接卷入事件的我们各党虽说存在种种弱点和欠缺，却表现得无愧于共产党员，尽管各兄弟党没有很积极地履行自己的国际义务。资产阶级的胜利仅仅是暂时的。必将发生新的起义，特别是帝国主义之间的战争，或者是帝国主义分子联合起来攻打苏联的战争必将爆发。民族革命运动和工农群众自发的暴动将汇成一股国际帝国主义分子阻挡不住的洪流。

第八次全会没能对这些事件的教训给予必要的关注，并为反战斗争作出必要的结论，是由于托洛茨基反对派的破坏，使讨论离开了真正的主题。可是全会仍然制定了许多口号和具体任务，各个支部都应当联系中心口号"保卫苏联，保卫中国革命，反对战争"加以执行。第八次全会后，大多数党都立即着手研究全会关于军事问题的提纲和反战斗争的策略问题。这是初次尝试在统一的决议中拟订各共产党对战争问题的立场，而且经过许多党校和支部的细致讨论。不过从我们得到的有限通报中可以看出，除此之外，我们各个党在完成上述任务方面做得很少，甚至无所作为。

但是有些支部成功地发动了反战运动。我们的法国朋友就福煦将军臭名远扬的访问组织了群众运动。1927年夏季，爆发了法国预备役军人的自发运动，其中我们党的口号"应当将对预备役人员的帝国主义军事训练变成反军国主义的军事训练"起了一定作用。

今年预备役人员没有被征召到军营中去，借口是"天气不好"。不过应当承认，我们党对运动的准备工作做得还不够广泛。

我们的意大利同志们在最严峻的地下状态中工作，他们将反对军国主义的工作同全党的工作联系起来了。他们发表了提纲，在意大利—南斯拉夫冲突中散发了传单,在工厂的报纸和地下出版物上分析了战争危险问题。意大利的党开展了专门运动,反对政府组织的自愿捐献购买飞机的活动。

英国共产党借助报刊、公开的集会和会议,通过向士兵散发传单,系统地开展了反军国主义宣传。发表陆海军士兵的要求大纲迫使政府采取措施来应对我们在许多问题上的宣传,例如:经济要求、参加政治集会的权利、休假时穿着平民服装等。已经着手组织自卫队——退伍军人工人协会,并就裁军问题顺利地召集了一些妇女集会。

捷克斯洛伐克党为纪念世界大战爆发13周年举办了许多活动,要求缩短服役期限,给士兵提供选举权,抗议武器走私(圣哥达事件)。今年春季,共青团初次对入伍的新兵采取了一些特殊措施,在火车站上,在应征的日期,向他们散发材料,收集他们的地址,以便建立联系。共青团第八次代表大会还为具体的反军国主义工作奠定了基础。

德国党采取了措施,向党员认真说明我们的提纲。强有力的措施是在议会选举的前后以及红色前线战士协会游行期间采取的,口号是保卫苏联。对警察工会的成员做了大量工作。

波罗的海沿岸各国的共产党为接受苏联关于签订保证条约的提议而开展了斗争。芬兰党揭露了社会民主党政府是英帝国主义手中的工具。拉脱维亚党为反对大资产阶级企图建立波罗的海沿岸各国的反苏同盟进行了斗争,主张同苏联接近。在瑞典议会审议有关海军的法律时,我们党就此顺利地开展了活动。当英国军舰进入挪威海域时,我们的挪威同志在英国海军人员中散发了许多传单。传单呼吁水兵在发生战争时,转投红色舰队一方。

我们的美国党组织了反对派遣军队前往尼加拉瓜的游行,安排了大会和街头游行,散发了传单,揭露了美帝国主义的阴谋。大量工作是我们的兄弟党在墨西哥军队中进行的。

除了上述种种工作之外，还可以举出许多例子，上述这些并不足以概括各个党的全部工作，因为关于它们活动的报告是不完全的。

不过，在强调我们的"资产"时，也不应当忘记自我批评的口号，也应当谈谈我们的"负债"，谈谈我们各个党的反军国主义工作中的许多缺点。其中最重大的缺点就是抽象地、肤浅地、机械地对待战争问题。许多党还不能将准备战争的具体的、实际的方式同战争政策问题联系起来。

帝国主义者的准备工作进行得十分灵巧，在许多情况下是十分隐蔽的，如果我们不能抓住具体的事实，不能使它们持之有据，那么我们的宣传就只能是抽象的、没有说服力的。共产党人过于一般化的声明会导致对战争危险估计不足。准备战争的特殊事实和方式不能被及时识破。例如，资产阶级报刊要求召回拉柯夫斯基的喧嚣是建立共同反苏集团的一步棋，也是准备对苏战争的一个措施，可是我们的法国同志认识到这一点时已经太迟了。南斯拉夫共产党承认，"当意大利—南斯拉夫的冲突形成了直接威胁时，他们还没有充分考虑到"战争危险。拉脱维亚的党在拉脱维亚和爱沙尼亚开始谈判签订关税协定时，并没有作出反应，它起初也不明白，在英国支持下同爱沙尼亚签订的这类协定是波罗的海沿岸各国建立反苏集团的一着棋。

当日本人占领上海时，没有一个支部对形势作出正确的评价，也不曾作出反应。

我们举出这些例子，只是想说明，我们各个党始终保持警惕，始终关注同战争危险相关的种种措施和事情，是多么必要。

总的说来，第八次全会后，我们看到反军国主义宣传有过自发的增长，后来这方面出现了一些停滞，而在个别情况下甚至完全停止了，仿佛各党都明白了，它们起初"夸大了"，而现在正在改正自己的错误，陷入完全的沉默。我们缺乏证据来说明，农业大国的各个党都认识到了农民在未来战争中的巨大作用,以及在群众中加强反军国主义宣传工作的全部意义。这方面更值得惋惜的是社会民主党人就战争问题出版了许多著作,其中讨论了无产阶级对战争问题的态度。认为反对军国主义宣传仅仅是某个专门机构的任务,而不是党日常工作的不可或缺的部分,这种观点说明了各党在这件事情上表现出停滞不前的原因。我们的同志并不是始终都明白,反对军国主义的工作并不仅仅是专任人员的责任。

被第八次全会赋予重要意义的口号:"工人民警"、"工农军队"、"人民民警"未能始终得到认真的贯彻。这方面,在德国、南斯拉夫、挪威只是机械地重复口号,而没有提出具体的、局部的要求。有些国家过早提出了"选举产生军官"、"选举产生士兵法庭"的口号。

至于我们在沿海港口中的工会工作和反军国主义活动,必须将这项工作更加集中起来,尤其在和金属加工工业、武器装备工业、化学工业和运输业有关的行业和工会中。我们收到的报告并不能让我们确信,在这些行业中该做的都在做。许多对于反军国主义工作具有决定意义的地方,或者没有我们党的组织,或者党的影响非常薄弱。可以举出一些例子,证明在法国、英国和美国海军中,我们反军国主义的工作很薄弱,或者在一些重要的海港城市中没有党的组织。必须使我们党的领导机关不仅注意扩大党员的人数,而且关注他们的地区分布。

在陆海军士兵中,成功的活动数量极其有限。虽然有一些组织方面的成果,但缺乏系统的工作。在一些国家中,工作带有偶然性,不是群众性的,而局限在狭隘的圈子里。

综上所述,第六次代表大会必须重新拟定共产国际在一般战争问题,特别在针对不同国家的不同类型战争问题上的理论立场,同时细致地讨论共产国际各支部在反对战争方面的组织任务和实际任务。

呼吁书

华莱士（北美合众国）：我现在宣读全体拉丁美洲共产党代表团和北美合众国共产（工人）党代表团递交给代表大会的电报。

下面是电文：

"共产国际第六次世界代表大会向尼加拉瓜工人和农民，以及正在为民族独立而战斗、同美帝国主义作坚决斗争的桑地诺将军的英雄军队致以兄弟般的敬礼。

美帝国主义愈来愈侵略成性；它企图借助自己的资本和武力征服拉丁美洲各共和国，将它们变为自己的'后院'。

中美洲各国摆脱帝国主义资本主义的枷锁、争取解放的斗争是所有被压迫民族、所有被剥削的工人和农民的任务。美国工人和拉美各共和国的劳动农民都应当站在这场反对美帝国主义斗争的前列。

共产国际第六次代表大会号召所有的共产党、工人阶级的所有组织和各国无产阶级支持尼加拉瓜工人和农民的斗争。

打倒美国的强盗帝国主义！

从尼加拉瓜滚出去！

拉丁美洲和美国所有共产党反对他们的共同敌人——美帝国主义的共同斗争万岁！

打倒帝国主义战争，国际大团结万岁！"（呼吁书获得一致通过）

（会议休会）

第十八次会议

（1928年8月1日）

主席：曼努伊尔斯基

曼努伊尔斯基（主席）：代表大会第十八次会议现在开始。议程有：关于战争危险的副报告。现在请加兰迪同志发言。

加兰迪关于战争危险的副报告

昨天在一般性讨论中，贝尔同志在这里对世界局势的评价，使我们得出结论：战争日益迫近了。应当使每个工人、每个劳动农民都认识到这个结论。战争不可避免，而且日益逼近，这是对每个国家经济形势的分析，对每个国家日渐深化的国内矛盾以及大小国家之间的矛盾、世界范围内的矛盾的分析得出的结论。

为了更全面地评价世界局势和战争的前景，必须谈谈法西斯意大利对待战争危险的立场。我的分析谈三个方面：（1）法西斯主义是一股企图改变世界平衡的势力；（2）意大利的无产阶级及其反对战争的经验；（3）我们面对战争危险的任务。

战后意大利经济的特点是生产部门大大发展了，而合约却并不曾给意大利带来殖民地，使它能够解决原料和销售市场这样的老问题。这个问题世界大战不仅没有解决，相反，战后却更加尖锐化了。这种局面迫使意大利资本主义到已经被外国资本主义占领的市场上去,通过降低产品成本的办法加入竞争。意大利既没有原料,也没有大量资本。降低成本在意大利一贯是通过加紧压榨工人阶级来实现的。所以在意大利早就已经感到阶级矛盾加深了。但是在战后出现普遍经济危机的条件下,意大利的资本主义甚至不敢设想使用老办法来对付工人。因此意大利的资本主义找出了一种特殊的政治办法来消除工人争得的强有力的经济地位,使各个劳动阶级生活的经济和政治条件日渐恶化。这种方法在意大利特殊的经济、社会政治以及政治条件下采取了法西斯主义的形式。法西斯主义的政策就是在意大利特殊的环境中剥夺工资和一般劳动收入的政策;同时这也是意大利帝国主义准备战争的政策。法西斯主义的战争政策表现在意识形态领域、国家结构领域、发展到极致的关税保护政策以及战争的物资准备中。

1924—1925年的通货膨胀时期,意大利的工业有了一些增长;可是持续的通货膨胀很快就可以将一个并不拥有大量资源的国家引向灾难。意大利资产阶级用通货膨胀的办法从居民手中剥夺了几百亿里拉之后,又使货币升值,这就暴露了意大利经济中存在的巨大矛盾。

国家资本主义的形式在我国相当发达,它制止了新危机的发展。外国资本的援助(约80亿里拉)帮助意大利经济克服了困难和手忙脚乱,可是危机只不过是被推迟了。特别是加剧危机的那些矛盾正在积累:失业(目前意大利有大约包括农业工人在内的100万失业者)成了持续不断的现象,因为农业总共只能吸收这支失业大军的一部分,而且是季节性的,每年只有几个月。工业危机的结果导致农业停滞,而且有愈来愈坏的趋势;这种停滞日益加剧,正在转变成尖锐的危机,将千万个小农变成农业工人。工业人士在准备扩大国外市场时所依靠的国内市场日益萎缩。市场萎缩的另一个原因是工业品价格昂贵,从而减少了城乡间的贸易额。国内贸易有很大一部分都瘫痪了。另一方面,大工业公司背上了沉重的外债包袱。为了使工业能够偿还债务利息就必须增加产品，而这又必须先有相应的市场。迄今为止，工业界都是依靠掠夺性的压低工资和剥夺农民来偿还债务的。墨索里尼不久前承认，工业界去年靠降低工资20％、30％甚至40％才拿到了也就是盗窃了几十亿里拉，而法西斯国家靠增税30％（通过稳定货币）"拿到了"多少还不算在内。对意大利资本主义来说，扩张是必不可少的。法西斯主义通过自己的代言人等在报刊上鼓吹这种必要性。"要么扩张，要么爆炸"，这就是意大利法西斯主义的口号。只有通过战争，法西斯主义才能尝试克服经济危机。

法西斯主义的国家组织力求保证资本主义对群众有更严厉的控制。将青年人法西斯化、对他们进行军事教育、对参加军事训练的青年人提供特殊优惠、和军事当局一起制定处置工业，尤其是化学工业的计划、法西斯国家以股东身份参加新的化学工业公司和武器装备制造厂、对军队和总参谋部进行改革、建立空军的庞大计划——这一切都表明，法西斯主义是准备战争的最积极因素之一。

据官方的数字——这个数字无疑是不准确的，意大利每年的军费预算是60亿，警察费用还有15亿；换句话说，收入的37％用于军队和国内的保卫。这75亿之外还应当加上政府通过强迫工人向法西斯公司交纳会费而搜刮的几百万，这笔钱用来养活5000名监督劳动群众厂内外生活的工会官员。在意大利的工厂里，法西斯主义也建立了领导三角，而组成这个三角的是：工厂主、法西斯和警察。国家资本主义的形式使政治和经济之间的互相依赖更为紧密，给意大利的资本主义提供了比它过去拥有过的更强大的权力。国家资本主义强化了国家机器和压迫广大群众的机器；这种政策使它得以将战争所不可缺少的、最大限度的权力抓在自己手中。

意大利帝国主义的目光投向巴尔干、远东、红海沿岸各国和西北非洲。我们就来看看这种掠夺企图的准确内容。

意大利可以出口的都是哪些资本？它向巴尔干和近东出口的是它借来的资本。例如，他强加在阿尔巴尼亚居民身上的奴役条件表明，意大利帝国主义必须强迫殖民地的工人为三个主人工作：为意大利主人、为英美的银行和意大利的银行。

可是意大利力求获得能为它带来超额利润、便于它创造新资本的较为富裕的殖民地。显而易见的是，无论意大利试图走向哪个方向，它都会遭遇到其他帝国主义强国。意大利不能采取独立的政策：它只能被更强大的国家牵着走。战后时期的特点是英国和法国争夺欧洲的领导权，法西斯主义在这场斗争中指靠的是英国。而英国在它自己的政治博弈中善于巧妙地利用意大利；每当意大利的野心和英国的利益不发生冲突时，它总是支持意大利。在反对苏联方面，法西斯意大利成了英国可贵的盟友。但是如果以为，意大利的全部政策都是按照英国的愿望，而不企图保留自己的某种行动自由，那就错了。

如果我们注意到英国和德国之间争夺欧洲霸权斗争的发展，我们就不能排除意大利明天依靠德国反对英国的可能性。资本主义的意大利过去多次背叛过结盟关系和所谓的"友谊"。如果意大利不能执行完全自主的政策，那它随时准备进行交易，向能给它付更多钱的人承诺自己的友谊。支持修订1919—1920年和约的要求、而且主张平等分割殖民地的意大利会站在德国一边，讹诈协约国，以便获得补偿。

我们现在就能看到意大利的外交政策表现出某种独立性。在巴尔干和阿尔巴尼亚，意大利的行动是和英国协调过的；在英国的支持下，意大利提出了对丹吉尔、埃塞俄比亚等的要求。为此意大利在中国问题上支持英国，承认罗马尼亚对比萨拉比亚的权利。可是不能说意大利同也门的条约，以及意大利和土耳其的最新条约，其准备和签订也都事先取得了英国的同意。

直到最近，人们——首先就是法西斯分子——都认为，意大利可能随时发动战争。法西斯意大利对科孚岛、阿尔巴尼亚的某些姿态，它对待南斯拉夫的立场，墨索里尼的挑衅演说和法西斯报刊上的文章，造成一种法西斯准备开战的印象。墨索里尼甚至预言，1925年将是"拿破仑年"。不过所有这些都只是放空炮，目的在于敲打意大利的小资产阶级。墨索里尼并不想在一场他处境孤立的战争中被打得头破血流。他最近在参议院的演说是一个打算要谨慎行事的人的讲话。墨索里尼自然将竭尽全力来保持现有的种种矛盾，但是如果没有最强大的国家同他一起战斗，或者如果他事先不曾取得大国的支持，他是不会投入冲突的。对于墨索里尼忽然变得清醒，我们不仅要看到意大利国内局势的严峻，还要看到另一个事实，就是各个大国都在准备反苏战争，在这场战争面前，其他冲突都应当退居次要地位。

埃尔科利同志在这里公正地指出，帝国主义各国之间争夺领导权的斗争应当被看成是帝国主义反苏斗争的一部分，正是在帝国主义的反苏斗争中，各个帝国主义大国才展开争夺领导权的斗争。

法西斯意大利从属于帝国主义强国的世界政策，它不仅是反对苏联的工具，而且还企图将罗马和莫斯科对立起来，也就是所谓"拉丁文明和亚洲野蛮"的对立，制造世界反苏联盟的思想基础。

反苏斗争在意大利开始于六年前。这是一场反对苏联在我国拥有的一支先锋队，即反对意大利的革命工人和农民的斗争。我们在初次冲突中被击败了，可是资本主义同革命之间的斗争还在继续，而我们并非始终都是失败者。

我们一再向自己提出一个问题：一旦意大利的劳动群众不得不走上反对我们苏联兄弟的战场，他们将采取什么立场？请不要以为我想在这个问题上夸夸其谈或是搞蛊惑宣传。我要向大家说的是，我们从来不曾像现在这样生动地感受到苏联劳动群众同我国劳动群众，都灵、米兰、的里雅斯特的工人，意大利南部饥饿的农民之间自然的联系。我并不是说，意大利工人同俄罗斯同志之间的战争根本不会发生。可是我不知道世界上除了苏联之外，还有另一个国家的无产阶级，像意大利的无产阶级一样充分地证明了自己的国际主义。北美、南美和中美的同志们，法国、比利时、瑞士和奥地利的同志们都知道，意大利的无产阶级并不赞成沙文主义，也反对爱国主义。意大利北方工业迅速集中和农村中劳动阶级不断贫困化产生了早期的阶级分化并加深了阶级矛盾，——这早就使意大利的劳动者懂得，"祖国"这个词的含义和"资产阶级"是一致的。1893年厄立特里亚的第一次殖民战争违反了人民甚至是部分资产阶级的意志。1896—1898年工人和农民的起义为社会主义打开了进入意大利的大门。1911年利比亚的战争再一次赢得了无产阶级和农民的同情。社会党在驱逐了三四个叛徒领导人后，仍旧是一个统一的党，为反对利比亚的战争开展了猛烈的运动。叛徒墨索里尼当时是无产阶级反对这次殖民扩张斗争最积极的领导者。统一社会党从来不曾对军事拨款投过赞成票。

意大利无产阶级还有一种经验，就是世界大战的经验。我们知道，意大利统一社会党是反对意大利参加欧战的为数不多的欧洲社会党之一。正如列宁在世界大战期间所说的那样，意大利无产阶级在1914年利用了利比亚战争的经验。墨索里尼和一些知识分子退党并没有削弱意大利社会党在战争问题上的坚定立场。

不幸的是，意大利社会党所采取的不是革命的而是中派的立场。这个党在齐美尔瓦尔德和昆塔尔支持了"既不帮助战争，也不抵制战争"的表述方式。中派的立场使前线和后方的工人不满，也没有得到利用。这个公式实际上在军队中和国内变成了"逃跑"的口号。我不认为，欧洲还有另一个国家像意大利一样，出现那么多的逃兵。在卡拉布里亚、西西里和拉齐乌姆几千名逃兵回到农村，组成了一种游击运动，一直持续到战争结束。可是群众比社会党的领袖们要先进一些。1916年和1917年出现了部分起义。1918年无产阶级特别活跃。我们也有过自己的1917年。俄国的二月革命使意大利的士兵不愿意再打下去了；居民累了，起来反对战争。我想给大家讲一件有重大意义的事情。1917年，俄国临时政府派遣的、由孟什维克分子和社会革命党人，包括戈登贝尔格和斯米尔诺夫等，组成的一个代表团来到意大利。这个代表团来欧洲是为了向社会各界保证，俄罗斯将和各盟国一起继续战斗。在都灵的职业介绍所，迎接代表团的却是口号声："列宁万岁！"几天以后，1917年8月，都灵起义就开始了。在彼得格勒的七月起义被临时政府镇压后，却在我国响起了列宁的名字。都灵起义持续了四天，有500名工人和士兵被杀害。起义后已经过了11年，对起义的怀念依然活在意大利每一个革命工人的心中。今天在共产国际第六次代表大会上，我们仍然追念这500名死难的都灵无产阶级英雄。

当俄国的无产阶级在为推翻临时政府、夺取政权而斗争时，有三支意大利军队退出了前线。这件事被称为"卡波雷托的失败"。我们称之为意大利革命的第一次失败。意大利社会党的中间派只可能导致卡波雷托之败。中间派意味着"不分胜负的和平"，"不顾一切的和平"，简直就是"临阵脱逃"。几百名士兵扔掉武器，回家去了。这次没有武装的起义使政府得以再度将国内的军事和政治力量控制在自己手中。战争又持续了一年。

对于意大利的无产阶级而言，这次经验并未消失得无影无踪。意大利工人声援俄国革命已经深入人心；它在苏波战争期间、在俄国经历饥饿期间都一再表现出来。向波兰运送武器的列车只有很少数能够越过国境，因为铁路工人组织了严密的监视；工厂工人抵制生产为波兰订购的武器；因此有几千发炮弹未曾送到波兰军队手中。1920年，我们还将获得的经验用于阻止向阿尔巴尼亚运送士兵。1920年，旨在阻止向阿尔巴尼亚运送军队的安科纳士兵起义打出的口号就是"撤出阿尔巴尼亚"。这些经验非常有助于在战后的意大利加强革命的主观因素,如果说1920年意大利的无产阶级不曾为夺取政权而发动公开斗争,那是由于1915—1917年的中间派在战后仍旧决定着我们社会党的政策。我们缺少一个革命的党。中间派在1917年、1919年和1920年扼杀了革命的热忱。

现在则除了早先的经验外,又增加了法西斯主义的经验。

面对战争危险,意大利的局势有它的特殊性。"将帝国主义战争转变为国内战争"的口号在意大利可以采用以下表述方式:"将法西斯战争转变为反对法西斯的国内战争"。这个公式能使革命斗争更具紧迫性,这个公式更容易为广大群众和反法西斯的小资产阶级所理解。工人阶级对发动战争的资产阶级政府采取的失败主义同时也是人民对准备发动战争的法西斯主义采取的失败主义。

意大利的现行制度虽然给大资产阶级提供了最大限度的权力,可是仍然包括了一些对它不利的因素。这些因素在资产阶级一旦号召人民大众参加战争时就会发生作用。在国内实行恐怖制度,而不试图求得平静是不可能进行现代战争的。

意大利的政治局势和其他国家不同,因此,对于共产党同其他被法西斯主义解散并禁止活动的所谓工党及小资产阶级政党的关系,应当提出有所不同的任务。这些民主党和社会民主党对待反苏国际同盟将采取什么立场?意大利社会民主党和意大利的改良主义者已经表示支持国际社会民主派。我国的社会民主党也散布流言,诽谤苏联是"赤色帝国主义","执行好战政策"。我国的社会民主党也断言,欧洲民主主义的胜利也将是对苏联、对法西斯主义的胜利;它也赞同格鲁吉亚孟什维克饶尔丹尼亚去年表述的原则:"通往罗马的道路要经过莫斯科"。意大利改良派的社会民主党在一份文件中声称,当布尔什维主义的乌托邦破灭时，意大利的法西斯主义也将被消灭。一旦发生帝国主义的反苏战争，这样的立场就将成为建立社会民主主义和法西斯主义统一战线的基础。不消说，意大利社会民主党这样的立场将消除它对意大利劳动群众的最后一点政治影响。

反对社会民主主义的斗争我们已经坚持进行了多年，它在基层还应当在思想、宣传和政治方面加紧进行。我们大家都相信，我们同社会民主主义的斗争，也就是革命的无产阶级同资本主义及其同盟者社会民主党的斗争，归根到底将由武器来决定。未来的战争、反苏战争在思想上和政治上将由社会民主主义来主导。可是我们现在就必须争取工人阶级对社会民主主义正在准备的、前所未闻的新背叛行为作出反应。

我们还有必须努力实现的其他思想任务。在意大利无产阶级的某些阶层中，以及我们的一些同志中，仍旧可以看到一些倾向：其中之一就是断定只有战争才能使无产阶级摆脱法西斯主义，只有战争才能将武器交到工人手中。因此得出结论：应当促使战争爆发。另一种倾向表现在1926—1927年，特别是在法国的意大利侨民中；这种倾向的代表人物宣称，在法意之间有可能开战的情况下，两国的无产阶级应当支持"民主的"法国，而反对法西斯的意大利。法国共产党的一些人也支持这种倾向；这种倾向同意大利和法国的社会民主主义以及两国的共济会思想有密切关系。不用说，这类倾向都得到法国领导层的支持。

这两种倾向都证明，在无产阶级下层中存在着反对法西斯主义的愿望。对于意大利工人渴望得到武器的意愿不应当估计不足。不过在第一种情况下，我们应当向工人说明，战争就是一场屠杀，它要消灭人的生命，我们应当竭尽全力阻止战争，因为只有在这种条件下，一旦战争爆发，我们才能将它转变为国内战争。

第二种情形时，我们应当同意法国同志们（不能否认，他们中有些同志患有沙文主义和民主主义的毛病）的意见，意法之间的斗争是两个帝国主义强国之间的斗争，所以两国无产阶级的任务就是掉转枪口，反对两国的政府，为工人阶级夺取政权。

法西斯主义正在训练青年准备打仗。在这方面，我们具有优秀反帝传统的共青团和我们党也面临着特殊的任务。应当联系日益迫近的战争，在各方面开展反对法西斯主义的斗争，争取和组织群众，开展农村工作，在劳动妇女中开展工作。

但是，我们应当全神贯注的主要问题就是巩固党，使它确实能够在战争发生时，在群众中执行革命的政策。这是所有的党面临的共同问题；布哈林同志的报告中已经着重谈了这个问题。我想，共产国际组织部应该将这个问题提上自己的议事日程。这个问题还联系着另一个问题：一旦发生战争，处于地下状态的各党如何交流经验的问题，它们彼此之间以及同共产国际如何联系的问题。这些问题都应该特别仔细地加以研究和解决。

在确定反对战争的方法时，我们应当遵循一个目的：说服群众，战争不仅是不可避免的，而且已经逼近了；将我们的群众工作和战争的前景联系起来；加强我们党的组织性，使它在战争发生时能发挥领导作用。

准备战争，训练群众开展反对帝国主义战争的斗争——这就意味着**训练群众准备起义**。战争一旦爆发，在被卷入战争的各国中起义问题就应当被提上日程。所以我们的主要任务就是在工厂中扩大我们的势力。如果我们不能在工厂中发展我们的势力，战争来临时我们就不能开展任何工会工作；如果我们脱离了工厂，我们也就脱离了群众。工厂是战争前线的一部分。失败主义就是不仅在前线，而且在国内开展阶级斗争。我们的农村工作也应当同战争前景联系在一起。未来的战争中，农民在军队中所占的比例要高于1914—1918年的战争。农村中反对战争的斗争和反对帝国主义的工作也能为军队中的工作创造有利条件。地下工作和地下组织的所有问题都应当重新安排；这是用不着证明的。

意大利的无产阶级有经验，它多次证明了自己能够战斗。反对战争、反对法西斯主义的斗争将得到意大利工人的热烈回应。毫无疑问，在战争开始之前和之后，反战斗争都是共产党应当承担的最困难任务。这是争取革命的斗争。如果我们能够理解我们面对的伟大任务，如果我们能够毫不犹豫地采取正确有力的政策，同志们，我们就能够在意大利和其他国家将未来的帝国主义战争转变为红色的十月世界革命。

向库恩·贝拉致欢迎词

主席：在邀请下一个人演讲之前，主席团很高兴库恩·贝拉同志回来了。现在请塞马尔同志向库恩同志，以及各国的政治犯致欢迎词。

塞马尔（法国）：同志们，库恩·贝拉同志又回到我们队伍中来了。我们要强调的是，第六次代表大会之前，由于国际无产阶级的行动，由于各国开展的反对引渡他、主张释放他的宣传活动，库恩·贝拉同志被从反动派的魔爪下抢救出来了。库恩·贝拉同志曾经处于被引渡给企图报复这位领导了匈牙利革命的革命家的匈牙利独裁政府的危险中。可是今天库恩·贝拉同志又回到革命战士队伍中来了。

同志们，我们应当通过库恩·贝拉同志向全体勇敢的匈牙利革命者、世界各国特别是中国白色恐怖和法西斯主义的众多受害者、革命运动的英雄们致敬。我们的代表大会、我们党的会议都应当宣传这些为革命事业奋斗的英勇战士、共产国际这支无产阶级大军的这些战士。（鼓掌）

同志们，主席团提议选举库恩·贝拉同志为第六次代表大会主席团委员。（提议获得通过）

施内勒尔作关于战争危险的副报告

我要向同志们说一件很要紧的事情。反对战争危险的斗争不是简单地避免重犯 1914 年 8 月时社会民主党的错误。大战以前社会民主党的政策到了 14 年前的 8 月份,怎么说呢,突然脱离了革命的轨道——只是到了这时它才充分地暴露在群众面前。此外,我们现在的工作条件同国际工人运动 14 年前所处的环境是完全不同了。我认为必须简单谈谈 14 年前的条件和今天条件的差别。这样才能更鲜明地突出,各个共产党和共产国际现在承担着多么重大的责任,同时在各国共产党面前展现了多么巨大的机会来开展反对帝国主义危险的斗争。

将现在的环境同 14 年前相比,在条件、因素和特征上究竟有哪些重要差别呢?

首先,帝国主义阵营内部无疑发生了巨大变化,出现了一些新的强国,再者,14 年前的那些大国集团现在已经不复存在了,可是出现了新的结盟、新的集团;许多方面的条件已经不那么稳定了;比旧矛盾后果的影响深远得多的新矛盾走到了前台。必须看到的第二点是资产阶级从 1914—1918 年的战争中吸取了教训,现在军国主义同正在扩大的国家资本主义纠结在一起,逐渐囊括了全部社会生活、资本主义社会活动的方方面面,较之 1914 年更加深入到社会的一切毛孔中。第三个因素是存在国际联盟这个帝国主义反对苏联和被压迫民族起义的战争工具。第四点是由于各种原因,所有帝国主义国家中的反动势力都加强了,既有出于保证对群众剥削的意图,也有由于执行战争政策的需要。第五个因素是法西斯主义作为一种特殊的运动有了发展。最后,第六个因素是改良主义改变了立场,改良主义的官僚主义上层同国家机关和企业团体结合在一起。

革命战线上又出现了哪些新因素呢？首先就是共产国际，它不单单在一切被压迫国家中都有了自己的支部，而且在所有无产阶级群众团体中都享有巨大的影响力。其次，存在苏联及其日益强大的社会主义建设。第三，中国、印度及其他国家中的民族革命运动。第四，世界各国的无产阶级革命运动都大大左倾了。第五，农民和城市小资产阶级也左倾了。

还可以补充一些变化，由此可以得出结论：帝国主义冲突引发的世界战争将比1914—1918年的战争唤起更加广泛得多的群众。第二，未来的战争将是反对苏联、反对被压迫民族的反动战争，它更不可能像1914年的战争那样，掩盖其自身鲜明的阶级性。下一个结论就是：资产阶级将被迫动员自己的全部资源，经济、军事和人力资源，来保证执行自己的战争政策，指望在战争中取得胜利。但是较之1914年，资产阶级选择最恰当的打击时间的可能性要小得多。它不能像1914年那样玩弄政治手腕。而且共产主义运动的斗争条件也无疑比1914年只存在人数相对较少的各个小组时更为有利。与此同时，共产国际已经是一个坚强的组织，正因如此，它才对世界工人运动承担了重大得多的责任，而在1914年前，承担责任的是在人数较少、联系松散的各个组织中英勇奋斗、反对战争政策的那些人。

共产党现在犯的每一个错误将比1914—1918年大战时的革命者犯下的不很重大的错误带来更具毁灭性的后果。惟其如此，各个共产党都应当以重大的责任感和巨大的精力，认真、顽强、坚决地完成自己的任务。

德国新帝国主义的战争政策

1918年的失败暂时消灭了德国帝国主义，使德国屈从于世界强国，向它们缴纳赔款,被它们解除了武装。这就在帝国主义世界中,从德国、从它的处境中为西欧资产阶级制造了一个危险的策源地、无产阶级革命的策源地。这些年来,从1918年到1923年,德国资产阶级得以同无产阶级作斗争,在很大程度上是依靠了西欧各强国的巨大支持。可是另一方面,德国资产阶级却努力利用西方各帝国主义强国之间,以及它们同苏联之间的矛盾,在一定程度上执行"面向东方"的策略,力求同苏联建立暂时的、较为密切的关系,这反映在拉帕洛条约(1922年)中。

到1923年,已经很清楚(美国对此尤其清楚)的是,德国的局势对于整个帝国主义世界构成多么严重的威胁。西方列强,特别是英国和美国,用自己的借贷政策为德国创造了建立德国新帝国主义的机会。资产阶级得以这样做,是因为德国社会民主党全力支持了恢复德国帝国主义的进程,它为此动用了自己庞大的机构,以及这个机构赋予它的强大影响力。

德国垄断资本在生产率提高、技术改进的条件下,比1914年在更大程度上掌握了最重要的工业部门。垄断资本手中掌握着下列工业部门80%以上的产品:炼铁、矿山、化学、制钾、发电、机车车辆制造、造船、海运和沿海航运、煤气、水和电力供应等。近年来垄断资本取得了长足发展,但其进一步发展首先受到道威斯计划的制约,该计划给德国规定了每年25亿马克的赔款,其次,剥夺了它的殖民地和必要的势力范围,以及在世界市场上必需的地位,第三,使它没有足够的陆海军,莱茵河地区被割让,最后是凡尔赛和约规定的国界。德国帝国主义还因为加入了国际联盟和国联理事会而受到限制。

德国资产阶级利用一切机会以大国的身份出现,而且要求其他大国尊重德国帝国主义。在意大利和南斯拉夫的冲突中,德国立即建议由它自己来充当调解人;在波兰和立陶宛的冲突中,德国也同样积极地参与其事。大家想必记得，德国于1925年在确定关税税率上获得了某种自主权。德国当仁不让地立即利用这个机会来实现自己的帝国主义计划。

近来德国试图通过靠拢美国巩固自己的地位。美国资产阶级提出的凯洛格公约，其目的不仅在于欺骗全世界的广大群众；它也不仅是一种竞选手段，它还是一个信号，表明美国企图比此前更为积极地干预欧洲各国的相互关系，企图阻止国际联盟或者其他某些集团被用来建立在英法领导下的反美大同盟。因此凯洛格公约也是利用欧洲自身的矛盾来加强美国国际地位的一种尝试。德国立即领会了这个意图，并带头宣传凯洛格公约。

这个公约也和德国签订的其他条约（加入国际联盟、洛加诺公约等）一样，其矛头都是指向苏联的。难怪英国代表对凯洛格公约作了保留，认为像苏联这样的国家从一开始就应当被排除在公约效力之外。德国政府也断言，在最近期内根本无须考虑苏联参加公约的问题，这等于承认公约是针对苏联的。这鲜明地展示了德国的政策；自从签订洛加诺公约以来，自从德国加入国际联盟以来，德国毫无疑问愈来愈公开地实行"亲西方"的方针，不过它同时指望利用自己同苏联建立或保持较为密切关系的意愿，来保证自己获得一些让步。

无须多说，德国资产阶级希望其他国家为它这次公开的全面转变付出尽可能昂贵的补偿，而最重要的补偿对德国资产阶级而言就是取消凡尔赛和约中解除德国武装的条款，以及对东部边界作一些修正。当然，在全面裁军问题上，德国对苏联采取了有别于英国的立场。德国资产阶级在一定程度上玩弄着这项建议。在全面裁军问题上，德国资产阶级要求的仅仅是"公正"，它声称：

"只要其他国家不裁军，我们也希望能够按照我们的实力，根据政治上的必要性和人口数量武装起来。"

德国资产阶级宣称,它受到德苏之间签订的所谓柏林条约的约束,一旦发生战争,甚至不打算参与。玩弄中立词句的不仅有德国资产阶级,还有更卖力的德国社会民主党。当然可以设想,一旦发生战争,德国资产阶级在一段时间内会在形式上保持中立,不过仅仅是形式上。因为德国是反苏战争中的出发地、后备力量的来源和军火库,没有一个欧洲国家拥有德国那样强劲的经济潜力和军事工业,欧洲没有一处工业能像德国那样迅速动员起来,投入战争。为独立发挥作用而奋斗的德国资产阶级非常清楚,它只有参与斗争,实行独立的路线,依靠自身的全部力量,才能够在帝国主义强国的行列中再度发挥这样的作用。

如果我们注意到问题的经济方面,也就是:德国资产阶级在欧洲同法国和英国的竞争日益加剧,德国经济愈来愈依靠同各个缓冲国之间的贸易往来,而英国逐渐被从这个地区排挤出去;再者,如果我们看到,近来在所有的经济谈判中德国都试图提出苏联垄断对外贸易的问题,它同法国资产阶级联手争取实现自己的要求,我们就会非常清楚,德国帝国主义者夺取政权的野心是指向消灭苏联,将它作为在重新分割世界市场时德国资产阶级为自己争得应得的份额、为自己分一块肥肉的最恰当的工具。

虽说德国并没有参与它能够用来巩固自己地位的公开冲突,可是它却用某种形式使反对无产阶级国家的各种行动更加激化。每当德国利用帝国主义之间出现的冲突时,它总是让整个问题尖锐化,而愈来愈将自己的全部力量集中于"解决东方问题"。

德国在军事方面进行的准备工作使它能够在最短时间内拿出一支有战斗力的军队,对这一点不能估计不足。德国前陆军部长格斯勒几年前公开宣称,凡尔赛和约关于裁军的条款在欧洲没有燃起冲突的大火之前是有效的,一旦燃起大火,所有关于裁军的条款都将被取消。现任陆军部长黑勒纳将日益壮大的军国主义的作用说得更加明确。黑勒纳声称:

"德国资产阶级军事政策的直接任务就是将德国置于能够按照自己的军事实力,参加国际联盟可能采取的行动的地位;外交的最重要任务就是取消不公正的裁军条款。"

德国资产阶级必须对群众保持强大的思想影响力,才能吸引他们积极协助推行资产阶级的政策。德国资产阶级为了保护自己的后方和遏制日益强劲的共产主义影响,近几年来大体上采取了这样一些办法:(1)坚决反对红色前线士兵同盟;威胁要取缔同盟,禁止同盟在游行时进行反军国主义宣传等;(2)坚决反对共产主义青年团和"斯巴达克"协会;(3)反对德国共产党的反军国主义活动;禁止宣传反对德国资产阶级的军事政策;没有一个领域有这个领域那样多的禁令和迫害。不准在军队中、在警察中开展工作的禁令空前严厉。作为对这些反对共产党的措施的补充,还采取了针对无产阶级的一般措施:例如,针对德国共青团的、有关青年的法律;关于帝国学校的法律。克拉拉·蔡特金在国会揭露这部法律时指出,这部法律是按照教权主义和落后文化的精神教育青年的一种方法,其目的是为德国资产阶级的军事政策和整个剥削政策制造驯服的廉价仆人。

还应当指出以消除罢工为目的的仲裁制度,还有企图借助"统一国家"的口号加强官僚主义的政权,削弱国会的作用,削减民主权利,以及德国资产阶级大力帮助民族主义团体争取妇女和青年。

法西斯运动

对于资产阶级的战争政策,甚至是整个帝国主义政策而言,意义最大的要数法西斯运动和改良主义了。过去几年法西斯运动在德国,也像在其他国家一样,提出的主要任务就是镇压和瓦解工人运动,以便稳定资本主义,而现在不断加强,是想利用法西斯团体以至整个法西斯运动，使它能够直接为帝国主义的战争计划效劳。这在德国表现得非常明显的是，资产阶级最强大的战斗组织"钢盔团"愈来愈使自己的活动服从于帝国主义政策的需要。如果我们单独看法西斯运动，它无疑并不是力量对比中的重大因素。但是我们不能忽视法西斯运动发展的可能性和它的活动范围：首先就是资产阶级的体育运动，它拥有500万成员，很大程度上是工人、小农和中等阶级；其次是拥有100多万会员的红十字会；还有拥有150多万会员的基督教青年协会和民族主义青年协会，以及拥有几十万会员的基督教和民族主义妇女协会。

我们看到，法西斯组织在波兰、捷克斯洛伐克、奥地利、罗马尼亚和意大利起到了多大的作用。在这些地方，法西斯组织是帝国主义军队和工贼团体的后备力量，也是战争期间使企业军事化的一种手段。我们还必须注意，法西斯组织在国家机关中的影响越来越大，而且有计划地不断加强这方面的工作，企图渗透进每一个毛孔。法西斯运动在一些国家得以存在并达到自己的目的，是因为它不仅依靠自身的力量，而且在很大程度上依靠了社会民主党的政策。在德国，法西斯运动和社会民主运动之间的某种联系愈来愈密切，因为日益明显的是两种运动都追求相同的目的。一部分老社会民主党员脱离社会民主党绝不是偶然的。他们有多年的传统，打着"老社会民主党"的旗号建立了法西斯组织，公开同法西斯分子合作。改良主义在帝国主义政策中的作用，以及将改良主义和法西斯主义同时用做资产阶级的工具，这个事实不但在德国，而且在其他国家都具有重大意义。

改良主义的作用

第二国际所采取的立场不仅同支持资产阶级民主派、支持帝国主义有关，而且同自觉地加紧反苏相关联。我从阿姆斯特丹国际去年5月的呼吁书中摘引几句话。呼吁书宣称：

"专政，无论它以什么形式，打着什么旗号出现，反正都是经常的战争危险；法西斯主义带着它的褐衫军，布尔什维主义带着它的红军，也都和资本主义帝国主义国家一样，准备将人民赶上互相厮杀的战场。"

第二国际比阿姆斯特丹人说得更为明白。1925年，第二国际的马赛代表大会讨论了战争危险问题。在关于东方战争危险的决议中清楚地阐明了第二国际对待苏联的立场。我们的大会必须将这个决议告诉工人们。这个决议号召"俄国人民"

"在苏联应当努力争取完全的政治和工会自由，抵抗本国政府的种种兼并政策，正如抵抗以强制干涉其他国家的内部事务为目的的宣传一样。社会主义工人国际承认，假如战争与和平问题的决定权不是掌握在独裁政权，而是掌握在苏联人民手中，战争危险就会大大降低。所以，国际坚决支持苏维埃联邦各个社会党在苏联争取民主制度，恢复政治自由。"

去年考茨基极其详尽地解释了这个决议，说是如果帝国主义强国能够在国内给社会民主主义的宣传提供更多的自由，那就必须支持它们的武装干涉计划。考茨基变成了帝国主义在反对苏联的各个阶段上用各种办法推行的、旨在包围苏联、挑拨和破坏它的声望的一切措施的鼓吹者。

近来第二国际的各种团体通过的决议，其目的都是宣传下述观点："资产阶级民主和垄断资本主义的发展现在愈来愈倾向于保障和平。民主就是和平。国际联盟就是和平。无产阶级专政和苏联带来战争危险：它们在破坏和平。"同志们，第二国际，这个所谓的国际这些日子正在布鲁塞尔开会，将就全面裁军问题通过决议。我们应当将这些决议作为向广大群众揭露改良主义的手段。今年2月在苏黎世通过的全面裁军决议作为供第二国际讨论的材料,是共产国际所有支部都应当研究并在日常宣传工作中用于反对改良主义的一份文件。限于时间,我不能引用它的一些词句,我只想指出一点:关于军队的结构,决议说,每个大国都应当拥有充分的自由选择对自己合适的军事结构。各国的社会民主党可以顺应本国的资产阶级;而第二国际,这个可怜的国际,却没有通过表明它自身对军备问题见解的任何决议。

我们应当明白,我们同改良主义的斗争过去在一定程度上是比较容易的,因为改良主义者的行动往往违背他们自己的决议。现在他们创造了一种理论,试图借以向无产阶级证明,他们的政策才是社会主义的政策。对帝国主义的支持也是社会主义政策。同时社会民主党人还企图麻痹劳动群众,使群众消沉下去,从根本上消灭一切反对战争的斗争。他们制造了诽谤苏联的基础,指责它在国内的社会关系上破坏了和平,也破坏了国际和平。

改良主义者这种立场的理论基础是希法亭在德国社会民主党基尔代表大会上新发挥的,为的是论证德国社会民主党支持德国新帝国主义的全部政策,以及由此得出的发展国家资本主义、经济民主、联合政治和分裂无产阶级的方针。社会民主党的领袖们将这种政策称为"现实的"和平主义,将它同保卫祖国的现实宣传,同加紧宣传拥护国际联盟、拥护帝国主义的凯洛格公约联系在一起,宣称:"进攻性战争已经被禁止了;所以必须武装起来反对和平的破坏者,保卫国际联盟。"

如果需要证明这种政策的后果,那么参加联合政府的德国社会民主党人提供了最好的证据。作为最重要的纲领性条文,德国社会民主党人提出"在可能的范围内发展帝国的防卫力量"。社会民主党就这样接受了德国新帝国主义的武装纲领。社会民主党的假和平主义宣传已经使它变成了社会法西斯主义。我举一个德国的"帝国旗帜"团体为例。现在"帝国旗帜"在德国正在被建造成一个在德国遭受"威胁"时能够起来保卫"祖国"的团体；因此它是一个民族主义团体。它并且将民族主义团体的这种作用同反对红色前线军人协会的尖锐斗争连接在一起。在波兰，社会民主党人被挑动起来抵制共产党的游行示威，在德国也是如此，这我们在选举期间、在竞选游行中已经见识过了。尤其鲜明的是选举后提出的口号："帝国旗帜！向左朝着红色前线军人协会开火。"

社会民主党不仅将自己政策的矛头指向苏联，而且恰恰是现在它自身也变成了一股推动德国帝国主义反对苏联的力量。我们知道，在因逮捕了被指控在顿涅茨矿区消极怠工的工程师而使苏德贸易谈判破裂时，社会民主党的领袖们要求对苏联采取更加严厉的措施，反对垄断对外贸易，要求今后不再向对苏贸易提供哪怕是一芬尼的贷款等。德国总理弥勒走得更远，他在今年2月声称，德国应当保卫自己，反对苏维埃政权的对外政策，认为苏维埃政权仍旧怀着早先沙皇政府的野心，一旦时机成熟就准备进攻德国。

如果没有**"左翼"社会民主党政策**的帮助，在群众向左转并探索保卫自身利益的新途径的今天，社会革命党以至整个第二国际的这种政策，就不会具有决定性意义。"左翼"社会民主党人的政策恰恰在反对帝国主义战争政策方面，要比其企图用左的词句阻挡真正的左翼运动、掩饰第二国际领导人的政策方面，表现得更加突出。德国"左派"的政治刊物《阶级斗争》有一篇文章说，反对战争危险的最佳武器就是统一的、强大的无产阶级，而无产阶级的统一只有通过反对改良主义的斗争才能达到。这篇文章之后的另一篇文章却说，统一的最大阻碍就是无产阶级的最大部分被布尔什维主义扼杀了；布尔什维主义是工人阶级的敌人。

"左翼"对待苏维埃政权的立场也是如此。他们高声叫嚷："从苏联滚出去！"在许多文章中他们热情洋溢地描写红军，——与此同时，他们诋毁苏联及其政策，说它是建设资本主义的政策，是背叛工人阶级而有利于新生资产阶级的政策，指责苏维埃政权是"红色帝国主义"。"左派"社会民主党的领袖们非常清楚，恰恰是在对苏维埃政权的态度问题、战争危险问题和政权问题上，工人最不信任社会民主党，在这些主要问题上社会民主派的工人开始不信任他们自己的党了。因此，"左翼"领袖们试图在这方面约束群众。例如，他们断言，西欧的民主派是苏维埃俄罗斯保持无产阶级专政的最好保证，企图借此证明，社会民主主义是支持苏维埃政权的因素，是抵抗帝国主义反苏计划的因素。

"左派"还企图向无产阶级提出一些貌似"左派"的做法，例如支持拒绝服兵役的运动。在我们德国，对这个运动无疑是估计不足的。在一个有50万居民的不大地区里，"左翼"社会民主党人征集到了8万人签名，赞成个人拒绝服兵役，他们还声称，他们已在最重要的工业区鲁尔区征集到20万个签名。鉴于这个问题，以及其他问题的重要性，我们应当将我们反对这个貌似激进的和平主义口号的斗争具体化，而不能站在一旁，说这同我们没有关系，这样做毫无意义等。我们应当善于将左派这种挑动群众情绪的活动同我们的革命宣传对立起来。我们应当考虑到群众的和平主义情绪会被社会帝国主义的反苏政策所利用。我之所以必须强调这一点，是基于社会民主党以苏联似乎向德国运送军事装备和毒气为借口，发动的一场攻击。我们当时没有及时干预，来揭露社会民主党玩弄的欺骗手法。

我们应当明白，随着反对苏维埃政权的斗争日益尖锐，社会民主党，特别是它的改良主义"左派"的作用将变得越来越危险。我们不妨设想一下，战争一旦来临，或者到了战争一触即发的时候，社会民主党将扮演什么角色。我们已经知道，比如说，当英国军舰封锁和干涉中国革命时，英国社会民主党的所作所为；当时社会民主党对中国革命发出威胁。一旦发生反苏战争，社会民主党将特别强烈地反对苏维埃政权，呼吁它讲和、让步，声称全部责任都在苏维埃政权。在战争期间社会革命党人也将以和平主义者的面目出现，用苏维埃政权应当让步、应当屈服的伪善言论来向群众掩盖自己的社会护国主义、反对共产主义和反革命的角色。此外，社会民主党人同时还会向各国工人发出呼吁，散布骇人听闻的谎言，号召工人"援助苏联被压迫的工人和农民"，而且断言，战争的责任在于无产阶级专政，而不在帝国主义。

同志们，我们应当永远记住社会民主党及其"左翼"领袖们的这种危险角色，充分认识我们在反对改良主义、反对帝国主义战争危险，实现我们面临的任务的斗争中肩负的重任。

下面我要讲补充报告的最后一部分，我们的任务问题。战争危险问题、共产党人反对战争政策的斗争问题不应当作为一种脱离了总政策的特殊任务，仿佛战争是一种独立的、仅仅是采用了其他手段的特殊现象，而不是政策的继续。我们不应当等到战争降临时，才来实行我们将战争转变为国内战争的口号。我们面临的任务是，在准备战争的时期，我们要进行斗争，反对战争政策，同时要利用群众的左倾、阶级矛盾的尖锐和群众运动，发动群众进行社会革命。

苏联和共产国际的存在及其政策显然是资产阶级帝国主义政策的一大阻碍。我们的斗争开展得越活跃，我们捍卫自己的目的越坚决，我们越是发动群众，革命运动就将越强大，越有可能阻滞军事活动，只要我们作出足够的努力，就可以**在一定程度上阻止战争**。当然，由于存在资本主义，我们就不能认为可以完全制止战争，可是如果我们据此认为：既然战争不可避免，那就没有任何可能在战前点燃革命运动，那这是我们没有正确认识我们的任务。我们应当承认，资产阶级已经为反苏战争做了许多准备；我们应当承认，局势越来越紧张；不过我们同时也应当明白，对于我们的运动，对于革命群众还有许多机会。在准备战争期间，我们越是善于利用这些机会从事社会革命，越是朝这个方向发动群众、引导群众，我们反对战争政策的斗争就越顺利，我们就在确实发生公开的军事冲突时，能够切实执行将帝国主义战争转变为国内战争的任务。资产阶级对于共产主义运动的这层含义非常了解。我们应当不仅使我们的各个组织，也使最广大的工人群众掌握我们在这个问题上的路线。

我说过，我们有许多可能来积极开展反对帝国主义战争政策的斗争，保卫苏联，而这正是无产阶级普遍的左倾、农民和城市小资产阶级的左倾、远远超出无产阶级的对苏联强烈的同情、由最近的各种事件引发的强烈的反对帝国主义的情绪。必须将这种种情绪和可能作为我们活动的基础，利用它们作为反对战争危险、反对威胁苏联的出发点。群众工作是共产党最重要的工作。其他各种专项工作都应当服从于它，其他专项工作都应当与它挂钩才能顺利展开。

地下工作能否与合法工作相结合，在很大程度上取决于我们用什么方法使我们的工作在群众中具体化。遗憾的是，我要指出，迄今为止我们都未能巩固我们的群众工作，我们的党组织或多或少是在抽象地反对战争危险，没有将它同德国新帝国主义为准备战争而采取的一些措施联系起来。我们的宣传具体化就使我们能够将无产阶级自发的革命创造精神释放出来，而这既要求开展合法工作，也要求进行地下工作。将这两种方法结合起来对我们的工作具有决定意义。

在拥有一支**雇佣**军的德国开展反军国主义的斗争自然比那些以义务兵役制为基础建立军队的地方要困难些。但在提纲的一个段落中不应当写上雇佣军中的工作极其困难，应当把在这支雇佣军中的工作视同在以义务兵役制为基础的军队中的反军官工作。我认为这是夸大其词了。毫无疑问，在德国国防军这样一支雇佣军中开展工作是可能的，虽说很困难，而且，像我前面说过的那样，只有对这支军队持正确立场时才有可能，对于军事化的警察部队也同样可以开展工作。

必须根据我们已有的经验,根据贝尔同志列举的各种事实,责成每个党制定反对帝国主义战争危险的具体计划。对于我们党,也包括其他党而言,确定帝国主义战争政策的重心在哪里是很重要的。

在反对战争危险的斗争中,罢工,首先就是在那些对战争特别重要的生产部门中的罢工,具有非常重要的意义。这些重要生产部门中的工会工作和企业工作应当特别细致和给力,发动它们可能具有决定意义。这个工作计划应当包括贝尔同志谈到的各个方面:妇女工作、农村工作、青年工作、小资产阶级工作等,而且我们应当要求共产国际系统地逐项检查各个党的计划。

同志们!开展工作时,我们要注意军事冲突的各种形式。我们不能只有应对某种局面的方针。我们应当使我们的各个组织能够应对战争的各种可能性,这样我们才有必要的精力和能力,灵活地紧跟战争政策的各个阶段并同它们进行斗争。我们迄今为止还不具备这种灵活机动的能力。在德国党内遇到各种不同情况时,当必须支持中国革命、阻止向反革命运送武器时,在反对加强军队和准备进攻苏联时,就可以看到这种欠缺。

我认为必须提请大家注意以下教训。

我们在德国有一个红色前线军人协会,这是建立反对法西斯主义和帝国主义战争危险的团体的好经验。没有一个德国的战斗组织像红色前线军人协会那样拥有深厚的群众基础,受到群众的拥护。没有一个法西斯组织或是资产阶级其他团体具有红色前线军人协会那样的广泛性。我们在这里拥有极大的能量。使用红色前线军人协会不应当仅仅限于赢得群众的广泛同情和通过它掀起一股同情苏联的浪潮,最重要的是从组织上巩固共产主义运动。

我就要结束发言了。如果共产党全力投入工作,它们显然能够切实执行统一战线的策略,使这种策略不仅表现为建立统一战线的组织,而且在日常斗争中切实发动无产阶级群众。共产党在反对帝国主义战争危险、保卫苏联的斗争中之所以能够采取积极行动，是因为我们在日常斗争中能够发动群众，因为我们能够从底层掀起一股积极的、广泛的愤怒浪潮，组织好群众的自发主动精神。必须推动这个群众运动，必须领导它来实现日常任务；而这是我们可以做到的，因为我们强烈地认识到，巨大的阶级搏斗现在比过去任何时候都能够在更大程度上导致最重大的政治后果。

同样显而易见的是，这项工作只有在各个支部开展大量党内教育工作使所有的党都认识到这项工作的巨大责任、使所有的组织都认识到这项工作的巨大可能性和犯错误的严重危险性时，才能完成。我们各党应当懂得，它们现在就必须保卫苏联，而不能等到战争爆发之后，它们应当同俄国的工农手挽手地开展推翻本国资产阶级的斗争。

同志们，过去的提纲中曾经指出，帝国主义军队的士兵用转投红军的形式同红军结成兄弟是一项重要任务。我们是否切实开展了这项工作呢？我们应当明白，现在和今后我们的责任都是在群众中传播俄国工农的号召："参加我们的队伍，镇压你们本国的资产阶级"。只有在各个资产阶级国家中推翻资产阶级，才能够切实保卫苏联和社会主义的胜利。（鼓掌）

（会议休会）

第十九次会议

(1928年8月2日)

主席：墨菲

致贺词

普罗塔索夫同志（代表第一化工厂职工）致贺词：

我们厂的职工向世界革命的领袖、共产国际第六次代表大会致以热烈的敬礼，并祝大会取得圆满成功。俄国无产阶级关注着你们无产阶级的每件工作；俄国工人的双手将是你们的支柱。俄国无产阶级很好地掌握了列宁主义，无论什么危险，无论什么威胁，都不能制止它建设社会主义的工作。布哈林同志在报告中说，我们的和平喘息时期已经临近结束了。就让张伯伦之流，还有他们的助手们知道，我们的忍耐是有限度的。俄国无产阶级准备投入战斗。我们将共同努力取得全世界的革命胜利。（鼓掌）同志们，我将这个气瓶和面罩交给主席团，是要证明我们已经充分准备好，只要你们发出信号，我们就起来战斗。

瓦西里耶夫同志（代表伏龙芝第24国营联合飞机制造厂）致贺词：

革命前，在沙皇统治时期和以夸夸其谈的克伦斯基为偶像的临时政府时期，我国都没有航空工业；产品全从国外进口。国外的工厂主和银行家要价很高，几乎达到三倍。伟大的十月革命以后，由伟大的领袖列宁领导的钢铁般的布尔什维克党夺取了政权，工人们尽管文化很低，资金有限，四周又有资本主义的鲨鱼盯着我们，仍然努力提高我国的航空工业，现在已经见到了成果：我国的航空工业几乎不比国外落后了。亲爱的同志们，你们去年想必已经看到我们的红色飞行员舍斯塔科夫同志用我们厂生产的发动机，飞行53小时，航程22000公里直达日本；你们大约也听说过丘赫诺夫斯基驾驶飞机去寻找诺比莱将军率领的、失事的法西斯探险队的事情。我们希望，在钢铁般的联共党的领导下继续前进。可是，同志们，虽说我们取得了成绩，我们依然面临着威胁：国际资本的鲨鱼并不愿意看到我们按照自己意愿的新生活，想把我们从地球上抹掉。同志们，我们希望通过你们向全世界的国际无产阶级发出呼吁，号召他们做好准备，在必要时帮助我们战胜敌人。我们希望你们这些意志坚强、精神振奋的人，遵循列宁同志伟大的遗嘱，撼动全世界，帮助我们完成已经开始的工作。共产国际第六次代表大会万岁！全世界的劳动者万岁！联共（布）万岁！（鼓掌）

通过帝国主义战争爆发十四周年宣言

墨菲（主席）：14年前的今天正是帝国主义大战的前夜。这个事件已经被记入历史。它也活在我们的记忆里。为纪念这些具有历史意义的岁月，向全世界的工人发表一份宣言书。我相信，大家会赞成主席团决定。因此我提议，由贝尔同志来宣读经大会主席团批准的这份宣言。宣言谈到了这些岁月的含义，号召工人牢记它们的意义，准备迎接即将来临的战斗。请大家在贝尔同志宣读后，接受这份宣言。

贝尔宣读以下宣言文本：

致各国工人和农民！致全世界被压迫民族！
致所有共产党！

自 1914—1918 年的世界大战开始以来，已经过去了 14 年。帝国主义及其走狗一再向你们说，这是世界上最后一次战争。千百万工人和农民一想起可能发生骇人听闻的新屠杀，就胆战心惊，厌恶憎恨，因此而愿意相信这些保证。

可是请你们环顾身边，今天，1928 年 8 月 4 日，资本主义世界中正在发生什么事情。种种事件都表明，资本家和他们"社会主义的"还有"和平主义的"代理人在撒谎、骗人。他们一面滔滔不绝地谈论和平，散布关于裁军的和平主义幻想，一面却在疯狂地准备新战争。

帝国主义对中国革命的公开武装干涉已经持续多年了。由于帝国主义者控制中国市场，成千上万工人和农民牺牲了，而且还在继续牺牲。可是对中国的干涉从来不曾达到过今天这样的规模，也不曾像今天这样威胁到世界和平，如今这种干涉已经具有了武装占领和瓜分中国的形态。

现在每个自觉的工人都看清楚了，通过武装周边国家，通过外交和军事协定，以及系统的反苏宣传，正在疯狂地准备反苏战争。同时，各国的帝国主义者都在改组和加强自己的军队，花费几千万建造军舰和飞机，制造毒气，建设造船厂和空军基地，筹划新的大规模军事冲突，这就不可避免地导致他们为销售市场和原料市场而展开竞争和斗争。

和帝国主义大战之前的年代相比，他们现在更着力于利用精心策划的"和平"宣传来掩盖周密的战争准备活动。得到国联庇护的裁军会议，凯洛格提出的、宣布战争"非法"的公约，和平主义者打着各种旗号的加紧宣传，——这就是帝国主义使用的手段。

各种手段的共同目的只有一个，就是使工农群众相信，在资本主义范围内存在着消除战争的办法。

帝国主义者企图向工人和农民掩盖一个"危险的"真理——制止战争的唯一途径就是推翻资本主义制度和建立无产阶级专政。他们企图向工农群众隐瞒这一点，以便像 1914 年那样，再度使工农群众处于茫然不知所措的境地，将他们卷入"保卫"祖国的战争，同时展开沙文主义的毒化战争宣传。

共产国际号召全体工人和农民，要认识到那些积极帮助帝国主义者散布种种幻想的"社会主义者"和"和平主义者"，正是资本家自觉的代言人。

共产国际在自己的旗帜上写着："打倒帝国主义战争"，"起来，全力反对帝国主义战争"，"坚决保卫苏联，反对你们本国的帝国主义"，号召全体工人和革命农民、一切被压迫民族动员起来，在1928年8月4日支持这个口号，高举反对帝国主义战争的大旗，反对正在备战的帝国主义分子，反对积极帮助帝国主义者准备战争的伪君子和骗子手"社会主义者"及"和平主义者"。

应当毫不拖延地立即开展这种斗争。应当同失败后正在集聚力量、准备迎接新高潮的英勇的中国无产阶级一起，建起一条全世界无产阶级抵抗战争威胁和武装干涉的钢铁长城。

悬在世界上第一个社会主义共和国苏联头上的战争威胁应当使全体自觉的工人和农民立即采取最坚决的措施，全力保卫苏联。

工人阶级只有通过这两条战线上的努力斗争，才能充分准备好并回击日益迫近、不可避免的帝国主义新战争，因为这场战争的起因是资本主义各大国之间的矛盾日益加深，以及他们对苏联的共同仇恨。

只有经过全体共产党人和革命者、全体工人和农民反对本国剥削者的顽强而坚决的斗争，城乡劳动者才能从思想上和组织上准备好将未来的帝国主义大战转变为国内战争，即全体被压迫者反对帝国主义资产阶级的战争，也就是说，走上唯一可能永远消灭战争的道路。

今天，1928年8月4日，是引发了第一次社会主义革命的第一次世界大战爆发十四周年。共产国际号召各国的工人和农民将未来的世界大战转变为全世界的社会主义革命。

打倒世界帝国主义！

中国革命万岁！

第一个社会主义共和国万岁！

社会革命万岁！

（一致通过）

洛夫斯通的副报告

美国的帝国主义侵略政策在很大程度上取决于战后国际局势的两个特点：（1）经济中心由欧洲转移到美国，（2）苏联的成立突破了帝国主义阵线。

现在美国是以最大资本输出国的身份发挥其对世界局势的最大影响。

战争刚结束的初期，美国输出资本主要是为了摧毁革命运动，帮助血腥镇压欧洲工人阶级的革命起义。

第二个时期，美国资本在完成了保险阀的作用后，首先被用于帮助资本主义欧洲的稳定。

现在是第三个时期，美国资本向欧洲输出主要是为了加强彼此竞争的资本主义大国，从而引起帝国主义国家之间的矛盾和冲突。只有注意到这些时间的变化，以及美国资本输出的客观效果，我们才能清楚地认识今天美国特殊的帝国主义侵略角色。

为了正确评价美国的侵略政策，必须先简单谈谈美帝国主义拥有的巨大资源。美国的国民财富是4000亿美元。美帝国主义至少控制着全球黄金储备的一半。美国只占世界人口的7%，却拥有世界资源的主要部分。例如，世界上每开采100吨煤，其中就有44吨来自美国；每100桶石油中70桶来自美国；每100吨钢中有52吨产于美国；每100捆采摘的棉花中有60捆产于美国；每100蒲式耳采购的粮食中有60蒲式耳来自美国；美国拥有世界上将近一半的铁路线，将近一半的铜矿和铁矿开采量。

美国现代工业的特点是大规模生产，大量集聚资金并高度集中。

我们简单谈谈美国的商品输出和资本输出。1898年至1913年，美国的商品输出增加了一倍。1913 年至 1926 年，又增加了一倍。现在美国的出口大约 60% 是工业品。这种状况决定了出口方向的改变：它越来越多地出口到非欧洲国家、工业化程度较弱的国家。

美国出口的资本总额现在已经超过 250 亿美元。

美国资产阶级每年从输出的资本赚得的利润是 10 亿美元。输出资本的过程正在不断加紧。美国已经取代英国而成了全世界的贷款人。最近七年，美国输出了 68.36 亿美元，而英国仅仅输出了 41.24 亿美元。尤其值得注意的是，美国输出的资本仅占本国工业投资的 1/5，而英国输出的资本则占国内总投资的 56%。

为什么美国资本会这样大举输出？**首先**，和目前的生产规模相比，美国的生产能力平均有 26% 的剩余。汽车工业的生产能力过剩是 26%，农机部门则是 39%，汽车轮胎生产为 34%，家具是 21%，制衣业是 28%。**其次**，国内有剩余的贷款。可以作证的是不久前取消了向法国输出资本的限制，尽管法美之间关于债务的协定迄今还没有获得批准。**第三**，美国出现了经济萧条。**第四**，生产的增长大于国内需求的增长，形成了国内市场的相对萎缩。同时还应当注意，农业危机也造成了国内市场萎缩。**第五**，还应当指出，欧洲的竞争日渐加剧，特别是建立国际卡特尔的趋势。

讨论美国的资本输出时，还应当注意到美英国之间的以下差别。首先，英国需要输入大量原料，而美国拥有自己的原料。第二，英国最多时输出了自由资本的 8%（1907—1913 年），美国现在只输出自由资本的 1.25%。在殖民地中，美国对自身资本的需求很少，而在国内有很大的市场来吸纳资本。现在我们来看看，这种资本输出的后果及其引发的种种矛盾：

（1）**资本输出对生活水平的影响**。美帝国主义将资本输出到中国、意大利、印度或是其他工业欠发达的国家，从而能够夺取这些国家的工业，在当地以比美国较低的生产费用和工资组织生产。这就使美国资产阶级暂时获得超额利润，并将其中的一丁点儿分给工人贵族，可是同时却降低了广大工人群众的生活水平。

所以说，虽然美国资本家将资本输出到工业欠发达国家，并在这些国家中保证获得较为廉价的劳动力，可是他们或者裁减美国的工人数目，或者降低美国工人的工资。

（2）**加深了美国工业资本和金融资本之间的矛盾**，例如，现时在关税税率问题上。

（3）**加强了国家机器同大资本的结合**。资本输出的增长标志着加强了帝国主义侵略政策。而这又使国家领导机构由这样一些人物来领导，如中西部的银行家道威斯、来自摩根集团的莫罗、拥有几十亿财产的胡佛，或者据说是美国首富的梅隆。

（4）加强了工人同资本家之间斗争的政治性。

（5）增加了靠股息生活的食利阶层。

（6）加剧了帝国主义各国之间的冲突——帝国主义战争。

的确，美国不像英国和法国那样，拥有广阔的殖民地。可是拉丁美洲和美国在太平洋地区人口上亿的领地，对美国而言，实际上就是它的殖民地和半殖民地。自从拿破仑时代以来，没有一个欧洲国家像今天的美国那样扩展了自己的领土。

古巴、海地、尼加拉瓜、巴拿马和圣多明各处于美国的保护之下。**最近30年内，美国30多次入侵9个形式上的主权**国家。入侵的时间从几天直至12年。在4个形式上的主权国家中有美国官员征收关税。美帝国主义入侵拉丁美洲的手段通常是在这个国家中培植一个亲美的政府，同它签订用关税收入或是其他收入作担保的贷款条约，从而将该国的国民财富交到美国公司手中。这种政策的例子可以举出萨尔瓦多、洪都拉斯、哥斯达黎加和巴拿马。例如在利比里亚，费尔斯通种植园就在美国国务院的协助下，推行了殖民奴役制度。在古巴，美国资本家在国务院协助下支持了以迫害和政治暗杀工人而闻名的政府。在智利，美国国务院支持摧残工人运动，却维护美国制硝工业家利益的独裁制度。在海地，美国水兵杀死了几千名手无寸铁的海地人后，又通过美国的傀儡博尔诺总统用借款的办法剥夺了几千名农民的土地。美国的"无痛"帝国主义是墨索里尼和法西斯主义获得财政支持的主要来源。

美帝国主义的贪婪目光也投向非洲和近东。例如，满洲在华尔街的银行家看来就是"远东的比利时"。加拿大往往被称为北美的第49州。加拿大政治上是英国的殖民地，可是在经济上却是美国的殖民地。尽管资本主义现在在加拿大日渐成长，它甚至可以出口生产资料，但这样说依然是正确的。

美帝国主义的侵略性不断增长的动力是：（1）为美国商品和剩余资本争夺市场；（2）争夺原料（橡胶、石油、硝石等）的产地。虽说美国开采的石油占世界开采量的70%，可是它的石油蕴藏量仅占12%。

美帝国主义的侵略性表现在欧洲、亚洲（不久前对南京政府的举动）、拉丁美洲（奴役尼加拉瓜）、对苏联的刻骨仇恨（拒绝承认）、英美关系尖锐化（争夺海军装备的规模、美国在石油、橡胶等方面对英帝国主义战线的顺利攻击）。

美帝国主义现在执行的是大规模准备战争。1928年5月30日，庆祝陆海军节时，柯立芝总统声称：

"令人遗憾的是，可以认为，美国的世界利益，无论用什么人性做借口，都正在受到威胁：我们有可能被卷入战争，或者受到其他民族之间战争的威胁。我们资本的分布，以及我们的贸易利益使得世界上无论什么地方发生的冲突，都几乎不可能不涉及我们。不管怎么说，任何一个民族只要采取战争，就将伤害我们的利益。"

美国准备战争的七个主要方面

（1）**思想准备**。将军们跑遍全国，说是美国从来不曾吃过一场败仗，要求增加对陆海空三军的拨款。扩大军事训练的学校，许多学校中已经开展了军训。正在宣传要建立一支从大资产阶级中招募的、强大可靠的军官队伍。向他们推荐在常备军中可能占据的职位。积极开展反对日本、英国、苏联的宣传。柯立芝要求，报刊必须对政府的政策保持100%的忠诚，对外交政策不得有丝毫批评或保留。

（2）**"和平"攻势**。哈瓦那会议的主要目的之一就是打着和平的旗号，动员拉丁美洲的后备资源，应对同欧洲帝国主义国家的冲突。必须注意，参加国联的有18个拉美国家。

我们不妨看看"宣布战争为非法"的所谓凯洛格公约。这个公约有以下特点：1）攻击国联；2）进一步加强美国作为世界中心的作用；3）企图保留欧洲各帝国主义国家对世界的分割，并借此玩弄手段；4）攻击苏联提出的裁军计划，推动孤立苏联；5）解除对自己的束缚，以便进攻殖民地人民；6）准备应对关于海军装备的华盛顿条约到期的1931年。

这个条约的欺骗和伪善面目是显而易见的。评论这个公约时，国务卿凯洛格说："就政治问题不可能进行仲裁。"凯洛格公约是要将任何地方的战争"宣布为非法"，只是即将发生的战争除外。这就是在虚伪的自卫口号下"允许"战争，维护洛迦诺公约义务的战争，维护国联章程产生的义务的战争，维护某些特殊利益，例如在拉丁美洲、在远东的利益等的战争。

尽管美国在口头上主张和平，它却在同尼加拉瓜作战，而且参与了对中国的进攻。

（3）**陆海空军的准备**。现在美国维持着它历史上和平时期最大的陆海军力量。最近六年用于制造飞机的费用高达2.5亿美元。仅最近一年就制造了2300架飞机。仿佛是为商业目的而设计的、经过加勒比海通往拉丁美洲的航线实际上具有军用性质。限制军备的日内瓦会议失败后，美国国会通过了美国历史上位居第二的海军预算。最近四年，用于建造军舰的费用超过了15亿美元。海军参谋部要求建造一支"和现有最强大的舰队相等的舰队"。1927年，美国的军费开支高于其他任何国家。下面这张各主要国家军费支出的图表是很说明问题的。

国名	1927年的军费支出	比1913年增加
美国	580000000美元	124%
英国	509000000美元	65%
日本	215000000美元	264%

1927年，政府支出的每一元钱中有82分是用于陆海军的。1916年的《国防法》为立即动员上百万士兵并扩大接受常备军军官训练的人数提供了基础。

（4）**工业军事化和武装力量机械化**。美国国防部正在研究军队的机械化问题。总参谋部已经为作战力量的机械化做了大量准备工作。根据《国防法》，工业的布局使它可以极迅速地动员起来，满足战争的需要。

（5）**国家机器和大资本的结合**。大企业家拥有的庞大私人武装，以及扩大政府的执行权，证明这方面在加紧备战。

（6）**对工人的镇压**。由大金融资本的律师组成的美国律师协会和工会的正式领袖沃尔和格林合作，正在起草一部反罢工法。正在争取工厂主有权雇用未参加工会的工人。用幕后操纵的办法通过了实行外籍工人登记的措施。

（7）**扩大美国在国际市场上的统治地位**。首先就应当指出不久前通过的向造船业拨款的琼斯法案，以及修筑新运河的决定，因为巴拿马运河10年后就不能满足需要了，还有向美国出口商提供特殊优惠等。

国务院非常关注资本输出，"因为它可能涉及国家利益"。这通常被理解为，美国资本应当被用于加强其他国家的武装，援助外国的垄断组织（拒绝向德国的钾碱加工工业提供贷款），对代表其他阶级利益的政府，苏联政府，执行敌视政策。

美帝国主义的主要政治路线

1. "孤立政策"。这项政策是在美国资产阶级获得民族独立后早期执行的。现在它被用于国内宣传，以便掩饰侵略计划。

2. 门罗主义——对其他国家，首先就是其他帝国主义强国，关闭拉丁美洲大门的政策。这个政策的最新也是最完整的形式见于不久前对尼加拉瓜的进攻。

考察门罗主义的发展变化时，我们发现由这项政策得出的一些新结论，它们表明美帝国主义日益增长的侵略性。这些结论是：（1）任何一个拉美国家都不得自愿转让或出售自己的部分领土给除美国之外的其他任何国家；（2）美国是拉美各国之间以及拉美各国和在美洲大陆拥有领地的其他大国之间发生争执时的仲裁人；（3）不得向任何非美洲的全资公司出让建筑港口的租让权和类似的租借权；（4）美国不赞成向欧洲或亚洲国家提供经济租让权；（5）美国有权使用武力调解拉美国家之间的冲突；（6）美国有权进行干预，以免造成欧洲或亚洲国家进行干预的条件；（7）当形式上独立的拉美国家不能"维持秩序"或违反了"国际义务"时，美国可以承担对这个国家实行财政和政治监督的职责；(8) 所谓"柯立芝结论"将拉丁美洲特别是中美洲变成了美帝国主义的后备垄断基地，将加勒比海变成了"美国的内湖"或"美国的地中海"。

3. 海约翰提出的门户开放政策是基于这样一个事实：美帝国主义登上远东晚于其他帝国主义国家，因此力图保证自己在那里取得平等地位，以便逐步将地球的这一部分也纳入华尔街的统治。

美帝国主义者相信，中国的局势是决定世界大国日本或美国立场的关键。菲律宾问题对于美帝国主义也是最重要的问题，因为菲律宾不仅是巨大的原料产地，而且是海空军基地。

4. 道威斯计划是实现美帝国主义经济霸权的最完整形式。这个计划使美帝国主义获得了德国的巨大资源作为抵押。道威斯计划在美帝国主义看来不仅适用于德国，它的不同方案也向其他国家提出。例如，当法帝国主义还比较衰弱时，向它提出了格利计划。类似的计划也向中国提供过。很有说服力的是借助道威斯计划，德国战争赔款的60%流入了华盛顿。

现在美帝国主义的主要冲突有：

1. **英美冲突**。这一冲突如今在帝国主义列强之间的冲突中所占的地位犹如大战前的英德冲突。我们来看看英美冲突的根源：(1) 美国资本在加拿大给予英国资本的沉重打击。(2) 两国在中美洲和拉丁美洲的尖锐利害冲突。(3) 英帝国主义受美国人压迫而在远东的退让。(4) 为控制世界石油的斗争。(5) 英国企图利用自己在埃及的侵略计划打破美国对棉花的垄断。(6) 澳大利亚和新西兰同美国日益接近是不列颠帝国瓦解的征兆。(7) 债务问题越来越复杂。(8) 控制资本输出方面的斗争，恢复黄金平价给英国造成困难，而美国却至少拥有世界黄金储备的一半。(9) 英国对美国积极巩固在印度的利益持非常怀疑的态度。美国同印度的贸易从1913年的1.62亿美元增加到1927年的

5.37亿美元。(10) 争夺橡胶的斗争。美国企图打破英国的垄断,在利比里亚和菲律宾发展自己的橡胶种植园。(11) 最后还有同样重要的斗争,即争夺海上和空中霸主的斗争。当美国国会通过造船的拨款法案后,英国造船业主联合会的执行委员会声称,这样的法律实际上只会导致"破坏国际团结"。

2. **争夺拉丁美洲的斗争**。除阿根廷、巴西和智利外,拉美各国实际上都处于"夏洛克大叔"的保护之下。一旦这些国家试图保卫自己的某种独立,就立刻会遭到粗暴的回击。例如,不久前波多黎各试图在一定程度上摆脱美帝国主义的统治,就遭到柯立芝的回击。投入拉丁美洲的美国资本,总的说来增长得极快。目前美国投入拉美的资本总额超过了52.5亿美元。美国投资增长最快的国家是迄今为止英国资本一直占据绝对统治地位的阿根廷和巴西。

3. **反对苏联的斗争**。美帝国主义继续奉行积极敌视苏联的政策。这种敌视的真实原因是,现在执政的各个阶级之间的尖锐矛盾不如美国政府和苏联政府的阶级属性表现得如此鲜明。但是,对商品销售新市场和输出剩余资本的需求不断增长,可能会在一定程度上逐渐改变美国政府的对苏立场。

4. **在欧洲的争夺**。现在美国执行的是和德国调情的政策,目的在于防止德法资本家的接近。美国对波兰也使出一些招数,想控制波兰政府的财政和波兰的工业,以便在波兰获得反对英国的补充阵地。争夺赔款的首席地位,也就是争夺获得战争赔款或私人银行家偿还贷款的首席地位,是美帝国主义加强其统治地位的另一个因素。债务纠纷和关税问题的冲突也导致了美国加紧对欧洲事务的干涉。

5. **太平洋上的斗争**。由于美国和日本的利害冲突,太平洋上的主要斗争正在酝酿中。

反动的工会官僚机构是美国帝国主义机器不可分割的部分。由龚帕斯创建的泛美劳工联合会简直就是泛美联盟的代理人，而泛美联盟又是华尔街夺取拉美各国的工具。美国劳工联合会的执行委员会就国际问题发表的宣言，没有一个事先不经过国务院批准。

社会党同工会的官僚机构联系密切，是后者的组成部分。希尔奎特积极宣传，主张美国加入国联。社会党的总统候选人、牧师诺曼·托马斯博士公开支持凯洛格公约。

小资产阶级的作用也是令人讨厌的。它对帝国主义战争计划的抗议软弱到无以复加的地步，它的行动几乎就是背叛。例如，不久前参议员博拉在谈到美国对国联的态度时，声称："我们曾经反对过国联，因为我们认为它是一个政治联盟；可是在涉及为美国争取市场时，我们不能拒绝同它合作。"博拉为美国的对华政策辩护，说："我们派遣我国的士兵到中国去，不过是为了履行自己的义务。"

特别可恶的是代表小资产阶级利益的所谓进步参议员们（博拉、诺维斯和希普斯特德）在尼加拉瓜问题上的行为。这些所谓的进步分子同大资本的代表人物携手合作，赞成将美国水兵留在尼加拉瓜，以保证美国对选举的监控。

对美帝国主义和帝国主义战争威胁的唯一自觉而积极的抗议来自美国共产（工人）党。美国共产党人基本上同和平主义的错误决裂了，虽然我们还有许多工作要做，才能摆脱和平主义的种种幻想。和平主义在美国的危害是很大的。在反对和平主义危险的斗争中，美国共产党采取了极其坚定的立场。为确定参加选举的候选人和通过竞选纲领，召开了代表大会。代表大会的主要口号是："将帝国主义战争转变为国内战争"。

在反对战争危险的斗争中，党做了许多工作，不过规模有限。就尼加拉瓜战争问题，我们在水兵出发前夜，在纽约和费城的海军船坞和兵营前举行了示威游行。在波士顿的海军船坞前向水兵散发了传单。还组织了给从诺福克（弗吉尼亚）出发的第二队水兵写信。在舰队中也开展了实际工作。还必须指出，共青团员在费城同水兵们结成兄弟。在西海岸的海军中也开展了工作。我们在陆军中也开展了一些工作，派遣党员到陆军中去；整理了士兵的要求。在士兵们被派往殖民地服役的前夕，顺利地向他们散发了传单。在纽约最近的军事演习中，散发了宣言。我们的刊物在士兵中传播得越来越多。我们在《工人日报》为士兵和前士兵开辟了专栏。拟定了士兵和水兵的名单，每周向他们发送宣传信件。发送这种信件已经取得了良好的效果。

不久前新贝德福德发生了罢工，国民警备队被召来执行工贼的任务。我们就此发表了号召书，取得了一定的效果，增加了招募志愿者破坏罢工的难度。我们对待军训的平民营的政策不久前有了改变。我们不再抵制军训，而是相反，派遣经过挑选的干部去接受军训。

我们在整个宣传工作中提出的是失败主义的口号。特别在反对尼加拉瓜战争的运动中，我们公开号召美国水兵从保卫华尔街利益的军队中开小差，投向桑地诺的军队。党积极地在美国水兵中开展活动，号召他们宁肯让桑地诺领导的尼加拉瓜军队获胜。

我们的"滚出中国"活动在组织街头示威方面取得了突出的成绩。我们的反战工作，保卫苏联的活动占很大一部分。

必须制定一些具体的实际措施来保证美国党同共产国际拉美各支部之间尽可能密切的合作。美国党也能够发动侨居美国的中国群众，给中国共产党以实际援助。这方面两党应当制定共同实际行动的计划。美国党认为，帝国主义战争危险不是抽象的，而是具体的、直接的危险。例如，我们的妇女工作特别集中在反对战争危险上。我们的黑人工作向我们展现了动员群众参加反对战争危险的光明前景。休斯敦的黑人士兵受到残酷对待。这个特别恶劣的事例表明，美国资产阶级随时准备进攻黑人群众已经到了什么地步。

我们党在组织世界大战的老兵方面取得了一定成绩。这个组织在部分工会中得到很大支持。

在反对战争危险的斗争中我们党应当更注意建立一些地下机构。与和平主义以及敌视苏联作斗争时，我们的主要方法之一就是努力在美国工人阶级中不断宣传红军和树立红军的声望。我们反战工作中的复杂问题是如何对待像菲律宾这样的殖民地中的民族资产阶级。那里民族资产阶级的某些阶层越来越成了帝国主义手中的玩具。

在我们的反战工作中，中央委员会同共青团保持着最紧密的联系。这在一定程度上决定了诸如7月4日在华尔街上摩根银行办公楼前的示威游行的成功。

最后我要指出，我们党制定了反对美帝国主义、保卫苏联、反对战争危险的具体行动纲领。

面对战争危险，我们党坚信，在第六次代表大会确定了反对战争危险问题后，我们在反对不断增长的美帝国主义的斗争中会成为一支强大的力量。（鼓掌）

巴尔贝的副报告

一个副报告不可能详尽地讨论在印发的提纲和贝尔同志的口头报告中讲到的那些极其重要的问题，何况在总报告之后又作了几个副报告。所以我只是从实际的角度分析法帝国主义的政策，也就是尽力证明法帝国主义一贯地、系统地奉行准备战争的政策。

1914—1918年的大战之前的年代里，法国资本主义就已经在紧张地准备帝国主义战争了，法国的军事预算达到了10亿金法郎。1927—1928年度军事预算是100亿法郎纸币，也就是20亿金法郎。换句话说，法国的军事预算比战前增加了100%。海军预算增加的百分比更大。

1922 年是 7.72 亿法郎，1928 年达到了 20.552 亿法郎，也就是增加了 3 倍。

如果我们再看看法帝国主义用了多少精力去发展自己的舰队（这是法国准备战争的一个重要方面），我们就会看到，法帝国主义力求保护、经营和扩大自己重要的殖民领地，最大限度地关注海军政策。最好的证明就是批准用于建立新的海军机构的贷款：1920 年这些贷款是 3.6 亿法郎，1928 年是 13.41 亿，也就是增加了 3.5 倍。

同时法国一面扩大陆海空军的力量，一面大大提高它们的质量。

有关潜艇的数字更具有说服力。法帝国主义不仅规定大量增加潜艇的数量（1928 年扩大至 125000 吨），而且建造续航能力 8000 海里而无须补充备用品的 1560 吨级潜艇。法帝国主义的海军装备跨进了一大步。

大家都听说过最近的一次勒阿弗尔海军大检阅。最近八个月内，法帝国主义在各处大海上安排了多次新的力量展示。

勒阿弗尔的检阅是 1914 年以来法国政府组织的最大的海军检阅。参加的有 84 艘舰艇。如果再考虑到这次海军检阅之前实施的改组和现代化措施，那就不得不承认法国武装力量的巨大增长。这种增长被法国资产阶级称为无论在数量还是质量上法帝国主义"海军的复兴"。

无论是我们党的机构，还是共产国际的机构，都很重视法帝国主义最近一年来通过并已付诸实施的军事法律，而且对它们的评价是完全公正的。的确，军事法律是法国和国际政治的最重大事件之一。许多国家（特别是比利时和捷克斯洛伐克）的资产阶级政府已经将法帝国主义在实施这些军事法律中积累的经验，作为制定自己的军事政策的根据了。

如果认为，法国的军事计划指的仅仅是帝国主义眼中的改组法国军队，使之现代化并更加完善，那就错了；这些计划是为实现法帝国主义的目标，在未来战争中动员全部政治、经济、军事和技术力量的，经过深思熟虑的统一计划。为了掩盖这些帝国主义目标，不单是借助社会民主党，而且几乎是完全依靠社会民主党来推行这些法案。让它对这些帝国主义的军事法律作出"民主的"解释。社会民主党将这些法案描绘成保卫法兰西"民主"共和国的最好形式，是减轻居民的军费负担，特别是缩短服兵役期限的最佳手段。

如果说法国社会民主党在解释这些法案时，给它们浇上了一层调味汁，法国将军们对这些法案的评价就更明确、更坦率、更不知羞耻了。下面是法国军国主义的机关报《法国军事报》的评论：

"组建新军队，一方面应当着眼于世界大战，而另一方面要考虑我国日常生活的需要，——这种日常生活很有可能会涉及殖民战争（如摩洛哥战争——而这样的战争将越来越多），或者是不得不平息国内的暴乱（也将会有越来越多的共产党暴乱）。"

这就是《法国军事报》对于将在三条战线上准备帝国主义战争的一系列实际措施集中成一个完整体系的这些法律的准确评价。

这种法律的主要特点是实施普遍军训。这个新规定在法国无疑将比在其他任何资本主义国家起更大的作用。普遍义务制军训现在已经在实施，而且不仅限于技术层面了。建立了为帝国主义战争进行思想准备和体力准备的新制度；其中包括"发展客观爱国主义"，目的是在各阶层树立"血债血还"（一名将军的话）的思想，发展更赤裸裸的殖民政策，资产阶级国家中的教学制度，设立对青年进行军训的许多协会，以及大工厂主越来越积极地参与设立休养所，不是出于慈善目的，而完全是为了利用青年工人的假期，进行军事训练。

新军事法律的第二个特点是，对军队本身进行几乎是彻底的改组。这种改组对于法国无产阶级以及国际工人运动都具有重大意义。法帝国主义在建立自己的新军队时，考虑了许多国家的军事经验。法国的新军事法律当之无愧地综合了全世界形形色色的军事制度（以工农群众义务服兵役为基础的"民主常备军"制度、德国国防军一类的骨干军官制度、美英的所谓"志愿"军制度）。

我们引用几个数字，表明法国军队的新结构。法军的组成，一方面是20万名应征服役的青年工农，另一方面是15万名士官和职业士兵、3万名军官、4.5万名宪兵和20万名殖民地和半殖民地军队。这样改组军队的原因有以下几条：

1. 法帝国主义必须使军事制度同战后法国的经济结构相适应。

近年来，在共产国际涉及法国共产党尤其是分析经济形势的文件中，都指出了最典型的现象——将战前的小资产阶级法国变成了有强大的发达工业的法国。这个重要事实在法帝国主义改组军队中起了很大作用。

2. 法帝国主义必须对那些不曾参加过帝国主义大战的劳动阶层，特别是26岁、27岁、28岁的青年，进行更深入、更系统的军事训练。

3. 法帝国主义急切地需要缓和阶级矛盾。近年来这些矛盾在国内急剧地尖锐化了，表现为法国陆海军内发生了多次群众性抗议活动。

4. 法帝国主义必须保护并扩大自己的殖民领地。

5. 最后，法国帝国主义政府注意到我们共产党的存在，以及党在陆海军中以及青年工农中赢得的巨大影响，吸引他们在党的口号下参加斗争。

军事法律的另一个主要特点是将全国的各种力量统统组织起来，参加帝国主义战争。

我们首先来看经济动员。不久前法国最大的企业家团体之一、巴黎地区冶金工业家议事会举行过一次会议，听取了积极参与制定这些军事法律的一名将军的报告。报告谈了两个问题：（1）冶金工业准备迎接经济总动员。（2）通过实施工业部门的部分动员，准备迎接工业总动员。而且这一条总指令已经写进了规定工业动员，要求法国各个工业和经济区，要求组织国内一切农业、工业、军事、政治和行政力量都在将军们的领导下准备迎接工业动员的军事法律，以便一旦发生世界帝国主义大战，得以在地区和全国范围内协调一切力量。

新的军事法律追求的第二个目的，按《法国军事报》的说法，是准备殖民战争，保证加强对法国殖民领地的经营、保护和扩展的。

新法律规定建立殖民军，其中一部分（9万人）留在殖民地，就地保护法帝国主义的政策，另一部分应当使用于法国，维持国内的秩序，也就是说，作为法帝国主义对付工人阶级的一支重要力量。

近来法帝国主义开始明白，它的海军力量无论质量还是数量都比英帝国主义或者意大利法西斯主义能够投入到地中海的力量要弱小些。地中海上的这种力量失衡向法帝国主义提出了保卫自己的殖民领地的问题。在这方面法帝国主义政策的具体表现是采取了一系列措施，旨在协调三块主要殖民领地：突尼斯、阿尔及利亚和摩洛哥的战争准备。例如，成立三个殖民地的总委员会就具有这样的性质。而最重要的是法国政府的议事日程上提出了修建穿越撒哈拉的铁路问题，这不仅仅是为了发展法属殖民地的经济，而首先是为了保证在北非殖民地中尽快集中法国在非洲其他殖民地中拥有的全部人力资源。此外，还在北非殖民地中建设了一些军工企业。

至于远东，法帝国主义的政策更为典型。法国并不满足于在印度支那加强了自己的海陆军基地，组织了一些军事演习，建立了对土著居民的定期训练制度，它还不断打算将中国南方的几个省添加到自己的远东殖民领地中，以便加强印度支那的经济作用，进一步保证它的安全。

《法国军事报》恬不知耻地宣称，军事法律的第三个目的是"维持国内秩序"，也就是镇压工人阶级。为此法帝国主义尽力加强自己的主力军和为针对工人阶级的帝国主义政策服务的雇佣军。我们也见证了前所未见的数量和质量上加强国家和市政警察。特别是这些加强了的、维护国内秩序的力量已经被法国政府用于对付最近一年内的许多游行，以及1927—1928年的一些重要罢工。

值得我们特别注意的另一个新规定就是用立法的形式推行工会的军事化。这当然不是什么全新的办法，因为在1914—1918年的大战期间，工会运动由于改良主义领导人的背叛，被卷入了法帝国主义的政治。现在的创新在于法帝国主义将它写进了法律，推行用立法的手段使一切工会组织全部军事化，迎接新的帝国主义战争。

这就是法帝国主义政府通过的军事法律的最重要特征。

我们由此得出的总结论是：这些军事法律是进行帝国主义战争、镇压殖民地人民和宗主国无产阶级和劳动群众的残酷工具。

在法帝国主义的这项明目张胆的政策中，在各种军事准备中，法国社会民主党起到了典型的社会民主派的作用。法国社会民主派在制定和实施这些前所未有的准备帝国主义战争的措施时，不仅扮演了帝国主义帮凶和代理人的角色，而且还是它政策的思想指导者。军事法律并不是法帝国主义军事机构的令人震撼的发现：法律中有关国家的整个组织要服从战争的主要部分，要不分性别和年龄动员全体公民的臭名昭著的公式，早在1922年就由法国社会民主党的领导人之一保罗-邦库尔在鼓吹了。

近年来，法国民主派为法帝国主义的政策效劳，在工人阶级内部推行这种政策，它的角色已经是尽人皆知了。法国社会党的最近一次代表大会提出了保罗-邦库尔在国联演说的问题。保罗-邦库尔在会上宣称："我留在国联，因为法国的对外政策执行的是社会党的精神。请让我留在国联，继续我小心谨慎的行动……在我看来，国联的公约和决定同国际社会主义的思想是完全一致的。"

这就是公然站到资本主义一边的绝妙例证：法国社会党的对外政策同法帝国主义的对外政策是相同的！

关于法帝国主义的殖民政策，将社会党战前几次代表大会的决议同法国社会党的最新观点加以对比是很能说明问题的。

下面是战前社会党南锡代表大会决议中的一小段：

"'和平进入'殖民地仅仅是一个神话……社会主义者应当敌视殖民政策，因为它立足于暴力占领并奴役亚洲和非洲人民。"

而现在社会民主党是这样描述法帝国主义的殖民政策的：

"社会党只能建议殖民地的人民逐步地，但不断地领会法国民主的原则。这里指的不是向全体本土居民提供选举权，而不问其文化程度如何。我们认为必须让被选中的一部分本土居民（我补充一点，就是被法帝国主义腐蚀了的那一部分）——就是能用法语读书交谈的那部分本土居民——拥有和法国公民代表相等的权利参与国家的管理。"

将这两段引文加以比较，现在社会民主党政策的帝国主义性质就昭然若揭了。

如果我们再拿出军事法律中涉及维持法国国内秩序以及在战时通常被称为"民族精神"的章节，那么法国社会民主党的政策就更容易被法国工人所理解了。在这个问题上，由于不仅来自共产主义工人，而且还有它本党党员的强烈抗议，法国社会民主党企图软化自己在镇压工人运动上毫不掩饰的资产阶级立场，声称："在罢工，以及劳资冲突期间，我们总的说来反对使用武器。"这话是社会党最资深的领导人列诺得尔说的。他还补充说："维持秩序是宪兵的专门任务；这项任务不包括在军队的正常职责之内。"

一方面社会党人反对使用武器，而另一方面，宪兵应当"正常地"履行职务——灌输尊重秩序的思想。这就是说，当斗争处于"非正常"阶段时，不仅可以使用法国宪兵，也不仅可以使用"正常"时期使用的方法。而且列诺得尔先生还努力说明他的"正常"的含义：

"资产阶级的常备军是由训练有素、装备精良的作战单位组成的，随时都处在充分的战备状态；它们可以被使用于任何需要的地方……"

……"坦克和工程兵不按团级建制组建。所以，常备军应当按照和平时期可能出现的意外使用来组建。"

"任何需要的地方……""和平时期的意外使用"——除了镇压宗主国内进行斗争的工人，或者镇压起来反抗法帝国主义压迫的殖民地人民，这还能是什么情况呢？

而且社会民主派更具体地说明了这个问题。列诺得尔补充说："应当预见到，即便在和平时期也需要保持常备军，以保证保护遥远的领土或者我们因为条约而占领着的土地。"

法国社会党人现在赞成在殖民地，以及法国获得委任对当地居民实施奴役政策的那些地方，使用帝国主义的各种武装力量，这难道还不清楚吗？

这就是第二国际的最大政党之一，法国社会党，执行的社会帝国主义政策的最典型事例。

同志们，下面我讲副报告的第三部分——我们党反对军事法律、反对法帝国主义和法国社会民主党政策的经验。

共产国际经常深刻地分析我们党的总政策及其错误和弱点，因为我们党可以作为在具有非常稳固的民主和议会制传统的环境中发展和开展斗争的典型例证。总的说来，我们一贯同意共产国际的评价。不过我们也希望法国共产党在这方面实际工作中的许多成绩也得到承认。当然，党的工作中还有缺点，还有薄弱环节，可是对法国工人运动而言，取得了积极进步和新成绩。

1914年战争爆发以前，法国工人运动反对战争，特别是反对军国主义的斗争，主要是通过简单的宣传鼓动和个别反对军国主义的活动自发地开展的。在这个意义上，反对军国主义的政策是大大进步了。由于我们党的工作，法国工人运动中这些无秩序的、个别行动的传统已经几乎完全消失了；广大群众中形成了新的斗争传统，不仅有一般的宣传鼓动，而且将这种宣传鼓动同帝国主义陆海军中的地下革命工作结合起来。这是法国共产党的最重要成绩之一。我打算从这个成绩的角度，分析我们党的工作经验。

第一个重要问题，同时也是我们党近年来不得不进行的第一场重要战斗，就是1925年的摩洛哥战争。我觉得，当时共产国际的一个支部初次必须不仅仅是讨论而且要实践列宁关于反对帝国主义大国的殖民战争的原则。所以我想，如果我们来分析我们党的政策，发动工农反对摩洛哥战争的政策，那就可以说这个政策是正确的。它对于我们党而言，有一个优点。它使我们可以向工农大众说明我们党对于殖民战争的立场，实际上证明我们党支持被压迫的殖民地人民；它同时还使我们能够在围绕着亲密团结问题的严重的国内斗争中，清除我们党内社会爱国主义的一些残余。

另一个迄今仍具有重大意义的问题是法意冲突。鉴于法帝国主义和意大利帝国主义之间不断的摩擦在1926年达到了特别剧烈的程度，我们党不仅要说明共产党人对这场斗争的一般立场，而且必须对我们党内出现的一些严重倾向和趋势作出回应。

这是一些极其危险的倾向，因为反对意大利法西斯主义，保卫法国"民主"、法国"文明"是多年来法帝国主义向劳动者和工人群众灌输的、准备应对帝国主义之间冲突的立场。因此，我们党对坚持认为必须首先粉碎意大利法西斯主义然后再掉转枪口反对法国资产阶级的种种倾向的反击，就不单纯是我们党斗争中的一个事件；它对于反对法国资产阶级在准备未来的帝国主义战争中的一个重要思想手段具有很大的价值。我们党正是从这个角度来看待关于法意冲突问题的这场斗争的。

我还想就我们党反对军事法律的立场说几句。在这方面我们党在工人中以及党内都做了许多宣传工作。党必须说明军事法律的真实目的，它们的起因和特点；党必须说明，对于将这些军事法律解释成法帝国主义制度民主化的成果的企图，工人和劳动群众应当作出怎样的回应；党还必须说明，法国的工农大众应当怎样组织自己反对军事法律的具体斗争。

我们党反对军事法律的具体斗争采用了我们党在政治上和组织群众上使用的新方法。

我们党是怎样看待反对法帝国主义准备战争和新军事制度的斗争的呢？党认为必须建立广泛的群众团体，利用青年工人和农民中现有的传统建立比党和共青团更加广泛的组织，例如在应征入伍的新兵中建立组织。这些组织是党和共青团发动青年工人反对法帝国主义的政策、反对军事法律的最有效手段之一。

我们党和共青团为建立广泛的群众组织奠定了基础，它使我们能够发动青年工人，反对法帝国主义的战争政策。

近年来我们开展工作的另一个实际例子是，适应随着帝国主义战争临近而采用的训练后备士兵的新方法而建立了一些后备役士兵的群众组织。我们将按照保护预备役士兵的某些要求、保护某些老兵阶层的传统来建立互助协会和后备役士兵协会。

我们党建立的群众团体的第三种形式就是建立反对军事法律、反对法帝国主义战争准备的女工、家庭主妇和女农民的群众团体。我们党建立的这种组织拥有将近2000名成员。按它的组成以及可能包括的群众而言，这种组织可能成为群众组织的核心，成为我们党反对法帝国主义的重要据点之一。

我们党在反对法帝国主义军事法律的斗争中是否满足于这种一般的

宣传鼓动和组织工作呢？当然不是。这甚至还不是党的工作的主要部分。我们党现在做得最出色的工作是在陆海军中的工作，并取得了优异成果。我们在这方面的斗争依靠的不仅仅是新军事法律引发的士兵和水兵的不满情绪，而主要是基于将士兵和水兵的部分要求同我们党反对帝国主义战争的口号结合起来。

我还打算谈谈由于法帝国主义的新政策而产生的我们党的任务。很明显，党完全不必修改自己反对战争准备的政策和口号。可是鉴于法帝国主义集中全部力量采取了一些措施，我们党应当在反对军国主义方面改变一下自己的策略。党显然不能满足于仅仅发动迄今为止构成帝国主义军队骨干的青年工人和农民。新的军事法律彻底改变了帝国主义政党①的面目及其内部的阶级力量对比。共产党的任务是不仅要瓦解帝国主义军队和舰队、军事团体和殖民地部队，党还应当同时执行瓦解法帝国主义正在打算组建的、庞大的主力军。这对我们党而言是一个全新的任务。因此，我们党在对帝国主义军队中的主要革命力量——青年工农和预备役士兵——开展工作的同时，还应当采取保卫某些局部要求的政策，因为这些局部要求能够发动职业士兵起来反对军官，反对法帝国主义的政策，能够把他们团结起来并转变为我们党正在建立的、由军队中现有的以及应征后能够加入的工农统一战线的组成部分。我们党面临的新问题之一就是正确评价阶级斗争的新形式、改变后的阶级力量对比，以及法帝国主义新军事体制中阶级斗争的那些形式。我们党必须对此作出正确评价，因为法帝国主义新军事体制中新的阶级力量对比到总动员时将会在更为广泛的程度上重复出现。如果我们党现在不就这个问题制定正确的政策，对于瓦解敌军缺乏正确的策略，等到出现工业、政治、经济和军事总动员的时候，党就不能履行自己的职责。所以我们党应当

---

① 原文如此，疑为"帝国主义军队"之误。——译者注

现在就解决这些问题，从而准备好一旦爆发帝国主义战争时，迎接更广泛的斗争。

我简单谈谈结论。我们党的工作经验证明，虽说党的工作中有许多缺点，在反对法帝国主义的战争政策中犯了一些错误，但在反对军国主义的斗争中我们党不仅取得了一些成绩，而且发展成一个广泛的、英勇的、坚决的、名副其实的共产党。在斗争中我们党改正了错误，在法国无产阶级和法国劳动群众中为开展反对帝国主义战争、反对法帝国主义在殖民地中的强盗政策的列宁式斗争奠定了坚实的基础。

米科洛斯的声明

我向大会致歉，因为出于个人原因，我要占用几分钟时间。星期六晚间的会议上，格尔维克同志发言时我不在场，因为我们党中央召我去哈尔科夫在工人集会上作报告。所以我当时，也同星期一一样，未能就格尔维克同志在会上向大家发表的声明说几句话。关于瓦西里基夫集团，即西乌克兰共产党中央前领导人集团，大家知道，这个集团背叛了共产国际，被开除出共产国际，它实际上支持法西斯主义。谈到这个集团时，格尔维克同志使用了这样的词句："该集团在西乌克兰所犯的严重政治错误中，其精神领袖是米科洛斯。"[①] 格尔维克同志提出的这个指控太严重、太重要了，它要求我作出回答，所以我只好占用大家一点时间。

同志们，我明白，在政治斗争中激情总是会燃烧起来，就像它们在波兰共产党内燃烧起来一样。我曾经多次参与党内发生的各种事件，作为乌克兰布尔什维克党的代表多次在波兰党和西乌克兰共产党的代表大

---

① 参见格尔维克在第十五次会议上的发言。——编者注

会和代表会议上讲话。在第二次代表大会之前，波兰共产党的多数支持卢森堡派的观点，反对列宁的正确路线，我在那里就民族问题进行过斗争。以后我又不止一次反对过波兰共产党在民族问题上的错误。例如，1926年，波兰共产党现在的少数派代表在西白俄罗斯提出了西白俄罗斯在波兰国内保留自治权的口号，用以取代列宁的口号："各民族自决直至分离的权利"，取代共产国际第五次代表大会就西乌克兰和西白俄罗斯问题通过的、将这些被占领土从波兰分离出来、加入苏维埃共和国的口号。当时在共产国际的扩大全会上我对此表示反对，而且得到了随后召开的西乌克兰共产党中央委员会的支持；大家知道，共产国际执行委员会的决议驳斥了当时在民族问题上的原则性对抗。

还是在1926年，我曾经再一次反对波兰共产党在民族问题上的倾向，这一次是反对波兰的民族主义倾向。波兰孟什维克派的代表布津斯基向波兰共产党第四次代表会议提交了一份带有明显民族主义倾向的大国沙文主义的宣言。从中皮尔苏茨基派可以得到许多用于反对苏联和共产主义的东西。鉴于知道这份文件的人不多，请大家原谅，我想在这里摘引一段：

"如果波兰改变其资本主义国家的定位，实行与如同波兰一样是前沙皇帝国工农革命产儿的苏联的友好政策，那所拟定的所有纲领性原则（工农民主政府的行动纲领），才能够实现并充分发挥其作用。我们应当在波苏之间的政治和经济协定中表述这一点，因为只有这样的协定才能使波兰：（1）利用苏联1923—1924年提出的裁军建议，并根据红军的裁军情况裁减自己的军队，而不必担心自己的西部边界；（2）进入苏联的销售市场和原料市场，利用向近东和远东的过境运输，利用自己连接苏联和西方各国（匈牙利、奥地利、捷克斯洛伐克、德国等）的桥梁地位；（3）为上西里西亚的煤炭寻找临时销售市场，同时根据苏联加紧发展整个工业的速度和发展煤炭工业的速度，获取波兰冶金业已经习惯使用的富铁矿，最后还有为纺织工业获取棉花（用波兰向苏联租赁的办法，可以得到突厥斯坦和外高加索的土地来发展自己的棉花种植场);(4)为农业人口在西伯利亚、远东以及库班和外高加索建立移民地,——不这样做犹如不将农村的剩余劳动力转入工业一样,就不能解决波兰农村人口的转移问题,这个问题在土地改革之后将变得更加尖锐。

为了使工农联盟确实包括波兰的工人和农民,为了让工农的波兰能够在资本主义世界面前,在无产阶级和农民的苏联面前,以它应有的身价和尊严出现在国际舞台上,它应当是内部统一而强大的。而只要波兰迫害被压迫民族和少数民族,就不可能获得这种统一和强大。只有给予各个非波兰部族全面发展民族生活的自由,才能建立这种统一和强大。我们波兰族在波兰国家内占多数,应当首先把我们国家内其他受压迫的民族的地位提升到各民族都受人尊敬的、平等中的地位。这一点只有通过向全体被征服和被武力强制束缚在波兰国内的民族提供民族自决直至分离的权利,才能实现。只有在这种条件下,波兰才能成为其边界受到苏联首先就是苏维埃白俄罗斯和苏维埃乌克兰尊重的国家。所有这些要求只有工农政府付出必要的努力才能够完成,这个政府代表的是联合起来的工人和联合起来的农民的真正的联盟。"

布津斯基的方案自然遭到波兰共产党代表会议多数的否决。我当时也反对布津斯基的民族—布尔什维主义。不过我要问:格尔维克同志和他的志同道合者是否反对过布津斯基,是否揭露过他的观点,是否在波兰的无产阶级中开展过斗争,来反对这种从理论上证明皮尔苏茨基的法西斯主义的观点呢?与此相反,波兰的少数派在1927年却坚持让这个从未在报刊上公开放弃过自己观点的布津斯基获得了曾经是波兰少数派堡垒的华沙党组织出席波兰共产党第四次代表大会的代表证书。

我还在其他许多场合反对过波兰共产党内的各种错误和倾向:1924年在共产国际委员会上反对过波兰多数派现在的著名领导人对托派的同情,在波共第三次代表大会上反对过波共内的右倾,1925年在西白俄罗斯共产党内反对过民族—布尔什维主义,1925年在西白俄罗斯共产党中央委员会内反对过盲动主义倾向，1926年反对过东布斯基的极左倾向，在皮尔苏茨基的五月政变时，在共产国际的委员会中，以及波共第四次代表大会上反对过波共中央的错误。最后，在反对舒姆斯基民族主义倾向的斗争中，我作为共产国际的代表，在1927年4月西乌克兰共产党中央全会上首先查清了西乌克兰共产党前领导的民族主义倾向，然后，在1927年8月和12月，1928年1月，在报刊上发表了许多篇简报和文章，给乌克兰共产党（布）中央写了好几份报告，给共产国际执行委员会写了3份报告，简直是独自承担了反对西乌克兰共产党内的民族主义倾向，反对瓦西里基夫—图里亚斯基集团叛变的斗争。格尔维克同志不顾这些事实，居然敢走上共产国际的讲坛，作出毫无根据的声明，仿佛恰恰是我应当为我首先起来反对的瓦西里基夫—图里亚斯基集团的观点和行为承担责任。

　　格尔维克同志声明的实质是：乌克兰共产党（布）中央及其领导人米科洛斯同志对西乌克兰共产党有影响力，西乌共中央倾听并且遵循他的建议和指示；也就是说，按格尔维克同志的逻辑，如果瓦西里基夫—图里亚斯基集团在反对米科洛斯同志本人的斗争中也违背了西乌共中央的指示，走上了错误的、然后是背叛的道路，那么对此应当负责的、犯有错误的是乌克兰共产党（布）中央和米科洛斯同志。还补充说，叛徒集团的离开发生在同乌共（布）和米科洛斯同志斗争的时候，而且在很大程度上是由于乌共（布）和米科洛斯同志的影响，西乌共基本上是健康的，很快就消除了瓦西里基夫—图里亚斯基集团背叛的后果。

　　至于乌共（布）和我作为它的代表所执行的路线，有1927年8月共产国际执行委员会根据我们当时提出的西乌克兰共产党内的民族主义倾向问题而通过的决议。共产国际执行委员会通过的决议如下："共产国际完全赞同乌克兰共产党执行的、在致共产国际执行委员会最近的一份请求书中完整表述了的民族政策，并认为乌共（布）在同大俄罗斯沙文主义以及乌克兰民族沙文主义的斗争中的路线是完全正确的。"

这个问题去年8月在共产国际执行委员会以及专门成立的乌克兰委员会中讨论过,奉行格尔维克同志讲话中阐述的、被共产国际执行委员会否定了的错误路线的波兰少数派的代表也参加了讨论。

与之相反,乌克兰共产党提出的、得到波兰中央委员会的多数支持的对乌共(布)内倾向的说明,起初得到共产国际乌克兰委员会、后来又得到共产国际执行委员会本身的完全赞同。

至于我在历次代表会议和代表大会上就这个问题的讲话,以及我对西乌克兰共产党和波兰共产党执行的路线,那完全是按照乌克兰共产党(布)中央的委托,以它的代表身份行事的。我要说明,格尔维克同志所作的声明是由波兰少数派的代表和两三个乌克兰和共产国际的工作人员提出的。因此我要求对这个问题进行专门讨论。我们中央在1928年3月16日的全会上讨论过这个问题。乌共(布)中央通过了以下决议,并发表在共产国际的机关刊物《共产国际》第27—28期上(第139页):"乌共(布)中央全会肯定并赞同乌共(布)中央政治局直接和通过乌共(布)驻共产国际的代表对西乌克兰共产党执行的路线是正确的。乌共(布)中央全会批准自己的代表米科洛斯同志对西乌克兰共产党所做的工作,承认他的工作是完全依照政治局的指示、符合共产国际决议的。"

我想,知道了这一切后,波兰中央的少数派格尔维克同志在这里提出的声明,说我仿佛执行了某种特殊路线,引发了西乌克兰共产党内的事件,是完全站不住脚的。

不过,同志们,应当明白格尔维克同志提出的指责的含义。他在共产国际的代表大会上说,米科洛斯同志是西乌克兰共产党内这个叛徒集团转投法西斯主义的精神领袖。这个声明是极其严重的。可是我想,在我引用了共产国际和乌克兰共产党的决议之后,格尔维克同志的讲话就只能说明，由于存在格尔维克这样的同志，波兰共产党内的氛围已经被毒害和腐化到了什么程度。

格尔维克代表波兰代表团的少数派的声明

我代表波兰代表团的少数派发表以下声明：

（1）我们坚决否认格尔维克同志对米科洛斯同志发言的回答是针对联共（布）中央及其决议的。格尔维克同志的发言是针对米科洛斯同志在发言中对波兰党的少数派的毫无根据的指责的。米科洛斯同志提出这种指责已经不是第一次了。例如，他在联共（布）第十五次代表大会上的发言就是这种精神。就在瓦西里基夫集团不打算执行共产国际执行委员会的决议，在它准备在西乌克兰共产党内搞分裂的时候，米科洛斯同志却认为必须对波兰共产党中央的少数派提出空洞的指责，而正是这个少数派从一开始就提醒共产国际和党注意瓦西里基夫的民族主义和机会主义错误，而且一贯反对波兰党的中央委员会的多数派支持瓦西里基夫集团。正是少数派在党的第九次代表大会上无保留地支持共产国际执行委员会对瓦西里基夫集团的评价，而多数派却在自己的宣言中反对这个评价。我们坚决反对瓦西里基夫集团，同时最强烈地强调联共（布）在使西乌克兰共产党布尔什维克化中的功绩。

我们断然否认波兰共产党中央的少数派主张自治的观点。这是明显的诽谤。

格尔维克同志反对对连斯基制造的谎言和诽谤，他是正确的。

我们感到遗憾，苏维埃乌克兰代表团在不曾获得主要的信息之前，就重复了波兰的右派对波兰中央委员会少数派的所谓民族—布尔什维主义的错误指责。

（会议休会）

第二十次会议

(1928年8月3日)

主席：加香

讨论关于战争危险的问题

维特科夫斯基（红色工会国际共产党团）：

在反对战争危险的斗争中，作为群众性组织的工会应当发挥最大的作用，因为通过工会我们可以深入到工人阶级群众中去。

我们在反对战争危险时，首先遭遇到的就是阿姆斯特丹国际和所有依附于它的团体的形式上的虚情假意，而实际上却是背叛的立场。阿姆斯特丹的这种立场不是什么新货色。它现在不过是表述得更加明确，是改良派自1914年起就奉行的那条对待战争路线的进一步、合乎逻辑的发展。改良派工会在所有交战国内的主要任务就是，迫使工人阶级放弃经济和政治斗争，将工人阶级同战争最紧密地联系在一起。这项任务它们完成得很顺利。

当俄国的无产阶级推翻了沙皇制度、将帝国主义战争转变成国内战争之后，工会的改良派领袖们继续执行自己为帝国主义效劳的政策。在德国和奥地利，他们支持1918年反对苏维埃俄国的战争。在法国、比利时等国，他们认为十月革命削弱了协约国的阵线，不仅不反对武装干涉政策，反而帮助扼杀了匈牙利的革命。最后，他们还积极参与了签订帝国主义的凡尔赛和约。

战后成立的阿姆斯特丹国际，在第一次代表大会上对德国工会奉行和协约国对战败的德国实行的相同的政策。

战后重建的改良主义的国际，一方面，强调自己决定和整个帝国主义资产阶级一起执行欺骗无产阶级的总政策，和资产阶级一样，反复声称未来的军事冲突可能用和平方式调解。另一方面，阿姆斯特丹国际努力在工人阶级内部制造正在出现社会和平的幻想，为此它给自己规定的任务就是使无产阶级远离直接的阶级斗争。

阿姆斯特丹国际后来在进一步支持国联和个别帝国主义国家的帝国主义政策以及背叛无产阶级利益的道路上越滑越远。

阿姆斯特丹人加入了国联和国际劳工局，参加或支持了德国、英国、法国的资产阶级政府，从而支持并积极参与了本国的帝国主义政策。在裁军问题上，他们采取和自己政府相同的立场。他们在群众面前极力抹杀经常威胁和平的那些冲突引起的战争危险。阿姆斯特丹人的和平主义不过是掩盖了资产阶级的帝国主义政策而已。

对于常常震动帝国主义世界的殖民地战争和冲突，对于殖民地被压迫人民的解放斗争，阿姆斯特丹人都采取和自己的资产阶级国家相同的立场。

依靠英国的工联而上台执政的所谓麦克唐纳工党政府，对印度实行的仍然是赤裸裸的资产阶级政府的帝国主义压迫政策。

当法国劳动总同盟勇敢地履行自己的革命责任、开展反对摩洛哥和叙利亚战争的活动并于1925年10月12日宣布罢工一天时，改良主义的总工会不但禁止自己的工会参加罢工，而且帮助政府反对罢工的组织者。

阿姆斯特丹人对待中国革命也表现了非常鲜明的立场。当英国向中国派遣军队时，英国工联的领导人满足于通过了一个决议，表示"对指向广州政府的军事挑衅行动表示遗憾,因为这种挑衅只能在双方(!)阵营中引起惊慌失措和敌意,而使得准备防止的那些不幸难以避免"。

决议中没有对派遣军队和武装干涉革命中国提出抗议。在中国革命的整个进程中英国改良主义者对革命的态度没有发生变化。不管迫于群众的压力而通过的决议说些什么,英国的改良主义者实际上都是同自己的政府站在一起的。

参加阿姆斯特丹的所有组织不曾开展过任何活动来保卫中国革命。1927年3月,乌捷格斯特拒绝了中国海员工会的代表在欧洲组织游行声援中国革命的请求。改良主义者也拒绝派代表团前往中国。阿姆斯特丹国际完全支持帝国主义的观点,只是努力用词句掩盖自己政策的实质。

阿姆斯特丹及其各支部怎样对待在意大利、波兰和其他国家中已经成为准备战争特别是针对苏联的战争的强大因素的法西斯主义呢?阿姆斯特丹不停地叫嚷要反对法西斯主义。可是它在意大利的拥护者要么转到了法西斯一边,要么可耻地向法西斯主义投降了。无论阿姆斯特丹怎么说,人人都清楚,阿尔贝·托马喧喧嚷嚷的罗马之行是为阿姆斯特丹和墨索里尼之间牵线搭桥。波兰工会的改良派领导人积极支持法西斯政府。

阿姆斯特丹和改良派的个别工会中心怎样看待反对苏联的战争呢?阿姆斯特丹的领导人,例如茹奥,声称,和平的唯一敌人就是苏联。而且他们并不满足于诽谤苏联和反对苏联在裁军会议上提出的建议,他们还积极参与战争准备。这就是德国的、法国的以及其他改良派的态度。

英国工会全国委员会在英国政府断绝了同苏联的外交关系后,也终止了英俄团结委员会。这两件事之间有最密切的联系。波兰改良派的工会联合会明显地支持正在准备反苏战争的皮尔苏茨基法西斯政府;波兰改良派在决议中居然敢谈论"苏联帝国主义",声称战争危险不仅来自资产阶级各国，也来自苏联。

革命工会和革命少数派在反战斗争中的主要任务之一，就是在所有国家中联系战争准备活动，揭露阿姆斯特丹和阿姆斯特丹派。

由于阿姆斯特丹人使用和平主义的和激进的语言来掩盖自己政策的内容，所以，我们首先就要揭露这种假和平主义的含义：我们应当向工人说明，这种和平主义包含的是资产阶级帝国主义的内容，它不过是准备战争的另一种方法。这种方法特别危险，因为它的目的是解除工人阶级对战争危险的武装，利用强大的工会组织推动奴役其他民族，与无产阶级为敌，消灭世界上第一个工人国家。

工会国际和加入它的各组织始终以自己对待战争问题的阶级的、革命的态度而同阿姆斯特丹相对立。

工会国际不仅在历次代表大会的决议中就反对战争问题发出一般性的指示，它还就各种具体事件：叙利亚的战争、摩洛哥的战争、中国革命等发表意见。特别要指出的是法国劳动总同盟1925年组织的反对叙利亚和摩洛哥战争活动，这次活动的高潮是有上百万工人参加的一天总罢工。

各个工业部门的各个国际宣传和行动革命委员会也按各自的系统进行了反对帝国主义的宣传和鼓动。其中有一些，就是运输工人和化工工人，在国际大会上制定了反对战争危险的具体措施。

建立了国际工会联合组织，如工会太平洋秘书处、拉丁美洲工会联合会，不但团结了工会国际的拥护者，而且还团结了其他倾向的工人，对于扩大反对战争危险的斗争具有重大意义。

我们反对战争危险的斗争不应当是抽象的。它应当同工人阶级日常的经济斗争，同它的要求，同保卫工会组织，抵抗资本和政府的进攻最紧密地联系在一起。只有这样具体的反对战争危险的斗争才能使我们能够率领组织在工会中的广大工人群众，反对改良派的背叛政策。

我们应当明白，而且在日常的宣传中说清楚，资本、法西斯主义和反动派对工人阶级的进攻，其目的不仅在于稳定资本主义制度，也同样是为了准备战争。资本主义的合理化是准备这场战争的首要前提。宣传工业和平、阶级合作、强制仲裁的目的就是剥夺工人阶级在战争时期的唯一武器——阶级斗争。例如英国针对工会的所有措施，法国、波兰和巴尔干各国对工人的种种镇压等，还有剥夺工人罢工自由的各种企图——这些都是为了准备战争和吸引工人参加战争，所以反对这一切措施应当是我们日常宣传鼓动工作的话题。每次大罢工、每次工会的活动都应当用来向工人群众展示，争取日常要求的斗争同反对战争危险的斗争是联系在一起的。

我们应当在工人中揭露企图建立法西斯工会和股份制工会的企图，指出这是资产阶级企图在战争时期消灭工人的战斗组织。

要把工人阶级的经济斗争同反战斗争连接起来，就必须采取自下而上地建立统一战线的策略。应当建立反对战争危险行动委员会，由它们组织反战大会，出版工厂小报，领导企业的反战工作，同时和工会组织保持联系。

由于要开展反战斗争，争取基层工会组织并从其中赶走改良派领导的任务就特别重要。必须向群众说明，只有革命的阶级工会才能成为反对战争危险的手段。这方面同样重要的是在企业中为工会组织奠定基础的任务。

革命的工会组织和工会中的革命少数派不能失去同应征入伍的工人的联系。后者应当仍旧是工会会员，通过他们在军队中开展革命工作。

所有工会都应当投入反对战争的政治运动，并在其中发挥最积极的作用。每个国家中，工会或者其中的革命少数派都应当积极反对军事预算和增加装备，应当支持缩短服役期、减少军队人数等要求。它们应当反对正在准备新军事冲突的本国政府的侵略政策，揭露改良派的作用。

在反对战争危险的斗争中，为反对苏联遭受的威胁而斗争特别重要。在这场斗争中，我们工会系统的口号也是保卫工人的唯一祖国苏联。这场斗争取胜的条件是传播苏联工人阶级取得的各种成就，介绍社会主义建设的成绩，将工业和平和阶级合作的方法同俄国无产阶级赖以取胜的阶级斗争的革命方法加以对比；还必须说明苏联世界政策的实质，将它同帝国主义列强对苏联执行的侵略计划加以比较。

在工会系统开展反战工作时，应当对那些有助于无产阶级顺利进行斗争、在战争时期起最大所用的环节给予特别关注，投入更多力量和资金。铁路工会、海员工会、码头工会、冶金工会、矿工工会、化工工会等的作用特别巨大。应当集中力量在大工业企业、港口和铁路枢纽开展工作。

工会的反战工作应当具有国际性。工会国际开展反对帝国主义战争、反对针对苏联的战争的国际斗争已经有许多年了，还应当全力加强。还应当通过国际宣传和鼓动委员会来开展这项工作，特别要突出运输工人、化工工人、冶金工人和矿工的作用。只有经过顽强的日常斗争才能将帝国主义战争转变成国内战争。

在将帝国主义战争转变成国内战争的这场斗争中，工会能够起到积极作用。这将取决于我们能够在多大程度上赶走阿姆斯特丹的官僚主义者，并领导无产阶级的经济斗争。

我们的任务是在战争必然造成的冲突之上领导工人阶级的经济斗争，组织罢工捍卫日常的要求，将它们同反战斗争联系起来。根据对抗的发展和尖锐化，我们应当扩大这些罢工，努力将它们转变成为总罢工而奋斗的因素，而总罢工又应当是武装起义的前奏。经济斗争中交通和同战争有直接关系的那些工业部门具有特别重要的意义。对它们要非常关注。

应当指出，在反对帝国主义战争的斗争中，特别是在保卫苏联的斗争中，一些对战争具有重大意义的劳动部门的工会负有特殊的任务。首先要指出的是运输工人的作用。一旦发生战争，运输工人的任务就是拒绝运输用于对苏战争，反对殖民地和半殖民地民族的军用物资。为此应当将运输工人按不同门类及时组织起来；应当着手在铁路、港口、轮船上建立委员会，以便对军用物资和军队的运输实施监督。建立轮船监督委员会和港口监督委员会之间的联系非常重要，这样才能阻止军用物资的卸载。

铁路工人应当在有关各国的边界上建立国际监督委员会，来调查和阻止战争物资的运输。

战争时期海员和港口工人的工作尤其重要。所有主要港口都应当建立港口办事处的网络。现有的港口办事处的工作应当扩大并加强。

化工工业对战争具有重大意义，因此各国都应当加强化工工业中的工会工作。革命的工会会员—化工工人应当向其他工人说明未来的化学战争将带来的悲惨后果。工厂中应当建立阻止工厂转而为战争需要服务的监督委员会。革命的化工工人应当保持同运输工人的联系，以阻止爆炸物品和毒气的运输。

冶金工人在军工部门工作，因此十分重要。冶金工厂必须建立行动委员会，抵抗将工厂转而为战争服务：通过罢工、静坐罢工和怠工阻止生产装具、武器和其他军用器材。我们应当特别关注航空工业中的工作。

在矿工中组织经济斗争和反战工作有重大意义，因为不间断地采煤是进行战争的必要前提。必须协调整个军事工业和军事运输部门的工会工作。应当力求建立和军事工业有关的工会集团和协会。必须保持这些工会的共产党团之间的联系。

应当考虑这样的前景：宣战会导致加紧镇压革命工会，尤其是因为经济斗争尖锐化了，而且工会又积极反对战争。这就向工会提出了开展争取合法化的任务。为此应当通过在企业中建立工会支部或者建立工厂委员会、行动委员会等将工会和群众联系在一起。最后，还应当注意工会组织有可能成为半合法及非法团体。

在革命工会面临的斗争中，工会国际及其各个支部负有重要责任。

在未来战争中，独立的革命工会和改良派组织中的劳动大军应当在工会国际领导下投入战斗，争取将帝国主义战争转变为国内战争，争取消灭资产阶级政权，将资本主义制度转变成社会主义制度。一切客观条件都使我们坚信，工会战线不会重犯1914年的错误，我们的革命工会运动将实现这项历史任务。（鼓掌）

西坎德尔·苏尔（印度）：

提纲中战争问题提得过于抽象。必须更具体地指出，为什么帝国主义列强中英帝国主义最敌视苏联，为什么它在种种反苏活动中都得到世界资产阶级的支持。

苏联除了发挥世界无产阶级革命的思想中心这样重要的作用外，还是一股巨大的政治力量。由于苏维埃政权的巩固，英国在东方的外交地位受到了震撼。英国失去了东方几乎不曾被动用过的自然资源和亚洲富足的市场。无产阶级革命的消息传到了最偏僻的乡村。在印度，英国世世代代的奴隶现在也站起来，要求获得自己占有这些财富的权利。中国落后的人民坚决反对自己趾高气扬的宿敌，反对自己宿敌的还有阿富汗人和波斯人。英国经济的大危机就在我们眼前导致了资本主义的衰弱，加深了英国资本家的绝望和他们对无产阶级国家苏联的报复。他们将自己的全部危机和失败统统归咎于"狡猾的宣传"，而这些失败实际上却是生产力和生产关系之间矛盾的结果。

在印度，准备战争采取了多种形式。各地区的招兵都通过各地区酋长的秘密会议。正在竭尽全力，保证让印度支持未来的战争。印度和巴基斯坦边境地带的机场正在增加。勒兹默格附近在修建一座可以容纳12000名士兵的新兵营，而该地区原来就驻有25000名常备军。从奎达到吉德拉尔的整个边境地区就像是一个作战区域。按照新计划，正在扩建三个强大的防御基地，其中之一在白沙瓦，集中了25000名士兵、三个航空大队和许多装具大仓库。另一的基地在科哈特，有10000名士兵和一个航空大队。第三个基地被认为是全世界最大的基地，它在勒兹默格。除此之外，重要的防御中心奎达正在扩建机场。所有防御基地都驻有常备军。各个土邦拥有的军队在战后是90000人，现在扩大到了150000人。由于各土邦对这些军队的控制不严，现在已将控制权转交中央政府，军队也在按现代军队的标准进行改编。纯英国的军队战后是75000人，现在扩大到150000人。全部炮兵都归英国人指挥。还有装备精良的武装警察。在印度的欧洲侨民被招入志愿部队。印度的大学生主要来自社会上层，也被吸收入伍。印度在不停地招兵，尤其在同阿富汗和中国接壤地区。阿富汗边境地区，即所谓的西北边区，在印度被认为是一个无法无天的地区。全部管理权都掌握在军人手中。招兵是日常工作；不久前在德里和密拉特附近一个不大的区域内就招募了50000名新兵。印度的招兵从表面上看，似乎是自愿的，而实际上却是通过严厉的镇压措施。许多同志在这里谈到了反战宣传。如果将反战宣传理解为中国遭到武装干涉时所发生的情况，那就不过是一种罪恶的冷漠。英国士兵安安静静地出发去中国，然后才开始通过同情中国革命运动的决议等活动……共产党人的工作应当是从前面打击敌人，而不是从后面朝他扔去一大堆决议。我们应当在军队中开展系统的反战宣传，唤起士兵们推翻本国的资本主义压迫的愿望。

可以这样说，除德国共产党外，许多共产党并没有认真对待战争危险。如果其他国家的同志们对待这个问题能够稍微严肃些，我们就可以在所有国家中拥有红色前线士兵协会。现在还为时未晚，我们应当立即着手这项工作。

我们今后在印度的道路是艰难的。没有一处地方的镇压像印度那样残酷,没有一个国家像印度那样与世隔绝。尽管如此,我们也不是束手无策。我们已经开始宣传英国的武器必败。从国大党的讲坛上,在军营中,在工人居住区里,在田地里,——凡是我们能够渗透进去的地方,我们都不顾帝国主义的沉重压迫而开展工作。如果敌人转入进攻,我们已经有了从后方打击敌人的具体计划。我们将把敌人置于水深火热之中,它强占突厥斯坦为殖民地的计划将被摧毁。印度是最薄弱的环节,从这里可以给英帝国主义以致命的打击。共产国际的所有支部都应当同我们合作,每个支部都应当在自己国内为我们的工作创造条件。如果这种合作得到保证,那么我们将英帝国主义抛进印度洋的时间就不远了。

克鲁利科夫斯基(波兰):

就布哈林同志关于共产国际工作的报告,法西斯独裁者皮尔苏茨基认为必须通过外交部长扎列斯基向苏联政府提出抗议。波兰政府及其独裁者皮尔苏茨基对布哈林报告中谈到一旦发生对苏战争,波兰共产党员就将履行自己的无产阶级义务,保卫自己的祖国和全世界无产阶级的祖国苏联的那一部分,暴跳如雷。皮尔苏茨基认为,布哈林同志讲话的这部分是对波兰内部事务的干涉。而实际上这是皮尔苏茨基自己企图封住苏联工人、农民和士兵的嘴,让他们即使在自己国内也不能说出自己的信念。谈论干涉波兰内部事务的是波兰的独裁者皮尔苏茨基,也就是那个在1918—1919—1920年将自己的大量白卫军队伙同俄罗斯的反革命白匪军派往苏联领土的人,也就是那个组织了彼得留拉匪帮、巴拉霍维奇匪帮的人,也就是那个在波兰组建了白卫团体、暗杀了苏联外交人员的人。谈论干涉波兰内政的也就是那个人,他在苏联组织了间谍活动、破坏活动、怠工行动,这已经一再被苏联的法庭审判所揭穿,也被最近顿巴斯审判反革命组织的法庭所揭穿。也是这个人用武力将西白俄罗斯和西乌克兰从它们的社会主义祖国强行夺走。也是这个人用武力强占了维尔诺，现在又打算占领整个立陶宛。就是这个皮尔苏茨基居然谈起干涉内政来了。

皮尔苏茨基之所以需要撒谎，是为了给波兰劳动群众造成一种印象，似乎波兰受到的战争威胁来自苏联，似乎苏联威胁到波兰的独立。可是波兰、西白俄罗斯和西乌克兰的革命工人、农民和士兵知道，苏联的无产阶级专政政府才实现了各民族自决直至分离的权利。

波兰的革命工人、农民和士兵视苏联为自己的祖国，因为苏联的政权掌握在无产阶级手中，因为苏联在建设社会主义。

波兰工人群众在我们党领导下同沙皇制度斗争时期获得的阶级觉悟和真正的国际主义使我们能够信心百倍地说，皮尔苏茨基的新欺骗是不能得逞的。这是因为我们党的全部活动都用事实证明了自己奉行的是国际主义。与此同时，第二国际的领袖们却同工人阶级最凶恶的敌人一起卖力地敌视苏联。波兰社会党的领导人也和格鲁吉亚的孟什维克分子一样，直接在准备进攻苏联的总参谋部工作。波兰社会党为皮尔苏茨基奠定基础，扫清道路，社会党的代理人，如霍洛夫科和恰平斯基，到波罗的海边疆区和立陶宛，在那里游说这些波罗的海沿岸各国同波兰签订反苏军事协定，或者由法西斯的波兰直接占领立陶宛。波兰社会党不仅开展反对工人阶级的斗争，帮助波兰资产阶级加紧剥削工人，不仅在革命工人去工厂上班的途中，或者在今年五一游行时那样暗杀他们，社会党还给自己提出了以反对皮尔苏茨基政府的虚假声明为掩护，替皮尔苏茨基在工人、农民和士兵中执行诽谤苏联的任务，用欺骗波兰工农群众的办法将他们变成未来反苏战争中的炮灰。同波兰社会党进行决不手软的斗争是我们党面临的最重大任务之一。

我代表波兰共产党完全同意贝尔同志的提纲，我还要指出，提纲对农民在战争中的作用，以及农民工作的意义分析得很不够。这个问题十分重要，因为战争不仅是农民重大灾难的根源，它对于农民还首先意味着要在战场上为了异己阶级的利益而流血。农民的利益要求农民和无产阶级一同进行斗争，反对各种封建残余，剥夺地主的土地，将土地转交给农民而无须付出赎金。农民和工农在国内掌握政权有切身利害关系，因为只有这个政权才能将农民从资本的阶级压迫下解放出来，并创立新的社会主义社会。提纲必须指明，由于战争的迫近，对于法国、意大利、德国、捷克斯洛伐克、波兰、匈牙利、保加利亚等国而言，农民工作具有重大意义。

提纲没有充分注意宗主国中的民族问题。应当说明，争取被压迫的少数民族自决权的斗争能给予革命多大的力量。

波兰共产党肩负着重要任务。事态的发展将波共置于革命最重要的岗位上。我们党已经为成功地解决这项历史任务做好了思想和政治准备。可是为了完成这项任务，我们党还必须有一个团结的、有威信的领导，能够按照正确的政治路线团结并加强我们党，率领工人阶级和革命农民，投入保卫我们的祖国苏联、争取在波兰建立无产阶级专政、建立波兰苏维埃社会主义共和国的战斗。（鼓掌）

卡尼（爱尔兰）：

如果美英之间开战（这场战争比我们想象的要更加迫近），75%的爱尔兰工人将站在美国一边。美国金融资本向爱尔兰的渗透已经为爱尔兰南部同美国的非官方接近铺平了道路。

另一方面，我们又见到英国在北方加强了警戒力量。难怪现在美国舰队访问爱尔兰南部，而作为回答，英国舰队访问了北部。

英国的爱尔兰工人问题是墨菲同志首先提出来的。爱尔兰人是化学工业中非熟练工人的主体；化学工业的所有重要中心：锡尔弗敦、伦敦、泰因河畔的纽卡斯尔、威德尼斯和利物浦的企业都属于帝国化学工业公司。这些企业是重要的战略阵地，在未来的战争中应当引起我们的注意。在伦敦和利物浦这样的港口，司炉工和水手中爱尔兰人占很大比例。至于军队的人员构成，就更不应当忘记，英国军队中的第一次暴动就发生在印度，那是1916年康诺特团的士兵暴动，抗议自己的同胞在都柏林（爱尔兰）被枪杀。爱尔兰工人在英国的处境应当立即引起我们的注意。我们的口号应当是组织起来，而不是夸夸其谈。

大会的代表们已经知道了爱尔兰人在澳大利亚反对义务兵役制的斗争中所发挥的作用，以及他们在加拿大的法国人中和不列颠帝国其他领土上的工作。我们不应当重复世界大战中的错误；既然有组织的抵抗能够取得更大成就，我们就不应当再让爱尔兰人单枪匹马地进行斗争。我们必须着手开展反对未来战争的斗争，认识到这场斗争是争夺政权的斗争。

我希望，大会将对爱尔兰人在国内外进行的斗争给予更多关注。

梅灵（青年共产国际）：

在反对战争危险方面，青年共产国际有丰富的经验，因为我们开展了许多工作。去年3月10—18日，我们组织了国际宣传周。我们出版了大量文献，特别是转载了列宁关于战争问题的所有论述。我们的刊物主要关注的就是反对战争的斗争。我们青年团组织了许多活动，例如，法国共青团组织了反对摩洛哥和叙利亚战争的活动；英国共青团组织了反对干涉中国的活动；美国共青团反对进攻尼加拉瓜；荷兰共青团在爪哇暴动时，英国和苏联、南斯拉夫和意大利、波兰和立陶宛等共青团的联合行动。组织工作上，我们也积累了对青年士兵开展工作的许多经验。我们在许多国家，也在国际上提出了士兵要求的纲领。纲领中特别突出了士兵和水兵的最迫切要求，还组织了争取实现这些要求的斗争。

我们要指出，各党对军队工作很少关心，而大都将它交给青年人。捷克斯洛伐克和波兰的党很少参与这项工作。在美国、瑞典、荷兰和其他一些国家，这项工作完全落在青年身上。

这一代年轻人不曾参加过第一次世界大战。所以青年共产国际认为特别重要的是开展最坚决的斗争，反对帝国主义战争，并用反对帝国主义战争的列宁主义精神教育青年。

我们必须对原则问题有明确认识。提纲将我们对义务兵役制军队的策略和对雇佣军的策略作了原则性区分。

放弃在雇佣军中提出建立士兵苏维埃的口号表明，提纲没有考虑到，比如说这样的情况：许多失业的无产者不得不向雇佣军出售自己的劳动力；所以说，提纲放弃提出士兵苏维埃的口号，一般说来是不对的。从对待雇佣军的这个错误方针出发，提纲又提出了抵制雇佣军的口号。

这也是不对的，因为我们在雇佣军中也同在义务兵役制军队中一样，可以开展革命工作。我们在列宁的著作中可以找到不应当用抵制的口号反对军国主义化和反对资产阶级军队的许多指示。他主张用革命的办法瓦解资产阶级国家的军队。

提纲原则上将义务兵役制军队和雇佣军作了划分，可是实际上这种原则区别并不存在。区别仅仅在于形式。雇佣军中也有被迫加入的无产者，他们不得不加入的原因有两条：第一，受整个资产阶级国家机器、报刊、文学等施加的资产阶级影响，第二，无产阶级的物质地位。这些原因是由于工人不仅在平时参加雇佣军，战时也参加。如果我们按照提纲的说法，对雇佣军采用抵制的口号，工人就会产生错误的幻想，以为靠这些办法就可以阻止战争。

列宁说过："抵制战争，这是一句蠢话。共产党人应当投身到任何反动的战争中去。"①

提纲说，必须避免给无产阶级造成幻想，以为抵制战争就可以消除战争，可是尽管这样说，却提出了抵制的口号。

对于作为一种群众性的抵制，也应当这样说。现在未必能够设想在帝国主义战争中，抵制会大规模出现。不过即使我们假定这是可能的，人们也会反驳我们说："共产党人不能反对号召参军这样的运动。在这种情况下，他们就更应当接受抵制的口号。"这也许是正确的，不过仅仅在必须考虑民族因素的时候。比如说，第八次全会上我们讨论过一种具体情况：意大利和南斯拉夫之间可能发生的战争，或者巴尔干战争。我们确定，发生类似的战争时，比方说，马其顿有可能基于民族因素而形成有利于民族解放战争的抵制情绪。考虑到这种民族情绪，我们不能提出加入，比如说，南斯拉夫军队的口号。可是我们的口号并没有号召加入资产阶级军队，而是主张抵制，主张在资产阶级军队中开展革命工作。可是上述情况中我们将反对加入资产阶级军队，主张发动民族解放斗争。某种现象的群众性本身还不是我们各种原则的决定性因素。根据这种现象的群众性，我们还不能放弃我们的原则立场。列宁教导我们说，有时候必须逆潮流而行动。如果我们认为抵制战争是一个愚蠢的说法，我们就应当反对抵制战争，哪怕有许多阶层赞成这个口号。提纲说："我们拒绝抵制战争的口号。"我们应当公开说明，我们反对抵制的口号，而赞成在军队中进行革命工作。当然，我们反对的不是有抵制情绪的群众，而是抵制的思想。不过我要说，有一些党对抵制问题并不明确。例如，瑞典共产党人和工团主义分子一起签署了呼吁书，其中说："我们有组织的力量应当用于反对战争，采取抵制、封锁和总罢工的形式。"

---

① 《列宁全集》中文第2版第43卷第312页。——编者注

这次大会应当明确地表示，我们反对抵制战争，主张在资产阶级军队中开展革命工作。

第八次全会的提纲提出了将劳动者民警化的口号，作为资本主义国家中反对资产阶级军队的宣传口号。在推荐的提纲中这个口号未经任何补充就被改成了无产阶级民警化的口号。无产者民警化的口号被认为是一个正确的宣传口号。我们将这个口号同武装无产阶级联系在一起。我们的任务是发动群众反对资产阶级军队，我们应当同时发动贫农及其他半无产阶层；所以提纲必须采用第八次全会关于将劳动者民警化的表述方式。

提纲中有多处将无产阶级民警化同赤卫队混淆了，而赤卫队和无产阶级民警化是两件不同的事情。我们不可能在资本主义社会中宣传赤卫队：这是在革命中和革命后我们的实际任务。而劳动者民警化则是我们在资本主义制度下反对资产阶级军队的一般宣传口号。

这次大会后，共产国际执行委员会必须加紧研究战争问题，就反战工作向各党发出指示，使这项工作受到更多注意。

费拉（青年共产国际）：

我只谈四个问题。提纲对这些问题的分析可能引起一些错误的解释。这首先就是和平主义问题，然后是帝国主义大战开始前我们的立场和工作问题，结为兄弟问题和殖民地、半殖民地国家中的无产阶级和军队问题。

青年共产国际代表团认为，提纲对和平主义问题已经阐述得相当清楚了。关于国际联盟说的是它无力干预战争。这样的表述可能使我们走向社会民主派的立场，以为国联只是目前没有力量，而未来它将成为和平的实际因素。与之相反，我们应当说，国联是帝国主义准备战争的最重要手段之一。

提纲接着说，资产阶级将不顾国联而借助暴力。这是不太准确的表述：资产阶级将采用暴力，不是不顾国联——这种暴力有些就是国联一手造成的，因为国联是准备战争的手段。

接着提纲讲到帝国主义签订的条约，说这些条约制造了两次战争之间的喘息时机。这是正确但不完整的评价。这些条约不但提供了喘息时机，而且是准备战争的必要工具。在现时代不可能设想战争爆发之前，不借助帝国主义列强之间的条约进行准备。所以不能说帝国主义之间的国际条约标志着喘息：他们也同样意味着准备战争。

还有，仲裁法庭被称为"肥皂泡"，说是仲裁法庭也像肥皂泡，一遇到严重的冲突就破灭了。我们认为，如果资产阶级建立仲裁法庭，那是为了帮助帝国主义强国掠夺较为软弱的国家，尤其是殖民地国家，而完全不是为了吹肥皂泡好玩儿。

最后我们在提纲中可以读到："和平的口号对帝国主义战争具有特殊意义，它连同号召开展大规模革命运动，在一定时期，在某些国家中可以成为中心口号。不过在国际范围内中心口号仍然是保卫苏联。"

必须指出这种表述的含混不清：和平的口号应当"在一定时期，在某些国家中"提出。这种表述应当明确一些。显然，这个口号指的是像1917年的俄罗斯那样的情况，当时提出了三个口号："和平、粮食和土地"；这种情况下和平的口号可能具有重大的革命价值，而成为中心口号。可是在提纲中和平的口号同保卫苏联这个刻不容缓的口号并列在一起，这就混乱不清，甚至同前面的说法，也就是目前提出和平的口号很危险，互相矛盾了。

总之，在和平主义的问题上有许多错误，如果分别单独来看，可能被认为是次要的，甚至是行文上的错误，但是如果从整体来看，就可能在和平主义的问题上造成混乱。提纲应当对这个问题有确切的表述，强调和平主义是准备战争的工具。

如果没有和平主义及其工具——国际联盟，在现代条件下要准备战争是不可能的。帝国主义的和平主义盛行一时，就证明战争是不可避免的。

第二个问题是战争爆发前我们的工作。这方面也应当要求提纲的表述更明确、更突出。提纲指出战争不可避免，也指出必须"为了群众的利益"在战争爆发前反对帝国主义战争；可是提纲并没有讲到开展工人阶级的群众运动、迫使帝国主义推迟战争的可能性。如果不向我们号召进行反战斗争的群众指出这种可能性，那就会形成一种宿命论的战争观，战争反正是不可避免的，反对也没什么用，不可能通过施加压力，迫使帝国主义列强推迟战争。

提纲在后面仍然流露了这种宿命论的战争观。提纲说："如果可能，我们在战前就应当把群众团结在自己身边。""如果可能"是什么意思呢？对我们来说，重要的不是可能性问题；重要的是我们必须在战前就团结群众，哪怕受到破产的威胁，哪怕丧失被称为无产阶级领袖的地位和发表意见的权利，而不仅仅是"如果可能"。这些话再次表现了对待我们发动群众反对战争任务的宿命论态度。

接着我们在提纲中谈到："一旦发生帝国主义战争，群众和军队的大多数必然会响应政府的号召。"

这又是宿命论的观点。我们应当争取的正是要让无产阶级群众和军队不响应政府的号召。如果我们事先就断定群众"必然"会响应政府的号召，这毫无疑问是对共产党在战前应当进行的工作评价不足。

提纲说："反战斗争应当被认为是阶级斗争的一部分"，可是这个基本观点并没有得到发挥。提纲没有说明，可以在战争爆发前就进行反战斗争，主要是通过发动群众，通过利用资本主义制度的内在矛盾，开展争取实现部分要求的斗争。应当通过这样的途径训练群众，不断提出越来越明确的政治要求，最后引导群众得出战前必须全面准备进行总罢工的结论。提纲也不曾考虑准备进行战前总罢工的可能性；只是从将帝国主义战争转变为国内战争的角度来看待罢工。总罢工被认为只是在战争爆发之后，而不是战前的事情。这一切都证明，在战前发动群众的问题上，以及在无产阶级的力量推迟战争的可能性估计不足方面，都无疑存在混乱认识。

我们认为，提纲应当抛弃对这个问题的宿命论观点，改善对这个问题的表述。

第三个问题是结为弟兄。我觉得，提纲歪曲了我们关于结为弟兄口号的理论。首先就是企图把结为弟兄置于抵制之后的次要位置。这里已经有人谈过抵制和对抵制的错误观点了，所以我不再重复这个问题。提纲接着试图把结为弟兄看成是一件孤立的事情，而不是一个相当长期的过程。结为弟兄被认为仅仅是战场上的行为。可是结为弟兄从士兵们发表集体宣言开始，而在战场上只是达到了顶点。提纲应当说明士兵们的部分要求同结为弟兄的最后举动之间的联系。所有的部分要求都应当指向让士兵结为弟兄，所以我们应当抛弃同结为弟兄口号相抵触的部分要求。

我们以缩短服役期为例。这个口号我们是作为部分要求提出的，因为它有助于我们瓦解军队，而将士兵引向结为弟兄；如果提出这这个问题，而不将它同结为弟兄联系起来，那就只能有利于资产阶级，例如在法国，资产阶级就很关心缩短服役期。提纲还试图脱离对结为弟兄的共产主义观点，而恢复逃避兵役的陈旧思想。"逃避兵役"是一个错误的口号。如果提纲使用了"逃避兵役"的口号，那就隐含着缺少对瓦解资产阶级军队的条件的分析。有人说，如果逃避兵役是有组织的，那就应当支持逃避兵役。可是这种情况只有在部队或者转投红军时、或者成立游击队时才会出现。第一种情况不能称之为逃避兵役，因为我们组织的不是逃避兵役，而是让帝国主义军队改投红军。"逃避兵役"也可以指建立红色士兵小组，可是这也不是逃避兵役，而是建立劳动者民警队的开始。所以即便是我们试图减轻我们的错误，给"逃避兵役"附加上一些修饰含义的情况下，也不应当使用这个词。

我们在提纲中多次遇到有无政府主义色彩的倾向，表现为"不给一个人，不给一分钱"的口号。这个口号在法国和拒绝服兵役的口号一样，被认为是一个无政府主义的口号。我们在提纲中见到这个口号时，感到非常吃惊。应当坚决抛弃这个口号。

关于结为弟兄的问题我再说几句。提纲有许多次试图将结为弟兄仅限于那些并非雇佣军也不是殖民军的军队。

战争时期安排结为弟兄的活动时，雇佣军是一个重要因素。我们不应当抵制这些雇佣军，或者轻视它们。有人说，士兵代表苏维埃的口号也适用于现代雇佣军，可是这样断定恰恰证明不了解雇佣军形成的条件。的确，现在的雇佣军形成的基础是资本主义各国日益严重的失业；失业越是增长，失业大军也随之增长。资本主义利用年轻工人承受的经济压力，有更多的机会招募职业士兵，这就是建立雇佣军的必要基础。因此我们应当将雇佣军视为我们安排结为弟兄活动的一种有利因素……最好的证明就是外籍军团这支职业军队，它多次参加过结为弟兄的活动，是里夫战争中结为弟兄活动的一个重要因素。

所以我们反对提纲中对雇佣军的看法。

关于殖民军，我们在提纲中看到同样的错误。有人说，必须孤立殖民军，或者摧毁它们。我们现在还不能同意这种观点。我们应当对殖民军开展工作，正如在宗主国军队中开展工作一样，不过应当提出另一些要求，提出民族革命和殖民地民族独立作为总目标。为了证明必须在殖民军中开展结为弟兄的活动，我举出一件事情。在摩洛哥战争及其他几次殖民地战争期间，正是有色人种的军队同起义士兵结成了弟兄。

所以说，同志们，在结为弟兄问题上的理论空白和错误必须坚决纠正。特别是我们应当扩展结为弟兄的思想，它不是一种自发的行为，而主要取决于共产党的组织工作。

我非常简短地谈谈结论。我们对和平主义问题、战争爆发前群众的行动问题、结为弟兄的问题和殖民军问题的分析批评，也适用于其他一些重要问题。这证明必须认真修改提纲，剔除其中互相矛盾的表述。还必须加以压缩。

拉贾（印度）：

战争是资本主义固有的各种经济矛盾的必然结果。

帝国主义的吃人恶魔没有忘记第一次世界大战让俄国无产阶级取得了胜利。所以现在面对着由千百万武装工农保卫而且日益强盛的苏联，帝国主义者在就反对第一个无产阶级国家问题达成协议之前，不敢贸然彼此开战。世界无产阶级的首要任务就是尽一切努力拯救自己真正的祖国苏联。我们应当利用现有的短暂时间，在资本主义各国的心脏地带最大限度地加强阶级斗争。

帝国主义者现在谈论宣布战争为非法。这种欺骗多么苍白无力！很清楚，国际资产阶级之所以接受宣布战争非法的口号，是为了缓和自己内部的分歧，而最终目的是宣布对苏联开战。

沿着印度西北边境线大规模的战争准备工作正在加紧进行：修建新的机场，扩大铁路网，建筑通往新军营的道路，沿边境线增加兵力，部队大量机械化。就在我们离开印度之前不久，仅仅密拉特地区两周内就招募了5万人。印度西北边境线上各邦仿佛成了作战地区。这一切都证明，英帝国主义无疑正准备开始一场大赌博，其目的是将苏联的土耳其斯坦殖民化。进攻大约就是从印度西北边境开始。

我想请大会注意这条战线，注意印度西北边境线，我要强调的是，如果不采取积极的反措施，这条战线将是最具威胁性的。

为了弥补军费预算，英国政府不得不加重土地税和各种直接税、间接税，这特别加重了农民的负担。这是农民越来越倾向于革命阵营的主要原因。此外，我们还拥有遭受严重剥削但极具战斗性的工业工人大军。共产国际的基本任务应当是在英帝国主义的心脏——印度集中全部精力于组织工作，因为正是这里可以使英帝国主义瘫痪，给予它致命的一击。

共产国际的任务是：在印度共产党强有力的集中领导下，大力推进现有的革命群众运动，将工农组织起来，领导工会，组织开展反战宣传。共产国际应当声明，它的所有组织都一致投入争取印度独立的斗争，在全世界苏维埃共和国联盟中，自由的印度将获得完全平等的地位。必须抵制将英国及其殖民地的白人军队派往印度，并采取措施永远停止这种派遣。

别莱夫斯基（波兰）：

正在建立自己奴役西乌克兰和西白俄罗斯统治的波兰资产阶级意识到日益增长的革命运动的危险，认为苏联的存在是对自己生存的经常威胁，而摧毁苏联则是自己今后统治的必要条件。波兰资产阶级很想霸占立陶宛首先就是出于战略和政治的原因，要建立一个波罗的海各国集团，保证同苏联作战时后方的安全。保证除了但泽之外的另一个出海口对于波兰而言也具有重大意义。

如果说波兰的大工业和大地主结盟，指望建立法西斯制度，那就证明波兰还打算进一步搞法西斯冒险——发动对苏战争。

的确，由于波兰的地理位置：一边靠着苏联，另一边靠着工业发达的德国和捷克斯洛伐克，它不能指望在西边获得多大的市场。1926年5月法西斯政变后，部分是由于英国的煤矿工人罢工，使煤炭销量出乎意料的增长，作为对国内市场超额利润再分配的结果而获得了财政援助，出现了短时间的有利局面，现在已经接近尾声了。因此波兰近期签订了或者恢复了军事协定是可以理解的，波兰将军们四处奔走也是可以理解的，急速地建立国有军事工厂并将私营工业部分军事化也是可以理解的。1923年以来，修建了几十个军工厂，奠定了飞机工业和化学工业的基础；波兰的军事需求不断增加。军费支出总计约占国家预算的44.5%，而且如果将军费开支按年度加以比较，最近这一年的军费支出比上一年增加了23%。

可是波兰的法西斯政府为了准备战争，不仅仅将工业军事化，不仅维持着庞大的军队，建设海军和港口，修建战略铁路，它还训练居民应对战争，主要是训练准备集中和展开部队进攻苏联的那些地区的居民，也就是乌克兰和白俄罗斯的居民。

由于资本主义出现局部稳定，而资本主义和平占领苏联的希望已经破灭，西乌克兰和西白俄罗斯的资产阶级、富农、小资产阶级的最上层都投入了同波兰资产阶级和地主结成统一战线，在法西斯政府的领导下共同对付波兰和苏联的劳动群众。至于这些地区的居民，波兰法西斯政府在语言、本地教会方面对当地大小资产阶级作出了一些让步，向农民的富裕阶层和当地企业提供一些贷款，吸引小资产阶级出身的本地居民参加国家工作。同时还有一些政治和经济措施，以及防止恐怖活动的警察措施，导致西白俄罗斯的农民组织"村社"被破坏。皮尔苏茨基在西乌克兰的民族政策使青年共产主义组织发生了动摇，甚至引起了西乌克兰共产党和农民组织"农工"的分裂，对此波兰共产党领导不够坚定，未经考验的政治路线也负有一定的责任。因此党面临的首要任务就是加强西乌克兰共产党和西白俄罗斯共产党的无产阶级核心。

法西斯政府还在工厂引进法西斯方法，实行工会的法西斯化，推行强制仲裁。当然，波兰社会党很卖力，同法西斯政权机关融为一体，丢掉了自己在大工业中心的影响力。最近的市政选举和议会选举就证明了这一点。

  同时皮尔苏茨基政府还着手对未达到服兵役年龄的青年进行大规模军事训练，吸收其余居民参加军事协会，旨在加强对居民的个别训练，教会他们使用武器。目前波兰有 23 个军事协会，其中"射手"协会拥有会员 30 万人；这些协会有上百万名会员。所有这些协会都统一归政府任命的人领导，在波兰军官的领导下进行军事训练、政治训练和体育锻炼。这些协会中值得注意的有妇女协会、农工协会和铁路员工协会。这些协会是不久前成立的。它们的任务是宣传对居民的军事和体育训练，协助企业的合理化并在战时和罢工时保证不停工。

  最近两年，波兰共产党反对战争危险的斗争是在无产阶级群众中开展思想和宣传工作，向波兰工人阶级说明苏联对于国际无产阶级和国际革命进一步发展的意义。除了在所有企业和群众中开展的上述活动，还应当指出就沃伊科夫同志被害、十月革命十周年、选举期间开展的反战活动等。散发了号召书，向工人群众揭露波兰对立陶宛的野心孕育着的战争危险。

  不过应当指出，党对波兰正在准备进攻立陶宛问题注意得不够。对帝国主义武装干涉中国关注得就更少一些。

  党也没有让群众注意工业军事化和居民军事化，没有更广泛地揭露这种军事化，没有采取任何组织措施来瓦解上述各种军事协会。这方面共青团倒是做了些工作，使某些协会出现了分裂。应当指出，党在自己的报刊上对军事和民间团体如"卫国联盟"、"航空联盟"等很少注意，对它们的活动揭露不够。今后必须纠正这个缺点。

  最近一年，党多少是系统地在军队中开展了宣传工作。党在军队中努力将与士兵有直接利害关系的问题，即所谓"局部要求"，如提高工资、争取节日或夏季的工作的休假、要求在居住地服役等，同该城市的工人总要求，或者党开展的政治和经济活动联系起来。

但是在这项工作中，党对军队中的少数民族注意不够，少数民族在军队人员中大约占到30%，有些部队中甚至还要多些。可以说，党对军队工作所取的方向是正确的，取得了一些成绩，尽管不是很大。

还有，党完全没有注意海军和港口的工作，这方面使用共青团也不够。

城乡无产阶级和最贫困的农民结盟，他们对帝国主义者将要发动的对苏联的武装进攻能够而且是必须作出的唯一回答就是：将这种进攻转变成国内战争，推翻资产阶级并建立无产阶级专政。显然资产阶级是清楚无产阶级的这个回答的，所以才推迟进攻苏联的时间，将那些忠于自己的人组织起来，麻痹工农中某些阶层的警惕性，和其他资产阶级国家结成集团。如果说资产阶级力图在某种意义上推迟对苏联的进攻，那么基于市场和原料不足的危机迅速尖锐化将推动问题的解决。

由于战争危险迫近，准备武装起义越来越成为刻不容缓的任务。将帝国主义战争转变为国内战争的任务并不轻松，它要求进行扎实的思想、宣传、组织和技术准备。没有坚强的组织，没有认真研究敌人的情况和他最软弱的地方，没有吸引工农群众参加协调的积极行动，没有把无产阶级革命同被压迫民族的民族解放运动联系起来，就不可能顺利完成这项任务。

为了将帝国主义战争转变为国内战争，为了准备武装起义，最要紧的是加强党在铁路工人中、在军事和化学工业工人中的思想工作和组织工作。直到今天党对这些问题还没有给予应有的重视。

我们党只有彻底解决了现时存在的党内派系斗争，才能够完成这些任务。

共产国际应当采取一切措施来彻底消除我们党目前的局面。只有我们党的领导能够团结而不是分裂党时，才可能做到这一点。第六次代表大会应当提出并解决这个问题。

科根（英国）：

提纲里有许多地方都混淆了志愿军和雇佣军，即所谓国内战争军队的概念。我认为，我们应当将志愿军和雇佣军，即所谓国内战争军队严格加以区分。例如，在英国我们用的是所谓志愿军，尽管英国并没有推行强制兵役制，但这支军队仍然不应当被称为志愿军，因为它是招募被经济原因驱赶的人而组成的军队。

英国的失业问题非常严重，广大青年都受到它的冲击。于是失业青年纷纷投军，因为他们没有其他谋生手段。所以无论这支军队采用什么形式，我们都不能将这支由被招募的失业无产者组成的军队看成是国内战争的军队，或者说雇佣军，或者笼统地说是反对无产阶级的军队。

英国军队的绝大部分是无产阶级成分，招募这支军队的方法又是利用了工人阶级和青年工人的贫困和受压迫，这就足以证明，所谓的志愿军实际上完全不是志愿的，也完全不是反对无产阶级的军队，或者国内战争的军队。可是尽管这支军队有这样的成分，我们还是应当记住，英国的统治阶级非常善于在发生工业冲突时，利用军队中的青年工人来反对无产阶级。

我举一个例子，说明由于缺乏这种区分而导致的错误。提纲第54节第二段在谈到"士兵委员会"时是这样说的：

"多数情况下对于雇佣军不应当采用士兵委员会的口号。在国民军队中仅仅用于对军官的那些斗争方式，在雇佣军中，或者预定使用于国内战争的军队中，应当或多或少地在整个部队加以推广。"

在这里志愿军同雇佣军和国内战争的军队混淆了。我坚持认为，士兵委员会的口号也适用于英国的志愿军，当然不是现在，而是在出现革命形势的时候。

我们无疑应当同内战军队展开斗争，可是我们不能用同样的办法对待像英国这样的志愿军。1926年总罢工时期鲍德温政府召来了军队，然而却发现绝大部分士兵不能用于对抗工人阶级。

我们坚信,在未来的斗争中,如果共产党和共青团在工业中进行正确的工作,所谓志愿军部队将拒绝被资本主义用于反对罢工工人,以及总体上反对无产阶级。我们应当在志愿军中,首先就在失业工人中开展认真的工作,吸引更多群众参加失业工人委员会的活动。

英国共产党和共青团在军队工作中已经取得了一些成绩。共产党和共青团分别发表了士兵和水兵局部要求的两个纲领,现在正在起草空军士兵的要求纲领。这些纲领被广为散发。散发这些纲领和在军队中进行宣传的结果,使部队获得了一些好处。在派遣部队前往中国进行武装干涉时,党和共青团共同成功地开展了一系列散发传单和反对派遣士兵前往中国的宣传。近来又在英国军队的士兵中不断散发宣传材料。我们应当承认,这项工作还仅仅是开始,还必须不断加强,才能确实顺利地开展我们反对军国主义的活动。首先我们要让普通党员明白必须不断加强这项工作。不能把反军国主义的工作看成共产党和共青团日常工作之外的一种活动;相反,每个党员和共青团员应当经常进行这方面的工作。

提纲指出了在资本主义各国中建立的、以对青年进行军事训练和准备战争为目的的各种辅助团体的重要性。在我们英国,这种团体的名称是地方军,它在吸引大量工人尤其是青年接受军事组织的影响方面有很大作用。可是提纲只字未提英国共产党员在该团体中进行的巨大工作。地方团体中的工作特别重要;我们应当派遣我们的同志到地方军中去,应当发表专门为这种军队制定的要求,而且尽可能吸引这些士兵到共产党和共青团一边来。

共产党和共青团还应当开展能够吸引青年的活动形式,如露营、军事训练,用这种方法使青年工人摆脱地方军,而加入无产阶级大军。

在英国,只有世界战争爆发后,才会征召预备役。由于战争威胁日益临近,这些预备役人员将首先被征召入伍,英国同志现在已经面临必须对预备役人员开展工作的问题。当英帝国主义者开始干涉中国时，英国共产党不曾对预备役人员进行过任何群众性工作。而从中国回来的预备役人员有80%现在失业。在预备役人员中的工作是我们反战斗争中的一个重要问题。

英国独立工党在工人群众中散布资本主义制度下战争可以避免的幻想，我再就它的作用问题说几句。英国无产阶级广大群众无疑都向往和平。独立工党利用这种心情，仿佛在反对战争，描绘出一幅战争的悲惨画面等，与此同时，它的党员却积极参与帝国主义对殖民地工人的压榨。它的党员保卫战争和资本主义政府对中国的干涉等。英国共产党员面临的一项任务就是必须进行反对和平主义的更为尖锐的斗争。我们不仅应当揭露和平主义，而且更要加紧介绍列宁的战争观。虽说我们已经在党内开展了说明列宁式的布尔什维克反战斗争的活动，这仍然是我们党面临的一项重要任务。

我再谈谈海军。英国强大的军事力量基础在海军。不过我们应当承认，共产党在水兵中的工作开展得不够。在反战斗争中我们应当加强海军中的工作，尽量在海军中建立共产党的支部，在水兵中系统地进行宣传并保持在海军中不断发酵，一旦发生战争，我们就能够指望海军，将它作为反对资本家企图将英国工人卷入新的帝国主义战争的斗争中的一股战斗力量。

波兰代表团多数派发表声明

普鲁扎斯基（波兰）：

我代表波兰代表团的多数派宣读以下声明：

1. 我们最坚决地抗议格尔维克同志对米科洛斯同志无论形式或内容都是前所未闻的攻击，这种攻击实际上是对乌共（布）中央对西乌克兰共产党问题路线的攻击，我们要指出，格尔维克同志代表其发言的波兰共产党中央委员会的少数派应当对这种攻击负责。

2. 格尔维克企图将波共中央的少数派说成是共产国际执行委员会和乌共（布）中央对西乌克兰共产党问题路线的代表和捍卫者，显然是站不住脚的，而且已经在第六次代表大会的讲坛上遭到乌共（布）代表和米茨凯维奇同志的驳斥。格尔维克同志的攻击实际上是针对共产国际执行委员会和乌共（布）中央关于西乌克兰共产党问题的决议，针对不久前召开的西乌克兰共产党代表大会一致通过的、承认波兰共产党中央的路线，特别是在乌克兰问题上的路线是正确的决议的。

3. 连斯基同志和格尔维克同志集团企图利用瓦西里基夫集团的背叛，在波兰工人中抹黑西乌克兰共产党的历史，指责它是民族主义和机会主义，——这证明对待受到波兰压迫的各民族的民族解放斗争的反列宁的、虚无主义的态度有复活的危险，少数派领导人不久前的立场，为波兰大国沙文主义打开大门的立场有复活的危险。波兰代表团的多数派坚决谴责这种企图，认为它是极其危险，而且政治上是有害的。（鼓掌）

（会议休会）

第二十一次会议

(1928 年 8 月 4 日)

主席：基尔布姆

讨论战争危险问题

斯坦尼斯瓦夫斯基（波兰）：

推荐的提纲有两处疏漏，必须给予补充。其中之一是无论在反对战争危险的斗争中，还是在将业已爆发的帝国主义战争转变为国内战争时，对农民问题的分析都不够充分。克鲁利科夫斯基同志已经谈过这个问题了。第二个疏漏是忽视了少数民族问题。

在许多根据凡尔赛条约而存在的欧洲国家中，有相当多正在为自身解放而斗争的少数民族。这不仅指诸如波兰、罗马尼亚和捷克斯洛伐克这样民族压迫的典型国家，不仅指巴尔干各国，而且也指一些西欧国家，如意大利、法国、西班牙、比利时，还有英国，指它和爱尔兰的关系。

在军队工作中，我们应当特别关注少数民族的士兵；在提出局部要求时，应当考虑他们的特殊要求和利益。这尤其重要是因为帝国主义政府企图用种种虚假的让步，使被压迫民族的资产阶级上层变成推行它们政策的驯服工具，从而腐蚀民族解放运动。这一点最鲜明不过地表现在法西斯波兰。

皮尔苏茨基在准备反苏战争中，去年就打算在波兰东部各省消灭革命的少数民族团体，主要是农民团体。他采取的穷凶极恶的恐怖行动鲜明地表现在对白俄罗斯村社的残酷审判中。与此同时，皮尔苏茨基还在腐蚀白俄罗斯和乌克兰的少数民族资产阶级分子。

我们现在就应当着手研究的重要问题之一，就是在战争爆发已经迫在眉睫时期以及对全体民众具有重大意义的战争爆发初期共产党的行动问题。这将是针对我们党的极端恐怖时期。政府正在为此做细致的准备；这种准备是资产阶级政府战争计划不可或缺的部分。例如，我们知道波兰政府通过地方机构已经拟定了一份名单，列入其中的有10多万政治可疑人士。按照政府的命令，他们将在24小时内被投入监狱和集中营。其他国家的情况也是这样。情况将比1914年还要糟糕，因为战争和革命不仅教育了我们，而且也教育了资产阶级。只告诉合法的党，让它们事先就建立起地下机关，是不够的。波兰共产党现在就已经被赶入地下了，它也应当考虑有人正在打算消灭它的所有组织系统。因此它应该事先采取必要措施，尽可能多地保存组织和尽快恢复因战争爆发而中断了的联系。

我就波兰反对迫在眉睫的战争危险的活动的最新情况说几句。反对战争危险的斗争始终是党的宣传及其他活动的中心。每次罢工、每次集会、每次街头聚会都被用来宣传反对战争。向波兰全国的工农群众散发的几百万张非法传单擦亮了群众的眼睛，让他们认清了皮尔苏茨基正在准备的战争的性质，号召反对战争和积极拥护苏联。

在波兰，进行的通过革命推翻法西斯制度、建立无产阶级专政的整个斗争最紧密地同反对进攻苏联的斗争联系在一起。不久前我们党在华沙的一个广场上不顾政府及其社会法西斯代理人的恐怖活动，组织了一次群众性的反战大会。参加的有来自大工业企业的几千名工人，会上宣读了波兰政府反对布哈林同志的讲话而提出的抗议照会，并宣布拥护第六次世界代表大会和共产国际。

尽管党做了这一切，尽管条件十分恶劣，党及其领导还应当加倍甚至是三倍地加强反对战争的斗争，尤其是在军队中的组织工作。

最后我要说说我们的共青团在反对战争和一旦发生战争时，准备革命起义中的重要作用。近来我们的共青团在全国各地都做了许多工作。我相信，共青团保持着同党最紧密的联系，在党的统一领导下，在即将到来的极其重要的时刻，不会丢人现眼。

柯拉罗夫（保加利亚）：

帝国主义战争改变了巴尔干地区战争危险的局势。凡尔赛和约增加了巴尔干发生战争的危险性。首先凡尔赛和约消灭了土耳其帝国，划分了巴尔干地区，建立了民族奴役和民族压迫的新方式，因此，也为新的民族战争创造了条件。其次，国际帝国主义对巴尔干地区的影响现在更加强大，巴尔干各国更深地被卷进了国际帝国主义的势力范围。第三，国际帝国主义准备对苏联采取新的十字军东征也是巴尔干地区出现战争危险的原因之一。

巴尔干地区的战争危险首先就是反苏战争的威胁。在这场战争中巴尔干地区具有重大的战略意义，从招募人力资源反对苏联来看具有重大意义。

（曼努伊尔斯基："完全正确！"）

现在占领了比萨拉比亚的罗马尼亚在未来的反苏战争中是前哨阵地之一。为了准备这场战争，以英国为首的国际帝国主义在巴尔干采取了许多措施，首先就是执行扼杀革命运动的政策。此外，为了准备战争，英国还企图建立巴尔干的反苏联盟。英国建立巴尔干反苏联盟的政策已经取得了成绩。希腊主要被英国控制在手中。保加利亚被纳入了英帝国主义的势力范围。现在英帝国主义正在攻击南斯拉夫。南斯拉夫资产阶级所急需的贷款将由英国银行家提供。罗马尼亚也在很大程度上受英国金融资本控制。

可是如果我们说只有反苏战争才威胁到巴尔干，那就错了。巴尔干还受到帝国主义战争的直接巨大威胁。现在我们还可以说，由于英法之间的竞争，巴尔干还没有直接的战争危险。而法国同意大利之间的竞争问题就不同了。法意之间在巴尔干的竞争首先表现为意大利同南斯拉夫之间的冲突，这种冲突日渐加深，有时甚至采取威胁的方式，它不仅是巴尔干地区帝国主义战争而且是全欧洲帝国主义大战的直接而巨大的危险。

加兰迪同志在副报告中叙述了意大利对巴尔干的帝国主义进攻的实质。他说的一切全都正确；现在意大利帝国主义从小亚细亚和北非海岸地带获得补偿的企图失败了，意大利帝国主义集中力量应对巴尔干地区，执行最赤裸裸的侵略政策。加兰迪同志谈到英意关系时，也指出意大利的外交政策完全听命于英帝国主义，而英帝国主义不会允许意大利在巴尔干引起冲突。从发动共产党开展反战斗争的角度看，夸大意大利帝国主义对英帝国主义的从属性是危险的。尽管英国施加压力，意大利帝国主义仍旧可能冒险一搏，所以意大利和巴尔干各国的共产党应当看到这种可能性。共产党应当考虑这个因素，强调这个因素。对问题的任何其他提法都只能削弱我们对群众的关注，使我们放松对最好战、最厚颜无耻的意大利帝国主义侵略计划的警惕。

第三，巴尔干有导致局部战争的许多原因。应当指出，哪怕是粗略地指出马其顿在这方面的作用。马其顿被南斯拉夫、保加利亚和希腊所瓜分，是这三个国家争夺的苹果。这就是不断引起三国之间冲突和战争危险的原因。塞尔维亚资产阶级拥有的领土和民族基础都很薄弱；塞尔维亚族在南斯拉夫只占少数。而塞尔维亚资产阶级需要扩大自己的领土和民族基础。再者，塞尔维亚资产阶级继承了奥地利帝国主义对爱琴海、对萨洛尼卡的帝国主义野心；为了实现这些侵略计划，它需要将马其顿作为夺取爱琴海的进攻基地。

马其顿对于希腊资产阶级的意义不容轻视。希腊的出口中，烟草占60%，而马其顿和色雷斯正是烟草的产地。希腊资产阶级只有将马其顿和西色雷斯控制在自己手中，才能维持自己的生存。

马其顿对保加利亚资产阶级具有的意义是人所共知的。保加利亚资产阶级被束缚在狭窄的边界里，它要寻找扩大领土的出路，首先就得从马其顿开始。马其顿这个死结不断引起这三个国家之间的冲突，甚至可能引发巴尔干战争，而过去已经发生过两次了。

在罗马尼亚和匈牙利的关系上，特兰西瓦尼亚问题所起的也是这样的作用。在保加利亚和罗马尼亚之间多布罗加问题也是战争的策源地；巴尔干地区的其他战争策源地我就不一一列举了，但是，同志们，我们应当坦率地说明，巴尔干局部战争的危险之所以存在，是因为巴尔干各国或者说巴尔干的资产阶级的利益在某种程度上是符合国际资产阶级利益的。巴尔干各国太小了，它们不经过自己庇护人的同意，不取得他们的准许是不会走向战争的。不过我们应当记住，巴尔干的这些局部冲突会被国际帝国主义利用，从国际帝国主义计划的角度看，它们是非常危险的。因此共产党有责任联系帝国主义各国的矛盾，关注这些冲突。

战争危险伴随着各方面疯狂的备战。我想向大家指出资产阶级借以进行战争准备的那些口号。巴尔干的国家可以分成两类：战胜国和战败国。战胜国有南斯拉夫、罗马尼亚和（局部）希腊，他们战后获得的领土和人口超出了它们的预期。这些国家的资产阶级现在准备战争时打出的旗号是"保卫国家"，"反对苏联的侵略意图"，反对意大利帝国主义，或者正在复活的匈牙利和保加利亚民族主义。这就为这些国家的共产党制造了一些困难。南斯拉夫、罗马尼亚和希腊的共产党应当向群众解释这种"保卫主义"的性质。它们要向群众指出，引起战争是因为罗马尼亚、塞尔维亚和希腊的资产阶级掠夺了别人的土地，征服了别的民族，巴尔干各国的资产阶级是国际帝国主义手中的工具，巴尔干的战争是同帝国主义战争和反苏战争不可分割地联系在一起的。

战败国匈牙利和保加利亚的资产阶级准备战争使用的口号则是复兴战斗的民族主义。这些国家共产党的工作由于保加利亚和匈牙利民族主义的进攻性和侵略性而变得较为容易。与此同时进行着战争准备。巴尔干各国变成了军营，不停地加紧武装，不停地组织起来准备新战争，尽管匈牙利和保加利亚限于国际条约，形式上是不能拥有武装的。可是圣戈达山口事件表明匈牙利正在武装起来。保加利亚的情况也是如此。

在准备战争方面，我还要指出，对被压迫的少数民族实行的政策也是准备战争的手段之一。占据统治地位的资产阶级到处推行强制去民族化的政策。马其顿加紧实行去民族化的措施，将马其顿居民变成塞尔维亚居民。相同的情况也发生在比萨拉比亚、西色雷斯和巴尔干各国中所有被占领地区。

最后，准备战争的因素还有巴尔干所有国家都在加紧推行法西斯制度。资产阶级这样公然地准备战争向巴尔干的共产党提出了同最尖锐的战争准备方式作斗争的问题。因此我们感到遗憾的是，一些巴尔干的共产党，如罗马尼亚共产党，还没有将这个问题提上日程，不曾对这个问题作过认真、具体的研究。

对巴尔干的群众我们应当怎样说呢？首先必须揭露各个大国在国际范围内以及在巴尔干执行的是帝国主义政策；必须揭露它们巴尔干政策的目的，向广大群众指出，伦敦的、巴黎的以及其他的银行家都打算将巴尔干人民作为炮灰送上反对苏联或者帝国主义大战的战场。

同时必须揭露战败国的"民族"政策和南斯拉夫、希腊、罗马尼亚的"卫国"政策的好战性质。这是一项基本任务：迄今为止这方面做的工作还很少。对塞尔维亚资产阶级的"保卫国家"我们分析得还不够；一些南斯拉夫同志在马其顿问题上不久前还倾向于南斯拉夫资产阶级对待意大利帝国主义的所谓"卫国"立场。例如，马尔科维奇同志在法庭的辩护词中还说，共产党人反对马其顿的游击队员，因为他们是意大利帝国主义的工具，在南斯拉夫领土上搞暗杀和恐怖行动。在这个问题上必须将马其顿团体中的意大利帝国主义代理人同群众加以区别。代理人是存在的，应当揭露他们，可是马其顿的群众追求的是将自己的民族从塞尔维亚资产阶级的压迫下解放出来，所以群众的斗争还是应当支持的。

与开展思想斗争同时，我们还应当开展政治斗争。每当我们遇到英国和国际帝国主义攻击苏联，攻击中国革命，反对北非、印度等地的被压迫民族时，我们都必须发动群众。我们必须发动群众来保卫苏联并不是抽象的，不仅因为这是工人的国家，而是具体的，基于同群众切身利益有密切关系的事实。每当巴尔干各国之间爆发冲突，而这种冲突是经常发生的，我们都必须发动群众。我应当承认，巴尔干的共产党这方面是很软弱的。

在发生剧烈冲突时，党往往不采取任何步骤，甚至对这些冲突不表明自己的态度。我要指出，近几年在巴尔干发生剧烈冲突时，巴尔干各党之间没有什么协同举动。而从反对战争危险来看，在巴尔干各国发动群众具有重大意义。

我谈谈发言的最后部分。一旦发生战争，巴尔干各党应当怎样做？解决这个问题时，巴尔干各党应当首先估计自身已有的经验；它们的丰富经验不仅对巴尔干具有价值，也具有国际价值。帝国主义大战时，这些党总体上采取了正确的革命立场，开展了顽强的反战斗争。当时的巴尔干各党虽说都是革命政党，但仍旧是社会民主党，它们没有相应的组织来开展群众性的革命斗争。

巴尔干的共产党在确定自己的策略时，要考虑某些特别因素：第一，巴尔干资产阶级的软弱性，它的经济、政治和军事机构是不稳定的；第二，工人群众和劳动农民中强烈的反帝国主义和反军国主义的趋势和情绪；第三，群众对苏联的深厚同情，这种同情是政府、法西斯主义和社会民主党的种种诽谤、欺骗和暴力都无法消除的；还有被压迫民族的解放运动，它们不顾恐怖行动，不断发展壮大，而且采取了革命的形式；最后是巴尔干各国普遍存在的农民运动。

这一切都表明，巴尔干一旦发生战争，很快就会形成革命形势，也许就是从战争开始的那一刻起。很可能从宣战的那一刻起，反对战争的革命群众运动就开始了。这一点巴尔干共产党应当心中有数。

巴尔干各国由于经济落后，无产阶级人数很少，农民将在反战斗争中发挥决定性作用。这个事实决定了农民问题在巴尔干共产党的战略和策略中的价值。

必须在农民中大力开展工作，同时要研究农民群众的斗争方法。在动员参军时，农民中的某些部分可能拒绝应征，从一开始就可能出现开小差的现象。1914—1915年时情况就是这样；现在还会扩大。此外，前线上临阵脱逃也将不断增多。第三，被政府追捕的逃兵将开展游击战。游击战成了巴尔干各族人民若干世纪的实践中惯用的办法。他们从事游击战已经好几百年了。我们应当坚信，农民和小资产阶级群众的游击战从战争一开始就将爆发。巴尔干的共产党应当考虑游击战在国内战争中、在巴尔干的革命斗争中的意义和作用。当然，共产党不会提出拒绝服役的口号。可是如果拒绝服役和逃跑的规模很大，这就表示革命的形势正在成熟。共产党在评估形势和制定自己的指示时，应当考虑到这一点。

巴尔干还有一个重要因素，就是国内战争将和民族解放战争相伴而行。共产党的任务在于确定这两种战争之间的密切联系。

提纲虽然有一些暗示，可是并没有明确指出资本主义国家中民族解放战争的性质。还应当注意，民族解放战争是同被压迫群众居住的国家和一定的土地联系着的。如果把这些群众，他们最优秀的武装同他们的土地隔开，如果允许资产阶级动员被压迫民族的士兵，使他们脱离自己的民族基地，将他们分散到全国，那就将长期扼杀民族解放运动。因此，鉴于我们讨论的是马其顿、黑山、阿尔巴尼亚、比萨拉比亚、多布罗加及其他类似的国家和地区，共产党应当从开始动员起，即便总形势仅仅是革命运动的开始，还不曾达到成熟，就应当为被奴役民族提出口号："不要去兵营，而要去山里，组成游击队，在后方开展民族战争。"从动员一开始就提出这个口号，我们就能够就地保存大量民族革命战争的后备力量，让人们得以行动起来，为自己的故国，为自己的妻子儿女，为自己的自由，为自己的财产而战斗。这种民族革命运动必须同工人阶级的革命运动联系起来，提出共同的口号，建立以共产党为代表的统一领导。

巴尔干的共产党应当紧急地提出反对战争危险的问题，但不是笼统地提出，而是根据巴尔干各国的具体条件。

玛乔丽·波立特（英国）：

许多党在分析决定反战斗争发展的因素时，对劳动妇女在斗争中的作用严重估计不足。忽视妇女对战争怀有的巨大而不可消除的仇恨就意味着将她们送入资产阶级和平主义和宗教团体的怀抱。

我认为，我们中谁也不会怀疑妇女对战争怀有巨大而不可消除的仇恨，而且这种仇恨正在被与我们为敌的团体利用来使劳动妇女脱离真正的反战斗争。

如果以英国为例，我们看到，有利于国际联盟的宣传、反对义务兵役制的宣传、要求制止战争以及和平主义的其他反战宣传形式，主要都是由劳动妇女的组织来开展的。

妇女感到必须用某种形式表达自己对战争的仇恨，由于我们没有充分利用这种情绪，它们就被资产阶级和和平主义的团体利用了。因此，我们应当特别关注的工作领域之一就是认真地、系统地揭露这些团体的真正本质，消除它们在劳动妇女群众中的影响。为此必须揭露态度放肆、口出狂言的和平主义者，我们自己首先要态度明朗清楚，我们对战争应当采取鲜明的立场，表述得非常清楚，使最落后的女工也对我们的立场不会产生任何怀疑。我们特别应当告诉工人如果发生战争，应该做哪些实际的事情。这在任何一个国家都不容易做到，尤其在英国。英国实行的是义务兵役制，对这个问题的表述必须分外鲜明而仔细。

和平时期共产党的任务在于劝说人们不要参加志愿军，揭露这支军队并唤醒工人尽可能仇视、蔑视它。上海远征军之后，应征加入英国军队的人数开始大量减少，这说明这件工作已经取得了一些成效。

显而易见的是，如果战争确实发生了，无论英国政府，还是其他资本主义政府，都不会仅仅指望志愿军一种部队。最早采取的措施之一就是实行义务兵役制。共产党对强制征召入伍应当采取什么态度呢？提纲非常明确地指出，党的直接任务是团结所有的工人，组织大规模的抗议游行、局部罢工、总罢工和其他各种群众活动。不过据我看，提纲没有非常明确地指出，这种策略无论如何都不应混同于抵制策略。反对征召士兵入伍的斗争策略，以及与之相关的各种群众活动、群众抗议游行等都应当最鲜明、最坚决地同抵制军队的策略划清界限。共产党无论在什么情况下都不能接受和平主义者提出的抵制军队的口号。不能像提纲那样，仅仅对工人说，抵制的办法是"不太有效的"。群众运动一旦出现，共产党的责任就是将这种敌视战争和强制征兵的情绪引导到群众游行的正轨；利用这种情绪组织罢工；不仅联合那些直接被征召的人，而且吸引所有产业工人（青年工人、老年人、体格不适宜服兵役者、女工和家庭妇女），参加这场伟大的群众斗争。

我们的目标仍旧是群众性的罢工，这倒不是因为我们相信仅仅依靠罢工就能阻止战争，——罢工是团结全党、将工人群众团结在党身边的一种手段，这些工人在罢工过程中会越来越相信防止战争的唯一手段就是推翻资产阶级，而这一点不加入军队、不瓦解军队是做不到的。

我们反对军国主义工作的各种形式都必须是鲜明清晰的。有些做妇女工作的同志中出现了一种将战争问题同阶级斗争的总问题分开的倾向。玩弄女工的情感，让她们仅限于对未来的战争带来的灾难产生不满和恐怖，而不是让她们相信防止战争的唯一办法就是解除资产阶级的武装，由无产阶级夺取政权，——这是很容易的事情。

我们喜欢使用一些口号和死记硬背下来的词句，对这些口号和词句我们从来不曾怀疑过，可是别人却并不明白。没有一个共产党人怀疑过资本主义制度下战争是不可避免的；没有一个共产党人看不见每个国家都在加紧进行战争准备。可是为了将劳动妇女团结在我们的旗帜周围，让她们明白我们的观点，完全用不着简单地重复宣言和声明；我们应当十分肯定地证明，我们为什么要发表这些宣言和声明；我们应当逐一列举正在实施的战争准备的各个步骤。

我们党在劳动妇女中开展工作的最重要环节就是开展对产业女工的工作。我们大家都记得，1914年时，吸引广大劳动妇女参加战争，使她们适应战争机构，用她们取代应征入伍的男人，让她们参加军火工厂、农业和其他部门的工作，都是比较容易的。如果说，1914年时这是很容易的事情，那么到了1928年、1929年，或者1930年，许多劳动妇女已经被吸收进了工业，她们是否已经准备好并能够完成这项工作呢？我想提请大家特别注意，许多女工工作的是合理化的新工业部门：化学工业、人造丝工业以及可以立即转而生产军需品的那些工业部门。

在这些工业部门中我们的处境如何？在人造丝工业和蒙德化学联合工厂中，只要不是工会会员就几乎可以肯定被雇用；允许存在的只有在蒙德工厂中业已存在的那种股份制工会。既然我们已经认识到战争时期罢工的重要性，每个共产党员就应当清楚对这些没有加入工会的女工开展工作的必要性。

资产阶级不仅在工业中训练妇女适应战争，它还在训练家庭主妇和小资产阶级妇女参加未来的战争，不仅仅是为了阻止她们接近革命运动，而且要吸引她们参加反对革命运动的斗争。法国由于实施了保罗-邦库尔法已经出现了这种情况，波兰和保加利亚正在制定妇女动员法。这证明几乎各国都在建立法西斯妇女团体。

我打算不从理论的角度谈谈我们共产党的一两件具体工作，仅仅是介绍英国共产党目前为接近妇女群众所采用的一些方法。我绝不是说，这方面的全部工作都已经开展了。我们非常清楚，我们只是刚开始做这件事情，不过我们坚信，我们的道路是正确的。我们不仅在吸引妇女参加反战斗争，而且在采用我们制定的方法吸收妇女加入我们党方面，在清除和平主义思想，巩固我们在工联、合作社及劳动妇女的其他群众团体中的影响上，都取得了成效。这是些什么方法呢？首先，而且最重要的是加强工会工作。在迄今为止不接受妇女加入的工会中的斗争、争取男女同工同酬的斗争、争取妇女加入工厂委员会的斗争、争取吸收妇女参加工厂内外的宣传活动，出售和散发我们的出版物的斗争——这就是这项工作的形式。几乎具有同样意义的是对家庭主妇的工作，通过街头集会、庭院集会、家庭集会、矿工居住区集会和其他措施，甚至可以吸引最落后的妇女参加我们的反战斗争。还应当指出的是我们在社会民主派的机构、合作社，以及现在是改良主义和和平主义核心的其他团体中成功地开展了工作。接近妇女群众的另一个重要方法是吸收妇女代表参加代表大会，她们不仅代表了工党组织、合作社和工会，而且直接来自企业和工人居住区。我们应当利用像1928年7月29日英国共产党在特拉法尔加街心公园组织的那种群众游行。当时不仅来自伦敦的，而且来自全国各地的数千名妇女参加了这次大游行,表示她们愿意在共产党领导下参加反战斗争。应当向苏联派遣妇女代表团,让她们直接了解情况,不仅亲眼看到苏联在社会、文化和经济方面的顺利成长,而且明白红军究竟是一支怎样的军队。我们应当努力建立妇女自卫组织,像德国的红色妇女和少女协会和英国的退役士兵协会中的妇女联合会,而且利用这些团体进行细致的政治训练。

最后我想强调一下,使用妇女开展反战的思想斗争并不是我们工作的全部。我们还应当让劳动妇女参加国内战争。没有必要在这里列举俄国革命和中国革命的经验,指出妇女在国内战争中能够发挥,而且已经非常成功地发挥了的巨大作用。如果我们现在忽视这项工作,——有些党对待妇女工作的态度恰好证明了这种危险性,——如果我们认为,妇女只能在有限的领域内积极而顺利地发挥作用,毫无疑问,一旦爆发国内战争,我们也不会摆脱这种观点。

战争问题属于那种问题,围绕着它,我们不仅可以团结个别劳动妇女,而且能够团结广大妇女群众。我们可以借这个问题接近她们,获得她们真诚的支持,加快吸收妇女加入工人运动的伟大革命先锋队——共产党。

雅克莫特(比利时):

我代表比利时代表团就贝尔同志的报告谈几点看法。

如果由于战争危险而将殖民地和半殖民地的革命问题放在一边,那么报告的主要之点就是:(1)由于帝国主义列强之间的矛盾(英美竞争等)而引起的战争危险;(2)形成以英国为首的反苏集团。

我们在每个资本主义国家的资产阶级军事政策中都可以找到这两个因素。

与此同时,应当着重指出,共产国际应该关注各个欧洲小国在准备帝国主义战争中的角色。贝尔同志完全正确地指出了苏联各邻国（爱沙尼亚、立陶宛、拉脱维亚、芬兰、波兰、罗马尼亚）的备战情况；报告还指出了处于英国势力范围内的希腊的立场；所有这一切当然都同英帝国主义正在极力促成的反苏阵线有关。不过我们认为，更加完整地分析应当搞清楚其他小国的角色，因为它们也在反苏阵线中占有一席之地。例如，我们在比利时政府正在制定的军事法律中可以找到上面提到的两个因素。我想指出，像比利时这样的小国远离苏联，可是也尽力要在反苏阵线中扮演一个我们不应该忽视的角色。

大家知道，比利时资产阶级有军事密约同法帝国主义相联系；贝尔同志指出了这个事实。分析这个条约的某些细节是很有意义的。这些细节表明，比利时资产阶级和社会民主党经常强调的、由于协约国在最近的帝国主义大战中获胜而取得的比利时的"独立"实际上并不存在，战争方案是在法国总参谋部的领导和直接影响下，由比利时总参谋部制定的。

应当注意的还有另外一点：为了研究改组军队的新方案，比利时政府成立了一个混合委员会，其中包括下院议员、参议员和总参谋部的代表。比利时总参谋长在改组军事机构的报告中一开始就暗示，这次改组是同建立反苏阵线紧密联系在一起的，而且在一定程度上是由它决定的。1928年1月19日，在混合委员会上比利时总参谋长加莱将军说："已经形成了对立的两极；伦敦和莫斯科处于全面对立状态。"

在所谓混合委员会开始工作的初期，总参谋长就作出了这样的断定。这个事实表明，比利时的军事改组也是由两个因素决定的：比利时将参与帝国主义各国或集团之间肮脏的战争，也参与反对苏联的战争。以什么形式参加呢？比利时总参谋部的头目加莱将军本人是这样说的："值得担心的是，如果不向德国作出足够的让步，它就会和俄国一起反对得到法国支持的波兰，也就是间接地反对英国。"

我暂且将德国同苏联结盟的可能性问题放一放，我想强调比利时军队头目的这个断言：应当放松凡尔赛和约强加给德国的种种规定，使德国靠拢反苏阵线。从这个观点来说，比利时的军事改组，建立雇佣军，建立由2万—3万职业军人组成的、结构与德国国防军相似的骨干部队；另一方面，修建永久性阵地，作为法国东部工事的延续，直到安特卫普港，——整个军事改组都应当被认为是一种积极向德国施加压力的手段，目的在于当加莱将军谈到的公开冲突——英帝国主义进攻苏联——爆发时，对德国产生影响。

现在布鲁塞尔正在召开第二国际的代表大会。这次大会的主要议题之一无疑是向德国作出让步的问题，首先就是从被占领的莱茵地区加快撤军问题。应当承认，法国、英国和比利时帝国主义准备在这个问题上向德国作出"公正的"让步，以便英国、法国和比利时同德国达成交易后，能够将它拉进反苏阵线。

最后我要强调一件事：在议会讨论改组军队问题时，比利时社会民主党，正如任何国家的社会民主党一样，当然采取了社会爱国主义的立场。王德威尔得在开始讨论军事方案时就声称，社会民主党人实际上是赞同政府的，只是在最有效地保卫"比利时祖国"的手段和方法上同政府有分歧。

我们党经历过危机之后（关于危机我在这里就不说了），集中全力于组织工作和宣传工作，开展了反对国家军国主义化的活动。政府为这些活动迫害了我们党。当议会就这些镇压进行辩论时，比利时社会民主党采取了社会爱国主义的、反革命的立场。王德威尔得宣称，比利时共产党反对军国主义化的活动是对"祖国"的叛变，对"比利时祖国"的叛变。

我要指出，在这场反对改组军队方案的斗争中，我们取得了一些成绩，足以为证的是，一方面对我们党进行迫害，另一方面党同士兵和工人群众建立了更为密切的联系。我们是一个小党,起初仅仅出版由士兵们亲自编写散发的两种士兵报纸,现在已经能够在布鲁塞尔、安特卫普、沙勒罗瓦和那慕尔出版六张这样的报纸了。

我不谈军队改组方案的细节了:它们同巴尔贝同志谈的法国军事机构改组的情况完全一致。从围绕着制订军事方案而开展的辩论中得出的基本结论是:比利时政府现在谈论军队改革的出发点有两个:一方面比利时未来将参加资本主义国家之间的战争,另一方面,比利时将参加国际反苏阵线。

我们党将继续竭尽全力进行业已展开的斗争。

利马诺夫斯基(波兰):

关于波兰资产阶级在经济和政治方面准备战争的情况,这里已经谈得很多了。我想谈的是波兰资产阶级在武器装备和宣传鼓动方面,以及在广大群众范围内训练人员方面准备战争的情况。在武器装备和技术准备上,我们可以将现在的波兰分为三个时期。第一时期是恢复从战前的俄国、德国和奥地利获得的军事工业,借助这些工业波兰在一定程度上进行了 1920 年的战争,虽然武器主要还是必须从国外进口。这个时期是 1919—1922 年。但是恢复了的工业就其规模和质量而言,还并不符合波兰资产阶级迅速增长的军国主义倾向的需求。第二个时期是组织和建立新的军事工业。不妨称它为波兰的五年计划,自 1922—1927 年。这个时期大规模建设新的国有军工厂。短时间内就建成了 15 个新工厂——炮弹厂、火药厂、枪弹厂、大炮厂、检查器械厂、制管厂、飞机厂等。这段时期内除了建设国有工厂之外,还建设了合营和私营工厂,生产炸药、炮弹、制造毒气、防毒面具、汽车和飞机。同时华沙、上西里西亚、克拉科夫、凯尔采区的大冶金工厂也为军事部工作,生产坦克及其备件和其他军事装备。此外,人造丝工厂和化肥工厂,如霍茹夫和上西里西亚的工厂也都转产军需品；还打算在塔尔努夫修建新工厂。此后，1927年末和1928年是波兰资产阶级技术工业备战的第三时期，也就是波兰政府和军事部放慢了建设独立的国营专业军工厂的速度，几乎全部转向民用工业，主要是金属工业的军事化。现在正是在这个基础上，在民用工业的基础上巩固和组织波兰的军事工业。这首先就涉及中心工业区的金属工业。这次改组和由国家出资修建专门的军工厂转向使民用工业的主要部门为军需服务，其目的在于：第一，减少军用品的生产成本，节约建设新的军工厂所必需的资金；第二，便于发生战争时民用工业转向军需生产。

目前波兰有全部或大部分为军需生产的化工、金属、飞机制造及其他工厂30多家，工人总计有35000多人。年产值按战前价格计算超过3000万美元。不过这些数据并不完整，仅仅是按照官方资料收集的，所以不包括所有的数据。可是对于波兰的军国主义分子而言是足够了。现在用于补充储备的进口军用装备每年达到14万吨。所以在国会讨论预算问题时，发现有几亿兹罗提不知去向也就不足为怪了。很明显，它们被用于准备战争了。同时波兰资产阶级还经常在西部，特别是在东部边境线，改善旧的和修建新的战略铁路，用来加强但泽自由市土地上的军事基地，扩大格但斯克港的装卸能力，该港的吞吐能力1926年为30万吨，1928年为150万吨，1930年应当超过250万吨。

波兰法西斯主义不仅限于从工业和技术方面准备战争。必须指出波兰法西斯主义从思想上也在积极备战，对于参加过我党但同共产主义运动格格不入的分子，如脱离了西乌克兰共产党的瓦西里基夫—图里亚斯基集团产生了影响。波兰军队的领导特别注意从体力、政治和宣传方面训练士兵。波兰军队进行系统的、独具一格的政治宣传，其任务是消除士兵思想中的阶级觉悟，培养沙文主义精神。波军领导人之一罗美尔将军在波兰军事杂志《战争女神》6月号上发表文章《未来的战争》。他分析了未来战争中的技术手段，还试图分析战争的"心理因素"。我们就来看看他指的是哪些"心理因素"。他说，尽管战争技术在改进，"归根到底始终是人和人在作战"。因此罗美尔将军指出，必须对人进行"精神"训练。罗美尔将军对"永久的和平"、国际联盟和其他"爱好和平"的团体不抱任何幻想。在他看来，重要的不是和平，而是战争，他当即引用了墨索里尼具有"高度权威"的见解。他指出，未来的战争也同1914年的大战一样，主要是群众的战争。他由此得出结论，应当用恰当的方法对人、对群众加以精神训练。罗美尔将军说，未来的战争将在军事、经济和心理三个领域内进行。他说："心理战中，我们将遭遇削弱军队和民族精神力量的宣传；我方的防卫应当用我们自己的宣传和坚强的管理作掩护。"法西斯将军说的"心理"是指什么，往下看就清楚了。他说："世界大战中群众的精神崩溃是壕沟战争的恐怖引发的多年心理疲惫的结果。"在他看来，士兵拒绝为资产阶级的利益而卖命是"群众的精神崩溃"。他担心未来还会出现这种"崩溃"，因为它是"来自人民大众，却在军队中发挥作用的心理反应"。所以他提出一些办法，要法西斯政府通过它们来防范"群众心理崩溃"的危险。他说："也许应当从军队中清除体力和精神有缺陷而且可能传染给军队的那些人。"按这名心理学家将军的意见，"群众（在战争精神病学中）是不承担政治责任的。国家首脑如果需要，就应当有决心公正而严格地反对自己的人民"。

对试图反对本国资产阶级的波兰革命工农发出的这种威胁，我们在这篇文章中可以找到很多。不过将军也不拒绝使用其他斗争手段，特别是宣传。这种法西斯宣传应当是什么模样，德国军事作家伯恩哈迪的看法可以为证。波兰将军罗美尔恰好引用了他的话。罗美尔将军说，"在这场战争博弈中谈不到诚实正直"。被一名法西斯将军复述的、德国军事作家的这番话十分准确地描述了现代资产阶级波兰的外交家、政治家、评论家和军人正在开展的、针对苏联的一场撒谎和诽谤运动。

根据罗美尔将军的结论："群众应当在和平时期接受相应的精神、体力和技术训练"，"全民族应当同政府合作"，"这种合作应当处于政府强有力的控制之下"，根据这些结论，现时的波兰正在日复一日地逐渐变成一个大军营。全部国家生活都服从于战争。国家和行政的全部要害岗位都掌握在军人手中。每走一步都受到军事部的监督。在人员军事化方面可以看到对预备役士兵和军官的经常检查。在少数民族聚居的政治可疑地区，更是频繁实行这类动员。在预设的战区内经常有演习。国家军事化特别明显地表现为青年军事化和军事训练团体日益增多。

政府通过立法和在服役期间提供一些物质优惠，鼓励发展这些团体。1927年和1928年召开了一系列会议，讨论发展军事训练团体的措施。

人数最多的要数"射击协会"，据一种资料说，它现在拥有25万会员，而据协会领导的说法是45万—50万。"射手"中工人和农民占的比例很高，在罗兹这样的工业中心这个比例甚至还要高些，对此我们党应当特别关注。人数占第二位的民间军事团体主要由前军人组成，名称是"波兰共和国军团"，有35万会员。此外还有一些大的军事训练团体，如："波兰军人团体协会"，"波兹南起义者和射手大联盟"，"射击协会"同青年农民协会、同东部边疆军人移民协会结成的集团等。

1927年夏季，波兰军事部建立了一个意义重大的团体"铁路普及训练协会"。这个团体的宗旨是：协助政府加强国家防卫能力，传授军事技术，支持旨在提高铁路运输能力的各种创造等。这个团体出版自己的小册子、宣传标语和定期刊物，在铁路员工及其家属中建立支部。这是企图在一个重要方面突破无产阶级的阶级阵线，迫使工业无产阶级同法西斯主义积极合作，准备战争。

波兰法西斯主义十分注意使妇女军事化，专门为她们成立了军事和体育教练培训班和场地。

体育方面可以见到同样的趋势。加强了对实际上属于军事部的体育团体的国家监督。同时资产阶级还打算垄断体育，就是说，不允许存在不受军事部控制的体育组织。

1928年末，波兰有24个完全或几乎完全从事对居民进行军事训练的团体。参加这些团体的有120万人，也就是说，能使用枪支的成年男性中有1/6参加了军事训练团体。所有这些团体都受到法西斯的"射击协会"的控制，"协会"受军事部的直接领导，向这些团体派遣教练员。所以不难理解，这些团体得到政府的全力支持，由政府为它们设置专门的政治宣传教练培训班，并给予财政支持。这些团体的任务非常明确。一旦开战，这些团体的成员应当组成训练有素、政治上完全可靠的军队骨干，成为补充下级军官的后备军。它们的另一项任务是制服反对战争的无产阶级群众，成为法西斯政府在国内的可靠支柱。

波兰社会党中的社会法西斯分子和其他社会妥协派政党及其青年机构最积极地参加了整个军事机构的组建，同时，也在以和平主义的词句掩饰其对战备的参与。

在这种情况下，波兰党都做了哪些工作来反对日益增长的战争危险？近来做了一些工作。党在宣传方面做了相当多事情。一些政治活动，特别是议会选举，都最紧密地同战争危险联系起来了。至于组织工作，应当说这方面几乎没有做什么事情。党所做的一切都不能适应我们面临的巨大战争危险。如果说我们多少做了些工作，那也是由于共产国际第六次代表大会和部分党批评了我们缺乏主动性。

这里曾经争论过波兰党内是否存在对波兰帝国主义和军国主义威胁苏联的危险估计不足，对战争危险估计不足，以及谁是这种估计不足的代表。布兰德同志试图证明，他的小册子并没有对波兰资产阶级进攻苏联的危险估计不足，科斯切娃同志集团也明确看到了这种危险。

但是事实胜于雄辩。科斯切娃同志集团和布兰德同志在领导党和中央委员会期间不曾采取过任何组织措施来反对战争。这个事实比任何诡辩都更有说服力。

波兰共青团做了一些工作,当然是远远不够的;共青团举办过一些活动,在瓦解"射击协会"方面的经常工作已经有些成效了。最近在华沙举行了反战大会,因为和平主义者也开了大会,共青团还在应征青年中做了些工作等,当然都还远远不够。应当说,党中央最近解散共青团中央书记处的措施对团的日常工作有严重影响。这些措施自然也反映在青年团的反战活动上。

至于我们面临的任务,反对战争危险的斗争最紧密地一方面同反对法西斯专政的日常斗争、同工人阶级和农民的日常经济要求相联系,另一方面又同准备武装起义紧密联系在一起。

波兰党在宣传方面和将工人阶级的日常口号同反对战争危险的斗争联系起来方面取得了一些成绩,而在组织训练自己的队伍、教育党员、军队工作、组织军事训练等方面,我们几乎毫无进展。我们谈论要将帝国主义战争转变为群众的武装起义。可是如果我们在武装工农方面、获得武器方面什么都不做,或者几乎什么都不做,那么尽管说得天花乱坠,发表宣言和声明都无济于事。谁要是对战争危险,以及在反战斗争中瓦解资产阶级军队、组织军事训练(在两年多时间里,这方面不曾做过什么事情,这本身就说明问题,虽然各种决议和决定等都很正确)的重要意义认识不足,他就不仅没有想过要认真地反对战争危险,而且也证明他没有准备武装起义,不懂得这种起义必须经过长期(若干年)的准备。

如果说掌握着能积极影响群众的强大机构和全部国家机器的资产阶级在十分认真地准备未来的战争,那就要求我们党付出更多的努力,用列宁的理论和实践武装起来,训练工农群众迎接战争,这方面就更不能容忍漠不关心、疏忽大意和无所事事。

如果我们将反对战争危险的斗争同准备武装起义问题联系起来，我们就会看到，我们为此需要做多么艰巨的工作，才能使党在必要时无愧于自己的任务。

党应当继续进行争取工业无产阶级群众和在无产阶级中心的工作，加强争取农村无产阶级和贫苦农民的工作，要认识到争取农村基本群众就是在很大程度上扩大我们在军队中的影响，在民族政策上应当很积极而灵活，必须避免重犯波兰共产党领导在对待瓦西里基夫集团上所犯的错误，——除了上述种种之外，波兰党现在还面临着尽快采取实际措施，加强思想、宣传和技术组织方面的反战斗争，而且不仅在党内，还应当在非党的无产阶级和农民中开展。

这些措施可以归纳如下：

1. 普及列宁关于战争和共产主义者对待战争的态度，关于党作为组织反战斗争的基础，以及将帝国主义战争转变为国内战争中的作用的学说，党应当使每个普通党员和共青团员都掌握这个学说，尽一切努力使广大无产阶级和革命农民群众都掌握这个学说。为此党应当立即着手出版相应的读物；这个问题在党的定期和不定期刊物中应当占显著位置。

2. 必须通过专门的读物向西白俄罗斯、西乌克兰和波兰的工农群众解释清楚，一旦发生对苏战争，党对被波兰占领的各省起义运动的态度；必须努力培养他们对起义运动的正确态度。

3. 党必须通过专门的读物推广无产阶级和农民的革命武装暴动，扩大并深化这种暴动传统，用这些事例教育群众，使他们认识到，当条件成熟时，必须同资产阶级开展武装冲突。为了在军队中宣传革命暴动的思想，应当设立专门的士兵图书馆，介绍陆海军士兵的革命战斗，特别是俄国革命史和现代法国的故事。

4. 尽管我们党工作的条件很困难，它还是应当找到向骨干分子传授起码的军事知识的办法。

5. 党应当加强瓦解资产阶级军队的工作，加强在军事训练和体育运动团体中的工作。应当尽一切努力加强在军队中建立支部和各种军事训练团体中建立党团的工作。为此必须加强专设的机构。

6. 必须特别注意在金属工业、化学工业、铁路中的组织工作，有计划地开办掌握这些要害部门的培训班。

7. 必须加强军事工业中心的工作。

8. 必须组织工厂支部的反战工作，说明这些支部的任务，将工农的经济斗争同士兵的斗争联系起来。

9. 必须加强妇女工作。

10. 必须加强对共青团的全面帮助，吸收它参加工作。

正确完成这些任务首先就要求党的领导正确认识这些任务。

大会将帮助我们建立一个这样的领导，因而创造条件使波兰共产党得以彻底履行自己的职责，而不致重蹈1926年的覆辙。

基尔布姆（瑞典）：

瑞典代表团欢迎将反战斗争问题作为特别题目列入大会议程。较为具体地讨论并制定反对战争危险的措施是非常及时的。提纲草案含有对党很有价值的好材料；不过提纲的一些论点还是需要表述得更为明确，例如，反对战争的总罢工问题、常备军和殖民军中反对军国主义问题、无产阶级民兵问题。

我们代表团认为，提纲对斯堪的纳维亚在准备反苏战争中的作用关注得非常不够。而英帝国主义赋予斯堪的纳维亚的意义却大得多。这主要是指波罗的海沿岸的瑞典、丹麦和芬兰。英帝国主义竭尽全力，企图将这些国家纳入自己的势力范围。投入这些国家工业的有巨大的英国资本；特别是瑞典，克雷于格康采恩是一家世界级的企业联合体，它同英国的石油托拉斯及其形形色色的金融机构联系紧密。例如，瑞典的火柴托拉斯就从这家石油托拉斯获得过几千万瑞典克朗。

英帝国主义者还努力用其他方法将瑞典"这个北欧的领导国家"（这是一家英国金融报纸不久前对瑞典的称呼）同它自身的利益捆绑在一起。

英帝国主义力图使波罗的海沿岸诸国结成集团，对抗苏联。瑞典、丹麦、芬兰应当使波罗的海保持对英国舰队开放。这样一来它们实际上就被卷入了未来反对工农国家的战争。

这些国家的共产党有责任向本国的工人说明这一点。这在瑞典尤为重要，因为瑞典有一种观点，认为在未来的反苏战争中瑞典仍旧会保持中立。有许多事实表明，英国人的这些企图得到斯堪的纳维亚资产阶级的支持。瑞典资本，特别是同英国有来往的资本已经活动了好几年，指望巩固自己在芬兰和各个缓冲国中的势力。领导这些活动的就是克雷于格康采恩。这家康采恩已经征服了芬兰、拉脱维亚、爱沙尼亚和波兰的火柴工业。此外，已经有大量瑞典资本通过英国金融界涌入了爱沙尼亚和芬兰。英帝国主义年复一年地积极活动，企图将斯堪的纳维亚和波罗的海各国结合在一起。这就是几乎每年斯堪的纳维亚和波罗的海各国的舰队都要互访，各国元首在社会民主党员部长和公使的陪伴下互访，这些国家检阅、演习和各种形式的准备针对工人阶级、针对苏联的战争的原因所在。

备战工作的下一个环节就是诽谤苏联的活动，这种活动在斯堪的纳维亚各国中不断得到加强。几乎每一张资产阶级的和社会民主党的报纸都散布有关苏联局势和苏联政府政策的最卑鄙的谎言。这些猖狂活动的目的在于从思想上准备战争，掩饰相应国家的战争准备。瑞典就是一个典型的例子。苏联的政策和仿佛是由它导致的危险成了为军队现代化、建立强大的舰队和空军、推行经济备战的法律辩护的主要论据，正如在法国和其他国家一样。不久前通过的反对工会运动的法律也是资产阶级备战的一个环节，这已经被我们党多次揭露过了。

斯堪的纳维亚社会民主党的领袖们支持资产阶级的这种政策，积极执行这种政策。他们在国际联盟的工作可以作证。不错，瑞典政府对军事制裁问题有所保留，可是经济制裁却完全有效，也就是说，瑞典由于自身是国联成员，有责任参与对苏联的经济封锁，这就使瑞典实际上卷入了战争。瑞典的立场是公开支持芬兰政府的议案，后来又是国联的决议，按照这些决议，一旦发生针对工农国家的战争，将给予小国经济支持。而且社会民主党的领袖们直截了当地主张瑞典参加对苏战争。几年以前，瑞典社会民主党主席、可能在未来的社会民主党政府中出任首相的门松声称，如果以缓冲国和芬兰为一方、以苏联为另一方发生战争，瑞典将站在前者一边。最后一届社会民主党政府的外交部长温登主张签订"北方的洛迦诺条约"，主张芬兰—俄罗斯边界以西各国执行所谓的友好政策，主张它们联合起来反对苏联。

至于共产党的反战工作，我们瑞典还有许多缺点，不过这些缺点应当根据瑞典的现有条件加以分析。瑞典居民中和平主义思潮的影响是很强大的；这些思潮表现在工人运动中，而且也反映到共产党内，虽说已经逐渐减弱。在这个问题上我们克服了很大的障碍，才使党基本上掌握了革命的观点。1924年以前，当霍格伦先生带着他那一伙人转投社会民主党时，我们党奉行的是和平主义方针。早在1915年，列宁同志在给青年团领导的信中就鲜明地分析了我们的错误立场。只是在最近几年我们党在战争问题上的工作才具有了革命的内容，不过有些地方还会冒出过去和平主义方针的残余。这可以说明去年党所犯的策略错误，它同一些工会和政治组织一起签署了一份错误的宣言。可是我们仍然要反驳梅灵同志的论断，他认为今年发表的、含有号召总罢工内容的宣言证明党内对这个问题的认识模糊。如果瑞典党对反战总罢工口号的后果没有明确认识，那么这个论断就是有根据的。但事情并不是这样。至少瑞典的领导同志是完全同意列宁给出席海牙会议的代表的指示中对总罢工口号的分析的。我们在许多报告、报刊文章等中都在捍卫这种认识，而且首先就是针对无政府工团主义的。

我们党开展的、使工人群众掌握对战争的革命观念的工作中，最成功的活动是与社会民主党采用的海军装备及其诽谤苏联联系在一起的。两次活动都具备了广泛性；我们向群众解释了苏联用于自卫的装备和资本主义国家的装备之间的区别；我们向瑞典的工人阶级讲解了它在保卫苏联中的责任。鉴于社会民主党和资产阶级政党决定扩充海军，党号召工人群众反对扩充海军。共青团在陆海军中的工作在某些场合取得了良好的结果。例如，共青团借军事演习，组织了所谓"红色军事演习"，而且党的许多积极分子被动员起来散发传单和进行口头宣传。此外，在我们提出士兵要求的法案后，还利用议会讲坛开展了相当广泛的宣传活动。这一切都不是徒劳无功的。工人中以保卫苏联为职责的思想、必须武装起来反对资产阶级的思想更巩固了。士兵中的阶级意识正在成长。令资产阶级报刊感到恐惧的是士兵一再拒绝执行军官的命令，并提出了自己的要求。海军中的情绪更好一些。很有说服力的是发生在装甲舰"费尔吉亚"访问汉堡期间的事情，在海员国际俱乐部的集会上，水兵们宣称，舰队的大部分人员都准备不执行针对工人的命令，准备保卫苏联。

我们还必须消除许多缺点，改正许多错误。我们为将我们的运动转入地下而做的准备太少了。而资产阶级已经在宣传，打算宣布我们非法。陆海军中的工作开展得很不够；在为军需服务的工业中开展得也不够。在我们瑞典的博弗斯有一些大炮厂，为许多国家，包括缓冲国和芬兰，提供大炮和物资，用于未来的反苏战争。对运输工人的工作也有许多缺点，不过近来共产党的影响在逐渐加强，尤其在海员中。

瑞典代表团声明完全赞同提纲。共产国际各个支部应当立即着手实现规定的任务。我们认为，提纲指出我们党必须加强在农村最贫困人口中的工作是完全正确的。

可是提纲完全没有提到必须加强巴尔干各国及其他地区的各个共产党之间更加密切的合作。更密切的共同工作无疑能大大减轻波罗的海沿岸各国的共产党反对战争危险的工作。因此，共产国际执行委员会应当也关注这个问题，并组织这种共同的工作。

格鲁贝（德国）：

共产国际执行委员会早就提醒我们注意战争逼近了。可是我们对共产国际执行委员会的提醒是怎样反应的呢？甚至在英国同苏联的正式关系破裂时，我们的一般政治工作也不曾发生什么变化。我们对日益逼近的战争危险始终估计不足。

让我们来看看共产党员在无产阶级群众团体中的工作。我们的同志还没有学会将工人的艰难处境同武装的增长联系起来，虽说大家都知道，资本主义国家中工资的状况、工人生活条件的日益恶化是同军费的增长有关联的。我们有些同志力求在工会中保持所谓政治上的中立，而不采取切实的步骤，反对改良派的工会官僚主义的虚伪立场。我们都参加过战争，对战争期间工会的立场都记忆犹新。当时德国工会的刊物写道，多亏了工会进行的"教育工作"，德军司令部才得以在巨大的战线上保持秩序。它们向工人灌输国内和平，而实际上却极力支持帝国主义者。我们应当学会并传授给工人在工会内开展反对战争危险的斗争。

我们对于拥有帝国主义所需要的人力资源的体育团体中的工作也很不重视。只是最近德国这方面的工作才有所改善。由于开展了这种优良的革命工作，体育团体中开始了清除共产党员的活动。改良主义者为了资产阶级的利益，分裂工人组织，——这是我们应当向工人说明的。

德国的法西斯团体，如"钢盔"，和其他国家的民族主义团体，对于无产阶级也是巨大的危险，尤其在战争时期。而我们的同志在多数情况下并不想对民族主义团体和法西斯团体中的工人进行宣传工作。这是错误的。我们在德国有许多事例表明，我们能够使许多工人摆脱"钢盔"组织。正是由于这种工作，最近几年"钢盔"的人数锐减。

我们在所有共产党的反对战争危险的斗争中都可以看到对妇女工作的严重忽视。妇女在人口中占多数。我们是否拥有能够在劳动妇女中切实开展真正革命工作的妇女团体呢？几乎没有。我们在德国已经着手在红色退役士兵协会下面成立红色妇女和少女协会。应当最坚决地向各支部指出，必须严肃地关注妇女工作。

大部分共产党的农村工作给人的印象是最令人痛心的。一切国家中都有几百万无足轻重的和微小的农户。这些无足轻重的和微小的农户却和工人阶级一起承担着战争的重负。然而农村中却没有一点积极的、系统的政治启蒙工作。必须在帝国主义准备战争时期就向农民讲清楚，战争的全部负担又将落在小农和工人身上。现在几乎所有国家都在执行保护关税政策，而这个沉重负担又将落在小农肩上。我们在德国见证了莱茵地区的葡萄种植者起来造反，抗议强加给他们的新税负，造反的规模很大，以至葡萄种植者攻击了税务机关。普鲁士也出现了同样的情况，小农造了反并攻击了财政机关。遗憾的是领导这些骚动的是反动的土地所有者协会。领导上百万小农斗争的不是无产阶级，而是反动派，——这个事实表明，大多数支部没有认识到小农工作的重要性及其价值。

最后我想谈谈法国兄弟党的费拉同志讲到的问题。他说，"不给资本主义制度一个人，一分钱"的口号似乎是一个无政府主义的口号。我认为，费拉同志的意见是错误的。比如说，如果德国的社会民主党在帝国主义大战时期歪曲了这个口号，这并不等于说这个口号错了。

苏尔坦-扎德（波斯）：

毫无疑问，战争的罪魁祸首就是英国；不管是谁打头阵，它背后站着的一定是英国。在整个近东地区公开地或者遮遮掩掩地进行着战争准备，它又一次证明，英国在认真准备着未来的搏斗。中东和近东地区将成为进攻苏联的军事基地。埃及、巴勒斯坦、外约旦、美索不达米亚、阿拉伯半岛、波斯和印度——所有这些国家都完全或部分从属于英国。它们都在实行军国主义化，准备在未来战争中站在英国一边。不久前英国殖民大臣埃默里声称，为了巩固英国在近东的势力和保护苏伊士运河，英国应当全力加强自己在这些国家，特别是埃及的力量，并获得邻近各民族的友情。这个纲领现在由英国驻埃及总督执行，埃及的军权已经转到英国手中，不久前又取消了埃及的议会，这就让英国军事领导完全放开了手脚。未来战争中巴勒斯坦将扮演相当重要的角色。这样一个微不足道的小国凭借英国总督的意志扩大到了连最狂热的犹太复国主义者都想不到的极限；正在修建海法港，为此已经拨付了150万英镑，还在修建军营，建造许多军用设施，加紧筹备穿越巴勒斯坦、美索不达米亚和波斯直达印度的开罗—卡拉奇航线；巴勒斯坦土地上已经修筑了许多新的空军基地；正在修筑一些战略公路；已经建成了从耶路撒冷穿越沙漠直达巴格达的公路；卡塔尔—海法公路也已经完工。

紧随巴勒斯坦之后的是外约旦。大约三个月前，这个"独立的"酋长国同英国政府签订了一个条约，规定英国有权在这个国家中动员任何数量的军队来"保护秩序"，而维持这支军队的费用则由埃米尔从自己的预算中开支。总之，1925年兼并了红海上的亚喀巴港的这个酋长国正在逐步扮演英国陆军大臣给它分配的未来战争中的角色。

接着就是伊拉克。英国好不容易才从德国手中将这个国家夺了过去。德国人修筑的巴格达铁路威胁到英国领地的安全。英国从国际联盟得到了对伊拉克的委任统治权。现在这个"独立"国家也在准备战争。

正在修筑巨大的空军基地；沿着波斯边境修筑的巴士拉—巴格达铁路是一条非常方便的战略道路，是经过土耳其斯坦进攻苏联的最短通道；正在拓宽阿拉伯河的航道，远洋轮船经过这条航道可以直达巴士拉；重新装备了在本地区独占鳌头的军事要塞法奥。英国谍报部门在本地区加紧了工作。它正在开展宣传，主张将波斯的阿拉伯斯坦（胡齐斯坦省）同美索不达米亚合并起来；提出的口号是将波斯的库尔德斯坦和土耳其的库尔德斯坦合并，建立一个库尔德斯坦国，受英国保护。

如果这个计划能够实现，那就意味着铁路可以经过库尔德斯坦直通苏联边境；波斯湾早已是英国的囊中之物了；而占领巴林群岛后，英国的势力更大大扩张了。

波斯的英军司令部近来顽强地要求波斯政府允许英国飞机飞经波斯领空到印度。波斯政府迫于强烈仇视英国吸血鬼的人民群众的压力，久久不敢同意。不过最近波斯政府镇压了一些暴动，认为可以允许英国在波斯境内拥有若干航空基地。

英国在所有这些国家中不仅从技术上准备战争，而且开展了政治准备。它扶持自己的君王，推出自己的酋长，消灭议会，或者将议会变成英国的驯服工具；我们在埃及、巴勒斯坦、美索不达米亚还有波斯都看见了这种情况，英国将新王朝推上了王座。取代原先的卡扎尔王朝的这个新王朝虽然是缓慢地却是不断地迎合英帝国主义。

纲领第38节谈到共产党在殖民地国家中应当执行的策略，而且指出联合部落的个别首领反对战争危险、反对帝国主义的可能性。新的波斯王朝仿佛预见到了这一点，在波斯北部镇压了未来有可能反对英国和波斯政府的所有独立部落。至于波斯南部，那里迫于英国的压力，部落不仅解除了武装，有些地方甚至公开武装起来了。现在波斯政府在修筑从巴格达到里海的铁路，而且在铁路的终端加兹港正在建造港口；这个港口也是一个潜艇基地，可以对巴库采取行动，切断它同苏联的工业中心的联系。

近东地区共产党的任务是组织推翻那些指望英国军队在本国领土上采取行动的所有政府。共产党员的职责、革命者的职责就是推翻这些政府。

瓦西里耶夫（共产国际执行委员会）：

我觉得，有些关于战争问题的发言里听得出一些老社会民主党的腔调，他们无可奈何地大谈特谈统治阶级的种种阴谋诡计、改良派对他们的容忍和纵容等。可是发言中却很少实际的内容。几乎没有人谈到踏踏实实的工作，党鉴于战争危险而做的实际准备。多数发言者都揭露了本国的资产阶级、本国的改良派和本国的社会民主党。这当然是完全必要的，可是党在这方面所做的工作是远远不够的，而且显然不能仅仅限于这些工作。战争危险问题一年多以前在第八次全会上就已经提出来了。第八次全会就战争问题提出了详尽的原则性方针，并号召各党立即开展实际工作。然而代表不同的党的发言者，大多数只是分析本国总的政治和经济形势，到了要他们谈谈党做了哪些工作时，却发现没有时间谈了。所以应该让发言者从党所做的实际工作开始。对代表大会而言，特别重要的是根据各党负责代表的发言来检查各党为执行第八次全会的决议做了哪些实际工作，遇到了哪些实际困难，提出了哪些在国际范围内应当考虑和解决的新任务。

我想，这不是偶然的，这里确实需要毫不留情地批评共产党内存在的、社会民主党传统的弱点和残余。我觉得，根据我们听到的同志们的发言，可以说这种批评在我们党内是远远不够的。这就造成一种危险：如果情况像现在这样继续下去，共产国际对威胁我们的战争危险就不能作出反击，而如果我们切实按照革命的方式，按照布尔什维克的方式开展批评，原本是可以作出这种反击的。

费拉同志在发言中指出，提纲中的许多观点是错误的，而且说，提纲的结构在很大程度上表明提纲的作者对现有的反对战争危险的可能性估计不足。我想这是既正确又不正确的。我认为它不正确在于如果共产党切实地按布尔什维克的方式、按革命的方式抓紧工作，那么在现有条件下形成的可能性就能让我们给予阶级敌人以沉重打击。但是如果共产党不能克服同战争危险进行口头斗争这种社会民主党的旧习惯、因循守旧的老办法，那就确实谈不到共产党工作的光明前途。

应当特别注意的最重要任务都是哪些呢？第一就是工厂支部问题。毫无疑问，在这场正在准备、日益逼近的战争中，大企业的工人将起到决定性作用。如果共产党在那里有以群众为基础的坚强有力的支部，共产党就能够最有力地对抗战争危险。而如果所有的共产党都像我们最近看到的那样，继续削弱工厂支部，削弱对支部的关心，继续削弱大企业中的工作（如在德国党内，柏林—勃兰登堡委员会发出在选举期间削弱工厂支部工作的指示），这显然同加强反对战争危险的实际工作的要求完全背道而驰。美国党在这里谈了许多妨碍反战斗争的右倾危险。可是请让我引用不久前收到的材料，其中讲到美国党的一些基层组织的情况，使我们能够清醒地看到，美国共产党在反对战争危险的斗争中依靠的真实基础。斯普林菲尔德是一座拥有好几万工业工人的城市，当地的党组织报告称："不久前党组织才有36名党员，其中威斯丁豪斯工厂有3名，冶金工厂3名，橡胶厂3名。哪儿都没有工厂支部，而且谁也不研究这个问题。目前（1928年7月）党员只剩下16人。委员会书记说不清楚其余20人到哪里去了。党组织的社会成分：4名小业主，3名运货马车夫，1名家庭主妇，2名五金工人和几名纺织工人。共青团员12名，其中7名体操运动员，实际上不是共青团，而是俱乐部。"

我想问一下，既然党组织是这样一个基础，它还能实际上反对战争吗？回答只有一个：不能。美国共产党的两个派系在这里互相指责，可是如果党依靠的是这样的基础，那双方都丝毫不能抗拒战争危险。

共产国际第八次全会后不久，德国党对工厂支部作过一次很有意思的调查。向支部的领导人提出了一些政治问题，其中有：该企业的工人对战争怎么看，工厂支部采取什么办法发动工人群众反对战争危险。党收集了几百份这样的调查表。调查表涵盖了冶金、机械、化工和电器的一些大企业。绝大部分回答表明，工人没有想过可能发生战争的问题，而那些想到了战争可能性的人认为，国际联盟有足够的影响力和力量来防止战争危险。社会民主派的工人（大家知道，德国工业中还有许多这样的工人）绝大部分认为没有必要谈论战争危险，认为这只不过是受莫斯科教唆的共产党人的臆造，等。共产党支部是否做过什么工作来向工人阶级说明真相？对这个问题几乎所有的人都在调查表中回答说，没有什么办法，因为组织太微弱，只有几名，最多只有十几名党员。同群众的联系很少，缺乏思想上受过锻炼的领导者等。同志们，这就是应当首先讨论，特别是开展实际行动的主要问题之一。

法国党在反对战争危险方面比其他党取得的成绩要大一些。不过我想请法国同志直截了当地、以布尔什维克的方式回答，这些成绩确实是法国共产党顽强、坚持、有计划、系统地工作的成果吗？抑或在很大程度上是条件极其有利，只需要稍许付出一点努力，做一点工作就能取得的结果？我想，每一位法国同志都会回答说，在很大程度上是后者，而党面临的任务是开展有计划的、系统的工作。如果问一下法国同志，企业中的工作开展得怎么样，党的影响力有多大，那他们就会回答说，（按法国共产党的正式统计）1924 年第五次代表大会时，他们有 2500 个工厂支部，而现在只剩下不到 1000 个工厂支部了，人数占党员总数的 30%。而且他们自己说，支部不是党的基础，支部很软弱。如果再问一下法国同志，法国共产党在战争中将发挥重大作用的化学工业中有多大影响，他们就会说，化学工业中不单是工厂支部搞得不好，而且工会组织也很糟糕。

所有的党从事军队工作的专门机构都很薄弱，而且当我们提出必须加强这个机构时，常常遭到反对，说是不可能完成相应的指示，因为人手不够等。如果我们依旧找不到人来完成这件绝对必需的工作，那我们就完不成第八次全会和本次代表大会的指示，完不成我们对国际无产阶级承担的共产主义责任。

本次代表大会应当在反对战争危险问题上提出一条坚定明确的、列宁式的路线。但最重要的任务在于切实执行大会通过的路线。必须发动全党的力量，必须使全党，从工厂支部和每一名党员开始，来仔细检查领导机构在这方面所做的工作，反过来，领导机构也应当仔细检查基层组织的工作。党员应当要求党的领导机构报告所做的反战工作；党首先就应当知道，怎样才能使共产党的影响渗入到在战争准备活动中起主要作用的大企业，尤其是专门的军工企业中去。这项工作的实际成果应当是在这些企业出版工厂报纸。应当坚定明确地指出，反对战争危险的斗争必须切实动员全党的力量，对于种种最轻微的动摇，对于倾向于只在口头上反对战争危险的社会民主党的方法都必须进行列宁式的自我批评，党应当表现出布尔什维克的勇气和坚韧，革命的顽强精神，无论如何都要克服渗入军队和大企业时面临的各种困难，将军队和大企业从反革命的堡垒转变成革命的堡垒和支柱。

西罗拉（芬兰）：

同志们！在准备对苏战争的过程中小小的芬兰具有重大价值。芬兰的边境线距离列宁格勒只有 40 公里。战略道路可以径直抵达卡累利阿地峡和芬兰东部边境，那里有一个卡累利阿苏维埃共和国——芬兰"待收复的领土"——和意义重大的摩尔曼斯克铁路。距列宁格勒不远的芬兰港口已经在英国舰队攻击喀琅施塔得时，被用做舰队的行动基地了。

芬兰十分明确地指望英国。英国资本在芬兰有巨额投资；英国直接参与了芬兰陆海军的改组；今年夏季在芬兰召开了英芬"商务"会议。同波罗的海沿岸各国的联系越来越密切；正在有计划地消除英国和斯堪的纳维亚各国之间、芬兰和波罗的海沿岸各国之间的互不信任和敌视。国王出行和访问舰队是有典型意义的。

芬兰对苏联的态度表面上是友好的，而实际上是难以掩饰的敌意。白俄侨民在芬兰受到良好的款待，他们就从那里派遣间谍和暗杀人员前往苏联；从芬兰领土偷袭了卡累利阿和因格曼兰（列宁格勒省）；报刊无休无止地污蔑苏联。政治方面芬兰表现得很清楚：废止了同苏联的互不侵犯条约，特别是在国际联盟财政担保问题上的举止。去年冬季，接纳芬兰参加国联理事会就是针对苏联的行动。

芬兰社会民主党在准备战争过程中表现特别突出。社会民主党的报刊对苏联的攻击往往比资产阶级报刊更为激烈。关于红色帝国主义、苏联帝国主义和芬兰爱好和平的神话已经到了让人腻烦的程度。社会民主党人一再声称，如果需要，他们随时准备立即奔赴"边境"。他们投票赞成向白军提供军事贷款；他们反对将服兵役的期限缩短到6个月；他们参加制定军队的改组计划。

1927年，他们进入了政府，仍旧继续执行从前政府的政策，按世界帝国主义的指示行事。社会民主党政府制定了军事预算；它建设海军和经济备战的方案已经公布了。社会民主党政府中断了同苏联签订互不侵犯条约的谈判，以接受甚至令小资产阶级感到可疑的秘密条件为代价取得的国联理事会的席位。共产党在军队中的工作被社会民主党人，所谓的"刮鼻子派"说成是"为一个外国大国搞的间谍活动"，而遭到他们的严厉谴责。

在这种情况下，芬兰无产阶级的任务就是揭露资产阶级和社会民主党的战争政策。军队中特别需要这样做，农民工作也很要紧；在提交代表大会的提纲中对这种情况考虑得不够周全，因此芬兰代表团建议对提纲作相应的补充。提纲对妇女工作的重要性也谈得不够。在我国反对民族主义和沙文主义非常重要，特别是在农民和小资产阶级还有贫苦农民的落后阶层中。说明苏联解决农民问题的方法很重要。应当特别注意民族问题：芬兰有瑞典少数民族，资产阶级和社会民主党不承认它拥有自决权。

资产阶级的阶级近卫军在芬兰具有特殊意义，还存在着专门的妇女军事团体。我们认为，提纲必须详尽地揭露这些资产阶级阶级部队的实质。应当注意它们的社会成分：因为其中也有劳动小农，甚至农村无产者，对这些人员采取正确政策很重要。毫无疑问应当坚决打击这支资产阶级近卫军；问题仅仅在于，用什么办法去影响这种环境中的劳动者才是最有效的。

我就芬兰党在反战斗争中的经验说几句。芬兰工人多次开展了群众性的反战活动。1921—1922年，在从芬兰进攻苏维埃卡累利阿期间，芬兰工人开展了强大的运动，口号是："为保卫苏联而斗争"。报纸揭露了部队的调动，为卡累利阿作了募捐；建立了和社会民主党群众的统一战线，而不顾其领导者们的意愿。许多工人因此而被判处监禁和服苦役。芬兰北部的一些森林工人举行了起义，而且携带着武器打开了通往苏维埃卡累利阿的道路。强大的游行示威阻止了宣战，尽管已经向边境派出了部队，启用了流动车组，出动了铁甲列车。

1918—1920年，还在同苏联签订和约之前，我们党就在边境地区的白军中成功地开展了工作；有几支芬兰部队被从前线召回。五月游行、竞选等时期，芬兰工人积极提出了反对战争的口号。在英国舰队访问芬兰期间，向英国和芬兰水兵散发了传单，说明这次访问的真实目的。多次揭露了军营的生活条件，提出了士兵的要求。我们在军队中和工农青年建立了联系；这种接近使白卫军中的农民子弟的思想有了一些进步。难怪军官们讨论过一些团队不可靠的问题，采取了许多措施来孤立革命分子，将他们从军官队伍中清洗出去。我们党反对抵制服兵役，使群众坚信必须让劳动青年掌握武器，为自己的解放而斗争。

我们党的工作中有许多错误和缺点。反对和平主义幻想的斗争开展得不是很有计划；对战争危险的描述往往过于抽象；农村工作很薄弱，因此对应征入伍的新兵的政治工作也很薄弱；国王的访问作为有利于战争准备的一种宣传，其真正含义没有为我们所理解和讲清楚。一个小国受局限的眼光也反映在我们同志的工作中；例如，他们不能对芬兰工人具体地说明，为什么必须支持中国革命。

我们党近期的任务是从各方面加强反战斗争，特别要加强军队工作。

对战争危险要讲得更具体些，说清楚芬兰在准备帝国主义战争中的作用；整个工作都应当具有群众性。

局势尖锐化时期的紧迫口号在芬兰也应当是将帝国主义战争转变为国内战争。这方面必须加紧工作。

田中（日本）：

向大会提交的战争问题提纲草案明确表述了作为国际无产阶级主要任务之一的反战斗争的基本路线。提纲首先指出，现在帝国主义战争、民族革命战争和阶级战争是彼此紧密联系着的。提纲接着表述了反对帝国主义战争的斗争中无产阶级的、马列主义的原则，将它转变为国内战争，发展成世界无产阶级革命。这些纲领应当成为世界无产阶级手中的强大武器。

我代表日本代表团表示赞同纲领，并承诺将它付诸实施。

在我们眼前，英国、美国和日本的帝国主义者正在瓜分中国。正因如此，新帝国主义战争的策源地之一就在中国。日本帝国主义者公然入侵中国。这是日本资产阶级为自己的生存而斗争的必然结果。所以资产阶级的反对党"民政党"实际上是支持现政府的对华政策的。资本主义的日本从世界大战以来就高速发展,现在已经成了一个强国,渴望重新瓜分世界,不满足于凡尔赛和约和华盛顿会议规定的、有限的势力范围。日本资源不足、农业问题尖锐、因群众贫困化而引起的国内市场萎缩、人口太多等——这一切都孕育了日本的帝国主义野心,推动它走上侵略政策的道路。正是这些情况促使日本剥削者入侵中国。日本资产阶级已经将满洲和蒙古纳入自己的势力范围,变成自己实际上的殖民地。日本在中国的投资达到25亿日元。但是自1925年起,日本帝国主义资产阶级不得不认真对待中国革命。对日本而言,这场革命比起它同美国和英国资本在掠夺方面的竞争来是更大的危险。正因如此日本才站在了反革命战争的前头,公然武装入侵中国,将满洲和蒙古变成自己的殖民地。1926年日军侵入上海、1928年武装干涉山东、在济南开枪杀人、抢夺山东铁路和青岛关税、谋杀张作霖、打着"满洲独立"的口号,阴谋夺取满洲的全部权力、强占满洲和蒙古的四条铁路等,——这些强盗行径完全揭穿了日本帝国主义的计划。近来日本向中国派遣5万名军队和55艘舰艇。由于国民党背叛了革命,对中国的公然入侵加速了。日本和英国一起在中国肆无忌惮地收买国民党军阀,迫使他们血腥镇压中国的工农群众,加紧压迫群众。而且日本对背叛了本国无产阶级的中国资产阶级并不感激。相反,不久前它又一次展示了自己坚定的对华政策,拒绝修订不平等条约。这一切都证明,中国无产阶级的解放完全取决于它在中国共产党领导下开展的斗争。

帝国主义对中国的进攻加强了美、英、日之间的矛盾。我想请大家注意一个情况:日本公然入侵中国后,张伯伦发表了一个声明,否认日本在满洲拥有"特殊利益"。这证明上述三个强国之间的对抗更加紧张而复杂了,也说明日本在中国的军事占领在发生帝国主义战争时,具有重大战略意义。帝国主义者早就在谈论美日之间因为中国和太平洋必有一战。如果审视一下日本的战略和装备态势，就会推翻日本的武装程度不及美国强大因而不敢同美国公开冲突的论断。相反，日本肯定在准备发动进攻，以求占领中国，日本的军国主义分子现在在研究美日开战后一周内占领整个中国的办法。

美、英、日之间的矛盾并没有消除它们视苏联为资本主义世界最强大的敌人、世界无产阶级革命堡垒的敌对态度。日本资产阶级虎视眈眈地觊觎着苏联丰厚的资源，可是相信"苏联50年或者100年内不会垮台"（现任邮政大臣久原去年访问苏联时说的），所以戴上了同苏联友好的假面具。但是日本已经在同无产阶级专政国家的反革命较量中充当过一次主角，在英国领导的反苏阵线中占据着重要位置，正在准备反苏战争。日本在攻击了共产党员之后，近来又开始搞反苏挑衅。必须指出以下情况：（1）日本在中国打仗，而且力求打一场世界战争，（2）瓜分中国的帝国主义战争是同中国工农的革命斗争和保卫苏联的战争紧密联系在一起的。这两个因素再次证明提纲指出战争日益迫近的估计是正确的。

我简单谈谈日本帝国主义分子准备战争的情况。军费迅速增长，1928年达到49200万日元，占全部预算的27%。正在紧鼓密锣地执行造飞机和军舰的庞大计划。日本也同其他帝国主义国家一样，在非常细致地准备全国和整个工业的战争动员。

日本陆海军中的最高权力机构是"天皇"，它按照严格的等级制，由受蒙蔽和奴役的士兵和水手组成；这支军队现在被帝国主义资产阶级用做反动工具，其余各种非正式军事团体也日渐走向反动。日本统治阶级将这些正式的和非正式的军事机构用于国内战争。

日本的无产阶级对于开展反对日本的帝国主义分子和军阀，抵抗日益临近的新世界战争的斗争准备得很不够。这是因为，第一，它对上次帝国主义大战造成的惨剧体验得很少，第二，日本共产党还非常年轻。

日本无产阶级及其政党应当竭尽全力领会提纲中叙述的反战斗争的原则。我们已经在群众中进行了反对军国主义的宣传，最近几年我们也在一定程度上组织了抗议日本干涉中国革命和保卫苏联的群众斗争。不过不仅是我们的宣传工作很薄弱，而且我们的组织工作也没有有计划地用于瓦解资产阶级军队和组建无产阶级民兵。青年工作开展得非常不够。今后青年工作应当由党和共青团密切配合进行。我认为，提纲应当加入一小段谈在青年中开展反军国主义宣传。我们还有一个重大失误是工会中的反军国主义教育开展得不够。自1927年春季日本工人阶级群众斗争的新时期开始以来，建立了自卫队，奠定了军队工作的基础。这种反军国主义的斗争大大巩固了无产阶级和贫苦农民的团结。

日本社会民主党在战争问题上所持的立场和他们的欧洲同道完全一致；他们是"天皇"的附庸、死心塌地的民族主义者、苏联的公开敌人、蒋介石的亲密朋友和入侵中国的公开辩护士。

不久前对日本共产党和三个群众性战斗团体的迫害是日本资产阶级和土地所有者准备战争的一个组成部分。

但是我们不会被压垮；相反，我们会继续成长。日本共产党面临的任务是同日本帝国主义——战争的挑拨者坚决斗争。为了顺利完成这项任务，必须集中力量加强陆海军中的工作，以便开展保卫苏联、支持中国革命的顽强斗争，在和中国共产党的密切合作中形成东方各族人民的革命统一战线。

在这场反对帝国主义战争的斗争中，我们日本共产党员将努力执行代表大会的提纲。

（会议休会）

第二十二次会议

(1928年8月4日)

主席：基尔布姆

讨论战争危险问题(续)

拉米雷斯（墨西哥）：

我代表拉丁美洲各国代表团谈谈一旦英美开战，将发挥重要作用的这些国家的经济和政治局势。

这些国家的政治局势，除乌拉圭和阿根廷外，有许多共同点。美帝国主义的政治势力在墨西哥、中美洲和南美北部的多数国家中都占据主要地位。

在有些国家，如阿根廷、巴西、秘鲁等，英美帝国主义正在争夺霸主地位，不过美帝国主义在拉丁美洲无疑将扮演主角。拉美各国政府或者是半封建型，或者是资产阶级民主型；其中有些是小资产阶级的进步政府，如墨西哥、哥斯达黎加等。

拉美的多数国家，除南部外，其政府都不过是北美帝国主义的代理人。中美洲和南美北部形成了革命形势（墨西哥和尼加拉瓜），或者处于革命前夜（秘鲁、委内瑞拉、哥伦比亚、巴西、厄瓜多尔等）。这些国家的广大工农群众懂得，外国资本家同这些国家的政府密切合作，将工人置于极端贫困和被剥削状态。我们看到玻利维亚和秘鲁的印第安人起义的火星，以及委内瑞拉、哥伦比亚和巴拿马的流血斗争。尽管在这些国家中对阶级斗争的实质认识还不够明确，但同美帝国主义的斗争已经开始了；它反映在反帝同盟的活动中，也反映为拉美各国党的巩固。

为了认清美国在这些国家中的统治地位和它在战争危险中的角色，只要指出以下情形就足够了：美国在墨西哥控制了70%的石油工业、全部交通运输业、工业和矿山。糖产量占世界总产量1/3的古巴，几乎全部食糖，还有生铁和锰都出口到美国。中美五国——危地马拉、洪都拉斯、萨尔瓦多、尼加拉瓜和哥斯达黎加——无论经济还是军事都控制在美国手中。美国在委内瑞拉、哥伦比亚、厄瓜多尔、秘鲁、玻利维亚和智利的投资无论战前还是战后，都几乎完全控制了这些国家，使它们不久即将成为美帝国主义制度的组成部分。在委内瑞拉和哥伦比亚，英美帝国主义正在为控制石油资源展开激烈斗争，而且无论斗争多么激烈，英帝国主义最终必将失败。厄瓜多尔的原料开采有很大部分掌握在美国手中。美国控制了秘鲁70%的石油产量。玻利维亚和智利的铜矿、硝石、生铁、石油等完全掌握在美国手中。

美国的巨大资本正迅速渗入阿根廷、乌拉圭、巴拉圭和巴西，企图挤走英国资本；美国资本还打算控制这些国家的肉类、面粉生产和非金属矿，包括石油的开采。

巴拿马、古巴、圣多明各、塔希提和波多黎各实际上都是美国的领地。这些国家在发生帝国主义之间或者帝国主义和苏联之间的战争时，都是重要的战略阵地。

美国资本非常注意尼加拉瓜，因为经过它的领土可以修建一条连接两洋的运河。巴拿马运河和拟议中的尼加拉瓜运河使美国能够将大西洋舰队和太平洋舰队合二为一，改善通向拉美原料产地的道路，是通往太平洋、远东和亚洲等地的重要途径。

美国手中的加勒比海领地被用于保护巴拿马运河。

我们应当始终注意美帝国主义在这一地区的优势地位，以及古巴、巴拿马和中美其他国家作为美国盟国的角色。古巴正在修筑用于军事目的的中心道路。

在未来的美英之战或者帝国主义和苏联之间的战争中，我们各党将起到很大作用。共产国际应当更多关注拉丁美洲，尤其是加勒比海沿岸各国，因为这些国家是美英帝国主义争夺对巴拿马运河控制权的焦点。

我想请大会注意拉美国家的重要性，以及这些国家在未来战争中所起的作用。这场战争对我们各国来说，将标志着摆脱帝国主义，获得民族解放，很可能会加快形成拉丁美洲的各个苏维埃共和国。

冈萨雷斯（巴西）：

战争危险现在是很现实的。美帝国主义的军队占领尼加拉瓜，证明拉丁美洲也有战争。在这些国家中美英帝国主义之间的竞争特别激烈，有可能导致这些国家之间的战争。

我们应当承认，我们各党面对这场战争危险，做的事情很少。拉美只有几个党研究过这个问题，有的党甚至不曾向党员提出过这个问题。

1914—1918年战争期间，拉丁美洲是提供原料和食物的主要国家。现在供应能力大大增强了。如果我们不能及时进行干预，拉丁美洲的田地和矿山可能被帝国主义分子广泛用于对苏战争。

拉丁美洲的战争准备是这样进行的。门罗主义被宣布为自卫的方法。根据门罗主义，拉丁美洲变成了美国的殖民地。不久前在古巴岛上召开了拉丁美洲代表大会，它非常明确地表达了帝国主义分子追求的目的。为了掩盖自己的战争野心，凯洛格打出了泛美主义的旗号。

拉丁美洲的工人运动追随泛美劳动联合会或者阿姆斯特丹。前者帮助美帝国主义向拉丁美洲渗透，极力宣传工业和平，宣传拉美完全从属于美国，以便瓦解工人运动。而阿姆斯特丹通过自己的宣传为英帝国主义在拉美的利益效劳，吸引工人运动脱离革命道路。阿姆斯特丹的努力表现为在布宜诺斯艾利斯设立了一个办事处。还有争取青年群众的基督教青年会、为美国人作宣传的各种民族主义俱乐部、以安插工贼为目的的各种法西斯民族主义团体。最近在罗扎里奥（阿根廷），巴西和其他一些拉美国家爆发的罢工就清楚地表明了这一点。除了法西斯团体，还有资产阶级为了反动目的而建立的童子军组织。社会民主派在拉丁美洲扮演的是反动角色。1914年它曾经是摇摆不定的，可是在资产阶级发了财之后，它就公然变成了资产阶级的帮凶。一旦发生对苏战争，社会民主派将成为帝国主义欺骗工人的最佳代理人。同公然站在帝国主义一边的这些团体进行斗争是我们各党面临的任务之一。

我们在提纲中看不到对我们各党的具体指示，应当用什么方法来阻止帝国主义分子将拉丁美洲巨大的食物和原料资源用于反苏战争。不能排除帝国主义分子在未来的战争中可能使用拉丁美洲各国的士兵。我们应当设法破坏这些计划。这件工作必须同工厂工人，以及农民的斗争紧密联系起来。我们的党应当准备利用战争的形势，主动开展争取独立、赶走帝国主义、建立工农政府的斗争。

反苏战争一旦开始，拉美的无产阶级将扮演十分重要的角色。已经进行了多年的反帝斗争将达到最高潮。这将削弱帝国主义而有利于苏联。我们党应当加强这方面的工作，培养自己的骨干，这样才能胜任领导工农的反帝斗争。

我们的口号应当是："不给帝国主义战争提供粮食和原料"，"打倒帝国主义"，"开展土地革命，反对帝国主义的帮凶——地主"，"成立工农政府"。

帕里斯（德国）：

共产国际及其支部应当特别关注反对帝国主义准备发动对苏战争的

斗争，尤其在边境地区。重要的边境地区之一就是上西里西亚。这几乎是一个完全的工业地区，处于德国的东南角上，同波兰和捷克斯洛伐克接壤。波兰同它直接连接的是栋布罗瓦煤矿区，捷克斯洛伐克则是摩拉维亚俄斯特拉发煤矿区。

1922年的日内瓦协定将上西里西亚经济地区分割了，其中大部分（63处矿井中的45处）给了波兰。日内瓦协定之前该地区发生过三次波兰族的资产阶级民族起义；协约国援助了起义者，旨在将整个工业区交给波兰。虽然在全民公决中多数居民支持德国，可是工业区的分割却有利于波兰资产阶级。这样做的目的在于从经济上和政治上加强波兰，因为它是帝国主义反对苏联的盟国。我们党既反对德国的也反对波兰的民族主义，我们提出的口号是"抵制全民公决"。党当时就已经认识到上西里西亚在未来的反苏战争中的重要作用。不过在这次斗争中党争取到的只是一小部分居民。

1914—1918年的大战时期，上西里西亚对德国而言只是一个中转运输和供应地区。上西里西亚的煤炭、生铁、钢和军工厂在同沙皇俄国的战争中发挥了巨大作用。而在反苏战争中上西里西亚将发挥更大的作用。因此德国支部和波兰支部在这个边境地区的任务就是加紧开展反对帝国主义战争的斗争。必须立即在德国、波兰和捷克斯洛伐克的大企业之间建立紧密的政治联系。迄今为止只是在德国地区和波兰地区之间建立了联系，而且是非常不够的联系。帝国主义很看重上西里西亚在反苏战争中的政治和军事角色。帝国主义正加紧装备当地的工厂——炼钢厂、化工厂等。正在建设航空港，改造铁路网，修建新线路。在波兰的西里西亚地区加紧集中部队。德国由于凡尔赛条约无权扩大常备军，于是德国资产阶级在国家财政的全力支持下成立各种军事协会，以保证发生战争时维持正常运输和军工厂的生产。

共产党应当尽力巩固自己在大工厂中的组织基础和政治影响力。德国和波兰的工会都要积极反对民族主义，宣传国际主义。德国的上西里西亚地区没有自己的党委员会。必须根据语言的不同而建立独立的领导机构。上西里西亚的德国部分有20000多名工人来自波兰，他们每天都要穿越国境。这些工人多半是青年。党和共青团就要承担重要的政治任务。今年3月波兰选举期间已经对这些工人初步进行了政治训练，不过这是不够的。需要在反对帝国主义战争的层面上开展经常工作。

一旦发生反苏战争，上西里西亚的德国支部和波兰支部，还有捷克斯洛伐克支部应当执行重大任务。铁路、煤炭和化学工业中的工作将具有重大意义。鉴于反苏战争日益迫近，上西里西亚的通讯和运输有重要意义。党在东普鲁士和但泽将担当重大责任。东普鲁士的柯尼斯堡是铁路枢纽，它和但泽港将成为帝国主义反苏战争中的重要军事堡垒。必须加强铁路工人和海员中的工作。改良派在柯尼斯堡分裂统一的铁路员工协会并不是偶然的，它表明改良主义的工会官僚阶层准备为帝国主义效劳。上西里西亚也有人企图用最卑鄙的手段破坏反对派在统一的铁路员工协会中的威信。

第五次代表大会向德国支部和波兰支部指出，必须集中力量关注上西里西亚。遗憾的是，直到今天这项工作开展得很不够。

第六次代表大会后，必须切实巩固党在企业中的革命基础，加强向工业和农村无产阶级灌输国际主义，坚决同法西斯主义和战争危险作斗争。

邓恩（美国）：

向大会提交的材料令我们毫不怀疑帝国主义之间新的世界冲突必将发生。因此出席大会的每个党都有责任拥护关于战争危险和反对战争危险的方法的提纲。

在这里，好像大家都赞同这样的见解，认为上次大战期间，美国并没有开展大规模抵制帝国主义分子的活动。可是1917—1918年间，美国确实发生了重大的群众性反战运动，这也是事实，虽说美国工人阶级并没有担任这场斗争的领导者。工人运动的正式领导人成了帝国主义战争机器的组成部分。美国劳工联合会背叛了整个工人阶级。不过尽管存在这种背叛，至少有两个具有决定意义的工业部门举行了群众性大罢工。木材采购工业和冶金工业的工人在世界产业工人协会和美国劳工联合会左翼的领导下成功地举行了多次罢工。25万多名工人逃避了服兵役。说美国民众热烈拥护世界大战，——这简直就是神话。

如果我们党采取正确的路线，美国还是可能举行反对战争的大规模群众运动的；那里有给美帝国主义实施计划制造严重障碍的各种必要条件。我们党现在的重要任务就是为这种斗争制定行动纲领。

布哈林同志在报告中引用了列宁的话，说未来战争中，我们共产主义的出版物有一部分会丢人现眼。布哈林同志还发挥了这个见解，说是我们有一些党或者一部分领袖也可能丢人现眼。

我想指出美国共产党内应当最坚决地予以清除的一些倾向，因为它们可能给我们党和工人阶级造成毁灭性的后果。

我们党就入侵尼加拉瓜问题在党的机关刊物上发表的宣言充斥着社会民主派的、和平主义的精神，反映了知识分子对美帝国主义入侵尼加拉瓜战争的评价。而且这份宣言直到今天依旧代表着我们党对这个问题的正式立场。宣言说："柯立芝政府，据它自己承认，对于M. A. 奥贝尔斯基、卢勒特、查尔斯·悉尼·哈里森的死亡，以及在奥卡塔（尼加拉瓜）城下同保卫尼加拉瓜的自由而战的部队作战中死亡的美国海军人员是负有罪责的。柯立芝政府还应该对被美国的枪支、大炮和从美国海军的五架飞机上扔下的炸弹罪恶地杀死的300名尼加拉瓜的保卫者负责。"

"柯立芝总统和国务院悍然违反了我国宪法关于宣战权属于国会的

规定，去年 12 月开始了针对尼加拉瓜人民的军事行动，派遣了 1500 名海军人员侵入这个年轻的国家"……

"让我们结束对尼加拉瓜的可耻入侵"……

"我们反对我国政府屈从于华尔街"……

这篇宣言的作者看来是要求打一场我们原本应当支持的"真正的"、"中规中矩的"战争。宣言最后说：

"我们应当迫使总统和国务院**在未经国会批准、正式宣战之前停止不断扩大的非法行动**。"

同志们请看，这就是共产党和共产主义出版物在发生战争时可能丢人现眼的具体例证。

还可以举出我们党正式声明的一些例子。不久前在纽约（华尔街上）举行了一次抗议入侵尼加拉瓜的游行示威。有好几名同志被捕了，于是我们党的刊物从那时起就千方百计地为这次游行辩解。1928 年 7 月 14 日的《工人日报》上发表了一篇社评，标题是"审判的诡计"，力图将反对帝国主义的整个斗争都纳入合乎宪法的轨道。

下面是这篇社评的若干摘引：

"我（社评作者）是一名业务熟练的专家，而且从成果看，或许是纽约最顺利的专家，因为我总能使案件有一个圆满的结局，使被关押在警察署，甚至使被判处监禁的被告获释；有一次，法庭审理了 9 天之后，我终于取得了联邦法院对一名被控在报刊上进行诽谤的人的无罪判决……我每次都很关注，导致毫无道理的逮捕的线索究竟来自何处。我每次都能确定，逮捕来自**与洛克菲勒集团有关系的暗探、法庭上的故意刁难者、官员和律师**，他们通过法庭作出有利于他们自身的、显然是错误的判决……由于领导警察署的人认为他拥有合法的权力，可以为所欲为，所以**他们或者令人气愤地毫无作为，或者敷衍了事，随心所欲**……我要着重指出，警察署长沃伦一面对三 K 党的集会采取果断措施加以制止，另一方面，当某位公民试图制止其一些被卷入法庭诡计的下属的刑事活动时，他却采取了不能容忍的举动。"

上述文章的作者是一名三 K 党党员，共产党的刊物上发表这样的文章是不能容忍的。

我们党的领导者奥尔金同志（党中央委员兼理论刊物主编）等人在我们的刊物上发表文章，说明他们对待反战问题的依法和遵守宪法的态度。我们的民主权利从反对帝国主义的斗争手段变成了争取言论自由的手段。

现在美国是世界上最强大的帝国主义国家，它在未来的战争中将扮演领导角色；因此我们党在反对战争危险的斗争中必须具有十分明确的路线和坚定的意志。我们不能满足于对战争的有利和不利因素作一番学究式的分析。美国的群众工作才是我们首屈一指的任务。我们应当告诉美国劳动人民，他们的统治者正打算随时将他们拖进国际冲突，以便巩固美帝国主义在全世界的霸主地位。我们现在就应当在每一个工厂支部、每个党组织、工会工作中、整个群众工作中提出反对战争的口号作为首要任务。只要我们不向在尼加拉瓜和中国作战的部队中派出工人党员，我们就不能切实地组织群众起来反对帝国主义战争。我们不能赞同这样的观点，认为既然在派往中国的美军中没有共产党员在从事反对军国主义的工作，那"我们就缓步前进，管好自己家里的事就行了"。我们相信，战争是不可避免的，所以我们的任务就是立即发动美国的劳动群众，开展反对战争危险的斗争。

弗拉商（法国）：

我讲两点。

首先我要回答今天上午瓦西里耶夫同志的发言。瓦西里耶夫同志谈到法国共产党的工作时说，法国确实举行了游行示威，不过这些游行给人的印象是仅仅限于一般局势——无产阶级争取实现局部要求的游行示威和党的一般口号，而不涉及共产党有计划的组织工作。

我认为，瓦西里耶夫同志之所以得出这样的印象，是因为他仅仅读了我们散发的总结报告中通常是作自我批评的那一部分，而忽略了介绍我们党近来开展反对军国主义运动所做的工作和取得成绩的那些地方。

瓦西里耶夫同志还说，如果法国同志们不得不提出自己的工作计划，他们看来会遇到很大困难。我们要声明，我们没有任何困难，工作计划已经制定了，我们即将提出。我们的目的是争取工农青年，吸引他们参加反军国主义的斗争。我们党是否会提出相应的指示？当然会。我就不详细解释我们的工作计划了。不过我要说明，我们的每一个基层组织都会得到必要的指示，以便在新应征入伍者和士兵中系统地开展工作。我们也会向工厂青年发出指示。

至于预备役人员中的工作，我们党在这方面也不是无所作为。如果认为最近一年里发生的游行示威都不是受共产党及其组织的影响，那就错了。这些游行示威不单单是经济状况的结果，也不单单是群众左倾的结果，而且也是我们的党组织有计划工作的结果。

不应当忽视以下事实：不久前在巴黎召开了预备役人员协会地区代表大会，出席的有许多代表。

我们党也不曾削弱在陆海军中的工作，而仅限于进行肤浅的宣传鼓动。这方面也拟订了计划。计划是否全部实现了呢？我们没有这样说过。不过我们毫无疑问取得了一些成绩：党和青年的混合委员会正在争取实现既定目标，已经进行了切实的组织工作。

军营中、舰艇上多次发生了示威行动。例如，多克特海军上将在地中海检阅舰队时——在这样的检阅时军官会强迫水兵向将军致敬——我们党、我们的支部提出的口号是："迎接将军时保持沉默"。水兵们遵循了这个口号。能不能将这事完全归功于总的局势呢？谁又能否认，我们党进行的宣传和组织工作起了一定作用呢？类似的示威活动在监狱中、军营中和舰艇上都发生过。5月份军营中发生了50起年轻新兵的行动，从向军官提出集体要求起直到军营中的游行；卡萨布兰卡甚至发生了300名空军机械师罢工24小时，抗议糟糕的伙食。

能不能认为我们的工作已经尽善尽美了呢？当然不能。不过我们每天都在努力改进工作，改善工作方法。我们党反对军国主义的工作最不应当受到批评，因为我们尽了最大的努力，而且取得了最好的效果。（鼓掌）

我想谈的第二点是社会民主党在面对战争危险时所起的作用。巴尔贝同志在报告中鲜明地分析了法国社会民主党在帝国主义战争的准备过程中扮演的角色。我只是想说明一下社会民主党在发动无产阶级开展反战斗争中的阻碍者和和平主义幻想传播者的角色。

近来法国社会民主党内对于保罗-邦库尔是否继续留在国际联盟的问题看法并不一致。社会民主党的一些阶层倾向于批判他参加国际联盟。可是这并不表示社会党的"左翼"领袖反对国联，而只是对追随社会党的工人作出的让步。社会党全国委员会最近的一次全会明确地表示，该党的各个派系对这个问题实际上并没有分歧。下面是讨论是否准许保罗-邦库尔继续留在国联时，全国委员会中的所谓"右派"人物的发言。卡恩说："保罗-邦库尔应该留在国际联盟，因为他干的是有益的工作。"

另一个发言人马克说："保罗-邦库尔留在国联是资产阶级政府对社会党的力量和影响的让步。"

第三个人说："收回保罗-邦库尔的全权证书是对和平事业的犯罪。"

在工人圈子里并不反对玩弄一些革命词句的社会党总书记保罗·福尔说："我们的整个国际政策是符合法国总体利益的。我将投票支持保罗-邦库尔留在国联。"

现在让我们再看看以至今仍然反对保罗-邦库尔留在国联的齐罗姆斯基为代表的所谓"左派"领袖是怎么说的。齐罗姆斯基声称:"我们并不反对国联;我们认为社会党人应当利用国联。彼此全面裁军,在人民监督下裁军,而不是片面裁军——这就是社会党人的立场。对这些原则我们大家都是一致的。"

看来,"左派"社会党人齐罗姆斯基是企图用漂亮的词句为自己同国联的勾结涂脂抹粉,而且他断然宣称,他已经不再是国联的反对者了。

就在这次全国委员会上,由于发表了沙文主义言论本应被追究责任的保罗-邦库尔却满不在乎地嘲弄了与会者。他说:"我到这里来并不是为了替自己申辩,我会向选民申辩的。"

保罗-邦库尔是他那个选区的唯一候选人,他出席社会党全国委员会,只不过是为了向打算将他留在国联的资产阶级致敬。全国委员会毫不犹豫地以绝对多数票通过了这个决定。

社会党人对待国际联盟的全部活动,其目的在于向工人和农民灌输在资本主义的框架内也能够保卫和平的思想。他们积极参与武装国家,竭尽全力企图使工人和农民远离领导反战行动的各种团体。

我再简单地谈谈另一个问题:社会党人怎样极力保护本国的帝国主义,我指的是他们对待凯洛格公约的态度。谈到这项公约时,勃鲁姆声称,凯洛格的方案符合一个简单而强有力的思想——必须保卫和平,必须全面裁军。如果有人拒绝加入这个公约,他就必然被怀疑不赞成这个思想。

勃鲁姆还写道:"凯洛格要求我们声明,战争不再是,而且将永远不再是我们实现政治目的的工具。这样的声明不会使法国处于困境。再说,欧洲有谁会觉得难于发表这样的声明呢?只有法西斯的政府和苏维埃的俄国。"

所以，社会党人是想一箭双雕：既不让工人看到正在进行的备战活动，又帮助资产阶级准备对苏维埃俄国的武装入侵，他们不断重复关于红色帝国主义的神话，颠倒黑白，仿佛资本主义国家是和平的天使，而渴望战争的唯一国家就是苏联。

这样的立场不单为法国社会民主党所独有。在第二国际的所有支部中都可以找到类似的例证。

几天后即将召开第二国际的代表大会。每个支部都将派代表与会，面对日益迫近的战争危险，他们关注的主要问题是保护本国的帝国主义及其目的，尽管他们的沙文主义思想将用关于普遍和平的夸夸其谈的漂亮词句掩盖起来。

社会民主党鼓吹和平的幻想，为资产阶级立下大功。共产国际的各个支部在反对帝国主义战争的斗争中都应当毫不留情地同社会民主党展开斗争。

哈肯（捷克斯洛伐克）：

列宁说过，现在的时期是战争和革命的时期。各种事件越来越清晰地向我们表明这个评价是正确的。

为争夺商品和资本的输出市场，为扩大资本主义的剥削，在世界范围内正在开展巨大的斗争，出现了新的资本主义经济中心，资本主义发展的不平衡——这一切都加剧了各资本主义集团之间的斗争，导致了战争。

除了帝国主义企图用战争解决的、资本主义世界和苏联之间的这个主要矛盾之外，资本主义世界内部还存在许多矛盾。最强大、最具侵略性的帝国主义强国之间——美英之间、美日之间、英法之间的巨大对抗正在发展。意大利得到英国的袒护，正在辽阔的地中海地区为自己的帝国主义野心开辟道路。德国在欧洲迅速成长为帝国主义因素，毫无疑问，一旦发生战争，它将发挥重大作用。同时，欧洲各小国之间也有许多矛盾，它们由于国内的经济和政治困难而成了帝国主义大国手中的工具。

不仅资本主义世界中这些无法解决的冲突，还有帝国主义各国疯狂的备战活动都表明，战争危险正在增长。

准备战争的另一方面就是实施应对战争的政治—行政应急措施。这些措施首先就是对付工人阶级，特别是对付革命的工人运动和国内的反对派的。这在一些小国家，如中欧最军事化的国家捷克斯洛伐克也可以见到。

我们在这里首先就能看到不堪忍受的巨大军费开支，采用机械化武器和化学武器，部队的机械化，工业军事化，在法国军事代表团（它从捷克斯洛伐克建国之日起就是总参谋部的组成部分）的领导和监督下加紧训练军队。此外，特别是最近时期，英国势力的作用也越来越大。为了准备战争，两年前成立了由军界和议会的顶级人物组成的特别军事委员会，其活动甚至不受议会监督。在这个军事委员会的领导下，以近乎疯狂的速度加紧了装备及其他军事准备工作。

战争准备也在其他领域中进行着。备战措施包括国家管理的集中化和规范化，还有许多针对工人阶级的特别法律，首先就是保卫共和国法、新闻法、宪兵及警察对居民使用武器法等。取消了士兵的选举权，军队实行了严厉的制度，追究政治信仰的问题也已经提上了日程。军队的整个组织安排使军队变成了资产阶级和帝国主义手中的工具，虽说军队的大多数都是工人。

尽管人人都看见了武器和军事训练，尽管军国主义的开支吞噬了财税收入的很大一部分，但城市和乡村的大部分劳动居民对种种战争准备活动依然漠不关心。多数劳动人民不相信存在战争危险，而战争却随时都可能爆发。对此各个社会主义政党,尤其是社会民主党要负主要责任,因为它们用和平主义的词句掩盖了战争危险,用保卫祖国的口号为军国主义撑腰。资产阶级左翼的领袖人物马萨里克和贝奈斯,还有附和他们的社会爱国主义者用自身的个人威信支持这种幻想。捷克斯洛伐克的德意志社会民主党以奥地利马克思主义的理论为依托,用左倾的口号来掩饰自身的机会主义,这是特别危险的。社会民主党和民族社会党就其对苏联的敌视和仇恨而言,也属于大资产阶级。他们没有勇气反对意大利的法西斯主义,也不敢谴责波兰的白色恐怖、巴尔干的恐怖或是英帝国主义;他们在诽谤苏联的工农政府和红军方面甚至超过了资产阶级。

由于捷克共产党是一个名副其实的群众性政党,由于它在城乡的党外劳动群众中获得了广泛的同情,它具有巨大的可能性来开展反对帝国主义战争的斗争和建立保卫苏联的统一战线。

在当前的形势下,反对帝国主义和战争的斗争、以及保卫苏联是阶级斗争最重要的组成部分之一。这个斗争同建立劳动群众统一阶级阵线的任务是紧密相连的。

反对社会爱国主义、社会民主主义和和平主义幻想的斗争是反对帝国主义战争斗争的必要组成部分。现在,在战争危险日益加剧的时候,整个斗争、全部活动都应当着眼于战争危险。资本主义各国中的军队工作必须加强。工作的目的在于瓦解资本主义的军队;劳动群众的革命阵线在军队中也应当占有一席之地。

在多民族国家的军队中,民族矛盾应当被用于革命目的,不仅在战争爆发之前,而且在宣战时,以及战争期间瓦解军队。利用民族矛盾于革命目的对于波兰、罗马尼亚、捷克斯洛伐克和南斯拉夫尤为重要。

在群众中开展反对帝国主义、帝国主义战争、军备武装的斗争有许多利用合法工作的机会。首先就必须破坏资产阶级将军队同工人阶级的经济斗争和政治斗争完全隔绝开来的企图。军队在政治上中立的口号特别受到社会民主党的青睐，它企图借此减轻资产阶级和法西斯分子在军队中开展政治活动的负担。

在劳动群众中，在军队内外，粉碎资产阶级的国家观念和资产阶级的护国观念，建立反对资产阶级和帝国主义、保卫苏联的统一阶级阵线，并使其具有国际性——这就是我们面临的任务。

完成这项任务，必须加快各个共产党的布尔什维克化，提高它们的积极性；只有这样共产党员才能在城乡劳动群众中发挥领导作用。工会组织及其他群众团体中的共产党团也应当加强，群众工作的方法应当更为丰富。除了宣传鼓动之外，还应当在资本主义军队和军工企业中开展工作。而且不应当忘记，只有一小部分军队是值勤部队；大部分军队或者只是暂时执勤（后备役），或是应召后才能入伍。

反对帝国主义战争、保卫苏联斗争的重要组成部分就是不懈地反对法西斯主义。在所谓民主国家中不能忽视法西斯主义的危险；在一定条件下，法西斯危险可能非常尖锐。

我们应当竭尽全力，使帝国主义分子交到劳动群众手中，用来反对苏联、反对殖民地各族人民和整个革命运动的那些凶狠的杀人武器，在决定性时刻掉转枪口，指向帝国主义。

斯特拉霍夫（中国）：

战后的"第三时期"中，核心问题是战争危险，我们，特别是中国和苏联的工农，受到太平洋战争的威胁。顺便说一句，我完全没有讲第二时期和第三时期之间没有区别，尽管布哈林同志在给我的最后意见中写上了"提纲中仍然应当出现'第三时期'"。我说过，正是为了强调这两个时期之间的差异，应当更清楚、更准确地分析：（1）资本托拉斯化、国家资本主义的趋势、技术发展等对农业和农民、对农民中的阶级分化、对农村阶级力量的重新组合产生的影响；（2）这个新时期，即西方和美洲阶级斗争尖锐化和出现反苏战争危险时期，对殖民地和半殖民地，尤其是对东方各国农民的影响；（3）无产阶级在未来的大规模斗争中的领导作用问题。

战争由于日本在中国济南的干涉实际上已经开始了。除了日本之外，英国，现在还有美国，都为了扩大或者保护自己的"势力范围"，纷纷支持一些中国军阀：张作霖、冯玉祥（日本）、李济深、白崇禧（英国），蒋介石（美国）；帝国主义分子支持他们，而且在幕后甚至公开指挥他们之间的内战。这在中国已经不是什么新闻；这在中国已经持续20年了。可是现在由于世界经济中心正在从欧洲向美国转移，而帝国主义之间的主要矛盾是美英之间的冲突，世界经济制度中的主要对抗总的说来是以资本主义为一方，而以苏联、中国革命及其他殖民地的起义为另一方的冲突，因此帝国主义之间为争夺势力范围和统治中国，有时使通过军阀进行的这场斗争变得更为残酷，而且必将导致太平洋战争，确切些说是印度洋战争。英国现在集中兵力于缅甸及和广州湾相对的新加坡，而美国则集中兵力于菲律宾。至于日本，它在南满有奉天省、华北有山东省作为军事基地。这种局势必将引起亘古未有的世界大战，它的激烈程度将远远超过1914—1918年的大战。帝国主义之间的战争、反苏战争、反对中国革命和殖民地革命运动的战争有可能合而为一。

帝国主义列强在中国的相互厮杀往往是通过自己的代理人、各个派系的北洋军阀，而在国民党叛变之后，也通过国民党军阀来进行的。在这些战争中中国工人和劳动人民，中国士兵遭受了巨大牺牲。日本入侵济南期间，日本帝国主义者当即枪杀了5000—6000名中国人；中国持续多年的军阀内战使千百万中国农民和工人被杀害，被掠夺一空，被剥削、被强迫为军队当夫役（现代中国的封建兵役制度）。如果爆发太平洋战争，或者中国出现新的革命高潮，那时国际的和中国的反革命联合起来向中国的工农进攻，那时又将是怎样的情况？因此共产国际的各个支部都应当认真地、有步骤地准备迎接这场战争祸患。

中国已经在打"内战"了，实际上它是一场国际大战的预演。中国工人在1924—1927年的第一次革命高潮期间已经表现为反对反革命战争的强大力量；现在工人是农民和城市贫民抗议沉重的军费、反抗国民党军事税赋的领导者。组织上的薄弱使工人还不能将这场斗争发展为一场群众性斗争。近来受到共产党的影响，受到工人阶级和农民游击活动的影响，连反动军队的士兵，不过目前还只是少数人，也转而投身工农革命。至于农民，他们在北方用"红缨枪"运动的形式、在南方用农会领导的游击战争的形式反对战争。农民抗税，拒绝服"兵役"，抗租，打死和烧死地主和高利贷者。这个运动现在还是分散的，或多或少是没有组织的，共产党的领导作用还很微弱，同城市工人运动的协调也很差，但它是中国必将发生的一场阶级内战的预演。

我们共产党人应当号召中国工人、农民和全体劳动者团结起来，将国民党同军阀之间的各种战争转变成阶级内战，转变成工农兵反抗地主、资产阶级和帝国主义的战争。帝国主义之间的太平洋战争一旦爆发，全世界的共产党人就应当在共产国际的领导下，起来率领国际无产阶级和被压迫民族，拿起武器，推翻帝国主义的压迫，消灭革命的叛徒——社会民主党和国民党的政客和刽子手。

比特尔曼（美国）：

我打算从两方面谈谈战争危险问题：（1）美帝国主义在未来战争中的作用，（2）美国共产党在反对战争危险以及战争爆发后在反战斗争中的作用。

将美国政府推向战争的主要因素是生产力增长和市场萎缩之间的矛

盾。这在第三时期对于整个资本主义世界而言都是正确的，而对于美国发展的现阶段尤其正确，因为国内市场的萎缩和国际市场的萎缩，以及这些现象同生产力增长之间的矛盾表现得特别尖锐。

我之所以特别强调这个特殊矛盾是基于以下认识：首先，在美国这个矛盾是由于资本主义的合理化打击了群众，以及持续的农业危机造成美国劳动群众的购买力下降。其次，明白了这个矛盾就使我们理解了美国群众的心情和生活条件，说明美国群众向左转了，为共产国际和美国共产党组织真正的反对美帝国主义及其战争准备的斗争提供可能和光明的前景；一旦战争爆发，反对战争的斗争也会是这样。

促使帝国主义加紧进攻的第二个因素是，各个欧洲强国由于资本主义暂时的稳定而加紧了竞争，首先就是美英之间和美日之间的矛盾激化了。

第三个因素是殖民地运动，首先就是中国革命的高涨，拉丁美洲对美帝国主义的反抗增强，还有美洲殖民地和半殖民地广大工农群众的觉醒，最后一个并非次要的因素就是苏联的强大，这里需要指出两点：第一，苏联政治和经济的强大，第二，苏联社会主义建设突飞猛进的事实对美国劳动群众产生的刺激作用。所以，如果认为，战争危险仅仅是美帝国主义胜利前进的结果，而不是生产力发展同国内和国际市场萎缩之间的根本矛盾的结果，那就是犯了严重的机会主义错误。

我认为，洛夫斯通同志犯了这种严重的机会主义错误。他的分析描绘了一幅无人能够阻挡的、美帝国主义顺利发展的图画。分析没有展示那些抵抗并阻挡美帝国主义扩张的力量。由于存在这个缺点，从洛夫斯通同志的分析中就完全看不出战争的真正原因及其不可避免。这个错误的结果有两点：（1）战争威胁只是一句空话，因为并不存在备战及战争迫近的现实基础；（2）没有指出美国无产阶级和美国境外殖民地劳动群众的力量，而这些力量是共产党能够而且应当发动起来开展反对美帝国主义斗争的。尤其是在谈到拉丁美洲时，错误地说它是美帝国主义的"后院"。拉丁美洲还是另一种事物，也就是反对美帝国主义的强大后备力量。这股力量在拉美的工人、农民甚至小资产阶级中正在不断壮大，对我们而言，这就是中心点。

现在美帝国主义押下的另一笔大赌注就是中国。在中国问题上，我们应当分清几点：（1）美帝国主义打着和平主义和"门户开放"的招牌正在参与瓜分中国，试图借此利用中国的资产阶级；（2）我们应当承认，只有美共同中共密切合作，才有可能在中国切实开展对美帝国主义的抵抗和斗争。

这方面最重要的特点就是导致战争的美英冲突和美日冲突在中国愈演愈烈。尽管如此，我们党中央依旧认为，现在中国局势的特点不是美日之间的冲突，而是它们之间的合作。不久前，就在5月末我们党中央和政治局通过了一项决议，指出美日合作是现阶段最大的特点。洛夫斯通同志在党中央讲话时，声称"美国现在是日本强大的盟友"。我们要声明，这是不对的。一年前发生了南京事件，我们党中央的观点是，美帝国主义和英帝国主义同流合污，在中国为英国干着见不得人的事情；因此我们开展了反英而不是反美活动，反对英帝国主义，而不是反对美帝国主义。现在也是这样，中央以美日在中国合作这种错误的分析为依据，在反对战争危险的斗争中奉行一条错误路线，因此难怪洛夫斯通同志在报告中三言两语就带过了中国问题，只是为了表明"美国正在同南京政府玩弄手腕"。同志们，我认为，洛夫斯通同志的报告本来应当作一点自我批评。

在这里发言的各个党的代表几乎全都分析了本党在反对战争和反对军国主义的斗争中的弱点。可是我们党的代表却没有一点自我批评。凭这样的政策，我们不可能动员全党切实开展反对战争危险的斗争。

洛夫斯通同志报告的主要缺点，也就是机会主义错误，在于他一方面看不到推动战争的真正力量,另一方面又看不到可能被动员起来反对战争的力量。这个错误不是偶然的,它是洛夫斯通同志和我党中央总方针逻辑发展的必然结果。这个错误必须改正。共产国际不能容许我们党在如此关键的时候没有舵盘,没有风帆,依靠这样的见解和方针就出海航行。我们必须保证我们党不再重复像中央宣传部就南京事件发表的决议草案中的那种言论,草案中说:

"从已发表的各种声明看,我国政府受英国的影响正在进行一场实实在在的、针对中国人民的战争。我们要求我国政府放弃追随英国的帝国主义政策,因为南京事件证明了这种政策是在中国实行恐怖、贪赃枉法和滥用武力的政策。"

结果我们开展反对战争危险的斗争,反对的不是美帝国主义,而是英帝国主义。由于错误地分析了美日之间的关系,我们实行的是针对日本的政策,可是并不揭露也不反对美帝国主义,不敢切实开展反对美帝国主义的斗争。

我认为,共产国际应当认真对待这些问题。这根本不是派系之争。这是党的政策和任务的实质问题,只有共产国际纠正了中央委员会的路线,我们党才能完成未来斗争中的任务。

米茨凯维奇-卡普苏卡斯(立陶宛):

我代表苏联的邻国——立陶宛、拉脱维亚、爱沙尼亚和芬兰共产党代表团发言。我们这些国家在国际政治和经济中的作用是微不足道的,可是在包围苏联、准备对苏战争中却有重大作用,而且在直接针对苏联的军事行动中也将起重大作用。所以这些国家应当引起共产国际及其第六次代表大会比它们自身的分量更多的关注。英帝国主义在这些国家中显然占有压倒性优势。英国最大的影响在爱沙尼亚,它的银行资本和工业资本都十分依赖英国资本；爱沙尼亚的装备是英国制造的；现在爱沙尼亚正在修筑战略铁路。芬兰的出口有40%输往英国；英国向芬兰提供贷款，领导它的军队改革，制定了芬兰海军的改组计划；在芬兰，英国的势力是最大的。在拉脱维亚和苏联签订的贸易条约上，英国对拉脱维亚施加了很大的压力。英帝国主义者在拉脱维亚建立了自己的军事基地，以便就地制造反苏战争所必需的飞机、水上飞机和军火。不久前就按这种精神在里加同英国著名的阿姆斯特朗公司的代表签订了协议。与此同时，波兰的势力不仅在爱沙尼亚（它原本就很强大），而且在拉脱维亚和芬兰也在增长。芬兰外交部长普罗科佩曾经担任过芬兰驻华沙大使，是知名的拥波派。

这些国家在反苏战争中可以提供的不仅有正规军，还有特殊的资产阶级的阶级部队，这些部队是资产阶级和反革命的主要支柱。芬兰有3万名正规军人，还有10万名装备精良、也按正规军组织的"索茨科尔"①；此外还有4万名妇女组成的资产阶级白卫志愿军。爱沙尼亚除了1.5万名正规军外，还有3万名左右"索茨科尔"，按照芬兰方式组成的部队。拉脱维亚约有2万名正规军，大约3.5万名按正规军组织的"索茨科尔"，不过没有炮兵。在反苏战争中这些法西斯部队的主要职责就是保卫后方，而且用机关枪强迫正规军部队投入战斗。1927年瑞典报刊上发表的一份芬兰"索茨科尔"的通令证实了这一点。

整个波罗的海沿岸地区在积极准备对苏战争的同时，正在清理后方。波兰还在1927年初就取缔了有10万会员的白俄罗斯农民团体"村社"；拉脱维亚现在又借口同莫斯科有联系而消灭了左翼工会和左翼工人出版物；爱沙尼亚也企图消灭左翼工会；审判共产党员时，将著名的左翼工会人士也告上法庭，逮捕左翼工会的领导人；芬兰正在大批审讯

---

① 芬兰资产阶级和富农的民兵组织。——译者注

共产党员，也将著名的左翼工会领导人送上法庭（其中包括工会总书记图奥米宁同志），指控他们叛国，虽然拿不出任何证据。这些都是同一根链条上的不同环节。社会民主党人，从波兰社会党直到拉脱维亚和芬兰的社会党，都协助本国的政府。拉脱维亚社会民主党抗议查封左翼工会只能是不知羞耻的伪善，因为正是执政的社会民主党自己将许多工会代表人物投入监狱，押送去服苦役。恰恰是拉脱维亚的社会民主党人在国内散布莫斯科为左翼工会提供金钱，以及关于莫斯科代理人等的谣言。

我谈谈波兰和立陶宛的冲突。提纲和贝尔同志的报告中都不曾提到这种冲突，然而波兰和立陶宛的冲突却日渐加剧。

立陶宛的总参谋部和军事部里，迄今为止担任领导的依旧是波兰的秘密支持者、前沙皇军官普列霍维奇、多夫孔特等人，他们甚至同立陶宛的民族运动都毫无瓜葛，因此皮尔苏茨基进攻立陶宛的计划可能轻而易举地实现。另一方面，皮尔苏茨基直到今天还豢养着流亡国外、臭名昭著的立陶宛社会民主党分子普列凯蒂斯一伙，皮尔苏茨基当年曾经打算把这些人收集起来，成立立陶宛的新政府。正式的立陶宛社会民主党和正式的民粹派从来没有同这伙立陶宛的叛徒流亡者划清过界限，也可能被皮尔苏茨基用来在立陶宛建立新的亲波兰政府。这样的政府既然是波兰法西斯分子搞的，它实际上，而且也自然只能是法西斯政府，即便参加的有立陶宛社会民主党和民粹派；它会公然同波兰建立反苏统一战线。作为它的前奏，那些早在1926年就同苏联签订过互不侵犯条约的民粹派近来开始大张旗鼓地展开反苏活动。

立陶宛法西斯政府的作用，在许多同志眼里至少是难以琢磨的。许多同志可能认为，立陶宛政府确实准备，也能够认真抵抗波兰帝国主义。立陶宛共产党多年来研究了立陶宛统治阶级的政策，据此认为这样的观点是错误的。由各个不同政党，从基督教民主党到社会民主党，组成的立陶宛历届政府迫于帝国主义豺狼的压力，害怕无产阶级革命和仇视苏联，一再打算接受由帝国主义列强规定的、同波兰妥协的条件；他们只是想借此为自己多捞一些好处。可是立陶宛广大劳动群众认为同波兰妥协是加重对自己的奴役和压迫，始终破坏这些协定。但国际范围内的矛盾十分尖锐，以致波兰及其指使者不敢断然处置立陶宛同波兰的纠结。现在这种纠结越缠越紧，立陶宛民族主义者的法西斯政府已经走上了向波兰屈膝的道路。但是即便是这样的政府，在遭遇到广大群众坚决抗议甚至是一些法西斯分子反对农民的立陶宛同地主的波兰合并时，也不敢贸然向帝国主义的波兰彻底投降，而是装腔作势，仿佛它的确打算认真抗拒波兰。不过这只是欺骗立陶宛劳动群众的把戏而已。

只有立陶宛共产党才是立陶宛独立、抵抗波兰帝国主义的真正保卫者和为推翻立陶宛法西斯分子的统治而斗争的战士，它将"保卫立陶宛的独立，反对波兰帝国主义"和"为推翻立陶宛的法西斯专政而奋斗"的口号放在突出的地位。为了解释自己的口号，共产党不仅指出听凭英法帝国主义指挥的波兰帝国主义一旦夺取了立陶宛，将给立陶宛劳动群众带来更加疯狂的政治和经济压迫，更加巩固法西斯主义和世界反动派；而且指出，波兰一旦夺取了立陶宛，就是走向反苏战争的第一步。

我们认为，1928年1月27日共产国际政治书记处通过的关于波兰、立陶宛冲突的决议至今仍然有效。

我再就社会民主党在波兰、立陶宛冲突中的作用说几句。他们的角色就是帝国主义豺狼显而易见的代理人。第二国际早在去年末就在波兰帝国主义占领立陶宛的问题上采取了非常明确的立场，支持国际联盟和皮尔苏茨基对立陶宛的政策。波兰社会民主党公开支持皮尔苏茨基的政策，而后者正是第二国际的基础之一。以普列凯蒂斯为首的立陶宛社会民主党流亡者可耻地背叛了劳动群众的利益，转而投入帝国主义阵营，这是工人群众看得清清楚楚的事情，因此连一些社会民主党的报纸（奥地利的、拉脱维亚的、爱沙尼亚的）也不得不在去年末承认皮尔苏茨基利用了立陶宛社会民主党的流亡人士以便占领立陶宛，而且装腔作势地表示反对他们。为了就这个问题建立统一战线，第二国际于 1927 年 12 月 18 日在柏林召开了东北欧各个社会民主党的代表会议，讨论波兰和立陶宛的冲突。会后，所有的社会民主党及其报刊都完全而且公然替普列凯蒂斯一伙辩解，而且公开支持国联有关立陶宛的决议。现在第二国际的全部报刊伙同他们的帝国主义后台老板，都指责弱小的立陶宛"破坏了和平"，而不指责"强大的"波兰。

第二国际对待立陶宛的所作所为再好不过地证明了它对于大国豺狼强占弱小民族以及对于反苏战争的态度，因为波兰占领立陶宛不过是反苏战争的第一步。

最后我就我们各党在准备反苏战争问题上的策略再说几句。

我们各党都声明将竭尽全力，认真迎接反苏战争并将其转变为国内战争，反对资本主义制度的武装起义。但是必须承认，我们各个支部在许多国家中的实际准备工作是很不够的；而且许多国家中军队工作是非常薄弱的。

说到波罗的海沿岸各国，这件工作做得最好的是芬兰，其次是立陶宛：法西斯政变后军队工作就开始加强了，取得了相当好的成绩；然后是爱沙尼亚和拉脱维亚。各国都应当加强军队工作。

立陶宛、西白俄罗斯、芬兰和其他一些国家的某些党员中往往可以看到支持战争的情绪。他们大体上是这样看的：战争可以为我们提供武器，那我们就能够摆脱地主、富农和资本家的桎梏了。可是这些同志只能用这些响亮的词句掩饰自己的消极态度，因为他们现在没有能力开展积极的斗争，逃避日常的局部斗争，不能将局部斗争同我们的终极目标联系起来。我们各党必须同这种现象进行斗争。

我想再谈一个和宣布动员有关的问题。我们觉得，一旦宣布动员，采用逃避服兵役的口号是不对的。这在目前情况下意味着削弱我们在军队中的革命工作，例如，在反苏战争的初期恰恰需要在资产阶级军队中加紧工作来瓦解军队，向士兵说明战争的目的，将他们组织起来等，以便使他们日后转投红军，或者在资产阶级军队内部组织起义。逃避服兵役，这不是将对战争不满的群众组织起来的途径，而是使他们走向消极的道路。我们当然不会阻止自发的逃避服役，可是我们应当努力将群众对反苏战争的不满引向反对共同敌人的道路上去；我们应当号召所有应征的人拿起武器来，以便日后掉转枪口，反对我们真正的敌人——地主、富农和资本家，反对整个资本主义制度。

尼古劳（希腊）：

贝尔同志的提纲中有许多正确的观点，但是也有一些重大的欠缺和问题。就这个问题发言的人，尤其是共产国际的代表已经指出了一些问题。除了其他发言人指出的之外，我还有几点意见。

提纲中有一些错误思想，例如关于抵制问题。有些思想没有充分展开（如提出了非法工作的问题，可是没有提到合法机构）；个别地方有重大的不一致：一些重大问题谈得不够，另一些不太重要的问题却谈了许多。再者，提纲具有宣传的性质。提纲中有许多教条主义的细枝末节。提纲中还有一些简化了的表述方式，最后还有许多问题没有讲到（例如，青年在反对战争中的作用）。

提纲中关于帝国主义之间的矛盾，以及帝国主义世界同苏联之间的矛盾的那一节应当加以补充，以免引起片面的理解和误解。必须指出，帝国主义之间的矛盾不仅不会推迟反苏集团的形成，反而会加剧资本主义世界同苏联之间的矛盾。我完全同意埃尔科利同志在讨论第一项议程时对这个问题所作的分析。

下面我谈谈我们党反对战争和反对帝国主义的工作。首先简单说说工会的反军国主义工作。工会国际共产党团的代表在这里谈了各个革命工会的反战活动。革命工会确实在开展反战工作，不过这件工作进行得时断时续、就事论事。这不是每天必须做的经常工作。甚至在革命工会具有巨大影响力的我国，党也要花费许多精力才能将工会吸引到或多或少是反对军国主义和反对战争的道路上来。

我顺便说说我们筹集"士兵的一分钱"的经验。我们规定了每名工会会员每月交纳一分钱会费，用这笔钱为士兵设置了专门账户。这在很大程度上帮助士兵和工会建立了相互联系。

革命工会必须更广泛地开展反对军国主义和反对战争的斗争。希腊工会的工作在这方面起很大作用，因为希腊由于自己的地理位置，在发生反苏战争时将发挥很大作用。大家知道，最近入侵乌克兰时，曾经派去过希腊军队，而且入侵部队的供应也是由希腊船只运送的。如果我们打算切实开展反战斗争，我们还必须加强对海运工人的工作。

我国比其他许多国家具有更多的可能开展反对军国主义的斗争，我们付出很少的努力就取得了成绩，使我国在这方面居于共产国际各支部的前列。可惜我们的经验和工作鲜为人知。党和共青团在士兵中享有极高的威望。这方面的经验证明，党应当更加关注这项工作。过去党将反对军国主义的全部工作都交给青年去做。现在由于党和青年的共同努力，我们取得了很大成绩：许多团里，许多船只上都有党组织；在最近的罢工中发生过许多结拜弟兄的行动，例如，有一个师被政府全部缴械，因为它拒绝镇压罢工者。

我谈最后一点：关于地下工作。我认为，共产党很重视地下工作，交流这方面的经验等。我认为，应当在共产国际执行委员会下设置一个委员会，由它负责组织各党交流地下工作的经验，而且切实关注发展地下工作的装备。早就应当由空谈转向实际行动，并安排好日常不间断的工作了；从现有材料看，这件工作在所有支部中进行得都很差，只有法国支部是例外。

海德尔（巴勒斯坦）：

我想提请大家注意的不是那场即将发生的战争，而是那些正在阿拉伯的东方进行的战争。大家想必还记得费萨尔的战争、同侯赛因的战争，想必记得库尔德人的起义、德鲁兹人的起义、对伊朗和外约旦的进攻。只有麦克唐纳这样的社会主义者才会说，这里发生的仅仅是局部事件。这些战争不是局部性的，也不是偶然的。可以说，阿拉伯的东方是正在酝酿的新帝国主义大战的一部分。欧洲帝国主义的各种矛盾在这里纠缠在一起。我们不妨看看修筑各种道路、看看与修筑巴格达铁路或者格扎线相关的条约和阴谋诡计。这些铁路经过的地方，自然资源都极其贫乏，人口稀少；在那里修筑铁路只能有一种解释——为战争准备基地，准备战略阵地。英国认识到这些地段的战略价值，所以在那里疯狂地、拼命地准备新战争。英国军队化装成土著的军队。例如，伊拉克军队有大约8万人、外约旦的边防军或者也是由埃及人民供养的埃及驻苏丹的军队，全都是英帝国主义的军队。巴勒斯坦修筑了许多铁路和公路，建设了好几个空军基地。英国极力瓦解民族革命运动，同巴勒斯坦、外约旦、埃及和伊拉克的民族改良主义者达成妥协。英国的势力比起1922年来更加巩固了，现在它正在转而进攻自己最危险的敌人。最近一年来，对工人的镇压更为严厉，将他们投入监狱，没收他们的出版物，查封他们的俱乐部；不仅有共产党员的黑名单，而且将所有胆敢反对过英帝国主义的工人也列入黑名单。另一方面，英国急于同一切有可能结盟的人物结成同盟，寻求同盟伙伴，挑动部族之间的内讧，唆使他们互相为敌。

我想说的是，阿拉伯的东方正在燃烧的这场帝国主义战争具有重大意义。毫无疑问，一旦发生战争，阿拉伯人将成为英帝国主义后方最危险的敌人；在更大程度上这将取决于共产党对阿拉伯人中的工作付出多少努力，给予多少关注。我们有一些叙利亚起义的经验，那时我们党还很小，只有几十个人。在阿拉伯的东方，结拜兄弟有很好的基础，苏联被认为是各族人民解放的象征。应当加紧努力，将英帝国主义现在的这个基地、连接英国和印度的这座桥梁变成一座火山，让它爆发摧毁英帝国主义。

李光（中国）：

1914—1918年战争时，中国工人阶级和中国人民都认为这场帝国主义战争和中国无关。1914—1918年时，中国人民认为德国是中国的友邦，所以同情德国，希望它能取胜。另一方面，德国则认为中国是一个无足轻重的国家。中国人当然不明白那场战争的性质。这是因为完全不知道国际局势和帝国主义列强之间的相互关系。不消说，那时根本谈不到反对帝国主义战争的问题。资本家利用战争的局势，输出原料来为自己发财；他们发展了本地的工业。因此生活必需品粮食的价格暴涨。

现在世界大战给各国都造成了前所未闻的灾难，殖民压迫也加剧了，局势自然发生了变化。战后中国无产阶级以独立的姿态，以资产阶级民主革命的先锋和领导者的身份登上了政治舞台。显然，战争危险问题对中国无产阶级具有重大意义。中国共产党在最近十年中为反军国主义斗争进行了许多工作。

我简单谈谈中国共产党反对帝国主义列强的干涉部队和瓦解军阀的雇佣军的工作。1924年孙中山提出关税自主的要求后，英帝国主义为了显示武力，向广州（沙面）派出了军舰。同年9月，在外国企业工作的沙面工人宣布罢工，抗议不能忍受的劳动条件；同时外国人的警卫队也得到从广州前来的军舰的加强。1927年北伐时，汉口被四面包围，经济上被封锁。帝国主义者加强了对租界的保卫，以保护租界为借口，召来了大批军舰，实际上是为了向革命群众，也是为了向当时的国民革命政府示威。中国共产党在上述事件中都向外国士兵散发了各种外语的宣言和传单,揭露帝国主义的掠夺政策,号召士兵群众同革命人民联合起来。此外,我们还派遣了懂外语的宣传员对外国士兵开展工作。这个活动的确没有取得很大成绩,不过它无疑在外国士兵中引起了对中国革命运动的一定同情。1925年省港大罢工时,我们在英军的印度士兵中进行了相应的工作。结果一些士兵拒绝镇压罢工工人,而且公然同罢工工人结成兄弟(例如,在森成〔音译〕等地区)。英军司令部得知后,解除了这些印度士兵的武装,将他们送回印度。在我们看来,对殖民军队的工作很重要。经验证明,这种工作可以削弱帝国主义。我想说,党对这项工作开展得还不够广泛,所以效果也很有限。

现在我就党瓦解中国军阀部队的工作说几句。1925年5月,杨希闵将军和刘震寰将军企图在广州搞政变。工人,尤其是运输工人用总罢工作了回答。海员和河运工人也积极抵制将军们的企图。杨希闵将军和刘震寰将军企图从云南向广州运兵。海员工会决定拒绝将这些士兵送往广州,工人努力执行了这项决定。香港政府不顾工人的抗议,用枪炮强迫他们运送军阀的军队。可是工人不惧怕这种威胁,一致回答军队司令部说,他们只运送平民,而不运送以摧毁革命的广州为目的的军队。结果香港政府未能将军队运往广州。还有,1926年,孙传芳将军在珠江地区同革命军队作战,他企图借助著名的上海买办贺育安(音译)用船只运送军队。珠江的海员工会决定拒绝运送这些士兵,并通知了所有在船上工作的海员,让他们宣布罢工,反对孙传芳。结果军队也没有运成。我觉得,这个反战的经验今后也应当运用。不过在反对帝国主义和军阀的战争中,工作缺乏系统性和计划性。这是今后必须改正的。

我提议:(1)应当就战争危险问题收集有关战争灾难的各种材料,用于向工人发行宣言和出版简易读物;(2)最大限度地加强帝国主义陆海军中的宣传工作,以便瓦解它们;(3)特别关注同准备及实施战争行动有直接关系的铁路工人和海员中的工作。

沃尔夫（美国）：

首先我要以美国代表团的名义表示歉意，因为我们党内的反对派在这次大会上发表了一些只能在小范围内讨论的见解。

这里有人说，洛夫斯通同志的报告遗忘了无产阶级。我要指出洛夫斯通同志的报告中，关于无产阶级及其在反对战争危险的斗争中的活动的一些要点：（1）作为准备战争因素之一的镇压工人，（2）资本输出对无产阶级生活水平的影响，以及由此产生的阶级斗争尖锐化，（3）工人贵族和工会官僚阶层的作用，（4）国家机器的作用，（5）党是反战斗争的唯一领导者。

比特尔曼同志声称，帝国主义战争的主要原因不在于帝国主义各国之间的力量对比，也不在于它们之间的发展不平衡，而是应当从每个帝国主义大国的内部矛盾中去探寻主要原因。布哈林同志已经将这种提法称为社会民主党的提法了。可是比特尔曼同志却在布哈林同志作出回答之后再次重复了同样的错误。

我想谈谈几个普遍性问题。

首先，共产国际根据业已形成的国际局势和战争危险，要求各个支部开展的向左转的问题。这种转变是必需的，为的是武装党去迎接即将来临的巨大战斗，防止战争时的动摇，训练党适应地下状态，提高在群众中的独立活动能力，揭露并消除和平主义、自由主义、工会官僚主义和社会民主主义的影响。

这样做之所以必需，还因为现在我们党更加需要国际主义。

其次，现在的国际局势要求每个党进行长期的反战活动。美国共产党以各种不同形式开展了这种活动；其形式之一就是"滚出中国！"活动，另一种形式就是"滚出尼加拉瓜！"苏维埃政权十周年、工会代表团从苏联返回都被用于开展保卫苏联的活动。我们反对托洛茨基反对派的活动基本上是用于反对对苏联的诽谤攻击，保护工人阶级捍卫无产阶级祖国的决心。凯洛格公约、陆军和海军的备战、泛美劳工联合会代表大会，——每个这样的具体事件都是开展经常的、长期的反战斗争的机会。

第三，共产国际的所有党都应当尽最大努力加强军队中的工作。我们党为这项工作打下了基础：散发传单，组织游行，保持通信联系，派遣有经验的同志。不过这仅仅是开始，尽管已经有了相当的规模，但是同时代的要求比，还是微不足道的。

第四，每个党都应当保持高度警惕，迅速而经常地改正自身和平主义的错误。我们必须同工人阶级中，首先是我们党内的和平主义幻想进行长期斗争。因此我想指出，我们党内反对派的同志试图对美国党的反战工作的性质建立一种完全错误的观念。邓恩同志忘了说明，他宣读的宣言是在我们党最近一次代表大会之前写成的，已经在代表大会上被公开纠正了。全体美国代表都知道，最糟糕的错误是在加利福尼亚犯下的。我们的同志在加利福尼亚宣称，失业是中国和俄国革命引起的。这在客观上就是号召镇压俄国和中国革命。还有，我们向加利福尼亚州党组织的领导人建议向海员散发传单。对此，他却在州委会上宣称："只有奸细才会建议共产党向海员散发传单。"最后，加利福尼亚州党组织不久前发出了一张传单，其中说："教导人们说，手持武器去杀人具有教育意义，这是从何说起呢？"邓恩同志不提这些错误，因为领导加利福尼亚党组织的同志得到反对派的派性支持。

我们党还有一个弱点，就是在反帝同盟中的工作。我说一下我们在反帝同盟中不得不改正的一些错误：（1）"滚出尼加拉瓜"委员会在拉丁美洲的怠工，以及用红十字委员会取代该委员会；（2）提出"拥护桑迪诺，参加红十字会"的口号；（3）反帝同盟的领导向其成员发出指示：一旦在白宫前游行时被捕，就在法庭上承认自己有罪。邓恩同志没有提到这些事情,因为干这些事情的人就在反对派里。

我还应当对完全错误地认识我们党的反战活动提出抗议。党做了许多工作,大部分是好的。党犯过不少错误,可是很快就改正了。

我想列举一下我们近来的一些活动:"滚出中国"活动,保卫苏联活动,打出失败主义口号的"滚出尼加拉瓜"活动,转向桑迪诺一边的活动,在使馆前的游行示威,在波士顿、费拉德菲亚和诺福克的军用船坞中散发传单,在纽约演习的士兵中散发传单,进入斯洛库姆要塞散发传单,改正抵制战争准备中设立的平民训练营的错误口号,并派出青年人;派遣共产党员加入军队,在《工人日报》上开辟反战栏目,设立反对战争工作处,拟定士兵和水兵的名单,每周给他们写信,组织妇女反战活动,为成立世界大战老兵团体建立联系,纪念红军建军日活动等。我们的共青团对开展上述种种活动表现出很大的积极性,今年夏季共青团组织的各种夏令营中专门开展了军训,以便克服和平主义幻想。最后,整个选举活动我们是按照反对战争、保卫苏联、反对帝国主义的精神来开展的,我们的选举纲领也充满了上述精神。

美国有反对战争的鲁滕伯格传统、德布兹传统、海伍德传统;我们有过太平洋沿岸工人的罢工,阻止向高尔察克运送武器;我们有过美国士兵在阿尔汉格尔斯克的起义,要求政府将他们从该地撤出。我们党依靠这些传统,应当将美国无产阶级导向使我国的统治阶级在未来的世界大战中遭到失败。

东巴尔(农民国际共产党团):

提纲中很少谈到对农民的工作问题,对这项专门工作也没有提出什么切实可行的指示。这个欠缺必须补上。在这项工作中农民国际作为非党的组织和支部,能够提供很好的服务。必须让农民国际的共产党团和农民国际各个支部的共产党团在各国以农民团体的名义开展反战活动。

共产国际及其各个支部应当给予最大的支持。农民国际及其各个支部在战前和战争中的任务可以分为两类：战前我们应当首先广泛开展宣传鼓动工作，而且由于战争将是反对苏联的，因此我们应当在资本主义各国的农民群众中揭露对苏联农民处境的种种诽谤。为了使士兵在战时能够结为弟兄，我们现在就应当召开农民代表大会，例如，在法国、德国和一些彼此毗邻的国家，如南斯拉夫和罗马尼亚等，会上要讨论战争危险问题。我们要在近期筹备国际农民代表大会，讨论战争危险和反对帝国主义战争问题。现在还应当不仅在城市而且在农村建立许多据点，组成地下委员会的网络，让这些委员会现在和战时在农民中进行反战活动。应当加强农民团体，以及安排好农民团体对军队的工作。宣布动员之后，我们的工作条件、工作途径和工作方法无疑将发生变化；我们的各种组织和出版物所具有的合法性将不复存在。那时我们只能采用新的工作方法。如果事先奠定了必要的基础，那么分散的农民集中到军队里就为群众工作、为革命思想的渗透创造了良好条件。至于农民工作，我们必须研究同战争有关的许多特殊问题。例如，对待农民中广为流传的消极抵制的思想和口号，如"留在家中"之类，是否应当确定我们的策略。这个口号是不对的，错误的，而且是致命的。同时我们是否应当区别对待战争中不断增加的临阵脱逃，以及所谓"绿色骨干"问题。此外，我们还应当研究在后方执行警备任务、宪兵队的后勤服务以及各种工业企业的仓库和在运输业中执勤的农民士兵的行动问题；必须对后方和前线的士兵同农村联系的问题作出指示，以便通过向前线寄送信件、包裹和礼物，加紧瓦解军队。此外，我们必须考虑的问题还有：战争时期怎样组织寡妇和孤儿的游行示威，怎样在战争时期建立工人和农民之间的联系，讨论怎样通过工人合作社向农村供应城市产品以及向工人供应农产品等。当然，这些都必须根据每个国家的情况具体加以研究。

现在筹备并召开国际农民代表大会讨论战争危险问题，对于发动农民群众反对战争、反对帝国主义进攻苏联将发挥重要作用。我认为，这应当成为农民国际近期工作的中心任务。

我现在要说的是，共产党和农民团体都应当有自己的动员计划。资产阶级在系统地准备战争，我们也应当系统地、日复一日地准备反击战争。我们现在就应当这样做，以免一旦有事时措手不及。必须指出，共产党在士兵中的反战工作几乎在所有国家中开展得都不好，而农民团体中则至今不曾开展。对此应当特别关注。

农民中也应当研究和揭露和平主义问题。例如，拉迪奇的党的纲领就是以和平主义幻想为基础；我们必须揭露这些幻想，指出这个和平主义者拉迪奇投票赞成南斯拉夫的军事预算。我还要说，我们不能忽视教会的作用，教会在农民中散布和平主义思想。

必须研究对农村青年的专门工作。要看到法西斯主义在农村中正在增长，农村青年的军事化也在加紧进行。例如，波兰近来给每个县派去了3—4名军事教官；波兰的法西斯团体"射手"是一种地区性的后备军事力量；我们不但要从外部揭露它，而且要从内部瓦解它，在这个团体中开展类似在军队中开展的工作。

战争无疑正在接近我们。战争是不可避免的。我们必须在城市和乡村加紧开展宣传和组织工作。农民国际及其各个支部无论是战时还是战前都有巨大作用，特别在农民国家，如波兰、巴尔干地区、波罗的海沿岸地区，以及帝国主义招募"有色军队"的殖民地。我们应当尽力做好一切工作，使士兵们结成兄弟，为将帝国主义战争转变成国内战争、转变成争取工农群众获胜的斗争做好准备。为此现在就应当在广大农民群众中进行系统的工作。最要紧的是各个共产党加强军队工作，协助农民国际组织并开展反战活动。如果我们能够使工人和劳动农民准备好应对未来的战争，那就能够将帝国主义反对苏联的战争转变成工人和农民争取获得世界范围内胜利的国内战争。我们现在就应当系统地、日复一日地工作，组织好这个胜利。

赫尔曼森（挪威）：

在准备帝国主义大战以及战争期间，挪威将发挥不小的作用。挪威的地理位置使它在战略上成为战争中，特别是反苏战争中的过境国和海军基地。在世界大战中获得了长足发展的挪威工业是典型的军事工业；其中化学工业占有较大地位。此外挪威还拥有较大的商船队和食品工业。捕鱼和罐头工业主要是为了出口。世界大战期间它们起过很大作用，一旦爆发对苏战争，还会具有重要意义。

帝国主义列强早就打算将挪威纳入自己的战争计划。挪威的资产阶级也心甘情愿地追随帝国主义者，——难怪外国资本被允许在挪威自由自在地扎根。挪威是国际联盟的会员国，完全被操纵在帝国主义分子手中；挪威在英苏断绝外交关系后，充当两国之间的外交中介人并不是偶然的。值得注意的是，挪威的国营军事工业近三年来主要为出口而生产。挪威资产阶级同芬兰资产阶级紧密合作，力求同它签订条约。还应当指出，英国的舰队经常访问挪威的海港。

英国舰队夏季访问挪威时，共产党和共青团联合向英国水兵发出了呼吁书，建议他们不参加反苏战争，而站到工农一边。资产阶级作为对呼吁书的回答，采取了进攻共产党、搜查共产党的房屋的举动：没收了许多材料，逮捕了许多领导同志。

挪威共产党和挪威共青团为反对战争危险进行着顽强斗争。1927年夏季，它们安排了为期一周的反战活动。在报刊上和大型群众集会上，挪威党不仅宣传反对战争危险，而且反对国际联盟，引起了无产阶级对国联的强烈愤慨。因此社会民主党目前对正式坚持挪威进一步参与国联活动的立场还举棋不定，虽说该党的右翼同国联有联系，而且参加了国联的某些小部门。党对苏联的广泛宣传在挪威无产阶级中形成了有利于保卫苏联的情绪。

争取挪威同苏联工会之间建立联系的斗争取得了很大成绩,今后将继续发展下去。挪威的工会是开展保卫苏联活动的重要堡垒。近来,在挪威和芬兰工会中,借助共产国际灵活的策略和顽强的宣传工作,出现了有利于争取加强国际工会运动统一的斗争的趋势,这种趋势可以被用于扩大保卫苏联的无产阶级集团,反对帝国主义强盗的斗争。

社会民主党起劲地支持资产阶级对苏联的恶毒攻击。社会民主党嘲笑并反对革命工人广泛开展反对战争危险的任何意图。他们不想让群众认清资产阶级从事反苏活动、准备新战争的真实目的。相反,社会民主党疯狂地向共产党及其出版物展开进攻。

社会民主党人的资产阶级立场最鲜明地表现在他们对待军国主义的态度上。这个问题在挪威工人运动中始终具有决定性意义;整整25年它一直是工人运动的右翼和左翼(后来分裂成社会民主党人和共产党人)之间的主要问题,是他们之间的分水岭。在战争年代其他政党内,特别是布尔什维克党内,就这个问题的斗争和争论不可避免地也在挪威留下了痕迹,出现了持鲜明的国际主义立场的左倾思潮。俄国革命以及当时流亡在挪威的一些俄国革命者特别有助于澄清问题。1918年是转折的一年。挪威出现了工人和士兵代表的革命苏维埃。

党的代表大会上革命派取得了胜利,他们的纲领包含以下要点:承认工人和士兵代表苏维埃是无产阶级的战斗组织;承认在转向共产主义时期,通过苏维埃实施的无产阶级专政;承认齐美尔瓦尔德的原则。不过同时原则上批准了罢战的口号。大会之后,展开了一场真正的争论,而且罢战的口号被士兵代表苏维埃全国代表会议所否决。在军国主义问题上的革命观点直到共产国际第二次代表大会通过提纲时才最终树立起来。

1923年挪威工人党同共产国际决裂,它对战争问题的观点也在瞬间改变了。党再度提出了罢战的口号。虽然挪威的"革命传统"是同这个口号联系在一起的，而工人党也打算利用这一点，可是推介罢战口号的活动却遭到了彻底失败。1925年，工人党再一次改变观点，承认必须采取"灵活的策略"，也就是说，比罢战更为反动的策略。工人党的新策略在于承认必须渗入军队，以便瓦解作为资本主义工具的军队；可是武装无产阶级的原则被否决，接受了裁军的口号。原则上并没有否定罢战，反而认为出现特殊情况时，例如在战争前夕，罢工是可以采用的手段。

近年来，挪威共产党人一直在反对这种观点，因此我们认为，提纲中对我们罢战问题立场的表述原则上是错误的。假如群众性抵制能够部分地实现，那么阶级觉悟最高、最坚定的工人就不会加入军队，而这就不可能在军队中有计划地开展工作，可是这件工作却是反对战争的最重要任务之一。

提纲本身就证明它提出的策略不可行。提纲说，"行动结束后"应当号召群众开展军队中的革命工作。"行动结束"是什么意思？战争时期难道可能结束这样的行动，而不使它转向自己的反面，也就是不为捍卫行动参与者的正确立场、不让群众认识他们的错误而斗争吗？再说，如果领导群众的行动，以他们的名义提出"具体要求和行动口号"，能够使群众相信他们的态度是错误的吗？对于这些群众，行动口号只有一个：参加军队，打倒反革命的罢战！

同时，我们还应当注意另一个问题。在战争迫近的前夜，还能够发动有利于罢战的群众运动吗？到那时，宣布帝国主义战争的必要前提恰恰就是不存在这类"群众情绪"和群众行动！提纲描述了在战争迫近的前夜的和平主义，以及社会民主党的作用；提纲中说，社会民主党的两种思潮归根结底都将公开保卫战争政策；既然如此，群众行动有利于罢战的想法本身就是荒唐的：采取这种行动的任何企图都将在进攻的帝国主义同进行革命斗争的无产阶级之间的强大冲突中被粉碎。

挪威代表团认为，上述观点应当从提纲中删除，提纲应当指出，共产党刻不容缓的任务是在这种时候，以及任何情况下执行列宁同志对于罢战的观点，他说，抵制战争是一句蠢话，共产党员应当参加一切反动战争。

帕迪（印度尼西亚）：

资本主义各国对苏联的仇视日渐加深。原因之一就是苏联对殖民地各国巨大的革命影响。新的世界大战是不可避免的。

现在太平洋地区正在形成严重的战争危险，英国在战后立即在处于远东各条海运航线交汇点上的新加坡修建了庞大的海军基地。现代战争离不开石油。英美之间一旦开战，来自美洲和墨西哥的石油供应将中断。那时英国将被迫从其他来源获取石油。能够向英国供应石油的国家有波斯、印尼和英属印度。因此占据这些国家的石油资源对英国而言是生死攸关的问题。波斯的油田和英属印度的石油都已经被英国掌握在手中。印尼属于荷兰，可是英国极力想握有这些石油资源。

现代战争也必须有橡胶。印尼出产大量橡胶。这就使英国更加关注印尼。美国对橡胶也很关注，所以尽力不让橡胶输往英国。所以印尼很可能不久以后成为战场，而且将荷兰也卷入战争。

荷兰的石油资本同英国资本有紧密联系，因此不妨认为，在未来的战争中印尼和荷兰将同英国结盟。

这就是说，荷兰无产阶级和印尼各族人民将被卷入未来的世界大战，而承受种种灾难。

种种情况都要求我们提出"打倒荷兰资本主义，印尼彻底摆脱荷兰万岁"的口号。

共产国际现在的任务是在各个殖民地国家加紧反战宣传。

同苏联的战争一旦爆发,印尼共产党员将对工人说:"努力保卫苏联吧!"

(会议休会)

第二十三次会议

（1928年8月6日）

主席：墨菲

讨论战争危险问题（续）

季米特洛夫（保加利亚）：

保加利亚代表团同意提纲中关于无产阶级对待战争的态度和共产党任务的主要观点。不过代表团认为必须给提纲作一些补充，说明：（1）巴尔干地区战争危险的特点，以及由此产生的巴尔干共产党的特殊任务；（2）民族革命运动在反对帝国主义战争斗争中的特殊意义及作用；（3）帝国主义战争或反苏战争一旦开始，开展民族革命战争的方针；（4）现在，在反对战争危险和帝国主义的斗争中，就必须建立和巩固无产阶级、农民和被压迫民族的革命联盟。我们将在委员会里详细说明这些改动，希望它们会引起注意。

在讨论现时构成战争题目的众多问题的这次无产阶级国际论坛上，首先就应当清晰明确、毫不含糊地说明：帝国主义战争和反苏战争是不可避免的。许多压迫者的、强盗的和约中记载并批准了最近一次帝国主义大战的结果，其中已经包含着新的帝国主义战争的萌芽。大家知道，1914—1918年的战争不仅没有消除导致这场战争的帝国主义列强之间的矛盾，反而使矛盾更加深刻、更加尖锐了。战后资本主义稳定的全过程,以及资本主义力量在世界范围内的重新组合都不断引起朝这个方向的变化。随时可能在太平洋地区、波罗的海沿岸、中欧、地中海和巴尔干引起新战争的矛盾和冲突越来越具有威胁性。另一方面,资本主义制度和苏维埃制度显然是不可能长期和平共处的。体现为资本专政和无产阶级专政这两种不可调和的制度之间的矛盾不断增长,日益浓重,逐渐尖锐化而必将导致武装冲突。甚至一些资产阶级国务活动家也公开承认这一点。最明显的证据就是在陆上、海上和空中疯狂地扩充军备,以及用直接和间接的办法全面准备对苏战争。我们在谈论直接的战争危险时,不应当忘记,帝国主义在中国抗拒殖民地革命的战争已经开始了,至于它什么时候、用怎样的方式转变为新的世界帝国主义大战,那只是时间问题。

反对战争危险的斗争并不排除在世界战线的个别地段,当存在直接的革命形势时,迫在眉睫的战争可能由于无产阶级革命的局部胜利而暂时被制止。我们应当力求做到这一点。也有可能某个资产阶级大国由于自身的特殊地位,由于帝国主义势力之间的冲突或者受到群众坚决反抗的影响,而没有站在帝国主义一边加入帝国主义战争或反苏战争,因此产生了苏联和这些国家结成反帝军事同盟的可能性和必要性。不过无论如何,在世界无产阶级革命取得最后胜利之前,帝国主义战争和反苏战争在总的范围内是不可避免的。

断言帝国主义战争和反苏战争的不可避免当然不是宿命论。我们是通过对资本主义制度存在的深刻而不可调合的矛盾的严格而科学的分析、对帝国主义发展趋势的分析才得出这个结论的。这是无产阶级先锋队革命洞察力的结果;群众掌握了这个观点就意味着排除了和平主义的迷惘和幻想,它是发动无产阶级和全体劳动群众反对战争危险的必要前提。

现在对帝国主义最大的效劳,对国际无产阶级及其唯一祖国苏联造成最大危害的,莫过于不相信帝国主义战争和反苏战争的不可避免性。

还应当明确而肯定地指出,坚定不移地反对帝国主义战争和反苏战争的革命无产阶级并不反对也不可能反对一切战争。没有无产阶级联合农民反对资产阶级的国内战争,帝国主义的统治是不会被推翻的。没有民族革命战争,受帝国主义压迫的殖民地人民也不会获得自由。因此我们反对以保留资本主义统治和奴役劳动人民为目的的帝国主义战争,但是我们赞成反对资本主义的国内战争,赞成反对帝国主义统治权的民族革命战争。我们赞成革命战争,因为它遵循无产阶级革命的总航向,而世界无产阶级革命的最后胜利将终结一切战争。那些现在"原则上"反对一切战争(无论是反动战争还是革命战争)的人,那些反对国内战争或者民族解放战争的人,即便有"热爱和平"的初衷,实际上是在替帝国主义和他们正在准备的新战争摇旗呐喊。

第三,虽说帝国主义列强之间可能甚至非常可能发生战争,但主要危险仍然是反对国际无产阶级的祖国、团结和集中全世界革命力量的中心、世界无产阶级革命的支柱苏联的战争,在这一点上不能有任何怀疑和动摇。资本主义强国之间的矛盾无论有多大,它们归根结底都要服从对于整个资本主义世界更为重要的矛盾,即资本主义制度同苏维埃制度之间的矛盾。所以说,帝国主义战争的危险、反苏战争的危险是主要的战争危险。应当时刻关注这种危险,应当发动和集中无产阶级和全体劳动群众的主要精力,在共产党领导下反对这种危险。和战争危险作斗争,以及所有群众性的反战活动的中心应当是保卫苏联。必须最广泛地宣传第一个工农国家的性质、建立和成就,它对于无产阶级、农民和被压迫民族的解放斗争日益增长的价值,它在反对帝国主义战争的斗争中的巨大作用。

在保卫苏联、保卫中国及其他殖民地革命,推翻资本专政并建立无产阶级专政的口号下开展的全部反战活动,都应当同工人、农民、士兵、妇女、青年、儿童、残疾人、劳动知识分子等，总而言之，所有劳动者阶层和集团的日常利益联系起来。这种活动，特别在巴尔干各国，还应当同农业问题和民族问题、同反对封建主义残余和民族压迫的斗争联系起来。应当经常揭露和平主义、资产阶级民族主义和沙文主义。

在讨论反对战争危险时，应当集中注意将帝国主义战争转变为国内战争的问题。之所以必要，是因为训练无产阶级和全体劳动群众将帝国主义战争转变为国内战争的过程实际上是现在反对战争危险的最可靠、最有效的办法。我们全部日常工作和活动都应当服从于为将帝国主义战争转变为国内战争准备力量和条件这项主要任务。

实现这项主要任务的必要条件是争取劳动群众的大多数，克服社会民主党对无产阶级的影响，使工会摆脱社会民主党的反革命领导并在领导无产阶级和劳动群众的工作中树立共产党的领导权。这方面应当特别关注铁路工人、邮电职工、海员和港口工人，因为这些无产阶层在运送军队和战争物资以及保证联络上起决定性作用。如果不引导无产阶级的这些阶层走向革命，没有他们的积极参加，反对战争危险的斗争就不能获胜。共产党还应当特别努力，加强对军事工业和化学工业中工人的工作。

现代军队的大量人员都是从农村中征集的，因此必须特别加强和巩固共产党对农村无产阶级、贫农和中农的影响，将这许多群众变成革命无产阶级的可靠同盟者、国内战争的积极参加者。

军队工作，尤其是新兵中的工作，对于瓦解资本主义军队具有重大意义。

必须努力在民族革命运动中开展工作，以便一旦发生帝国主义战争或反苏战争时，可以利用它同革命无产阶级和农民结成同盟，开展民族革命，并将它与变帝国主义战争为国内战争联系起来。

最后，我想提请大家注意我认为是很重要的两点：（1）共产国际和各个共产党应当尽快解决一些实际问题，保证发生战争时，所有共产党都能在前线和后方的群众中发挥领导作用，保证共产国际的所有支部都能执行统一的政治路线；（2）必须认真研究最近的帝国主义战争、中国革命、摩洛哥战争、国内战争等的革命经验，尤其是俄国布尔什维克在1905年革命、帝国主义战争、二月革命和十月革命、十月革命后的国内战争中的经验。所有这些极其宝贵的经验和由此产生的政治的、策略的和组织的结论，共产国际各个支部在反对战争危险和变帝国主义战争为国内战争的斗争中都应当最广泛地采用。

讨论清楚地表明，我们各党只是现在才开始认真讨论战争问题和反战斗争的具体组织问题。应当坦率地承认，我们的准备很不够，而且太迟了。必须加紧努力，以免重犯上次帝国主义大战时的错误，那时千百万工农群众受到社会民主党叛徒的影响，为了帝国主义的目的流血牺牲。共产国际第六次代表大会应当向全世界宣告："帝国主义的反苏战争即将来临。大家要做好准备！"准备将这场战争变为国内战争，争取无产阶级革命的胜利并彻底消灭一切战争——这就是革命无产阶级及其共产主义先锋队的最重要职责。我们坚信，这次代表大会将对战争问题作出必需的主要指示，实施这些指示无疑能保证顺利完成这项任务。

恩格多尔（美国）：

美国共产党是在革命地反抗上次帝国主义大战中诞生的。现在党正本着自身固有传统的精神、本着列宁主义的精神继续前进，准备进行反对帝国主义世界大战的胜利斗争。

美国工人阶级充满了和平主义幻想。和平主义的错误有一段时期甚至反映到了党内，不过它们被清除了。党能够自豪地指出，对于帝国主义使用美元在尼加拉瓜和中国采取的血腥武装干涉，党提出了失败主义的口号。这些口号宣称："打倒尼加拉瓜的帝国主义战争！我们希望华尔街在它反对尼加拉瓜的战争中失败！水兵们，你们是被派往尼加拉瓜和中国，转投到尼加拉瓜和中国革命一边去吧！"还要求立即给美国的殖民地和半殖民地完全的独立；共产党的竞选纲领的基础是号召将未来的帝国主义战争变成国内战争。

我们党内的反对派是否提出过什么相反的建议呢？没有。反对派并没有这样做。它指责党仅仅把美帝国主义看成是英帝国主义或者日本帝国主义在中国的帮凶。然而我们的竞选纲领却是这样说的："华尔街的美元和舰队正在扩大对更多领土的统治……美帝国主义同日本和英国一起武装干涉中国。关于美国是中国的朋友的种种言论全都是空话。美国支持日本统治满洲，其目的在于保护自己的巨大投资。日本对中国的干涉有利于美国实现远东金融霸主的愿望。占领广大的中国市场越来越成为美帝国主义的主要目标之一。"

总之，美帝国主义不仅在中国发挥独立的作用，而且同日本一起分担进攻满洲和中国的责任。所以党谴责美帝国主义不仅仅是因为它自身的罪恶，还因为它帮助其他帝国主义强国犯下的罪行。

美帝国主义同英帝国主义在世界各国中都展开公开的和隐蔽的斗争。我们党内的反对派对这个问题的理解太幼稚了。这是它最严重的错误之一。

在反对美帝国主义威胁的斗争中，我们在敌人的敌人中，在争取摆脱帝国主义统治、获得解放的殖民地群众中找到了盟友。在拉丁美洲，我们党正在从墨西哥到智利和阿根廷的反抗美帝国主义的各种革命运动中寻找同盟者。一个好兆头是我们在共产国际第六次代表大会上见到了许多拉丁美洲的代表。1928年5月，出席我们党在纽约召开的全国代表会议的有四个拉美国家的代表。今后党应当更加关注拉丁美洲，加强同它的联系。

美国共产党反对战争的主要任务有以下这些：

1. 加强反对所谓凯洛格公约的斗争，揭露这个公约，指出它是推动反苏战争的一步棋，是针对苏联争取和平的斗争而采取的一次帝国主义演习。

2. 巩固党的组织，以便加强反战工作；加强反战活动是为了在军事工业和化学工业、海上和陆地运输、钢铁和煤炭工业、铜矿和铁矿，以及其他主要工业部门中建立我们的支部，搞活现有的支部。

3. 必须加强帝国主义各种武装力量中的工作并使之系统化。

4. 必须组织广泛的活动，使最广大的美国工农群众认识到必须为菲律宾和其他殖民地的独立而斗争。必须利用准备战争的每个步骤来开展群众游行及其他抗议形式。

5. 必须在旅居美国的日本人、中国人、菲律宾人中积极进行工作。必须帮助旅居美国的中国共产党党员提高受教育程度和政治训练，使他们能够取代那些被国民党血腥杀害了的共产党干部。必须建立同拉丁美洲、中国和日本共产党的密切联系。

6. 必须关注在中国人、日本人、菲律宾人和夏威夷群岛上的土著民众中，以及在夏威夷群岛和菲律宾群岛的革命工会中的共产主义工作。应当更加关心菲律宾共产党的建设和巩固。

7. 必须同各种和平主义幻想、同在工人政策和泛美劳工联合会中采用门罗主义的行为进行毫不留情的斗争，同时反对保护国际联盟的社会党政策。

8. 必须同殖民地和半殖民地的解放运动建立直接联系。

9. 必须推动加强因上次大战在黑人中形成绝望而产生的反战情绪。

10. "向帝国主义战争宣战"的口号在将主要工业部门的无组织工人组织起来时，应当成为工会运动的基本口号。

11. 应当利用部分农村群众的反战传统，以及反对义务兵役制的传统，将他们引导到反对战争的革命轨道上来。未来战争中的军队有很大一部分将由农村青年组成。

12. 应当特别注意对在工业中就业的妇女和儿童,以及那些一旦宣战就将被吸收到军事工业部门的大批群众的工作。

13. 必须加强对共青团的帮助,共青团在反战斗争中配合党的行动,已经取得了很大成绩。

美国共产党同共产国际各个支部一起前进,迎接反对帝国主义战争的新战斗,以保卫苏联和中国革命,推翻帝国主义,通过建立新的共产主义社会而彻底消灭一切战争。

菲亚拉(奥地利):

我打算谈四个问题,就是:社会民主党用夸夸其谈的词句帮助资产阶级准备帝国主义战争;第二,关于失败主义和抵制及其合理性;第三,共产党在雇佣军中的工作;第四,和未来战争相关的奥地利问题。

社会民主党人说:帝国主义之间的矛盾确实存在,争夺市场的斗争也存在,假如苏联想要避免战争,它也是能够做到的;因此,如果爆发了战争,其责任就应当仅仅由苏联来承担。社会民主党企图用这种否认战争危险的办法,将工人阶级的注意力从反战斗争吸引开去。它企图事先就指责苏联是战争的玩火者,发动工人起来反对苏联。社会民主党这种将战争危险说成只存在于共产党人的幻想之中的论据必然导致反革命的失败主义。这种情绪,尽管不是很广泛,却在共产党内也能看到。顺利开展反战斗争的前提首先就是驳斥社会民主党关于战争能够避免的谎言。如果群众不认为战争是不可避免的,如果我们不能十分明确地向群众证明这一点,那群众就会对我们的其他口号也持不信任态度,我们也就不能发动群众。

提纲将失败主义界定为认识到必须而且要求促成本国政府的失败。我同意这个界定,不过我认为,应当更明确地指出是革命的失败主义、积极的失败主义。我们不但应当希望本国资产阶级的失败,而且应当促成它的失败,尽一切努力导致它的失败。在我们的出版物还是合法的时候,通过我们的出版物,还有通过散发传单等,揭露每次贪污受贿事件、军国主义者的腐化事件,点燃工人阶级对资产阶级及其军官的敌视,将失败变成开展斗争的革命愿望。

我谈谈和它相关的抵制问题。提纲中有一个表述被高度简化了,提纲说:"因此,共产党员拒绝一切不能促进革命的群众行动,甚至与之相违背的斗争手段。"

这太片面了。我可以举几个例子,说明甚至在抵制不能放开革命斗争的手脚时,抵制也是必须,而且恰当的。俄罗斯和波兰战争期间,奥地利工人阶级是倾向于苏联的,可是社会民主党不允许大规模地开展保卫苏联的活动。尽管如此,还是成立了一些不大的委员会,开展了一些抵制行动,这些行动本身并不大,可是积聚起来却有很大价值。例如,往运送军火的车皮的轴承箱中填沙子。这是很小的抵制举动,而结果却使车皮一再装了卸、卸了装。车皮停放在偏僻的车站上,发生过好几次枪支和弹药落入工人手中的事情。这些抵制行动没有导致重大的革命群众运动,可是它们很能鼓舞国内的情绪。我想,如果在全国组织好这样的抵制行动,它们会是很恰当的活动。

关于雇佣军,提纲中说:"无论如何,对待雇佣军、警察等应当执行在精神上孤立它们,使它们遭到普遍的蔑视和抵制的策略。"

我赞成这段话仅仅是因为它指的是警察、法西斯骨干等。不过这不能概括为一切。我指的首先就是奥地利的雇佣军。军官几乎全都来自小资产阶级和资产阶级,而士兵却来自失业者,特别是辅助工人,还有那些靠自己的土地不能维持生活的小农。如果对这样的军队采用上述策略,那只会导致灾难。奥地利军队虽说已经从革命的人民军队变成了雇佣军,可是依旧保留着一些革命传统。这支军队还保留着选举班长的制度。当然，资产阶级是自觉地要把政治排挤出这支军队，将它变成自己唯命是从的工具，不过迄今为止，资产阶级还没有达到目的。7月15日的事件清楚地表明，如果士兵工作做得好，这样的军队对资产阶级就不可靠。资产阶级只率领了不多的几支靠得住的军队去打击工人，而一些部队则被关在军营里，而且有些军营甚至打算解除革命士兵的武装。假如我们现在对这样的军队采取上述策略，我们就推开了其中的无产阶级分子，而使他们接受资产阶级影响。我们应当一如既往，在雇佣军中切实开展共产主义宣传和招募工作；我们应当保护他们的一切经济和政治要求；我们应当在这些部队中建立支部，促使军官同士兵之间的矛盾激化。不过我完全同意对待法西斯团体及其军官应当采用提纲中讲到的策略。

我认为，还必须讨论保持中立的可能性问题，因为这个问题在奥地利已经被提出来讨论了。我们党内讨论过法西斯分子会不会由于意大利和南斯拉夫的冲突而进攻奥地利。一旦发生冲突，奥地利的克恩滕就会被用做进攻的出发地。我认为，要把冲突局限在克恩滕地区是不可能的，奥地利全国都将被卷入这场斗争。对此社会民主党提出了"保卫民主共和国，免遭更大的法西斯祸害"。针对这种情况，共产党人应当主张推翻本国的资产阶级，因为只有在无产阶级专政的条件下，才能顺利开展反对法西斯主义的斗争。

我们赞成提纲的其余观点，特别是谈到发生反苏战争时的斗争措施。

我们非常清楚，这种情况下共产党应当持何种立场。我们毫不怀疑，一旦苏联同帝国主义开战，我们就能号召共产党和整个奥地利无产阶级起来履行自己的斗争义务。我们任何时候都不会怀疑奥地利的无产阶级将在斗争的相应领域占据自己的位置，根据共产国际的指示，尽力实现自己的国际主义义务。

陈宽（中国）：

帝国主义镇压殖民地革命运动的反革命战争具有三种形式。第一种形式是公开的帝国主义战争，例如，法国在叙利亚和摩洛哥的军事远征、1927年帝国主义对南京的炮击、日本在山东和满洲的军事入侵。第二种形式是隐蔽的帝国主义战争，帝国主义利用当地的反动势力镇压殖民地的革命运动。明显的例证有1925—1927年帝国主义玩弄手腕和阴谋，利用军阀陈炯明和吴佩孚镇压中国的国民革命运动。近来国民党军阀承担了镇压革命的任务。第三种形式是帝国主义的军队伙同本地资产阶级镇压殖民地的运动，例如，1927年蒋介石伙同帝国主义的势力镇压了上海起义，以及帝国主义军舰支持李福林和张发奎攻击革命军队，切断水上交通，粉碎广州起义。

由于竞相剥削殖民地而引发的帝国主义战争也可以分为三类。直接类、间接类和综合类。1914—1918年的大战和将在太平洋地区发生的帝国主义大战属于第一类。帝国主义战争的间接形式是利用各国不同的军事集团之间的种种战争。典型的例子在中国可以见到。未来一旦发生战争，帝国主义无疑将利用中国军阀的军队作为保护重要的战略阵地并扩大领地的主力。最近的一次大战中各个盟国已经获得了这方面的经验。

在帝国主义从事殖民战争时，国际无产阶级的最重要任务就是：（1）在帝国主义军队内部开展失败主义的宣传；（2）组成国民革命军，开展革命斗争；（3）宣传帝国主义军队的士兵和殖民地革命军队的士兵要结为兄弟；（4）将殖民掠夺战争转变为国内战争；（5）反对诸如保卫祖国、保卫侨胞、殖民战争是解决人口过剩的手段等口号；（6）无产阶级应当阻止向殖民地派遣军舰和运送帝国主义军队，反对增加军费，反对延长服兵役期限等；（7）必须向殖民地中的帝国主义军队和舰队派遣经验丰富的党干部，开展宣传和组织工作；派遣同志到殖民地的兄弟党去，协助开展反帝活动；（8）如果帝国主义军队中有从殖民地人民中招募的军人，如印度人、安南人和非洲黑人，这些殖民地国家的共产党员就应当分配到这样的部队中去做工作；（9）士兵和舰队中的工作应当加强，这件工作不仅有利于帝国主义各国的无产阶级革命，而且对于开展抵制反对苏联和殖民地革命的战争的斗争也很重要；（10）必须阻止向殖民地的反革命军队运送装备和技术力量，以及领导人；（11）殖民地发生国内战争时，必须反对帝国主义干涉和向殖民地的反革命政府和军阀提供贷款；（12）必须阻止殖民地的租界、铁路和水运中的战争准备活动；（13）必须反对帝国主义者在殖民地中殴打群众，反对帮助反革命政府镇压群众的各种措施。

在帝国主义之间为剥削殖民地而进行的战争中，除上述任务外，还应当增加以下方法：（1）应当将帝国主义之间的殖民战争转变成国内战争，以便击溃进行这些战争的各个帝国主义强国；（2）必须反对彼此交战的当地军阀从帝国主义获得援助。在战争爆发前，应当阻止帝国主义在殖民地中的种种备战活动。所有这些方法，包括前面谈到的那些方法，无论战争发生之前还是爆发之后，都应当尽可能采用。

在准备国内战争方面除了提纲谈到的四点之外，还要补充一点。军事团体和军训在殖民地国家和有雇佣军的各国无产阶级的生活中具有重要意义。虽说帝国主义国家的无产阶级接受过一些军事和技术方面的训练，可是镇压起义的军事手段还在不断改进。起义时我方的策略必须增加以下内容：一方面，起义一开始，我们就应当动员全部力量，直到打垮敌人；另一方面，一旦发现失败的征兆，我们就应当迅速地坚决撤退，以便保存参加起义的群众和武器，准备未来的战斗。1917年7月起义时，这种手段使用得很成功。可是广州起义失败后，虽然我们一部分军事力量撤退到农村去，准备发动农民起义，另一部分军队却因为没有完整的撤退计划而丧失了。上海起义也犯了类似的错误。

中国革命是民族战争的鲜明例证。1925—1927年的中国革命时期，中国共产党两度率领中国无产阶级投入公开的战斗：统一广东和北伐，而且两次斗争的主要领导权都在中国资产阶级手里。两次战争中，中国共产党在争取革命领导权的斗争中犯了许多机会主义错误。这些机会主义错误影响到我们对待民族战争的态度。这是因为，虽然统一广东的战争和北伐形式上是反对中国军阀的战争，而其实质却是要撼动帝国主义在中国的统治地位。例如，统一广东的战争得到香港罢工工人的支持和帮助，给予英帝国主义以沉重打击。北伐在武汉工人的援助和湖南、湖北农民的积极参与下，收回了汉口和九江的租界。由于这场革命的国内战争是无产阶级领导的，得到农民的支持，因此中国共产党的客观任务就是：组建自己的阶级军队，扩大工农的军事组织，以便帮助无产阶级取得革命领导权。可是中国共产党事实上忘记了这些任务，尽管北伐的客观条件非常有利，党却没有利用国民党的政治和军事机构自己提供的一切机会，没有在军队中开展自己的工作。党没有为建立自己的武装力量作过任何尝试。党不曾认识到国民革命军的雇佣性质是危险的根源，这种军队可以轻而易举地变成军阀手中的工具。我们党主要注意的是高层军官中的政治手腕，而且认为自己的中心工作是同各色军阀订立同盟。党没有集中关注士兵群众中的组织和宣传工作，不想通过吸收工农入伍来改变军队的雇佣性质。党不明白，武装工农，让他们学习军事对革命具有多么重要的意义。党没有培养领导军事工作的干部。党也没有准备领导农民的游击战争，也不曾采取任何措施来掌握分散的、孤立的因而是不成功的农民起义。这些错误就是北伐时期无产阶级遭到军事失败的主要原因。当武汉紧随南京之后，投向反革命阵营时，我们党在遭到失败的时刻，只能依靠叶挺和贺龙的军队进行英勇的反抗（南昌起义），而不能进一步将这种反抗变成国内战争，打垮资产阶级、军阀和地主的政权。

起初我们在贺龙和叶挺的军队中有大约15000名士兵。我们还有工作得不错的士兵党支部,以及党员军官。还有武装起来的工人和农民也参加了起义。虽然南昌起义的目的是土地革命,可是并没有采取什么措施来发展土地革命。革命军南下从南昌到汕头的50天内,经过的地区都没有开展土地革命。因此军队不仅没有开展工农军队本应进行的政治工作,而且连农民游击队的目标也不曾达到。这支军队只是在失败之后,叶挺军队的残部1000多人到达海陆丰,同农民结合后才有了正确的领导。从这时起,这支军队开始发挥游击队和红军的作用。叶挺军队的另一部分也有大约1000人。领导这支部队的是朱德。这支部队沿着广东、湖南和广西的边界行动。这些地区的农民队伍加入了这支部队。这支部队就成了一支不小的游击军,帮助农民在湖南南部开展土地革命,成立了一些地方苏维埃。广州起义时,由教导团的军官组成的另一支国民革命军部队转到我们一边。它也有大约1000人。广州起义失败后,它向海丰前进,加入了上面提到的那支部队。所有这些部队加在一起构成了海陆丰地区红军的核心骨干。这支红军在失去了该地区的城市后,分解为游击队,向不同方向扩大自己的政权,支持土地革命的浪潮。直到今天这些部队都是广东东部地区参加农民起义的最有效的军事组织。

除了上面提到的较大的革命武装之外,在长江和珠江平原地区还有许多从国民党军队转投我们这边的游击队。这些游击队分散在广东、湖南、江西、湖北和河南,帮助这些地区的农民群众开展土地革命。还有用自己的武器和从反动军队手中夺取的武器武装起来的其他农民队伍。海南岛在这方面做得很成功,有大约1000人在党的正确领导下,组成集中的红军部队。中国有许多农村的农民企图用自己的一两条枪甚至是更原始的武器去夺取正规军的武器。

在建立了苏维埃政权的地区,农民游击队和红军的最大缺点是城市的领导作用不够，工人团体的组织松散和军事软弱；因此虽然这些队伍是在无产阶级领导下建立的，却依然不能领导和协调城乡的斗争。所以这些队伍只能继续打游击。游击队建立了一些苏维埃，可是它们不够强大，不足以点燃国内战争的大火，推翻中国资产阶级和反动帝国主义的统治。

我们原来认为，只有东方各国的共产党对军队工作注意不够。这次大会上听了报告和讨论，我们才看到，西方各国的兄弟党对这个重要问题也关注不够。中国的起义经验表明，如果我们不能炸毁帝国主义军队的根基，我们反对军阀的工作就是白费劲，不会取得成绩。

中国军队有两个特点，使我们的工作比西方各国的军队工作容易一些。首先，欧洲和美国军队组织严密，对待士兵较为宽厚，这就使那些想在军队中进行革命工作的人遭遇到更多困难。中国的情况就完全不同了。虽然中国军队大都由流氓无产者组成，很少有真正的工人，但士兵的生活水平甚至比最贫困的工农还要低许多。根据南京政府军事委员会参谋长何应钦的报告，现在中国共有84个军，88个师，士兵220万人。每年军费开支达到7.2亿墨西哥鹰洋。张学良和杨宇霆的军队没有计算在内。而上述军队每年的全部收入却不超过4亿墨西哥鹰洋。由于收支的巨大差额，大部分军阀不能弥补军费的亏空。因此军阀就说要裁军。他们一面这样说，同时又彼此相互紧紧地盯着，准备应付可能发生的冲突。一方面许多军阀懂得不给士兵发饷的规矩，有时甚至将军饷据为己有。另一方面他们又招募更多士兵，指望扩大自己的地盘。结果军阀间的矛盾日渐尖锐，工农群众的灾难日益加深，士兵的生活越来越不堪忍受。由于这些矛盾，中国士兵看不到改善的希望。他们的苦难越来越深重。全国的经济萧条、农村破产和日益增长的失业使士兵除了他们不幸而危险的行当之外，找不到谋生之路。同时土地革命的深入、武装起义的口号和"一切权力归苏维埃"的口号在工农群众中取得的成绩，对士兵产生了巨大影响。军队中的阶级分化迅速发展,可以有把握地说,士兵必然会转向革命。

其次,有许多错误的、虚伪的口号,如"取消常备军,让警察民主化"、"人民军队"、"诅咒红军"、"回到农村去"、"拒绝开枪"、"拒绝当兵"、"用罢工回答战争"等,所有这些口号还来不及在工人、农民和士兵中广为传播。相反,中国的工农群众非常清楚,不打倒中国的地主、资产阶级和新军阀,就不能指望和平。只有工农经过了军事训练,建立了严谨的组织,消灭了敌人的武装力量,从所谓的革命军直到农村的民团,只有工农群众通过罢工和武装起义,创建了红军,到那时他们才能指望取得最后的胜利,获得真正的和平。广州起义失败后,许多广东工人志愿加入了军队,以便在士兵中开展革命工作。许多地方的失业工人志愿到农村去,领导农民起义。农民群众的起义遭到反动军队镇压而失败了,他们就志愿组成游击队,推动农村的土地革命。同时农民的这种活动导致了反动军队的瓦解。往往发生这样的事情:士兵和农村的民团加入了农村游击队。

由于帝国主义各国的军队都是雇佣军,所以那里的军队工作比起以义务兵役制为基础的军队来要困难些。可是殖民地的雇佣军和帝国主义国家的雇佣军有很大差别。在中国士兵中开展工作要比在以义务兵役制为基础的军队中容易得多。对工农群众而言,加入殖民地的雇佣军,在士兵中进行革命工作要容易一些。

根据我们对士兵工作的经验,我们认为,西方的兄弟党应当一方面尽力反对无产阶级群众中在这方面的错误倾向,另一方面要加强自己的士兵工作。这件工作中最要紧的是:(1)必须系统地派遣党员和有组织的无产阶级小组到军队中去(这在有志愿雇佣军的国家中较为容易做到),尤其重要的是渗透到军队的战略部门中去;(2)如果不能以士兵的身份参加军队,那就应当在军队中谋得后勤工作,甚至是临时性工作，使我们有很好的机会开展宣传工作；（3）必须在军队中建立党支部和士兵委员会；（4）必须更加注意在舰队中发展上述组织；（5）军队中的宣传鼓动应当作为经常性的日常工作。争取满足士兵的日常需求的斗争有时应当比政治斗争更引起我们的注意，因为这种斗争是让士兵看清自身力量的最有效办法。

"人民自卫军"的口号只能在那些阶级分化很不明显而革命运动又没有达到民主革命阶段的殖民地国家中才能采用。革命已经达到这个阶段的那些国家中"人民军队"的口号就等于支持资产阶级。在这种情况下，应当抛弃这个口号。必须提出组织红军和农民自卫军的口号来取代这个口号。革命已经越过了民主革命阶段而转入无产阶级革命阶段的那些国家就更不能采用"人民军队"的口号了，因为在已经实现了工农专政的时期，或者是革命处于向无产阶级专政转变的时期，革命政府必须拥有由壮大工人赤卫队和农民游击队而组成的工农红军。

中国资产阶级和新军阀的国民革命军完全变成了一支反革命的力量。我们对它的策略应当就是对帝国主义军队的策略。在这些军队中我们应当进行失败主义的宣传，而在它们遭到失败时，就应当吸收革命士兵加入工农军队。我们不能指望整个国民革命军会变成一支革命军队。

提纲中应当有专门的章节，讨论反对帝国主义瓜分中国的问题，就像讨论帝国主义反对苏联的手腕的专门章节一样。

面对日本在山东和上海的武装入侵，南京政府一面压制群众的反日运动，一面企图挑动美国对抗日本，虽说它也可能同时在和日本进行秘密谈判。这种可耻的态度不仅招致了工农群众的不满，甚至小资产阶级也流露了不满情绪。这表现为国民党左翼和"第三党"人士要求恢复群众运动的权利，得到国民党的承认，并有可能发展。他们准备在同日本帝国主义的交易中利用群众运动。同时采取这种手段也是希望平息群众的革命义愤。中国共产党的政策是积极参加各种反日运动，因为它具有群众性。我们参加反日运动的目的在于揭露南京政府的真实政策——投降帝国主义的政策。同时共产党也努力揭露"第三党"企图用假革命的要求欺骗群众的背叛手段。我们必须向群众证明,因为掌权的是反动政府,所以他们的出路只有一条:自己来开展反对日本帝国主义的斗争;指望反动政府会使群众运动合法化完全是不切实际的乌托邦幻想。我们应当将这种宣传同农民、工人和贫民武装起义,推翻国民党政权,反对帝国主义,夺取政权的口号联系起来。在国民党军队中我们应当加强宣传和组织工作,因为济南惨案和反日运动已经深深地激发了国民党士兵群众的情绪。

我们应当准备迎接必将到来的事态——战争爆发、反动的法西斯形式。首先,我们现在就应当将我们的工厂党支部转入地下状态,如果形势需要,就准备将它们完全变为地下组织。其次,我们要在军队中建立地下的非法党支部,破坏帝国主义军队的根基。

斯佩克特(加拿大):

关于战争危险,提纲草案谈到,迄今为止共产国际各个支部的主要缺点是对战争危险估计不足,不懂得战争的不可避免。我觉得,这对加拿大共产党尤其合适。加拿大共产党除了就革命节日和重大国际事件,如袭击阿科斯、英国对埃及施加压力等,发表过几份传单和呼吁书之外,不曾做过任何必要的工作来发动群众运动反对战争。然而战争问题在加拿大是相当严重的,应当引起加拿大共产党的注意。

1926年召开的最后一次帝国会议上,自由党政府总理麦肯齐·金代表加拿大政府作出了一旦发生战争支持英国的一些保证。加拿大不能被认为是完全意义上的殖民地。在关税、外交、加入国际联盟和签订贸易条约方面,加拿大的资产阶级实际上是独立的。可是加拿大的资产阶级需要军事保护,而现在它是从英国政府获得这种保护的。为了获得军事保护，加拿大资本主义政府也投入自己的股份。例如，1923年，麦肯齐·金就提出了军事保护的费用问题，包括修建海军基地和改善已有的基地。最近一次帝国会议上，他支持埃默里修筑2万英里铁路网的方案，同时还同意由加拿大建造两艘铁甲舰。英国同苏联断交后，加拿大政府也随之同苏联断交。

加拿大被卷进了两个最重要的帝国主义对抗：英美之间的对抗和英国同苏联的对抗。

最近的预算中，军费支出增加了432.1万美元，因此现在用于所谓国防的费用是1571.9万美元。而加拿大的人口只有900万，对这样的国家而言，这笔军费开支是很沉重的负担。

加拿大社会民主党不仅在国内阶级斗争中，而且也在国际政治方面努力开展精心策划的和平主义宣传。

魁北克有250万法裔加拿大人。世界大战开始时，加拿大的法裔居民抵制服兵役，如果知道法裔居民占加拿大人口的将近三分之一，这就不是一件小事了。在法裔居住的加拿大地区不单是志愿者很少，而且义务兵役制法实施后，在魁北克和蒙特利尔引发了暴动，好几千法裔加拿大青年，有工人和农民，逃进了森林，一直躲藏到战争结束和复员。未来的战争中，我们也会见到类似的情形。我们面临的问题是用什么方法把加拿大的法裔农民吸引到反帝总阵线中来，并在加拿大参加未来战争时，克服他们的狭隘地方观念。再者，我国西部也有一些农场主在上次战争时有和平主义情绪。他们在农场主团体的历次代表大会上，在通过的所有决议中都反对帝国主义战争，反对加拿大参战，但是所持的是和平主义观点。

在进行反战宣传时，还要特别注意加拿大的另一部分居民——为数相当多的移民。我国有35万乌克兰移民，好几千芬兰工人。最近一年来，在整个西部地区的乌克兰工人中都在进行反革命的法西斯宣传活动。

移居加拿大的乌克兰白卫分子建立了一支半军事化的法西斯队伍,在教会的帮助下,得到政府公开和半公开的支持,在乌克兰移民中宣传同苏联作战,同时想让乌克兰工人摆脱共产党的影响。

说说工会的情况。目前加拿大工会靠拢阿姆斯特丹国际。毫无疑问,工会理事会并不打算采取任何反对战争的措施。工会里的官僚主义和社会民主党是加拿大战争阵线的组成部分。

加拿大共产党的任务是在工会和最贫困的农民中建立组织,使其现在和战争开始以后都能够在党的领导下开展斗争。我们毫无疑问是可以领导很大一部分工人的。我们党必须积极开展活动,而不局限于口头宣传和散发传单。加拿大有建立反帝联盟的基础;加拿大可以成立苏联之友协会;这些团体在工人和贫困农民中能够获得支持。应当在温哥华、蒙特利尔、哈利法克斯和圣约翰等港口的工人和海员中开展比较系统的工作。加拿大和美国的共产党今后必须紧密合作,制定共同的反对战争危险的纲领。

佩卢福(拉丁美洲):

面对帝国主义威胁苏联的阶级战争,面对可能发生的帝国主义之间的战争,面对现在殖民地的解放运动,拉丁美洲各党的任务是组织群众和建立党组织。

应当指出,面对战争危险,首先就是反苏战争的危险,拉美的共产党并没有采取什么明显的措施。它们的呼吁书和传单没有唤起群众的关注,也没有将他们吸引到反战斗争中来。因此我们的任务就在于向群众说明帝国主义正在准备的反苏战争的性质和意义。一旦战争爆发,资产阶级将试图消灭所有的共产党。拉丁美洲的情况也会是这样,有事实为证:拉美各国政府刚从英国获得了信息,就对共产党的房舍进行了搜查,逮捕了许多同志。

如果在战时我们的组织不能抵制反动派,不能保持对响应党的号召而投入反帝斗争的群众的领导,我们对群众的影响就是微不足道的。必须认真研究由斗争的需要提出的任务,否则我们就会流于浮皮潦草的宣传,而不能使党根据革命运动的经验采取必要的措施。这当然不是说,我们完全不用在群众中进行宣传。可是我们应当明白,如果没有善于适应合法和非法条件下活动的、思想坚定的共产党,就不可能争取无产阶级的解放,也不能成功地保卫苏联。

因此,反苏战争的危险向我们各党提出的最直接、最基本的任务就是各党应当在思想上和组织上准备好迎击资产阶级反动派。

只有一个群众性的党是不够的:还要善于领导群众投入斗争。智利的例子应当促使我们深刻地思考这个问题。

拉丁美洲的劳动群众活动近来有所抬头。他们要求改善自己的经济地位。我们的任务在于组织这些群众开展改善经济处境的斗争,同时用战争问题吸引他们。这样我们就可以创造抵制帝国主义反苏战争的实际可能性。

与现在拉美工人活动高涨的同时,还应当认真研究资产阶级民主革命的可能性。例如,在巴西就有这种可能。

反帝同盟和工农联盟应当成为反对帝国主义、争取民族解放斗争的机构。我们的任务是巩固这些团体,在新地方建立这样的团体。

如果我们不能从思想上和组织上将党提到这样的高度,使它们能够带领并领导广泛的群众运动,我们就只能跟着小资产阶级走。

不应当怀疑,拉美革命运动面临的重要任务之一是在中美洲,在对北美洲帝国主义具有重大战略价值的巴拿马运河流经的地方,建立强大的共产党。

最后我想指出,我们面临同泛美劳动联盟、同社会民主党、同资产阶级和社会民主党的和平主义，同工会的国家化等的斗争。我们的军队工作、妇女工作、农民工作、青年工作今后也必须加强，而且应当被导向反战斗争。

雅罗斯拉夫斯基（苏联）：

我打算向大家介绍一下我们布尔什维克在陆海军中开展工作的经验。我想，经验中的许多东西都是可以被兄弟党采用的。

请大家注意，我们是在我党处于非法状态、地下活动极其艰苦的条件下开展军队工作的。虽说许多共产党现在的工作条件比起我们当年来要好一些，但还是应当承认，迄今为止，没有一个共产党建立了像我们当年，无论是第一次革命，还是第二次革命时期那样庞大的军事组织。当然，德国共产党拥有像"连队阵线"那样的组织，它按自己的规模和作用，以及进一步发展的可能性，都在一定程度上超过了我们在地下状态时建立的组织。可是连德国共产党也应当严肃地提出在德国**现有的国家**军队中进行工作的问题。

同志们，我们在军队中开始工作大约是在 1902—1903 年。可是直到 1905 年第一次革命时我们也没有建成可以依靠的强大组织。只是到了 1905 年和 1906 年，革命运动已经风起云涌时，我们才扩大了这个组织。

我们是怎样开展工作的呢？我们非常注意那些即将服兵役的青年人。我们教导他们，让他们一旦加入军队，就展开革命的社会主义宣传。我们在有些地方为刚刚应征服役的和即将应征的青年开展了专项活动。几乎每次征兵前我们都要印制专门的传单，在工厂和征兵点散发，传单中说明一名革命的社会党人在军队中的任务。

1905—1907 年是我们地下工作最困难的时期，我们出版了 20 多张地下报纸，在部队中进行革命宣传。每一个大警备区，如雷瓦尔、里加、德文斯克、巴统、敖德萨、叶卡捷琳诺斯拉夫、华沙、斯维亚堡、喀琅施塔得、彼得堡、莫斯科等地，都有自己的士兵报纸，由我们的地下组织出版，通过党员在部队中散发，还经过和部队有联系的工人散发。如果计算一下我们出版的传单数量，那就应当说，没有一次稍微重大一点的政治事件是我们不曾向士兵散发过传单的。这些传单的数量相当多，每张都有好几千份。传单不仅发给本警备区，而且利用一切可以利用的机会，发到整个军区。

我们的组织形式是这样的：我们考虑到军队不是铁板一块，所以并没有给自己提出将所有部队都吸引到自己一边的任务；我们挑选了从阶级成分上说，最容易接受我们的革命宣传的那些部队。我们挑选工人比较多的部队，例如炮兵、工兵、水兵，以及工人较多的所有技术部队，派去我们的主要力量。而在主要来自富裕农民的（西欧的骑兵部队主要选自富裕农民）骑兵中工作最不见效。我们尽可能在每支部队中成立一个人数不多的地下小组，由这些小组的代表组成营团的委员会。这些委员会联络兵营外面的地下军事支部。不消说，这些军事联系都是绝对保密的。我们只挑选最可靠的同志，我们从来就不追求党员的数量，因为我们从不认为这样的军事组织就是一支能够独立行动的现成力量；我们认为这是一支在必要时能够率领同情我们的士兵和水兵群众前进的组织力量。因此我们从不追求数量。不过我要说，我们也有好几百人的组织，例如在喀琅施塔得、塞瓦斯托波尔等地。

我们采用的工作口号是多种多样的。首先我们认为必须进行广泛的宣传。广泛宣传不仅要根据重大的政治事件，士兵处境的特点也被我们用于宣传鼓动。我们利用士兵的无权地位、铁面无情的军纪、官兵之间的相互关系。而现在更应当注意官兵关系这样的问题，西欧的许多军队，尤其在它的禁卫部队中，军官属于统治阶级。他们要么是贵族，要么是资本家阶级的代表人物。因此我们以阶级斗争为基础教育群众，使他们在必要时起来反对资本主义制度。

不过我们始终关注不要出现不必要的爆发,因为军事组织的危险正在于军队的鲁莽行为,这种行为通常都会遭到最残酷的镇压,从而给组织带来严重损失。这种爆发往往使该部队、该城市、该警备区的组织遭到破坏。所以我们很关注不要发生暴动和无谓的爆发。可是在我国出现过这种暴动。我请大家注意斯维亚堡和其他一些地方的暴动,它们之所以发生是因为违反了我们政治中心的决定,因为在当地活动的除了我们之外,还有其他组织,例如社会革命党,他们特别喜欢采取种种冒险行动,有时醉心于暴动。

我们始终防止这样做,注意使士兵和水兵不浪费革命精力。

我还想提醒大家,在极其困难的非法条件下,我们还是召开了一些军事代表会议。我们召开了1906年春季的莫斯科代表会议。的确,就在第一次会议上,与会代表就全都被逮捕了,可是它并没有消失得无影无踪。1906年11月,我们在芬兰的塔墨尔福斯召开了军事和战斗组织的扩大代表会议。这次代表会议具有重大意义。弗拉基米尔·伊里奇就这次会议专门写了一篇文章,详细分析了它通过的决议,对这次会议给了很高评价。(参见《关于俄国社会民主工党十一月军事和战斗代表会议的记录》①)

我再请大家注意一个和军队工作、和军官工作有关的问题。我们有一些同志始终认为,有可能建立一个牢固的军官组织(特别是普列汉诺夫责备我们,说我们不吸收军官)。在我们之前,在马克思主义者—布尔什维克之前活动的革命者——十二月党人和民意党人——建立的主要是军官组织。可是这不是群众性组织,而是指望搞军事密谋、搞政变的狭隘密谋组织。我们不抱这种幻想。我们认为,应当把同情我们的军官

---

① 参见《列宁全集》中文第 2 版第 15 卷第 297—306 页。——编者注

吸引到我们这边来，可是吸收加入军事组织本身，成为军事组织成员的只能是绝对可靠、绝对经受过考验的人，因为在无产阶级革命中军官不如士兵群众可靠。因此我们仅仅吸收个别军官加入我们的组织，加入我们党。当时我们的组织已经有了比较高级的军事人员。我们吸收他们是为了听取他们的技术见解，利用他们的战争经验，其中有些人是我们战斗分队的教练员。此外，我们还利用他们的知识来直接研究敌人的力量。应当说，这是每个认真地提出起义问题的共产党面临的任务。任何一个党，只要认真提出起义的问题，就不可能回避起义的组织问题、起义的准备问题。而研究敌人的力量，研究它的技术装备，研究它的手段也就是准备起义的一部分，是一项极其严肃的任务，只有党组织指派专门的人员，认真关注这个问题，才能够顺利完成任务。第一次革命时，我们往往由于对敌人的力量很不了解，不能及时判断敌人将投入多大力量来对付我们，而蒙受了巨大损失。列宁在《1905年的教训》中注意到这个问题。第二次革命期间，士兵群众由于帝国主义大战的环境而革命化了，许许多多士兵被吸收加入了我们的军事组织，这项任务自然变得比较容易了。

可是不要以为吸收这些群众是一个自然而然的过程。没有专门挑选的干部，没有组织，没有对军队工作和军队中的宣传鼓动工作的特别关注，我们就不可能设想使敌人的军队变成一支同情我们的力量，而不仅仅是一支中立的力量。列宁一再指出要善于争取部队，争取军队。争取军队不仅意味着在军队中开展宣传鼓动，而且要在军队中建立一支必要时能够吸引中间分子的有组织的力量。我请大家注意，开展这件工作的共产党，我觉得，行动有些犹豫，还没有形成足够的气魄，创造一定的革命氛围来吸引群众。而军队中革命氛围的强烈表现都会深刻地反映到农民群众，特别是工人群众中。当无产阶级开始认识到自己虽然不拥有武器、可以得到军队即使是部分军队的同情和支持时，军队中的运动是最能促进工人群众革命化的因素；这时无产阶级就能有更大的勇气提出革命的目标和任务了。

鉴于日益迫近的战争危险，我们应当更加关注帝国主义军队中的有色人种部队。如果战争爆发，即便是和14年前同样的规模，它也将席卷遭受帝国主义奴役的那些民族和部族的最广大群众。将会从非洲和亚洲调遣部队来镇压欧洲的和苏联的无产阶级群众。

我们面临的重大任务是：在这些国家中开展工作，使这些民族和部族现在就明白，假如他们帮助帝国主义镇压欧洲的工人运动和苏联的无产阶级，他们就是在自己国内替自己打造双倍的奴役枷锁，而他们的任务和责任不在于应征后拒绝开枪，而在于一旦发给他们武器并号召他们反对革命时，去帮助组织反对帝国主义的斗争。

同志们，我想提请大家注意的就是这些问题。可惜的是对我们的工作经验研究得还不够。也许应当怪我们，俄国的布尔什维克，自己不善于宣传这种非常丰富的经验。我想，应当委托共产国际执行委员会来最终出版一套确实必需的文献，一套首先是向其他国家的共产党推广布尔什维克在军队中开展革命工作经验、其次是介绍上次帝国主义大战时在军队中开展宣传活动的经验的丛书。应当为各国出版一套普及读物，说明军队工作是一项重要工作，没有它就不可能为发生战争时的反帝斗争做好准备。

我想，同志们会向共产国际执行委员会提出这种委托，从而便于在陆海军中切实开展革命工作。

贝尔同志的结论

对这个问题的讨论不像对布哈林同志报告的讨论那样热烈。政治决议为讨论留下了广阔的空间，讨论涉及了战争问题的许多最重要方面。

讨论中有两点应当指出：（1）参加讨论的大部分代表只是复述了一些一般性的观点，（2）很少有自我批评。没有按照共产党员是否胜任反战的宣传和工作的精神检查我们各党的弱点。只有少数发言者就提纲发表了不同的看法，而且只涉及提纲的一小部分。看来，全体代表原则上是赞成我们的提纲的。

提出了一些次要的问题。费拉同志讲到国际联盟不能防止战争的段落。很清楚，我们提纲的这一部分是针对资产阶级宣称国联是防止战争的和平工具这种蛊惑人心的言论。恰恰是提纲的这一部分说明，帝国主义者的结盟和公约也同国联本身一样，都是准备战争的直接工具。如果这一点还说得不够清楚，同志们可以提出将国际联盟是准备战争的直接工具的思想表述得更加明确的建议。

费拉同志还指出第十五节，其中说，如果可能，我们在战前就应当团结群众。我对比了法文本和英文本，发现这里有一处误译。我们在这一段的英文本里读到的是："共产党员应当在斗争中将群众团结在自己身边，如果可能，就在战前推翻资产阶级；如果战前不能，就在战争中推翻资产阶级。"显然，这里说的和法文本说的完全是两回事，法文本应当改正。

费拉同志就战争的不可避免性问题同我们展开争论，说我们对问题的提法有宿命论的味道。看来费拉同志对第十五节读得不够细致，否则他就应当明白，我们不是用宿命论的精神来分析战争的不可避免，不过我们承认，在帝国主义制度下，只要资产阶级当权，战争就是不可避免的。可是正如我们指出的那样，这不是绝望的借口，因为帝国主义各国中正在酝酿无产阶级革命，它将一劳永逸地结束一切战争。此外，这一节还详细指出了开展反战斗争的实际办法，这就足以排除有关宿命论的种种指责。

费拉同志还宣称，提纲对殖民地军队注意得不够。这个指责也是不对的。我可以引用详细分析这个问题的第五十七节和第六十节作为回答。

关于我说的共产国际的文件写得很随便,对此有一位同志提出了一些挑剔的批评,暗示我对待列宁的著作过于轻率。同志们,我绝对不会这样做的。我指出,关于战争问题,我们缺乏一份像土地问题、组织问题和殖民地问题那样,足以说明我们反战斗争任务的基本文件。我指出,我们有许多辉煌的决议,列宁著作中也有最丰富的材料,可是必须将这些材料集中起来,形成一份基本文件,作为我们反战斗争中的指南。

这位同志还断言,我们对建立地下机构的必要性强调得不够。如果他读一下第二十节,就会看到我们对这个问题的特别关注。不错,我们没有提到领导地下工作的中央机构,可是我认为这是不言而喻的事。

一位同志指出,提纲中讲到"战争爆发之前,如果将阶级斗争转变为反对政府的革命群众起义,就可能防止战争",而且这种可能性"在新战争中比1914年时还要大些"的一段,同提纲中讲到"从战争一开始,资产阶级就不得不进行国内战争来反对工人运动"的那段话之间似乎有矛盾。

这里不存在任何矛盾。我们提纲的基本思想是:现在各国的群众都在向左转;所以我们在各国都可以见到共产党的势力在增大。资产阶级认识到这一点,将不得不在发生战争时,比1914年更快地采取镇压措施。

雅罗斯拉夫斯基同志指出,我们的提纲中没有谈到利用有色军队的问题。将许多有色部队派往中欧的可能性当然不能排除。利用这些部队镇压革命运动的前景提出了不仅在有色部队中而且在白人部队中开展宣传的问题,因为后者中存在一些种族偏见。有色部队无疑将被用于战争,我们在革命宣传中应当考虑到这一点。

别莱夫斯基同志强调了军队中少数民族的意义。他指出，波兰军队中30%的士兵是少数民族。捷克斯洛伐克和南斯拉夫军队中也有少数民族。这个问题十分重要。主要是捷克同志，还有其他一些国家的同志有些忽视利用军队中少数民族的不满情绪，这一点只要有机会，就应当加以纠正。我想建议将提纲中的这一点表述得更明确、更坚决。

讨论中还提到诸如海军中的工作薄弱，必须加强水兵工作，在拥有强大海军的国家中必须提出水兵要求的纲领等问题。还指出了妇女工作和青年工作的重要性等。

至于提纲的第五十一节，它基本上是正确的。

第五十四节讲到士兵苏维埃的口号不适用于雇佣军队，对这一节的批评中，部分是公正的、正确的。我们极力强调，最大的危险是我们许多党有忽视雇佣军工作的倾向。我们同意在进行国内战争的军队中不可能进行工作，不过仍旧可能出现特殊情况，使我们的同志有机会根据当地的条件解决问题；有利于雇佣部队的军事组织提出局部性的要求，使我们能够开展反战宣传。

有一两位同志提出了抵制的问题。看来我们还有许多同志对这个问题不是很清楚。梅灵同志等人断然宣称，抵制在任何情况下都不能采用。在我看来，这是一种教条主义的、抽象的观点。比如说，这个问题对于不同的军队，例如英国的雇佣军和以义务兵役制为基础的军队，是不同的。

我认为，对这个问题我们应当分析各种情况。我举一个例子：我们在第五十一节中说，对于打内战的军队，我们应当造成一种蔑视的氛围，对它们必须加以"抵制"。有一位同志表示反对。显然，我们在这里使用的是"抵制"的通常含义，而不是提出"抵制"的口号。（梅灵：这也是正确的！）

下面我谈谈我们在英国的策略。英国资产阶级坚决主张战争。有许多工人却不希望打仗。在这种情况下,资产阶级决定要打仗,就得事先开展认真的宣传,保证一旦开战,自己能获得群众最大限度的支持。加入阿姆斯特丹国际的工会领导人、第二国际的领袖们在战争爆发时将同帝国主义站在一起。在某些情况下,他们大约会打着国际联盟的旗号进行战争;工会和第二国际社会党的领导人也会起到招募人的作用。

在这种情况下共产党员应当怎样做呢?假如在英国举行一次招募大会,会上讲话的有,比如说,托马斯、韩德逊之流。共产党员应当讲话,反对政府,反对工党中的政府代理人。假如工人们说,共产党的立场是正确的,并向我们提出一个问题:他们是否应该参加军队?共产党员应当怎样回答呢?我们应当对他们说,他们不参加军队并不能阻止战争。我们应当说,他们应该用最积极的方法在军队内外展开斗争,用革命的方法结束帝国主义战争及其罪魁祸首。

我们最重要的任务就是给政府继续进行战争制造困难,给征集兵员制造困难,在这些人应征入伍后,在新兵中形成群众运动,阻止调派军队,使化学工业等不能生产。这就是在特殊情况下共产党人的正确立场。

有些同志担心,别人会说我们提出了抵制军队的和平主义口号。可是我们并没有按和平主义的精神提出抵制的口号,我们并没有建议不要参加军队。我们的目的是:在为军需而工作的工厂里,在铁路等地方使群众革命化。我们应当尽力唤起罢工,发动群众起来反对政府、反对战争。我们应当力求将帝国主义战争转变为内战。在实行募兵制的地方,在不实行义务兵役制的地方,共产党员是否应当害怕抵制的口号,而允许工人参加军队呢?共产党员是否应当担心别人把他们同和平主义者混为一谈呢?类似的担心还有背叛革命运动。我们应当采取各种形式来抵御战争,包括工人拒绝加入军队。当然,我们的努力也可能失败,尽管我们尽了力,而政府依然招募到了士兵,可是这只是在经过共产党员的顽强抵抗之后，共产党员的责任就在于尽最大努力给政府继续战争制造困难。

梅灵同志说："我们的主要路线就是开展反战斗争，所以我们无论如何都不能采用抵制的口号。"我认为，不妨拿我们对议会的抵制来作一个比较。

我们原则上是赞成苏维埃而反对抵制议会的，可是并不是在任何场合，也不是在任何情况下。我认为，提纲第二十四节是正确的。

列宁在同爱尔威的争论中，于1908年7月23日写了一篇文章《好战的军国主义和社会民主党的反军国主义的政策》。列宁是这样写的："无产阶级如果认为有利和恰当，可以用罢战来回答宣战；他们为了实现社会革命，除了采用其他手段以外，也可以采用罢战方法。但是，如果用这种'策略药方'束缚自己，那就不符合无产阶级的利益了。"①

梅灵同志接着说："我们不能仅仅因为有了群众运动就改变我们的原则；我们应当敢于逆流而上。"重要的是要搞清楚运动的方向。假定，比如说，英国或者巴尔干，或者法国的某些地区，广大农民群众有反战情绪。我们也不能轻视这种群众运动，虽然我们明白这种运动的方向是错误的。我们应当走到群众中去，吸引他们站到共产党的原则这边来。我们应当将我们共产党的原则渗透到他们的运动中去。连梅灵同志也承认，对于民族运动我们可以接受抵制的思想。既然是这样，那么我们在同农民和工人群众交往时，也不能拒绝这个口号。

当然，在这种条件下我们始终应当说明，工人有可能被强行驱赶到军队中去。我们应当向工人解释，他们应该用革命的方法结束帝国主义战争，将它转变为国内战争。这就是提纲的总思想，它利用抵制的口号作为进一步开展革命行动的出发点，在这个问题上没有任何含混不清

---

① 《列宁全集》中文第2版第17卷第171页。——编者注

之处。

费拉同志反对使用"临阵脱逃"一词。我们知道，在帝国主义军队中临阵脱逃被认为是一种非常严重的罪行，这个词也是耻辱的标记。可是我们为什么要害怕临阵脱逃呢？世界各国的工人中临阵脱逃是历史久远的常见现象。在帝国主义者看来，投向革命一边的第一步就是临阵脱逃。我们是否应当用另一个词来取代临阵脱逃呢？这不过是规避回答问题。梅灵同志指责我们，说是提纲中抹掉了第八次全会的口号："劳动群众民兵"。按梅灵同志的说法，劳动群众民兵和无产阶级民兵仿佛是完全不同的两回事。我们不妨看看列宁同志在《远方来信》中是怎样谈到劳动群众民兵和无产阶级民兵的。列宁写道："我们无产阶级，全体劳动人民，需要什么样的民兵呢？我们需要真正**人民的**民兵，也就是说，第一，它是由**全体**居民，即由所有成年**男女**公民组成的，第二，它把人民军队的职能同警察的职能、同维持国家秩序和进行国家管理的主要的和基本的机关的职能集于一身。"①

列宁接着写道："这种民兵将成为无产阶级民兵，因为工业工人和城市工人将自然而然地在这种民兵中对贫苦群众起指导性的影响，正像他们自然而然地在1905—1907年和1917年整个人民革命斗争中处于领导地位一样。"②

列宁明白，民兵应当由劳动人民组成，但是他解释说，这样的民兵中起领导作用的必须是城市的产业工人。所以说，提纲并没有什么矛盾之处，并没有打算修改第八次全会的提纲，反倒是试图对这个问题作更为概括的表述。

梅灵同志还将劳动群众民兵和赤卫队说成仿佛是两回事；他说：

---

① 《列宁全集》中文第2版第29卷第41页。——编者注
② 《列宁全集》中文第2版第29卷第42页。——编者注

"我们在资本主义国家可以宣传赞成劳动群众民兵,可是不能赞成赤卫队。"这是完全错误的。第八次全会指出,共产国际的重要任务就是武装无产阶级。我们在一些场合使用劳动群众民兵的口号,而在另一些场合使用无产阶级民兵,有时还使用赤卫队。无产阶级民兵的口号不能被解释为同赤卫队的口号相对立:两个口号都是同一个整体的组成部分;我们的主要目的不是建立"无产阶级民兵"或者"赤卫队"的体制,而是武装无产阶级。

还有一种危险就是一些同志可能提出无产阶级民兵的口号,作为向资产阶级政府提出的局部要求。以为资产阶级政府会设立劳动群众民兵或者无产阶级民兵,这种想法是可笑的。因此我们在提纲中将劳动群众民兵、无产阶级民兵和赤卫队的口号同无产阶级的具体组织和武装形式联系在一起。

讨论中提出的主要问题就是这些。我们的主要任务就是:一旦爆发在我看来是对共产国际最具决定性的考验的战争,毫不动摇地坚决保卫苏维埃无产阶级国家。

通过关于战争危险问题的提纲

主席:

主席团建议大会通过关于战争危险问题的提纲,作为委员会讨论的基础。现在提付表决。(提纲被作为基础通过)

选举成立若干委员会

主席:

我们现在要选举一个委员会来修改提纲并提交代表大会最后批准。

主席团建议委员会由下列人员组成。报告人：贝尔、巴尔贝、施内勒尔、洛夫斯通、维特科夫斯基、加兰迪诸同志。下列共产党代表团各2名代表。英国：尼尔和塞尔扣克；美国：沃尔夫和比特尔曼；法国：拉卡蒙和弗拉商；意大利：加洛和里恩齐；德国：弗洛林和皮楚赫；联共（布）：曼努伊尔斯基和雅罗斯拉夫斯基；捷克斯洛伐克共产党：施特恩和哈肯；中国：陈宽和王申（音）；波兰：利马诺夫斯基和茹瓦夫斯基，西乌克兰：普鲁扎斯基；青年共产国际：梅灵、加洛潘和列席会议的雷斯特。下列共产党代表团各1名代表。印度：拉贾，瑞士：维特哈根，日本：河添，荷兰：泽格斯，立陶宛：库纳斯，拉脱维亚：拉宾，爱沙尼亚：安韦尔特，印度尼西亚：马纳瓦，挪威：奥斯威斯蒂德，芬兰：布卢姆，南斯拉夫：阿吉奇。奥地利、南非、比利时、保加利亚、巴西、委内瑞拉、匈牙利、希腊、丹麦、波斯、爱尔兰、哥伦比亚、墨西哥、蒙古、巴勒斯坦、白俄罗斯、罗马尼亚、土耳其、巴拉圭、瑞典、阿根廷、厄瓜多尔共产党代表团各1名代表，工会国际、体育运动国际、农民国际、国际工人委员会、国际支援革命战士协会的共产党团各1名代表。（主席团建议获得通过）

主席团建议在代表大会开会期间用两名德国共产党代表：黑克尔特同志和埃韦特同志加强英美书记处的工作，并在书记处下设立美国委员会，由以下共产党代表团的代表组成。英国：贝尔和阿诺特；意大利：埃尔科利和罗西；联共（布）：布哈林和曼努伊尔斯基；法国：弗拉商。南非、捷克斯洛伐克和中国共产党各1名代表，青年共产国际2名代表，以及洛佐夫斯基、库西宁、米科洛斯、片山、恩格多尔和邓恩诸同志。（主席团建议获得通过）

主席团还建议设立一个黑人委员会，由以下诸同志组成。美国共产党的黑人代表：海伍德、琼斯、法默、卡尔通、福特。以下共产党代表团的代表。南非：邦廷；美国：比特尔曼、洛夫斯通和图比；英国：罗思坦；德国共产党代表团的 1 名代表；青年共产国际的福金和纳索诺夫；法共代表团的巴尔贝和洛泽尔；南美：卡德纳斯；意大利：罗西；比利时：雅克莫特；巴勒斯坦：海德尔；叙利亚：哈桑；土耳其：法赫里；印度尼西亚：马纳瓦；印度：西坎德尔·苏尔；以及库西宁、贝内特、瓦西里耶夫、威廉斯、赫列尔、安贝尔-德罗、舒宾和基泰戈罗茨基。委员会主席是库西宁，副主席是贝内特，秘书是威廉斯。（主席团建议获得通过）

（会议休会）

第二十四次会议

(1928年8月9日上午)

主席：台尔曼

布哈林作关于共产国际纲领草案的报告

纲领草案的特点

共产国际的纲领是世界无产阶级专政的纲领

首先我要讲一讲纲领草案的一些特点。

我们的纲领是无产阶级政党的最低纲领。向代表大会建议的这个纲领草案的核心，它的令人鼓舞的要素是**无产阶级专政**的思想。我们的纲领是无产阶级专政的纲领。

但这不仅仅是无产阶级专政的纲领，这是**世界无产阶级专政**的纲领。

像我们这样一个强大的世界革命无产阶级组织破天荒第一次试图提出自己的纲领。诚然，过去有过一些纲领性地论述无产阶级专政的尝试。但是，我们现在是第一次试图**具体地阐述在世界范围内建立无产阶**

级专政的任务。我们的纲领不是**一个支部**的纲领,不是一部分无产阶级的纲领,这是共产国际的纲领,也就是世界无产阶级的纲领。我们的纲领是在一个**特殊的时代**里构成和制定的,在这个时代里,无产阶级专政的问题、革命的问题、夺取政权的问题等已经不具有**学院式的性质**,而具有迫切现实的性质,在这个时代里,这些问题迫切而尖锐地摆在我们面前,是我们日常的任务,我们时代的任务,我们当前时期的任务。在战争和革命年代诞生的无产阶级专政,已经在地球六分之一土地上存在着,我们的纲领是时代的战斗文献,它规划了无产阶级为争取世界专政而直接进行革命斗争的道路。

这些特点使我们的纲领具有特殊的性质。拿我们的纲领来同第二国际政党的纲领相比较,我们可以看到,其中存在着巨大的差异。第二国际政党的纲领,这仅仅是加入第二国际的政党的**民族性**纲领。第二国际能够制定自己的**国际性**纲领,是十分令人怀疑的。这种可能性当然不能排除,但是,第二国际政党是很难完成的,因为第二国际政党之间的差异是非常巨大的。社会民主党的政治路线,特别是对外政治路线与"本国"资产阶级的路线非常一致,以至于这些政党之间的分歧基本上反映了各国资产阶级之间的矛盾,而这一点在危急时刻就反映了资产阶级社会的生活,只要回想一下鲁尔的占领和各国社会民主党在这个问题上的立场就可以看出。

分析一下第二国际政党的纲领,如英国工党的纲领草案,奥地利社会民主党的纲领,德国社会民主党在海德堡通过的纲领,我们可以相信,这不仅不是无产阶级专政的纲领(我们谁也从那里找不到这一点),而是**建设资本主义社会**的纲领,是建设**资本主义国家**的纲领。与这些政党,我们没有也不可能有共同语言。

拿我们的纲领来同革命马克思主义的早期文献相比较,我们可以得出完全不同的结论。然而,拿我们的纲领草案来同这些工人运动的最光辉的文献相比较，来同这些杰出马克思主义最卓越的著作相比较，我们可以看到，我们的纲领具有一系列不同的特点。

这些特点是我们时代的要求，是过去所没有的要求决定的。马克思亲自起草的革命马克思主义最杰出的纲领性文件，如《第一国际成立宣言》，特别是《共产党宣言》，是人类历史上整整一个时代的指路明灯。《共产党宣言》的基本原理至今仍然有效，这是国际无产阶级的真正革命的纲领。正是《共产党宣言》的这些特点说明这样一个事实：当前已经锐化变质的社会民主党如此卖力地反对《共产党宣言》的原则，有时是公开地反对，有时是隐蔽地反对，但都是从各条战线上来进行这种斗争。稍微详细地来分析一下这些文献，首先是作为"第四阶层"某种"圣经"的《共产党宣言》，我们可以看到，在那里以代数方式提出了纲领性原理。对我们时代所要求的那些原理的更详尽的阐述、更加的具体化，这我们在《共产党宣言》那里找不到，也不可能找到。共产主义运动在那时更多地具有**宣传**性质，共产主义已经举起了自己的旗帜，但是世界无产阶级大军还没有跟着它走。

那个时期离我们还有一段很长的历史时期。在第一国际灭亡以后，出现了工人运动发展的新时期。

在这个时期里，诞生了第二国际，成立了规模巨大的社会民主党。在资本主义发展过程中，无论是欧洲资本主义，还是美国资本主义的发展过程中，这些政党就"资产阶级化"了，在思想上锐化变质了。在世界大战的枪火中，第二国际破产了，成立了共产党，并从组织上形成和成立共产国际。随后又回到了革命的马克思主义，不过这种返回是在新的基础上，是在**新的经验**基础上，是在时代**新的要求**基础上的返回。现在我们已经不仅仅是共产主义的宣传者。共产国际毫无疑问要宣传革命马克思主义，但这个非常强大的组织是**积极行动的组织**。这个组织依靠的是前沙皇俄罗斯国内的无产阶级专政，是其他国家战斗无产阶级的庞大队伍，它已深入到世界的各个地方，它领导着亚洲大陆（中国）的大规模斗争，它已经是这样一支力量，以致有组织的世界资产阶级不得不疯狂地起来进行保卫，免受共产主义的危害。我们已经不仅仅是一个宣传的团体，而且是世界无产阶级斗争中的头等重要因素，世界政治中的头等重要因素。因此完全可以理解，摆在我们面前的各种问题已经不是笼统的一般的形式。而是具体的形式，而要回答我们党的要求也必须是具体的。这些时代的特点也说明我们纲领的特点，说明我们的纲领草案的特殊形式。在报刊上展开的讨论中，有些同志抱怨说，纲领太长，写得太枯燥，不符合纲领的"概念"，因此不能完全达到目的。有些同志试图用恩格斯的话来论证这一点，坚持必须简短和明确（kurz und präzis）地阐述纲领。他们指出，我们的草案倒像是对纲领的解释，是纲领问题的资料，而不像是纲领本身。但是在报刊上的整个讨论中，还是在这里在代表大会上的讨论中，所有具体的建议归纳起来，如果都接受的话，纲领不但不能缩减，相反会越来越长。

我以为，上面所说的论点犯了一个方法论性质的错误。批评我们纲领的那些同志所依据的不是我们时代的要求，而是过去的那些优秀的纲领典范。这样提出问题就犯了明显的片面性。当然，可以把纲领制定得更简短些，用比较的方法包含对资本主义、对无产阶级专政、对过渡时期、对共产主义等的抽象分析。但**这不是**当前时期我们政党所要求的。

我们有南非、中国、南美和世界各地的政党；没有一个国家不存在哪怕是共产党的团体。我们时代的最大问题，纲领性的问题，要求我们分析这些国家之间的相互关系，要求对共产国际总的策略和战略，对各国共产党策略之间的相互关系制定原则。马克思在写自己的宣言时，没有遇到这些世界范围的任务，当时这些任务还没有提上议事日程。在随后的第二国际时期，不缺响亮的口号和词句：在第二国际里，对"各国人民友好"、所有无产者必须联合起来、国际主义等谈论得很多。第二国际至今还在继续谈论。但是请看一下现在第二国际代表大会上发生的情况吧。根据这次代表大会的报道可以看出，殖民地国家代表的席位是**空缺的**。这当然不是偶然的。而在我们的代表大会上，各殖民地民族和国家的真正代表都参加了。共产国际各党的代表们，无论是殖民地的，还是欧洲的和美洲的，都不要局限于柏拉图式地议论"各民族的友好"，而是要友好地进行共同斗争，并在组织上相互联系。我们的国际工作虽然还有很多缺点，但是，可以毫不夸大地说，这种无产阶级合作是历史上**破天荒第一次**建立起来的，我们是**人类历史上破天荒第一次**制定无产阶级的国际战略和国际策略，并竭力协调和互相配合我们各国实行的策略。我们竭力对实际发生的事情找到思想上的表述，我们不炫耀漂亮的空话，而是扎根于实际的事实。可以大胆地说，共产国际是在国际范围内组织无产阶级群众并制定他们的共同战略和策略的唯一一支力量。这是破天荒第一次看到的情景，因此完全可以理解，我们的纲领应该具有在以往时代的杰出文献中所没有的那些特点。那些把我们的纲领同各国支部的简短纲领或者同《共产党宣言》作比较的同志们要求共产国际的纲领"不要那么长"，他们采取的是一条错误的标准，这些要求根据的是一个错误的论点，即我们的时代似乎与以往的时代没有什么不同，没有什么特点，没有特别的需求和要求。

对以前的纲领草案进行修改根据是什么

在共产国际上一次代表大会上讨论并通过了纲领草案。曾委托专门委员会对它进行文字上的修改，以便在第六次代表大会上进一步讨论。共产国际执委会纲领委员会没有限于只作文字上的修改。我们以共产国际执委会名义向大会推荐的纲领草案同以前的纲领草案相比，作了非常重大的修改。第五次代表大会以来已经过去四年了。历史发展的客观条件已经大大改变。而这些变化往往是十分重大的。它要求我们不仅在策略上作某些改变,而且要求对我们的一些纲领性原理进行一些不同的阐述。当然,这无论如何不意味着对以往纲领草案的基本原则进行修改。

我们纲领的基本原理是革命马克思列宁主义的原则。但是,在分析资本主义社会,在分析苏联的状况,在确定我们所提出的要求和制定策略战线的情况下,必须在具体阐述这些原则性原理上作一系列修改。我再重复说一遍,这是由**实际发展过程中的客观变化**决定的。资本主义总危机的形式改变了。关于这一点,我已经在代表大会上第一次作的报告中谈到过,因此我不想在这个问题上再来谈论它。帝国主义基本力量发生了变动。亚洲大陆经受了一系列剧烈的震动。轰轰烈烈的中国革命具有重大的意义,可以相信,它将具有更大的意义。在无产阶级专政的国家苏联,取得了巨大的成就,积累了很多的经验,未来的道路现在要比四年前更加明确得多。苏联发展的特点和所有国际性质的现象现在要比上一次代表大会召开前更加明朗。

随着当代资本主义经济结构的变化和资本主义政治上层建筑中的各种变动,出现了一些**新的社会现象**。在第五次世界代表大会期间,法西斯主义还只处在发展的初始阶段。而现在,我们看到的不仅是法西斯主义的典型形式,而且是一系列走向法西斯主义的**过渡阶段**。法西斯主义试图作为一种特殊的制度,可以说是一种"世界观"、新的"文化理想"而牢牢地植根下来。

我们在工人运动中的主要敌人进入了新的发展阶段,我要说的就是**社会民主党**,第二国际的政党。与此相适应的是,改良主义工会的**内部结构**和**职能作用**,他们对待各种纲领性问题和策略问题的态度正在发生变化。因此,比方说我们实行的统一战线策略与四年前相比已经有所不同了。由于工人运动中出现的新现象,共产国际执委会在对英国党、法国党等方面拟定并实行了向左转的策略转变。

资本主义所经受的总危机形式的巨大变化,我在上面所谈到的一系列其他领域中发生的变化,促使我们共产国际执委会纲领委员会稍稍扩大自己的任务,而不局限于只对以前的纲领草案作技术性的文字修改。当然,这从形式上看不属于纲领委员会的职权范围,超出了自己的权限。但我们希望,第六次代表大会不会责备我们,因为在我看来,纲领委员会是有充分的理由这样做的。我的首要任务是说明,纲领委员会所作的那些修改,或者说那些主要的修改是完全有理由的,是由于整个世界形势决定的。

我们的世界观——辩证唯物主义

同志们,我们纲领草案的基本特点是,它公开地声明,共产国际采取、维护和宣传马克思恩格斯的革命辩证唯物主义方法。我们根据马克思恩格斯提出的辩证唯物主义这种方法和某种世界观进行具体分析,作为纲领草案的基础。在这个草案中,我们更加清楚地表明了我们对革命马克思主义的忠诚;在目前时代,必须明确地强调我们纲领的这一思想基础。上面我已指出,社会民主党在思想意识方面也正经历着极深刻的蜕化变质和"资产阶级化"的过程。这是毫无疑问的。德国社会民主党,这个社会民主党的典范,过去一直卖弄马克思主义的辞藻,尽管这个社会民主党的大部分成员早已抛弃了马克思主义词句,正是这个德国社会民主党在战前时期还是科学社会主义的传播者,并强调社会主义"铁定地"会摆脱资本主义制度,强调我们的理想和我们的目的深深地植根于资本主义的客观发展,也正是这个社会民主党现在已经从形式上也同社会主义的**科学**传统彻底决裂了。它现在已经不作这样的结论:社会主义是从资本主义社会的客观发展进程中产生的。在德国社会民主党内,占着思想垄断地位的是完全另外一些思想流派,形形色色的英国折中主义为社会主义的后裔,他们在自己的哲学体系中提到首位的是所谓的道德因素。社会民主党的一些大理论家竭力试图把马克思同老黑格尔派、康德、贝格松及其他唯心主义哲学家,甚至同宗教调和起来。随着向资产阶级的投降,社会民主党越来越经常地公开攻击科学社会主义的所谓的"宿命论",或者说攻击正统的马克思主义,并以道德的原理,有些地方甚至以宗教的原理作为自己的理论。在目前时代,我们必须特别强调,我们要坚定不移地站在正统的马克思列宁主义的立场上。我们必须公开地声明(在纲领草案中我们就是这样做的),我们要用科学的材料来论证社会主义的必然性,我们的策略是同这个客观的科学预见相适应的。我们在自己的预见中,确定从资本主义向社会主义过渡的历史必然性,同时把我们的预测贯彻到实践中去,贯彻到现实中去。与此同时,与上述原理密切相关的,我们要公开宣扬马克思主义资本主义破产的理论,宣传我们的革命理论。

这里要附带说明一下,社会民主党不仅从自己的词汇中抛弃了"无产阶级专政"的术语,而且它根本不再谈论革命了。如果它提到"革命"的字眼,例如在工党的纲领中,那也谈的是自己及对革命的**斗争**。德国社会民主党的纲领中谈到"夺取政权",但"革命"这个词在那里被勾销了。著名的共产主义叛徒保尔·莱维在海德堡代表大会上谦虚并羞羞答答地指出:"先生们,你们把革命完全勾销了,你们提出庸俗的进化!"对此,鲁道夫·希法亭在结束语中这样回答他说:"我们是怎样理解革命的呢?资本主义是最伟大的革命家。要知道,有了资本主义,eo ipso(它本身)也就有了革命!"

总之,辩证唯物主义的方法、历史革命地论证社会主义、关于革命的学说、无产阶级专政的学说——所有这些相互联系的因素构成了我们纲领草案的思想理论基础。

共产国际纲领的世界因素

现在不可能满足于抽象分析

向第六次代表大会建议的纲领草案同以往的草案相比较，还有一个特点。我们在这个草案中特别明确地强调**决定纲领整个结构和贯穿各个章节**的世界因素。这个世界因素对分析资本主义总危机，对制定我们的战略和策略，对我们的纲领性要求，打下了自己的烙印。同志们，我们这样做是因为，现在我们的运动和我们党的要求提高了。现在我们已经不能满足于以前制定纲领的方法了。过去，任何一个政党，在制定任何一个纲领草案时，在我们苏联也是这样，典型的做法是，以分析抽象的资本主义开始，从阐述抽象的资本主义运动规律开始。我们以为，我们时代的要求需要稍稍改变一下制定纲领的这种典型做法。每个人都懂得，当代最尖锐的问题是同帝国主义问题联系着的。帝国主义问题已经不允许我们只限于简单分析抽象的资本主义。抽象的资本主义是一种封闭的整体，是一个没有对外关系、没有对外贸易、没有资本输出等的社会。了解我们马克思主义者队伍中理论争论的人都知道，例如我们要分析危机问题、再生产问题等（这从马克思时代起就进行过了），我们就必须从对外贸易和一系列其他条件开始进行抽象分析。大家知道，马克思在《资本论》中就是这样展开分析的。但是，如果我们现在分析**帝国主义**问题，我们就不能根据抽象资本主义的简单概念了。分析帝国主义的前提条件是分析**资本主义体系各个组成部分之间的关系**。分析帝国主义**不可能**不分析对外贸易，不分析资本输出，不分析**世界**资本主义经济内部的关系。因此，这里就有一种与简单的和抽象的"资本主义"不同的东西了。帝国主义问题是以直接分析世界经济和**世界**经济关系为前提的。因此,抽象资本主义的运动规律可以作为进一步分析的**出发点**。这是我们**必须**做的。但是,只满足于分析抽象资本主义社会现在已经不可能了。而由于我们时代的要求,世界工人运动和各国共产党的要求迫使我们越来越具体地提出问题,进行具体分析的要求也就越来越高;当然这绝不意味着,我们必须在纲领中堆积一些具体的**细节**。但是我们必须在纲领中阐明各种组成部分之间关系的**典型特点**。

为什么我们强调分析世界经济

我想用稍稍不同的方式来阐述问题。社会民主党用来反对我们的理论中有一种理论,即所谓的**"超帝国主义"**。是否有必要在我们的纲领中对这个理论进行反驳呢?我认为有必要。难道"超帝国主义"问题不是导致重大政治结论的重大理论分歧之一吗?当然是的。但是能不能从抽象资本主义的观点来说明"超帝国主义"问题呢?这是绝对不可能的。从任何角度来看,我们不得不在发展共产主义理论思想方面向前迈出一步(这绝不是缺点,依我看这是优点),在我们的纲领中强调那个**世界因素**。你们可以看到,现在运动开展得多么广阔。这一点我们在第五次世界代表大会上还没有看到,或者说还没有像现在那样感觉到。就拿下面这个情况来说吧,我们这次代表大会上破天荒第一次有南美国家、殖民地国家等如此强大的代表团。这是我们巨大增长的标志,而这种巨大增长应该在纲领中有所反映。所有这些理由使得我们从分析抽象资本主义出发,特别强调对**世界资本主义经济**的分析。我们谈到具体存在的世界经济体系,谈到世界经济关系体系,我们谈到世界帝国主义体系,我们分析**它**的内在矛盾,我们不仅仅采用整个"崩溃论"的抽象公式,而且我们扩展了这一理论;我们叙述了这个过程,我们比较具体地描绘了这是**由不同的组成部分形成**的世界革命过程。如果我们用完全抽象的方式来描述资本主义危机的过程,那么我们就不能对这样一些问题,如民族起义的作用、殖民战争的作用、在落后国家中土地革命的作用等问题得出任何答案。在纲领中要不要回答这些问题呢?我以为这是绝对必要的。我要提醒大家,例如列宁同志反对尤尼乌斯——罗莎·卢森堡的光辉论战,或者关于列宁反对普·基辅斯基的文章。列宁的英明特点表现在哪里呢?顺便说一说,表现在,他在世界大战时期,在大战刚开始的时候,就清楚地了解了世界革命过程的不同性、多样性,这一点我们中的许多人当时还不了解。他那时就已经明白,这个过程将不会以"纯粹"**无产阶级起义**的"纯粹"形式进行,而是在无产阶级革命的过程中,反对帝国主义统治者的**民族战争**和**殖民地起义**将结合在一起。列宁在那时,在世界大战时期就指出,世界革命不是作为一次性行为进行的,它不应是绝对一样的整体,它是由不同组成部分、由不同的社会性质组成的,并且作为一个长时间的过程进行的,而且是不平衡地发展的。在革命中无产阶级的统治地位正表现在,无产阶级率领着世界革命过程的整个这一环节。摆在世界无产阶级面前的任务不仅是进行"纯粹的"无产阶级革命,而且还要带领农民和殖民地各族人民。例如它应当支持这样一些民族起义,甚至民族主义的或者由资产阶级革命者直接领导的起义。这一点过去我们不理解。像罗莎·卢森堡那样许多工人运动的杰出革命思想家过去也不理解。但是,既然具体阐述世界革命运动这个论题对于我们直接实践如此重要,那么我们在纲领中是否可以避而不谈呢?决不能这样。我们的纲领决不能不谈这个问题。我们不能只谈抽象资本主义社会中抽象的革命,我们必须谈论世界革命,而且不是一般地谈论世界革命,而要从它的内在多面性的角度,从构成总的世界革命进程的**全部总和**的各种各样形式的角度来谈论。而且在谈论世界革命过程中我们必须更加具体,强调它的**内在多样性**。因此,分析应该具有**更加具体**的性质,同时应该同世界因素联系起来。因此,关于我们的最终目的——**共产主义的章节**也要作重大的修改。我们在新的纲领草案中也谈到**世界共产主义体系**,可以大胆地说,我们在这里提出了**世界未来前景**的问题。我们要大声公开地说,现在谈论共产主义已经不是某种抽象的东西了;不,在目前时代,我们竭力要使**整个世界**处于我们的影响之下,并领导整个世界,使其达到我们的最终目的,而这个最终目的现在在我们面前已经以更加具体的形式展现出来了。我们声明,为了答复帝国主义用铁血铸造的空前未有的世界托拉斯的乌托邦计划,我们提出自己的任务:通过无产阶级革命的道路,通过世界革命的道路来掌握整个世界,来分配全世界的生产力,以便使它能够最大速度地发展。因此,我们在关于世界共产主义的章节中更加具体地阐述我们这个最终目的的特点,也再一次重申我们强调世界革命的缘由。这正像我们在阐述**过渡时期**时,我们要谈到不同**国家的类型**有着**各种不同**的"过渡时期"一样。

什么是我们分析战略和策略中的中心点

下面我们来谈谈关于我们党的**战略和策略**篇章中的这一点。战略和策略问题是非常重要的,是同我们日常的策略任务有机地联系着的。在讨论我们第一项议事日程的提纲时,我们曾提出,几乎我们所有党都发现,在进行国际运动时,特别是支援中国革命等的运动时存在着一系列缺点。但是这样提出问题意味着,我们已经把**协调世界各地的斗争问题**作为**实践任务**提到了我们面前。在柏林支援中国工人的示威游行意味着什么呢?这就是协调中国工人和柏林无产阶级斗争的问题。而我们发展得越大,我们面临的这些任务就越大。**保卫苏联的口号**意味着什么呢?这无非就是加入共产国际的各党制定**国际的**战略和策略。这里我们自然面临着巨大的困难。怎样才能把这些性质不同的任务相互联系起来,如怎样把它纳入纲领的阐述中，怎样找出从我们总的战略的角度来看待这些不同的策略和战略的形式？我以为，所有同志都已看到，我们是用什么办法来试图解决这些问题：我们把争取**世界无产阶级专政**的斗争放在首位，把任何一个国家的工人阶级的斗争看做是争取世界无产阶级国际斗争发展中的一个**阶段**。这样我们在纲领草案中分成了三种类型的国家：**高度发达**的资本主义国家，**中等发展水平**的国家（应该承认，这是一种**假定的、很不确切**的表述），然后是**殖民地**和**半殖民地**国家。我们试图描述这些国家的特点。由此产生了在争取无产阶级专政斗争中的特殊任务，在作为通向无产阶级专政道路上的一个阶段的工人**农民**专政斗争中的特殊任务。然后，这个工人阶级农民专政的斗争发展和"转变"为争取无产阶级专政的斗争。这是整个分析我们的战略和策略的**中心点**。总的目标，即争取世界无产阶级专政的斗争是第一位的。发达资本主义国家在争取无产阶级专政的斗争中应该居于首要位置。其他国家进行争取无产阶级和农民专政的斗争只是在争取无产阶级专政斗争中的预备阶段。殖民地国家方面也是这样。所以说，总的共同目标是争取世界无产阶级专政的斗争。我们认为，我们纲领草案中我们的纲领性要求正是表现在这方面。最发达的资本主义国家，即帝国主义国家共产党的要求是什么呢？这就是争取以及巩固无产阶级专政直接斗争时期的过渡性要求。那么我们对殖民地国家作为特殊性要求提出的要求具有什么性质呢？这就是（如果在典型的情况下）适合于争取无产阶级专政，即争取无产阶级和农民专政斗争的预备阶段的要求。这样我们把这种多样性，把各个不同的过程结合成一个整体，并从这种多样性中得出了争取无产阶级专政斗争发展的总的前景。

由此可见，在纲领草案的各个部分中，最具有标志性的东西就是世界因素、国际斗争的因素、使我们各党相互联系的共同因素，同时这些因素并不是平淡无奇的、庸俗的，这种标志性的东西并不是简单的、模棱两可的东西，而是基于从争取世界无产阶级专政斗争的角度使相互之间联合和团结起来的多样性、差异性以及不同的表现形式。

世界革命过程的多样性

苏联的经验

我们在纲领草案中十分坚定地强调世界革命过程的多样性问题，同时我们也试图论证这一点。我们在纲领草案中提出了这样一个论点：世界经济的相对**统一**是革命**世界**性质的原因，而**资本主义的不平衡发展**是**世界革命过程不平衡**发展的原因。随后我们又根据这一论点描绘了各国的不同类型。根据这一点，我们不得不一方面强调**苏联的作用**，另一方面又强调**殖民地的作用**。我们的纲领草案与以往的草案不同的地方是有**苏联专门的一节**，同时也着重强调**殖民地问题**。单是这些问题，即使从纲领的简单结构来看，也使我们的纲领和社会民主党纲领之间存在着不可逾越的鸿沟，因为在社会民主党的纲领草案中当然不会有苏联的任何作用，而它们对殖民地问题的阐述也难以与帝国主义的说法区别开来。我们有些同志认为在纲领中专门谈论苏联不是特别合适的，而有些俄国同志在我们的报刊上也说，这样做使得纲领草案具有过分的俄国特色。我不同意这种意见；我认为，我们必须单独地、专门地来谈论苏联。**专门地谈论苏联**是什么意思呢？这绝不是说，我们把苏联的问题从世界现象、世界发展总的关系中脱离开来。相反，我们要从整个世界经济的相互关系的角度，从国际工人运动的角度来看待这个问题。我说"单独地"提出苏联的问题，我的理解是，我们在整个纲领草案中给予了**很大的篇幅**。这是完全正确的，特别是在现时的形势下。这个形势不能理解为狭义上的"行情"。例如,战争危险的问题不是与行情有关的某种东西,它绝不是与这个国家或那个国家的萧条或高涨相类似的东西。情况不是这样的。战争危险将在资本主义制度总危机的发展中占据相当长的时期。而这个问题,正如我在第一次报告中所说的,是目前整个时期的轴心。从另一方面说,我们积累的相当多的建设工作经验应该为其他国家的政党所利用。人们说:你们的经验具有国际意义,在关于"军事共产主义"和"新经济政策"的章节中来谈论吧!当然,我们是要这样做的,一部分地也是根据我们苏联的经验,我们要稍微详细地,但同时也要更加慎重地来阐述一系列问题,如新经济政策问题,"军事共产主义"问题,等等。这一点我决不反对。

但是,有一些各种不同的特殊问题、特殊经验,是我们无论如何不应该直接照搬到其他国家的。把我们国家的经验完整地转交给全世界革命工人阶级,用概括的、凝练的形式向它介绍这些经验(不是仅仅从把这一经验直接照搬到这样或那样一些国家的角度来看),这是绝对必要的。在目前总的形势下,弄清楚苏联的作用问题,弄清楚苏联对其他国家的无产阶级和对殖民地运动的责任问题,从另一方面说其他国家的无产阶级对苏联的责任问题,都是绝对必要的。如果这个问题需要十分的**明确,首先**需要加以明确,那我们怎么能够掩盖这个问题,添加一些外交性质的考虑呢?

所有这些想法促使我们把苏联问题作为专门的章节来加以阐述。

殖民地的作用

特别强调殖民地问题,比以往的纲领草案中更加强调,也是必要的。因此我想讲以下一点。我们试图在纲领草案中,不仅从世界革命过程的观点来描述殖民地运动的作用,而且从我们今后建设未来的角度来研究这一作用。在我们的草案中有一些概括性的论点,例如把殖民地作为**世界农村**与工业国作为**世界城市**来进行对比。的确,如果我们从我们未来的角度看一看世界经济总的情景,我们会得到什么呢?巨大的工业国家在阶级关系上代表着产业无产阶级的中心。这就是所谓的在整个世界经济中的大城市,同时,殖民地外省或过去的殖民地,与这些工业中心相比较,则是某种大乡村、外省乡村。德弗里斯同志在纲领委员会中曾谈到,在有些无产阶级中间存在一些担心:例如,英国工人担心,一旦在英国的殖民地或者在英国国内广泛而深入地开展革命运动,英国无产阶级就会得不到过去这些殖民地的供应,不能从那里输入粮食,等等。所有这些问题,所有这些担心,都要求充分弄清工业中心和过去的殖民地之间的相互关系。而从**经济**的角度来看,我们同殖民地各国的兄弟关系是由以大工业中心为一方和以大农村为另一方之间的经济联系的铁的必然性决定的。而从阶级的角度来看,**在世界范围内**就是世界产业无产阶级同世界殖民地农民(如果可以这样说的话)之间的**相互关系问题**。

这样一来,我们曾经激烈争论的列宁提到的一些特殊问题,现在在世界范围内摆在我们面前了。如果说我们如此"顽固地"决定谈论**世界共产主义、世界无产阶级专政**,我们的世界活动计划,那么很自然,以工业化和无产阶级为一方、以农民为另一方之间的经济关系问题,无论从经济的角度还是从阶级的角度来看都是极其重要的问题。

这里,我们必须在纲领中提出和解决关于**在殖民地国家中非资本主义,即直接社会主义发展**的可能性问题,这个问题列宁当年在第二次代表大会上就提出来了。我认为,我们在这里必须区分两个问题。一方面,我们有这样一些殖民地,那里资本主义已经**相当发达**,我们可以提出无产阶级领导权的问题,但是在那里无产阶级的内部力量还不够发达,如果没有外部的进一步帮助,社会就不能沿着社会主义道路进一步发展。我们曾经同托洛茨基有过关于一国建设社会主义可能性的争论，但这决不应简单化地理解为，似乎在任何一个国家都有建设社会主义的一切必要条件。这是对我们观点的拙劣的曲解。当然，不是**任何一个**国家都可能靠自己的力量来建设社会主义，必须要有生产力发展的一定阶段，工业积聚的一定阶段，等等。没有这些前提条件，就不能设想在这样或那样一个国家里社会主义发展的可能性。就拿中国革命来说吧。我们谈到从资产阶级民主革命转变为无产阶级革命的必然的未来过程。这很好！但这是否意味着，中国革命能够仅仅靠自己的力量，即所谓**单独地**来建设社会主义呢？我以为不能。中国的问题跟俄国有所**不同**。那里的经济结构有所**不同**。这就是说，从建设社会主义可能性的观点来看，我们必须从世界革命的背景来考虑中国革命。问题是这样：在中国已经多少存在着资本主义，存在着能够成为革命领导者的工人阶级，但是还决不能单独地不依靠外力帮助来成功地建立社会主义制度。这里我们也就提出了关于在建设社会主义的事业上无产阶级专政国家帮助这样或那样一国无产阶级的问题。在已经存在资本主义，已经有了无产阶级，但还没有建设社会主义的足够的内部前提条件的经济落后国家里，问题就是这样摆着的。

关于非资本主义发展的可能性

但是，比方说**资本主义**确实还处在**胚胎状态**，还存在着**前资本主义形态**，资本主义还没有特别强大地渗透到社会经济生活中去的地方，问题就不同了。这里，"越过"资本主义阶段的可能性问题，"避免"资本主义发展的可能性问题，就特别突出了。在这里，外部援助的提法意味着什么呢？这里完全是另一回事。这里需要的不是一个工人阶级对另一个在某种程度上已经发达的**工人阶级**的援助；这里几乎直接就是工业中心的工人阶级——并且就是直接地！——与农民之间的相互关系问题。从阶级观点来看，例如，就是工业国家的无产阶级专政对中国工人的关系问题。已经建立无产阶级专政的工业中心的无产阶级同正在领导农民的中国无产阶级存在一定的相互关系。这里有一个**中间环节**，即起着**独立作用、领导者作用**的中国无产阶级。但是，在无产阶级占居民极小部分或者几乎不存在的国家里，情况就不同了。工业国家的无产阶级专政在这里没有中间环节——无产阶级，因此在相应的殖民地国家里，发展的过程就不同了。中国的情况是：从中国**内部**的观点来看，我们可以说，是资产阶级民主革命转变为社会主义革命的问题。不像在某些游牧民族或者单纯农业居民的国家里那样。从世界历史的角度来看，在这里我们可以提出"超越"的问题。但是在这些前提条件下，问题就不同了。为什么呢？从这个国家的**内部**条件来看，这里不可能有任何"超越"，因为那里没有无产阶级，那里不存在这种超越，即变农民民主革命为社会主义革命的内部前提条件。在这个国家里，没有能够创造这种历史的主体。不过我们仍然可以在这里谈论革命向社会主义转变的问题，只是**有条件**的，是在**完全不同的意义**上，也就是说只是在：除非其他国家的工业中心把外省农民吸引到自己的影响范围内来。试举苏联生活中的例子吧！在我们苏联有着巨大的农业，也有工业城市。就拿一些没有工人的乡村苏维埃来说吧！如果有这种情况，那么这些农村中的苏维埃就完全与城市苏维埃**脱离**了，这就是苏维埃农民民主，不是别的什么东西。但是，由于在这些农村基层苏维埃和城市无产阶级苏维埃之间存在着一定的联系，由于整个苏维埃大厦的结构是这样建立起来的，即这些基层组织是**整个**苏维埃国家机体的细小组成部分，那里领导角色居于城市工人苏维埃，那里整个体制是这样建立的，越是上面，无产阶级的影响就越大，一旦**出现分歧，由无产阶级来决定**（而且只能由无产阶级），由于所有这些原因，农民基层组织也就变成无产阶级专政的组成部分。而正是这些联系才使我们有可能**吸收**农民参加由无产阶级领导的社会主义建设。再来看一下世界的情景吧!我认为从上面所说的情况看,可以把世界工业城市或工业无产阶级专政和农民殖民地农村与之相对比。既然我们在革命后,在发展中的无产阶级专政条件下把所有这些领域联合在联邦制或其他某种形式之内,那么纯粹的农民地区(过去的殖民地)将在无产阶级专政的世界体系中起到如像我们的村苏维埃在我国整个苏维埃体系中所起的同样的作用。如果把这些农村部分吸纳到整个发展过程中来,那么这种吸纳就会越来越广泛,从这个角度来看,从这个意义上来说,我们可以说这里就有向社会主义革命方向发展的过程。这不是因为在这个农民地方机关中有无产阶级群体在起作用,而是因为其他国家的无产阶级强行把整个农民地方机关纳入自己的影响范围内,并创造越过资本主义发展阶段、直接过渡到社会主义的条件。可以说,这是"未来的音乐",我们现在还没有这种情况,但我认为我们应该想象这种未来。

世界城市与世界农村

我试图来阐释一下无产阶级取得世界性胜利后的进一步发展进程,并发挥一下列宁曾说过的一个论点,即共产国际应该论证并证明所谓"非文明"民族的非资本主义即社会主义发展的可能性。这个"非文明"民族的说法不是我们的说法。我们的任务是发展这些殖民地的落后民族,并把它纳入到整个运动中来。这里我们必须提出比过去更明确的前景。如果我们要在关于世界无产阶级专政的纲领中来谈论这个问题,那么我们就必须涉及**世界城市和世界农村的相互关系**问题,世界无产阶级和世界农民的相互关系问题。我在这里不特别强调农民的分类问题,倒不是因为我认为这个问题不重要,而是因为这是一个特别专门的问题,它在有关的决议以及我们的纲领草案中曾多次讨论过和阐述过。但是我现在要说明的这个论点,迄今为止还没有明确阐述过,所以我们在我们的纲领草案中必须**更加突出地**加以阐述。

分析殖民地非资本主义发展可能性的问题是同我们现在把殖民地问题比过去放在更紧迫位置这一情况密切联系着的;而这也是同列宁曾经写过的一段话紧密地联系着的,列宁曾写道:无产阶级反对国际资本的伟大世界斗争的胜利结局**取决于亿万殖民地居民参加这一斗争的过程**。这股巨大的群众力量,这些无产阶级的巨大后备军和部分农民,从世界历史的角度来看,乃是**决定性的力量**。如果我们说到无产阶级及其在世界革命中的领导作用,那么最重要的基本任务之一就是解决世界无产阶级领导世界农民的问题。这就是为什么我们把殖民地问题提得如此突出和我们必须如此着重地强调的原因。我们必须特别强调,在世界革命的过程中,正是世界无产阶级起义和殖民地农民土地革命的结合乃是极重要的因素,是我们胜利的极重要保证。

一些经济问题

我们对灾祸论的论证

关于**资本主义的运动规律**和**资本主义制度总危机**的问题说几句。我已强调指出,我们把社会主义看做是必然的和自然的现象,是同马克思、恩格斯和列宁的基本观点完全一致的。**对资本主义运动规律的阐述是我们纲领草案基本部分的极重要元素**。我们根据**资本主义制度矛盾再生产过程**的分析,论证了"灾祸论"。我们在纲领草案中没有把事情描述成这样:资本主义变得越来越衰弱,而无产阶级变得越来越强大。虽然资本主义的最后阶段,即帝国主义阶段暴露出日益增长的内部腐朽的征兆，虽然寄生性倾向在资本主义制度内部越来越突出地表露出来，但是在一系列资本主义国家，特别是在最近一段时期里，强大的生产力在发展，技术在成长。我们相信，资本主义的灾祸将在全线爆发，这倒不是因为资本主义在各个部分将变得越来越衰弱，而是因为资本主义在其整个发展过程中所产生的彼此之间相互联系的巨大的内外矛盾将导致越来越强大的碰撞和冲突。而在这些冲突过程中，对抗性力量将会爆发出来，葬送资本主义的社会形态。

关于金融资本的争论

分析**目前的形势**和**分析资本主义的总危机**是同描述灾祸论作为资本主义制度本身矛盾再生产的结果相联系着的。关于这个问题，我没有必要再来谈了，因为这个论题在第一项议程中已经说得够多了。不过我还是想谈一谈与资本主义制度运动规律的定性有关的一些争论问题。在就纲领问题争论的文献中，首先是对"金融资本"这一概念的攻击。有些同志责备我们，说这一理论是从希法亭那里抄袭来的，因此我们的纲领草案似乎具有社会民主党"希法亭式"的色彩。我认为这个论据是不对的。从形式上说，如果希法亭谈论过金融资本，那也并不意味着，他在这个问题上没有说过一点正确的东西；社会民主党的作家们，特别是过去的，战前时期的作家们有时也说过一些相当正确的东西。大家都知道，列宁曾赞扬过不无缺点的考茨基《取得政权的道路》的小册子。列宁对希法亭的《金融资本》的意见也是众所周知的。如果说在德国人当中人们开玩笑地说，希法亭是靠金融资本为生的，那么现在这个说法完全是另外一种意义了，即《金融资本》的作者是靠金融资本的寡头们养活的了。不应忘记，希法亭在《金融资本》一书的结尾中谈到**无产阶级专政**。至于说某些同志论证的实质，那么可以归结为：金融资本的概念无非意味着银行对产业的统治。这样一来，"金融资本"的概念，照他们看来不是银行资本和产业资本的结合，而是银行资本对产业资本的统治。这是金融资本的错误概念。金融资本是这样一种资本形式，即银行资本与产业资本的结合。正是金融资本的这种概念，而不是另外一种概念是我们分析的出发点。

与第一个论点相联系的第二个论点是说：马克思特别是在《资本论》第二卷中明确表明，资本整个流通过程的基础是生产，从而资本的基本形式是产业。说银行的领导权就等于否定生产是整个流通过程的主要基础。

整个这种论据之所以是错误的，首先是因为它对金融资本的理解基本上是错误的。从金融资本的定义中抽去了最本质的因素：银行资本和产业资本的结合。但即使同意金融资本的错误定义，反对者们的论据也不是令人信服的。的确，我在纲领委员会里已经指出下面一点：就拿无产阶级专政的国家或者资产阶级社会的国家资本主义制度来说，国家是**上层建筑**，但国家也调控着生产过程。说既然国家本身是上层建筑，那国家怎么可能调控生产呢——这样提问题就不是马克思主义的方法了。这样来谈论问题，那就会是：既然国家是上层建筑，而生产是基础，那就根本不能说国家资本主义了。这种论据显然是荒谬的。生产是基础，但存在着一种特殊的形式，那里国家上层建筑与经济组织结合在一起。这种特殊的形式是存在的，也是可能存在的。在无产阶级专政的条件下情况就是这样。无产阶级专政的特点是什么呢？无产阶级专政的特点是：国家组织直接与社会基础、与生产直接联系在一起，而经济组织也是国家机关的组成部分。这样一来，"次要的"（上层建筑）调控着"主要的"（基础）。这里没有什么大惊小怪的。因此，银行"不可能"起调节作用的论点就不攻自破了。

现在来说一说第三个论点。有人说，现在的形势是这样：托拉斯或者工业企业一般往往相互贷款，拥有自己的银行，等等。不过这个论点正好说明不是反对我们，而是支持我们。托拉斯之间的相互金融关系以及它们拥有银行意味着什么呢？这正好说明银行资本与产业资本的结合。这说明，它们部分地履行着银行的职能。而这一点只能突出地表现出"结合"的客观必要性，而不是相反。硬说金融资本不起"任何的"作用，那简直是可笑。我们眼前就有这样的国家，如德国就是靠美国资本而生活，并且取得了很大成就。所有**事实**都证明我们的论点是正确的。这里说的是金融资本的问题。

关于危机论

现在来谈一谈危机论。在我们讨论的文章和各种修改意见中，例如在塔尔海默同志的意见中，他建议在纲领中对资本主义总危机的定义换成另一种表述。这些建议的实质就是削弱或取消比例失调的论点，提出"普遍的生产过剩"。对这一点我要说几句。塔尔海默同志建议指出生产过剩是资本主义危机的基本表现。他说在纲领中对此不置一词。我认为这种说法是不符合实际的。我们对生产过剩这一资本主义矛盾的阐述，在我们论及**消费能力**和**生产力**发展之间的矛盾时，已经说得非常明确。

不这样来解释消费能力和生产力发展之间的矛盾是不可能的。当我们谈到生产力发展和市场容量之间的矛盾时，我们**也就**谈到了普遍的生产过剩。可能在我们那里没有**这个词**，但相应的意思是有的。我丝毫不反对加上和提及这个词，但我坚决反对责备说没有相应的意思。按实质说，批评我们这一说法的同志们有一种倾向，想要回避各个生产领域之间比例失调以及购买力和生产力发展在其相互联系中的关系问题。

我不可能来详细地谈论这个问题，但我在纲领委员会里已经详细地谈过这个问题,请同志们看一下委员会的记录。对这个问题我还要再说几句。至于说到这样和那样一类概念之间的矛盾(各生产领域为一方和生产能力、消费能力为另一方之间的矛盾),那么在我看来,可以而且应该把这两个要素**结合**起来。问题是购买力和生产力发展以及各个生产领域之间的失调,只是资本主义经济缺乏**计划性**的表现。如果比方说拿西欧意义上的国家资本主义来说,那么在这种制度下危机是**不可能**的,尽管工人的"份额"可能会越来越少。这种日益减少的份额由**计划**来作出估计。在无政府资本主义社会里,存在着买卖、货币、市场的因素。**因此**,生产力发展和购买力之间的矛盾会导致危机。现代方式的资本主义社会的比例失调正是在于群众的消费能力和生产力发展之间的不协调,从而也可以解释为**各个生产部门**的比例失调。因为不要忘记,各个生产部门之间比例失调这一概念,如果孤立地来看这一问题,那是**十分荒谬**的。只要把居民的购买力和生产力之间的相互关系问题撇开来看,那么**各个生产部门之间的**比例或比例失调这一概念就**毫无意义**了。就拿煤炭、铁矿、纺织为例来说吧。这些商品的数量是如何来调节的呢?如果不知道纺织品的数量(因为这是与有支付能力的消费需求**联系着**的),那么怎么谈得上纺织工业和铁制品之间的比例或比例失调呢?那就毫无意义了。所有这些论据证明这样一个思想:各个生产部门之间的比例失调只可以说是与购买力和生产力发展之间相互关系**密切联系着**的。这种不协调只是资本主义社会里**普遍缺乏计划性**的部分表现。只能是这样来提出问题。列宁早在90年代就已经简单而十分正确地提出过这个问题,并指出,购买力和生产力之间的不协调只是资本主义制度普遍比例失调的局部表现。

"'社会消费力'和'不同生产部门的比例',——这决不是什么个别的、独立的、彼此没有联系的条件。相反,一定的消费状况是比例的要素之一。实际上，对现实的分析表明，资本主义国内市场的形成，与其说是靠消费品，不如说是靠生产资料。因此，社会产品的第Ⅰ部类（生产资料的生产）能够而且应当比第Ⅱ部类（消费品的生产）发展得快。但是决不能由此得出结论说，生产资料的生产可以**完全不依赖**消费品的生产而发展"。①

我对此补充一点，劳动力的生产是再生产过程的要素之一。劳动力的生产是消费过程，更正确地说，消费过程是劳动力的生产过程。因此，生产和消费之间的矛盾是商品生产和**特殊**商品即劳动力生产之间的矛盾。

再来谈谈我们这个范围内所讨论的一些问题。

新经济政策与"军事共产主义"问题

我们分歧的实质

在我们的纲领草案中，在谈到未来的发展阶段特别是过渡时期时，应该详尽地阐述**新经济政策和"军事共产主义"问题**。

新经济政策这个术语在纲领草案中没有出现。我们不认为使用这个术语是合适的，因为说**新的**经济政策比方说对于澳大利亚有什么意义呢？这是俄国专门的术语，对其他许多国家没有什么意义。但是我们必须提出这个问题。在这方面，在我们的代表大会上，无论是文献中还是在口头争论中都存在着分歧意见。这些分歧意见涉及各种局部的问题：

1. 新经济政策或者说允许市场关系的政策等的普遍必要性；
2. 新经济政策的实质问题；

---

① 见《列宁全集》中文第2版第4卷第44页。——编者注

3. 所谓的新经济政策和"军事共产主义"之间的相互关系问题；

4. 最后，第四个问题："军事共产主义"这个东西的实质。

请允许我就这些问题简短地说一说。

首先，关于其他国家实行新经济政策的可能性问题。有些同志认为，在高度发达的国家里，实行这种政策的可能性是想都不可想的。这些同志的论据是：在工业高度发达的国家里，无产阶级政权拥有强大的经济实力。无产阶级的力量非常强大，它拥有组织经济外围机构的广泛可能性。这就有可能实行崭新的政策。到底什么样的政策，我们还不确切知道。希望不是军事共产主义的政策。

新经济政策的决定性因素——市场关系

在回答这个问题以前，必须先要回答**新经济政策的实质**问题。那么什么是新经济政策的**实质**呢？新经济政策的基础是什么呢？在我党的中央全会上，这个问题曾经是热烈争论的题目。在我看来，新经济政策的决定性因素是存在着（在这样或那样的程度上）**市场关系**。这是决定新经济政策实质的极重要标志。在关于新经济政策标志的问题上，有人提出了一些反对我们的论据，类似在讨论金融资本时相同的论据。有人对我们说：在马克思的学说中，市场关系不是原发的东西，而是派生的东西。在这种情况下，怎么可以认为作为生产过程外部表现的市场关系是基本的东西呢？构成基础的是生产，是直接生产，而不是市场，不是交换。我认为这样提出问题是**不正确的**。抽象的生产**是不存在的**。或者是商品生产，或者是某种类型的生产。抽象的生产——不是自然生产，也不是商品生产，是不存在的。市场关系是某种生产，即商品生产的另一个方面。试请设想一下没有商品的商品生产，没有市场的商品生产吧！这是不可能的。如果我们与商品生产打交道，那么完全可以理解，最本质的东西就是市场关系。什么是市场关系呢？这无非就是特殊生产关系的一种表现，它的特点就是**小的个体的形式上独立的生产者的分散劳动**。因此，在没有小生产者的地方，我们就可放心地反对"新经济政策"，反对市场关系和其他这类东西。我们曾指出，我们认为新经济政策的特点是工人以工资的形式得到自己的"份额"。有人就此问道：这与市场有什么关系呢？我们来分析一下这个问题。工资（严格的意义上说）是一种资本主义经济的范畴（它是与资本主义利润相对应的一种东西）。苏维埃国家以工资形式付给工人作为劳动所得。然而，在我们苏维埃国家里，工人的工资（严格意义上说）**不是**工资，而是工资的虚拟形式，具有根本不同阶级内容的虚拟的工资。这种工资的形式是从何而来的呢？它的起源是十分清楚的。它是同我们这里存在的货币经济联系着的。但我们这里为什么有货币经济呢？因为我们这里还存在市场关系。为什么我们这里还存在市场关系呢？因为我们这里有分散的经济，大量的小生产者，我们不能把他们组织成某种托拉斯。小生产者的存在，不可能一挥手就把他们组织起来，无疑他们还将在较长的一段历史时期里存在，这就会在市场关系中表现出来，而市场关系就会在货币关系中表现出来，货币关系就会在工资这种形式中表现出来。从这个观点看，任何现象都是从市场关系存在这个基本事实派生出来的，而市场关系无非是小生产者存在的外部表现。问题的实质**就在这里**。从阶级的角度看，这是无产阶级和农民之间相互关系的问题，是把小生产者纳入社会主义经济轨道的方法问题，这是历史形成的问题，它还将长期存在，要解决这个问题，不仅在我国，而且在其他国家都将占据整整一段时期。请问是否有这样一个国家，那里没有小生产者或者说他们的比重是绝对的微不足道？没有这样的国家。列宁曾经说过，即使像英国这样的国家，这一点也是毫无疑问的。这也是可以理解的，因为首先英国也有农场主，其次是英国不是孤岛，如果孤立起来，它就无法生存。如果在世界范围内提出问题,那么可以问一下:难道世界革命无产阶级周围的农民群体要比苏联无产阶级周围的农民群体还少吗?在全世界存在着小生产者大军,对待他们的问题应该在广阔的范围内提出并加以解决。其次,即使孤立地来看像北美合众国这样的"先进"国家,那里也有大量的农民。很难做到,一挥手就能把这些农民、这些小生产者组织起来。因此这里就提出了保留市场关系、保留货币经济的问题,或者更正确地说保留大工业和小经济的市场联系方式。

但是这是否意味着市场关系的**容量**和**规模**也像在苏联那样呢?回答这个问题是否定的。苏联的特点不是新经济政策本身,而是新经济政策的**规模**,市场关系的**容量**。就拿小生产者的比重不是那么大的另外一个国家来说吧,那里市场关系的容量就同苏联不一样。工业越发达的国家,工业化程度越高的国家,在无产阶级夺取政权后,市场关系起的作用将越小。从发展的角度看,我们就越能迅速地抑止新经济政策,即在这种市场关系基础上产生的市场关系。在市场关系背景下的发展将同时出现整个经济机制的增长;市场关系的容量将减少,市场关系消失的速度将更快,社会主义从社会主义经济的萌芽状态到完整形态的发展速度将更快,并成为统一的单一的机体。我以为,新经济政策的实质及其"万能性"问题就是这样的。

关于"军事共产主义"

还有一个问题是**"军事共产主义"和新经济政策的相互关系**问题。我们这里出现了各种不同的派别。有些同志认为,首先必须来谈"军事共产主义"的问题,因为这是国内战争时期**首先的**和**必要的**发展阶段。另外一些同志认为,在许多国家,特别是在欧洲,无产阶级在夺取政权以前必然要经历一些巨大的和决定性的战役,既然这样,既然在夺取政权以前要经历重要的战役，那么在无产阶级专政建立以后，就**没有必要**实行"军事共产主义"了。这些观点都是没有理由的。我们不能把双手束缚在片面的阐述上，因为我们还不知道一个完整的定义，在现实生活中具体情况将是怎样形成的。它是不是在发展的**初期**或者中期，甚至后期是必要的，这里存在着各种可能性。为什么呢？因为这**不仅**取决于各种不同的**内部**条件，还取决于外部条件。这里起决定性作用的是武装干涉。这两种因素（内部的和外部的）的结合可能是完全不同的。在俄国，我们不是从"军事共产主义"开始的。而是从所谓的新经济政策开始的。后来出现了武装干涉，阶级斗争急剧尖锐化，具有了国内战争的形式，也就出现了"军事共产主义"。以后又回到了新经济政策。列宁曾就这些问题写过文章，我想所有同志对这些问题都是清楚的。

不过武装干涉可能很快被粉碎。当时不得不立即采取所谓"军事共产主义"的方式。这并不意味着，苏联采取的这些措施，将在西欧和美国在"军事共产主义"时期采取。要知道我们做了明显的蠢事，内战存在的事实决不证明那是正确的。不过类似"军事共产主义"的一些措施一开始可能是必要的。各种因素、各种条件可能是完全不同的，无法事先预见到。我们不能遵循严格的计划来开展革命。如此巨大的事件是不可能纳入严格的"计划"的。

因此，在我们的纲领草案中关于"军事共产主义"的问题必须这样来表述：在这样那样的条件下可能需要过渡到"军事共产主义"。只能如此。可以指出，这套措施在这样那样的条件下是**可以采取**的。但是一开始就责成所有党采取"军事共产主义"或者**相反**，这是不可能的。因此我认为，我们应该保留在纲领草案中的表述，但特别强调这种方式是在一定条件下**可以采取**的。不清楚知道将来等待着我们的是什么，就不要束缚自己的手脚。

社会民主党与法西斯主义

在**社会民主党**和**法西斯主义**的问题上,在我们这里曾经有一系列的意见分歧(应当指出,我在自己的报告中不是谈纲领委员会的工作,这最好作一个专门的报告,我要说的是我们争论的最初阶段,所以只谈代表大会纲领委员会里涉及的一些问题)。

这个纲领草案和过去不同的一点是比较详细地阐述了**社会民主党**的作用。你们应该知道,为什么我们要比较详细地阐述社会民主党的作用。社会民主党无论在政治上还是在理论上都有了变化。在社会民主党队伍中发生了巨大的变化:从1914年背叛社会主义开始,社会民主党已经堕落到如此叛卖的地步,以致我们认为有必要比较详细地来**描述**这个过程。社会民主党在理论上也已经变质。它已经丧失了马克思主义的全部痕迹。现在像麦克唐纳这样的人在起着领导作用。社会民主党的精神食粮完全是从资产阶级经济学家那里取得的;这种精神食粮在第二国际各个德语支部中稍稍加以修改,添上马克思主义的辞藻,并向群众灌输;至于盎格鲁撒克逊国家,那么它们未经任何加工,就生吞活剥地拿来就吃。(笑声)所有这些情况我们必须在纲领草案中加以指出,并特别注意"左派"社会民主党的作用。我们必须总结在这里取得的经验:如1923年的德国革命、维也纳起义期间、英国总罢工时期的经验。工人运动从所有这些事件中取得了丰富经验,在这些事件中明显地表现出所谓"左"翼改良主义者的作用。所有这一切都必须加以综合、总结和分析,并把它们放在应有的地位。因此在纲领草案中对这类现象作了说明。

再来谈一谈**法西斯主义**。我在**结束语**中和代表纲领委员会的报告中要详细地来分析一下法西斯主义和社会民主党相互关系这个特殊问题。

在我们纲领委员会里对这个问题曾经有过十分详细的、在我看来也是十分有意思的讨论，我在这里再来谈一下这个问题。这里我只想指出一点，和过去的纲领草案相比，我们竭力把这个问题阐述得更广泛，解决得更全面。

关于战略和策略的纲领草案的最后一节作了重大修改。加上了关于工人运动中各种思想流派的专门一节。我们分析了殖民地无产阶级中间与我们敌对的一些派别，即所谓的"革命的"工团主义和英国改良主义的某些特殊形式，它们对欧洲改良主义具有相当大的影响（例如"基尔特社会主义"）。有人说，这是无关紧要的小事，可以加以忽略。但是我要指出，这个"小事"在德国社会民主党的著作中正在复活。关于"作者"麦克唐纳的废话，即关于"结构社会主义"，就可以这样说。我们也应该提到甘地主义和孙逸仙主义。或许在我们的讨论结束时应该比较详细地来谈一谈。

这样看来，评述一下改良主义运动中的各种流派还是一个新的尝试，即所谓"原则上新的"尝试。我以为，这一尝试虽然不是特别显眼，但必须原则上加以进行。或许应该在这里纠正一些东西，但这已经是另一回事了。

这些就是我对纲领的意见。我再重复一遍，我没有论及一系列十分重要的原则性的问题，因为这些问题在前面的报告中已经阐明了。

通过纲领是代表大会的极重要任务

最后我想对我们纲领的总的精神说几句。经过对我们纲领的三次讨论，我以为我们应该竭尽全力在这次代表大会上最终通过纲领。

当然我们不能说，我们的纲领已经百分之百地完美。当然如果再过两年，我们会把我们的纲领草案搞得更完善，我们将会有更好的纲领。

但是我们不是生活在这样的时期,可以坐在办公室里培训共产国际的力量,再过几年以后来精雕细刻纲领草案。此外,我们在第五次代表大会以后,在各国党内还进行过多少次的纲领问题讨论啊!在第一稿草案制定后,这样的讨论很少。大家都很忙,发展的速度非常快,新的任务以令人头晕的速度在增加,历史进展得如此急速,以致我们不可能允许自己挥霍力气来平心静气地研究每一个术语和每一个词。一再地拖延这件事,就等于把它束之高阁。放到另外的代表大会上、另外的全会上来通过,情况也将是这样。还不如在这里多坐一会儿,并通过经过各种文字修改和实质修改的纲领文本更好些。如果我们不为自己制定纲领,我们就不能前进。各国党都感觉到,我们在意识形态领域的效率不够高。制定一个文件,在那里把国际运动的所有重要问题都阐述得正确无误,是很困难的。经过三次讨论(在共产国际第四次、第五次和第六次代表大会上),该是最后通过纲领的时候了。在我们声势浩大的斗争中,在千百万群众的斗争中,在欧洲和美洲工业无产阶级的斗争中,在苏联无产阶级的斗争中,在殖民地工人和跟随他们的殖民地农民的斗争中,纲领将是一面旗帜,共产主义的旗帜,将是战斗的号角,将是可靠的指路明灯。整个局势将不断地尖锐化。战争的危险,不是一句空话,而是严峻的现实。现在千百万人确实在跟着我们前进。事态要求我们紧密团结起来。纲领对我们来说将是一座灯塔,对我们各个支部将是最好的帮助。我们将以密集的队形在共产主义的旗帜下,喊着我们原先的战斗口号前进,我们的纲领将在世界革命中,在争取世界无产阶级、世界无产阶级专政、世界共产主义胜利的斗争中起着极其重要的作用。

世界共产主义万岁!

(暴风雨般经久不息的掌声)

邦廷和贝内特发表声明

随后由**邦廷**同志（南非）发言，就独立黑人南非共和国口号问题发表声明，和**贝内特**同志（英国）对其的答复。

贺词和答谢词

接着由**克拉斯诺夫**同志代表敖德萨市儿童院、**伊万诺夫**同志代表"红色普梯洛夫人"、**哥尔金**同志代表哈尔图林工厂（列宁格勒）女工向代表大会致贺词。

弗洛林同志（德国）对敖德萨和列宁格勒无产者的贺词致答谢词。

（会议休会）

第二十五次会议

(1928 年 8 月 9 日下午)

主席：伊立克

讨论共产国际纲领问题

西坎德尔·苏尔（印度）：

发言人在发言中谈到纲领的通过，特别是对殖民地和在那里组织工人运动具有重要的意义。纲领，特别是最后的文本，不仅有助于殖民地共产党的思想成长，而且为它们**在组织上**与小资产阶级流派和影响划清界限打下坚实的基础。

林格（波兰）：

波兰代表团内的少数人认为，纲领草案完全可以作为我们讨论的基础加以通过，而纲领也可以在代表大会上最终通过。

我们认为，共产国际第六次代表大会应当给予世界无产阶级共产主义先锋队的不是宣言，不是声明，而是共产国际的**纲领**，在最近几年来，共产国际已经大大地成长了，它需要一面思想的旗帜，需要形成自己的意识形态。

如果我们建议某些表述变得更加确切（我们已向纲领委员会提过这些建议），那么我们的这些建议是根据纲领草案的总的路线、总的方向进行的。这里我只想指出我们建议的一点修改意见,即涉及帝国主义的一点修改,这和德国代表团提出的修改意见相同。纲领中提到,帝国主义发展着生产力。我们建议作稍微不同的另一种表述:即使在帝国主义时期生产力仍然在继续发展。乍一看来,差别不是很大,但我们觉得我们的表述在理论上更确切,在政治上更合适。说理论上更确切,是因为它符合马克思和恩格斯的基本观念。例如,马克思在《〈政治经济学批判〉序言》中说:"于是这些(社会——引者注)关系便由生产力的发展形式变成生产力的桎梏。那时社会革命的时代就到来了。"① 这个时代的特点是,社会关系已经成为生产力发展的桎梏,因此不能说,它还在发展生产力。但从另一角度说,应该补充一点,这些生产力还在继续发展。如果生产力在发展了,那么我们就没有生产力和社会制度之间的矛盾了。而正是马克思在其另一部著作,即《资本论》第三卷中这样来给社会革命下定义的。在那里,革命表述为"生产的物质发展和它的社会形态之间的冲突"。

(布哈林:"您所引的第一句话不是出于马克思的导言［Einleitung］,而是序言［Vorwort］。")

是的,我引错了。我们认为,这也适用于帝国主义。而我希望,布哈林同志能接受我们的修改意见,因为在布哈林同志的著作,在他的《历史唯物论》一书中正是像我们建议的那样表述的。那里说:"资本主义托拉斯化的形式,人为地削减生产,目的是为了抬高利润,垄断发明……"那里列数了一大串现代资本主义即帝国主义的基本特征,最后说:"所有这一切都是生产力发展和资本主义生产关系外壳之间的同一个基本矛盾的不同表现和随意行为。"因此我们认为,布哈林同志也一定会同意我们和德国代表团同志们提出的修改意见的。我以为,这个修

---

① 见《马克思恩格斯文集》第 2 卷第 591—592 页。——编者注

改意见可能会使纲领更加确切。

关于法西斯主义的问题,我们基本上同意纲领草案的观点。草案肯定地说,法西斯主义一方面是同帝国主义时期联系着的,另一方面是同议会制度腐败的事实联系着的,而后者也是同这个时期密切相关的。我们坚持认为,不要把法西斯主义只同战后的资本主义危机联系起来,资本主义危机的根源要深刻得多,议会制度的腐败早在帝国主义时期开始以前就开始了。我们建议在这个问题上采取我党第四次代表大会在共产国际的参与下制定的有关文本作为基础。

首先,那里着重指出,法西斯主义不是经济落后国家的特点。在纲领委员会讨论时,已经弄清,法西斯主义危险被一些发达资本主义国家共产主义无产阶级的代表所特别强调,这也更加证明我们的意见是正确的。

另一方面,我们曾指出,在我们的草案中要特别着重强调,小资产阶级群众的运动无疑是法西斯主义的特点,它不可能具有任何独立性,这些群众乃是另一个阶级手中的工具。这一点在讨论中已经弄清,不会引起异议了。

我还要提醒一点,在有一个问题上,我们和纲领草案还存在某种程度上的原则性分歧。这就是专门涉及波兰的问题,那里对它和其他资本主义中等发达国家都错误地认为,资产阶级民主革命就是通向社会主义革命的一个阶段。在纲领草案的这个地方,把目前的波兰拿来同1917年以前的俄国,即沙皇俄国作对比。然而究竟是什么东西使得资产阶级民主革命阶段对于前沙皇俄国来说是可能的和必要的呢?这个国家的主要特点是地主阶级、半封建阶级的统治,即半封建的统治。正是这种农村半封建的关系为三种政治上的奇特现象所适应。第一,沙皇制度是适应地主阶级统治的政治制度;第二,在半封建地主和自由资产阶级之间存在着分歧;第三,存在着农村的完整性,虽然经济上的分化已经出现,但是农村作为一个整体感觉到了地主的压力,政治制度的压力。农民作为一个整体可以跟着革命走,并赋予它(用列宁的话来说)资产阶级民主革命的性质。在现时的波兰,情况就不一样。我们在农村有相当发达的资本主义关系,尽管同时也存在封建主义的残余,但第一,它在数量上要比前沙皇俄国少得多;其次,它正处在消失的过程中。所以我们建议对这个问题进行修改,并请注意斯库利斯基同志的文章,那里详细地描述了在波兰封建关系消失的过程。这种经济上的差别也与政治上的差别相适应。我们这里的政治制度是适应资产阶级的愿望和要求的。在我们这里,资本主义的地主和城市资产阶级不但没有分裂,相反却在结合。我们这里的农民不但不是一个整体的群众,而且在很大程度上已经分化,不仅在经济和社会关系方面,而且在政治方面已经分化。不但在比较遥远的将来,而且就在今天,我们在农村进行工作时就要同富农上层进行经常性的斗争。富农是波兰现时资产阶级的主要社会成员之一。在这种社会政治关系交织的情况下,我们认为毫无疑问的是,尽管波兰的社会主义革命将完成资产阶级革命的任务,但从一开始就不仅要反对地主,不仅要反对整个资产阶级,而且要反对富农资产阶级的上层。而列宁曾经说过,当无产阶级和贫苦农民在斗争中不仅要反对地主,而且还要反对资产阶级,包括农村资产阶级,那么我们就认为这已经不是资产阶级革命,而是社会主义革命了。当然,可能社会主义革命不会立即导致完备的无产阶级专政。这不仅是可能的前景,而且是合乎情理的和完全可能的前景。在我们这里,革命从一开始就同资产阶级,包括农村资产阶级进行斗争,因此从一开始革命就是社会主义的革命。我们将在纲领委员会里比较详细地阐述这些思想。这里,在一般性讨论中,我只对这个问题说这么一点。

我在结束发言时表示希望,我们能够在这次代表大会上给共产主义无产阶级提供一个最终的纲领,所谓最终的,当然不是说,这个纲领要管10年、20年、30年，而是一个较长的、相对固定的时段。如同共产国际是一支行进中的队伍，是一个生机勃勃和发展成长的机体一样，这次代表大会给予无产阶级的纲领也将会发展成长。最近几年的经验给已经积累起来的经验添加了新的东西，或许下一次和以后几次代表大会将给这个纲领带来一系列的变化。但这次第六次代表大会已为这个纲领提供了基础，这一事实将具有重大的政治意义和历史意义。

雷曼（捷克斯洛伐克）：

我想讲一讲一些极重要的问题：首先是民族问题和宗教问题。纲领是怎么看待这个问题的呢？纲领中民族问题主要被看做是殖民地和半殖民地的问题。在资本主义国家里，民族问题具有极重大的作用，这一事实在纲领中表现得不够突出。纲领在谈到共产党人提出的解决民族问题的方式时也同样只是同殖民地和半殖民地问题联系在一起。因此，捷克斯洛伐克代表团认为，在这个问题上纲领需要作一些补充，即同纲领草案总的结构体系相适应。首先，在描述资本主义时，民族问题就应该加以分析。那里谈到殖民地和半殖民地各国人民。但还应该指出，在欧洲由于存在一系列民族混合结构的国家的事实，民族问题必然起着重大的作用，这个问题引起资本主义社会的巨大矛盾，加速着资本主义崩溃的进程。其次，民族问题应该说又由于无产阶级专政的问题而有所深化。首先就要比较详细地来谈论在无产阶级专政条件下解决民族问题的方式，因为这一点（特别是在苏联）即使从共产党的宣传鼓动工作的角度来看也是具有极其重要意义的。应该表明，在无产阶级专政的框架内，所有民族矛盾都是可以解决的，这也为全面克服民族矛盾铺平了道路。第三，民族问题应当与战略任务联系起来。在纲领草案的第六章中，应当哪怕很简要地阐述一下我们在民族问题上的战略口号，在争取少数民族被压迫大众进行斗争的战略口号。这是第一个问题。

至于第二个问题，宗教问题，在纲领委员会里已经采纳了雅罗斯拉夫斯基同志的建议，他就这个问题对纲领作了补充。宗教问题目前对于资本主义国家的共产党来说是一个具有特别重要意义的问题，因为社会民主党正是在这个问题上彻底转到资产阶级阵营里去了。社会民主党及其极左翼，奥地利马克思主义者，现在在宗教问题上完全放弃了马克思主义的立场，这一事实对于西方群众来说是有巨大意义的。奥地利社会民主党的林茨纲领在宗教问题上完全脱离了马克思主义的观点。过去的立场是，在资产阶级国家里宗教是每个公民的私事，而社会民主党现在则达到了资产阶级观点的"制高点"，认为宗教对于无产阶级政党来说也是私事。奥托·鲍威尔在宗教问题上所持的立场与弗里德里希二世的立场没有什么不同。弗里德里希二世有句名言："让每个人都按自己的方式走向天堂"。很难弄清，"宗教是每个人的私事"这种说法与弗里德里希二世的说法有什么不同。正因为如此，社会民主党现时的观点在几十年来接受反宗教斗争教育的工人群众中引起了极大的反响，正因为如此，有必要在共产国际的纲领中特别强调这个问题，以便使共产主义反对形形色色的宗教愚弄的立场同社会民主党的叛徒立场对立起来。

第三个问题，这个问题表述得不够清楚，它要求与共产国际的战略和策略问题联系起来。这一节里，没有很详细地来描述各国共产党的党内问题。同志们，这是个很重要的问题。纲领应该哪怕扼要地反映这些现时在共产党队伍里经常出现的问题。我不想因此说，纲领应该在这方面详细谈论细节。但我认为，至少其中一些极重要的问题应该拿出来讨论。如果有些人建议在纲领草案中描述托洛茨基这个派别，我倒认为这是不合适的。我们已经挫败了托洛茨基主义，就像以前挫败了一系列流派一样。现在，托洛茨基主义在工人运动队伍里已经不是一支独立的力量。但我认为有必要的是：对那些脱离共产主义和列宁主义的流派进行总的描述。毫无疑问，左的和右的倾向毕竟都还在各国党内起着一定的作用。既然这些右的和极左的流派还有一定的社会基础,那么这种情况可能不会很快消失。共产党生活在资本主义的包围之中。共产党人必须与之打交道的小资产阶级人士,对共产党队伍会产生一定的影响。这就会在共产党内部不时地产生这类倾向。应该在纲领中用概略的形式描述这些倾向的社会根源,然后概括地描述这些右的和极左的流派,当然只限于最重要的基本的方面。无疑这将是对纲领的极重要补充。这个问题之所以有必要在纲领中加以阐述,是因为它将在未来相当长的一段时间内在我们的运动中起着相当大的作用。

同志们!尽管在我们看来纲领在许多问题上还不能算是完备的,但我们认为,纲领委员会工作所体现的明确性和随后分委员会的讨论使第六次世界代表大会有可能最终通过共产国际的纲领,从而各国共产党将得到一个指南针,来指导自己今后的革命活动,指导今后为世界革命所做的工作。

告全世界劳动者书——反对波兰帝国主义侵占立陶宛

台尔曼(德国):

建议代表大会向各国劳动者发出呼吁书,反对波兰帝国主义者侵占立陶宛。呼吁书文本一致通过。

(会议休会)

第二十六次会议

(1928年8月13日上午)

主席：塞马尔

讨论共产国际纲领问题(续)

登格尔（德国）：

第六次世界代表大会通过共产国际纲领是一项具有极其重要意义的事。这个纲领最终为共产国际各支部奠定了其活动的理论基础。

让无产阶级广大群众意识到他们的地位及其历史任务，现在仍然是各国共产党的重要任务。马克思列宁主义之所以有可能来解决这项任务，也是因为从当前形势出发的，不局限于现有规律的规定性，同时还会阐明调节变化过程的规律。正因为如此，才有可能做到理论和实践的统一。一旦规律中、人们的意志和以推动世界为己任的阶级的意志中出现发展的倾向，就会指明其方向和目标明确的可行的方针。

马克思主义把社会主义从空想提高到科学，从而建立了关于这个运动的道路和任务的明确观念，成为工人运动的指路明灯。同时它也始终是正确行动的指南。我们这个以马克思列宁主义为基础的纲领，要比过去对马克思主义的纲领性阐述更加前进了，也阐述得非常具体和明确，并以马克思主义的尖锐性，给无产阶级指明了无产阶级革命的胜利之路。

理论是否真的能成为工人运动的财富呢？它是否真的能够为群众所掌握呢？能保证这一点的是群众本身的经验，不管是消极的经验，还是积极的经验，当然首先是积极的经验，是在与资产阶级无数次搏斗和流血冲突过程中胜利和失败的结局中得来的经验。在这些拼搏中，无产阶级明白了理论。它在其中发现了改良主义者的叛卖行为。这里也自我暴露了一切资产阶级和小资产阶级政党。在这个自我意识中，共产党也成熟了，成长起来了。在拼搏中，在胜利和失败中，在反对改良主义和争取对工人运动领导的斗争中，共产党发现壮大了，真正地理解了马克思列宁主义，抛弃了自己身上的小资产阶级渣滓。这个过程无论如何还不能认为已经完成。它可能将是困难的和长期的，因为上升和下降以及在运动内部所存在的矛盾自然会影响到政党的内部生活，并在其中造成动摇，这样也就一再地提出为争取正确道路而斗争的必要性。

共产国际的纲领将有助于先锋队加速其发展的过程，变成为毫不动摇的坚强的革命政党。纲领将帮助它找到正确的道路，尽管必然会有一些动摇。纲领也是一面旗帜，世界无产阶级将在这面旗帜下进行推翻资产阶级和建立无产阶级专政的整个斗争。纲领也是指引从资本主义过渡到社会主义整个时期的一盏明灯。因此把纲领的重心转移到关于过渡时期的篇章上来是完全正确的。这里需要改变的不仅是事物，不仅是经济关系，而且是人们自身。正如马克思在其著名的告共产主义者同盟一书中所说的那样。他在那里说，需要经过20—30年的民族战争和国内战争，才能改变过来和改造过来。

德国党早在纲领草案公布前就研究了纲领问题。遗憾的是，这个草案公布得晚了，因此，特别是在存在着刻不容缓的日常任务的情况下，没有可能对它进行必要的仔细认真的讨论，尤其是在自己的组织内进行广泛的讨论。我们对此深感遗憾，因为在党内对讨论这个问题都是很感兴趣的。我们对此感到遗憾，特别是因为我们因此失去了构建纲领的宝贵指示，这些指示毫无疑问是由我们党的优秀工作人员所作的。我认为，我在这里说的关于德国党的话，也适合于所有其他的兄弟政党。尤其重要的是，第六次世界代表大会面临的任务是把这个纲领变成为强大的武器，以致改良主义为保护资本主义所系起的任何铠甲都将显得软弱无力。

现在我来谈一谈引起我们这里争论特别活跃的问题，这里出现了各种不同的意见。这就是制定纲领的问题。东克尔同志特别尖锐地提出问题，他的观点认为，共产国际的纲领应该是一些"纲领性的原则"，也就是说在纲领中应该以抽象性的阐述来说明我们的基本原则。东克尔同志出色地参与的德国纲领委员会没有同意这个观点。我们认为，共产国际纲领应该不仅仅是阐述一般性原则的纲领，而且也应该是实际活动的指南，从而它不应脱离当前的具体环境。

有些同志认为，纲领的导言是多余的。我倒认为，纲领的导言恰恰是纲领中最成功的部分。它锁定了共产国际在工人运动历史上的地位。它代表了世界共产党，集中了无产阶级的意志和力量。它代表着越来越具有组织性的工人运动的先锋队，并把阶级斗争的锋芒直接指向完成无产阶级的革命。纲领的这一部分把世界革命政党同改良主义对立起来，同这个资本主义的卫士、阶级斗争的叛徒、革命工人运动的死敌对立起来。这种把共产国际在历史上地位的锁定，对共产国际最主要任务的表述，作为导言是完全必要的。

在描述帝国主义的一章中，关于资本主义的部分，在我看来过于简短了。大家知道，改良主义者队伍中的叛徒们，早已抛弃了马克思主义的原则，完全陷入了小资产阶级意识形态的泥潭，它们试图把共产主义运动污蔑为"亚细亚马克思主义"。我们恰恰应该表明马克思主义同列宁主义密不可分的联系性，这个理论的统一性。因此，马克思关于资本主义学说的基本原理应该在这个章节中占有较多的位置。我们建议，对资本主义的表述像在联共纲领中那样，也在共产国际的纲领中加以转述。当然这里应该加以补充。我认为，像在俄国党纲领中对危机问题的叙述目前已经显得不够了。自1903年这个纲领制定以来，在西欧工人运动的最革命部分之一曾经出现过理论上的错误认识，这使马克思提出的危机理论本身遭到怀疑。由于这些迷误在共产国际内至今还没有消失，所以有必要在纲领中对危机问题作出比较确切的阐述。我的意见是，布哈林同志在纲领草案中提出的表述应该稍作修改加以通过。

在第三章里，即在谈到共产国际的最终目的，谈到世界共产主义的地方曾经有过一些争论。有一种观点认为，这一节应该挪到纲领的最后来谈。我以为，在叙述其他部分之前来纲领性地阐述最终目的是完全正确的。大家知道，马克思和恩格斯早在伯恩施坦发出"运动就是一切，目的是没有的"这句名言之前很久，就坚定不移地反对抹杀和忽视宣传最终目的的意义。同时还不应忘记，我们的整个战略和策略以及一些过渡措施都取决于最终目的。

对以下两章，即"从资本主义向社会主义的过渡时期和无产阶级专政"和"苏联的无产阶级专政和国际社会主义革命"，也有一些不同意见。有些同志认为，第五章是多余的，在纲领中笼统地叙述一下苏联的经验就够了。我认为这个意见是不正确的，正如我上面说过的，纲领的优点是它全部都是从已经取得的东西出发的，或者用列宁的话来说，是从"争取到的和记载下来的东西"出发的。而目前时期，对于工人运动来说，没有再比十月革命的胜利和苏联存在的事实更有重要意义的东西了。当然需要对过渡时期的总的特点加以阐述。不过这种阐述应该是明确的和具体的，也就是说同苏联的经验历史地联系起来。

对苏联的发展以及它在世界其他国家中的地位有必要加以阐述，这首先是因为苏联是现时发展一切矛盾的集合点，还因为共产国际的命运是与第一个无产阶级国家的诞生历史地联系在一起的。无产阶级这一伟大的胜利并在地球六分之一的土地上生存，改变了全世界阶级斗争的性质，并把它提高到一个新的水平上。苏联是全世界斗争中的无产阶级的心脏。她是集中从事全世界受剥削者和被压迫者解放斗争的一切力量的中心。由于所有一切原因，苏联的发展及其共产党的经验在纲领中应该占有较大的篇幅。

当然，我们原则上同意关于共产主义战略和策略的最后一章。关于这一章的缺点和我们认为必须补充的内容，我将在下面来谈。

总结有关纲领草案结构的意义，除了必须进行个别的调整、删节和增补外，我必须说，草案的整个结构和章节安排是正确的和有条理的。比较重大的删节只有根据纲领作为世界共产主义纲领无所不包的性质，或者根据具体阐述的情况，才能进行。但这样就意味着削弱它作为特殊身份的东西。有必要甚至来补充一些东西以扩大它的篇幅，使它更具有鲜明性、生动性和全面性。

我现在来分析一下德国纲领委员会提出的一些最重要的修改意见，不谈代表大会纲领委员会以汇编的形式提交的一系列修改意见。

首先，我想在我们看来有必要用一些标志性的现象来补充说明现时帝国主义时期的特点。布哈林同志在纲领委员会讨论时坚决否定用机械的方式来看待资本主义衰落和腐朽过程的观点。似乎资本主义不能再提高生产和促进新的生产力的发展，他反对这种观点是完全正确的。类似的关于资本主义崩溃的机械论是完全错误的。但是布哈林同志在对我的朋友伦茨的态度上是不公正的，认为他就是持这种观点的。伦茨同志在纲领委员会讨论时说，垄断资本主义越来越成为阻碍生产力发展的因素。因此他正确地指出具有阻碍性质的失业现象增长的事实，以及在生产增长的同时出现就业工人相对减少甚至绝对减少的事实。这种不断增长的失业现象，这种劳动生产率增长和市场发展不足之间的巨大的和越来越增长的矛盾，而在像美国这样资本主义发达的国家里，已经导致产业工人就业数量的绝对减少,这就是帝国主义危机的非常重要的和典型的现象,这一点是必须在纲领中提及的。

在纲领中没有提到的第二个现象是技术改造对工人的影响。在垄断资本主义条件下,工人在生产中的地位有很大的改变。极大部分工人失去了流动的自由,失去了选择工作地点的自由。这是一种现象。还有更重要的是企业内部发生的改变:由于"流动生产线"和"科学地"剥削生产力而造成的劳动充分机械化,使得工人们不可能得到恢复自己劳动能力的工资,它们被提前使用殆尽并作为"不适合者"而从生产过程中被抛弃。

最后第三个现象,这是同垄断资本的危机状况相联系的对工人的不断进攻。如果估计到上面提到的对劳动力剥削的增长和由此引起的工人们消耗的增长,那么不得不认定,在资本主义国家里的广大无产阶级阶层不仅在相对的贫困化,而且在绝对贫困化。

我们认为这些意见在阐述当前帝国主义时期时应该加以补充。同时这也有助于呈现出改良主义叛变的情景,呈现出改良主义彻底转向资产阶级阵营的情景。

关于改良主义和法西斯主义的问题在纲领委员会里曾经有过最详细的和生动的讨论,这是很有典型意义的。在这些问题中,我们策略的主要问题是同帝国主义的主要问题密切联系着的。有必要广泛而尖锐地提出这些问题,如同有必要在纲领的不同地方谈到改良主义一样,这使得纲领具有论战性质,像一条红线贯穿于纲领的整个文本,它是我们支部在对待无产阶级革命道路上的主要障碍必须进行坚决斗争的反映。

德国代表团纲领委员会建议在关于改良主义的问题上进行一些修改,使其对这个问题具有比较系统的看法,更加突出地展示像社会帝国主义这样的现时的改良主义的基本理论,更加确切地描述改良主义内部"左派"的特点。我们认为,第六章中关于结构社会主义和基尔特社会主义的两节可以用简略的形式挪到第二章，即描述改良主义的那一章中去。我们认为，目前德国社会民主党的理论，即效法和改造所谓结构社会主义和基尔特社会主义基本要素的理论是最明确地表述的改良主义理论。工会中的改良主义官僚在工人运动中的作用描述不够是应该加以消除的重大缺点。我们大家都知道，第二国际各党内部的工会官僚正起着决定性的作用。我们可以看到，不仅在上层，而且在基层管理机构和执行机构中，工会官僚与资本主义国家和企业组织直接结合的现象。它对工人群众的影响具有非常强大的根基。它正采取最明智和最精巧的手法，不仅是欺骗和叛卖，而且通过贪污行贿来腐蚀广大工人群众。它目前以极其审慎和坚定不移的手法来分裂工会和所有群众性工人组织。我以为，正是在这个问题上，第六次代表大会迄今为止还不够坚决地提醒威胁着特别是西欧各支部的危险性。所以完全有必要在第二章中以及在阐述战略和策略的那一章中，对工会官僚的作用和我们支部在工会工作以及经济斗争中的战斗任务给予更多的篇幅。

我们完全同意在第二章中对法西斯主义的阐述。但是对法西斯主义的阐述不能回答资本主义在其衰落时期的发展趋向。如果在那里说，资产阶级适应政治形势的变化，采取法西斯主义和与社会民主党结盟的手法，那么这种表述没有表明发展的真实动向。纲领应该来回答发展动向的问题。所以应该标明法西斯主义在垄断资本主义发展中的总的作用。

在我们德国，关于法西斯主义在垄断资本进一步发展过程中的作用的讨论是大家都知道的。有些同志试图缩小法西斯主义和法西斯主义手法在不久的将来和较远的未来所起的作用。这些同志犯了两个错误。第一，他们对法西斯组织（"钢盔"等）的意义以及它们作为资产阶级强大后备军的作用估计不足。他们的第二个错误，更大的错误是过高估计改良主义在垄断资本主义进一步发展过程中的作用。毫无疑问，在德国的现时条件下（也同英国、法国等国一样），我们的主要打击力量应该针对改良主义。也同样无疑的是，在这些国家里，改良主义是目前资产阶级在反对工人斗争中的最有力的支柱。然而同志们过高地估计了改良主义的力量和它的应变能力，也过高地估计了资产阶级对工人阶级的态度。它们过分低估了资产阶级的困难及其内外矛盾的发展。例如，他们把当时纳粹党内政部长冯·凯德尔查禁红色前线战士协会的做法主要是从德国纳粹党竞选手法的观点来看待的。它们没有看到，这种查禁表现了可以暂时加以阻挡但能为自己开辟道路的某种倾向。从这种对改良主义和资产阶级的应变能力估计过高的做法还可以得出德国党的另一个更为重大的错误。我们应该承认，尽管事先有过许多警告，但是我们的同志在很大程度上对改良主义者在群众性工人组织中的分裂活动仍然感到措手不及。

在德国和英国，改良主义者分裂活动的意义何在呢？它表明社会民主主义已经转变到社会法西斯主义的手法上去了。改良主义与帝国主义、与垄断资本主义的无条件联系把它推到了采取越来越坚决的手法来保卫帝国主义，对抗工人阶级的冲击。改良主义和法西斯主义在意识形态上的融合已经早就实现了。

尽管改良主义通过恐怖的法西斯主义手法向着保卫垄断资本主义的方向发展，但它还不完全是法西斯主义。改良主义是在民主的条件下抑制和镇压工人的最有力的杠杆。这种或那种形式的法西斯主义是资产阶级在赤裸裸的专制条件下镇压工人的工具。在那个时期，资产阶级政党在民主条件下，由于自己与金融资本的公开联系，在试图引领小资产阶级群众时已经遭到失败，而改良主义暂时还能够弥补这个缺憾，甚至为了资产阶级的利益引领极大部分的工人。但是它越是为了捍卫自己在工人群众中的领导地位，它就越是采取法西斯主义的手法，并不得不放弃对托拉斯化的资本录取的虚伪的反对派立场，从而在越来越多的工人阶级群众面前丧失威信。如果共产党人能够把这些对改良主义失望的工人群众团结在自己的周围,如果他们能够在无产阶级的斗争——首先是经济斗争中起到领导作用,那么改良主义作为保卫资本反对工人群众堡垒的意义就会很快缩小。法西斯主义的作用在社会急剧变化的危险时刻对于资产阶级来说正变得更加重要和具有决定性意义。

布哈林同志在纲领委员会讨论这些问题的结束语中曾指出法西斯主义在资本主义高度发达的国家里的意义,并揭示了法西斯主义和改良主义之间的相互关系。这些问题在纲领中也应该对它们的意义加以阐述。

在第四章中特别有必要加以阐明的三个问题。第一个问题是关于土地国有化的问题。在纲领草案中剥夺城乡全部大土地所有者并实行无产阶级国有化是作为无产阶级专政的第一项措施。在工业高度发达的国家,全部土地国有化应该只是逐步实行。

我们认为,在发达资本主义国家,无产阶级专政采取的首要措施应是全部土地国有化。完全正确,在高度发达的资本主义国家里,私有制原则在农民那里根深蒂固。因此,把这些国家的农民纳入社会主义会碰到较大的困难,这也是对的。但是,即使给予私有制之名,但同时又以禁止土地买卖而废除支配土地所有权,这难道可以指望无产阶级与贫农和中农的必要结合吗?发达资本主义国家的农民是不会让这种表面的东西所迷惑的。在社会主义建设和新经济政策时期,对于贫农和中农来说,除了通过禁止买卖土地来限制它的土地自由支配权以外还能有什么呢?与劳动农民的联盟只能用另一些手段,即经济援助和逐步纳入集体化的手段来加以保证。这些措施,一方面是供给机器和肥料、进行土地改良等,另一方面在电气化和机械化的基础上组织成集体化经济,这些措施在发达资本主义国家里的无产阶级是很容易做到的。在资本主义条件下,农村电气化已广泛实行,尽管是在个体经营下实行的。向集体经营的转变是相对比较容易的事,作为苏联社会主义发展中城乡关系的重要因素并又重新提出无产阶级和中农结合问题的危机现象的特殊性质,在发达资本主义国家只起到辅助性作用。在那里，暂时确立的农村经济优势很可能成为向集体化发展的威胁和阻碍。当然对大土地所有制和小农私有制必须采取不同的态度。大土地所有制连同它的所有生产资料应该加以没收。而小农经济则应该取得土地使用权，以及转让这种继承权的权利。同时，它还应受到高利贷资本和过高赋税等而被排挤出土地危险的保护。办法是禁止土地买卖。通过社会主义国家在歉收的情况下给予足够的帮助以摆脱旧的债务和不再发生新的债务，并增拨新的土地，对于贫农和大部分中农来说，实际上废止私有权要比形式上保护私有权更具有重大得多的意义。

第二个问题，在这个问题上，德国纲领委员会较之纲领草案有着另一种不同的观点，这就是：哪些国家应被列入资本主义中等发展程度国家的类型，那里资产阶级民主革命尚未完成，而无产阶级专政只能在一定条件下通过资产阶级民主革命向社会主义革命的转变才能实现？在纲领草案中，波兰也属于这些国家之列。完全正确，在波兰，资产阶级民主革命尚未完成，那里还保留着封建主义的残余，土地革命尚未实行。但从另一方面来说，不应忘记，首先是德国以前的很大一部分领土属于现在的波兰，那里大土地所有者按纯粹资本主义的原则在从事经营。第二，应该记住，波兰无产阶级的绝大部分有着俄国1905年革命的经验。第三，不应忽视，现时波兰已经越过了民主阶段，转到了法西斯主义。民主不仅在工人面前，而且在小资产阶级群众面前已经威信扫地。波兰的无产阶级和大部分小资产阶级把波兰资产阶级看做主要敌人，而不是封建主义。第四，我们在波兰已经有了作为群众性政党的波兰共产党，在工人阶级和部分农民中有着牢固的影响。根据以上这些原因，我们认为，波兰现时的局势不能与俄国1917年的局势相比较。这无疑也适合于罗马尼亚或者南斯拉夫和拉丁美洲等国家。我们同意布哈林同志在纲领委员会里提出的意见，在审议这个问题时要表现出高度的灵活性。

必须加以阐明的下一个问题是：无产阶级专政的形式问题。纲领草案中说："一般来说，无产阶级国家政权的最合适的形式是……**苏维埃国家**的类型"①。如果可能存在另一种更高形式的无产阶级专政，那么应该指明这种形式的无产阶级专政的必要的基本关系。这些基本关系是领导的政党即共产党与无产阶级的关系，无产阶级对资产阶级和小资产阶级的态度。这里最重要的问题首先是如何使小资产阶级群众服从无产阶级的领导，以及逐步地吸收他们加入工人阶级的队伍，即参加社会主义的建设。迄今为止，经验向我们表明，苏维埃国家这种国家类型，其中所贯彻实行的是无产阶级的绝对领导权和无产阶级对小资产阶级的领导。这个问题具有极其重大的意义，因此，在纲领中，在第四章中有必要比迄今为止所做的更明确和更全面地来阐述苏维埃的这一重要作用。

关于战略和策略的第六章需要作重大修改。在这一章中，与此有关的一些问题完全没有，例如民族问题和我党对议会主义的态度就没有涉及。另外一些问题则阐述得非常不足，例如我们在工会运动中的策略问题，我们的罢工战略，关于准备决战以及合作工作和非法工作相结合等问题。最好是在这一章中也像在其他章节中一样采取这样的方法，即把实践经验和具体状况与原则性阐述结合起来。制定和阐述我们策略和战略的基本原则在历次世界代表大会上一直都是同无产阶级的实践经验结合起来的。在运用这种方法的情况下几乎可以完全避免错误理解和各种不同解释的危险。我不认为，代表大会还有足够的时间来在这方面进行充分的加工。但这是必要的，这是比较有条理的叙述方式，也是对一些重要问题如统一战线的策略问题、局部要求和过渡口号问题的尖锐而毫不含糊的阐述。

---

① 参见《国际共产主义运动历史文献》中央编译出版社2013年版第48卷收录的《共产国际纲领》。——编者注

在我们战略和策略的基本原则上不应有模棱两可的东西，这些表述应该特别精雕细刻，不这样就会产生危险，这种危险正是在目前共产党在改良主义的压力下所要面临的。举一个例子来说。根据德国党的经验，在对工农政府口号的机会主义解释上，第五次世界代表大会曾把这个口号描绘成无产阶级专政的同义词。这个口号变成了党的日常用语，并作为无产阶级专政的同义语而被实际采用。但事实上，到目前为止关于这个口号还没有完全明确。塔尔海默同志在其向纲领委员会提交的《纲领问题》中也谈到了工农政府的口号。诚然，塔尔海默在解释这一口号时比莱比锡党代会的机会主义解释走得更远；现在他又否定，工农政府的口号是无产阶级专政的同义词。在他看来，工农政府的口号是在尚未完成的过渡形式下转向苏维埃政权口号的过渡性口号。对这样一些问题应该作出明确无误的答复。完全不能容忍的是，在同一结构国家里的两个支部，在使用同样一个口号时却赋予完全不同的意义。这种状况可能引起一片混乱。

塔尔海默在这一章中是这样说的：

"我听说，有些同志责备我在理论上极大地歪曲理解马克思和恩格斯过渡性口号的意义。根据马克思和恩格斯的意见，过渡性口号只能在具备直接革命的形势下，在革命变革的过程中才能提出。其次，马克思和恩格斯所说的过渡性口号应该理解为只有在工人阶级取得政权后才能实行的那些口号。"

我们假定，塔尔海默同志的这番话是指德国党内曾经有过的一次争议，即关于工人监督生产这一过渡性口号的争论。诚然，塔尔海默同志的政治朋友们在这次争论中犯了严重的机会主义错误，不是像塔尔海默同志在上述引文中所提到的那种错误，而确确实实是机会主义的错误。然而，布兰德勒同志（我们且认为不完全没有塔尔海默同志的帮助和同意）向德国党提出所谓的行动纲领。除了一系列错误表述以外，还审视了工人监督生产的口号。那是怎样审视的呢？布兰德勒说，工人监督的口号是当前的任务。而他指出，作为实现这一任务的形式，就要了解企业的账本、评估表和收入，了解工厂里发生的特别事故，等等。这项任务在一定程度上本来就是共产党员的日常任务，但布兰德勒把它叫做工人生产监督的日常任务。布兰德勒和塔尔海默同志在德国的政治朋友们希望德国党在目前形势下用工人监督生产的口号来对抗改良主义者们提出的"经济民主"的虚假口号。德国党与共产国际执委会的意见完全一致，把它作为机会主义的观点加以拒绝。德国党也不需要塔尔海默同志关于过渡口号的说教。如果他费心仔细研究一下我党埃森代表大会的提纲，他就会发现，在德国党内早就十分明确过渡口号的意义和宣传某些过渡口号的必要性。

最后，我想说几句，第六次代表大会是否应该通过最终版本的纲领。我相信，到代表大会快结束时，修改纲领草案的工作一定能达到在所有问题上都能作出最后阐述的地步。这样，代表大会就可以在其整个内容上通过纲领了。最后的文字修饰加工，仔细地译成各种文字，把各章分成小的章节等，简单说，不进行任何内容修改的最后定稿就可以交给委员会来做，并规定在一定期限内结束。

但是，不管代表大会是否只是就内容通过了纲领，或者已经是作为最终文本通过纲领，纲领只应该给予共产国际和全世界革命工人运动一个走向共产主义道路的纲领性描述，以此来达到一个崇高的目标。认为通过纲领无非是多了一张无用的碎纸片，那是完全错误的。第六次代表大会最终通过纲领，它在纲领中把马克思列宁主义理论原理的尖锐性同来自具体现象、来自经验所得出的对实践活动的指导性指示，这是共产国际在国际无产阶级和所有被压迫者的解放斗争中的思想和组织实践意义提升的标志。

第六次代表大会通过根据实践经验得出的纲领，并使世界各国包括高度发达的资本主义国家以及经济上不发达的被压迫殖民地有可能具体制定我们的战略和策略,这个纲领已经能够根据实际经验指明一条夺取政权后第一阶段的具体道路,这一事实说明共产国际具有无所不包的和全世界的性质,也说明共产国际已成为一支真正的世界力量。全世界的帝国主义者看到了这股力量;他们怀着惊恐的目光注视着它的成长。因此,他们相互结盟,试图抹平使他们分裂的矛盾,以共同的力量来摧毁无产阶级和全体压迫者解放斗争中的伟大堡垒——苏联。纲领向我们指明了为反对帝国主义战争而斗争的道路,把各国无产者团结起来并使其革命化的道路,用暴力推翻资产阶级和建立无产阶级专政的道路。

苏尔坦-扎德(伊朗):

在纲领委员会里,我曾发言反对纲领草案中的一点,即把目前时期说成是金融资本的时期,而我认为尤其错误的是把这个时期与帝国主义时期等同起来。我曾指出,希法亭当时提出的金融资本理论是根本错误的和凭空杜撰的理论。

希法亭本人是如何表述自己的理论呢?他说:"产业资本越来越增长的那部分已经不属于行使它的工业家们。他们只能通过银行来支配资本"。希法亭说:"这种银行资本,从而也是货币形式的资本,在实际生活中就以这种方式变成为产业资本,我把它称为金融资本。"(希法亭《金融资本》第14章)瞧,希法亭本人是怎样来表述金融资本即固定在产业资本上的银行资本的概念和内容的。在其篇幅浩繁的著作(《金融资本》)中,希法亭不止一次地说明,资本主义发展的现阶段是金融资本的统治不断发展和加强的阶段,这种资本是工业依赖银行资本不断发展起来的。同时,希法亭在其书的结尾还坚定相信,毫不迟疑地声称,现时的银行已经把现代大工业的主要领域置于自己的控制之下,如果德国无产阶级能够夺取六家柏林的大银行,那么,所有主要的生产领域就可以落入自己的手里。顺便说一句，希法亭本人曾不止一次地担任过财政部长，而他一次也没有试图过实现自己的这套理论。

最后，希法亭在该书的序言中说到，金融资本是资本管理的最高的和最抽象的形式。为什么是抽象的呢，我不理解。（笑声）银行资本是再生产过程的要素之一，依我看来，它比希法亭本人的理论更加现实。我认为，银行对产业的统治，或者银行对产业的监督，无论在理论上还是在技术上都是不可能的，从正确的银行政策的角度来说也是不可能的。大家知道，马克思在《资本论》中出色地分析了再生产过程的各个因素。在这个问题上他是这么说的：

> "产业资本是唯一的这样一种资本存在方式，在这种存在方式中，资本的职能不仅是占有剩余价值或剩余产品，而且同时是创造剩余价值或剩余产品。……那几种在产业资本以前，在已成过去的或正在衰落的社会生产状态中就已出现的资本，不仅要从属于产业资本，并且要改变其职能机制来和产业资本相适应，而且只能在产业资本的基础上运动，从而要和它们的这个基础同生死共存亡。货币资本和商品资本，在它们以其作为特殊营业部门的承担者的职能和产业资本并列出现时，也只是产业资本在流通领域时而采取时而抛弃的不同职能形式由于社会分工而独立化的和片面发展的存在形式。"①

由此可见，马克思非常明确地指出，整个资本主义再生产过程是怎样形成的，这个再生产过程可能分解为在流通过程中得到独立形式的某些因素；但这些因素最终会完完全全地服从于生产本身的发展规律，它们通过资本主义发展的进程在某些历史时期里虽然取得或多或少的独立性（货币资本、商业资本以及一系列其他资本），但是在流通领域里与工业一起时升时降，完完全全地依赖工业本身的发展。

---

① 见《马克思恩格斯文集》第6卷第66页。——编者注

我还可以举出马克思的几十条引文，特别是在《资本论》第三卷的第五章中，他在那里明确地阐述了货币资本。他明确地指出，货币资本、银行资本在现代资本主义经济中所起的作用。而金融资本理论的错误不仅仅在于它经不起马克思理论的批判，而且在实际上，从起码的银行政策的角度来看也是不正确的。因为任何一个大银行都不会把自己资本的增长部分固定在产业上，这样的银行目前在世界上还没有。我可以断然地这样说。在银行发展史上曾经有过这样的时候，那时银行确实愿意把自己资本的一部分固定在工业上，即暴利业、投机业、自身创业等，但是在这方面有许多破产的例子，例如法国"机动信贷业"的破产和意大利"机动信贷业"的倒闭。最后，从德国银行经营史中，我们也有20世纪初莱比锡银行破产的例子，那时这家银行热衷于收购其他工业企业的股票。而在1901年工业危机时期，所有工业企业的股票都跌了40%—60%，而银行本身的股票从140%跌到了4%。现在，现时的银行吸取了这个痛苦的教训，都不会去冒这样的风险，把自己的资本，尤其是储户们的资金长期地投入到工业中去，去等待工业资本在最好的情况下很多年以后才能收回。因为这样的银行一旦发生经济危机只有彻底破产。没有平衡表的兑现原则，任何一家银行都不可能在现时的条件下生存。现在有一整套经过论证的关于平衡账目兑现的理论体系。关于这个题目写了许多文章和书籍，任何一个严肃的银行领导人都不会忽视这个原则，而任何一家银行都绝不会把大量资金长期投入到，或者像希法亭说的，固定到工业中去。我尤其反对这样一种说法，即现时资本主义的发展趋势是沿着银行资本向金融资本转变的路线进行的，目前的时期是金融资本的时期，资本主义经济的发展正是沿着工业越来越依赖银行的道路进行的，就像希法亭所说的那样。所以这些说法至少都是不正确的。此外，金融资本论的作者有时还不能自圆其说。例如，他完全正确地指出大工业企业在不断扩大巩固。说目前的时期是垄断资本主义的时期，它的发展正沿着资本的大集中、大集聚的道路进行，这些都是正确的。但与此同时，希法亭本人在书中的第124页上却说，银行不可能把自己的资本固定在一个企业上。它们必然会冒风险把自己的资金投到一系列企业中去。得了吧！希法亭先生，银行不管有多大，它怎么可能把自己的资本固定在几十个大企业中，而且目的是为了加以统治，何况现在正涌现出许多资本极其雄厚的托拉斯，现时的银行怕是力不从心去掌控对这些托拉斯的领导，更不用说对一系列托拉斯的领导了。这无论在技术上还是在实践上都是不可能的。特别是在战后就更是不可能了，战后已涌现出许多规模巨大的工业企业，它们自己每年都有能力成立像德意志银行这类银行。不久前在俄国建立的钢铁托拉斯拥有15亿资本，包罗了407个钢铁工业中的大工业集团。所有这些资本主义集团都直接或间接地依赖于这个托拉斯，它不像银行那样虚拟地加以控制，而是实实在在地掌控着45亿资本。请问，有哪一个现时的银行能够控制这么大的一个巨人呢？哪个银行能够让这个托拉斯服从自己呢？或者拿美国钢铁公司来说吧，它拥有14亿美元的资本。哪个纽约的银行不要说完全控制就是部分地让这个空前未有的巨人服从自己，也都是不可能的，因为纽约最大的银行，其本身的资本都不超过2亿美元。要对这样一个巨人说什么监督，更不用说控制，简直是可笑。而希法亭说银行不可能把自己的资金只投入到一个企业中，它必然要同许多企业分担风险，这是完全正确的。在这种情况下，银行的统治必然不是集中在一个托拉斯，而是分散在许多托拉斯。显然，在垄断资本主义时期，这种说法是明显荒谬的。具有标志性意义的是，研究现时垄断组织结构的同志们，即使同意希法亭的理论，也还是承认，银行对工业的影响正在削弱。

同志们！在资本主义发展的战前历史上，我们几乎看不到这样一种情景，有哪个工业家或者某个康采恩会来公开地反对大银行。

但是，现在我们知道这样一些例子。大家都知道斯汀尼斯反对柏林银行的事，大家也知道福特反对纽约银行和其他银行的坚持不懈的斗争，而我要说，这是相当成功的斗争。而现在，如果一个工业企业家敢于起来反对大银行，那就说明，他在其生产内部拥有巨大的物质资源，否则他是不会提出这个大胆的挑战的。这就是说，这些银行的物质力量不太够，它们的统治太无力、太表面化了，以至于不能使福特和斯汀尼斯等人服从自己。

其次，我认为，银行（货币）资本是再生产过程的因素之一，它在流通领域中过去和现在都只起着辅助的作用，而产业资本正如马克思说的则是"Primus motor"（"发动机"），因此，银行对于其起源者来说不可能起统治作用，布哈林同志对此举了国家资本主义的例子，认为它是社会上层建筑，领导着资本主义经济。我对这一点完全同意。当然，国家资本主义使得或者能够使得资本主义社会的经济服从于自己。但是，我的说法和布哈林同志的说法之间有很大差别：国家资本主义确实是社会上层建筑，而货币资本或信贷是整个再生产过程中的因素之一。信贷是再生产资本的一部分，而国家资本主义确实是上层建筑，正如组织成国家的资产阶级是资本主义关系上面的上层建筑一样。就好像一个超阶级的组织在管理着整个社会，国家资本主义可以管理生产和整个资本主义社会。然而这里说的不是这个问题。我认为，信贷关系作为再生产过程的一部分，不可能领导，不可能使整个生产过程，特别是生产过程的基础——工业服从于自己，布哈林同志反对我的观点的是以下一点。他说，当德国这样的国家，美国的信贷源源不断地涌来的时候，怎么能怀疑金融资本的作用呢？这里很显然，当我们在谈到信贷本身的作用时，显然是互相不理解。当然，我不否认银行在自己的雇主们之间可以推销外部的信贷，我更不否认银行在现时资本主义经济中所起的和可能起的辅助作用，银行是吸引资本主义社会的自由货币资源的中心。

我不否认，银行在一定时候可以从自由资本中分出一部分来出口到可以提供更大利润的国家中去，如像当时德国那样。要知道这是一种贴现政策的事。如果这个国家的贴现率超过美国，那么对于拥有自由货币资源的美国资本家来说，今天在工业中使用它没有盈利，就自然而然会把它放到能够提供最高利润的地方去。但是，投到德国工业中去的这些货币并不是银行的货币，而仍然是那些产业资本家的货币。这些货币暂时还是自由的，并在征得产业资本家的同意后，银行就把它放到德国的各种工业信贷中去。同时，这里常常会采取直接购买工业企业股份的方式进行。银行不能不征得雇主们的同意就把它们的货币作为产业资本长期地投入到某个国家。银行不可能这样做。

资本主义经济中的信贷是什么意思呢？它起着什么样的作用呢？信贷的作用是从现时资本主义经济的整个结构中派生出来的。在以劳动分工和私人所有制基础上建立起来的社会里，社会联系只能通过交换把产品转为商品的过程中实现。信贷就是交换的变相形式，是交换的继续。诚然，信贷与交换本身是不相符的，但信贷是在资本以商品形式从生产中出来并经过漫长的流通过程到达消费者而实现的。就在这商品形式的资本变换形态的过程中，信贷促使着、推动着并加速着商品形态的变换，它本身没有改变自己的形态，并以货币的形式返回。随着资本主义的发展，信贷的这种基地大大地扩大了。它采取多种的形式，变得十分深入，但这并不意味着信贷的主要作用改变了。它依旧是再生产过程的推手，交换时的助手，商品的变化形态。一个资本家常常是不能用现金购买商品，他就不得不以期票方式，用信贷来购买。而他也只能通过卖出来收回这些货币。在商业信贷和资本信贷之间，差别只在于，商业信贷为流通服务，而资本信贷为生产服务，同时工业家得到的是企业利润，而货币资本家得到的是利息。在资本主义的发展史上，一直存在着为分配这个剩余价值而进行的残酷斗争。银行不止一次成功地为自己攫取了大部分剩余价值，它采取的是形形色色的投机手段，如通过发行股票创办各种企业。银行，特别是投机银行的这种创业利润有一段时间达到了相当巨大的规模。但这种情况只有在一些工业部门解体为成百上千的企业，有时甚至成千上万企业的时候才有可能出现。在垄断资本主义时期，当资本积聚和资本集中达到很大规模的时候，工业才不允许银行为此无礼地对待自己。同志们，问题就在这里，现时的托拉斯在自己的企业中积聚了大量资本，就比零散的和分散成许多小工业企业时的工业要强大许多倍。当然那时银行可以随心所欲地玩弄工业。但一旦规模巨大的托拉斯化的大资本走上舞台时，情况就不同了。武尔姆同志在这里说得很对，虽然他说的是另外一种情况，他说走上金融化道路的大托拉斯，不会愿意让银行分得其部分剩余价值来发财的。这样在银行机构的道路上就设置了一道障碍。因此，在垄断经济的时代，大银行在分配剩余价值中所得到的份额将越来越小，这是很自然的。尽管布哈林同志认为我的说法是很幼稚的，但这些幼稚的观点居然在认真研究这些问题达四年之久后出现了。那么希法亭是根据什么得出自己的理论的呢？我详细地研究了战前和战后十年中柏林几家大银行的平衡表，无论在平衡表还是在统计表上都没有发现可以证明希法亭观点的证据。

就拿柏林三家大银行——德累斯顿银行、达姆施泰特银行和德意志银行——的平衡表来说吧，我们仔细地寻找这样一个问题的答案：这些银行把哪部分资产固定到工业中？一些天真的人认为，银行会把这种情况向大众隐瞒。但这些自然是微不足道的小事，至少在这些柏林大银行的平衡表上有称为后续投资（Dauernde Beteiligungen）的专门一栏。此外还有一栏叫做创业投资（Konsortialbeteiligungen）。在这一栏内，包含了银行作为创业者投入的全部资本，或者由该创业者们担保的工业股份，或者投入到各种公用事业或国家的债券。平衡表上的这两栏在上述银行的业务中只占有不起眼的地位。下面这个表格充分说明了上述情况：

平衡表上的总数（单位为百万马克）

	1913 年	1927 年
1. 德累斯顿银行	1538	1885
其中：		
（1）后续投资	39	28
（2）创业投资	55	14
2. 达姆施泰特银行	978	1772
其中：		
（1）后续投资	8	22
（2）创业投资	45	24
3. 德意志银行	2246	2320
其中：		
（1）后续投资	82	26
（2）创业投资	53	35

　　这里需要强调指出，在这些银行的报告中表明，后续投资是指其他的银行企业，而不是工业。希法亭从哪里得出结论，银行资本整个增长的部分都投到了工业，并成为金融资本呢？从哪里可以看到这一点呢？我可以断言这是自然界并不存在的一种幻觉。

　　希法亭的另一个论断也是一种幻觉，认为任何一家银行都是交易所。但希法亭正确地指出，随着资本主义最新趋向的发展，交易所的作用在减弱，但之所以减弱不是由于银行变成了交易所，而是因为在垄断资本主义的条件下，每个工业部门中只有几个企业家出现在交易所，而过去是成千上万的企业家。因此，交易所过去是资本主义经济的调节器。现在它的这个作用减弱了，这不是因为任何一家银行都是交易所，而是因为垄断资本主义把交易所的作用降低到了在资本主义巨大机器中只起辅助杠杆的地步。

现在对布哈林同志所叙述的"金融资本"的概念说几句。我要说，在纲领草案中已经提出了与希法亭的完全不同的定义。在纲领的第14页（俄文版）上说："产业资本和银行资本的结合以及这种形式的垄断性质使产业资本时期变成为金融资本时期。"①

同时，布哈林同志在解释"金融资本"的概念时也说过同样的话。他说，结合——这是明显的事实。但是从这个正确的事实中得出了关于所谓金融资本统治的错误结论。我可以断言，金融资本的统治是不存在的，银行本身随着事态的发展也会卷入到产业资本的潮流中去，产业资本自己也能建立自己的银行，这样就把产业资本与银行资本结合起来。但我应该说，布哈林同志通过这个定义把希法亭的整套理论头足颠倒了。

（布哈林：您先把我说的话头足颠倒，现在又把第二条头足颠倒。）

不，我引用的正是在纲领中谈到产业资本和银行资本结合的那一段话。我或许同意这样来阐明金融资本内容，但只是有一些保留意见。第一个保留意见是，产业资本会建立自己的银行，并走上自身金融化的道路，产业资本与银行资本的结合是在产业资本的领导下和在产业的支持下进行的。其次，资本主义发展的趋向导致产业资本对银行的依赖，并逐渐地使银行变成产业资本家的结算部门和出纳员。希法亭本人在这方面作了一点发挥。后来他深信，不光是六家银行就是六十六家银行在掌

---

① 参见《国际共产主义运动历史文献》中央编译出版社 2013 年版第 48 卷收录的《共产国际纲领》第一部分。正式公布的文本文字有修改。——编者注

控以后也不会落到他的手里,他大大地改变了自己的观点。在1927年德国共产党海德堡党代会上,在由希法亭和考茨基参加的纲领委员会里,对这个问题进行了非常认真的讨论,经过这番讨论以后,在纲领中写进了这样一条:资本主义的垄断趋向导致工业部门的结合,使生产的后续阶段紧密联系起来,组成为康采恩和托拉斯。这个过程把产业资本、商业资本和银行业资本结合成为金融资本,根据老马克思主义者们的意见,所有这一切现在形成了金融资本。那么,希法亭以前的说法,即固定在工业中的银行资本就是金融资本的说法到哪里去了呢?这个理论到哪里去了呢?依我看来,希法亭过去的说法是滑稽可笑的,且也是错误的。它们从一个错误滑到了另一个错误。现在没有这样的结合,也不可能有。这样的结合即使有,那也只是在产业资本的领导下才发生。同志们,我们从资本主义发展史上知道,产业资本怎样一步步地制服商业资本,它在许多工业部门中迫使以往的独立商业家成为销售他的商品的代理人。现时的大辛迪加和百货公司的强大威力就足以说明这一点。这个发展过程是由于资本主义本身的发展而实现的。独立的银行之变为产业资本的代理人和出纳员也是通过这样的途径,是资本主义进一步发展的必然结果。

尽管这样,"金融资本"这一术语被我们的报人使用得无所顾忌。他们自己往往也不懂得说的是什么。

(布哈林:这是对的。)

我觉得应该明确这一术语,并说明我们是怎样理解的。我再说一遍,希法亭本人对这一概念作了另一种解释。我们把产业资本和银行资本结合这一条列入纲领,以此说明我们已经远离了希法亭的理论。我深信,必须把希法亭的理论,像我所说的那样,抛到历史的垃圾箱里,如同革命的无产阶级把他本人抛弃一样。

阿方索（印度尼西亚）：

发言人坚决反对纲领中关于同确实进行反帝斗争的民族革命资产阶级有条件地达成临时协议的条款。

发言人说，"在这种情况下，纲领就不是共产主义的纲领，而是真正机会主义的纲领"。

他接着说：苏维埃是可以和应该建立的，这不仅是为了夺取政权，而且是在工人阶级同资本主义的任何一种斗争中都是需要的，发言人还引用了俄国工人运动经验中存在的先例。

发言人还表示反对把中农阶层中立化的政策，并建议在"领导权"一词上增加"夺取政权"这一点，因为可能同意"无产阶级领导权"，但反对夺取政权，就像1917年马尔丁诺夫、季诺维也夫和加米涅夫那样。

布兰德（波兰）：

我们这次代表大会所制定并将通过的纲领草案是建立在可靠的基础上，即革命的马克思列宁主义理论的基础上的。列宁在26年前写的小册子《怎么办？》上就说：只有用最先进的理论指导的党才能履行先进战士的作用。我们的整个纲领充满着这样的革命理论。

我们是世界上拥有与实践完全相适应的纲领的唯一政党。

我们的纲领依据的是全世界革命工人运动的全部经验，是业已胜利的苏联无产阶级的经验。这是世界革命的纲领。它给予我们各国的同志以我们未来道路的全部理论知识，向他们开启了英国矿工和中国苦力的斗争与正在建设社会主义的苏联工人的斗争之间的联系。我们纲领的任务就是这样，而它一定能完成这项任务。

我只想谈一谈纲领的几个主要问题。首先是对帝国主义的理解。我们确认这是垂死的资本主义。为什么呢？首先是因为它通过生产的史无前例的积聚，通过建立生产和分配的社会机构实现了社会主义的客观前提。另一方面，是因为它使资本主义的一切矛盾激化到极点，加剧了对人类极大多数人的剥削和压迫，从而引起这人类极大多数人对极少数人的反抗。

社会民主党人欢迎帝国主义的所谓优点，把它描述为生产组织的较高形式。它们掩盖一切矛盾，散布和平长入社会主义的谎言，成为超帝国主义的颂扬者。目前，像桑巴特和希法亭那样，正以"有组织的资本主义"这种新名词来散布反革命的乌托邦，赞扬和欢迎超帝国主义。

当然，对帝国主义的这类提法在我们共产主义的队伍里是不可能的，对我们来说是完全格格不入的。然而我们知道，对超帝国主义的这种模糊观点至少在我们波兰可以见到。所以我想对此说几句，当大家把整个注意力集中在垄断形成的主要趋向上，那就容忍了一种错误观念的倾向，即导向集中的倾向在资本主义的基础上完全有可能变成为由统一意志支配的无所不包的世界组织。这里忽略了发展不平衡的规律，整个规律必然一次又一次地激起资本主义的内部斗争——争夺限额，在卡特尔内部争取各个工业部门之间总利润的份额，激起卡特尔化和非卡特尔化工业部门之间的斗争，激起国内垄断联合组织之间争夺世界市场的斗争，最后激起资本主义各国之间瓜分世界的斗争。在资本主义范围内，生产的日益社会化和私人所有制之间的矛盾非但没有消除，反而表现为越来越激烈的冲突。这个矛盾在资本主义的基地上是不可能解决的。

布哈林同志在论帝国主义的书中写道，世界经济的国际化不会带来资本主义利益的国际化。相反，利益的矛盾性依然存在。由此可见，在资本主义时期，竞争不会消除，也不可能消除。它只是被提到更高的阶段。列宁曾特别强调指出，资本主义不可能被帝国主义根本改造，因为帝国主义只是通向更高制度的过渡时期，而垄断是与自由竞争同时存在的。列宁正是从这里得出了存在着巨大矛盾的结论。

因此，如果波兰少数派的一位同志在这里说，纲领中不应提到竞争的残余，首先应该提出的是新的主要的东西，即垄断。我认为他这样说是走在了完全错误的道路上。列宁在《帝国主义论》中说："从自由竞争中生长起来的垄断并不消除自由竞争，而是凌驾于这种竞争之上，与之并存，因而产生许多特别尖锐特别剧烈的矛盾、摩擦和冲突。"① 接着他说，考茨基与马克思没有任何共同之处，因此他的批判正回避和抹杀了帝国主义最深刻和最根本的矛盾：垄断和同时存在的自由竞争之间的矛盾……以卡特尔和托拉斯为一方和以非卡特尔化工业为另一方之间的矛盾。

由此可见，这些自由竞争的残余并不是可以忽视的东西，如果你要辩证地而不是公式化地理解帝国主义，如果你要提供不是抽象的资本主义，而是提供实际存在的资本主义的真实情景的话，我们正应该这样做。

我们还不应忘记列宁1917年在讨论俄国共产党纲领时说的话：

"不是纯粹的垄断，而是垄断和交换、市场、竞争、危机并存，——这就是帝国主义的最本质的特征。……正是竞争和垄断这两个互相矛盾的'原则'的结合才是帝国主义的本质，正是这种结合在酝酿着崩溃，即社会主义革命。"②

为什么我要说在我们波兰出现的这种错误的观念呢？我还要补充一点，例如林格同志在一篇理论文章中说，似乎在帝国主义条件下，自由竞争和无政府状态完全消除了，从这种对帝国主义的公式化的、非辩证的理解中，从对它的有点像"有组织的资本主义"的理解中，还可以得出一些错误的政治结论。波兰少数派的同志们提出一种理论，什么联

---

① 参见《列宁全集》中文第2版第27卷第400—401页。——编者注
② 参见《列宁全集》中文第2版第29卷第479—480页。——编者注

合起来的国际资本主义作为一个整体决定了农业化的波兰,而皮尔苏茨基则只是这种集体意志的执行机构。这些同志不愿同意,波兰资产阶级在英美资本的帮助下开始反对德国资本的农业化倾向,甚至在发展工业方面部分地取得成就。这些同志根本否定波兰资产阶级利用德国资本和英美资本之间的矛盾的可能性。同样,他们也否定在为出口服务的美国工业和参与向欧洲输出资本从而加剧欧洲工业竞争的那些银行之间存在着某些矛盾。我们中央委员会的一名委员说,据他看来,这种矛盾是不可能的,因为在帝国主义条件下,银行资本和产业资本结合在一起,因此,美国银行的利益不可能与美国出口工业的利益发生矛盾。

这同完全否定结合的苏尔坦-扎德比较起来可以说是另一个极端。另外一些同志对银行资本与产业资本的结合也作了绝对的理解,是完全公式化的。这些错误的见解也导致对波兰稳定进程及其真实矛盾的完全错误的评价。因此,有必要在纲领中更加详尽地来解释超帝国主义的不可能性。

关于法西斯主义的问题,我总的来说同意纲领的阐述。我们认为,这种阐述的最大优点是它把社会因素提到首要地位,并把法西斯主义看做是资本主义危机的特殊制度,是整个金融资本反动的社会形态。我们在波兰必须同一种错误观念进行斗争,认为法西斯主义无非是与垄断资本主义相适应的正常的政治上层建筑。这种观念也就把法西斯主义从纯经济中引申出来,使它脱离了社会革命,完全忽略了社会因素。我们研究并着重强调法西斯主义的特殊的阶级机制。我们也在资本主义危机加剧的其他资本主义国家里看到法西斯主义的倾向,看到法西斯主义发展的因素。但法西斯主义的充分发展只有在具备特殊条件的地方才有可能。因此我们认为,最好在纲领中不是呆板地阐述,而是更加明确地说明这些条件。

我再来谈一谈对我们波兰有着特殊意义的第三个问题。这就是革命发展的进程问题。纲领试图把不同类型国家的不同革命道路加以具体化。我们特别要强调，这是目前纲领草案的巨大优点，但我们认为，对波兰设定的公式是不正确的。我们认为，波兰在历史发展的道路上要比俄国在1917年时走得远得多。这一点我在纲领委员会上比较详细地阐述过，现在只简短地说一说。在波兰，多年来全部政权都集中在资产阶级手里，它与大土地占有者非常紧密地联系在一起。无产阶级在那里拥有相当的比重。可以说，资本主义成熟的程度要比1917年的俄国更大，尽管我上面提到的政治关系有着很大差别。

波兰未来的革命是反对资产阶级，它必然将提出社会主义的目标，它将是社会主义的和无产阶级的革命。而我们现在的口号，即工农政府的口号也将是我们在这次革命中的口号。这个工农政府依我们的理解就是："一切政权归苏维埃"。在苏维埃中，无产阶级政党将为争取领导作用而斗争，无产阶级将使整个革命具有社会主义的面貌。因此我们认为，在波兰革命中工农民主专政的阶级未必还有地位，即使甚至在无产阶级专政从一开始就没有取得胜利的情况下也是如此。但从另一方面说，我还要强调指出，我们完全同意纲领草案在这方面的观点，即在波兰这次无产阶级革命中还将留下一种特殊的印记，它（革命）在很大程度上具有资产阶级民主的内容，就像在俄国十月革命的内容在很大程度上是资产阶级民主的一样。这里首先是剥夺地主，消灭大地主土地占有制；其次是解放被压迫的民族；第三是摧毁教会的权力，等等。这是资产阶级所不可能解决的巨大任务，只有社会主义革命才能加以解决。要解决我们的革命应该顺便解决的这些资产阶级民主革命的巨大任务就会给我们的革命打上了特殊的印记。但这个革命是无产阶级的革命，从这个意义上说，纲领草案应该加以修改。

我要特别指出，我不同意波兰少数派中的一些同志在纲领委员会和在这里全会上提出的观点。这些同志错误地估计波兰的形势，说什么在波兰封建主义的残余正处在消失的过程中。这是一种误解。法西斯主义只是消灭了资本主义发展道路上存在的封建主义残余。但是，整个大地主土地占有制，地主的整个社会和政治力量还继续存在，还没有被消灭。地主和雇农之间的宗法的、半封建的关系，千百万小农对大土地占有者的经济依附还继续存在。这些极其重大的封建主义残余，法西斯主义并未加以消除，相反更见加强，地主的社会和政治权力近年来更加上升了。

波兰少数派的一位同志在这里说，波兰的土地关系可以与法国的土地关系等量齐观，这简直是荒谬之极。这种极大的错误将会导致对波兰革命动力的完全错误的理解。这是纯粹托洛茨基性质的错误。

最后我想说一说，波兰代表团的大多数人将投票赞成在这次代表大会上最终通过纲领草案。我们希望尽快拥有这个基本文件，以便作为我们整个宣传工作的基础来加以使用。这个文件将在开展共产主义宣传方面起到巨大的作用。它是国际无产阶级的纲领，是我们进行斗争和取得胜利的纲领。

瓦尔加（苏联）：

我只想谈两个问题：关于"结构性的"失业和军事共产主义。我在代表大会前夕写的小册子中，针对日程的第一项，我指出，目前时期的失业性质与战前时期的失业相比较已经改变了：首先在数量上改变了，其次是它具有周期性了，最后是在整个资本主义历史上，我们可以通过美国和英国的情况，确认这样一个事实，产业资本所占有的工人数量绝对地减少了。我在那里指出，这个现象是工业商品的销售市场扩大过程完成的后果，而销售市场扩大的过程是农民从为私人消费而生产转变到为市场而生产过渡的结果，是美英两国的农民转变为资本主义农场主过渡的结果。这就是说，资本主义市场的扩大——指国内市场——在这些国家里只能以整个体制的扩大为限。但由于农民转变为农场主，一次性的跃进不会重复也不可能再重复。

我竭力把这些新见解与卢森堡主义严格区分开来。这里的问题不在于是否能在资本主义社会内部实现剩余价值（这根本谈不上），而在于这种一次性的、历史上只发生过一次的在单一国家内跳跃式的资本主义市场的扩大已经在这些国家里发生了。由于这个原因，我们也看到这样一种现象，因为新技术、合理化而被解放出来的工人不能再返回到工业中去，他们的脱离工业是最终性的。

我建议把这种现象在政治纲领中加以明确起来。德国代表团建议把这些见解写到纲领中来。同志们，我认为把这种情况写进纲领没有什么意义，因为有可能（它不一定可能发生，但也不能完全否定），如像有一个时期在中国和印度会建立资产阶级制度，我再说一遍，这种可能性是不能完全排除的。这里指的是，这两个大国加在一起拥有全世界一半的人口，可能会出现这种资本主义销售市场的跳跃式扩大，在某个时期内由于市场进一步扩大而重新调整技术迅速发展的平衡。因此我认为，这种现象应该在纲领中加以明确，因为它可能在不久的将来会发生变化，而在纲领中只指出普遍失业这一事实，指出它的周期性，它对工人阶级的重大意义，但不指出它的"结构性的"失业的特殊性质。

现在来谈一下军事共产主义的问题。在纲领草案的最初版本中说到军事共产主义的**可能性**。对此，我提出反对意见，建议在纲领中说明，军事共产主义，特别是在孤立无助的专政条件下将是**普遍规律**。布哈林同志在这里表示同意，说在纲领中说的不是军事共产主义的可能性，而是或然性。同志们，我不能满意这种让步，但我还是认为（不管这在纲领中怎么表述），在全体会议上还应该讨论一下这个极其重要的问题。

首先我应当强调指出，我根本不认为或者特别希望军事共产主义在任何条件下都是必要的，我绝不认为我们应该在纲领中向所有政党指示采取军事共产主义的方针。我在这个问题上的立场是，保卫政权的任务迫使我们采取军事共产主义的措施，建立军事共产主义的必要性是与我们专政敌对的那些阶级强加给我们的，而这一切在无产阶级专政初期在极大多数情况下都是会发生的。

布哈林同志在这里说出了一个观点，说我的立场与我们在匈牙利所犯的错误有着思想上和历史上的联系。同志们，我们在匈牙利犯过很多重大的错误，这是无可争辩的。我们承认这一点，批判匈牙利专政的始作俑者在很大程度上是在匈牙利革命被镇压之后我写的那本小册子，在那里我无比坦诚地谈到了我当时已经清楚认识到的所有错误。但是我们还是应该理解以下一点：我们的错误首先是我们没有分配土地，其次是过分地强化了军事共产主义政策。这里我们不仅是从保卫专政的正确路线出发的，而且是遵循了想要立即组织有计划的社会主义经济，实现从资本主义向没有市场的社会主义状态过渡的愿望。但我想强调指出的是，分配土地和军事共产主义不是相互矛盾的。相反，分配土地是军事共产主义体系中的重要因素，它决不是排斥军事共产主义的一种东西。同志们，如果我们具体地设想一下建立专政的过程本身，夺取政权前后的阶级力量的对比，那么我们就会看到，夺取政权只是在统治阶级经受严重危机的情况下才有可能，也就是用列宁的话来说，统治阶级已不可能再照旧生活下去，而无产阶级已不愿意再照旧生活下去。这种形势，对资产阶级力量的这种震撼只有在严重经济危机的条件下才有可能。资本主义条件下的这种危机意味着通货膨胀以及与此相联系的商品荒，意味着工人和官员们的实际工资的下降，中间阶层的贫困化，一句话，全体劳动居民的贫困化。如果我们在这种形势下想要夺取政权，那么不言而喻我们就应该让这些不满的、贫困化的、处在革命风潮中的群众服从我们的领导。这就是说，我们应该具体地告诉他们，不通过推翻资产阶级，不建立无产阶级专政，是不可能解决现状的。我们应该告诉他们，这个专政将给他们更多的面包，更多的住宅，更短的工作时间和更好的生存条件。极少数阶层，有觉悟的共产党人将会明白，切实地改善工人阶级的生存条件不可能一蹴而就。但广大群众只能在深信这个专政将会给他们直接改善他们的生活条件的情况下，才会在我们的领导下起来进行斗争。我们在同资产阶级的斗争过程中掌握了政权以后，我们所面临的就是必须实现工人们的要求。这是我们所碰到的第一点。但是我确认，尽管部分地满足了我们在掌握政权以前所提出的工人群众的要求，但在专政的开始时期，我们还只能通过军事共产主义的措施，而决不能通过市场关系来加以实施。

我尽量来证明这一点。我们应该明确认识到，在其他一些国家里，夺取政权并非按照匈牙利或俄罗斯的模式进行的。这一定会以流血的内战形式来实现：或者是某种帝国主义战争在资产阶级失败以后变成为国内战争，或者是工农的经济冲突自觉地导致国内战争。但是没有国内战争，像在匈牙利发生的那样，在任何地方都不可能取得政权。由此可见，我们取得政权是靠内战并在内战的过程中实现的，也就带来了这一事实的全部经济后果和政治后果。在这种情况下，我们在夺取政权后所面临的任务是改善广大工人群众的状况。如果我们不能做到这一点，我们就不得不在从组织上巩固我们的政权以前考虑到工人阶级内部的一部分人的反抗，他们对我们说："你们答应我们要改善我们的状况。你们必须实现这一点，否则你们就是骗子。"所以我们如果做不到这一点，工人群众就有可能进行反革命的鼓动宣传，就像我们在匈牙利看到的那样。而我要说，在正常生产过程的情况下，在市场关系起作用的条件下，我们在专政的开始时期不可能改善工人的状况。

我简单地来描述一下在专政开始时期各种经济成分的情况。我们将拥有已经夺取的经济命脉，拥有被剥夺来的大工业、运输业、银行，可能还有一些大的农业企业。我们是否能够在所有这些企业中立即提高生产呢？不，同志们，恰恰相反。在开始时期，生产自然会降低。首先是因为在这种条件下，劳动纪律会降低。在资本主义条件下，劳动纪律是一种阶级性的纪律。如果目前在企业中通过军事组织而建立纪律的那个阶级失去政权的话，那么从那时起这种劳动纪律的形式就会不再存在。经过相当一段时间以后，才能建立新形式的无产阶级纪律，并因此在企业中出现正常的劳动生产率。在这一点上不应有任何幻想。

其次，相当一部分工人会脱离生产过程。工人阶级的优秀分子将参加红军，参加红卫军，成为工厂委员会、苏维埃的成员。在企业内部经常会发生违背生产过程的现象，其政治原因是：示威游行、召开会议、训练厂卫队等。在专政的初期，在转变的国有制的工厂和企业中，生产的时间有时要比过去少许多。

经济体制的第二部分是由依旧是私有制的企业构成的。那里生产的削减要比国有企业更大。为什么呢？是因为资本家对这个阶段上的生产没有任何刺激。在没有阶级纪律的情况下，劳动生产率非常低，剥削水平也很低，而生产不会带来任何利润。其次是存在通货膨胀，而在通货膨胀的情况下，生产是很不合算的。第三，资产阶级有可能靠自己的积蓄而生存，由于政治上的原因而怠工，以便给新政府制造困难。因此在这国民经济的第二部分中，在还没有国有化的企业中，生产就会比过去更少。

在第三部分，即农民经济中的情况怎样呢？这里我要强调指出，在一些资本主义国家里，农民阶级和在俄国有所不同。俄国的农民是真正意义上的农民，80%是为自己的消费而生产，资本主义国家的农民已经资本主义化了。它已经作为组成部分融入了资本主义生产方式。在这些国家里，80%—90%的农民是为市场而生产。它们在经济上和社会上不像在俄国那样依赖于地主阶级、贵族和统治阶级。他们组织起来成为合作社，在党政关系上和大地主一样。他们，他们中更加独立的部分，自然出于和私人资本同样的原因将会来阻挠对城市的食品供应,并出于政治的原因用饥饿来战胜无产阶级的城市。我要提醒大家,在1923年急剧通货膨胀的时期,尽管德国存在着资本主义制度,但城市食品的供应大量减少了,缩减的程度很大,以致工人们从城市跑到农村,在那里擅自挖掘土豆。所以在资本主义的范围内我们也可以看到军事共产主义的因素。

在这样的条件下能做什么呢?我们有可以依靠和应该依靠的工人阶级,并指望我们和要求我们去提高它的生活水平,改善它的状况。但我们的状况是没有可能靠现时的生产并在市场关系的基础上去满足无产阶级的这个要求。我们没有别的办法,只能尽可能地去做。因此只能征收资产阶级的储备商品,换句话说,只能插手干预大仓库,给工人们提供衣服、鞋子和床单。还必须征收资产阶级的住宅,让工人们住进去,还要从富裕农民那里征收现有的粮食。在专政的开始时期,不管是否愿意还必须摆脱市场关系的制度而走上军事共产主义措施的道路,以便哪怕部分地满足工人的要求。否则已经夺得的政权就有丧失的危险。

我想再重复强调一点,分配土地决不能与这种军事共产主义相矛盾。相反,分配土地必须使贫苦农民阶层,在某种条件下还要使农业工人紧紧地依附在无产阶级专政周围。我们正是通过这种办法创造了顺利实行粮食征收制的武器,俄国专政的经验证明了这一点。与此同时,这种现象的另一方面,没收富裕农民的土地并将其分给贫苦农民,会加强富裕农民的反抗,使我们不得不更多地对他们采取军事共产主义的措施。我再重复说一遍,问题不是我们希望采取军事共产主义,而是在专政的初期,阶级斗争的机制迫使我们实行军事共产主义的政策。

城市小资产阶级、手工业者、小商品生产者等的情况怎样呢?我们在匈牙利犯了一个很大的错误,立即禁止任何自由贸易,从而也把这个阶层推了出去,不应再重犯错误了,军事共产主义并不意味着百分之百地禁止自由贸易。布哈林同志在这里尖锐地批评我们采取这些措施，在这一点上他是完全正确的，但我应提醒一点，与此同时，甚至比这稍晚一些时候，在俄国也犯了同样的错误，那里靠民警的帮助把想做点生意的小商品生产者驱赶出街头。这个错误不是从天上掉下来的。这里起作用的是在一定条件下远远超出合理目标以外的那种机制的逻辑，有时也是官僚主义机器远远超过了必要性。但我们的错误是，我们把军事共产主义的制度看做是直接通向社会主义的一个阶段。在纲领委员会里曾经谈到这一点，而我在那里也援引了列宁的一些引文，似乎这种过渡在某种条件下是可能的。但这不是用来替我们在匈牙利做的事进行辩解，因为在匈牙利当时的历史条件下，在生产力发展相对低的水平下，直接过渡到社会主义是不可能的。我以为，实践上重要的不是这个问题。我认为实际重要的是，我们共产党人不应该从思想上完全否定在任何情况下都要实行的军事共产主义，并认为必须立即实行新经济政策。这可能会带来很大的危险性，首要的危险是工人群众中的左倾反对派。显然，在国内战争过程中产生的专政几乎不可能以合理的规模去人为地限制剥夺的尺度。例如，可以发布决定，规定剥夺不应该包括50名工人以下的企业。但几乎不可能强迫刚刚参加反对资本家内战的工人们又重新来服从资本家的命令，在无产阶级政权已经建立以后再来执行资本家的指令。同志们，正如匈牙利的经验表明，这几乎是不可能实现的。因此，我要跟你们讲一件可笑的事。

在我们专政的时期，有一批理发师工会的代表到人民委员会来找我，说在布达佩斯有许多拥有20、30、50名技师的大理发馆，对它们必须实行国有化。我给他们作了完全正确的答复："见鬼去吧，你们想干什么干什么吧！我们还有比理发馆国有化更重要的事要做。"而在下一周的理发师工会的机关报上发表了不只是三两篇非常尖锐的文章来反对我。文章中说，我的家是由理发馆老板组成的，因此是反对理发馆实行国有化的敌人。

在专政的最初时期,我们常常会遇到这样的事,某个企业依我们看来或根据我们的决定还没有成熟到实行国有化的程度,而那里的工人们则把资本家赶走,并声明他们对该企业实行了国有化。在这种情况下你该怎么办呢?是派军队去恢复资本家的权利呢,还是同意剥夺该企业呢?

我觉得在这个阶段上,无论如何不能设想通过工人政权方面的压力来恢复被赶走的资本家的权利,同志们,这是绝对不可能的,因为这样的政策会在工人队伍中产生非常危险的左的反对派,会造成工人阶级内部的分裂。

另一种可能、另一种危险是:当新经济政策的思想深入到我们共产党、共产党领袖们的意识中去的时候,就会出现另一种危险。他们就不会把反对资产阶级的斗争进行到底,就会在没有把资产阶级作为有组织的阶级消灭以前,在没有消灭它们的物质基础和他们的反革命活动以前,就同它们达成和解。

这两种危险,我都直接亲身经历了,也促使我一再地回过头来谈这个问题,因为夺取政权不是全部任务。夺得的政权可能会丧失,如果说布哈林同志就我们在匈牙利的错误政策责备我们,那么我们自然会在过去的十年来千万次地考虑匈牙利发生的事情,并意识到对匈牙利专政的崩溃所应负的巨大责任。我们清楚地懂得,比在座的每个人都更明白,如果我们能够做到,保住匈牙利专政对于世界革命来说具有多么重要的意义。我想整个欧洲的景象无疑会和现在完全不同了,所以我们完全意识到我们所犯的错误。但是尽管如此,我们所犯的一切错误不能简单地说成是军事共产主义,也不能从匈牙利的悲惨结局中简单地得出必须谴责军事共产主义的结论。同志们,这样做是不对的。依我看,在多数国家里要保住政权的任务首先要实行军事共产主义,这是我们的敌人强加给我们的，不管我们愿意与否。而每个严肃的共产党领导人的责任就是要严肃地弄清军事共产主义的可能性和必要性。

霍拉斯（捷克斯洛伐克）：

代表大会纲领委员会要解决的第一个问题是草案应该是什么样，是宣言，是纲领，或者是否应该接受登格尔同志的意见，即在纲领草案中只阐述共产主义的原则。我们得出的结论是，在纲领草案中要把鼓动因素和宣传因素最好地结合起来，我们也同意把纲领分出几个部分来，但我们建议，把作为前言部分的"导言"删除，只简单地称为"共产国际纲领"。

我想对克拉拉·蔡特金和其他同志在讨论时提出的建议说几句，他们的建议是，在草案中对社会民主主义和改良主义的阐述分散在各个章节中，应该把它集中在一个地方。我们认为，这是不可能的。纲领草案中分散阐述是由于在纲领的不同地方都要谈到社会民主主义和改良主义。

关于**帝国主义**和**资本主义**说几句。1. 我们总的说来同意纲领草案中的阐述。有些同志，如瓦尔加同志，要求在给帝国主义和资本主义下定义时要删除一些重复。例如瓦尔加同志指出在第一章中重复的地方。那里说："机器的日益广泛的采用，技术的不断完善，以及资本有机构成的不断提高……"然后在谈到帝国主义又说："复杂机器、化学处理和电力的广泛使用……"他建议删去这些重复的地方。我们得出结论，这些重复是必要的，因为在纲领草案的第一部分说的是资本主义，而第二部分说的是帝国主义。这里的重复完全是另一种形式，是与新的问题相对比的。

2. 在俄文版的第 13 页上说：

"到了20世纪初,这一时期让位于帝国主义时期,即资本主义飞跃式地、充满冲突地发展的时期,这时自由竞争让位于垄断。"①

在这里,布兰德同志曾经说,自由竞争还没有完全让位给垄断,它仍和垄断相处在一起。因此我们建议,用"让给"一词来代替,在纲领中不说"让位给"或"让位于"垄断。

3. 我想谈一谈**资本主义的不平衡发展**问题,这个问题已经提过几次了。纲领中关于资本主义不平衡发展的问题是这样说的:

"经济和政治发展的不平衡性是资本主义发展的绝对规律。这种不平衡在帝国主义时代更为明显和尖锐了。"②(俄文版第20页第19段)

关于资本主义发展的不平衡性以及不平衡性是资本主义必然规律的说法是在关于帝国主义的部分还是在关于资本主义的部分中说。我们建议关于发展不平衡性可以在**阐述资本主义及其发展的第一部分**中说一说。

4. 在纲领草案中关于工人贵族的**收买方式**问题是怎么说的呢?那里说超利润问题是收买工人贵族的唯一手段。

我们在捷克斯洛伐克纲领委员会中曾经谈过这个问题,并确认我们在这里应当作点补充。布哈林同志本人在关于国际形势与共产国际的任务的报告中说,迄今为止我们谈论过某个国家从殖民地中直接取得超额

---

① 参见《国际共产主义运动历史文献》中央编译出版社2013年版第48卷收录的《共产国际纲领》第一部分。正式公布的文本文字有修改。——编者注

② 参见《国际共产主义运动历史文献》中央编译出版社2013年版第48卷收录的《共产国际纲领》第四部分。正式公布的文本文字有修改。——编者注

利润的问题。布哈林同志用以下的话来发挥这一思想。

"美国没有那么多殖民地,而它得到超额利润了没有呢?是的,得到了,我不能详细地来谈论这个问题。我想提醒一下,马克思就分析了一系列现象,大工业国家由于在世界经济中占有巨大比例而取得级差利润,这是由于技术的优越性带来的,而资本主义的超额利润在以后的时期里起着巨大的作用。因此,改良主义的经济基础不仅是直接从殖民地取得的超额利润,而且是通过世界商品流转,在输出资本的基础上取得的超额利润,不单是从'自己的'殖民地,而且是从所有的殖民地。"①

因此我们建议,关于工人贵族的收买方式问题可以用布哈林同志的这段论述来加以补充。

关于民主专政问题说几句。在波兰同志中间曾发生过激烈争论,听到这些争论,我想起了列宁论策略的信。列宁在那里说了什么呢?

"按照旧方式,结论是:**继资产阶级的统治之后**,才可能和应当是无产阶级和农民的统治,他们的专政。

但是生动的实际生活中**已经产生了另外一种情况**,产生了一种非常奇特的、崭新的、从未有过的**两种统治互相交错**的情况。现在同时并存的**一方面是资产阶级的统治**(即李沃夫和古契柯夫的政府),**另一方面是无产阶级和农民的革命民主专政**,后者**自愿**把政权让给资产阶级,自愿做资产阶级的附属品。"②

这意味着什么呢?列宁教导我们要考虑到实际生活,事实表明,在资产阶级掌握政权以后,不始终都是无产阶级专政。问题在哪里呢?在于**阶级力量的对比**,问题在于谁能争取广大农民群众。毫无疑问,工农

---

① 参见《国际共产主义运动历史文献》中央编译出版社 2013 年版第 45 卷收录的《布哈林作共产国际执行委员会的工作报告》。——编者注
② 见《列宁全集》中文第 2 版第 29 卷第 139 页。——编者注

民主专政是随着蓬勃的农民群众革命运动而发生的。但这里的问题往往是这样摆着：是否能够从农民运动跳跃到社会主义革命。我认为，这不是常常可能的。

我以为，波兰同志提出工农民主专政问题的角度是错误的。布兰德同志这样提出问题：通过农民革命运动可以**直接跳越到社会主义革命**。相反，另一位同志则认为，必须有一个无产阶级和农民的民主专政阶段，而且要完成这个阶段。依我看来，这是当年加米涅夫同志的一种倾向。在列宁和加米涅夫同志之间在这个问题上发生过争论。

在纲领草案中是怎么说的呢？纲领草案中说，首先是"可能发生的情况"，第二是"可能出现民主要求"。第三是"这里可能出现无产阶级专政，但不是立即"。没有说，无论如何都应该是这样的。

问题在哪里呢？问题在于，这里没有谈到工农民主专政作为革命发展应该完成的一个必要的和独立的阶段。纲领草案中只谈到可能性和前景，只谈到从这个阶段发展到另一阶段的可能过程。波兰同志不能说，没有皮尔苏茨基，而只有无产阶级专政，也不能说：没有皮尔苏茨基，而只有工农民主专政。

（布兰德：那您建议什么呢？）

我认为，纲领草案中说的是正确的。

（布兰德：而口号是什么呢？）

打倒皮尔苏茨基！工农民主专政转变为无产阶级专政！

现在来谈谈土地问题，这个问题对于捷克斯洛伐克来说具有特殊的意义。至于有些同志提出的设想，例如卡尔宾斯基同志在《共产国际》杂志上、边杰罗夫斯基同志在《真理报》上，还有柯拉罗夫和一些波兰同志在纲领委员会里提出的设想，我以为把这个问题在纲领草案中提出来**是正确的**。我在这里念一段话。列宁同志说：

"恩格斯同马克思一起奠定了科学马克思主义的基础,其学说经常指导着我们党,尤其是在革命时期,他早就把农民划分为小农、中农和大农,而这一划分对于**欧洲极大多数国家**来说至今还是符合实际情况的。恩格斯说,或许甚至对大农也不常常必须用暴力来加以镇压,至于我们可否在某个时候对中农采取暴力,那么任何一个真正的马克思主义者是永远不会想到的"。①

列宁在另一个地方又说:

"农民取得全部土地和全部政权,这是可能的。我不仅没有忘记这种可能,没有把自己的眼界局限于今天,而且我在直接地确切地表述土地纲领时还估计到一种**新**现象,即贫雇农和农民业主之间发生着更深刻的分裂。

但是也有另一种可能:也许农民会听从社会革命党这种小资产阶级政党的劝告;这种小资产阶级政党受了资产者的影响,转向护国主义,劝告人们等待立宪会议,虽然这个会议直到现在连召开的日期都还没有确定!

可能,农民会继续**保持**他们同资产阶级的协议,保持他们目前通过工兵代表苏维埃不仅在形式上而且在实际上同资产阶级达成的协议。

有各种各样的可能。忘记土地运动和土地纲领,将是极大的错误。"(《论策略书》)②

与此相关,列宁还说了以下的话:

"为了使我的话不被人误解,我马上要预先声明:我绝对赞成雇农和农民**苏维埃立刻夺取全部**土地……"(同上)③

这里的问题在什么地方呢?当我们谈论土地问题、没收全部土地和废除全部土地所有制时,我以为问题就在于**阶级力量的对比**。如果农民

---

① 在《列宁全集》中文版中未查找到相关引文。——编者注
② 见《列宁全集》中文第2版第29卷第140—141页。——编者注
③ 见《列宁全集》中文第2版第29卷第141页注释①。——编者注

更接近于资产阶级,如果农民支持资产阶级,那么就得以比其他一些国家完全不同的方式来解决土地问题,例如在农民尚未分化,还存在大的封建残余以及大土地占有制还具有巨大优势等的国家。我举一个具体的例子,在捷克斯洛伐克,在土地改革以后,我们有了一个很大的小私人占有者、中小农民阶层,这些小农占有者在那里具有很大的优势。我们怎么来解决土地问题呢?难道我们能在纲领草案中对捷克斯洛伐克说,我们主张无条件地没收**全部土地**吗?同志们,这是不可能的。在这种情况下,我们就不能做到中立中农。在这种情况下,我们就会使中农成为反革命力量,成为资产阶级的支柱。我觉得波兰的情况正是这样,在其他一些国家也有这种情况,那里农民还牢牢地坚持私人所有制。卡尔宾斯基同志在文章中说,在西欧一些国家里农民已经不再迷恋私有制了,这是不对的。同志们,这是可笑的。在共产国际的理论机关里,这一点是不能说也不能写的,农民中的这种迷恋是存在的,正是在那些已经在某种程度上实行了土地改革的国家里还很巨大。因此,我们认为在纲领草案中要提出正确的表述,不谈在欧洲国家里没收全部土地,只**强调废除大土地占有制**和禁止中小农掌握的土地进行买卖。

下面我想谈一谈民族问题。这个问题过去已经谈过。但是同志们,毕竟还要强调指出,关于民族问题在纲领草案中我们还应该写点什么才好。要知道欧洲是不是存在民族问题呢?难道民族问题只在殖民地和半殖民地存在吗?这是不对的。这个问题在西欧,在捷克斯洛伐克,在巴尔干国家,在波兰也都存在着。但是同志们,像塞马尔同志和米科洛斯同志那样提问题是不可能的。米科洛斯同志甚至说,可以用武装斗争来争取民族自决,这里指的是一些少数民族。这里有点不大明确。我觉得这是不可能的。

(布兰德:您认为什么东西不可能?)

武装斗争不可能是指,波兰共产党人不会去领导武装斗争来争取被波兰人压迫的乌克兰人和白俄罗斯人的自决权。不能像米科洛斯那样来提出问题。在这里，民族问题只是**整个任务链条**中的一部分，只是共产党进行斗争的一部分，只是一个组成部分。在中国，在印度尼西亚，在殖民地国家就是另一个问题了。共产党人在那里领导民族革命是完全正确的。但是在波兰，在捷克斯洛伐克，在巴尔干国家，这是完全不可能的。这种问题的提法是完全不对的。

我想提醒一下列宁的话是没有害处的：

"在民族问题上，无产阶级政党首先应当坚持宣布并坚持立刻实行的，就是一切受沙皇制度压迫、被强迫并入或被强迫留在俄国疆界内的各大小民族，即被兼并的民族，都享有同俄国（列宁说的是俄罗斯）分离的充分自由。"①

无产阶级政党希望建立尽可能较大的国家，我要强调这一点，以便在纲领草案中也写上"希望建立尽可能较大的国家"，因为这对劳动人民来说是有利的，它希望各民族亲近和更近一步融洽，但它想不是用暴力，而是以各民族工人和劳动群众的自由的和友好的联盟来达到这个目的。

分离的充分自由——最广泛的地方（和民族）自治，详尽制定的少数民族的权利保障，这就是革命无产阶级的纲领。但是也还有另外一些东西我们可以写进纲领草案的。我觉得，可以从列宁和波兰社会民主党人讨论共产党人应该在民族问题上坚持什么方针的争论中利用一点东西。列宁当时说，必须强调，统治民族、压迫民族的**共产党人和无产阶级**应该主张民族自决权，直至分裂，但被压迫民族的无产阶级应该竭力**希望与压迫民族的无产阶级联合**。我认为，这个思想也应该在纲领草案中加以表述。

---

① 见《列宁全集》中文第2版第29卷第165—166页。——编者注

至于法西斯主义问题，我们完全同意纲领草案的表述。

最后我想说：现在关于纲领问题所积累的材料需要做大量的工作。我觉得，对纲领草案提出的文字修饰和其他修改的意见已经有成百上千条了。这说明各国共产党对共产国际的纲领问题表现出极大的兴趣。共产国际各党积极地参加为共产国际各支部制定这个纲领的工作。这是一件具有重要意义的工作。现在，除了共产国际以外，世界上还没有哪一个国际能为各支部制定共同的纲领。共产国际着手制定这个纲领已经六年了。这项准备工作从1922年开始，1924年我们有了几个草案。奥新斯基同志在代表大会纲领委员会上说，我们正在讨论的这个纲领草案不是布哈林同志的最优秀的作品。我认为，相反，从客观的角度可以说，这个纲领草案是我们曾经提交给代表大会讨论的最好的草案。

同志们，我以为，我们可以稍作修改地重复马克思在共产党宣言导言中所说的话：是共产党人公开向全世界阐述自己的世界观、自己的目标、自己的追求，并把共产国际的纲领和苏联作为世界上第一个社会主义苏维埃无产阶级国家的存在来对抗关于共产主义幽灵的故事的时候了。各民族的共产党人怀着这个目的聚集在莫斯科制定共产国际的最新纲领并用世界各种文字发表。

温斯通（美国）：

美国代表团赞同纲领草案，并认为有必要在第六次代表大会上通过纲领。

关于在纲领委员会里对法西斯主义问题的讨论，我想说几句，有一种观点认为，法西斯主义只是在没有殖民地也没有可能收买无产阶级的国家里发展起来的。在纲领草案中，法西斯主义及其他因素是同战后危机和失去阶级性的居民阶层的发展正确地联系在一起的。

美国是个殖民地很少的国家，但它能够收买部分无产阶级。目前，美国由于在世界资本主义经济体系中的霸权地位，最有可能来收买某些无产阶级的阶层。同时，我们在美国发现有法西斯主义的三种趋势。一种趋势是在小资产阶级中有其支柱，例如美国军团的三 K 党，这些组织是在战后时期发展起来的。美国军团是在战后才发展起来的，并成为 1920—1921 年危机时期的群众性组织，它是由一些在生产过程中找不到自己位子的士兵们组成的。

目前的三 K 党是在 1915 年和世界大战时期发展起来的，是作为镇压那些在世界危机后觉醒起来的黑人的工具。现时的这个三 K 党很像自己的前辈，即依靠在 1865 年内战时期失去阶级性的白人贫困者，他们在南方种植园主和所谓被解放的奴隶之间处于中间地位。这个阶层，用马克思的话说，就像古罗马的平民。现时三 K 党的社会基础是南方的白人小资产阶级、北方的小资产阶级和部分知识分子；这是被金融资本的发展所压垮的北方小资产阶级。

美国法西斯主义的第一种趋势就是这样。

在工会的发展和工会官僚空前规模地利用匪徒方面，我们可以看到另一种趋势。这些匪徒是为工会官僚服务的武装雇佣者，如果你调查一下他们的社会成分，那么你就会发现，这是一些被从生产过程中撵出来的工人，是腐败堕落的无产阶级分子，是镇压普通工会会员的武装卫队。

法西斯主义发展的第三种趋势是另一个阶级基础，即金融资本。这是美国这个典型的资产阶级民主国家限制议会制度的过程。布哈林同志提到美国鬼蜮伎俩的发展，这些伎俩通过事先作出的决议使议会的活动化为乌有。但议会制度还有更大的限制，就是利用美国宪法中的最反动的条款，即总统和政府执行当局的特权，经常通过最高法院的决定来废除国会的决议，由此确立在国内的公开专政。同尼加拉瓜作战就是例子，没有同美国国会商议就开战了；还有总统的一系列行为，否决了可能在一段时间内对金融资本不利的法定决议。

由此可见,这里有各种不同的社会内容和阶级内容的倾向。这三种因素,即三K党和美国军团的工具还不够发达。但我们认为,在美国帝国主义危机到来的时候,这三股不同的势力会联合起来,并在国内建立完备的法西斯专政。因此,纲领完全正确地指出,法西斯主义是在议会制度破产的过程中出现的;而像美国这样的国家以及我所提到的发展趋势就是这一事实的证明。

关于同苏尔坦-扎德同志提出的是否存在金融资本的争论,我有一点意见。正像布哈林同志已经指出的,苏尔坦-扎德同志提出问题过于简单了,他不愿看到金融资本是银行资本和产业资本的结合。如果说在美国,我们看不到结合的过程,那我们就不明白金融资本的威力。我们在美国不仅可以看到产业资本和银行资本的结合,而且还可以看到金融资本和国家政权的结合。我们看到主管托拉斯的银行或拥有自己银行的托拉斯。我们看到资本主义的统治人物去主管托拉斯,而金融巨头担任着全权大使的职位,例如像莫罗先生,既是摩根公司的参与者,又是驻墨西哥的全权大使。还有说明这种过程(金融资本和国家政权的结合)的最好的情景:大托拉斯的头头和国内首席银行家梅隆先生被任命为柯立芝总统手下的国库秘书。由此可见,这个过程不是那么简单的。它是比较复杂的,既表明金融资本日益增长的力量,也表明它的结合。

纲领的主要特征,总的说来是它的国际性质。正如布哈林同志指出的,这是整个共产国际的唯一纲领,是世界无产阶级专政的纲领。这样一个纲领对于美国来说特别重要。正如殖民地国家的一位同志指出的那样,我们需要一个包含共产主义各项原则又提供马克思列宁主义实质的纲领。美国也属于需要这样一个文件的国家。美国没有马克思列宁主义的传统,也很少有国际主义的传统。美国是一个工人阶级内部有大量不同民族的国家;有白人工人和黑人,有美国人和国外出生的工人;美国是一个有着52种语言的特殊的"国际主义"的国家。因此，只有具有国际主义性质、能把美国无产阶级和全世界无产阶级联系起来的纲领，才能成为工人阶级解放的手段。

有鉴于此，我想谈一谈纲领委员会中关于种族问题的一项修改。纲领草案明确说明，共产国际反对沙文主义和帝国主义式地对待民族和种族团体。为了使纲领成为真正国际性的纲领，共产国际必须突出强调在种族问题上的立场，提出更加具体的要求，例如要求消灭各种种族的限制，使美国黑人享有充分的社会的、种族的和政治上的平等。

此外，纲领的国际性质对美国来说之所以特别重要，是因为美国目前在资本主义经济中拥有垄断地位。正是由于美国帝国主义的强大威力，所以有必要特别强调无产阶级专政。还应该强调，帝国主义中正在发展的矛盾定会彻底消灭美国金融资本和美国帝国主义的强大威力。在美国，无产阶级专政将在促使革命无产阶级群众发展和群众性共产党发展的这些矛盾中产生，群众性的共产党将消灭帝国主义。

我也同意佩珀同志关于在纲领中展开阐述殖民地国家非资本主义发展可能性的建议，同时在这个地方可以援引一些马克思和恩格斯的有关引文。

现在，请允许我最后代表美国代表团提出一项决议，这项决议与纲领没有直接关系，而涉及与纲领有关的关于出版马克思恩格斯著作普及本的必要性问题。我们的决议文本如下：

"共产国际第六次代表大会欢迎《马克思恩格斯全集》最大的学术版第一卷的问世。只有科学共产主义奠基人著作的这样一个版本才能提供深入研究革命马克思主义的历史、理论和实践的可能性。

发表马克思恩格斯研究院所发现的迄今为止鲜为人知的著作以及社会民主党所歪曲和藏匿的著作，是对机会主义地解释马克思主义的致命打击。

第六次代表大会同时也认为有必要重申共产国际第五次代表大会的决议，

除了马克思恩格斯全部著作的国际版以外，还应该用各国无产阶级最重要语言出版他们的选集。每一个这样的版本不仅应该包含具有国际意义的马克思恩格斯的著作，而且还应该包含阐述对有关国家无产阶级特别感兴趣的问题的著作。代表大会呼吁执委会和各支部着手来进行这项工作，这对思想上加强整个共产主义的活动，并在最近两年内结束这项活动是切切实实必要的。"

（会议休会）

第二十七次会议

(1928 年 8 月 13 日下午)

主席：洛佐夫斯基

讨论共产国际的纲领(续)

林格（波兰）：

我在纲领委员会上次会议上所作的发言中曾经谈到，纲领草案是在同右倾错误斗争中的武器和支柱。我这样说不是指任何一个派别。因为在谈到未来的右倾错误时，把它同某个派别联系在一起是不对的。任何人都不能完全保证不犯右倾错误。但是我的关于机会主义的话引起了波兰代表团多数派代表布兰德同志的愤怒，他在自己的发言中对我和波兰代表团少数派其他同志进行了一系列攻击。他的愤怒还表现在，他在攻击中有许多客气地说是很不确切的东西，这迫使我要求再一次发言，这倒不是为了与布兰德同志进行原则性的论战，而是为了驳斥他的话。

同志们，布兰德针对我说了些什么呢？首先，布兰德同志一口咬定，似乎我在谈论帝国主义时说在纲领中不应提到在帝国主义时期自由竞争和垄断同时并存。同志们，我在维护纲领中的一段话，即是说在帝国主义时期垄断代替了自由竞争这段话时，我曾指出，这个突出的表述是完全正确的。我认为，必须指出这是时代的具有标志性意义的和新的现象。硬说我说的是另外一番话。并把我没有说过的话强加于我，这是不对的。

其次，布兰德同志说，强加于我的这类说法还在我针对他的小册子写的文章中也有。同志们，那是怎么回事呢？我批评他的那个小册子，显然不是由于帝国主义的某种表述，而是由于它的总的错误倾向，也就是连斯基同志在这次代表大会上所表述的，是皮尔苏茨基思想对无产阶级施加压力的反映，他在小册子中提出了现时资本主义的错误定义。

布兰德同志在谈到现时资本主义时，把它说成是无政府状态和竞争斗争的制度，这自然不是对现时帝国主义的表述，而是对资本主义另一个时期、自由竞争时期的表述。这里忘记了资本主义的垄断性质。这种表述不是偶然的，它是布兰德一书的典型特点。我为什么来加以反对呢？我不是用我的话，而是援引列宁和恩格斯的话，他们对帝国主义时代的表述是完全不同的，或者说恩格斯吧，他对即将到来的帝国主义时期的表述则更加不同。我引用列宁对帝国主义的著名表述，他说：

"首先必须给帝国主义下一个尽量确切和完备的定义。帝国主义是资本主义的特殊历史阶段。这个特点分三个方面：（1）帝国主义是垄断的资本主义；（2）帝国主义是寄生的或腐朽的资本主义；（3）帝国主义是垂死的资本主义。"①

垄断代替自由竞争是帝国主义的根本特点，是它的本质。实际上，这也是纲领草案上所说的那样，但是我担心，这种断然的和明确的表述会引起读者的误解，不理解这种简单的表述，所以我要补充说："这是否意味着，在帝国主义条件下完全没有竞争，垄断资本主义取消了竞争呢？"——当然不是这么回事，但它消除了"自由"竞争！

（布兰德在座位上说：说的是"消除了无政府状态"）。

---

① 《列宁全集》中文第 2 版第 28 卷第 69 页。——编者注

正是在这里,也同在其他地方一样,表现出了布兰德同志的不诚实。这些话在布兰德的草稿上是有的。他知道,这些话已被我删除了。

(布兰特从座位上说:我可不知道这一点。)

您是知道的,我曾告诉过您。这些话没有什么不对,它只是包含了恩格斯和列宁的话。虽然我把这些话打上了引号,而我只是想强调一下,因为它可能会有不同的理解。我说,我把"无政府状态"一词打上了引号,这是重复恩格斯和列宁的话。我将不念引文,但那里谈到了垄断代替无政府状态。这是列宁说的,而不是我说的,但布兰德同志认为有必要将所援引的话赋予相反的意义,而不是原有的意思。

第三点反驳意见。布兰德同志硬说,似乎我们在对纲领中谈到波兰资产阶级民主革命以及波兰还存在封建主义残余那一段的修改意见中,似乎我们认为这些封建主义残余是微不足道的东西,而如果我没有记错,他在这里是用德语说的"Verschwindende Grösse"。同志们,恰恰相反,在我们修改意见的草案上说的理由是:"在现时的波兰,在政治制度和资本主义发展的要求之间,在农业中存在妨碍生产力发展的半封建关系残余的条件下没有根本的矛盾。""存在半封建关系残余"这句话在初稿中是着重强调的。而且这句话在阐述理由时还再一次地重复,在修改意见草案中又一次加以重复,那上面说,波兰和其他国家相似,那里"在农村存在着或多或少的半封建关系的残余"。

布兰德同志不应把攻击的矛头指向我们的修改意见,因为实际上布兰德同志在这个问题上所持的立场也反映了我们的立场。布兰德同志无论在纲领委员会,还是在这里代表大会全体会议上的发言中,基本上都是重复我们以前说的话,无论是在我们书面提交的修改意见上,还是我在纲领委员会上的发言中。

关于斯库利斯基同志的发言,布兰德同志又硬说他对农民运动估计不足,说他似乎是托洛茨基主义,是不是这样?

（布兰德在座位上：是的。）

我来谈一谈这个问题，因为我认为，布兰德同志要比其他任何人更不应轻率地指责别人托洛茨基主义。布兰德同志及其所属的派别在上一次国际代表大会上被谴责为托洛茨基主义。因此，现在在这个问题上谴责别人时，他应该更加小心谨慎。那么这种谴责别人托洛茨基主义的实质在哪里呢？是在对农民估计不足吗？但我们曾经说过，我们那反映斯库利斯基同志的思想的修改意见说的是相反的内容，即"在像波兰这样一个农业国家里，不同基本的农民群众相结合，革命是根本不可设想的"。在那个修改意见中强调了以下一句话：

"这些国家的典型特点一方面是存在着企图夺取地主土地的农民政党和农民运动，以及成立了实际上承认无产阶级革命领导权的农民左派，另一方面是存在着富农分子的强大政治组织。"

接着我们谈到土地革命，谈到农民政党必定参加革命政府，等等。

我们的所有修改意见和斯库利斯基同志的整个发言都充满着对波兰革命前的贫农、中农运动意义的深刻理解。所以说布兰德同志就第四项问题的说法是完全不正确的。

还有一点反驳的意见。布兰德同志硬认为少数派有这样一种观点，即法西斯主义的唯一基础是被狭义理解的垄断资本主义或者甚至只是一些卡特尔，似乎少数派把法西斯主义从腐朽的资本主义、正在发展的革命等种种现象中切割或割断开来了。

从布兰德来说这已不是新鲜的了。布兰德同志在纲领委员会里就这样说过。但这里稍微有点差别。那时布兰德同志引用了我在大约一年半前在《新评论》杂志上发表的一篇文章。在纲领委员会里，我已经引用了我的一些文章中的许多段落，有一部分正是布兰德所引用的那篇文章来进行反驳；这些段落证明恰恰相反，说明我在这篇文章中谈到了资本主义的危机。我说过，法西斯主义不可能不出现在革命的时刻，不可能不出现在资产阶级向无产阶级进攻的时刻，我还说过丧失了阶级性的小资产阶级的意义。在这篇文章中我批评了科斯切娃同志，因为她在自己的文章中把法西斯主义现象同资产阶级和无产阶级的斗争割裂开来了。由于我根据文献证明，我所说的正好与布兰德同志强加于我的相反，所以他现在就比较小心谨慎，既不引用我的文章，也不引用我的或者其他少数派同志的任何一篇文章。

尽管我不想也不愿在纲领委员会上与波兰共产党多数派的同志们进行论战，认为把派别争论挪到那个地方是不合适的，应该在另外一个地方比方说在代表大会波兰委员会里来弄清这些争论，但我还是认为，论战可能对代表大会来说还是有益的，不过论战是思想上的，是开诚布公的论战，是开诚布公的斗争。我认为，采取无理取闹、随意歪曲乃至随意捏造的手法不会给任何人带来好处，尤其是不会给布兰德同志在这里维护的在我看来是错误的意见带来好处。

洛佐夫斯基（工会国际党团）：

自从共产国际宣告成立一开始，就向各国共产党提出了争取工人阶级大多数的任务。要争取这个大多数就必须特别重视工会运动，在共产国际成立以前，工会运动几乎完全掌控在社会民主党手里。各个国家的工会联合了千千万万的工人，因此，争取群众的问题，特别是对于有着强大工会运动的国家来说，始终有赖于争取工会的问题。因此，共产国际坚定不移地一再指出工会工作的重要性，指出共产党人必须把工会群众从改良主义的腐朽影响中争取过来。我想提醒一下，共产国际历次代表大会以及历次扩大全会都就这个问题通过了专门的决议。在共产国际主席团审议各国情况，从斯堪的纳维亚国家、德国、英国直到中国、日本和拉丁美洲国家的情况时，关于争取工会的问题，关于把还没有组织起来的工人组织起来、在那里需要的话成立新的工会的问题,都极其谨慎地加以审议。共产国际九年来一直让各国共产党重视工会工作,这一事实显然说明这项工作的重要性,说明工会在工人阶级争取自身解放斗争中所起的和可能起的作用。但是这件事在纲领中反映得很不够。

在第四章和第六章中顺便谈到了工会问题,但是谈的显然很不够、很不清楚,而在下面我们可以看到的又完全不正确。在关于工会问题的第四章中说了什么呢?

"第一次有组织地团结和教育无产阶级广大阶层的群众性工人组织——工会（产业联合）**在资本主义制度下是罢工斗争以及进一步反对托拉斯化资本及其国家的群众斗争的主要武器**。在无产阶级专政下,工会则变成这一专政的一个最重要的杠杆,变成吸引广大无产阶级群众参加社会主义生产管理的一所共产主义学校。这样一来,工会就成了无产阶级国家经济组织的基本骨干。因为工会要为建设工作选拔领导干部,要把广大无产阶级群众吸引到建设工作中来,要把同在非无产阶级的阶级影响下和**群众文化水平较低的情况下不可避免产生的官僚主义歪风作斗争当做**自己的一项特殊任务。"（黑体字是发言人加的。——编者注）①

下面我还要来说明在这一段话中一些不正确的和不对的说法,但现在我想指出,除了这段话以外,在整个纲领中都分散地对改良主义领导人的叛卖行为进行了一些指责,而在第六章,即关于共产国际的战略和策略的一章中,关于工会问题还有以下一段话:

"争取工会这个无产阶级最广泛的群众性组织具有特别重要的意义,甚至在反动的工会中进行工作,很好地掌握工会,更换改良主义领导人并撤销其职务,

---

① 参见《国际共产主义运动历史文献》中央编译出版社2013年版第48卷收录的《共产国际纲领》第四部分。——编者注

是准备时期最重要任务之一。"①

这就是共产国际纲领中关于共产国际及其所有支部过去和现在都那么重视的问题的全部言论。共产国际纲领能不能单独分出几段来阐述这个众所关注的问题呢？这或许对于国际共产主义运动来说是非常合适和特别有益的。

首先使人注意的是这样一个事实，关于工会问题这里说的主要是指无产阶级夺取政权以后的时期，似乎大多数共产党现在关心的是夺取政权以后工会的任务。这个问题当然非常重要，而苏联的丰富经验也很有教益，但是对于整个共产国际来说重心现在还不在这里。共产国际及其所有支部需要的是明确工会在争取无产阶级专政斗争中的地位。在这一点上纲领说了什么呢？以下是关于资本主义制度下工会作用的话：

"工会在资本主义制度下是罢工斗争以及反对托拉斯化资本及其国家的群众斗争的主要武器。"②

这个说法第一是不全面，第二是不正确。哪些工会是罢工斗争的主要武器呢？哪些工会是在反对托拉斯化资本及其国家呢？反动工会吗？显然不是。应该是革命工会。但如果说是革命工会，那它不仅仅从事这项工作。糟就糟在纲领草案避而不谈改良主义工会机构变成资产阶级国家机构，改良主义机构和资产阶级国家机构结合在一起，改良主义工会

---

① 参见《国际共产主义运动历史文献》中央编译出版社 2013 年版第 48 卷收录的《共产国际纲领》第六部分。正式公布的纲领文本文字作了较大修改。——编者注

② 参见《国际共产主义运动历史文献》中央编译出版社 2013 年版第 48 卷收录的《共产国际纲领》第四部分。正式公布的纲领文本文字作了修改。——编者注

对罢工斗争消极怠工并加以破坏等问题。因此,老说工会是"罢工斗争的主要武器"而不说明是哪些工会,这就使这句话完全不可理解。如果这句话指的是革命工会,那它不明确指出革命工会的实质和任务。革命工会不仅是"罢工斗争的主要武器",它不仅在为反对托拉斯化资本及其国家而斗争,它也还面临着推翻资产阶级的政权的任务。目前,如果不说这些工会在夺取无产阶级政权的斗争中应该做些什么,那就不能谈论工会。如果不明确表明指的是哪些工会,那就不能用三言两语来谈论资本主义制度下工会的作用。说工会是罢工斗争的主要武器,这种说法对吗?对于革命工会来说,这是对的。但是难道纲领只限于这样一种表述吗?这种罢工斗争应该为了什么目的而进行呢?在纲领中你找不到对这方面的任何答案。接着说革命工会在为反对托拉斯化的资本及其国家而进行斗争,这样说够吗?例如,说俄国工会在十月革命前时期的作用,这样说就充分吗?决不能说充分了。在这个问题上可以找到列宁的更为确切和更为明确的说法。俄共第十一次代表大会(1922年)通过的和由列宁起草的提纲,其任务就是明确苏联工会在新经济政策实行后在社会主义经济建设中的作用,那里有以下一段关于工会的作用、关于在资本主义制度下无产阶级经济组织罢工斗争的作用的非常明确的话:

"在资本主义制度下,罢工斗争的最终目的显然是破坏国家机构,推翻现有的、阶级的国家政权。"①

如果我们把这一表述与纲领中的话加以比较,那么我们不得不承认,明确性、确切性和革命性等各种优点都在列宁一方,因为列宁说的不是工会在进行经济斗争,而是**从共产党人的角度来看这种经济斗争的目的是什么**。"群众斗争"是一回事,何况还没有说这个斗争的目的;

---

① 参见《列宁全集》中文第2版第42卷第368页。——编者注

而"推翻资产阶级国家政权"则是另一回事。

与工会任务有关的，还应该对共产党人对待争取改良斗争的态度作出明确的表述。在这个问题上，列宁和共产国际前几次代表大会都有明确的阐述。列宁不止一次地说过，"**改革是革命斗争的副产品**"①。在共产国际第三次代表大会关于策略的决议中，我们可以读到以下一段话：

"……在资本主义制度下，无产阶级的处境不可能有较长时间的改善；只有推翻资产阶级，摧毁资本主义政权，才有可能着手改善工人阶级的状况和恢复被资本主义破坏了的国民经济。**但这并不意味着无产阶级在夺得专政之前应放弃为满足当前的迫切需要而进行的斗争。**……共产国际提出的是**为实现无产阶级的具体要求而**斗争。逐步实现这些要求就能瓦解资产阶级政权，就能把无产阶级组织起来，因而这些要求标志着为无产阶级专政而斗争的各个发展阶段。……当代的革命实质，就在于工人群众最起码的切身需要与资本主义社会的存在相抵触，因此争取满足这种需要的斗争就会发展成为争取共产主义的斗争。"②

这些关于局部斗争和局部罢工在无产阶级总的阶级斗争中的地位的话应该补充到阐述局部口号和要求的第六章中去。尤其必要的是，纲领中没有谈到，争取局部要求的斗争会"瓦解资产阶级政权"，以及"争取满足这种需要的斗争就会发展成为争取共产主义的斗争"。共产党和社会民主党的差别并不是改良主义者主张改良，而共产党反对改良。差别在另一个层面上。共产党认为改良是"**革命斗争的副产品**"（列宁语），而改良主义者则硬说，改良是阶级与阶级之间协调的结果。共产党人在为改良而斗争时所追求的除了直接的具体的任务以外，还追求瓦

---

① 《列宁全集》中文第 2 版第 20 卷第 180 页。——编者注
② 参见《国际共产主义运动历史文献》中央编译出版社 2011 年版第 32 卷第 387—389 页。——编者注

解和削弱资本主义并训练工人群众去推翻资产阶级的任务，而改良主义则指望通过改良加强和巩固资本主义关系。正因为这样，在共产国际的纲领中应该比较详尽地来阐述这个问题。

纲领中关于工会一节的缺点主要在于，没有断然地说现在革命工会是什么。关于这一点在共产国际和工会国际历次代表大会的提纲中都说得很多，也说得很好。布哈林同志在大会第一项议程的提纲中也说得很好。而在纲领中却对这个问题没有给予应有的重视。是否要在纲领中说一说，改良主义工会的代表——工会机构已经成为资产阶级国家的机构呢？是否要说一说，工会的上层和企业主组织之间的结合已经把工会机构变成为压迫工人阶级的机构呢？是否要说一说，改良主义者已经把工会变成为阶级合作的学校，变成为**资本主义的学校**，而因此这个改良主义工会机构已经是**工人阶级内部资产阶级国家机构的继承者**？所有这一切似乎都应该在纲领中占有地位，然而这里却没有。如果拿阿姆斯特丹的劳工联合会、全德工会联合会、英国总工会来说，那么是否可以明确看出这些改良主义工会的领导机构与资产阶级国家的任何一个机构之间有什么差别呢？例如，全德工会联合会与兴登堡共和国的任何一个机构之间有什么差别呢？是因为它是由过去的工人组织起来的吗？但是大家知道，这一点并不能说明这个或那个组织的政治面貌。在天主教工会、民主工会甚至法西斯工会中也可以找到过去的工人。是因为这些工会官僚们是被选举出来的吗？但是即使他们是在几十年以前就被选举出来，那又能说明什么问题呢？是由于他们的政策与资产阶级政权的政策不同吗？未必如此。这与事实相违背。他们是资产阶级影响对工人阶级最有害、最彻底和最危险的传播者。德国、英国和美国工会的领导机构有自己的方式和方法来确认资产阶级政权，但这些方式和方法都是指向一个目标，即资产阶级专政的所有机构所实行的目标：镇压工人运动的革命派和确认资产阶级政权。**改良主义工会机构是工人阶级内部资产阶级政**

权的继承者。正因为如此，我们在提出争取工会的口号时，我们也同时提出从工人工会中赶走卖身投靠的工会官僚并**解除**他们**职务**的**口号**。这就是说，我们向自己提出的任务是，争取群众并以革命的工会机构来替代反动的工会机构。请注意，列宁从来没有说过"争取工会机构"，而常常说争取工会，这里的意思就是把有组织的工人争取到阶级斗争方面来，解除卖身投靠的工会官僚的职务，并以革命的工会机构来取代改良主义的机构。而在共产国际代表大会和执委会的决议中，你找不到任何一句关于争取改良主义官僚机构的话，这也决不是偶然的，德国共产党的右翼分子用争取改良主义工会机构的空话来代替争取工会，即争取工人群众，并把工人反对企业主及其改良主义走狗的斗争拖到美妙的未来的某一天。

纲领的另一个缺陷是完全不谈党与工会的问题。世界工会运动还远未肃清中立主义和孤傲自负的工团主义等的理论。在不少国家里，这些问题还具有重大意义。难道在纲领中可以根本不谈现在正被反动的工会领袖们奉献给欧美工人阶级的资产阶级中立主义理论吗？共产国际在自己的纲领中难道不可以对这个问题作出原则性的表述吗？大家都知道，曾经用了多少年来击败法国的中立主义理论，这个在共产党内部也有其拥护者的理论。大家也知道，列宁曾多么敏锐地对待这类正要迈上共产国际道路的工人们中间的倾向。他曾反对中立主义，反对在工会问题上常常把领导和命令混淆在一起的许多共产党员的错误倾向。在共产国际第三次代表大会通过的代表联共并由列宁、布哈林和季诺维也夫同志签署的论策略的提纲中，在谈到党和工会的相互关系时有如下一段话：

"密切联系群众，首先意味着同工会保持密切联系。党的任务决不是要工会表面上机械地服从党，而是要使党所团结和领导的那些真正的革命分子在工会内部进行的一切活动符合为专政而斗争的无产阶级的共同利益。"①

随后,在共产国际第四次代表大会关于共产党人在工会运动中的任务的提纲中有更具体的阐述。在这个提纲中有关于"中立主义和独立性"的专门一节。这个问题也在《社会主义和共产主义》一章中谈到。在这两节中,资产阶级和中立主义理论受到严厉的批评,因为这一理论无论在改良主义工会运动,还是在革命(工团主义)工会运动的领导层中都还在流行。

我们在共产国际第四次代表大会的决议中可以读到以下的话:

"资产阶级对于无产阶级的影响表现在对工会运动中立的理论上。工会的中立理论始终是资产阶级理论,革命的马克思主义曾经同它进行过坚决的斗争。不提出总的阶级任务的工会,也就是说,不打算推翻资本主义制度的工会,尽管是由无产阶级组成的,但还是资产阶级法制和资产阶级社会的最好的支柱。"②

这里把问题说得很清楚和很全面,然而纲领却对这个问题提都不提。

我不建议把第三次和第四次代表大会的这些表述都纳入到纲领里去,应该根据纲领的结构和风格说点这样一类的话。但是显然,如果不回答党和工会的相互关系问题,那么纲领就是不完整的。

在我上面所引的这段话中,有一个非常奇怪的和令人费解的说法,对此我想来说一说。那里有这样一句话:"在无产阶级专政条件下,它们(工会)变成为它的主要杠杆,变成为共产主义的学校"……从这

---

① 参见《国际共产主义运动历史文献》中央编译出版社2011年版第32卷第383页。——编者注
② 参见《国际共产主义运动历史文献》中央编译出版社2012年版第35卷第606页。文字有出入。——编者注

句话中似乎可以得出结论：工会只是在无产阶级实行专政**以后**才成为共产主义的学校，然而这是与共产国际对工会的整个立场相矛盾的。马克思是不是说过，工会是社会主义的学校呢？说过。十月革命以前的俄国工会是不是共产主义的学校呢？显然是的。现在中国的革命工会是不是共产主义的学校呢？毫无疑问是的。法国、捷克斯拉伐克和其他国家的革命工会是不是共产主义的学校呢？无疑是的。那么纲领中为什么要说，在无产阶级实行专政以后工会变成为共产主义的学校呢？这里明显地感觉到有点不协调，应当删去。这种不协调是因为没有明确表述，改良主义工会是资本主义的学校，也没有给革命工会下个定义，这样的表述似乎从中可以得出结论，只有在无产阶级掌握政权以后工会才成为共产主义的学校。

如果往下再仔细地看一看关于在无产阶级专政条件下工会的作用和任务这段话，那么可以发现，俄国的经验没有说得很透，而涉及的只是很不适合于高度发达资本主义国家在无产阶级专政确立以后的工会运动的那些方面。例如，关于"同由于群众文化水平低下而必然产生的官僚主义歪风进行斗争"的话，在纲领中显然是无的放矢。这里指的是俄国经验中的一部分，这部分对于高度发达资本主义国家的无产阶级专政来说没有多大意义的。

这里应该回答两个问题，首先是工会和苏维埃国家，其次是工会和国民经济。在苏联，在十月革命以后，我们不得不在党的第八次代表大会（1919年）、党的第九次代表大会（1920年）、党的第十次代表大会（1921年）、党的第十一次代表大会（1922年）、全俄工会第一次代表大会（1918年）和全俄工会第二次代表大会（1919年）上来详细地讨论这些问题。至于工会和苏维埃国家的相互关系，那么对这个问题有很有意思的争论和决议。当时问题的实质是，工会对于苏维埃国家是否可以独立和中立，或者说工会是否是无产阶级专政的一部分。在全俄工会第一次代表大会上，破天荒第一次提出了工会国家化的问题，即工会和国家政权机关融合的问题。如果说在工会第一次代表大会上对这个问题采取了审慎的表述，那么在第二次代表大会上则通过了国家化不合时宜的明确决议，这样无产阶级政权机构和工会必然融合的问题原则上就不再有人争辩了。

在俄共（布）历次代表大会的决议中对这个问题是这样阐述的：

"在无产阶级专政条件下，工会变成为……执政的工人阶级的机关。"（第九次代表大会）

"在无产阶级专政条件下，工会是国家政权的参与者。"

"随着群众共产主义觉悟和创造性作用的发展，工会应逐渐变成无产阶级国家的辅助机构……"（第九次代表大会）"充分发达的工会在社会主义革命进行的过程中应成为社会主义政权的机构……"（工会第一次代表大会）

这些表述确切地反映了俄共在十月革命后工会和无产阶级国家相互关系问题上的原则性方针。

列宁在1919年工会第二次代表大会上说："在无产阶级通过政治革命（这种表述极其激烈——洛佐夫斯基注）取得了政权之后，应该发挥特别巨大的作用……应该在某种意义上成为主要的政治机关，因为使无产阶级取得了政权的政治革命已经把政治上的一切旧概念、旧范畴推翻了，颠倒过来了。……工会必定要国家化，工会必定要和国家政权机关合并起来，建设大生产的任务必定要完全转到工会的手里。"①

由此可见，在列宁看来，工会和无产阶级政权的融合和结合的问题是完全清楚的。如果说他在1919年时反对工会国家化，那是由于世界革命发展的缓慢速度，由于在我国无产阶级受小资产阶级的包围，由于

---

① 参见《列宁全集》中文第2版第36卷第432、438页。——编者注

过渡时期的困难。

顺便指出，那时提出的关于无产阶级国家和革命工会运动之间的相互关系的表述，现在可能适用于资产阶级国家和改良主义工会之间的相互关系。难道改良主义工会现在不是已经成为资产阶级专政的机构了吗？难道它们不是已经成为资产阶级专政的辅助机关了吗？难道它们已经不是资产阶级政权的参与者吗？改良主义者们喜欢吹嘘自己的中立性，叫嚷苏联工会与苏维埃国家的近似，但这种关于中立的叫嚣只是虚伪的谎言，至于苏联工会与苏维埃国家的近似，我们是从来不否认的，相反，我们将会看到，随着社会主义建设的加速发展，苏联经济机构和工会一定会结合，我们不隐瞒这一点，而改良主义者企图掩盖和资产阶级国家的近似，同时为了把工人们的头脑搞昏，他们还提出关于经济民主、工业和谐、经济民主化等的新理论。

我们在纲领中必须明确地指出，在无产阶级专政建立以后，无产阶级政权机构和工会的融合是社会主义建设过程中不可避免的。

工会在社会主义经济建设中的作用问题已经在1919年第八次代表大会通过的俄共纲领中给出了答案。纲领中有一条款曾经在1920年到1921年工会问题的讨论中引起了很大争论。正是这一条款在确定无产阶级夺取政权后工会运动的发展道路时引起了极大的兴趣：

"社会化工业的组织机构应当首先依靠工会。工会必须逐渐摆脱行会的狭隘性，变成包括生产部门的大多数劳动者并且逐渐地包括全体劳动者的大规模的产业联合组织。

根据苏维埃共和国的法律和已有的实践，工会已经成为一切地方的和中央的工业管理机关的参加者，工会应当做到把作为统一经济整体的全部国民经济的全部管理切实地集中在自己手中。"①

---

① 参见《列宁全集》中文第2版第36卷第415页。——编者注

我们纲领中的这一条款曾经是 1920 年讨论的中心。工人反对派曾试图利用这一条款解释为，立即将一些工业部门的领导权转交给相应的工会。托洛茨基提出了工会和经济机构立即结合的思想，不考虑我们当时正处在新经济政策的前夜，而新经济政策对苏联工会的任务作了重大的修改。在俄共第十次代表大会通过的十人提纲（这十人中为首的是列宁）中以及在列宁的发言中都驳斥了对纲领的正确条款所作的错误解释。列宁同时也不止一次地强调这一条款理论上的正确性。

如果拿无产阶级革命胜利后某个资本主义大国（德国、英国等）的工会运动来说，那么十分明显，那里的工会运动要比在苏联更快得多地实现我们纲领所规划的前景。为什么更快呢？因为先进资本主义国家的革命，在有苏联存在的情况下已经不是孤立的了。因为无产阶级的技术水平比我们这里大大地高了。因为工人阶级的组织性比我们那时更高了。最后是因为在这些国家里无产阶级的比重相对于小资产阶级和农民来说要比在我国高得无可比拟。所有这一切使得有可能缩短阶段，而工会可能更快地"把作为统一经济整体的全部国民经济的全部管理切实地集中在自己手中"。

俄共（布）纲领中的这一条款还遭到另一方面的攻击。在 1920 年的讨论中，有些同志企图来证明，这是彻头彻尾工团主义的提法，但不难看出这里与工团主义毫不相干，因为工团主义者要求把某些工业部门的管理权交给相应的工会，而俄共（布）纲领中说的是"把作为统一经济整体的全部国民经济的全部管理"，这当然是另外一回事。

纲领不仅必须回答工会过去是什么、现在又是什么的问题。还必须弄清，**工会将走向何处**。如果说工会在无产阶级专政时期成为社会主义经济建设的极重要机构是正确的——而这一点是毫无疑问的——，那么显然，工会将随着完全社会主义社会的临近而改变。随着国家的消亡，提到首要地位的将是生产和分配的统计机构。所有这些机构将在工会的帮助下从苏维埃国家的辅助的经济机构成长为与相应工会融合的苏维埃国家的经济机构。整个劳动组织和劳动保护领域将成为一个管理"作为统一整体"的整个国民经济的机构。同时,随着阶级的消亡以及随之国家的消亡,无产阶级政党也将消亡。诚然,工会将以新的形式,作为统计、生产和分配的机构进入共产主义社会。就这样,这个与资本主义一起产生的机构将经受一系列的变化,然后融合成为共产主义社会的某种新的无所不包的经济组织。

这种无产阶级经济组织与社会主义建设机构完全融合以及所有阶级组织随着阶级消亡而消亡的前景,应该在纲领中表明。既然我们满怀信心地谈到国家的消亡,为什么我们不能满怀信心地来谈论,随着阶级的消亡,政党和工会也都将消亡。**这并不等于说,共产主义社会将没有自己的组织。共产主义社会是劳动者人类组织的最高形式。无政权社会并不等于无组织性,而是有高度社会组织的共产主义社会的最高形式,在它的基础上将是全面发展的社会的和个人的共产主义觉悟。**

在共产国际纲领中是否应该包含我上面提到的这些原则性问题呢?我觉得是应该的。否则问题会模糊不清,每个工人都不明白。为什么共产国际九年来一直在谈论争取工会的必要性,而工会运动的所有原则性问题在这个世界共产主义运动的极重要文献中却没有足够的反映。要回答所有这些问题,就必须撰写专门一章,来阐述工人阶级、它的演变以及工人阶级建立的组织的内部结构。只有这样才能集中在一个地方来阐述共产国际对改良主义工会运动和革命工会运动问题的看法。只有这样才能说出在纲领中没有说的关于革命工会要说的话。也只有这样才能说出在纲领中只字不提的对工会国际的态度。对纲领的这种补充是绝对必要的,因为共产国际的纲领不只是一年两年有效,它不只是为领导干部,不只是为我们党的党员,而是为站在共产主义运动以外的千百万工人制定的。为了把成百上千、成千上万和千千万万的工人争取到共产主义方面来,为了让他们接受共产主义思想的教育,必须明确地说明,与企图把工会变成资本主义学校的改良主义者相反,我们希望把工会变成共产主义的学校,变成为政权而斗争和建立无产阶级专政的主要武器。

塞马尔(法国):

同志们,摆在我们面前的是一个对于共产国际以及参加该国际的以马克思列宁主义为基础的各政党的发展来说具有极其重要意义的纲领草案。

第五次代表大会上制定的纲领草案甚至在我们共产国际队伍内也没有引起足够的反响,而讨论只限于极小范围的积极工作者之间。与此同时,在共产党的报刊上对这个草案也没有认真加以讨论。

目前的这个草案总的说来比较完整。它吸收了近年来一些重大事件的经验:中国大革命、印度、印度尼西亚、非洲和南美等殖民地运动的经验。同样,它也吸取了社会主义在苏维埃社会主义共和国联盟发展的教训,以及在政治上和经济上加强无产阶级国家的事实。它也有可能更加深入地来研究资本主义的垄断趋向,近10—15年来资本主义技术的发展。最后它也充分地估计到了最近这十年来共产国际各支部所进行的工人群众斗争的革命实践。

我们认为,不管这一切,草案还应该增加一些说明和补充,例如对社会民主党无论在政治方面还是在工会运动方面目前的政策问题,对民族问题,即对资本主义各国的少数民族问题,妇女和青年工人问题,统一战线策略问题,工会运动和工农政府问题,这些问题在提纲中都没有涉及。

另一方面,对法西斯主义的分析也要求加以补充说明,以免在缺乏认真分析各种形势和资本主义反动派所采用的各种方法的情况下机械地理解这一术语。

在阐述土地国有化以及在无产阶级专政最初时期在实行土地国有化方面所制定的缓冲和过渡措施也应该加以明确说明,如果不是在纲领当中,也应该在备注当中。由于一些同志喜欢从这些临时措施和国有化原则的限制中只看到保护小农私人所有制,这样做是必要的。因此,当我们坚持主张更坚决和更果断的方式时,我们就可以不用删除条文的方式来这样做。不必去删除我们认为完全必要的对资本主义结构变化、垄断资本主义发展趋势和帝国主义发展的分析。我们认为,由于这种深刻的分析而对纲领进行切割会负面地影响它的鲜明性,而鲜明性无论从理论上还是从策略上说都是必要的。

即使纲领并不应该成为共产主义的入门和等同于适应那个时代历史转折的1848年宣言,但共产国际毕竟应该提供一个符合目前帝国主义时期、适应阶级斗争需要和共产国际各支部在领导无产阶级进行反对资本主义胜利斗争事业要求的完备的和具体的纲领。不应追求简洁而牺牲对我们的政策、战略和策略的必要说明。

我们认为,首先导言应该保持完整性,因为它对以后各章的分析说明都是必要的。

其次,我们希望对个别章节提出一些意见和建议。首先,关于第一章,自然不应否认向国家资本主义发展的趋向。这在讨论中已经强调指出过,而纲领对它的分析是正确的。在向国家资本主义发展的趋向中,没有出现与保护某种国有化、公共化垄断组织例如铁路、兵工厂、国有工业企业、中央电站、公用事业企业等相矛盾的东西。这些垄断组织不顾资本主义托拉斯为了占据其中最具生产效率的企业而开始进行的斗争继续存在着。这些国有垄断组织遭受到来自大工业势力和金融势力的攻击。它们同时又很好地为战备服务,不比大私人资本主义企业要差。从大工业集团和金融集团方面来说,我们看不到万分激烈的斗争,原因是这些集团实际上越来越听命于国家,并接受国家的监督。同时,这些集团又占据了至少是其中最有生产效率的企业，并同样地利用给予私人企业的租让合同，如铁路、水运等，即过去被认为是国有制的一切企业。

从这个角度来看，在关于国际形势的提纲中的表述要比在纲领中的表述确切得多。那里比较明确，所以我们认为，纲领应该采取那里的表述。那里的表述如下：

"国家资本主义的趋势也加强了，它既具有原来意义上的国家资本主义形式（国营电站、国营公用事业、国营工业和运输企业），也具有企业主组织同国家政权机关日益结合的形式。"①

我们觉得，这个表述要比纲领中的表述清楚得多。

至于第二章，我们认为那里对最近这些年来的革命事件叙述得十分枯燥。只是多少按时间顺序罗列了一下，没有从中得出相应的策略和战略的结论。在纲领委员会里，我们就坚持认为，应该从革命事件中得出相应的教训：如1918年和1923年的德国事件、奥地利和匈牙利的革命。这些革命事件有可能以匈牙利革命所犯的错误来说明我们在对待农民态度上的政策和策略。它还可以使我们明确了解，在萨克森如此黯淡的经验以后工农政府的口号应该是什么样。

关于作为无产阶级专政表述的工农政府口号，我已指出，它不应写入纲领。只是希望为了说清这个口号并在工农群众中开展我们的宣传鼓动，以明确和翔实的形式写进我们的纲领，因为尽管过去已经进行过讨论和作出过决议（例如代表大会的决议），但有些人认为这是统一战线的口号，可以与社会民主党人结成联盟，以便在夺取政权和没有建立无

---

① 参见《国际共产主义运动历史文献》中央编译出版社2013年版第48卷收录的《国际形势和共产国际的任务（根据尼·伊·布哈林同志的报告拟定的提纲）》第3条。——编者注

产阶级专政以前建立联合政府,把这个口号写进共产国际的纲领并加以解释清楚,是必要的。

至于说到社会民主党的多次叛卖行为,那么草案只是枯燥地罗列了一下,没有指出它的相对意义。社会民主党对战争问题的态度,他们在对苏联进行的军事的和意识形态方面的战备中的作用,他们的殖民政策,这些都应当提到首要地位,就像他们参与资本主义合理化的活动一样。这使我们有可能更好地强调指出,社会民主党已经不再是资本主义的反对派,而是资本主义的紧密合作者,以巩固资本主义制度。这也使我们有可能更好地来表述"社会民主党左派"所扮演的角色,它的口头上的革命性,其唯一目的就是把正转向共产党方面的工人们保留在社会党的队伍里。

至于关于法西斯主义的条文,我们已经指出它的不确切性。我们总的说来同意意大利代表团同志们所阐述的说法,即法西斯主义不可能是资本主义反动派的唯一形式。的确,议会制度已经失去了威望,只充当附属品的角色,民主已被金融资本更露骨的专制所替代。但这一点往往并不表现为意大利法西斯主义发展的那些过程的性质所具有的形式。意大利法西斯主义是在小资产阶级、农民乃至一部分无产阶级支持下用暴力夺取政权的政党专政的典型。波兰法西斯主义不同于意大利法西斯主义,不是由于它所提出的政策,也不是由于它的社会成分。巴尔干国家战前就已经存在的白色恐怖也是另一种形式的法西斯主义和另一种社会结构。列强各国所表现的"假面"法西斯主义是一种与政府法西斯主义类似的东西,它是以金融资本对国家和议会控制的形式表现出来的,它的特点是行政权高于立法权以及社会民主党和资本主义的合作。它是法西斯主义的一种非常独特的典型。它是金融资本的一种公然的专政,通过各种管理方法而把小资产阶级和社会民主党纳入自己阶级政策的轨道。说资本主义始终是轮番使用法西斯主义的方法和与社会民主党结成联盟的方法,那是很不确切的表述。更正确的应当说,在使用法西斯主义方法的同时,也使用与社会民主党合作的方法。

请问,为什么我们要求把所有这些问题列入纲领呢?是因为要避免把"法西斯主义"与各种反动形势以及资产阶级的、社会民主党的政府和政党的各种反动政策等同起来,因为这在很大程度上还没有向工人群众解释清楚,还不能向跟随社会民主党走的工人们清楚表明。

在我们各党和各支部内,我们还可以看到不能正确分析现实政治形势并用机械的分类法来取代的倾向:社会法西斯主义,法西斯左翼集团,法西斯政府,等等。一切都是法西斯主义的。但这里看不到党派和政府在向法西斯主义道路上发展所采用的方法的差别。

应当向工人们说明,资产阶级为了更顺利地贯彻自己的反动的和帝国主义的政策,往往支持某些合法的外衣,即所谓的民主,同时又采用法西斯主义的手法。光宣布这是"社会法西斯主义"或法西斯主义政府是不够的,要让工农群众清楚看到垄断资本主义的总的倾向和社会民主党的叛卖政策。如果在纲领文本中不能详细地论述法西斯主义,论述正在走上法西斯主义道路的资本主义的方式和倾向,那么应该在纲领的注解中加以必要的说明,以便向工人群众说明政府的真实政策。

至于第四章,我只想谈一谈最重要的几点,我们代表团提出的几点主要修改意见。我不想谈一些细小的问题。但是关于土地国有化和无产阶级领导权的问题是十分重要的,不能不避而不谈。这些问题之所以重要,是因为我们必须向工人们解释清楚,特别是向农民们解释清楚共产主义的目的,我们甚至必须在共产党队伍里阐述得更加明确。

同志们,在法国代表团中,对土地国有化原则的缓和和保留条件,对无产阶级在革命中的领导权问题上存在着不同意见。我们的让·雷诺同志在我们代表团里和这里发言,一方面建议对实行土地国有化时的过渡措施的表述作一些修改,同时又建议对无产阶级领导权的论述要加以缓和。我在委员会里已经发言反对我们的让·雷诺同志所代表的一种倾向。在这里，在全体会议上，我还想谈一谈我的论据。我们认为，宣布全部土地国有化的原则，也同大工业企业国有化一样，必须在纲领中完全保留。缓和国有化的过渡措施以及限制条件，都已经在纲领中说明。这甚至在某种程度上模糊和淡化了基本原则的实质。因此没有必要再来损害土地国有化原则本身。没有必要像我们的让·雷诺同志建议的那样，要或多或少地保障小农对其土地的所有权。我们认为，为了达到使他们保持中立的目的，给他们保留他们所耕种的土地并保障他们使用这块土地的权利，这就足够了。我们不必再向他们许诺别的什么东西。很明显，我们保障了其耕种土地收入的小农将会放弃纯粹法律意义上的私有权。但是更重要的是，要明确阐述我们对成千上万农场主和租赁者的政策以及千百万将在农村夺取政权斗争中起决定性作用的农业工人的政策。我们认为，在革命前的时期没有对这些积极因素赋予足够的重视，更何况他们现在正在以阶级斗争的方式来反对大农场主和土地占有者。我们需要这批小农场主和租赁者以及农业工人。我们需要这些革命的合作者，至少是同小农私有者那样的中立者。但我要重复说一句，要想取得小农和中农的合作和中立，用不着进行退却，也用不着宣布那种妥协的原则，即在土地国有化的理论中加上附加条件和缓和措施。

　　让·雷诺同志还反对宣布无产阶级在革命中对其他阶级和社会阶层具有领导作用以及在意识形态和政治上的领导权的原则。在他看来，纲领中阐述这种领导权的条文应当缓和一些。他认为，确立对无产阶级政治优越性和缩小农民政治权利的条文总的说来是具有危险性的公式。他说，资产阶级曾给予农民政治权利。无产阶级革命如果使他们失去这些权利，那是不能允许的。他接着说，这不会带来任何政治好处，同时会在农民中可能丧失宣传的危险。他希望纲领中的一个地方，即我们认为很重要的地方，加以删除。这就是把政权只转到无产阶级手中，不许与任何人分享。他建议削弱和模糊无产阶级在革命中的领导作用、领导权的说法。他建议的修改意见不是形式上的修改,而是实质上的修改。我们不认为否定或者缩小无产阶级在专政时期作为统治阶级应起的领导作用是有益的。我曾有机会在委员会里指出,如果在纲领中接受这些修改意见,那就意味着同共产党宣言中所宣布的观点相比倒退了一步。在《共产党宣言》中说:

"……只有无产阶级是真正革命的阶级……中间等级,即小工业家、小商人、手工业者、农民,他们同资产阶级作斗争,都是为了维护他们这种中间等级的生存,以免于灭亡。所以,他们不是革命的,而是保守的。不仅如此,他们甚至是反动的……如果说他们是革命的,那是鉴于他们行将转入无产阶级的队伍,这样,他们就不是维护他们目前的利益,而是维护他们将来的利益,他们就离开自己原来的立场,而站到无产阶级的立场上来。"①

从另一方面,马克思对领导权的问题也说得很坚决。他写道:

"工人革命的第一步就是使无产阶级上升为统治阶级……无产阶级将利用自己的政治统治,一步一步地夺取资产阶级的全部资本,把一切生产工具集中在国家即组织成为统治阶级的无产阶级手里,并且尽可能快地增加生产力的总量。"②

在共产国际的纲领中必须保留这些原则性的论点,不能加以任何削弱。我们还认为,在有关纲领的注解所展开的讨论中,要在农民起着巨大政治作用的国家里,非常明确地说明必须承认无产阶级作为统治阶级从而毫不怀疑它在无产阶级革命中的领导作用的主要原因。我们认为,

---

① 参见《马克思恩格斯文集》第 2 卷第 41、42 页。——编者注
② 参见《马克思恩格斯文集》第 2 卷第 52 页。——编者注

农民可以争得的不是或多或少奇妙的公式，而是关于我们的目标和无产阶级专政必要性的整个真实的说法。发达资本主义大国的农民具有很大的政治意识，有时甚至同一些工人一样。他们会懂得，为什么无产阶级作为比较集中和比较单一的阶级，无论在进行革命的过程中，还是在巩固无产阶级革命胜利的过程中，都是唯一的决定性的革命力量。他们会明白，在专政的初期分割权力只会使专政本身，即革命受到威胁。

我们认为，共产党的纲领不是社会民主党的纲领，也不是竞选的宣言；它不能只限于某个最本质的和最主要的问题，某个对无产阶级革命胜利起决定性作用的原则性问题的一个部分。

至于第五章，最好加上关于一国社会主义建设问题的条文，哪怕是为了驳斥托洛茨基的论据。用不着几十遍地重复，社会主义已经在苏维埃社会主义共和国联盟展开（这一点大家都深信不疑），但是应该哪怕用很简短的形式来从理论上证明，即使在工业不很发达的俄罗斯也有可能进行这种社会主义的建设。

在纲领文本中（我不知道这是不是译文的错误）有一种表述，我们认为可能解释得很不好。那里指出，可以建设"完整的社会主义"。同志们，完整的社会主义就是共产主义。以往所有的提纲，以前所有的争论都表明，要实现完整的社会主义，即共产主义，必须至少也在其他工业发达的国家里发生革命。

如果这里没有错误，那就应该删去"完整的"这个词。但是这在理论上必须加以明确，以便同托洛茨基的理论以及社会民主党进行斗争，后者预言无产阶级专政在俄国必将垮台而又回到资产阶级民主方面来。但这只是为了使我们明确建设社会主义的问题并在理论上阐明纲领条文中的这一点，这样我们才可能同我们的托洛茨基和社会民主党敌人们进行斗争。

这些就是我们希望在纲领中加以强调的几点。

在关于战略和策略的第六章中，也还有几点相当重要的地方。我们建议作些修改，以便明确我们对工会运动的策略，这样我们才有可能提出把工会以及领导权直接掌握在自己手里的问题。同时条文的阐述可以为这样的解释提供理由。

用什么方法能够取得对工会的领导权呢？要取得工人们的信任，不能简单地替换领导工会的人员，而是要通过工会中共产党员的深思熟虑的工作和党团的工作。掌握工会的领导权不应只是出于简单的纪律性，也就是说由于同情者投我们候选人的票，而是出于这位候选人取得工人们的信任，工人们认为他适合在经济斗争中领导他们。

我们还要求加强论述统一战线策略的地方。这里必须非常确切和明确地强调这一策略的目的，因为无论从吸引广大工人群众直接参加反对资本主义的斗争的角度，还是从揭露社会民主党叛徒作用的角度来说，都是一个主要的策略方法；应该使改良主义者工人或者跟随改良主义者走的工人离开社会民主党，并把他们吸引到革命运动中来。所以在我们的纲领中必须强调这一策略的目的。

我们还主张加强阐述反军国主义工作的那个地方。从本次代表大会上无论从关于国际形势的提纲还是从关于战争的提纲的讨论表明，我们所有政党对反军国主义的工作还很不重视。我们认为，"在军队中进行革命宣传"的说法在很大程度上不够明确，问题应该不是进行反军国主义的宣传，而是在陆海军队伍中进行组织工作。即使这方面的工作在各国政党的活动中不具有决定性意义，即使还需要提出其他具体的建议，但在共产国际的纲领中十分明确地指出，这里指的不仅仅是宣传，而是在资本主义军队中建立革命组织，那也决不是坏事。这有助于克服在我们充满革命积极性重要领域中在一定程度上表现出来的无所作为的缺点。

在第六章中还缺少关于民族问题的条文。这里忘记了保护少数民族以及共产国际站在这些少数民族立场上为其争取自决权而进行的斗争。显然这个缺失需要加以补充。

最后我想谈一谈工农政府这个作为鼓动的口号和无产阶级专政代名词的问题。这个口号使我们有可能把工人和农民团结在我们周围，并领导他们进行反对资本主义和夺取政权的决战。

阿诺特（英国）：

英国代表团讨论了共产国际纲领草案。总的说来同意它所制定的路线。我们也同意它作为纲领的形式，同时认为，它在整个过程中，特别是开头和结尾都应达到宣言应有的高度和激情。我们决不认为，它应该是一些引文的汇编，但也欢迎在恰当的地方引用一些马克思、恩格斯和列宁的真实表述。英国代表团并不认为纲领的冗长是一个缺点。相反，它非常同意对一些过于紧凑的地方作比较详细的阐述。

从第五次代表大会推荐草案以来，我们觉得有充分的必要对纲领进行一些修改。有些同志表达了这样一种观点，似乎经过这些修改以后，纲领过分俄国化了。这不言而喻是我们可以期待的来自社会民主党方面的批评。他们会说，纲领中加上专门一章来阐述苏联无产阶级专政和国际社会主义革命，就是这种俄国化的例子之一。可不是吗？在第二国际纲领中当然不会有任何地方提到俄国革命。但社会民主党在这方面的批评不应触动我们。如果说列宁同志不止一次、一再重复地援引巴黎公社，援引世界无产阶级应从仅仅只存在十个星期之久的巴黎公社的经验，那么世界无产阶级应从苏联工人阶级吸取的经验该有多么巨大，苏联工人阶级以其十几年的经验至今丰富着我们现时的斗争。

因此，英国代表团完全同意纲领中所表述的路线，反对对它的批评。在纲领委员会里，我们碰到一些各种不同的批评。在今天的大会上我们又碰到一些批评。与此同时，我们在委员会里已经估计到了来自敌对阵营的批评。例如在纲领第二章中所阐述的关于法西斯主义的问题。英国工党一直认为，英国没有法西斯主义合适的环境。它否认法西斯主义的危险，并一口咬定我们共产党人在我们反法西斯主义的宣传中和在我们英国建立工人自卫队的努力中，就好像一个用虚幻的怪物来吓唬孩子的保姆。我们反对这一点，也反对其他类似的关于法西斯主义的观念，并认为有必要捍卫纲领中所体现的路线。

首先，英国代表团不同意一些人对法西斯主义所作的定义，例如他们竭力把法西斯主义限制在一些工业结构薄弱、根本没有殖民地或者只有少许殖民统治、资产阶级国家根基不深的国家之外。这正是那些最积极否认英国存在法西斯主义可能性的人所提出的对法西斯主义的解释。我说的是来自英国工党队伍里的批评。如果说这类批评是从我们自己的队伍里发出来的，那就说明这种批评是同对资本主义稳定的过高估计联系着的。

其次，我们且来引用其他国家如美国、日本和英国的例子，并表明在这些国家中存在哪些向法西斯主义发展的倾向。例如，在英国实际上存在着许许多多可以充实法西斯主义队伍的分子，如果采取这种极端措施的要求逼迫英国资产阶级的话。我们在英国不仅存在着对法西斯主义来说完全成熟的社会阶层，如千百万城市小资产阶级和知识分子，即站在工联队伍之外的所谓"穿着黑色长礼服的无产阶级"；我们不仅有为数众多的、近800万的非从事生产而从事"服务业"的无产阶级；我们不仅有认为资产阶级民主没有多大价值而对权力和无往不胜的暴力充满市侩式崇拜的社会阶层；我们不仅在一部分资产阶级中，在那些深受殖民统治传统观念影响、实行管理从不用资产阶级民主作掩饰的部分统治阶级中，可以看到对法西斯主义的向往。这样一些阶层在每个国家都存在，但在英国比在其他国家占有更大的比例，这是由于英殖民帝国长期延续和存在的缘故。我们不仅有这些社会阶层和这些向往法西斯主义的资产阶级群体，而且还加上我们在英国亲眼目睹法西斯主义的倾向已经在组织方面和意识形态方面形成了。在意识形态领域，反映在《每日新闻》上的土著法西斯主义受到了许多作家的吹捧，从"社会主义者"肖伯纳担负起了墨索里尼的辩护士作用，到一些庸俗小报的无聊作者和发行几百万份在铁路书摊上出售的文学败类。

随着这种法西斯主义思想的增长，应该指出，英国资本主义的政治领导人，邱吉尔和约翰逊从来都不赞扬法兰西共和国和德意志共和国的成立。至于法西斯主义国家，即它的意识形态和所谓的"社会理想"，情况就不同了，无论是内阁内部的合理化倡议者，还是内阁以外的合理化倡议者，艾尔弗雷德·蒙德都在大加赞扬。这是意识形态方面。

在组织领域，我们看到具有法西斯主义倾向的三种形式，它们表现在哪里呢？这些形式在总罢工以前表现得十分积极和明显。在英国总罢工以前，在1925年的最后几个月和1926年的年初，在无产阶级阶级情绪高潮的时期，在资产阶级队伍里出现了恐慌，因为它不知道，工联的官僚们是否能够长久地把工联维持在资本主义安全不受威胁的范围内。在这个基础上，我们可以确认体现在三个组织形式中的法西斯主义倾向。

首先，我要指出的是英国的法西斯主义者。其次是"保障供应组织"，很明显是为了工贼们而组织起来的、得到政府赞许的某种非正式组织。第三是以特别权利法名义进行的政府行为，它是在政府宣布"紧急状态"时现行的所有法律停止实施、授予政府独裁权力的时候实行的。这三种组织形式表现出了法西斯主义倾向，是在1926年5月前的几个月内同时发生的，目的是准备破坏即将到来的总罢工。

正是在这种以合法方式进行的镇压手段和采取法律以外乃至明显违背法律的手法的结合中，我们可以看到一种典型的形式，这种具有法西斯主义倾向的形式必然会在具有与英国传统相类似的国家里泛滥起来。

这种倾向也可以说是某种立宪法西斯主义。

所有这一切都是在1926年总罢工以前发生的。在总罢工以后,资产阶级就玩弄起手法来,使用软的办法。虽然在总罢工以后不大听说法西斯分子,不大听说"保障供应组织"和非常法了,然而这些东西依旧存在,并在任何时候付诸实施。与此同时,在采煤地区成立了短衣工会这一事实和成立这些黄色工会的方式本身,以及准备建立工业和平即现时广为人知的所谓"蒙德主义"——这些都是具有不折不扣法西斯主义特点的倾向。

艾尔弗雷德·蒙德先生不久前特别强调这一点,说什么法西斯主义作为"社会理想"是可以接受的。

我只是举了法西斯主义这个例子,这是英国代表团赞同纲领反对各种批评意见的条文之一。但还有另外一些条文,例如关于所谓新经济政策和军事共产主义问题的争论,英国代表团是支持纲领路线的。我们认为,可以通过某些补充和表述上的修改使纲领更加完善。例如在第一章中,应该多加经济分析,以便更详尽地描述剩余价值的缩小。同时,还可以在第一章中增加阐述马克思国家理论及其典型形式的学说的章节。

我不想来谈论一些细节,但是在第二章中,《国际新闻通讯》英文版第553页最后一节可以这样来阐述,以便更加突出和更加明确的方式来描绘资本主义阵营和社会主义阵营之间的矛盾。如果看一下苏联宪法的条文,那么可以发现,那里也有关于这个题目的地方,那里比较明确地描述了这些矛盾。其次,英国代表团认为在关于《世界共产主义》第三章的最后一节最好加上马克思和恩格斯的原文:即马克思关于人类生活中史前时期结束的话和恩格斯关于从必然王国进入自由王国的话。

另外,在最后一章即纲领草案英文版倒数第2页第9节,开头有这样的话:

"在殖民地和半殖民地国家里,共产党必须……进行最勇敢的和坚持不懈的斗争……"

草案中最后一句话是：

"……只有在它（即民族资产阶级）不阻挠工农革命组织并同帝国主义进行真正斗争的条件下才能与它达成临时的协议。"

关于这一表述的问题早就已经提出，并指出这是列宁同志在共产国际第二次代表大会上关于殖民地问题发言时的原话。然而，英国代表团认为，更有权威性的是列宁同志在同是这次代表大会上提出的关于殖民地提纲中的话。因此我们建议用关于殖民地问题提纲的表述来代替上述那段话。我所援引的那个地方在关于共产国际第二次代表大会总结报告英文版第575页上。我现在来宣读一下：

"共产国际应当同殖民地和落后国家的资产阶级民主派结成临时联盟，但是不要同他们融合，要绝对保持无产阶级运动的独立性，即使这一运动还处在最初的萌芽状态也应如此"①。

其次，我们明显感到，第六章开始的头几段需要作一些补充和修改，英国代表团已向纲领委员会常务局提出了草案。那里着重注意的是英国各种形式的改良主义，这是英国代表团特别加以注意的。我们不仅关注这一点，而且认为我们有责任提出更加准确和更加正确的表述来描绘这些改良主义（费边主义、基尔特社会主义）的特点。

最后，英国代表团认为，经过这些不大的修改和文字加工以后的纲领草案应该由本次代表大会通过。布哈林同志在关于总结报告的发言中谈到的思想上的局限性或许不是英国党专有的。但无论如何，英国党从自己方面来说欢迎纲领成为克服这种局限性的武器。同样，英国的工人也将欢迎这个纲领成为他们在反对剥削者的斗争中的新的有力武器。这

---

① 参见《列宁全集》中文第2版第39卷第165页。——编者注

将激励英国兰开夏人和印度劳动群众之间的团结之情。这个纲领将吸引大批的工人加入英国党的队伍,然后将以丰富的知识、智慧和进行反对资本家和资本主义走狗们的斗争决心来武装他们。宪章运动的伟大日子即将消逝的时候,马克思给英国工人阶级在其当时的斗争中带来了巨大的帮助和支持。在这方面,我们无论如何要比我们宪章运动的先辈们更加幸运。英国工人阶级可以充分利用我们的共产主义纲领,来实现消灭帝国主义和建立共产主义社会的历史任务。

塞拉(意大利):

意大利代表团已经对纲领草案的分析作出了自己的贡献,提出了自己的书面意见,并在纲领委员会讨论时进行了发言。但代表团仍然认为在全体会议上评述一下作为广泛讨论的最后结论的一些最主要意见不是没有好处的。

至于共产国际纲领的总的性质,我们的结论是(而纲领委员会已经作出这方面的决定):这里说的不是宣言,也不是一些抽象原则的公示。纲领不应该也不可能是另外一种东西,它是世界无产阶级政党的政治纲领,是在世界范围内开展政治工作的工具,正是在这个范围内提出无产阶级革命的具体问题。这项工作是有差别的,因此任务也是极其复杂的。为了概括地描述这些任务,描述我们在这里锻造的思想武器,有必要在其内容和结构上复述出这种差别性和这种复杂性。因此,我们完全同意一切试图对纲领草案进行完善的做法,但我们坚持认为,这样做不能对现有纲领所具有的总的性质加以任何修改。

我们建议对结构问题作一些修改。我们强调最好对分析帝国主义时期以前的资本主义性质的第二章加以修改,简要地描述一下在"资本主义矛盾普遍再生产"基础上产生的总的社会变革,以及与此相联系的工人运动的发展,各阶级相应的相互关系,政治和意识形态上层建筑的变化。这种描述可以在第二章最后一节前进行,因为最后一节可以挪到第四章开头,这是与德国代表团的建议一致的,我们同意这个意见。在作这一论述时,我们决不是想来削弱或者排除社会主义必然到来的论点,那是纲领所赖以产生的科学观念的基础。我们只是希望强调,在这个客观过程中将出现无产阶级觉悟的成熟,这种"战斗的国际工人组织"的形成不仅是适应帝国主义"国际"性质的物质必然性的结果,也是那种在客观必然性基础上形成的力量重新组合的结果,这种重新组合具有一定的速度、规模和完备的性质,使工人阶级由于其先锋队政党的积极性在意识到其最终利益、意识到我们的导师称之为"历史使命"的道路上走在前面。

我们觉得第二章和第四章有必要进行深度的修改。首先我们认为,世界大战应该占有与其意义相适应的地位,因为世界大战是新的历史时期的转折点,它开辟了无产阶级革命的新时期,起到了巨大筛子的作用,把七十年来工人运动和社会主义运动的所有思想的和政治的分子都筛了出来,分化成各自的社会阶层并重新站队。由此也显示了工人阶级前段历史的平衡表,并在它的沟痕中我们发现了业已取胜的俄国革命和第三国际的诞生。

同样,我们认为最好对战后时期资本主义经济的特点重新组合和补充,把战前危机和当前危机区分开来。这里应该特别强调的是,通过这一区分,完全排除了工人和广大居民阶层生活条件改善的任何可能性,这一事实不是暂时的现象,而相反,正是与资本主义发展性质本身相联系的现象。要知道,这也就是决定着各个国家把无产阶级革命和工人阶级夺取政权提到议事日程上来的因素。

还应该着重谈一谈"经济国家主义"的总趋势,这在各个国家乃至远远落后于资本主义发展潮流的那些国家里所发生的现象。

我们认为,与作为这一章结尾的同时,还应该更加着重强调工人阶级政党的决定性作用，它正面临着社会主义物质前提成熟而提出的实现世界革命客观条件以及保证这一革命取得胜利的主观条件的基础上来完成这一任务。

我们曾经对第二章所阐述的一些极其重要的问题进行了广泛的讨论。关于法西斯主义问题，我们认为（即使在对这个问题讨论以后），把法西斯主义的产生，并且把传统的国家机构进行反动改造的整个过程归结为"帝国主义时期、阶级斗争尖锐化和内战因素增长"的结果是有利的。在一定的历史条件下，这一过程的特殊表现形式就是法西斯主义（不是别的东西），我们曾经对它的最本质的因素进行了分析。我们现在仍坚持这个意见，认为法西斯主义应看做是反动的一种形式，它在普遍反动倾向存在的情况下是同具体的客观因素联系着的，对这些因素进行研究并明确加以认定是极其必要的。

对于我曾有机会在委员会上说过的，关于在"中等发达资本主义"国家向无产阶级专政过渡的性质，我再补充说几句。问题决不是增加或减少应列为这种类型的国家。而主要是要更好地明确这些国家从资产阶级民主革命到社会主义革命过渡过程所固有的一些特点。纲领草案援引了决定这些国家形势的一些特点从而也是优点的东西，即存在着封建主义的残余和大批的农民，从而出现了土地革命的问题。我们确认，这些国家里存在的特殊条件无疑给共产党的战略提出了与其他国家不同的任务。但与此同时，在这些国家里，特别是在欧洲，基本的因素是资产阶级和无产阶级之间争取农民群众的斗争，因为如果不依靠农民群众，资产阶级不可能保持住政权，而无产阶级也不可能从它那里夺取政权。正因为如此，所以还有必要指出，这些国家的革命只能首先经过消灭封建主义残余的阶段，然后才能经过建立无产阶级专政的阶段，而革命的第一阶段将是无产阶级和企图掌握农民的资产阶级之间的斗争，而消灭封建主义的残余也只能在无产阶级革命的帮助下才能实现，而且是无产阶级革命的副产品，这是同列宁的思想是一致的，他在1921年11月在纪念俄国无产阶级革命四周年时写的两篇文章中曾有过这种表述。

塞马尔同志指出必须把关于一国建设社会主义问题的那一节挪到第五章中去。我不认为这样做是正确的。塞马尔同志说的"完整社会主义"的公式，这是列宁谈到俄国时的一个著名公式。相反，在第五章开头，社会主义建设问题是作为无产阶级专政的普遍问题之一提出来的，最好稍加明确地强调这一建设问题的某些因素，例如决定这种可能的客观特点。同样地，应该谈一谈社会主义建设和各种劳动者群体之间劳动分工的典型社会主义观念之间的意识形态上的相互关系，以及一国社会主义建设的速度同世界范围内资本主义力量发展速度之间的相互关系问题。

我们建议对第六章进行加工并更加充分地表述战略和策略的基本原则（党的本质、它同工人阶级的相互关系、工会的性质、在资产阶级议会中利用合法可能性的性质等，以及它同非法活动的结合）。关于这一点，我在这里应该强调并以摘录我们报告的形式需要详细说明的几点是：

1. 共产党政治团体是体现和代表整个工人阶级的利益和期望的政党，**它除了工人阶级的利益之外没有别的利益**。这一说法包含了统一战线的策略、我们正在进行的争取工人的局部要求以及它同无产阶级斗争最终目标相结合的总的合理性。

2. 所提的局部要求和口号对争取近期经济要求的斗争和争取局部政治要求的斗争相关的方式解释得还不够明确。所以我们认为，在这一节中应该强调，共产党人应该如何把争取"民主的"政治要求的斗争（这在一定的条件下可能具有革命的意义）转向争取无产阶级民主和无产阶级革命的斗争。

3. 我们认为，当资产阶级转向对工人阶级的进攻并牺牲无产阶级的利益来保证自己长久的优势地位的情况下,共产党人的义务就是:竭力动员工人阶级以自己的力量来对抗资产阶级,同时保卫自己在这个斗争中有充分的行动、批评和随机应变的自由。

作了上面所述的补充以后,纲领就可能表示我们的运动前进了一步。它将是第六次代表大会的巨大成绩,以此来弥补最近两次世界代表大会之间长期空缺所造成的缺憾。我们相信,如果纲领的实质贯穿到我们各政党的血肉之中,并支持他们和指导他们的活动,那么两次世界大战之间的目前这个时期将是两次革命,即1917年在地球六分之一土地上取得胜利的大革命和将把地球其余部分从资本主义的血腥统治中解放出来的大革命之间的一个时期。

柯拉罗夫(保加利亚):

保加利亚代表团完全同意接受共产国际的纲领草案。

在纲领委员会里,我们代表团对草案的一些问题提出了许多意见。这些问题中最重要的是:关于法西斯主义,关于土地国有化的口号,关于民族问题,最后就是最终导致无产阶级专政的革命的阶段问题。

我认为没有必要再来谈论所有这些问题,但是,有些情况促使我们以代表团的名义对以下一个问题提出意见,即关于三种类型的国家和三种类型的革命问题。我们代表团完全同意对每个国家的革命问题采取不同分类的做法。我们代表团认为这是共产国际和各国共产党的巨大成绩,现在对无产阶级革命问题采取具体对待的方法,从每个国家的特殊条件出发,估计到所有阶级力量的作用和意义。

我们代表团完全同意纲领草案中把国家分为三种类型。如果说我仍要对这个问题发表意见,那只有因为布哈林同志在解释这一点时说纲领委员会里对这一点不是完全明确,他的解释引起了一些误会。

问题是这样:纲领草案把那些资本主义已达到中等发展水平的国

家，即那里的工业具有社会主义建设的足够基础，同时还具备某些特殊条件使革命必然经过一些过渡阶段最终达到无产阶级专政，最终推翻资本主义资产阶级的国家，列为第二种类型。草案在回答哪些国家具体地列入这一类型的问题时说：1917年以前的沙皇俄国、波兰等。由于谈到沙皇俄国，那么沙皇俄国当然只具有历史意义了。它在这里只是作为比较的对象，没有任何其他的意义。至于说到波兰，那么这是直接的正面的宝贵指示。布哈林在委员会里的结束语中把事情说成这样：毫无疑问应该列入这一类型的无可争议的国家是保加利亚。然后按照他的意思，这里还应该把罗马尼亚和南斯拉夫列入其中。至于说到波兰，他在那里也提出一些怀疑。同志们，如果说布哈林的解释是对纲领草案的注解，那么正是在这一点上不能对他的话不加注意，依布哈林看来，波兰并不是明显的和现实的第二类的典型，而是保加利亚。因此，我认为有必要来分析一下根据纲领草案这些或那些国家所适合的条件，以便把它们列入第二类型的国家。为了在这一条上不致引起任何怀疑和任何误解，这也是必要的。纲领草案预见到首要条件是中等资本主义发展水平。然后它也看到在农业中"存在着大量半封建关系的残余"，然后还有"没有完成的资产阶级民主改造"。由此可见，农业中半封建关系的残余，没有完成的资产阶级民主改造，以及虽不完全但已有足够发展的资本主义，这就是各该国家可以纳入第二类型国家所应具备的主要的经济和政治条件。草案在谈到波兰时，我们都注意到，波兰不仅存在着最低限度的工业发展水平，在农业中也存在着半封建性质的残余，即存在着为实行无产阶级的过渡阶段所需要的经济基础。但是，布哈林同志在援引作为这第二类典型的国家时举的却是保加利亚，关于这一点我必须说几句。在保加利亚确实存在着足以建设社会主义的最低限度的资本主义发展水平，最低限度的工业发展水平。但另一方面，在保加利亚，在农业上没有任何半封建性质的残余。在**保加利亚**，土地革命已在半个世纪前完成。在保加利亚，资产阶级民主改造也已经结束。那里提上议事日程的既不是土地革命，也不是完成资产阶级民主改造。这样，怎么可以断定这个国家是第二类型革命的典型例子呢？很明显，如果要说无产阶级革命的必要的过渡阶段，那就应当确认资产阶级民主革命的经济基础还存在，应当存在着没有完成的资产阶级民主革命。但这些主要的条件在像保加利亚这样一个虽然是农民国家的国家里却不存在。这样看来，保加利亚不应该是纲领草案中被归入第二类型国家的国家。这在更大的程度上可能应该是波兰，然后在很大程度上可能是罗马尼亚，那里土地革命确实还没有完成，最后这可能还有南斯拉夫的某些地区，不是土地革命已经完成的老塞尔维亚，而是马其顿、波斯尼亚、南斯拉夫的阿尔巴尼亚地区，等等。

同志们，虽然保加利亚有大批的农民群众，但是在保加利亚代表团看来，通向无产阶级专政的过渡阶段的必要性，两党结成联盟的必要性是没有根据的。既然土地革命已经完成，虽然只能动员农民群众去同资本主义进行战斗，去同他们所遭受的资本主义剥削进行斗争。这就意味着，保加利亚共产党和无产阶级的任务是争取农民群众不是为了土地革命，不是为了民主改造，而是为了这些群众的基本利益，他们不是受现在已经没有的地主的剥削和压迫，而是受资本主义，受产业资本、商业资本和银行资本的剥削和压迫。无产阶级及其政党能够完成这项任务。经验表明，保加利亚共产党在农民中具有巨大的影响，并不是由于号召进行土地革命和民主改造，而是由于动员他们起来为争取无产阶级专政和社会主义进行斗争。保加利亚农民政权（保加利亚曾建立农民政府）的经验也说明，基本农民群众通过亲身经历相信，小资产阶级（农民）政府不能解决农民的基本任务，不能实现他们的基本利益。农民政府之所以垮台，正是因为它没有能力同大资本主义进行斗争，不是同地主，而是同资本主义的资产阶级进行斗争。共产党的这一经验可以用来加强和深化自己对农民群众的影响，不是为了资产阶级民主革命的目的，而是为了无产阶级社会主义的目的。

保加利亚农民党，用布哈林同志的话来说，共产党为了完成革命任务应该与之结成革命联盟的这个农民党在过渡阶段已经经历了阶级分化的过程。资产阶级上层越来越转向资本主义的资产阶级，因此农民协会的右翼领导人背叛了农民群众，而由贫农和部分中农组成基本群众，在经历农民政府的实践之后越来越深信工人和农民结成革命联盟的必要性，但不是为了实现资产阶级民主改造，而是为了同资本主义资产阶级的统治进行斗争。所以在我看来，布哈林同志举的保加利亚的例子是不成功的。纲领中必须指出这样一些第二类型的国家，它们确实可以为某些共产党提供明确和清楚的指示，在他们自己的国家里解决革命的具体问题，否则只可能引起一片混乱。

我还应该补充一点，两个政党结成联盟在保加利亚是社会民主党的口号。

共产党反对这一口号，它代之提出的是革命的工农联盟的口号，不是为了民主改造，而是为了同统治的资产阶级进行革命斗争。我们党认为，这是唯一正确的立场，也是迄今为止在保加利亚共产党以及在很大程度上也是在希腊共产党制定策略时占据统治地位的观念。现在我们代表团对布哈林同志的话感到困惑，他说首先保加利亚应当被列入第二类型的国家，保加利亚共产党应当认识到它将经历资产阶级民主革命的过渡阶段，只有通过斗争，这个资产阶级民主革命才能转变为社会主义革命。我们党认为，无论是在**保加利亚**有大批农民群众的存在，也无论是国际金融资本在国内的强大影响这一事实都不应改变党对政权问题的态度，都不应该使它采取过渡性的口号。我们党认为，在关于政权性质的问题上必须充分明确。它过去和现在都一直认为，在目前的条件下，即目前国家的特殊经济结构，在经历了俄国革命的实践以后，在经历了农民政府的实践以后，经历了共产党在农村群众中的成功工作以后，在保加利亚唯一的和直接的政权形式只能是与劳动农民结成联盟条件下的无产阶级专政，目的是推翻资产阶级的统治和建设社会主义。

东克尔（德国）：

对登格尔同志受德国共产党委托在今天上午会议上发表的意见，我没有任何原则性的补充。我只想以我个人的名义声明，我放弃我在纲领委员会里发表的关于纲领形式的意见。我想说明，布哈林同志说服了我，认为共产国际的纲领具有新的特殊的形式。但我建议，这个纲领的特殊性应该在标题上加以表明，作为《纲领—宣言》发表。这样做一方面强调它超越了旧的纲领的范围，另一方面强调它是接近共产党宣言性质的。我们的纲领应该命名为《共产国际纲领—宣言》。

其次，我要建议，与出版这个纲领宣言的同时，应该从这个大的纲领中分出一部分来简单地、以十分简要的形式来申明共产主义的基本原则，这样原则声明的文字至少可以适用于我们同志的党证上。我认为，与纲领发表的同时，发表这种具有正式性质的原则是正确的。

我还想说明，在纲领宣言发表后在尽可能短的时期内，应该同样以正式文件的方式出版对纲领的评述。我认为，出版对纲领的这类评述可以用以下的方式来加以促进，即由执委会委托一些同志集体地撰写这些评述，把纲领宣言的主要章节分配给他们。这样，工作可以同时平行地进行，我们就可以在短期内得到这个必要的评述。至于最终完成纲领宣言，那么今天上午登格尔同志已经建议，原则性内容意义上的纲领由代表大会通过，从文字修饰最终形成文本出版则可以在代表大会后的最短时期内来完成。我们当然不希望等到下一次代表大会再来完成。我们现在感到特别需要纲领。如果说马克思当年在 1875 年对哥达纲领批判的附信中说过这样的话:"一步实际运动比一打纲领更重要"①,那么我们现在要说"现在对于共产国际来说最重要的一步实际运动就是确定纲领"。为什么?因为确定纲领可以保证我们世界运动的团结和统一。在有着各种模棱两可和混乱不清的派别、多数派和少教派,以及共产国际各支部内的各种理论派系(这些我认为简单地给他们贴上"右派"或"左派"的标签是不正确的)存在的情况下,非常有必要在共产国际的范围内使各党团结和统一起来。而为了达成各党的统一团结,纲领就是一个无可争辩的和决定性的标尺。谁不和我们在一起,谁反对我们,谁不承认纲领,谁就没有在世界政党队伍内的位置。相反,谁赞同我们,谁就有同我们在一起的位子。谁承认纲领,谁服从领导,服从纪律和党所承担的义务,谁就是一党的同志,谁就是属于我们的。那时就应该停止进一步的划分,不再来划分派别,不再来划分阶级。共产国际毕竟不是学校的班级,有分配座位和年级甚至有犯错误者席位的特别程序。不是的,共产国际应该是一个强大的团结的世界政党,以自己团结的行动、统一的斗争意志保证取得对敌人世界的胜利。我们的纲领就应该促进这一胜利。

米科洛斯(外喀尔巴阡乌克兰共产党):

我在纲领委员会里已经提出了一些我认为有必要对我们的纲领进行修改的意见。这些意见我把它们归结为两三个主要问题。第一个问题是无产阶级专政的定义。纲领草案提出了许多定义,对无产阶级专政在各方面的关系上作了表述。

首先,在第 3 页上谈到"**革命的**无产阶级专政",那是对社会民主党对无产阶级专政的机会主义理解作出的不同表述,也是强调它的革

---

① 《马克思恩格斯文集》第 3 卷第 426 页。——编者注

命性。

在第 39 页上谈到无产阶级专政是作为文化发展的基础；接着说，无产阶级专政吸引所有劳动者群众投入斗争。在第 40 页上谈到无产阶级专政与所有苏维埃共和国和殖民地实行国家联合的途径。

接着，同样在第 40 页上提出了说明在实现无产阶级专政时必须打碎资产阶级国家机构的表述。

在第 41 页上谈到无产阶级专政与资产阶级民主和无产阶级民主的相互关系。

在第 44 页上提出了在无产阶级专政条件下革命改造财产关系的表述。

在第 50 页上指出经济建设的计划原则是无产阶级专政的特点之一。

接着，这一表述表明无产阶级专政与农民私人所有制的相互关系。

在第 52 页上，草案提出了列宁的阶级斗争的绝妙表述。

在整个纲领草案中，没有列宁以无产阶级专政对各个非无产阶级劳动阶层的社会相互关系的表述。因此，如果我们拿列宁从这个观点出发对无产阶级专政的理解来看，将丝毫不会是重复的。我这里援引的是第 17 卷第 240—241 页上的话：

"无产阶级专政是劳动者的先锋队——无产阶级同人数众多的非无产阶级的劳动阶层（小资产阶级、小业主、农民、知识分子等等）或同他们的大多数结成的特种形式的阶级联盟，是反资本的联盟，是为彻底推翻资本、彻底镇压资产阶级反抗并完全粉碎其复辟企图而建立的联盟，是为最终建成并巩固社会主义而建立的联盟。"①

列宁这一明确和鲜明的表述包含着取得胜利的无产阶级对各种非无

---

① 见《列宁全集》中文第 2 版第 36 卷第 362—363 页。——编者注

产阶级劳动居民的一系列连带的问题。我从这个角度专门审视了纲领草案，并进行了详细的审阅。如果我们不援引我上面指出的列宁的表述，那将是对阶级关系的简单化。似乎是从资本主义到社会主义的过渡时期里无产阶级专政只是三个阶级之间的关系：被战胜的和被镇压的资产阶级，无产阶级和农民；所有其余的非无产阶级劳动居民群众都消失在纲领草案的视野之外。我认为，在纲领草案中，援引我上面指出的列宁的表述来弥补这方面的缺陷和提出正确的表述，是完全必要的。

  与此相关，我认为有必要在纲领草案的第一章中，即说明资本主义、帝国主义的发展使农民陷入苦难状况的那一段中，进行一些修改。我已在纲领委员会里指出这一点。我觉得，现在草案在这方面的表述，比起1903年第二次代表大会通过的布尔什维克的旧纲领来还不够成功和不够全面。那里说到，资本主义的发展使非无产阶级劳动群众陷入"多多少少全面的、多多少少苦难的、多多少少明显的对资本的依附地位"。普列汉诺夫提出的这一表述过于灵活，过于模棱两可："多多少少全面的、多多少少苦难的、多多少少明显的对资本的依附地位"。这一表述取代了列宁提出的表述，列宁说：资本主义的发展给非无产阶级劳动群众带来越来越全面的、越来越明显的、越来越苦难的对资本的依附地位。我觉得，在纲领草案的第一章中只谈到资本主义的发展使农民陷入越来越苦难的境地那里有必要指出，所有其余的非无产阶级劳动群众，随着资本主义的进一步发展而进入帝国主义时期，将陷入越来越苦难的、越来越明显的和越来越全面的对资本的依附。

  此外，我还要对纲领中的另一个地方说几句，那里说无产阶级变成全民利益的体现者。纲领草案中就是这么说的。我认为这种表述不应写入纲领的文本。诚然，列宁曾经在自己的一篇文章中使用过类似的说法。但是列宁在那里这样说是同某种思想联系着的；而脱离上下文把它写入纲领草案，这就具有另一种性质了。在草案的另一处说，无产阶级变成为"全民利益的体现者"。这种说法是不妥的,因为无产阶级没有改变,它依旧是自己本身,它正在**成为**全民利益的捍卫者,而不是全民利益的体现者。

列宁在一处表述中曾说,胜利了的无产阶级"正在引领和吸引全国人民参加建设"。所以在这个地方和在另外一些地方一样,他使用"全民"是指"所有的**被剥削的劳动群众**"。列宁在几个地方使用"全民"的说法都是这个意思。

至于无产阶级专政这一表述,那我的建议是,在无产阶级专政的体系中,不仅要包括无产阶级,还要包括非无产阶级劳动群众,尽管形式不同、结合的方式不同、国家不同、时间不一样。正因为如此,我认为有必要再作一点修改。首先我要说,在草案的有一章中说,专政的基础是"工农联盟"。我认为,我们这样说要有一个附带条件和一种意思,即我们只是指贫农、半无产阶级和中农,在无产阶级取得胜利以后与之结成联盟,目的是为了加强无产阶级专政。诚然,列宁在1920年俄共第九次代表大会上关于纲领问题的讲话中强调指出,革命前俄国存在的特殊条件使我们有可能依靠"全体农民"。列宁说:"在几个月内……至少在1918年夏天以前,在贫苦农民委员会建立以前,我们作为一个政权维持下来,是因为我们依靠了全体农民"。但是列宁也强调指出,"**在任何一个资本主义国家里,这都是不可能的**"。① 因此应该说,如果无产阶级专政的基础是工人阶级和农民的联盟,那么这个联盟将不是扩大到"全体农民",而只是它的贫民和中农阶层。

同时,我认为有必要在我们的纲领草案中添上无产阶级专政的另一种表述,即把我上面援引的列宁的表述添加到纲领中是非常合适的。我从第16卷第248页上援引了列宁对无产阶级专政所下的定义:

---

① 见《列宁全集》中文第2版第36卷第162页。——编者注

"如果我们把无产阶级专政这个原出拉丁文的、历史哲学的科学用语译成普通的话,它的意思就是:

在推翻资本压迫的斗争中,在推翻这种压迫的过程中,在保持和巩固胜利的斗争中,在创建新的社会主义的社会制度的事业中,在完全消灭阶级的全部斗争中,只有一个阶级,即城市的总之是工厂的产业工人,才能够领导全体被剥削劳动群众。"①

在有关红军的一个地方谈到,它是建立在与整个无产阶级制度相适应的并保证工业无产阶级领导作用的阶级原则基础上的。

我认为,关于城市的和产业的无产阶级领导作用问题如此重要和具有根本性意义,那就不应附带地来说一说,也不应只在谈到红军时来说一说。应该援引列宁完整地表述产业无产阶级领导作用的说法,因为这里包含着无产阶级专政整个现象和整个概念的特点之一。

同志们,在谈到产业无产阶级领导作用的问题时,我不得不同时对法国党的代表塞马尔同志在这里谈到的问题说几句,他曾对让·雷诺同志的建议提出反对意见,目的是淡化一下和稍稍模糊一些无产阶级专政所涉及和必然会涉及的有组织的觉悟的无产阶级较之分散的小资产阶级农民所具有的政治优势问题。当然,纲领草案的这种表述我们应该加以保留。让·雷诺同志所建议的修改意见我们不可能接受,因为这意味着并实际上会导致对无产阶级专政实质本身的破坏,根据上述援引的列宁同志的说法,无产阶级专政的实质首先就是城市的和产业的无产阶级的领导作用。但与此同时,我们也必须承认,纲领草案在这个地方提出的表述也有不足之处。草案只是指出,在无产阶级专政条件下,有觉悟的和有组织的无产阶级较之分散的小资产阶级农民具有一定的暂时的优势。但草案在这个地方的说法和1919年俄共(布)第九次代表大会通

---

① 见《列宁全集》中文第2版第37卷第12页。——编者注

过的纲领比较删去了以下一段话,那里谈到这些优势的意义、方向和含义。我在这里援引一下纲领中的这段话。它说:

"俄共(布)在解释与农村社会主义组织历史地联系在一起的这些优势时,必须坚定不移和始终如一地利用产业无产阶级的这种状况,来对抗资本主义在工人中所培植的狭隘行会和狭隘职业利益,把最落后和分散的农村无产者和半无产者群众以及中农与先进的工人更紧密地结合在一起。"

这些政治优势的意义就是这样:在国内取得政权并把无产阶级专政——国家政权掌握在自己手里的工人建立了与农民相比较有利于工人的一定的政治优势,但不是为了自己,不是为了将这些政治优势服务于与发展社会主义最终目的相抵触的某种个别利益,而是为了实现自己的历史使命——成为领导者和组织者,把广大的无产阶级、半无产阶级群众和非无产阶级劳动群众组织起来,走上自觉的生活,走向社会主义的建设。

无产阶级之所以成为一个阶级不是由于自己在资本主义生产方式下的生产地位。这种生产地位只是为工人阶级之成为阶级创造了基础。工人阶级只有在它从"an sich"(自在)的阶级变成"für sich"(自为)的阶级,建立工人共产党,意识到自己的阶级利益,意识到阶级目标——社会主义,并为争取社会主义目标,为全人类在经济上的彻底解放而同另一个阶级进行斗争时才能成为自为的阶级。

同志们,这就是让·雷诺同志提出的问题之所以具有一定的意义。对这个问题必须加以认真的和深刻的重视。我们这里,在有些党员和一些工人阶层中,常常可以见到对无产阶级专政和在无产阶级专政条件下工人与农民相比较具有的优势持这种狭隘的、非阶级的理解。因此,我认为有必要对纲领草案提出的关于工人政治优势的说法补充进我上面所援引的俄共纲领中的表述。

同志们，我想在这里特别强调的第二个问题是殖民地和民族问题。纲领草案的一个主要特点是它的世界性。这一点不仅在阐述经济相互关系发展的理论方面，不仅在各国政党的总的方针上，在阶级斗争的路线和劳动者联合斗争的路线上可以感觉到；纲领草案之所以是世界性的还表现在以下意义上：它包含了各个不同国家之间的所有关系，它建立在对无产阶级革命斗争、无产阶级民族革命和殖民地运动以及其他运动的世界经验深刻分析的基础之上。

所以我认为，今后还要发挥纲领的世界性特点，必须消除一切在这方面存在的过失。例如，请允许我指出第16页上的一个地方，那里说：

"针对金融资本的强大的联合势力，形成了两股革命力量：一方面是资本主义国家的工人，另一方面是受外国资本压迫的殖民地人民群众，它们在宗主国无产阶级革命运动的领导和指导下行动。"①

我认为这里的表述是不对的，不确切的，殖民地运动，殖民地的人民群众运动是在世界无产阶级运动的领导下，在先进资本主义的运动和整个共产国际的领导下进行的。整个共产国际是这个世界无产阶级经验的联合体，也是所有殖民地运动、殖民地和半殖民地广大被压迫群众民族革命的领导者。

根据历史形成的条件，说荷属殖民地印度尼西亚的殖民地民族革命运动的当然指导者和领导者应该是荷兰共产党，这是不正确的。这样说是不对的，不正确的。当然，历史赋予荷兰共产党许多责任，首先是反对镇压印度尼西亚殖民地群众的荷兰资产阶级国家政权。但是，在这种情况下历史赋予荷兰共产党的这种责任还不足以在理论上总结出和得出

---

① 参见《国际共产主义运动历史文献》中央编译出版社2013年版第48卷收录的《共产国际纲领》，引文中个别文字有修改。——编者注

以下论点：荷兰殖民地广大被压迫群众的殖民地运动是在或者说必定要在荷兰共产党的领导下进行，或者比方说，塞浦路斯岛的殖民地运动必定要在英国共产党的领导下进行，尽管塞浦路斯存在共产党已经有几年了，但它和英国共产党没有任何联系。

纲领草案在最后结束部分提出宗主国无产阶级和殖民地被压迫国家无产阶级相互关系的指示。在第84—85页上指出殖民地反对帝国主义的斗争任务，并对帝国主义国家和殖民地半殖民地提出指令性的意见（顺便说一句，我认为对"第二类型国家"，对资本主义中等发展水平的国家提出这样的指示是有益的）。草案对帝国主义国家提出了以下论点：

"在帝国主义国家里，应当系统地支援殖民地的革命解放运动，首先是对被压迫民族在财政上或者殖民关系上所依附的那个国家的工人有责任给予最积极的支援（开展从殖民地撤回帝国主义军队的运动，在军队中展开宣传工作保卫争取解放的被压迫国家，抵制运输军队和武器，组织罢工和其他形式的群众抗议活动）。"①

接着提出了极具转折性意义的说法，对此我要提醒共产国际六大全体代表注意。草案说：

"承认殖民地的分离权并宣传这种分离，即宣传殖民地应脱离帝国主义国家而独立，承认有对帝国主义进行武装自卫的权利（即发动起义和革命战争的权利）。"

---

① 参见《国际共产主义运动历史文献》中央编译出版社2013年版第48卷收录的《共产国际纲领》，正式公布的文本文字作了较大修改。——编者注

"并利用一切可能的手段宣传和积极支持这种自卫。"①

根深蒂固的观念把共产党的这个原理同社会民主党的旧的腐朽的传统分离开来。这些政党只限于赞扬"承认"殖民地的"分离权",但过去和现在从不去实际贯彻这一原理。

我在纲领委员会里曾建议对纲领草案的表述"承认殖民地的分离权并宣传这种分离"补充如下:"承认殖民地和**被压迫民族**的分离权并宣传这种分离"。捷克代表团代表霍拉斯同志发言反对我,同时开始同我在纲领委员会上所提的建议进行论战。他说:"有些同志,例如塞马尔和米科洛斯同志所提出的问题是不可能的"。霍拉斯同志说:"米科洛斯同志以致认为在争取民族自决权的武装斗争以前可以达成协议,这里他指的是一些少数民族。我认为这是不可能的。"波兰党的代表布兰德在这里打断了他的话(我援引的是根据未经校对的速记记录稿)

"您认为这是不可能的吗?"霍拉斯同志回答说:"不可能。武装斗争不可能是指波兰共产党人会去领导被压迫的乌克兰人和白俄罗斯人的武装斗争。"

谁来达成协议,我不知道,但我觉得霍拉斯同志在许多问题上都已达成协议。霍拉斯同志,这怎么会"不可能"呢?是的,请设想一下,在波兰事件进一步发展过程中,可能出现这样一种情况,一开始民族斗争不是在波兰中部发展起来,即所谓的中心地带,而是在西乌克兰或白俄罗斯,那里的劳动群众将起来为争取自己的经济、社会、政治和民族解放而斗争。我想问一下霍拉斯同志,波兰共产党人应该得出什么结论呢?难道不是像纲领草案中所说的那样,即殖民地和被压迫民族的自决

---

① 参见《国际共产主义运动历史文献》中央编译出版社 2013 年版第 48 卷收录的《共产国际纲领》,正式公布的文本文字作了修改。——编者注

权和宣传这种分离权吗？当然支援这种斗争少不得运输军队和武装，宣传进行起义的权利，宣传用各种手段进行积极支援。

再举另一个例子来说吧！就拿南斯拉夫来说，现在那里正发生一些事变，可能会酿成广泛的运动，那里克罗地亚农民正在进行反对塞尔维亚帝国主义资产阶级大国主义倾向的斗争。南斯拉夫共产党人在那里将采取什么行动和如何来采取行动呢？我认为不能像霍拉斯同志建议的那样，因为在南斯拉夫共产党内在民族问题上发生的斗争以后，南斯拉夫党就坚定地主张受南斯拉夫兼并的各民族有分离的权利，并宣传和支持这种斗争。要知道南斯拉夫共产党人现在正因为支持这种斗争而蹲监狱不是没有价值的。

再拿霍拉斯同志在这里所代表的捷克斯拉伐克来说吧！如果斯洛伐克的农业居民用武力进行争取自身解放的斗争时，或者说在现在共产党对农业居民有着巨大影响的外喀尔巴阡乌克兰爆发斗争，那么捷克共产党人的责任是什么呢？霍拉斯同志给我们援引了列宁的话他说，压迫的统治民族的工人主张分离，而被压迫民族的工人则主张同统治民族的无产阶级团结一致。同时，霍拉斯同志在援引这段话以后，又直接违背了列宁的这种说法。因为他说在西乌克兰和西白俄罗斯农民起义时，波兰无产阶级会去支持他们的武装起义，这种情况是不可能的。而这是在援引了列宁的话，即压迫的统治民族的无产阶级首先主张分离权并支持被压迫民族的斗争以后说的。

至于霍拉斯同志援引的列宁的第二段话，那么实在令人惊讶，怎么会不理解其中的意思呢？列宁同志没有得出这样的结论"无论如何不会"。不能把列宁的话理解为：如果圣日耳曼和约把外喀尔巴阡乌克兰归入捷克斯洛伐克版图，那么我们就应该永远支持这个边界。决不能维护这种圣日耳曼共产主义。

霍拉斯同志引用了列宁的话，他认为必须把它**写入纲领**。他这样说："我着重强调这一点，目的是要在纲领草案中说明：'希望建立更大的国家'。"只是霍拉斯同志忘记了一点，纲领草案本身已经指出了我们希望建立的大国，即：**世界苏维埃社会主义共和国联盟**。他忘记了，这个纲领草案谈到，将存在和建立一些苏维埃共和国联盟。这样，在谈到现时条件下实现列宁的论点，即我们希望建立更大的国家时，我们能够说的只是范围更广的国家。

我想再从我认为必须提出的极重要问题中的第三个问题来谈一谈。我在纲领委员会里已经说过，我认为纲领草案的第六章必须加以修改，从标题本身开始。这个标题是"共产国际的战略和策略"。我认为它应该包含其他的内容，而标题是"共产国际的组织、战略和策略"。不能说我们应该把组织问题挪到章程中去，在那里来专门地谈论。

组织问题对我们来说不单单是我们各个政党相互关系的机制，它是具有重大意义的主要问题的总汇。因此，我认为有必要在我们的纲领中包含这些主要的组织观点。关于这一点，只是在第78页上提出党的定义时顺便地提到。遗憾的是，我应当说这里的表述是不够的、不完备的。那里这样说："党是工人阶级的先锋队"。但党不仅是工人阶级的先锋队，而且也是**工人阶级的组织者**，它是工人阶级利益最充分和最长期、最全面的体现者和代表。

政党作为本阶级的组织者，作为使无产阶级组织成为一个阶级、为争取实现自己最终目的而斗争的这一作用，应该在纲领中加以强调。纲领草案是这样来论述的：党代表整个阶级的一般利益和长远利益，体现出无产阶级原则、无产阶级意志、无产阶级行动方式的统一。在这之前还有一句"党体现了整个无产阶级斗争的全部经验"。这句话可以作双重意义来理解。说党体现了以往斗争的全部经验，这是对的。但这样说是不够的，因为党也体现了无产阶级当前日常的群众斗争的全部经验。要么是列宁对政党的理解，要么是布朗基主义者对政党的理解。

政党和阶级。政党和阶级之间相互关系的问题是列宁组织学说的最主要最根本的理论问题之一。依我看，必须在纲领草案中明确地强调指出，党组织、吸收、汲取了无产阶级日常群众斗争的全部经验，汲取了现有的经验并**依靠这种群众性的斗争经验，把这个斗争从日常性、群体性和行业性的水平，从行业、群体和民族利益的水平提高到阶级的水平，提高到国际范围的规模**。党的这种作用应该在纲领中加以明确的和充分的说明。

我指出了三个主要问题，现在我要重复一下我们在纲领委员会第一次会议上提出的事。乌克兰布尔什维克共产党在代表大会前一个月在自己的中央委员会全体会议上认为纲领草案在第六次代表大会上原则性的通过是必要的，而以最终形式通过纲领则推迟到下一次共产国际执委会的扩大全会。随后，我们认为这样来通过纲领是犯了一个错误，我在这里向代表大会公开说一说这个问题。我们当时认为有必要吸收广大党员群众来讨论纲领。但是，我们这样决定，即在代表大会上不通过最终形式的纲领不是要贬低纲领的意义。我们提出的任务和目标完全可以由各个支部广泛讨论和研究代表大会上通过的纲领来达到。现在我们的任务是要在各个政党和共产国际纲领委员会上对这个纲领进行深刻的、理论上的加工修改。把这种科学的集体经验同共产国际各代表团的广泛的实际的集体经验结合起来，可以给我们提供一切保证，在共产国际代表大会以后将会有一个经得起考验的纲领，包含了共产主义运动和反帝斗争一切重要问题的纲领。

正因为这样，我要说（这是我要说的最后一句话），我们在乌克兰布尔什维克共产党中央委员会上通过的那个建议，我们现在丝毫没有再提出来或维护它的意思。我们认为，共产国际第六次代表大会应该以最终通过共产国际纲领来结束自己的工作。

纳拉扬（印度）：

我代表印度代表团向共产国际本届代表大会提出的纲领表示祝贺。共产国际第五次代表大会曾经有一个得到赞同的草案，但当时认为，那个时期我们还没有掌握足够的材料来制定纲领。迄今为止已过去四年了。中国的无产阶级革命和殖民地无产阶级运动为我们提供了足够的材料来草拟纲领，特别是在涉及殖民地运动方面的材料。实际上纲领草案的最重要特点之一就在于突出强调殖民地的无产阶级运动方面。但是，正是世界革命的这个殖民地方面，正如我们在草案中所表述的，使我们面临着一定的困难。

我建议把这些表述逐一来加以分析。例如，纲领草案第一章有一段说，无产阶级的殖民运动应该在相应的帝国主义国家——宗主国无产阶级革命运动的领导下进行。这个说法具体说来是什么意义呢？它的意思是，印度的无产阶级运动应该在英国共产党的领导下进行，或者说，爪哇岛的共产主义运动应该在荷兰共产党的领导下进行。我完全相信，纲领草案的作者决不是这个意思，也决不是指这种划分和论证殖民地无产阶级运动的领导。但表述使我们得出这样的结论，而我们应该对此加以防范。殖民地国家的运动不应该无视世界无产阶级运动的经验和共产国际方面的领导。我以为，在这段文字中思想表述的模棱两可应该加以澄清，这段话应该重新阐述。

其次就拿纲领草案的第四章来说。这里在关于殖民地和半殖民地国家的一段中说，在这些国家里，工业处于胚胎状态，有时或许处于相当的发达阶段，但毕竟还不符合独立的社会主义建设的条件。我认为，这种表述也不能认为是特别成功的。把工业发展程度十分不同的一些国家混在一起来谈在方法论上是不正确和不合逻辑的。就以印度和摩洛哥以及其他这样一些殖民地国家来说吧！决不能把印度、摩洛哥和其他这类国家相提并论。如果我们说在这些国家里工业还处在胚芽状态，那么这样说印度就是不对的。如果我们说工业发展不符合社会主义建设的条件，那是正确的，但这已经属于另一种分类法了。我感觉在这个说法中把两个单独的因素混淆在一起了，他们本来是应该分开的和单独地来加以阐述的。

现在再来说几点。有地方谈到，在这些国家里，封建的、中世纪的关系无论在经济上还是在政治上层建筑上都占着主要地位。说在印度的经济生活中封建的、中世纪的关系占着主要地位，那是不正确的表述。在印度，资本主义已经十分强大地渗透到了农村。商品关系在印度农村中已成现实，现时印度的经济基础已经是资本主义的了。工业的大量发展和资本主义渗透到农村已是确凿无疑的事实。这种表述可能对摩洛哥来说是正确的，至于说到印度，那么我要说它与实际情况相距甚远。

稍后一点，在这一章中我们还碰到这样一个说法，那里说：殖民地和半殖民地国家在这个过渡时期里有着重大的意义，因为这些国家与作为世界城市的工业国家相比较，它们是世界农村。我认为这种说法也不能认为是成功的。如果我们说，殖民地和半殖民地是所谓的世界农村，那么我们怎样来理解呢？理解为那里完成没有资本主义的发展。这对印度来说离实际情况相距甚远。但是在这类表述中，不仅可以理解为在殖民地里没有资本主义的发展，也可以理解为，如果那里有资本主义的发展，那也是很困难和很受压抑的，而殖民地和半殖民地国家都应该对工业的西方保持原料生产者的角色。我完全相信，共产国际决不会有这种想法，但是不正确的表述可能产生十分令人怀疑的结论。我认为，在这一节中需要更加完善的和更加明确的阐述。

现在我要来谈一谈纲领草案第六章的另一个说法。在分析殖民地和半殖民地国家共产党的问题时，它最后说：

"同（民族资产阶级）暂时达成协议，但只有在它不阻挠工农的革命组织和真正反对帝国主义的情况下才允许这样做。"①

我认为这个说法是根本错误的。如果说"只有在它不阻挠工农的革命组织和真正反对帝国主义的情况下才允许",那么我认为这样说完全没有实际意义。在1922年印度的实践以后,那时资产阶级完全并彻底背弃了群众运动,从而彻底震撼了印度,现在到了明确说明资产阶级决不可能真正地进行反帝的斗争的紧急时刻。由于印度资产阶级目前玩弄那种表面斗争的手法,现在出现了一些错误的观念。资产阶级在全国发动的反对西蒙委员会的示威游行为在这里开会的一些同志保留某些幻想建立了基础,以为资产阶级还可能在印度起到革命的作用。但是如果我们仔细地看一看,印度资产阶级的纲领是什么样,为实现革命纲领,为进行反对外国帝国主义的真正的革命斗争采取了哪些措施,那么我们就会发现,印度资产阶级没有提出任何一个革命的纲领。

这是赤裸裸的阴谋,只会导致妥协,以便最好地瓜分靠剥削印度群众得来的果实。这是不是意味着在印度,帝国主义资产阶级与本国资产阶级之间没有矛盾呢?不,完全不是这样。那里有的矛盾就像两个强盗为了独占同一个猎物往往发生的矛盾一样。这是不是也意味着,印度共产党不应利用本国资产阶级与帝国主义资产阶级之间的矛盾呢?不,完全不是这样的。相反,这意味着印度共产党和当地的无产阶级运动应该利用这些分歧来促进革命的发展。但是我们不应忘记,本国资产阶级和帝国主义资产阶级之间的这种争吵是两个兄弟之间为了分割财产而发生的一种争吵,而正在崛起的印度无产阶级的力量将会遇到本国资产阶级和帝国主义资产阶级的统一战线,不是今天,就是明天。即使今天,斗

---

① 参见《国际共产主义运动历史文献》中央编译出版社2013年版第48卷收录的《共产国际纲领》,正式公布的文本文字作了修改。——编者注

争的结局将会如何呢？今天，印度资产阶级将为什么而进行斗争呢？这场斗争依然是为了宪法的老问题，是为了资产阶级本身的利益。这明显地表现在它的各种纲领中和它所进行的各个阶段的策略步骤中。即使是与资产阶级的局部结盟也意味着放弃，即使是暂时放弃土地革命的口号，而放弃这个口号就意味着实际上放弃在殖民地国家进行革命斗争，特别是在像印度那样农业方式占主要地位的国家。我认为，纲领草案中的这种表述既不成功也不正确。我要肯定地说，印度资产阶级如果今天还没有转到公开反革命一边，那么终将完全转到反动派一边。

我以印度代表团名义发表的意见就是这些。我将以印度代表团的名义在必要时把我们的决议交给常委会。

（会议休会）

作为第二十七次会议的附件

印度尼西亚代表团的声明

关于阿方索同志在昨天 8 月 13 日讲话中发表的意见，我们以印度尼西亚代表团的名义向大会声明，我们和阿方索同志的言论没有任何关系，一切责任由他本人来负。

印度尼西亚代表团绝对不同意他所说的意见，并强调指出，他没有被代表团授权这样说话。

下面是代表团成员的签名。

第二十八次会议

(1928 年 8 月 14 日上午)

主席：洛佐夫斯基

致贺词

弗拉先科同志代表苏联南部地区几个大型五金企业工人和矿工代表团致贺词；**科兹洛夫**同志代表阿尔乔莫夫斯克工人区向代表大会致贺词；**潘琴科**同志代表阿尔乔莫夫斯克区矿工向大会赠送列宁的墨水瓶器皿和照片；别索内同志代表阿尔乔莫夫斯克区五金工人致贺词；**涅韦索夫**同志代表阿尔乔莫夫斯克区化工工人向大会致贺词，并向代表大会赠送用化学制剂做的展品和盾牌；**鲍罗廷**同志代表阿尔乔莫夫斯克区 2300 名建筑工人向大会致贺词；**维诺库罗夫**同志代表阿尔乔莫夫斯克区运输工人向大会致贺词；**霍洛多夫斯基**同志代表比萨拉比亚政治侨民和流亡者致贺词。

汤姆·贝尔以大会主席团的名义回应了工人代表团代表的祝愿。

桑迪福特同志代表英国妇女代表团向大会致贺词，强调英国工人群众决不会容忍反苏战争，并代表英国女工庄严保证，要积极地为英国工人和俄国工人的合作和同志情谊而工作，以便结束帝国主义战争。

塞马尔同志以代表大会名义欢迎英国女工代表团。

主席：

请布哈林同志就共产国际纲领作总结讲话。

布哈林关于共产国际纲领的总结讲话

帝国主义应声虫论共产国际纲领

谁在维护工人运动的团结，谁在分裂工人运动

同志们！首先请允许我谈一谈帝国主义和社会民主党的共产主义反对派对共产国际纲领草案的反映。孟什维克阿布拉莫维奇在柏林出版的《社会主义公报》上发表了两篇大文章，标题是《战争和分裂工人阶级的纲领》，文章包含了一系列对共产主义的无耻诽谤。这些文章充分显示了**阿布拉莫维奇**所采用的刑警式的词语，说什么共产主义决不在使用"毒药和匕首"面前退缩，等等。下面我还要来说一说这些文章。奥托·鲍威尔也对我们的纲领发表了意见，他在布鲁塞尔的《日报》上刊登的《布尔塞尔—莫斯科》一文中这样说：

"如果说莫斯科的代表大会现在比任何时候都更致力于分裂国际工人阶级，那么布鲁塞尔代表大会就应该承担起任务，号召所有被剥削的国家团结起来进行反对帝国主义、战争和外国统治的斗争。"

这样看来，奥托·鲍威尔要让人们相信，似乎社会民主党人的布鲁塞尔代表大会在为工人阶级和殖民地民族的团结而斗争，而我们的共产主义代表大会则是"分裂工人队伍"的代表大会。在我看来，要驳斥这种犬儒主义的说法并不困难。只要看一看工人运动中最近发生的一些

事件，就可以看到，现在谁在维护**世界无产阶级团结**的思想，谁在为了讨好资本家而分裂工人阶级的队伍。谁在英国、德国和其他国家把共产党工人开除出工会，谁伙同企业主对共产主义工人发起进攻，难道不是改良主义者们吗？难道共产国际执委会采取的和现在又受到代表大会赞同的策略转变，不是首先由于改良主义组织、政党和工会的上层越来越同资本主义的组织沆瀣一气，越来越深刻地分裂工人运动而引起的吗？分裂工人队伍，首先是分裂工会的倾向现在几乎是所有国家改良主义者们的特点。改良主义首领们，社会民主党和工会领袖们，阿姆斯特丹国际和第二国际的首领们正在反对国际工会统一的思想。十分清楚，改良主义领袖们为了某个阶级的利益正在实行分裂工会的政策。在由德国企业家联合会出版的最近一期《企业主》杂志上刊登了一篇长文，是评论我们的纲领的。文章的标题是《共产国际的纲领》，对纲领草案给予了十分典型的评论：

"对于非共产主义世界来说，纲领是很有意思的时代文献，同时也是理解我们目前遇到的政治、经济和社会力量的一把宝贵的钥匙。共产国际是凌驾于各国共产党支部，从而也凌驾于德国共产党之上的机关。因此，共产国际的纲领也就是德国共产党纲领所应纳入其范围的纲领。共产国际也在工会政策方面发出指示，然后红色工会国际则具体地制定这些指示。那些不属于红色工会国际而居于第二（阿姆斯特丹）国际的工会组织的共产党员工人也要遵循共产国际纲领中确定的原则。这样一来，这个纲领就成为自由工会中的反对派领导人必须遵循的指示，而它对资产阶级私有经济国家的内部经济世界所起的实际意义未必不是很高。因此，每个企业主和联合会领导人不仅应该关心而且必须了解共产国际纲领的极重要原理。"

你们可以看到，我们的纲领居然在企业主人士中受到极大的关注。但我援引的这段话还无关于此。具有典型意义的是，德国企业主把纲领看做是对自己的主要危险。他们认为**工会中共产党人的工作是主要危险**，而我所援引的那段话实际上是**改良主义首领们的命令，要把我们的党员同志和反对派从自由工会中开除出去**。企业主们对我们的纲领所作的评价正具有这种意思。最近几年来的实践表明，工会中的改良主义者首领们和社会民主党的领袖们同企业主们，手携手地致力于从企业和工会中消除共产主义的"谋反"。责备共产党人分裂工人阶级的队伍，真是彻头彻尾的犬儒主义。

现在我来分析一下第二个问题，即**垄断国家的产业无产阶级与殖民地世界的被压迫阶级之间的团结**问题，那么我们不难看到，在这里**社会民主党也是分裂的载体**。

如果我们分析一下第二国际布鲁塞尔代表大会关于殖民地问题的决议，那么我们可以看到，任何一个帝国主义政府都会在它下面签字的。在改良主义者和帝国主义者的殖民政策之间几乎**没有任何原则性的区别**。殖民地贵宾们在第二国际代表大会上的抗议难道不说明这一点吗？难道不是改良主义者们在殖民地问题上的帝国主义方针引起这么多的抗议，从反帝同盟传出这么多反对第二国际在殖民地问题上的立场吗？正是现在，中国资产阶级成了血腥屠杀中国工人阶级的刽子手。正是现在，而不是以前的"大革命"时期，第二国际邀请国民党这个刽子手和绞刑手的党参加自己的代表大会；这充分说明，第二国际是这样一股力量，它为了帝国主义者的利益在宗主国产业无产阶级和殖民地国家被压迫阶级之间制造分裂。是的，第二国际确实是体现了"团结"的思想，但这是一种**特殊**的团结，是工人阶级的某些阶层和工人贵族与帝国主义的团结，旨在反对革命的工人，特别是反对殖民地的工人和农民。共产国际过去反对这样的团结，将来还会对此作殊死的斗争。

阿布拉莫维奇的胡言乱语与布坎南的书面证明

如果我们再来分析一下第三个大问题，即**战争问题**，如果我们来答复对我们的恶意挑衅，说共产国际是"挑起"战争的力量，共产国际的纲领意味着"煽动"战争（这些人如此无耻，竟敢说出这样的话来），那么最好把社会民主党人现在对我们说的话与过去的一些文献进行一下对比。阿布拉莫维奇在《社会党通报》第15期上写道：

> "我们不惜冒着共产主义对我们的仇恨而要说：是的，欧洲的资产阶级在**面临部分国家政权必然要转到与其结盟的社会民主党手里**时，要比面临'共产主义革命'的徒有其名的风暴时更颤抖百倍。因为前者是现实，是立即成为事实的，立即表现为**一系列经济上和政治上的让步**，而整个共产国际及其宣传和革命前景是某种可能到来也可能不会到来的东西，是'遥遥无期'的东西，而且**眼下全部政权还留在资产阶级手里**啊。"

这样说来，社会民主党与资产阶级结盟意味着"部分政权交给工人阶级"（!），而且这里有社会民主党的"功劳"，而共产国际倒是"把政权留在资产阶级手里"的"机会主义"。阿布拉莫维奇先生恬不知耻地来发挥这类愚蠢和可笑的论据，并有意识地把它与战争问题联系起来！

翻阅一下前英国驻彼得堡大使约翰·布坎南的回忆录，我在那里看到阿布拉莫维奇很有意思的情景和文章。布坎南这位经验丰富的英国政治活动家、1917年英国驻俄国的大使，描述了社会民主党领袖们、工党首领们在上一次帝国主义大战中的作用，描述了这个"把部分政权""转到工人阶级手里"的整个机制；真可以把这些书籍、文件、回忆录推荐给共产国际出版社来出版。这里请允许我读几段这些回忆录中的片段。布坎南首先谈到**俄国的孟什维主义**：

"策列铁里（1917年孟什维克领袖，现为考茨基的同伙——布哈林注）的名字居然和我的名字联在一起，如果注意一下他的生平事迹，并把我们描绘成上述运动的主要活动家，实在太奇怪了。这种谴责无疑是在我们进行了**积极的联合宣传以便进行旨在揭露德国谎言的战争**以后出现的。"

你们可以看到，1917年的力量分布是十分清楚的：孟什维克的领袖和英国帝国主义的代表布坎南勋爵一起为了战争在进行"**积极的联合宣传**"，一起揭露"**德国的谎言**"。

而**韩德逊出使**彼得堡也是很有意思的。布坎南在回忆录中写道：

"5月24日我接到时任外交大臣罗伯特·塞西尔勋爵的电报，告知：军事内阁认为有必要与**俄国社会党人和工人**建立**更为友好的**关系以便进行战争，并消除在俄国对我们的目标造成的错误印象。**意识到工党领袖们比其他任何人更能蛮有希望地完成这一使命，**内阁决定派韩德逊先生作为特使前往。"（笑声）

现在可以看到，这种"政权转变"表现在什么地方。帝国主义肉贩子们把部分政权供给韩德逊们，让他们去动员俄国社会党人和工人区继续进行帝国主义的大屠杀。

你们清楚知道，韩德逊在俄国孟什维克中具有很大声望，来完成享有英国皇室帝国主义鼓动家权力的使命。只不过他在俄国工人中没有那么大的运气。（笑声）在回忆录的下一页上，就不仅是策列铁里和韩德逊这二人了，而是一大批第二国际的代表，几乎是第二国际上层的所有精英。这一章可以称为："第二国际领袖们在工作"，在为"争取无产阶级的政治权力"、在为"组织反对帝国主义战争"而工作。

"第二天，韩德逊在我们这里与李沃夫伯爵和捷列先科共进午餐。其他客人中还有比利时部长社会党人**王德威尔得**和法国供给部长、曾担任过巡回大使的阿尔贝·托马。在俄国度过的两个月里，托马不仅试图说服部长（克伦斯基——布哈林注）有必要在**内部形势**上持强硬态度，而且竭力通过自己**热情的雄辩口才来鼓动人民进行战争**。"（笑声）

"社会党人"托马说服"社会党人"克伦斯基在国内保持"强硬态度"。托马指示克伦斯基坚决镇压工人群众对继续帝国主义屠杀的任何反抗。托马是企图对彼得堡工人进行反革命镇压的思想教父。

即使从这些先生的私生活来看也是很有意思的。那里接着说：

"在彼得堡，无论在莫斯科，也无论在前线，他（托马——布哈林注）参加了人数众多的士兵和工人的集会，但并非由于他的过错，他所播下的种子却撒落在不结果实的土地上。我们始终高兴地看到他，因为他的整个身上散发着乐观情绪，从不使我们灰心丧气。"（大笑）

"午餐后跟我谈话时，他问：'如果听说几年前我和其他两位社会党人成为您餐桌上的客人时，您将会说什么？'我回答说：一想到有这样的事，会使我十分惊讶，但战争改变了这一切，现在我们已经是'同志'了。"

（整个大厅发出持久的笑声）

同志们！所有这些"可笑的"事情说明什么呢？显然，它们证明这些先生们在为反对战争而"斗争"。我们这些不中用的人自然"主张战争"，而以王德威尔得、韩德逊和托马为首的第二国际则比我们更积极地在为反对战争而斗争。第二国际的领袖们"兴高采烈"，他们已不再"灰心丧气"啦！这些部长们过去和现在显然都真正体现了"无产阶级手中"的政府权力啊！只有傻到极点的傻瓜才不了解这些先生们的作用。布坎南很好地描述了他们为反对战争而进行的"斗争"，他写道：**没有一个人，没有一个政权，没有一个派别比第二国际的领袖们更能如此卓越地完成帝国主义战争宣传者的作用了**。德国社会民主党方面的情况也同样如此。有各种文献和回忆录描述了罗伯特和其他首领、弥勒和帕尔乌斯以及整个德国社会民主党中央的所作所为，表明**他们在为**

反对战争而"斗争"。早在第一次帝国主义大战期间就是这样。

社会民主党在为帝国主义大战服务

那么现在呢？难道社会民主党人的立场变好了吗？他们的理论改变了吗？难道"保卫祖国"的论调取消了吗？相反，现在这种理论更加深刻地发展了，并在战争问题上采取了更加卑鄙的形式。难道现在鼓吹对苏联进行反革命起义的考茨基，过去敢这么做吗？难道在对外政策问题上现在从理论上来论证有必要用帝国主义的联合力量来摧毁苏联的希法亭，过去敢像现在那样说吗？韩德逊和布坎南的其他密友现在比过去更加**卑鄙无耻**。过去我们还从来没有见过社会民主党像现在这样做过如此卑鄙无耻的事。而现在这些人竟敢说他们在为反对战争而进行斗争！这与事实丝毫没有共同之处。同时，这些人还说我们在"煽动战争"，表现在：是我们在向世界无产阶级预示日益增长的战争危险，是我们向工人阶级说明这真实情况，向他们表明战争是不可避免的，资产阶级正准备发动新的帝国主义战争。就是那个阿布拉莫维奇在其第一篇文章中在反苏战争威胁的问题上站在十分明确的立场上。请听一听他是这么说的：

> "我们不得不从另一方面来谈一谈布尔什维克们的这种独特的'狂妄态度'，他们企图（果真如此吗？）让自己和别人相信，整个资本主义世界在无产阶级的凌厉的幽灵面前发抖，这从苏联的历史经验来看它就是这样的幽灵；所有资本主义国家都在睡觉，并眼看着如何来进攻无产阶级专政的国家。
>
> 可惜啊，这些英雄的时代早已过去了。**资本主义世界完全'安稳地在睡觉'**，而不去管苏联的令人震惊的成就和整个'共产主义的宣传'。"

从这些话里可以看出我们和社会民主党在战争危险问题上的不小差别。我们说资产阶级正在**竭力地、疯狂地准备战争**。而社会民主党的理论家们则说，资本主义世界则正"坠入梦乡"。如果我们说，资本主义世界决不在睡觉，他不仅鼓足力气，而且竭尽全力拼命地在技术上、军事上、外交上甚至在经济上准备战争，而这些先生们则说我们在"煽动战争"。这些人认为，战争的原因不在于帝国主义国家之间在社会和经济上的斗争，他们竭力来掩盖这种斗争，以便使工人们不去注意资产阶级疯狂武装的事实，不去注意它在外交上的准备，不去注意在这种条件下新的世界大战的历史必然性，我们和这些人能有什么共同之处呢？

我以为，如果分析一下这两个问题：**工人阶级的分裂**，特别是工会的分裂问题和**反战斗争**的问题，那么我们可以平心静气地说，**我们的纲领是反对帝国主义战争的纲领**，我们的纲领是**无产阶级统一的纲领**。也因此我们反对与资产阶级统一，反对社会党，也因此我们主张无产阶级专政。我认为，我们在结束代表大会以后，应该在每个国家里尽最大努力来揭露社会民主党的空前未有的谎言，来具体地、生动地、用工人阶级最落后的阶层所能接受的方式进行这项极重要的工作。我们必须尽一切努力来揭露这种来自社会民主党的谎言，来为反对这种谎言进行不懈的斗争。同志们，这就是我对资产阶级和社会民主党对我们纲领的反应不得不说的意见。

关于导言。马克思的理论和共产国际的纲领

我们在纲领委员会里已经做了一半的工作，也就是说完成了**一般性的讨论**。应该说，在共产国际的代表大会上，以及一般说在讨论纲领时破天荒**第一次**出现如此**热烈的争论**。我们从来没有像这次那样提出过如此多的修改意见，从来没有提出过如此多的批评意见。我们讨论了许多**问题**。如果不去说个别的局部的修改，而只顾及所讨论的一些问题，那么应该指出，我们在纲领委员会里就涉及 100 多个问题。当然，不可能

向代表大会报告所有这些问题。尽管纲领委员会的工作有其特殊意义,但我还是不得不说一说最重要的问题。

首先说一说**导言**的问题。有些同志倾向于删去导言,完全不要导言。在代表大会全会上在讨论纲领问题时,同志们则主张保留导言。我认为,我们有这样一个导言确实是比较好的。在导言中我们确定了我们革命传统的历史继承性,表明了共产国际如何从历史上诞生的。我们的敌人很聪明地看出了这一点。例如,《企业主》杂志对我们的纲领这样写道:

"在共产国际的纲领中十分巧妙地试图利用在向群众的宣传中能起作用的一切令人激动的因素。这一点特别表现在援引公然的社会民主党权威们的话。第二国际没有被描绘成本来就是糟糕的和邪恶的组织,而只说它是在1914—1918年世界大战期间由于机会主义领袖们的过错而蜕化和破产的组织。"

当然。我不想来坚持认为其中每句话都是正确的,但我以为,从我们资产阶级反对派的角度来看,这样来评论我们纲领的导言是很明智的。我们决不希望破坏旧的良好的革命传统;马克思和恩格斯的遗产是我们的遗产,而不是社会民主党的遗产。

我在这里想纠正一个登格尔同志在昨天的会议上我认为是无意中说出的一句错话。登格尔同志在讨论导言问题时说:

"……列宁主义是马克思主义的发展和**补充**,它交给我们的是指导我们行动的具体的指路明灯。"

当然,登格尔同志的意思没有把列宁主义同马克思主义对立起来,但"补充"一词可能会成为错误解释登格尔同志意思的理由。所谓**补充**就是说增添了**某种新的东西**。当我们反对各种各样试图"补充"马克思主义的时候,那么我们把这些补充看做是马克思主义的完整思想增加某些非马克思主义的东西。当然，列宁那里没有这种补充，但最好像登格尔同志在同一段话中说的那样，是马克思主义的**进一步发展**。

这个问题无论从理论的角度还是从实践的角度来看都具有十分重大的意义。人们谴责我们共产党人是反**马克思主义的**"革新派"。我们坚决驳斥这类谴责。在我们的整个理论中，在列宁的整个学说中，没有任何一个反马克思主义的因子。我要来阐明这一点。我们所理解的"马克思主义"是什么呢？对马克思主义可以有各种不同的理解。这可以理解为马克思的许多思想，许多具体的想法，马克思的一些言论，等等，即马克思所写的一切和与他的学说有机地联系的一切。从这个角度来看，可以说，每个新的补充，如对托拉斯资本这种最新现象作马克思主义的分析，就不是马克思主义了。但是对马克思主义的这种理解是不正确的。马克思主义决不局限于一定数量的已经找到的原理。它是一种世界观，同时也是一种研究的方法。我们可以借助这种方法来分析各种现象。如果我们用马克思主义的方法来分析像帝国主义这样的问题，如果我们正确地运用马克思主义的方法，那就是要提出新的思想、新的想法，包括理论性质的。但这种精神产品决不是补充，这是一种新的马克思主义的立场，是马克思主义不可分割的一部分。因此，我敢肯定地说，我们没有给马克思主义体系添加任何非马克思主义的因子。我们是从马克思的角度分析了新的事实、新的现象，从而丰富了马克思主义宝库，**发展**了他的理论，等等。在我们对待马克思主义的这个问题上，决不能向社会民主党理论家们作任何让步，他们硬说，在布尔什维克的马克思主义里，有一些"不相干的""非马克思主义"的因素，既不是"巴枯宁主义的"，也不是"亚细亚马克思主义的"，但不是真正马克思主义的东西。恰恰相反，正因为列宁主义丰富了马克思主义，所以列宁主义是世界上最正统的马克思主义。应该这样来提出问题。我毫不怀疑，登格尔同志提出这个论点时也是这样想的，而不是另外一种想法。

我们是从马克思主义的观点来分析一切现象的；而许多新的现象马克思不可能进行分析，原因很简单，他那时还没有这些现象。帝国主义问题，在现在这种具体环境下的过渡时期问题，新型国家——苏维埃问题等，我们现在所分析的许许多多问题，马克思还没有如此具体地碰到。

关于金融资本的问题

战前希法亭无意间的维护

在纲领委员会中首先的争论是在分析**产业资本**和一般资本主义时出现的。争论围绕着**危机问题**。这个问题我在报告中已经作了说明，因此不再来重复。引起争论的第二个问题是**金融资本问题**。我也不来谈这个问题，但苏尔坦-扎德同志在代表大会全体会议上的发言使我不得不起来维护"可怜的"希法亭；我同苏尔坦-扎德同志的友好关系不会妨碍这样做吧。（笑声）首先，关于"金融资本"的概念。苏尔坦-扎德同志援引了现代社会民主革命中的一段话，那里谈到产业资本、商业资本和银行资本的结合，并说：这已经完全不是希法亭过去说的那样了。过去是银行资本统治产业资本，而现在是三种（而不是两种）形式资本的结合。这正确吗？我们且来看一看希法亭在自己的书中是怎么说的。在最开头的第五段中是这样说的：

"金融资本标志着资本的**统一**。过去**工业资本**、**商业资本**和**银行资本**的分散范围现在被置于金融资本的领导下，把工业和银行的老爷们结合在一个联合体中。"（**鲁道夫·希法亭**《金融资本》1918年彼得堡版第438页）

这就是商业资本、银行资本和工业资本三位一体的表述。

我在大战初期写的《世界经济与帝国主义》一书中谈到了这些过程，也谈到了工业资本和银行资本和**结合**。实际上，苏尔坦-扎德同志在这里不是在跟希法亭，而是在跟我论战。列宁在这个问题上是什么观点呢？在列宁论帝国主义一书中有专门一章，标题是《银行和银行的新作用》。列宁同志在这一章中谈到的正是我们在这里所指出的：

"一方面是银行资本和工业资本日益融合，或者用尼·伊·布哈林的很恰当的说法，日益长合在一起，另一方面是银行发展成为具有真正'包罗一切的性质'的机构。"① （《帝国主义是资本主义的最高阶段》）

但是。苏尔坦-扎德同志反对混合生长，这与列宁没有关系。列宁在这里说的是完全清楚的。他是对希法亭一书的评价。在《金融资本和金融寡头》的第三节中，列宁先援引了希法亭的下面一段话：

"希法亭写道：'愈来愈多的工业资本不属于使用这种资本的工业家了。工业家只有通过银行才能取得对资本的支配权，对于工业家来说，银行代表这种资本的所有者。另一方面，银行也必须把自己愈来愈多的资本固定在工业上。因此，银行愈来愈变成工业资本家。通过这种方式实际上变成了工业资本的银行资本，即货币形式的资本，我把它叫做金融资本。''金融资本就是由银行支配而由工业家运用的资本。'"②

接着列宁写道：

"这个定义不完全的地方，就在于它没有指出最重要的因素之一，即生产和资本的集中发展到了会导致而且已经导致垄断的高度。但是，在希法亭的整个叙述中，尤其是在我摘引这个定义的这一章的前两章里，着重指出了**资本主义**

---

① 参见《列宁全集》中文第2版第27卷第358—359页。——编者注
② 参见《列宁全集》中文第2版第27卷第361—362页。——编者注

垄断组织的作用。

　　生产的集中；从集中生长起来的垄断；银行和工业日益融合或者说长合在一起，——这就是金融资本产生的历史和这一概念的内容。"①

　　请看，列宁所下的定义正是苏尔坦-扎德同志进行攻击的目标。而这个定义实际上是正确的。要反对这个定义并指出什么是工业资本和银行资本之间的相互关系，是不可能的。苏尔坦-扎德同志也是在跟列宁进行论战。当然，可能认为这是不能令人信服的论据。从理论上说，列宁也可能有错误的地方。但这必须要证明，而苏尔坦-扎德同志不可能提出证明。

　　我在这个问题上为"战前的"希法亭进行辩护，这不意味着，在他的书中一切都是正确的。希法亭有许多完全错误的论点和理论，其中包括在《金融资本》一书中。例如，在我看来，他的整个货币理论都是错误的。与此相关，在价值理论中也有一系列错误的地方。由此也得出了一系列错误的结论。在货币流通、纸币等理论中得出了完全错误的结论。但在那里，希法亭没有错误，他是正确的，这可是没有办法啊！苏尔坦-扎德同志忽视了表现在一体性中的各种形式资本的混合生长的因素。希法亭说明了这一点。我也正是这样做的。列宁也特别强调一体性的因素。苏尔坦-扎德同志，您在什么地方分析了这个问题？您没有对它作过分析。

　　苏尔坦-扎德同志试图援引斯汀尼斯的例子来支持自己的观点。但这个例子很不成功，因为斯汀尼斯的企业是特殊的经济形式，是在通货膨胀时期的特殊阶段中。

　　（苏尔坦-扎德在座位上叫喊：福特，福特！）

---

　　① 参见《列宁全集》中文第 2 版第 27 卷第 362 页。——编者注

好，不过还有摩根，还有洛克菲勒。请问他们是银行资本的企业主还是工业资本的企业主呢？

（苏尔坦-扎德：工业资本的企业主。）

但我以为，大家知道这同时也是世界上最大的两个银行资本的集团。世界上有两个最大的也最有名的以摩根和洛克菲勒为首的银行集团。他们同时又是银行资本企业主，又是工业资本企业主。您援引了斯汀尼斯的例子来证明自己的理论。但您忘记了两个更明显得多和更典型得多的例子——洛克菲勒和摩根。

苏尔坦-扎德的其他论据

苏尔坦-扎德同志还提出了另一个"论据"。我在报告中没有回答他。苏尔坦-扎德同志说："希法亭是财政部长，但他并没有企图夺取银行，而如果他夺取了银行，那么结果就会完全不一样了。"希法亭没有试图实现社会化，那跟这些理论问题没有任何共同之处。即使他站在您的理论基础上，抛弃自己整个金融资本的理论，那么他也不会对银行，也不会对工业实行社会化。为什么呢？是因为他是社会民主党人。但谁也不会去维护通过"夺取银行"立即让工业服从自己的论点，因为这种理论是不正确的。可能这样说不大谦虚，但应该说我是分析这个问题的第一人。你们可以从文献中深信这一点。我根据许多理论依据，证明夺取银行还不等于夺取工业（尽管这样的银行在全国有 6 或 12 家），但毕竟因为联结银行的工业和经济线索是信贷线索，这是特殊的金融化关系，等等。但当你夺取银行时——这可是在无产阶级革命时期，这些线索就中断了。当你夺取银行时，你得到的是房子、会计册本以及各种其他的票据、股票等。因为信贷线索中断了（你们通过革命发动将其破坏），所以夺取银行还没有可能夺取工业。但这是一种完全新型的程序问题。

苏尔坦-扎德同志提出了下面的论据。他说，银行资本根本不可能起到领导作用，因为它属于流通范畴，它是衍生的因素，而第一性因素是生产。在纲领委员会里，我有条件地对苏尔坦-扎德同志作了理论上的让步。我拐弯抹角地反对他说，就算您在理论上、在关于"金融资本"的概念上是正确的，即金融资本不是工业资本和银行资本的混合、结合的产物，而金融资本无非是银行资本而已。但我说，即使在这种情况下，您的论据也是错误的，因为它过于简单化了。您说：正确的观点是，生产是第一性的，而流通是衍生的，**因此**，衍生的东西不可能统治第一性的东西。我反驳说：就拿国家资本主义制度来说吧，国家是衍生的，但实际上，它在国家资本主义的条件下调节着整个生产过程。对此，苏尔坦-扎德同志在昨天的会议上回答说："这是两种截然不同的东西；国家完全是另一种东西，是**上层建筑**，而银行资本不管怎样是资本的一部分，这一部分不可能统治另一部分。"

好吧！但这已经是**另一种**论据了，苏尔坦-扎德同志，您引用它，那您就陷入自相矛盾的境地了。难道工业资本不是整个资本的一部分吗？它也是一部分。因此，您提出了两个论据。首先您提出一个论据，我引用国家资本主义的例子来反驳您；于是您提出另外一个论据，说一部分不可能统治另一部分。但是根据您的理论，一部分资本，即工业资本，可以统治另一部分资本——银行资本。这样看来，"部分资本"的这种论据是站不住脚的。

您还可以发明第三种论据。您可以说，关于部分资本和上层建筑这两种论据结合起来，这两种论据的结合可以得出正确的结论。但我没有义务来替您发明论据。（笑声）我建议由您自己来做。

我还引用了像美国和德国经济关系这类的例子。苏尔坦-扎德同志回答说，这是信贷关系。那好，但美国银行资本已经进入到了德国经济的生产领域。是的，已经进入了。全部问题就在于此。难道您能否认，美国资本的某些部分已经在德国甚至已经变成主要资本吗？不，这是毫无疑问的事实：美国资本的一部分已经变成德国工业的主要资本。只是这一点还需要证明，但从我这里来说已经足够了。

在我看来，苏尔坦-扎德同志的理论体系有以下缺点。他没有看到**所有这些**托拉斯、子公司、辛迪加、卡特尔、银行及子银行等的**等级结构的特殊形式**，这些都要受到"监督"。"监督"这个术语纯粹是美国制造的。在美国的理解中，这就是**统治**。即使自己手里只掌握整个资本的一半以下，哪怕只有30%的股份公司的股票，也可以进行"监督"。苏尔坦-扎德的理论在**阶级关系**的理论上也没有提供特别正确的方针。如果说您提出了自己的观念来对抗我们金融资本的概念，那么您以此强调的是银行资本和工业资本之间存在相当大的鸿沟。我决不否认，在工业家和银行家之间确实存在着比较大的、有时甚至**很大**的摩擦；这些摩擦常常表现为相当尖锐的形式，但基本的线路是结合，是既和商业资本的结合，甚至也和大地主占有者的结合。我要再一次强调，这决不排除资产阶级内部存在巨大摩擦的可能性，但是这个巨大资本主义机体在生产力发展过程中总的倾向是按融合的路线进行的，是按把各种资产者变成不顾种种矛盾和摩擦而取得红利的人的路线进行的。

关于帝国主义资本的力量

帝国主义的矛盾。为什么"超帝国主义"是不可能的？

现在我来谈谈另外一个问题。这个问题是与上一个问题紧密联系着的。过去我说整个资产阶级内部的矛盾，现在我则说**帝国主义内部的矛**

盾。依我看来，有些同志对垄断组织和非卡特尔化的生产部门以及相应的资产阶级阶层之间的相互关系发表了很有价值的意见。有些同志引用了列宁关于帝国主义问题著作中的各种引文，那里强调帝国主义的本质特点不仅是形成了垄断性质的组织，而且是在**垄断性的、卡特尔化的和托拉斯化的生产部门**与没有联合起来的生产部门的差异。在讨论中，同志们也强调指出，依列宁看来，考茨基没有看到这一点，因此在考茨基那里，金融资本体系的内部矛盾与实际情况比较被缩小了。另一些同志建议我们更加明确地描述**资本主义不平衡发展**的规律，更加明确地强调在帝国主义时期不平衡发展和帝国主义制度矛盾的状况。依我看来，这是可以做的，特别是如果把这个问题与分析**"超帝国主义"**联系起来。"超帝国主义"问题不是那么困难的。问题比较难的，我以为深入地从一般特征来加以表述，那就是：在资本主义基础上是否可能存在这样一种世界制度，在这种制度下，整个资本主义经济会联合成一个巨大的巨人般的托拉斯？如果这种可能性在理论上被断然否定，那么就立即会出现另一个问题：您是不是因此要否定资本主义发展的基本规律，集中的规律和积聚的规律？如果您站在集中和积聚的规律的观点上，这样您就应该说：一批资本家会吞掉另一批资本家，较大的吞掉较小的，最大的吞掉次大的，从而形成一些大托拉斯，它们之间相互斗争，于是一批托拉斯吞掉另一批托拉斯。在哪里可以对此提出逻辑的和历史的界限呢？逻辑的和历史的界限就是世界大托拉斯的形成，它把整个资本主义世界经济集中在自己手里。这个问题我们早在大战初期就在俄国的文献中提出来了。

完全**抽象地**说，不能否认这种可能性。然而全部问题在于，发展到这种"世界性的托拉斯"的道路是同这种费用联系着的，在这个过程中"附加开支"是如此的惊人，以致引起**灾难性的阶级斗争**，在斗争的火焰中资本主义将会毁灭。这种过程是同规模巨大的战争、规模巨大的革命联系着的，因此**经验**地说，在生活中这种托拉斯实际上是**不可能**的。希法亭过去也非常清楚地了解这一点。他在自己的《金融资本》一书中也持"超帝国主义"不可能的观点。

希法亭写道："从经济上可以设想全面的卡特尔，由它来领导整个生产，从而消除危机；它在经济上是可以设想的，尽管从**社会上**和**政治上**这种状况是**不可能的**，因为利益的对抗会导致它走向极端，必然使它遭到崩溃。"

希法亭过去就是这样想的。苏尔坦-扎德同志说，社会民主党现在也这么说，那就错了。我援引的希法亭的话和希法亭现在说的话是**完全对立的**。社会民主党人现在说**"有组织的世界资本主义"**，现在他们的思想是**"蒙德主义"**，而"蒙德主义"的思想决不是以资本主义矛盾极端尖锐化为前提的。社会民主党现在说：资本主义越有组织，我们和资本主义的合作就越广泛和深入，无产阶级就活得越好，资产阶级方面的让步就越大。而希法亭在《金融资本》中说：阶级关系将如此尖锐化，以致资本主义会必然灭亡。希法亭过去提出的这一论点是完全正确的。希法亭现在不仅背弃了马克思主义，也背弃了自己。现在社会民主党人在谈论"超帝国主义"。社会民主党认为，资本主义制度正沿着上升的路线在发展，可以指望超帝国主义的安逸时代将会到来。这个论点要求我们，在我们的纲领草案中对相关问题作出更加明确的阐述。

当代资本主义的寄生性的腐朽和生产力的发展

对帝国主义阶段的**资本主义力量**再说几句。在我们的纲领草案中指出，帝国主义是资本主义的阶段，它的特点是**寄生性的腐朽**。我们在纲领草案中一开始就强调资本主义衰亡的事实，资本主义寄生的一面。这就是对世界资本主义当前阶段的**历史评价**。

因此，无可争辩，我要对这一命题可能产生的错误解释提出两点意见。在我们的队伍中存在着某种倾向，即与破坏生产力相联系的对资本主义所谓的寄生性一面**过高评价**的倾向。然而依我看来，决不能说，资本主义寄生性蜕变的倾向已到处占了上风并决定一切的一切。这就是说，资本主义目前发展阶段的生产力已经根本不再发展了。实际上，生产力是在发展的，而且发展得相当迅速，并且不排除在**某些**国家（我强调"**某些**"这个词）里，资本主义生产力可能发展得**异乎寻常**的迅速。我们正经历着这样一个特殊的时期，在这个时期里，科学比任何时候都更紧密地与技术联系在一起，技术发明具有十分巨大的规模，科学正经历着欣欣向荣的美好时期。许多问题，正如人们说的已经构成了整整一个时代，在理论上已经解决，只待实践去解决了。与社会民主党人想象的不同，所有这一切当然不是意味着我们已进入了资本主义繁荣的时期，相反，是世界矛盾极其尖锐的时期，是战争和资本主义制度**一切**矛盾惊人地、空前地膨胀的时期。资本主义注定要灭亡，不是因为它很快就蜕变成寄生的机体，它之注定要灭亡不是因为软弱和无力，不是因为资本主义的腐朽，而是由于垂死资本主义的最后阶段异乎寻常地加剧了资本主义制度的内部矛盾，产生了促使它灭亡的冲突。资本主义的寄生面越来越增长，但并不是这种蜕变本身，而是作为资本主义矛盾加剧产物的退化，正是资本主义的这一特点为它挖掘了坟墓。我同意这个意见，在纲领草案中要更具体地强调资本主义发展的这一方面——与资本主义发展不平衡规律相联系的各种矛盾，在卡特尔化生产领域和非卡特尔化生产领域之间的矛盾，在确立份额基础上的对抗性，在各帝国主义大国之间的斗争，以便消除社会民主党人借以控制部分工人的召唤，破除关于正在发展的"有组织的"资本主义的神话。在我们的纲领草案中来更加详细地分析所有这些因素，并更加明确地加以强调，这是十分合适的。

改良主义的社会根源

在资本主义前帝国主义时期的改良主义根源

我们在纲领委员会里对改良主义的社会基础问题进行了十分激烈的争论，然后又联系到分析**法西斯主义**，联系到**社会民主党和法西斯主义之间的相互关系问题**。我认为，在代表大会全体会议上来简短地分析一下改良主义的社会基础是合适的。我不想像在纲领委员会里那样广泛地来阐述这个问题，我只想谈一谈几个方面，其中包括我在纲领委员会里没有涉及的方面，社会民主党和改良主义在工会运动中的发展进程要求我们更全面地来分析这个问题。在帝国主义大战期间和大战以后，我们首先是把改良主义同**超额利润**联系起来。这是在整个分析改良主义社会根源中**最重要的**一个因素。我尽量来更加具体地阐述这个问题，必须分清改良主义社会根源的两种范围和双重类型。改良主义的一些根源来自于资本主义社会的过去，而改良主义社会根源的另一类原因则属于资本主义大国**帝国主义发展的特点**。过去在战前，我们在分析德国修正主义的根源时，把原来意义上的**小资产阶级**特点看做是各种修正主义。在分析修正主义在土地问题上的立场时，我们正统的马克思主义者说，例如像德国社会民主党巴伐利亚派的修正主义者们是同社会民主党的小资产阶级密切联系着的。我们完全正确地说，工人阶级没有以业已形成的阶级走上历史舞台，而是以无产阶级的农民、无产阶级化的中等城市阶层、小资产阶级的后备军走上历史舞台的。工人阶级的这些在资本主义发展过程中，在小资产阶级和农民经济破产过程中产生的阶层，本身就带着小资产阶级意识形态的尾巴。

在分析以往时代发生的过程，例如资本主义从行会制度的发展时，我们可以看到，以企业主为一方和以工人为另一方之间的所谓宗法式关系，只是在长期的历史发展过程中才让位于另一种关系。以往许多时候，在企业主和当时还没有脱胎出来的无产阶级之间占统治地位的还是完全的宗法关系。那时候，以雇佣工人为一方和以资本家——企业主为另一方之间的矛盾并没有那么大，而历史地不至于引起它们之间的意识形态分化。只有在阶级斗争尖锐化的过程中，这种在无产阶级中也占据统治地位的共同的宗法式意识形态才会消失。在无产阶级中间，小资产阶级阶层乃至城市中等阶层的融化过程意味着这种意识形态的再生产。这些小资产阶级意识形态的特点也是改良主义者们的特点。有带着小资产阶级意识形态的改良主义者，而他们的改良主义的社会根源就植根于无产阶级和资产阶级之间的宗法关系，它是社会分化不够激烈的意识形态表现。小农、无产阶级化的小资产阶级阶层涌入工人阶级的队伍就在无产阶级当中一再地产生改良主义的意识形态。这就是改良主义的社会基础。我特别要强调一点，改良主义的**社会**基础在资本主义发展的**以往过程**中是**十分独特**的。我们这个时代的改良主义的基础则完全是**另一种**情况了。在我们的时代，改良主义首先是同帝国主义的发展有联系了。

帝国主义条件下改良主义的根源

在纲领委员会里，我们曾讨论了以下的问题：大家谈到这个或那个国家的资产阶级在剥削自己殖民地过程中所攫取的**超额利润**。但是瑞士有什么殖民地呢？奥地利有什么殖民地呢？或者像奥托·鲍威尔在一篇文章中嘲弄我们的那样说，斯堪的纳维亚国家的一些无产阶级阶层得到的工资要比其他资本主义国家多得多，这些国家的殖民地在哪里呢？瑞典的殖民地在哪里，挪威的殖民地在哪里呢？……我们在纲领委员会里极其仔细地分析了这个问题，我以为总的说来已经解决了。这里问题不仅在于从这个或那个国家的殖民地落到这个国家资本主义资产阶级口袋里的各种形式的超额利润。我在纲领委员会里举了这样一个例子：如果按照卡尔·马克思的经济学说来分析资本主义社会，那就应该承认，拥有最好技术设备，从而生产率高于平均水平的企业的资本家就会得到所谓的级差利润。商品的价值及其市场价格取决于社会劳动的平均生产率。而由于这个或那个企业存在着高于劳动生产率的前提条件，那么工厂主、资本家就会得到超额利润、级差利润。这不仅在一国经济的范围内，而且在整个**世界**经济范围内都会发生这种情况。如果有一个比其他国家更发达的国家，那么在这种情况下，这个国家在同其他国家进行**商品交换的过程**中就会得到超额利润。马克思在《剩余价值理论》中有一个地方说：比较富裕的国家，比其他国家更为发达的国家就会得到超额利润，即所谓**世界经济范围内的级差利润**。比较富裕的国家剥削比较贫穷的国家甚至表现在即使这个国家并不采取殖民地掠夺的方式，而是根据一切价值"规律"进行商品交换也会是这样。各个国家之间的特殊的相互关系就是建立在这种经济基础上的。发达国家的资产阶级可能得到超额利润首先是从归属于这个国家的殖民地。它也可能从资本出口中获得超额利润，它不是把资本出口到自己的殖民地，而是出口到国外，甚至也不是殖民地，而是利润更高的其他资本主义国家。一个国家可能在简单的商品交换基础上得到超额利润，这里的条件是如果这个国家的工业在技术设备上更好，如果它的生产处于更高的阶段上，那么这就使它有可能在世界经济范围内取得级差利润。例如，奥地利把大镰刀卖给沙皇俄国，那么即使俄国不是奥地利资产阶级的殖民地，但是奥地利资产阶级仍然可以通过商品交换得到超额利润。通过商品交换的渠道，奥地利资产阶级可能赚取更多一些的钱。因此很明显，例如瑞士的巧克力工厂，尽管瑞士没有殖民地，但可以得到超额利润。从整个情况来看，我们可以看到，根据不平衡发展的规律，这个国家或那个国家在世界经济范围内占居着不同的位置、不同的场址，处于与其他国家不同的关系。这个或那个国家的状况越好，不管它是否有殖民地，它得到超额利润的可能性就越大。因此，不同工业国家的发展是完全不同的。国家的状况越好，它的资产阶级迅速积累的可能性，利用技术成果的可能性，养活雇佣劳动奴隶以及提高劳动力技能的可能性就越大。在纲领委员会里我已说过，在社会关系方面，工人阶级贵族阶层所谓的营私舞弊是确实存在的。

超额利润的各种来源和世界无产阶级的结构

但这并非是与资本主义发展其余一切规律相对抗的某种外在力量。决不是的。这一切是**资本主义发展基本规律的表现**。如果这个或那个国家的这个或那个资产阶级能保证给无产阶级以更高的工资，那么资产阶级就能以此创造劳动力某种**发展**的可能性，这是从经济范畴说的。挣得更多工资的工人就会得到**较高的技能**。但应该补充一句，我说的这种技能不仅仅是原来意义上的技能，即必须通过某种学校才能得到的技能；现在有一种新型的技能或者更确切说一种新形式的技能，使工人有可能在单位时间内发挥更大的力量，换句话说，劳动力得到一种**内在的社会—生理结构**，使得它能在单位时间内发挥更大的力量。这是资本主义发展达到一定水平的特点。从另一方面说，因此也形成了与工程师等更接近的熟练无产阶级阶层。劳动力的熟练程度就是从这两个方面发展的。这样在超额利润的基础上形成了**社会贿赂**一些无产阶级阶层的可能性，而这些被贿赂的阶层是**世界无产阶级技能最高**的阶层。在谈到无产阶级时，我们往往指的是欧美的无产阶级骨干——德国的、英国的或美国的无产阶级。但是，在分析**世界**无产阶级内在演变、内在重组的巨大过程时，我们的视野不应只限于欧洲或北美的无产阶级，而且应该注意

中国的苦力（因为这也是工人），注意**各种殖民地**的工人和**庄园**的工人，以及那些在内在形式上具有无产阶级素质的数量众多的无产阶级大军；我们在殖民地和半殖民地国家里有着如此众多的社会阶层。我们在分析不是抽象的资本主义而是世界资本主义制度及其具体的表现时，我们不得不（这也是我们的理论义务）分析**整个无产阶级**，眼前出现的**全体无产阶级及其所有组成部分**：从美国劳工联合会成员到中国苦力和印度尼西亚工人。应该不是从报酬最高的无产阶级阶层的角度，而是从世界范围内、从整个世界经济的角度来分析资本主义发展的基本趋势。从这个角度出发来审视我上述的理论观点时，不难相信我们的结论是绝对正确的。就举英国工人的例子来说吧。为什么他们过去总是最**保守**的呢？世界上没有一个资产阶级像英国资产阶级那样得到如此巨大的超额利润。这些超额利润具有特殊的结构，主要来自被英国剥削的**殖民地**。但是，现在英国的经济结构和社会结构改变了，它在世界经济范围内的地位也大大改变了。英国已经开始被其他大国所排挤，这也就决定着改良主义基础的变化，这也决定着英国无产阶级中的激进派，在有组织的无产阶级思想上的保守分子越来越多的消失。由此就产生英国共产主义的发展，由此就产生总罢工，矿工的大罢工，等等。历史的发展是缓慢的，但在这方面是坚定不移的。

现在就拿**美利坚合众国**来说吧。它现在在世界经济中有着特殊的地位，某种垄断的地位。但是，北美合众国的这种垄断地位**有别于过去英帝国的垄断地位**。这一点必须估计到。北美合众国的垄断地位之所以有别于过去英国的垄断地位是由于，美国资产阶级虽在世界经济中占居极重要的地位，但不同于英帝国在其繁荣时代的地位，那就是因为它没有大量的殖民地领土。美国资产阶级通过资本出口，依靠更高的技术和完全特殊的生产条件，依靠商品交换、借贷等，尽管没有大量的殖民地领地，但是还是取得了最大的超额利润。尽管这些超额利润具有另一种社会经济性质，尽管其来源不是直接掠夺殖民地，不是剥削"自己的"殖民地，但这毕竟是**超额利润**。而由于大量的这些超额利润（在世界范围内）落到北美合众国资产阶级的手里，所以完全可以理解，为什么当代美国的无产阶级是世界上**最保守的**无产阶级。

从这个角度来看，也完全可以理解，德国的社会民主党还不是很强大。德国没有殖民地，但在技术方面，德国在一些生产领域打破了**世界纪录**。当然，德国战后时期的这种发展如果没有美国的贷款是不可设想的。关于这一点，我们已经不止一次地谈过。德国工业今后在世界市场上胜利发展的前景能够诱惑部分德国无产阶级；这一点实际上支配着德国社会民主党，它的某些势力的社会根基就是这样，这在一定程度上也说明它的力量的坚固性。在审视和分析整个情景时，我们可以看到某些所谓的"贵族"国家存在着可以说是**工人贵族**，即生活水平高于世界无产阶级平均水平的无产阶级。但是在某个单独国家内也存在着无产阶级不同的阶层；例如，尽管美国的无产阶级整个说来，与中国苦力相比是**工人贵族**，但是在这个工人贵族内部存在着双料的工人贵族，他们是世界无产阶级中真正保守的上层。

宗法关系、**旧式**劳资利益的某种共同性早已被各种企业主之间的竞争以及在此基础上日益尖锐的阶级斗争所破坏。改良主义的小资产阶级根源（我上面已经谈到）在阶级斗争尖锐化的过程中消失；但是，改良主义的帝国主义根源，即社会沙文主义或社会帝国主义的根源在无产阶级中却牢牢地占据着。我认为，资本主义矛盾的尖锐化将会摆脱这些根源；完全克服美国无产阶级的保守主义，就像没有巨大的社会—历史灾祸一样，未必是不可想象的。但是，帝国主义的实质也就在于此，一方面它在无产阶级中为各种社会帝国主义意识形态创造了条件，另一方面则加剧各个帝国主义大国之间的矛盾并向无产阶级发动战争，从而惊人地摧毁人类的劳动力，破坏生产力等，它也将社会帝国主义的意识形态碾成碎片。这里也包含着将无产阶级变为**独立自在阶级**的巨大过程。我们过去不曾设想，这个历史发展过程会如此之**长**，无产阶级作为阶级会经受如此"苦难的历程"才成为在意识形态上完全有别于资产阶级的力量。这个历史发展受制于我们所遇到的不是抽象的资本主义，资本主义内部蕴藏着一部分无产阶级阶层，有时甚至大批本国无产阶级群众所谓贪污腐化的可能性，正像我们过去在英国、现在在美国看到的那样。由于我们生活在不是抽象的而是具体的世界资本主义经济的条件下，正因为如此，无产阶级革命化的过程就如此艰难，如此漫长，有时甚至如此悲惨。不同帝国主义大国之间的矛盾和斗争的尖锐化，归根到底将根除社会民主主义的意识形态，从地球上清除其组织上、政治上的载体——社会民主党。

不言而喻，在我们的进程中**不应该有宿命论**。这是一种毫无远见的标志。第一次世界大战时期已经过去。但我们应该着重强调它的后果，把群众的注意力集中在未来的战争上，揭示资本主义社会的矛盾并**自觉地参与使无产阶级成熟的过程**，加速这一过程并把社会民主党的影响清除出去。在我看来，所有这一切都是和改良主义的社会根源问题紧密联系着的。

关于法西斯主义的性质

我们在纲领委员会里，对**法西斯主义的性质**问题进行了长久的和认真的讨论。在这一点上，我们中间出现了，如果可以这样说的话，出现了**两个极端**的派别。一些同志认为，法西斯主义存在于所有高度发达的资本主义国家。一切具有反动性质的倾向，从议会制过渡到资产阶级公开暴政的倾向，在同无产阶级的斗争中采取恐怖手段的一切倾向，成立资产阶级阶级志愿队的倾向，等等。他们把所有这一切都说成是法西斯主义。另一些同志（这是另一个极端）则认为，法西斯主义不是什么特别的东西，在高度发达的资本主义国家，不必来谈论法西斯主义。提出了各种不同的表述。例如，有些同志认为，在目前情况下一个国家有没有**殖民占领地**是一个标准，他们说，法西斯主义只可能在没有殖民地的国家存在，因此这些国家不可能贿赂相应的无产阶级阶层。在这种情况下，法西斯主义就会让位，并同社会民主党结盟。另一些同志提出了大致如下的表述：法西斯主义是落后国家固有的**特殊**现象，在**高度发达**的资本主义国家里是没有理由来谈论法西斯主义的。我们通过讨论进一步分析后认为，首先，与议会制度已经完成其历史作用相联系的所谓反动，这种以另外一种方式进行管理的倾向是受当代资本主义，即垄断资本主义的发展所制约的，它是受阶级斗争的尖锐化、即将到来的战争以及与资本主义发展其他时期相比较而出现的资本主义制度总的不稳定性所制约的。由此产生一种倾向，要建立强大的中央政权，把资产阶级的一切力量拧成拳头，废除业已多余的小资产阶级政党制度。我在纲领委员会里谈过这一点。所有这一切都是要改变国家管理方式的倾向。这里还要加上其他一些因素，如成立阶级性的军队，警察式的资产阶级阶级教育，等等。我个人认为，法西斯主义的反动形式，也就是资产阶级对工人阶级的进攻，是的的确确**特殊**的形式。它的特点就在于法西斯主义的**机制**。而这是十分重要的。法西斯主义机制的特点就在于，法西斯主义作为反动的特殊形式试图依靠广大群众，即城市的**小资产阶级**和**小农**，有时也依靠**无产阶级**的某些阶层。在意大利和波兰，法西斯主义在开始阶段是**群众性**的运动。在意大利是小资产阶级群众，在波兰是小资产阶级阶层加上相当广泛的无产阶级阶层。大家都跟随皮尔苏茨基，并帮助皮尔苏茨基完成变革。变革的内部机制是非常特殊的。绝望的群众在法西斯变革中起了自己的作用。当然，这只有在完全特殊的历史前提下才有可能，那时国内的局势十分不稳，社会上发生越来越激烈的骚动,小资产阶级广大阶层、农民和部分无产阶级阶层已陷入绝望境地。有些同志把这些特殊的征兆只认为落后国家才有。但这是不正确的。决定性的意义不是这个或那个国家**落后的程度**,不是它有没有殖民地,法西斯主义的前提条件是资本主义的**摇摇欲坠**。这是具有决定性意义的,这是决定性的征兆。因此,当北美资本主义的基础发生动摇时,那里也将会出现法西斯主义。这也决定了**英国法西斯主义的苗头**,而英国决不能列入落后国家的范围。我要着重强调的是,英国法西斯主义的微弱苗头是由于英国资本主义的基础已在动摇。在谈到发展倾向时,我们可以说,随着动摇资本主义机体的总危机的日益增长,我们可以看到法西斯主义也在其他一些国家增长。如果从统计学角度来看这些东西,那么我们可以说,现在已经有了**法西斯主义的各种形式:经典的形式,各种过渡**的形式和法西斯主义的**发展**倾向。当然,这些过渡形式和发展倾向还不能说是真正意义上的法西斯主义,这是法西斯主义的"胚胎",这还不是真正的法西斯主义,但在一定的历史前提条件下,它会变成真正的法西斯主义。总的情景不是单一的。发展是复杂的和多样的。反动逆流多样性的存在取决于这些或那些资本主义国家的社会经济条件,但是,发展的总的线路是完全清楚的。关于法西斯主义的讨论可以这样来加以评述。

至于社会民主党和法西斯主义之间的相互关系,那么我们的分析使我们可以得出以下的结论。首先,毫无疑问,社会民主党具有**社会法西斯主义的倾向**。其次,这是一种倾向,而不是既成的过程,因此把社会民主党与法西斯主义混为一谈是不明智的。无论在分析形势时,也无论在制定共产党的策略时,都不能这样做。在我们的策略中不排除向社会民主党工人们,甚至向某些社会民主党基层组织呼吁的可能性,而对法西斯主义组织,我们就不可能向它们发出呼吁。

关于最终目的问题的几点意见

现在来谈一谈我们**最终目的**的问题。我简单地说，在我看来，我们的主要问题有三个。其中一个问题具有相当学院式的性质，但我认为有责任在代表大会上的报告中来阐述这些问题。

有人责备我们，说我们在谈到共产主义社会的劳动时采取了非马克思主义的态度。这些同志一口咬定，"劳动"这个概念是一个**历史性**的概念，在共产主义社会里这样的一种劳动已经消失了，他们为此在马克思的各种著作中寻找证据，说那里说的不是劳动，而是业余活动的过程，等等。我要反驳这些同志。的确，在青年马克思的著作中有这样的说法。在马克思较早期的著作中还有一些其他不分差别的概念。例如，在《哲学的贫困》中，劳动和劳动力还没有加以区别，然而正是这个区别在马克思的整个政治经济学中有着决定性的意义。在《资本论》中，马克思则在许多地方谈到共产主义社会里的劳动。在《资本论》第一卷关于劳动的著名一章中，马克思谈到劳动是自然界和社会之间"物的交换"过程，是任何社会形态的共同基础。"**雇佣劳动**"是历史性的概念，就如同价值、利润、工资等一样，但"劳动"则是另一范畴。这是第一点。

其次，有些同志建议从这一章中删去关于"**消灭消费品私有制**"的那一段。他们建议指出，在共产主义社会里，消费品的私人所有权还将得到保证。我认为这个论点是不正确的。应当把事实本身和事实的法律外壳之间加以区别。马克思说，产品将按需求来分配。这不等于说，如果我拿了一个苹果，而曼努伊尔斯基同志也想要这个苹果，但他可以拿另外一个苹果，不是这同一个苹果，但苹果是同一个品种的，并把它吃掉。

我们通常谈到一切国家机关残余的消亡，是指**国家在法律概念上**的消亡。法律概念是一种完全特殊的形式。它是随着国家形式最后残余的消亡而消亡。

关于**强制手段**的概念，情况也与此类同。这里说的是精神病人等。虽然在共产国际的代表大会上似乎不应该来谈论精神病人，但是请允许我对与强制手段有关的问题说几句。强制手段问题对于精神病人来说**不是法制的问题**：采取这种强制手段的原因、缘由是医嘱，也是其他人，比方说精神病人的亲属也要服从的。但这种"服从"决不是法制上的服从。给我开药方的医生和我之间没有任何法制上的关系，当医生给小孩治病时，当他使用各种药物时，他常常不得不采取强制手段，但这不是具有法律性质的强制手段。这些医学上的强制手段形式完全不同于法律上的强制手段，这些概念不应加以混淆。所以我认为，纲领草案中的有关阐述应该保留。

关于土地国有化问题

卡·马克思论无产阶级专政对农民的态度

现在来谈一谈一个十分迫切的和实际的问题——**土地国有化**问题。正如你们看到的，在代表大会上土地国有化的问题引起了热烈的争论。对我们纲领的有关表述提出了许多反对论据。在这些论据中，有让·雷诺同志的意见，纲领委员会的许多成员也同意他的意见，这个问题的确是最重要、最尖锐的政治问题之一。让·雷诺同志反对纲领草案中的地方，主要集中在那个地方，即一方面指出不可能立即实行土地国有化，另一方面又说立即禁止买卖土地。我在纲领委员会里反驳了让·雷诺同志的意见，在这里我再重复一下。同志们在上述两种情况中看到的矛盾是表面上的矛盾。对我们来说重要的不是谈论国有化，具有决定性的重要意义是**禁止买卖土地的事实**。这等于90%—95%实现了国有化。这对于我们来说是具有决定性意义的。但是。请问那里为什么要采取这种措施的妥协**方式**呢？为什么要说禁止买卖土地，而不是直截了当说土地国有化呢？这里是出于小心慎重，虽然我们不是胆小鬼。我们担心，立即实行土地国有化的口号是不是意味着农民的土地也国有化，是不是会使相当多的农民阶层脱离我们而去？我想是不会的。我援引一些像马克思那样的正宗马克思主义者的话来证明我的思想。在不久前首次发表在我们一家学术杂志上的马克思著作中有关于农民问题的一系列思想，这些思想同列宁的观点是完全一致的。而更为令人惊讶的是，当列宁阐述我们对农民的态度问题时，他还不知道有马克思的这篇著作。我们曾经十分注意恩德勒关于农民问题的小册子，但马克思对问题的提法和我要想介绍给你们的观点，对我们来说无疑是新的。其中几乎每个词同列宁后来说的完全一致。马克思给巴枯宁《国家制度和无政府主义》一书作了一份详细的摘要，其中他提出了许多意见，并对巴枯宁向马克思提出的许多问题作了回答。巴枯宁提出这样一个问题：在无产阶级夺取政权后，在什么样的情况下会感觉到"农民平民"呢？对此马克思写道：

"这就是说，凡是农民作为私有者大批存在的地方，凡是像在西欧大陆各国那样农民甚至多少还占多数的地方，凡是农民没有消失，没有像在英国那样为农业短工取代的地方，就会发生下列情况：或者农民会阻碍和断送一切工人革命，就像法国迄今所发生的那样，或者无产阶级（因为有产农民不属于无产阶级；甚至从他们的状况来看已属于无产阶级的时候，他们也认为自己不属于无产阶级）将以政府的身份采取措施，直接改善农民的状况，从而把他们吸引到革命中来；这些措施，一开始就应当促进土地的私有制向集体所有制过渡，让农民自己通过经济的道路来实现这种过渡"①。

说得非常精彩："通过经济的道路"。我们眼前立即出现了合作制，等等。

"但是不能采取得罪农民的措施，例如宣布废除继承权或废除农民所有权；只有当资本主义租地农场主排挤了农民，而真正的农民变成了同城市工人一样的无产者、雇佣工人，因而和城市工人**直接地**而不是间接地有了共同利益的时候，才能够这样做"②。

而在另一个地方，马克思写道：

"因此，只有在工业无产阶级随着资本主义生产的发展，在人民群众中至少占有重要地位的地方，社会革命才有可能。无产阶级要想有任何胜利的可能性，至少应当善于变通，直接为农民做很多的事情，就像法国资产阶级在进行革命时为当时法国农民所做的那样。"③

这些引文足够了。这里说的正是：无产阶级革命应当给农民提供什么东西。这个论点，这个问题，马克思阐述得十分完备，后来列宁也这样做了。特别强调对农民的直接帮助，并指出，**不这样做**无产阶级专政就会垮台——这就是**具有决定性意义**的论点。

无产阶级在夺取政权后是否能够立即帮助农民

我援引一段引文，以便表明马克思已经做了这个结论，然后从这个观点出发来分析问题。登格尔同志提出一个口号："看不出什么国有化

---

① 《马克思恩格斯文集》第3卷第403—404页。——编者注
② 《马克思恩格斯文集》第3卷第404页。——编者注
③ 《马克思恩格斯文集》第3卷第404页。——编者注

问题，只有农业上的帮助"，等等。登格尔同志！正是这不可能立即实行，也正因为在革命发展的最初阶段，你会遇到**生产力的下降**，遇到**国内战争**；你会遇到这样的情况，我们贫穷的苏联一开始不得不在经济上帮助你，而不是相反。我对这一点深信不疑。你将在一段时期里疯狂地进行斗争；你将不能使我们的工业文化运转起来，你将不能进行土壤改良，等等。这在革命发展的最初阶段几乎是不可避免的。假如没有消极怠工的现象，那就很好了。但是，"妈妈虽好，但不是亲妈"。（笑声）我们不得不强调，我们不能**直接给农民提供什么东西**。我们给予他们土地，我们不能用夺取他们手里的土地来吓唬他们。我们要对农民说：你们从革命那里得到一点东西来使用。既然你们得到了一点东西，我们就向你们保证，你们可以把自己的土地和增拨的东西保留在自己手里；它们不会落到别人的手里；这一点我们将用**禁止投机倒把土地**的法律加以保障；那时你们就有保障了，你们从革命那里确确实实得到了一点东西。有些同志谈到了全部土地"异化"的问题，也就是建议提出这样的表述，把地主和农民的土地混为一谈，从另一个角度看就是掩盖了"没收"的问题（简单地说"异化"）。这在政治上是不明智的，如果说**全部土地没收**（中国同志们说的），那么这是非常可笑的：实际上革命给予农民的土地。而口号说的是**收回**土地。这样来表述自己的要求，那就等于是言行不一。

这样看来（从纲领草案的观点来看），我们实行一定的路线：我们给予农民更多的土地，我们保障他们的所得，我们把剥夺来的大土地占有和不会触动的小土地占有加以区别开来。要知道我们在苏联这样做的事实并不是偶然的。有人会对我们说，我们是同左派社会革命党结盟有关的。但是，如果我们拿这种情况同西欧一些国家的情况来作比较，那么西欧一些国家遇到的困难将会更大，而决不是更小。在国有化问题上，我们在西欧一些国家碰到的困难要比在我们这里**更大**。

初期一些同志激动地说，这个问题从来没有像现在那样提得如此迫切。不过这是不对的，我们在第四次和第五次代表大会上就提出过，马克思和列宁也提过这个问题。

（喊声：在第二次世界代表大会上。）

是的，列宁在第二次代表大会上就提出过这个问题。这里没有新的东西。只有在那种情况下，即如果登格尔同志的前提在现实生活中确实存在，也就是说如果在革命的最初阶段我们能够在经济上立即帮助农民，那么反对我们的意见才是可以理解的。但是，我们不应当有这样的幻想。

关于三种类型国家的资产阶级民主革命的实质

其次，我们在纲领委员会里讨论了关于**资产阶级民主革命和三种类型国家**的问题。对这个问题，我们进行了非常热烈的争论。我在这里将简单地论述一下，并尽可能扼要地说一说。

关于资产阶级民主革命的问题。绝对不能把两样东西、两种标准互相混淆起来：一方面是革命的阶级动力的标准，另一方面是革命客观内容的标准。在纲领委员会里我曾举了法国大革命的例子，它是典型的资产阶级革命，但它同时也是矛头**指向**自由资产阶级的，即资产阶级制度最明显的代表者。山岳派专政首先是小资产阶级的专政。消灭封建统治和封建残余的平民方式，这为通向资本主义的进一步发展铺平了道路，是**小资产阶级反对自由资产阶级**的激进方式。我再重复一遍，不能把**革命的动力**问题和**革命的客观内容**问题相互混淆起来。例如，在中国，在目前发展阶段上，工人和农民结盟意味着**反对资产阶级**的斗争，而不仅仅是反对**封建统治**。但与此同时，我们在中国还没有无产阶级革命，而只有资产阶级民主革命，并走向这样一种政权体制，体现为无产阶级和农民的民主专政。不言而喻，这种政权形式只可能在反对资产阶级的斗争中才能实现（怎能设想，在无产阶级领导下的农民专政能不进行反对资产阶级的斗争而实现呢！这种革命的前提条件是政治上推翻资产阶级、消灭资产阶级及其国家政权）。同时，无产阶级和农民的专政还不是无产阶级专政，还不是作为政权唯一体现者的无产阶级的专政。另一个问题，无产阶级和农民的专政可以存在**多久**。我以为，从一开始这里就提出了**转变的过程**，但这决不意味着我们对工农专政和无产阶级专政之间，对通向工农专政胜利的革命客观内容和直接通向无产阶级专政的革命之间的差别不加区分。从世界历史的角度和该国的角度来看，无产阶级和农民的民主专政是无产阶级专政的**预备**阶段，但仅仅是**预备阶段**。这是革命发展过程中的一个阶段。把所有这一切都混为一谈，决不是列宁主义的传统，而纯粹是托洛茨基的说教。

与此有关，也有可能分清三种类型的国家，正如我们已经提出的那样。或许这种**分类**在纲领中还**应该强调得**更清楚些，这一点我不反对。这样**分类**，就像任何一种分类都多少有点抽象式的一样，在某种程度上是具有**公式化**性质的，但这决不是用来反对这样一些区分的论据，如无产阶级专政国家和工农民主专政国家之间进行区分，直接无产阶级革命和工农资产阶级民主革命之间进行区分。我们在讨论期间，对这个问题大致得出了如下结论：

在分析**中等**资本主义发达水平的国家时，最好提到巴尔干国家：南斯拉夫、罗马尼亚，或许还有保加利亚以及某些南美国家；另一方面，在这里应该提出较为具有伸缩性的表述，因为这里有这样一些国家（而且不能排除这种可能性），那里的无产阶级革命在其社会主义的"实质"中不得不去完成大量的资产阶级民主实质的任务。这些因素之间的比例当然可能是十分不一样的。或许波兰同志们说得对，他们说，**波兰**是属于无产阶级革命具有特殊性质的国家，它必然要解决一系列资产阶级民主的任务,那里资产阶级民主因素的百分比(这里暂且允许用教学概念),在整个无产阶级革命过程中是很大的,或许应该在表述中增加这种色彩,以便使它具有更大的弹性。

与此有关,我想对阿方索同志昨天的讲话提出一点意见。

阿方索同志对纲领中的两个地方提出反对意见。但是,纲领草案中的这两个地方都是列宁的引文。谁反对这些地方,谁就必须承认,他不同意列宁的意见。说列宁写的这两个地方是孟什维主义的表现,这就有点太过分了。现在来谈一谈问题的实质。关于这一点我过去已经说过,这一点在讨论殖民地问题时也是必须说的。在某种条件下,我们可能和民族革命资产阶级走在一起,如果它确实是革命的,如果它使我们有可能把群众组织起来。这样的时期过去有过。现在我们就没有这种时期了。在印度,问题已经不一样了。

"军事共产主义"问题

下一个问题是"军事共产主义"问题。在纲领委员会里,瓦尔加同志和我进行了激烈的争论。在纲领委员会里,我已作了解释,说明瓦尔加同志为什么如此热烈拥护"军事共产主义"。我说,瓦尔加同志至今也还不理解自己党在匈牙利革命期间所犯的严重错误。在对待农民方面犯了什么错误呢?首先,是这样一个错误:**农民完全没有得到土地**。其次是实行了**相当大规模的剥夺**(征收等)。第三,过去的大地主**留在国营农场当专家**。对待农民方面的错误,说得客气点就是这些。至于城市里的小资产阶级,那么在无产阶级革命的最初阶段发布了一道法令:对开小铺的所有商人都处以死刑。我说,在这种情况下,如果无产阶级专政能存在一段时期,那真是怪事。我一再证明,我们在对农民和小资产阶级为一方与对地主和大资产阶级为另一方之间的原则性态度上没有加以区别。在纲领委员会里和在代表大会全体会议上，瓦尔加同志开玩笑地说，他是反对理发馆国有化的，但是他们痛骂了他一顿，等等。（笑声）我不想再来谈这个问题了。但是，我是否有理由说瓦尔加同志不理解匈牙利专政的错误呢？我肯定地说，我过去有现在还有理由这样认为。我这里有一份瓦尔加同志为《大百科辞典》撰写的关于匈牙利一文的原件和初校稿。瓦尔加同志是如何评价在那个阶段（在与我争论之前）匈牙利革命的主要教训的呢？他在文中评述了匈牙利无产阶级专政下运动的各种因素，他写道：

"这两种情况（革命的孤立和共产党的软弱——布哈林注）连同不幸的历史事实，由此在1919年夏天俄罗斯的苏维埃政权被白卫分子赶向北面，结果匈牙利红军和俄罗斯红军不能联合起来——所有这些情况必然导致匈牙利专政的崩溃，**即使甚至领导人不犯一个错误。**"

我对此**完全不同意**。我确认，这样提出问题是对错误**估计不足**。瓦尔加说，专政的彻底崩溃即使有最好的无可指责的政策也是不可避免的。我在纲领委员会里说过，在这里再重复说一遍，匈牙利无产阶级专政之所以被推翻是由于外部的军队、内部的农民骚乱以及部分的城市小资产阶级。匈牙利专政的领导人在对农民采取这种政策的情况下没有力量也不可能来瓦解由罗马尼亚、捷克和匈牙利农民组成的敌对军队。在战争期间匈牙利专政有大量的居民来反对它。它不能在敌对军队中进行分化瓦解的宣传。在这种情况下专政如何能坚持住呢？这是完全不可能的。如果你在城市里对小资产阶级实行恐怖，那么城市里的大批小资产阶级群众就会来反对你。当小资产阶级，当农民完全起来反对专政，当敌对的军队起来反对专政，在这种情况下那你怎么能与党内、政府内的一半社会民主党人一起坚持得住呢？我要一而再地问你，在这种情况下你怎么还能坚持得住呢？假如农民站在你们一边，那么你们难道就没有可能去分化瓦解敌对的军队吗？谁能证明，到匈牙利来的罗马尼亚农民，当接触到自己的农民兄弟，并从无产阶级专政那里直接得到某些东西并拥护它时，怎么能不被分化瓦解，怎么会不离去呢？谁能证明这一点呢？我们曾在阿尔汉格尔斯克瓦解了英国军队，英国人就跑掉了，在奥得萨，武装干涉军也被瓦解了。可以问一问皮亚特尼茨基同志，哥萨克到莫斯科的时候发生了什么事情？我们也把这些队伍瓦解了。我们的胜利在很大程度上是瓦解敌对军队的结果。这是我们在斗争中最可靠的手段之一，也是在未来的战争中最好的手段。而这一点在匈牙利一开始就被忽视了，并形成了相反的情况。如果匈牙利专政的教训被描绘成那篇文章上说的那样，那么我有充分的政治权利说，我们对**错误估计不足**，首先是在**农民问题**上，在小资产阶级问题上。瓦尔加同志维护军事共产主义的热情讲话与对错误的估计不足有什么共同之处呢？我要说：是的。因为如果不理解错误的整个深度，如果看不到地主和农民、大资产阶级和小资产阶级之间的差别，那么在这样的基础上实行"军事共产主义"就会导致**专政的灭亡**。如果说我是比较审慎地来谈论"军事共产主义"的话，那正是出于这样一些缘由。我们的争论从**结论**的意义上说是极小极小的。瓦尔加同志建议不要说"军事共产主义"的必然性，而只说可能性。我同意这一点："军事共产主义"在许多国家里在某种特定的前提下是**可能**的。在这个问题上，我和瓦尔加是一致的。但我反对他提出的整个论据。显然我们只应从"军事共产主义"在某种特定条件下的可能性出发说：

首先，在其他一些国家，我们不能简单地复制在苏联实行的"军事共产主义"，正如不能在其他国家实行俄罗斯采取的那种新经济政策的形式——我们将会有各种各样的其他方案。列宁同志不仅谈到在一定阶段上"军事共产主义"应该是正确的，但也谈到我们在实行"军事共产主义"时做了**一些蠢事**，向别人推荐这些蠢事是不好的。

其次，我们不应束缚自己的手脚，硬说"军事共产主义"在**一开始时**或者在专政发展到一定时期**以后**将是必要的。如果它是必要的，那么我们就在那个必要的国家里实行。这样做的前提条件就是这样一些和这样一些。如果这些前提条件存在，那么我们就从中得出相应的结论。争论到此结束。

新经济政策的普遍意义

关于新经济政策问题，我们也曾有一场激烈的争论，有些同志认为（而他们依据的是现有的和正确转述的列宁的引文），我们在其他许多国家里在一定条件下将不采取新经济政策的方式，那里有可能直接过渡到没有复杂市场关系的社会主义的产品交换。这些引文确实是有的，确实是有这个意思。但与此同时，我应该说，列宁在第三次代表大会上已经说了，俄国新经济政策的经验应当加以分析，并在国际范围内加以利用。他还说，英国在这方面可能是个例外。在第四次代表大会上，季诺维也夫同志在发言中详细地谈论了新经济政策的问题，并以比列宁在第三次代表大会上更加明确的方式谈到新经济政策在其他国家也将是必要的，并在这个问题讨论以后代表俄国代表团和列宁同志一起作了发言。新经济政策作为社会主义国家工业和小生产者结合的方式，它的国际意义比在第三次代表大会以前变得更加明确了。我在纲领委员会里还提到一个情况：列宁在第四次世界代表大会上基本上赞同我们纲领的第一个草案，那里对新经济政策的解释也同新的纲领草案上一样。可以提出**不同意见**，说没有任何文件、没有任何记录来直接证明这一点。但不难设想，列宁对纲领草案中的比较次要问题，即局部要求的问题作了发言，却"忘记"了一个主要问题，即新经济政策问题。实际上，他讨论了这个问题，虽然这和他以前说过的话在形式逻辑上是矛盾的。为什么？

因为形势已经非常明确了。

在我看来，不能把两样东西混为一谈。一方面是我们有各种各样的社会主义方案。在资本主义制度下我们有各种各样的资本主义方案。关于这一点，我在第四次代表大会上或许也在第五次代表大会上说过。我们在法国、北美和德国经济中有各种形式的资本主义方案。显然这也将导致各种形式的社会主义方案。在一些落后国家里，我们将会有一些新的方案。在德国，在无产阶级革命以后，社会主义按其形式来说将大大高出于存在达十年之久的苏联社会主义。那里社会主义建设的前提条件要比我们这个落后国家宽阔得多。列宁曾多次说过和写过，在西欧无产阶级革命以后，我们将再次成为落后国家，尽管现在我们是最进步的国家。列宁制定的合作社计划在像德国这样的国家里将会有完全不同的**比重**。德国的农村合作化将不会像在我们这里起如此巨大的作用。那里的社会结构不同。从社会结构不同的观点来看，发展起来的将是所谓的各种"国有"类型的社会主义，而这些方案将存在相当长的一段时期。世界无产阶级专政各个组成部分的结合、苏维埃共和国结成联盟的过程，即变成为一个社会主义世界经济的过程是相当长的过程。这些不同的品质，这些建设社会主义的不同方案，不是一件次要的事。但这不等于说，我们在其他一些国家里将有与我们建设社会主义的方式完全不同的方式。跟我进行争论的同志们并不否认，某种程度上保留市场关系**在其他一些国家里也是必要的**。而要知道，市场关系是新经济政策中最重要的因素。如果有市场关系，那就是新经济政策。另外一个问题，这段时期将有**多长**，要克服这些市场关系需要**多久**？这条道路的阶段和相应时期的长短在不同的国家里是不同的。但从我们关于新经济政策必要性和普遍性争论的角度来看，这没有原则性的差别。在我看来，新经济政策的问题就是这样。

在纲领委员会里，我们大家都同意许多同志提出的意见，即**农民**问题、民族问题作为单独的和特殊的问题，不应与殖民地问题的总的提法混淆在一起。关于这一点，我们不再来多谈了。这些就是我们在纲领委员会里讨论的主要问题。

当然，我绝没有详尽无遗地说明纲领委员会里讨论的整个情况。我只是谈了一些理论上最复杂和最重要的问题，而完全没有涉及一系列策略和战略的问题，这些问题从我们的实践角度来看具有极重大的意义，但在理论上并不特别复杂。我以为，所有这一切还可以在专门委员会里再来加工。我们纲领委员会全体会议决定不建立任何分委员会，而只成立一个规模很小的委员会，来具体加工对纲领的修改意见。这个小委员会在工作完成后将向代表大会全体会议报告该委员会修改后的最终的纲领文本。现在我提议，代表大会**原则上**通过我们的纲领草案。

结　论

我们还没有结束修改纲领的工作，我们只是把**全部讨论**工作进行完毕。我们面前还有相当艰巨的任务，即对纲领草案进行具体的修改和完善。但整个讨论表明，纲领草案没有遇到任何重大的反对，因此，我请求原则上通过这个纲领草案。

目前，社会民主党竭力想让人们相信，我们的纲领似乎是"战争和分裂无产阶级"的纲领，它一再试图欺骗工人群众，把自己说成是一股为反对战争而斗争的力量，因此我们应该把我们的纲领带到无产阶级群众中去，使他们一次又一次地看到，我们的纲领是**联合一切无产阶级力量的纲领**，是**联合宗主国工业无产阶级和殖民地半殖民地被压迫民族的纲领**。世界无产阶级将会看到，我们的纲领是共产党人反对帝国主义战争忘我斗争中的最好的领航员，是真正**世界革命的纲领**，是**世界无产阶级专政的纲领**。（经久不息的掌声，转为欢呼声）

原则通过共产国际纲领草案

主席：

主席团建议通过以下决定：

"代表大会同意纲领草案，并委托纲领委员会审议提出的所有修改意见和补充，并在最终校订时利用其中一些与纲领草案的原则性提法不相分歧的意见。最终的文本将在最近一次代表大会会议上通过。"

谁赞成这项建议？谁反对？谁弃权？一致通过。（鼓掌）

希腊代表团成员萨里斯、尼古劳的声明

"我们，下列签名的希腊代表团成员在第六次代表大会上声明，无论在纲领委员会的讨论中，还是在布哈林同志关于纲领问题的报告后以及随后的讨论中，我们都不同意，希腊和保加利亚应该被划入第二类资本主义国家，根据纲领中的分类，尽管无产阶级革命在这两个国家里将解决一系列资产阶级民主任务。

萨里斯、尼古劳"

布哈林的声明

主席：

请布哈林同志发表声明。

布哈林（苏联）：

看来，有些同志认为，我曾嘲笑了匈牙利代表团和匈牙利同志们。

我讲话的意思自然完全不是这样。我不想得罪匈牙利代表团和匈牙利同志们，如果他们把我的话理解成这样，那我请匈牙利代表团和匈牙利同志们原谅。

我的内心感受是犯下了各种各样的大错误，而这些错误是模仿了俄国革命的某些错误，我没有任何理由认为，我们应该来赞美错误，相反，我认为我们应该对它进行批评。

库恩·贝拉的声明

主席：

请库恩·贝拉同志发表声明。

库恩·贝拉（匈牙利）：

我应该声明，我们原则上同意布哈林同志对军事共产主义的革命措施和匈牙利革命的错误所进行的批评。

（会议休会）

附 录

共产国际纲领草案①

导　言

帝国主义时代是垂死的资本主义的时代。在帝国主义基础上产生的资本主义的危机意味着社会主义的物质前提业已成熟。

但是，帝国主义的发展不仅创造着社会主义的物质前提。它同时也创造着资本主义被推翻的条件。

帝国主义迫使各国广大无产者群众——从资本主义强大力量的中心到殖民地世界最偏远的角落，服从于金融资本的专政。帝国主义以自发的力量暴露和加深了资本主义社会的一切矛盾，把阶级压迫扩大到无以复加的地步，使世界经济生产力发展与民族国家隔阂之间的矛盾达到十分紧张的程度，并不可避免地引起世界规模的帝国主义战争，使整个统治关系的体系受到震撼，从而必然导致世界的无产阶级革命。

---

① 纲领草案于1928年5月25日由共产国际执委会纲领委员会批准提交即将召开的第六次代表大会讨论，并作为由第六次代表大会选出的纲领委员会工作的基础。

经过大量修改后在共产国际第六次代表大会1928年9月1日第四十六次会议上通过的纲领的最终文本发表在代表大会速记记录第六分册上（中译本见《国际共产主义运动历史文献》中央编译出版社2013年版第48卷——编者注）。

帝国主义给整个世界套上金融资本的锁链，用鲜血和铁链迫使各国无产者、各民族和种族处于金融资本主义寡头们的压迫之下，无限制地加强对无产阶级的剥削、压迫和奴役，使无产阶级直接面临着夺取政权的任务，从而迫使工人们紧密地团结成一支不分国界、民族或种族、性别或职业的各国无产者统一的国际大军。

这样，帝国主义在建立社会主义的物质条件的同时，也使得无产阶级组织成一支为推翻帝国主义所必需的战斗的国际联合。

另一方面，把工人阶级中生活最有保障的一部分人从工人阶级基本的和最受压迫的群众中分裂出来。这些为帝国主义所收买和腐蚀的工人阶级上层分子构成了社会民主党的领导干部，他们关心帝国主义对殖民地的掠夺，效忠于"本国的"资产阶级和"自己的"帝国主义国家，在阶级的决战中站在无产阶级的阶级敌人一边。在此基础上引起的1914年社会主义运动的分裂以及已经成为资产阶级工人政党的社会民主党随后的叛变，都表明和证明，国际无产阶级只有对社会民主党进行无情的斗争才能完成自己的历史使命，即推翻帝国主义的压迫和争取无产阶级的专政。

因此，国际革命的力量只有在共产主义的纲领立场上才能组织起来。社会民主党机会主义的第二国际已成为工人阶级队伍内的帝国主义代理人，因此必然与**共产国际**相对立。

1914—1918年的战争引起了建立新的革命国际的最初尝试，作为与社会沙文主义第二国际相对抗并作为反对好战的帝国主义的工具（齐美尔瓦尔德、昆塔尔）。俄国无产阶级革命的胜利促成了在资本主义的中心和殖民地的共产党的建立。1919年成立了共产国际，它在世界历史上第一次实际地、通过革命斗争的实践把欧洲和美洲无产阶级的先进阶层与中国和印度的无产者、同非洲和美洲的黑人劳动者联合了起来。

作为统一的、集中的国际无产阶级政党，共产国际是在革命无产阶级运动的新的、**群众性**的基础上执行第一国际组织原则的唯一继承者。第一次帝国主义大战和随之而来的资本主义革命危机时期的经验，欧洲和殖民地国家一系列革命的经验，苏联无产阶级专政和社会主义建设的经验，**共产国际**历次代表大会所固定下来的各国支部的工作经验，最后，帝国主义资产阶级和无产阶级之间斗争的日益国际化——所有这一切都要求必须及时地制定一个各支部统一的和共同的共产国际纲领。

因此，作为国际无产阶级革命运动经验的最高的概括，共产国际纲领是争取世界无产阶级专政的斗争纲领，是争取世界共产主义的斗争纲领。

共产国际把领导千百万被压迫和被剥削群众反对资产阶级及其"社会主义"代理人的革命工人联合在一起，并把自己看做是马克思亲自创建的"共产主义者同盟"和第一国际的历史继承者，看做是战前第二国际的最优良传统的继承者，第一国际奠定了国际无产阶级争取社会主义斗争的思想基础。第二国际在其最好历史时期里开拓了广泛发展群众性工人运动的基地。第三国际，即共产国际继承了第一国际的事业并接受了第二国际工作的成果，坚决摒弃后者的机会主义、社会沙文主义和对社会主义的资产阶级式歪曲，并开始实行无产阶级专政。因此，共产国际继承着国际工人运动的光荣的英勇传统：英国宪章派和1831年法国起义者的传统，1848年法国和德国工人革命家的传统，巴黎公社的不朽战士和先烈的传统，德国、匈牙利和芬兰革命中英雄士兵的传统，前沙皇俄国暴政下的工人——无产阶级专政的胜利体现者的传统，中国无产者——广州和上海的英雄们的传统。

共产国际依据各大洲和各民族革命工人运动的历史经验，在自己的理论工作和实践活动中毫无保留地站在**革命马克思主义**的立场上。马克思主义在**列宁主义**中得到了完善，而列宁主义不外乎是帝国主义和无产阶级革命时代的马克思主义。

共产国际捍卫并宣传和运用马克思—恩格斯的辩证唯物主义的革命方法，同各种资产阶级世界观和各种理论上和实践中的机会主义进行积极的斗争。共产国际站在彻底的无产阶级阶级斗争的立场上，将无产阶级的暂时的、局部的、集团的和民族的利益服从于它的长远的、共同的、国际的利益，无情地揭露改良主义者从资产阶级那里剽窃来的各种"阶级和平论"（"国内和平"，战时的保卫帝国主义"祖国"，宣扬资产阶级的和平主义，"工业和平"等等，等等）。

共产国际体现了革命无产阶级国际组织的历史性要求，即资本主义制度的掘墓人，是以无产阶级专政和共产主义作为自己的纲领，并以国际无产阶级革命组织者的身份公开出现的唯一国际力量。

一、资本主义世界体系及其发展和必然灭亡

在商品生产发展基础上成长起来的资本主义社会，其特点是：资本家阶级垄断生产资料，剥削无产者阶级的雇佣劳动，为获取利润而进行商品生产。剥削关系和资产阶级的经济统治在政治上表现为作为镇压无产阶级机关的资本的国家组织。

资本主义的发展完全证实了马克思关于资本主义社会发展的规律以及这种发展的矛盾导致整个资本主义制度的必然灭亡。

为了追逐利润，资产阶级不得不以越来越大的规模上发展生产力，巩固并扩大资本主义生产关系的统治地位。因此，资本主义的发展不断地在扩大的基础上再生产出资本主义制度的一切内部矛盾，首先是劳动的社会性和占有的私人性之间、生产力的增长和资本主义财产关系之间的决定性矛盾。生产资料私有制的统治和生产的无政府自发过程，引起了各个生产部门之间经济平衡的破坏，这种破坏是同无限制地扩大生产和无产者群众有限消费之间矛盾的发展相联系着的，结果造成了周期

性重复的破坏性危机和无产阶级的大批失业。私有制的统治同样还表现为各个资本主义国家内部的竞争和不断扩大的世界市场上的竞争。资本家之间的这种相互角逐的形式，结果导致一系列战争——资本主义发展的必然伴侣。

同时，资本主义社会的内部结构也发生了变化。大生产的技术优势和经济优势使得各种前资本主义经济形式在竞争斗争中受到摧毁，引起日益增长的资本的积聚和集中。在工业领域中，这种规律首先表现为小生产的直接灭亡，一部分降到大企业辅助单位的地步。在农业领域中，这一规律不仅表现为农民的分化和广大农民阶层的无产阶级化，而尤其表现为小农经济以公开或隐蔽的形式屈服于大资本的统治，在这种情况下，小农经济只有靠极度紧张的劳动和不断的省吃俭用来维持表面上的独立。

随着机器的日益广泛的采用，技术的不断完善和资本有机构成的不断提高，也出现了分工的进一步发展，劳动生产率和劳动强度的提高；这也就意味着越来越广泛地使用女工和童工，形成一支由离乡背井的无产化的农民和破产的城市中小资产阶级不断补充的庞大的产业后备军。社会关系的一端是一小撮百万富翁，另一端则是广大的无产阶级群众；对工人阶级的剥削程度不断提高，资本主义深刻矛盾及其后果（危机、战争等等）在扩大的基础上不断再生产；社会不平等不断提高；由资本主义生产机制本身所联合和训练出来的无产阶级的不满情绪日益增长——所有这一切都不可避免地导致资本主义基础的动摇和崩溃的加速到来。

产业资本主义时期主要是一个"自由竞争"的时期，是在瓜分和武装掠夺自由殖民地的条件下资本主义相对平稳地发展和扩大到全世界的时期，这时资本主义的内部矛盾不断增长，而矛盾的压力主要落在受掠夺和压迫的殖民地身上。

到了20世纪初,这一时期让位于帝国主义时期,即资本主义飞跃式地、充满冲突地发展的时期,这时自由竞争让位于垄断,"自由的"殖民地已经瓜分完毕,重新瓜分殖民地和划分势力范围的斗争不可避免开始主要采取武装斗争的形式。

因此,资本主义所具有的各种矛盾,它的世界规模的矛盾在帝国主义(金融资本主义)时代得到了最明显的表现,这个时期意味着资本主义自身的一个新的历史时期,代表着世界资本主义经济各个部分之间的新关系,代表着资本主义各个主要阶级之间的新形式。

这个新的历史时期是在资本主义社会的最重要运动规律的基础上产生的。资本积聚和集中的规律导致了强大的垄断联合组织的形成(卡特尔、辛迪加、托拉斯),导致了由银行一手控制的大型联合企业的新形式。产业资本和银行资本的结合和这种资本主义形式的垄断性质使产业资本主义时期变成了金融资本主义时期。代替封建垄断和商业资本垄断而兴起的产业资本主义的"自由竞争"本身又变成为金融资本的垄断。

复杂机器、化学处理和电力的日益广泛应用,资本有机构成的提高,以及由此而产生的利润率的下降(只是由于卡特尔高价政策而部分受到抑止),引起了争夺殖民地超额利润的进一步角逐和重新瓜分世界的斗争。实行标准化的大量生产需要有新的国外的销售市场。原料和燃料需求的不断增长引起了原料和燃料产地的激烈争夺。最后,高税率保护关税制度成了资本输出的附加刺激因素,而资本输出成了资本主义世界经济各部分之间经济联系的决定性的和特殊的形式。

结果是,殖民地销售市场、原料产地和投资范围的垄断大大地加强了资本主义发展的总的不平衡性,使金融资本"列强"之间重新划分殖民地和势力范围的冲突更加尖锐。

世界经济生产力的提高引起了经济生活的进一步国际化,同时也引起了金融资本各大国之间重新瓜分业已瓜分完毕的世界的斗争,引起这一斗争方式的转变和加剧，引起越来越用强力压迫的办法（抵制，高税率保护，关税战和真正意义上的战争等）来代替廉价的办法。因此，资本主义的垄断形式必然伴随着世界上规模最大、毁灭力空前的帝国主义战争。

在这种情况下，国家政权及其武装力量对于资产阶级来说具有特殊的意义。因此，金融资本主义表现了国家资本主义形式发展的趋势，这种形式既有利于国外市场的斗争和经济的战争动员，另一方面又可以促使军国主义的高度惊人的增长（陆海空军、化学武器和生物武器的应用）。

总之，帝国主义时期在日益巨大的规模上再生产着资本主义的基本矛盾。小资本家之间的竞争只是为了被大资本家之间的竞争所代替。而大资本家之间的竞争有所平息的地方，则燃起了百万富翁巨大联合及其国家之间的竞争，地方和民族国家的危机变成为包括一系列国家的危机，然后又变成为世界性的危机，局部地区的战争为集团间的战争和世界大战所代替，阶级斗争从个别工人集团的单独发动转变为全国性的斗争，然后又变成世界无产阶级反对世界资产阶级的国际性斗争。反对金融资本的强大联合势力是由两股主要的革命力量组成的：一方面是资本主义国家的工人，另一方面是受外国资本压迫的殖民地人民群众，这两股力量都是在宗主国革命无产阶级运动的指导和领导下行动的。

然而，由于欧洲、北美和日本无产阶级的某些部分被帝国主义资产阶级所收买，由于殖民地和半殖民地国家中被群众革命运动吓坏的民族资产阶级的叛变，这个基本的革命趋向遭到了暂时的挫折。帝国主义列强的资产阶级通过对殖民地半殖民地的掠夺而获得了超额利润，并用这种掠夺来提高宗主国部分工人的工资，从而使他们关心这种掠夺事业并忠于帝国主义"祖国"。这种有计划的收买特别表现在工人贵族和工人阶级官僚阶层，即社会民主党和工会的领导干部身上，他们成了资产阶级对无产阶级影响的直接传播者和资本主义的最好支柱。

但是，帝国主义由于越来越多地收买工人阶级的上层分子而终于断送了自己对工人阶级的影响。由于帝国主义矛盾的加深，广大工人群众状况的恶化，军事冲突和军备的庞大费用，某些大国在世界市场上垄断地位的丧失，殖民地的易手等等，破坏了社会帝国主义在群众中的基础。

同样，殖民地和半殖民地民族资产阶级的叛变及其向帝国主义列强的靠拢，最终导致帝国主义压迫的加强，民族资产阶级对人民群众影响的下降，革命危机的尖锐化，广大农民群众土地革命的开展，为殖民地和附属国无产阶级的无产阶级争取独立和彻底夺取民族解放斗争中的领导权创造有利条件。

帝国主义高度发展了世界资本主义的生产力，为社会主义的社会组织准备好了一切物质前提。帝国主义通过战争表明，冲破了帝国主义界限的世界经济的生产力，要求有一种国际的世界规模的经济组织。帝国主义试图解决这个矛盾，用火和剑来开拓道路，以便建立统一的世界性的国家资本主义托拉斯来组织整个世界经济。但是，被社会民主党思想家们所歌颂的这种超帝国主义的幻想在自己的道路上遇到了不可克服的客观障碍，使得资本主义不可避免地要在自身矛盾的重压下垮台。伴随着演变为世界大战的一系列帝国主义战争（资本集中的规律通过这些战争竭力想扩展到自己的世界规模——统一的世界性托拉斯），出现了严重的破坏，给工人阶级和殖民地千百万无产者和农民的肩上增添了更加沉重的负担，以致资本主义必然会在无产阶级革命的打击下灭亡。

帝国主义作为资本主义发展的最高阶段，使世界经济的生产力具有了庞大的规模，并按照自己的样式来改造整个世界，从而把一切殖民地、一切种族和一切民族都纳入金融资本的剥削范围。但是，资本的垄断形式同时也很快地发展了资本主义的寄生性、腐朽性和没落的因素。

垄断资本消除了竞争的动力,推行了卡特尔的高价政策,不受限制地操纵市场,从而有着阻止生产力进一步发展的趋向。帝国主义从殖民地千百万工农身上榨取了大量的超额利润,由于这种剥削而积累了巨额财富,从而造成了一类腐朽寄生的食利国家和一些靠剪息票为生的寄生阶层。帝国主义建立了大规模的劳动社会化和社会主义的组织前提,从而加深了"列强"之间的内部矛盾,引起了导致统一世界经济分裂的战争。所以说,帝国主义是腐朽的和垂死的资本主义。它是资本主义发展过程的最后阶段。它是世界社会主义革命的前夜。

因此,国际无产阶级革命一般地产生于资本主义发展的条件,特别是产生于资本主义的帝国主义阶段。经济和政治发展的不平衡性是资本主义的必然规律。这种不平衡在帝国主义时期越来越加强和尖锐。因此可以得出结论,国际无产阶级革命不能被认为是同时的和同地的一次性行动。因此可以得出结论,社会主义可以在少数,甚至在单独一个资本主义国家内取得胜利。但是,无产阶级的每次这样的胜利就会扩大世界革命的基地,从而使资本主义的总危机更加尖锐化。整个资本主义制度就因此接近自己的最后崩溃。金融资本的专政就会灭亡,让位于无产阶级专政。

二、资本主义总危机和世界革命的第一阶段

资本列强之间重新瓜分世界的帝国主义斗争导致了第一次帝国主义世界大战(1914—1918年)。这次战争震撼了世界资本主义的整个体系,揭开了资本主义总危机的时期。它使各交战国整个国民经济为自己服务,建立了强固的国家资本主义,支出了巨额的非生产性耗费,摧毁了大量的生产资料和活劳动力,使广大人民群众倾家荡产,加重了产业工人、农民和殖民地各族人民的负担。战争不可避免地加剧了阶级斗

争，使其变成为群众的革命发动和国内战争。帝国主义战线已经在它最薄弱的环节沙皇俄国被突破。1917年的二月革命推翻了大地主阶级的专制统治。十月革命推翻了资产阶级的统治。这次胜利的无产阶级革命剥夺了剥夺者，从资产阶级和地主手中夺回了生产资料，在人类历史上第一次在一个大国内建立并巩固了无产阶级专政，实现了新的苏维埃的国家形式，奠定了**国际无产阶级革命**的基础。

在整个世界资本主义强烈震荡、阶级斗争不断加剧的基础上，在无产阶级十月革命的直接影响下，欧洲大陆和各殖民地半殖民地国家里爆发了一系列革命和革命发动：1918年3月芬兰的工人革命；1918年8月日本的所谓"米骚动"；1918年11月奥地利和德国的革命，推翻了半封建的君主专制制度；1919年3月匈牙利的无产阶级革命和朝鲜的起义；1914年4月巴伐利亚的苏维埃政权；1920年1月土耳其的资产阶级民族革命；1920年9月意大利工人夺取工厂；1921年3月德国的先进工人举行起义；1923年9月保加利亚的起义；1923年秋德国的革命危机；1924年12月爱沙尼亚的起义；1925年4月摩洛哥的起义；同年8月叙利亚的起义；1926年5月英国的同盟大罢工；1927年7月维也纳工人的起义。所有这些事实加上印度尼西亚的暴动、印度的局势动荡和震撼了整个亚洲大陆的中国大革命等，这些事件都是整个国际革命链条上的一个个环节，成为极其深刻的资本主义总危机的组成部分。

世界经济的统一性反映为革命的国际性质，而其各个部分发展的不平衡性则反映为各个国家革命的不同时期。

在资本主义尖锐危机（1918—1921年）的基础上出现的一些革命变革的最初尝试，以一系列国家中无产阶级的失败而告终。这些失败首先是社会民主党领袖和工会运动改良派首领们的叛卖政策的结果，同时也是大多数工人还没有站在共产党人一边以及在一些国家里还没有建立共产党这一事实造成的结果。

这些失败使资产阶级得以对无产阶级群众和殖民地人民加紧剥削，再加上无产阶级群众和殖民地人民生活水平的急剧下降，这就使资产阶级暂时获得一个资本主义关系稳定的局面。

在国际革命的进程中，最积极反对革命并积极支持资本局部稳定的反革命力量，是社会民主党的领导人以及法西斯式的资本主义战斗组织。

伴随着1914—1918年战争灾难而来的，是社会民主党第二国际的可耻破产。奉行民族主义的社会民主党首领们完全违背了马克思和恩格斯在《共产党宣言》中所揭示的资本主义制度下无产阶级没有祖国的论点，完全违反了斯图加特代表大会和巴塞尔代表大会的反战决议，他们之中除个别例外，全都投票拥护军费预算，坚持主张捍卫帝国主义的"祖国"（即捍卫帝国主义资产阶级的国家组织）；他们不去反对帝国主义的战争，相反却成了这种战争的忠诚士兵、宣扬者和歌颂者（从社会爱国主义转变成社会帝国主义）。在以后的阶段里，社会民主党又支持强盗式的和约（布列斯特和约、凡尔赛和约）；积极帮助将军们血腥镇压无产阶级的起义（如诺斯克）；武装干涉第一个无产阶级共和国（苏维埃俄国）；叛卖已取得政权的无产阶级（匈牙利）；加入帝国主义操纵的国际联盟（托马、保罗-邦库尔、王德威尔得）；公开站在帝国主义奴隶主方面压迫殖民地奴隶（英国工党）；积极支持最反动的屠杀工人阶级的刽子手（保加利亚、波兰）；主动倡议制定帝国主义的"军事法规"（法国）；背叛伟大的英国无产阶级的同盟大罢工，帮助镇压旷工罢工；过去和现在一直在帮助扼杀中国和印度（麦克唐纳政府）；充当帝国主义操纵的国际联盟的宣传员；充当资本的传声筒和反对苏联无产阶级专政的有组织的力量（考茨基、希法亭）。

社会民主党利用它的左右两翼来系统地贯彻这种反革命政策：公开的反革命右翼是在同资产阶级讨价还价和直接勾搭时不可或缺的，而

"左"翼则是为了巧妙地欺骗工人所不可缺少的。"左"翼社会民主党玩弄和平主义的词句,有时甚至玩弄革命的辞藻,实际上是在反对工人,尤其是在紧要关头(1926年英国同盟大罢工时最高委员会中的"独立的"和"左"翼的领袖,维也纳起义时的奥托·鲍威尔集团,等等),因此它是社会民主党中最危险的派别。社会民主党尽管在工人阶级中代表着资产阶级的利益并完全站在阶级合作和同资产阶级联合的立场上,但在某些时期却不得不处于反对党的地位,甚至装作领导经济斗争的样子,以便骗取部分工人阶级的信任,从而更无耻地背叛工人阶级的长远利益,特别是在决定性的阶段搏斗的时期。

在**理论**方面,社会民主党完完全全背弃了马克思主义,通过修正主义阶段达到完备的自由主义资产阶级的改良主义和公开的社会帝国主义:它把马克思的阶级斗争学说变成为阶级和平的说教,以同资产阶级结成联盟的理论代替无产阶级专政的学说;以积极建设资产阶级国家代替破坏资产阶级国家;以宣扬和平的"超帝国主义"代替资本主义制度下帝国主义战争不可避免的学说;以保卫帝国主义祖国代替国际无产阶级联合起来的学说;以唯心主义哲学和玩弄资产阶级的宗教渣滓代替马克思的辩证唯物主义。

就这样,形形色色的国际社会民主党、第二国际及其工会分部、阿姆斯特丹工会联合会就成了资产阶级社会的后备军和它最可靠的支柱。

除了帮助资产阶级压迫或者麻痹工人警惕性的社会民主党以外,还出现了**法西斯主义**。

帝国主义时期的到来,阶级斗争的尖锐化,以及特别是在帝国主义世界大战以后内战因素的增长,导致了**议会政治**的危机。战后时期资本主义关系的不稳定,社会游民的大量存在,广大城市小资产阶级和知识分子的贫困化(首先在欧洲一些国家),最后还有无产阶级采取大规模发动的不断威胁,导致了议会政治这种资产阶级专政的虚伪民主形式的破产，并出现了法西斯主义这种资产阶级专政的赤裸裸的方式。资产阶级为了使自己的政权更加稳定、牢固和持久，不得不日渐摆脱议会制，转而来采取不受党派关系和联系约束的法西斯方法，即披着"全民族意志"和"职业代表"（即统治阶级各种集团的代表）思想外衣的直接独裁方式，是一种凭借特殊的社会蛊惑（排犹主义，对高利贷资本的局部攻击，对议会"清谈馆"的愤慨）从而利用小资产阶级、知识分子和其他群众不满情绪的方法，也是一种用建立法西斯斗争团体、党部和官职的雇佣等级制来实行收买的方法。同时，法西斯主义还企图利用工人的不满情绪和社会民主党的消极态度等打入工人群众内部，拉拢其中最落后的阶层。法西斯主义的主要任务是消灭工人的革命先锋队，即无产阶级中的共产主义分子及其骨干力量。社会煽动，收买手段和白色恐怖行动，再加上对外政策方面的极端帝国主义的侵略行径，所有这些构成了法西斯主义的特征。法西斯主义在资产阶级特别危急的时期利用一些反资本主义的辞藻而起家，但是一旦巩固了自己的政权，就抛弃自己那些反资本主义的装饰品，日益暴露出大资本恐怖独裁的真面目（墨索里尼、皮尔苏茨基）。

资产阶级适应政治形势的变化，既利用法西斯主义的方法，也利用同社会民主党结盟的方法，而社会民主党也时常起着法西斯主义的作用（德国的诺斯克，波兰的社会党，等等）。这两种方法对于"正常的"资本主义来说是非正常的方法，标志着资本主义总危机的特征，同时也延缓了革命的进程。

战后历史时期的经验证明，用摧残工人阶级和有计划地压低其生活水平的办法所取得的资本主义的稳定不能不是局部的、暂时的和腐朽的。在此基础上，发展起来新的更大的矛盾，加深了资本主义的总危机，为无产阶级世界革命的新阶段创造了条件。

帝国主义战争的第一个回合（1914—1918年世界大战）和前沙俄

帝国内部工人阶级十月革命胜利的结果，世界经济分裂为两个根本对立的阵营：**帝国主义国家阵营和苏联无产阶级专政**。阶级结构的不同，政权阶级性质的不同，对内、对外、经济、文化政策目的的原则性不同，整个发展方向上的原则性不同，这一切使得资本主义世界同无产阶级取得胜利的国家处于尖锐的对立之中。在以前的统一世界经济范围内，两种敌对的制度，即资本主义制度和社会主义制度在进行斗争。阶级斗争过去是在无产阶级尚未掌握政权的条件下进行的，而现在则是在巨大的、真正世界性规模上重新展开，而世界工人阶级现在已经有了自己的国家——国际无产阶级的唯一祖国。苏联的存在及其对全世界劳动者和被压迫群众的影响，这本身就是世界资本主义体系的最深刻危机和阶级斗争在历史上空前的扩展和尖锐化的最鲜明的表现。

资本主义世界无力克服自身的内部矛盾，于是企图建立一个国际性的联合组织（国际联盟），其主要目的是制止革命危机的不可遏止的发展，用封锁或战争来扼杀无产阶级共和国联盟。与此同时，在苏联的周围却团结着革命无产阶级和殖民地被压迫群众的一切力量：与极不稳定、内部腐烂又武装到牙齿的资本的世界联盟对立的是统一的劳动的世界联盟。

因此，帝国主义战争第一回合的结果是出现了一个具有世界性历史意义和规模的新的根本矛盾：苏联和资本主义世界之间的矛盾。

另一方面，**世界经济中资本主义成分内部的对抗**也在日益尖锐。世界经济中心之移向美国以及"金元帝国"之变为世界剥削者，使美国和欧洲资本主义，首先是英国资本主义之间的关系变得紧张起来。保守的老牌帝国主义国家中最强大的英国同已经取得世界霸权的世界最强大的年轻资本主义的美国之间的冲突成了金融资本各国世界性冲突的轴心，受到凡尔赛和约掠夺的德国在经济上已恢复了元气，重新走上了帝国主义政策的道路，并再度成为世界市场上不容忽视的竞争者。太平洋上交织着各种矛盾，其中心环节则是美日冲突。除了这些基本的对抗之外，不断变化的极不稳定的各个国家集团之间的利益矛盾也在发展，在这里，二等国家扮演着帝国主义巨头及其联盟的辅助工具的角色。

欧洲内部市场由于战争而缩小，苏联脱离纯资本主义的流通领域。最重要的原料和燃料产地受到极度的垄断，在这种情况下，世界资本主义工业机构生产能力的增长所产生的后果，是资本主义各国间冲突的扩大，争夺石油、橡胶、棉花、煤炭和金属以及要求重新分配市场和投资地区的"和平"斗争，势必导致新的世界战争；疯狂发展的军事技术成就愈大，这种战争的毁灭性就愈大。

与此同时，**宗主国**和**殖民地半殖民地国家**之间的矛盾也在增长。欧洲帝国主义经过大战受到一定程度的削弱，殖民地的资本主义得到发展，苏维埃革命的影响，最大的海上殖民国家英国内部出现的离心倾向（加拿大、澳大利亚、南非），所有这些都促进了殖民地和半殖民地发动起义。推动亿万中国人民前进的中国大革命把整个帝国主义体系打开了一个大缺口。千百万印度工农大众中酝酿的革命力量正威胁着帝国主义国家世界的台柱——大英帝国的统治命运。在苏联作为革命发展极重要因素存在的条件下，在这些国家面前，出现了社会主义改造的可能性。

这样，将绝大多数居民纳入与帝国主义斗争的殖民地革命过程也就是资本主义深刻总危机的表现。

最后，在帝国主义腹地，革命危机也不可避免地成熟起来；资产阶级对工人阶级的进攻，对其生活水平、组织和政治权利的进攻。引起了无产阶级广大群众日益增长的反抗，使得工人阶级和托拉斯化资本之间的阶级斗争日益尖锐。英国劳资之间的大规模搏斗（1926年大罢工），还有德国和美国劳资之间的大规模搏斗；群众不断左倾的过程，共产党影响和威信的增长，最广大工人群众对无产阶级专政国家与日俱增的同情,这些都清楚地表明在帝国主义腹地新的革命高潮正在增长。

就这样,世界帝国主义体系以及资本主义的局部稳定在四面八方的围攻下摇摇欲坠了;这种攻击力量来自帝国主义国家间的矛盾和冲突,来自殖民地千百万群众斗争的兴起,来自各宗主国的革命无产阶级,最后还来自整个世界革命的枢纽——苏联的无产阶级专政。国际革命正在发展。

帝国主义正在纠合自己的一切力量来反对国际革命。向殖民地派遣远征军,发动新的世界大战,进攻苏联,这一切都被帝国主义列入议程。这将不可避免地导致**一切国际革命力量的蓬勃发展和资本主义的必然灭亡**。

三、共产主义的最终目的——世界共产主义

共产国际所追求的最终目的是以世界共产主义体系代替世界资本主义经济。由历史发展的整个进程所准备好的共产主义社会是人类的唯一出路,因为只有它才能消灭资本主义制度下使人类遭受退化和灭亡威胁的各种矛盾。

共产主义社会使社会的阶级分化趋于消灭,即除了消除生产的无政府状态外,还消除了社会的无政府状态。代替互相斗争的各阶级而出现的是统一的劳动组合的全体成员。阶级斗争所引起的以往各种社会形态中的大量非生产性的耗费将会消失,被解放了的精力将投入与自然界的斗争和发展人类的威力。

世界共产主义制度在消灭了生产资料私有制,使之转为公有制之后,就排除了世界市场的自发势力和竞争,排除了社会生产的盲目性,代之以自觉组织和计划。随着生产的无政府状态和竞争的消失,破坏性的危机和破坏性更大的战争也消灭了。同生产力的大量耗费和社会的病

态发展相反，这里是在不受限制的、平稳和迅速的发展生产力基础上有计划地支配一切社会物质财富和健康地发展经济。

私有制废除和阶级消亡后，人剥削人的现象也随之消亡。劳动不再是为阶级敌人做工，不再只是谋生的手段，而成为生活的第一需要；贫富的概念消失了，因为人与人之间经济上的不平等消失了，被奴役阶级的贫困和低微的物质生活水平消失了，由于劳动分工而产生的等级消失了，从而脑力劳动和体力劳动之间的矛盾也消失了。同时，阶级统治的机构，首先是国家政权也消失了。随着阶级的消亡，作为阶级统治体现者的国家政权也就消亡了。一切强制规范也将逐渐消亡。

随着阶级的消亡，教育的各种垄断也就消亡。各种教育，直至高等教育就成为社会的财富。在这种情况下，任何人统治人的现象都不可能存在，在一切文化领域中，各种人才的挑选和涌现都有了极其广阔的天地。

在这里，生产力的增长不再受任何社会性质的限制。生产资料私有制，营私逐利的各种手段，广大群众的人为的愚昧无知和贫穷（这在资本主义社会里是阻碍技术进步的），以及大量的无关生产的耗费，这一切在共产主义社会里都将不再存在。

在世界共产主义制度的各个部分，自然力量和气候条件的最合理的利用；由于农业一贯落后和农业技术水平的低下而形成的城乡对立的消灭；科学和技术相结合、研究工作和研究成果在最广泛规模上的实际应用；科学劳动本身的有计划的组织；高度完善的统计方法和计划经济调节方法的应用，整个制度的最强有力的内部动力（迅速增长的内部需要）——所有这些因素保证了最高限度的社会劳动生产率，从而人们有精力得以去大力发展科学和艺术。

世界共产主义社会生产力的发展，为提高整个人类的福利，从而也为历史上空前的文化繁荣提供了可能。这种第一次联合在一起的人类新文化，打破了一切国界，是建筑在人与人之间的明朗透彻的相互关系之上的。因此，这种文化将永远地埋葬各种神秘、宗教、偏见和迷信，成为无坚不摧的科学认识发展的强大推动力。

在共产主义的高级阶段上，共产主义社会已经是在自身基础上发展起来的，在人的全面发展的同时，社会生产力也有了极大的增长，社会在自己的旗帜上写着"各尽所能，按需分配"的字样，这是以自己发展的初级阶段，即社会主义阶段作为历史先决条件的。在社会主义阶段，共产主义社会刚刚脱离资本主义社会，在经济、道德、思想等各种关系上还都带着它所由产生的旧社会的胎记。社会主义生产力还没有发展到足以按需分配劳动产品的程度，产品还要按劳动来分配。分工制度，即把一定的劳动职能固定给每一个人的办法还不能取消，特别是脑力劳动和体力劳动之间的对立还没有基本消灭。尽管阶级已经消灭了，但旧社会阶级划分的残余还依然存在，因此，无产阶级国家政权、强制，甚至资产阶级法权（消费资料私有制的权利）和法权的残余还都存在，尚未消亡的某种不平等的痕迹还保留下来。城乡对立还没有消灭，还没有彻底根除。但是，所有这些旧社会的残余已不再受任何社会力量的保护和维护。由于这些残余是同生产力发展的一定水平相联系的，所以当摆脱资本主义枷锁的人类迅速地征服自然力量，以共产主义精神重新教育自己，从社会主义进入完全的共产主义时，这些残余也就随之消失了。

四、从资本主义向社会主义的过渡时期和无产阶级专政

在资本主义社会和共产主义社会之间有一个后者革命地改造前者的时期。与此相应，也有一个政治上的过渡时期，这个时期的国家只能是无产阶级的革命专政。从帝国主义世界专政向无产阶级世界专政的过

渡，包括一个很长的无产阶级斗争、失败和胜利的时期。这是一个资本主义关系持续不断的总危机和社会主义革命发展的时期，是世界经济内部资本主义社会经济制度和社会主义经济制度同时共存的时期，是它们"和平"关系和武装斗争的时期，是社会主义苏维埃国家结成联盟并同帝国主义国家进行战争的时期，是它们同殖民地人民的关系日益密切的时期，等等。

资产阶级革命只意味着业已形成的、在经济上占统治地位的生产关系制度的政治解放，并把政权从一个剥削阶级手中转变到另一个剥削阶级手中；而无产阶级革命则意味着在资产阶级社会的财产关系领域里无产阶级用暴力推翻剥削阶级，剥夺剥削阶级，把政权转移到以根本改造社会的经济基础和消灭一切人剥削人现象为目的的阶级手里。资产阶级革命必须经历若干世纪、通过多次革命才能在全世界范围内推翻封建贵族的政治统治，但国际无产阶级革命尽管不是一次性行动而要包括整整一个时代，却能依靠各国之间更为密切的联系而在迅速得多的时间里解决自己的任务。只有在无产阶级获得完全的世界胜利并在全世界巩固自己的政权以后，才接着有一个较长的大力建设社会主义经济的时期。

无产阶级夺取政权是发展社会主义经济形式和提高无产阶级的前提，无产阶级改造自己的本性，使自己成为社会生活各个领域的成熟的领导者，吸引其他各阶级参加这一改造过程从而为消灭一切阶级打下基础。

在争取无产阶级专政和随后的社会制度改造的斗争中，在反对地主资本家联盟的斗争中，将成立以工人阶级为思想领导和政治领导的工农联盟，这个联盟是无产阶级专政的基础。

整个过渡时期的特点是：无情镇压剥削者的反抗，组织社会主义建设，大规模地用社会主义精神改造人们，逐步消灭阶级。

只有完成了这些伟大的历史任务以后，过渡时期的社会才能开始转变为共产主义社会。

由此可见，世界无产阶级专政是世界资本主义经济转变为社会主义经济的必要的先决条件。这一专政只有在社会主义在一些国家取得胜利之后才能实现，这时，新成立的无产阶级共和国与已经存在的无产阶级共和国结成联邦，这种联邦性质的联合体将会扩大，把脱离帝国主义羁绊的殖民地也包括在内，这些共和国联邦最后成为世界苏维埃社会主义共和国联盟，在组成为国家的国际无产阶级领导下实现人类的大联合。

无产阶级夺取政权并不是靠取得议会中的多数席位来和平地"取得"现成的资产阶级国家机器。无产阶级夺取政权，是用强力推翻资产阶级政权，打碎资本主义的国家机器（资产阶级的军队、警察、官僚等级制度、法庭、议会等）而代之以新的无产阶级的政权机关，这种机关首先是镇压剥削者的工具。

1917年十月革命和匈牙利的革命（这两次革命无可比拟地扩大了1871年巴黎公社的经验）向我们表明：无产阶级国家政权最合适的形式是苏维埃国家形式。

正是这种形式是直接从最广大劳动人民的群众运动中产生出来，保证了群众的最大积极性，从而也就成为最后胜利的最可靠保证。

苏维埃类型的国家是民主的最高形式，即**无产阶级**民主，它与作为**资产阶级**专政伪装形式的资产阶级民主截然相反。与资产阶级民主相反，它公开承认自己的阶级性质，公开提出为了最大多数居民的利益而镇压剥削者的任务。它剥夺自己阶级敌人的政治权利。为了加强无产阶级的领导作用，与分散的小资产阶级农民相比较，它暂时地享有一些优惠权利。与此同时，苏维埃作为在无产阶级领导下团结和组织群众的最广泛的形式，实际上吸引最广大的无产者和农民群众参加社会主义的斗争和建设，吸引他们参加实际的国家管理；苏维埃在自己的全部工作中都依靠工人阶级的群众组织，在劳动者内部实现广泛的民主，它比任何其他的政权形式都无可比拟地更接近群众。改选代表的权利，撤回代表的权利，行政权和立法权的统一，不按地区原则而按生产原则进行选举（由工厂、作坊等）——所有这些在资产阶级议会制共和国和无产阶级苏维埃专政之间划上了一道深刻的界限。

资产阶级民主及其公民在法律面前形式上的平等，是建立在物质经济领域中的惊人的不平等之上的。资产阶级民主维护和巩固资本家阶级对生产资料和其他决定性的物质财富的垄断，使之不受侵犯，从而使得各个被剥削阶级，首先使无产阶级在法律上的形式平等以及实际上受到层层限制的民主权利和自由成为法律上的一纸空文，成为欺骗和奴役群众的手段。因此它是资本主义的民主。苏维埃国家剥夺了剥削阶级的生产资料，首先和主要保障工人阶级和全体劳动人民**实现**权利的**物质条件**，保证工人阶级拥有住房、公共建筑、印刷所、交通工具，等等。

在形式权利方面，苏维埃国家剥夺了人民的敌人和剥削者的政治权利，从而在历史上第一次消灭了剥削制度下因性别、宗教、民族的差别而形成的公民之间的不平等。苏维埃国家在这方面确立了世界上任何一个国家所没有实现过的平等，同时，无产阶级专政不断创造使这种平等得以实现的物质基础，如解放妇女、促进前殖民地的工业化方案等的措施。

可见，苏维埃民主就是无产阶级的民主，劳动群众的民主，反对剥削者的民主。

苏维埃国家彻底解除资产阶级的武装，使武器集中在无产阶级的手里；它是武装的无产阶级的国家。在这里，武装力量的组织是根据符合整个无产阶级专政制度和保证工业无产阶级领导作用的阶级原则建立起来的。这样的组织依靠革命的纪律，同时也保证红军和红海军战士同劳动群众之间的经常的、极其密切的联系，保证战士们参加国家的管理和社会主义的建设。

胜利了的无产阶级利用夺得的政权,作为经济变革的杠杆,即把资本主义的财产关系改造为社会主义生产方式的关系。这场巨大的经济革命的起点就是剥夺地主和资本家,即变资产阶级垄断占有制为无产阶级国家占有制。

在这方面,共产国际提出无产阶级专政的下列主要任务。

1. 工业、运输业、通讯服务

(1)没收一切私人资本的大型工业企业(工厂、矿山、电站)归无产阶级国家所有,一切国营和市营的企业转交给苏维埃。

(2)没收私人资本铁路、水上运输以及各种空运工具(货运和客运飞机)为无产阶级国家所有,国有的和市有的各种运输工具转交给苏维埃。

(3)没收私人资本的通讯联络工具(电报、电话、无线电)归无产阶级国家所有,一切国营的、市营的和其他类型的通讯联络机构转交给苏维埃。

2. 农业

(1)没收城市的和乡村中的一切大地产(私人的、教会的和寺院的)归无产阶级国家所有,国有的和市有的地产,包括林木、地下资源、水流等转交给苏维埃,然后实行全部土地国有化。

(2)没收大地主的全部生产资料,如建筑物、机器设备和其他用具、牲畜、农产品加工企业(大型磨坊、制酪房、牛奶厂、烘烤房等)。

(3)把大田庄,特别是具有经营示范作用或重要经济价值的大田庄，交给无产阶级专政的管理机关管理并建立苏维埃农场。

（4）把部分土地，特别是原来租给农民耕种并作为对农民实行经济奴役手段的土地，拨给贫民和一部分中农使用（交给农民使用的土地面积大小，既要考虑经济上的合理性，也要考虑到中立中农并把他们争取到无产阶级一边来的必要性，这必然要根据不同的条件而有所不同）。

（5）禁止买卖土地。坚决同违反这项法律的人作斗争。

（6）反对高利贷。取缔盘剥性契约。免除农民中对剥削阶层的债务，等等。

（7）组织改良土地的农业信贷。

（8）支持和贷款给农业合作社、集体农庄和公社。

3. 商业与信贷

（1）一切私人银行实行无产阶级国有化（全部黄金储备、有价证券、存款等都转交给无产阶级国家），国营的、市营的和其他类型的银行都转交给无产阶级国家。

（2）集中全部银行业务，一切实行国有化的大银行专属于一个中央国家银行。

（3）批发商业（货栈、谷仓、商店、存贷等）收归国有，交给苏维埃国家。

（4）对外贸易实行垄断。

（5）废除（取消）一切积欠国内外资本家的国债。

4. 所谓"意识形态生产"

（1）将印刷厂收归国有。

(2) 对报纸和出版事业实行垄断。
(3) 将大的电影企业、剧院等收归国有。

5. 住房问题

(1) 没收大房产。
(2) 将没收的房产交由地方苏维埃管理。
(3) 工人迁居到原资产阶级的住区。
(4) 将宫殿、巨大的公私建筑交给工人组织支配。

6. 工作日和工人管理经营

(1) 缩短工作日至 7 小时，在特别有害的生产部门在进一步缩减工作日的基础上调节工作日。
(2) 组织工人管理经济。建立国家管理机构，由工会积极参与这项管理事业。

在实行上述无产阶级专政的各项任务时，必须注意以下原则：
1. 在最发达的资本主义国家里，私有制原则已经深深植根于广大农民阶层之中，因此不能立即完全废除土地私有制和实行全部土地国有化。在这些国家里，只能逐步地、通过一系列过渡性措施实行全部土地国有化。生产的国有化一般不应涉及中小生产单位（农民、手工业者、匠人、中小商人等等）。因为：第一，取得政权的无产阶级，特别是在专政的最初阶段，还缺乏足够的组织力量，以便不仅摧毁资本主义，而且在社会主义的基础上组织中小个体生产单位的联系；第二，无产阶级不能不严格区分简单商品生产者的劳动所有制（这些生产者应该而且可以被逐步吸收到社会主义建设的轨道中来）和资本家剥削所有制（消灭这种所有制是任何社会主义建设的必要条件）之间的差别。

2. 不仅在小资产阶级占人口极大多数的殖民地、半殖民地和经济落后的国家里，而且在资本主义世界经济的中心（美国、德国以及一定程度上的英国），都有大量小生产单位存在，这就要求在发展的初期必须在一定范围内保存经济联系的市场形式、货币制度等等。经济成分的多样性（从社会化的大工业到小农经济和手工业者经济），与这些经济形式相适应的阶级和阶级集团的多样性以及不同的经济活动动机和利益，要求无产阶级的领导把社会主义大工业和简单商品生产者农民的小经济形式通过市场关系正确地结合起来。因此，分散的小农劳动在全国的经济中所占的比重愈大，市场关系的范围就愈广，而直接的计划领导的作用就愈小，整个经济计划也就越要根据自发形成的经济关系的预测来决定。相反，小经济的比重愈小，社会化劳动的成分愈大，集中化和社会化的生产资料愈多，市场关系的范围就愈小，计划的意义也就比自发势力强大，生产领域和分配领域的直接计划领导方法也就愈加显著、愈加广泛。

社会化大生产在技术上和经济上的优越性，一切最重要的经济命脉（重工业、运输业、大农场、银行等等）集中在无产阶级国家手里，有计划的经济领导，全部国家机器的强大力量（预算、税收、行政立法和一般立法），所有这些，只要无产阶级专政的政策执行得当，经常地和不断地排挤私人资本的残余以及与简单商品生产者经济的发展而产生的新的资本主义萌芽。另一方面，与此相联系，经常不断地通过合作化和集体经济形式的发展吸收农民经济的基本群众加入正在发展的社会主义的总体系中来。与市场关系相联系的，表面看来是资本主义的经营活动的方式和方法（价格计算、货币工资、买卖、信贷和银行等等），实际上起着社会主义变革的杠杆作用，因为它们在更大程度上在为彻底社会主义类型的企业服务，即为社会主义的经济成分服务。

这样，只要苏维埃国家实行正确政策，无产阶级专政下的市场关系在其发展的过程中就孕育着自身灭亡的前提；它们有助于排挤私人资本，把生产资料进一步集中和积聚在无产阶级国家手中，从而促进整个市场关系的消灭。

3. 由于可能发生的反对无产阶级专政的资本家的武装干涉和长期的反革命战争，可能出现实行军事共产主义的经济政策（"军事共产主义"）的必要性，这种政策不外是组织合理的消费，以便在国家的生产力遭到攻击、个体小生产者的生产刺激遭到破坏的情况下进行保卫（没收、征用等）。这种军事共产主义政策虽然摧毁工人阶级在国内的敌对阶层的物质基础，保证合理分配现有的储备，协助无产阶级的军事斗争，并在这些方面有其历史的论据，但是决不能看做是无产阶级专政的"正常的"经济政策。

无产阶级专政是无产阶级阶级斗争在新条件下的继续。无产阶级专政是一场顽强的斗争，是流血的和不流血的、暴力的和和平的、军事的和经济的、教育的和行政的斗争；它反对旧社会的各种力量和传统，反对国外的资本主义敌人，反对国内的剥削阶级残余，反对在尚未消灭的商品生产基础上产生的新资产阶级的萌芽。

在国内战争结束后，阶级斗争以新的形式继续在进行，首先是以旧经济方式的残余和社会主义经济形式之间的斗争展开，而斗争的形式在社会主义发展的不同阶段不断变化。

在无产阶级专政的初期阶段，无产阶级对国内各阶级和社会团体的政策遵循以下原则：

（1）**大资产阶级和地主**以及效忠于他们的部分军官、将军和高级官吏，他们是工人阶级的死敌，必须对他们作无情的斗争。利用其中一部分人是可以的，但必须在专政已经巩固、一切剥削者的阴谋和暴动彻底镇压之后。

（2）对待在资产阶级传统中成长起来的**技术知识分子**，无产阶级在最坚决镇压其中的一切反革命发动的同时，应当注意利用这批熟练的社会力量来进行社会主义建设的必要性。无产阶级在把社会主义的经济、技术和文化建设的蓝图向全社会展示的同时，应该不断地把技术知识分子争取到自己方面来，使他们处于无产阶级的思想影响下，保证他们在社会改造中紧密合作。

（3）在对待**农民**的关系上，共产党的任务是依靠农业无产阶级，把农村的一切被剥削劳动阶层争取到自己方面来。胜利了的无产阶级应当严格区分农民中的不同阶层并估计到他们各自所占的比重，竭力支持农民中贫苦的半无产者阶层，把地主的土地分一部分给他们，帮助他们同高利贷资本作斗争，等等。其次，无产阶级应当中立中农阶层，积极击溃与地主勾结的农村资产阶级的各种进攻。随着无产阶级专政的巩固和社会主义建设的发展，无产阶级应当从中立中农的政策转向同广大中农结成巩固联盟的政策，但决不采取分掌政权的立场。

（4）对于不断动摇于极端黑帮分子和无产阶级同情者之间的**城市小资产阶级**，也同样应该加以中立，并尽可能争取到无产阶级方面来。这就需要保持他们的小私有财产，给予一定的经济流转的自由，取消高利贷盘剥，等等。在实行无产阶级专政的所有这些任务时，群众组织首先是工人组织的任务和职能会急剧地改变。第一次有组织地团结和教育无产阶级广大阶层的群众性工人组织——工会（产业联合）在资本主义制度下是罢工斗争和反对托拉斯化资本及其国家的阶级斗争的主要武器。在无产阶级专政下，工会则变成这一专政的最重要杠杆，变成吸引广大无产阶级群众参加社会主义生产管理的共产主义学校。这样，工会就成为无产阶级经济组织的基本骨架，因为工会要把广大无产阶级群众吸引到建设工作中来，要把同在非无产阶级的阶级影响下和群众文化较低的影响下不可避免地产生的各种官僚主义歪风作斗争当做自己的一项特殊任务。

工人阶级的合作组织在资本主义条件下（尽管改良主义者对它寄予种种空想）只能起微不足道的作用，常常还由于资本主义制度的总的条件而成为资本主义的点缀品。在无产阶级专政条件下，它可能成为分配机构的及其重要的组成部分。

最后，农民的农业合作社（销售、购买、信贷、生产等合作社）在给予适当的领导并保证拥护无产阶级专政的劳动农民群众的影响下，可以成为联系城市和乡村的基本组织形式之一。农民经济的合作组织在资本主义条件下若能存在的话，多半势必成为资本主义的企业，因为它们依赖于资本主义的工业、资本主义的银行、资本主义的整个经济界。在无产阶级专政的条件下，它们是在完全不同的制度下发展的，它们依赖的是无产阶级的工业、无产阶级的银行等等。这样，在无产阶级实行正确的政策、有计划地进行反对资本主义成分的阶级斗争、依靠社会主义工业的领导下，农业合作社就会成为农村的社会主义改造、农村集体化的极重要的杠杆。

无产阶级通过多种形式的组织（首先是工会和苏维埃）来完成整个战斗任务和建设工作，这些组织应当实际成为苏维埃国家联系工人阶级各阶层广大群众的纽带；在这些工作中无产阶级将保证意志和行动的统一，并通过共产党的领导作用在无产阶级专政体系中实现这种统一。

无产阶级政党直接依靠工会和其他各种组织，包括工人群众，也包括农民在内的组织（苏维埃、合作社、共青团等等），并经由这些纽带领导整个苏维埃体系。只有在一切群众组织坚决支持苏维埃政权的条件下，只有在阶级意志的高度统一下，只有在党的领导下，无产阶级才可能完成自己作为新社会组织者的作用。

作为人类新社会组织者的这种作用，要求无产阶级本身文化上的成熟，要求无产阶级自身改造自己的本性，要求从无产阶级队伍中不断选拔能够掌握科学、技术和管理方面一切成就的一大批新干部，以建设社会主义社会和社会主义新文化。

工人阶级在消灭资本家阶级对生产资料的垄断的同时，还应当消灭资产阶级对教育的垄断，即掌握包括高等教育在内的整个学校系统。对于无产阶级来说，一项特别重要的任务就是从无产阶级中培养出生产方面的专家（工程师、技术员、组织人员、会计员等等）和科学、军事等方面的专家。

此外，还有一项任务就是提高无产阶级群众的一般文化水平及其政治教育水平，提高知识水平和技术成熟程度，养成从事社会工作和管理的技能，同资产阶级和小市民的偏见残余作斗争，等等。

在同资产阶级偏见和迷信进行斗争的任务中，同毒害人民的鸦片——宗教进行的斗争占着特殊重要的地位，这是一场必须有计划地、毫不懈怠地进行的斗争。无产阶级政权应当取消国家对宗教这个过去统治阶级和帝国主义集团代理人的任何援助，应当取消教会对国家举办的教育事业的任何干预并无情地镇压教会机构的反革命活动。与此同时，无产阶级政权允许信仰自由，但取消以前占统治地位的宗教的特权，并运用自己掌握的各种手段进行反宗教的宣传，根据科学的唯物主义世界观改造整个教育事业。

国际无产阶级革命是由许多不同时间、不同种类的过程组合而成的：纯粹的无产阶级革命，转变为无产阶级革命的资产阶级民主革命，民族解放战争，殖民地革命。只是到最后阶段，革命过程才导致世界无产阶级专政。

帝国主义时代日益尖锐的资本主义发展不平衡性，造成了资本主义类型的多样性，造成了不同国家内资本主义成熟程度的不同，造成了各国革命过程的不同的特殊条件。这些情况所造成的历史上必不可免的结果是：无产阶级夺取政权的途径和速度各不相同，在许多国家必须经过通向无产阶级专政的一定的过渡阶段，以及个别一些国家建设社会主义的形式有所不同。

个别一些国家向无产阶级专政过渡的不同条件和途径大致可以分为三种基本类型：

资本主义高度发达的国家（美国、德国、英国等）有着强大的生产力和高度集中的生产，那里小经济的作用比较微弱，资产阶级民主的政治制度建立已久。在这些国家里，政治方面的主要纲领要求是直接过渡到无产阶级专政。经济方面的最突出要求是：没收全部大生产，组织大量国营的苏维埃农场，相反，把少量土地分配给农民，容许较小范围内的自由市场关系，整个社会主义建设，特别是农民经济集体化的高速发展。

资本主义中等发展的国家（1917年前的俄国、波兰等等），在农业中还有较多的半封建关系的残余，具有为社会主义建设所必需的一定最低限度的物质前提，资产阶级民主改造尚未完成。这些国家可能出现资产阶级民主革命较为迅速地转变为社会主义革命的过程；这里可能出现民主要求在斗争过程中转变为工人革命的要求；这里土地革命起着比较重要的作用；无产阶级专政可能不会立即出现，而是在资产阶级民主革命转变为社会主义革命的过程中，也就是说，在工农民主专政向无产阶级社会主义专政的过程中出现；在没收大地产的过程中，被没收的一小部分土地将交给农民使用；市场关系的规模会很大；农民合作化并进而在生产上联合起来的任务，在社会主义建设的其他各项任务中占着重大地位。这种建设的速度相对说是缓慢的。

殖民地和半殖民地国家（中国、印度等），有一定的工业萌芽，有时工业还相当发达，但不能独立地进行社会主义建设；中世纪封建关系在国家的经济和政治上层建筑中还占据优势；最后，这些国家的最重要的工业、商业、银行、主要运输工具等等还集中在外国帝国主义集团手里。在这里,一方面反对封建主义和彻底实行农民的土地革命,另一方面是进行反对外国帝国主义、争取民族独立的斗争还具有关键性的意义。在这里,只有经过一系列的准备阶段,只有在经过资产阶级民主革命转变为社会主义革命的整个时期之后,才能过渡到无产阶级专政;而社会主义建设只有在无产阶级专政国家的支援下才能胜利地进行。

在发达的资本主义国家里无产阶级夺取政权的任务已提上日程、苏联的无产阶级专政这一具有世界意义的因素业已存在的当前时代里,由于世界资本的渗入而激起的殖民地和半殖民地国家的解放运动,有可能导致这些国家在无产阶级专政国家和整个国际无产阶级运动的帮助和支援下走向**社会主义**的发展,尽管孤立地来看这些国家的社会关系尚未成熟。

殖民地和半殖民地国家革命斗争的特殊条件,争取无产阶级和农民民主专政的斗争以及由这种专政转变为无产阶级专政的不可避免的长期性,加上一些起决定作用的民族因素,给这些国家的共产党提出了一系列特殊任务,这些任务的解决是无产阶级专政总任务的准备阶段。共产国际认为这些特殊任务中最主要的有以下几项:

(1)推翻封建主、地主官僚和外国帝国主义的政权。

(2)建立无产阶级和农民的民主专政。

(3)实现完全的民族独立和国家统一。

(4)将属于帝国主义者的大企业(工业、运输业、银行以及其他企业)收归国有。

(5)没收地主、教会和寺院的土地。一切土地国有化。

(6)实行八小时工作制。

(7)组织工农代表苏维埃。

从反对帝国主义的斗争和工人阶级夺取政权的角度来看,殖民地革命和民族解放运动起着重大的作用。在过渡时期，殖民地和半殖民地之所以具有重大意义，还因为它们对于世界**城市**的工业国来说起着世界**乡村**的作用，而组织社会主义的世界经济问题也就是如何对待以前帝国主义殖民地的问题。因此，同殖民地劳动群众结成兄弟般的战斗联盟乃是世界工业无产阶级的主要任务之一。

由此可见，世界革命的进程一方面唤起宗主国工人投入争取无产阶级专政的斗争的同时，也唤起亿万殖民地工人群众投入反对外国帝国主义的斗争。由于以苏维埃共和国及其日益增长的经济实力为代表的社会主义中心的存在，摆脱帝国主义羁绊的殖民地在经济上将向世界社会主义的工业基地接近并逐渐联合起来，经过进一步发展资本主义作为占统治地位的制度的阶段走上社会主义建设的轨道，从而获得经济和文化的迅速发展。原先落后的殖民地的农民苏维埃和原先较发达的殖民地的工农苏维埃围绕着无产阶级专政的中心从政治上团结起来，加入日益发展的苏维埃共和国联邦的统一体系，从而加入世界无产阶级专政的体系。作为新的生产方式的社会主义的发展将获得世界性的规模。

五、苏联的无产阶级专政和国际社会主义革命

世界经济分裂为资本主义国家和建设社会主义的国家，是资本主义制度的深刻危机的基本表现。因此，苏联无产阶级专政的内部巩固，社会主义建设取得的成就，苏联在无产阶级群众和殖民地被压迫民族中的影响和威信的增长，都意味着国际社会主义的继续、壮大和扩展。

苏维埃共和国的工人在国内不仅拥有足以推翻地主和资产阶级、而且足以建设完全社会主义的一切必要的和足够的物质前提。他们在国际无产阶级的援助下，英勇地击退了国内外反革命武装的进攻，巩固了自己同基本农民群众的联盟，并在社会主义建设中取得了巨大成就。

无产阶级社会主义工业与小经济联系的正确形式，保证了农业经济生产力的增长和社会主义工业的主导作用；这种工业与农业经济的增长代替了寄生阶级非生产性消费的资本主义服务；生产不是为了追求资本主义利润，而是为了在群众消费迅速增长的条件下满足这种消费——归根到底大大刺激整个生产过程；最后，经济命脉的高度集中在无产阶级国家手里，计划领导因素的日益增长以及与此相联系的节约和生产资料的合理分配——所有这一切使得无产阶级有可能在社会主义建设的道路上迅速迈进。

苏联的无产阶级提高了整个国民经济的生产力，坚持以超过资本主义国家的速度发展大工业的同时，不顾资本主义大国的金融和经济的封锁，不断提高国民经济的社会化（社会主义的）成分的比重，无论从全国生产资料的份额还是从总的生产量和流转量的份额上说都是这样。

这样，国家社会主义工业、运输业和银行系统，通过国营贸易和迅速发展的合作社，日渐把小农经济和最小农经济领导起来。

特别在农业方面，生产力的提高是在限制农民分化的条件下实现的（土地国有化，从而禁止买卖土地，实行高额累进税制，对贫农和中农的合作社和生产组织给以经济援助，制定雇佣劳动的法律，剥夺富农的若干政治权利和社会权利，等等）。但是，当社会主义工业生产力的发展还没有发展到能够广泛地为农业奠定新的技术基础，从而迅速地把农民经济的生产联合组织结合成为大型的公共经济（集体农庄）的地步时，富农在一定程度上会有所抬头，他们同所谓的"新资产阶级"分子建立起经济上的、然后是政治上的联盟。

苏联的无产阶级掌握了具有决定性意义的经济命脉，不断地消灭城市私人经济的残余（在"新经济政策"后期，城市私人经济的比重已急剧下降），用一切办法限制在商品货币关系基础上成长起来的农村剥削者阶层，吸引农村中简单商品生产者的基本群众加入统一的苏维埃经济组织体系，从而通过迅速发展的合作化吸引他们参加社会主义建设事业（在无产阶级专政和社会主义工业占经济领导地位的条件下，合作化等于是发展社会主义），从恢复时期过渡到国内全部生产技术基础的扩大再生产，这时便向自己提出并且已着手执行一项大规模的基本建设任务（生产资料的生产，特别是着重于重工业和电气化），并且除进一步发展销售、收购和信用合作社以外，还要在集体化的基础上直接组织农民生产合作社。

这样，社会主义已经成为决定性的经济力量，基本上决定苏联经济的整个发展过程，从而社会主义在自己的发展中继续迈出巨大的步伐。

由于工业设备必须更新，大规模的基本建设必须进行，这就不能不引起社会主义发展道路上的一系列巨大困难，这些困难归根到底是由于国家经济技术的落后以及在帝国主义战争和国内战争年代里国家遭到破坏而产生的。但是尽管如此，工人阶级和广大劳动群众的生活水平在不断提高，并且在对工业实行社会主义的合理化措施和进行科学组织的同时，逐步推行七小时工作制。

在苏联经济发展和社会主义成分的比重不断提高的基础上，工人阶级在久经革命斗争锻炼的共产党领导下团结一致，依靠贫农，与中农结成巩固的联盟，吸收越来越广泛的千百万劳动群众投入社会主义建设事业。这方面采取的措施是：发展广大的群众性组织（党，工会，共青团，各种合作组织，女工和农妇组织，各种所谓的"志愿社团"，工农通讯组织，体育、科学和文化教育组织），用一切方法鼓励群众的主动精神，不断地提拔大批工人担任各种经营管理的领导职务。不断地吸收群众参加社会主义建设，经常地用一批又一批无产者出身的工作人员来刷新整个国家经济机构、工会机构和党的机构，有计划地通过高等院校和专门训练班等从工人特别是年轻工人当中培养出各个建设部门的新的社会主义干部，这就是防止直接担任管理工作的无产阶级干部产生官僚主义顽固作风或社会腐败现象的主要保障之一。

苏联的无产阶级专政粉碎了俄国帝国主义，解放了过去在沙俄帝国统治下的一切殖民地和被压迫民族，通过这些地区的工业化，不断地为这些民族的文化政治发展奠定了牢固的基础，在苏联的国家宪法中确定了自治州、自治共和国和加盟共和国的法律地位，并充分实现了民族自决权，这样，苏联的无产阶级专政就保证了苏联各民族不仅在形式上而且在事实上的平等。

苏联是一个实行无产阶级专政和建设社会主义的国家，是工人阶级取得伟大胜利的国家，是工农联盟的国家，是在马克思主义旗帜下发展着新文化的国家，因此它就必然要成为一切被压迫阶级开展世界运动的基地，成为国际革命的发源地和世界历史的最伟大的因素。

世界无产阶级在苏联第一次找到了真正的祖国，对于殖民地运动来说，苏联是具有巨大吸引力的中心。

这样，在资本主义总危机的条件下，苏联之所以成为一个最重要的因素，这不仅是因为它脱离了世界资本主义体系，奠定了新的社会主义经济体系的基础，而且是因为它起着无比巨大的革命作用，它是无产阶级革命国际动力的作用，推动着各国无产者夺取政权；它是一个活生生的例子，说明工人阶级不但能摧毁资本主义，而且能够建设社会主义；它是一个典型的范例，表明取得政权的世界无产阶级应该如何在世界苏维埃社会主义共和国联盟中建立起各国各民族的兄弟关系，应该如何在统一的社会主义世界经济中建立起各国劳动者的经济联合组织。

两个经济体系——苏联的社会主义体系和其他国家的资本主义体系的同时存在，向无产阶级国家提出了击退资本主义世界的进攻（抵制、封锁等等），同时采取经济上的灵活政策和利用同资本主义国家的经济联系（通过对外贸易垄断组织、信贷、借款、租让以及所谓"技术援助"等形式）的任务。在这方面，主要的和基本的路线应该是与外国保持尽量广泛的联系，但这种联系只能以有利苏联为限，即首先要加强苏联本身的工业，能为本国的重工业和电气化以及社会主义机器制造业奠定基础。只有当苏联经济能够在资本主义包围的条件下保住这种独立性的时候，才能充分保证苏联的社会主义建设不致遭到破坏，不致使苏联变为世界资本主义体系的附庸。

另一方面，资本主义国家尽管觊觎苏联的市场，却经常彷徨于获取贸易利益和惧怕苏联壮大两者之间，因为苏联的壮大意味着国际革命的壮大。但是，帝国主义大国政策中主要的和基本的意图是包围苏联并对之发动反革命战争，以期扼杀苏联，建立全世界的资产阶级恐怖制度。

然而，帝国主义想要在政治上包围苏联的这种一贯企图以及日益增长的发动军事进攻的危险性，并不能阻止作为共产国际的支部并领导着苏联无产阶级专政的联共（布）履行其国际义务，支持一切被压迫人民，支持各资本主义国家的工人运动，支持殖民地人民的反帝运动，支持反对任何形式的民族压迫的斗争。

苏联是国际无产阶级的唯一祖国，是取得各项成就的最重要支柱和获得国际解放的最主要因素，因此它有义务促进苏联社会主义建设的胜利，并千方百计来保卫苏联，使其不受资本主义大国侵犯。

"目前的世界政治形势把无产阶级专政提上了日程，世界政治中的一切事变都必然围绕着一个中心点，就是围绕世界资产阶级反对俄罗斯苏维埃共和国的斗争。而俄罗斯苏维埃共和国必然是一方面团结各国先进工人的苏维埃运动，另一方面团结殖民地和被压迫民族的一切民族解放运动。"①

如果帝国主义国家侵犯苏联并对它发动战争，国际无产阶级的回答应该是：在无产阶级专政和联合苏联的口号下，开展最英勇和坚决的群

---

① 《列宁全集》中文第2版第39卷第161—162页。——编者注

众运动，为推翻帝国主义政府而斗争。

在各殖民地，特别是在向苏联进攻的帝国主义国家的殖民地，必须利用帝国主义兵力分散的时机，尽最大努力开展反帝斗争，并采取革命发动来推翻帝国主义统治，争取完全独立。

苏联社会主义的发展及其国际影响的增长不仅招致资本主义大国及其社会民主党走卒对它的仇恨，而且也唤起全世界广大劳动群众对它的莫大同情，使各国被压迫阶级都准备在帝国主义一旦发动进攻时起来为保卫无产阶级专政国家而斗争。

由此可见，现时世界经济中矛盾的增长，资本主义总危机的发展，帝国主义对苏联的武装进攻，都必然会引起强大的革命风暴。这种革命风暴势必在许多所谓文明国家中把资本主义埋葬，在殖民地开展胜利的革命斗争，使无产阶级专政的基础大为扩大，从而向社会主义在世界上的最终胜利迈进一大步。

六、共产国际的战略和策略

（通向无产阶级专政的道路）

共产主义作为工人运动中的一种革命派别是革命马克思列宁主义的唯一代表，它与工人阶级内部的其他各种派别是对立的。

无政府主义，它的最著名代表（克鲁泡特金、让·格拉弗、科内利森等）在1914—1918年的大战期间背叛变节，投靠了帝国主义资产阶级，否认无产阶级有必要建立广泛的、集中的和有纪律的组织，从而使得无产阶级在强大的资本组织面前束手无策。它宣扬个人恐怖，认为无产阶级无须采取群众组织和群众斗争的方法。无政府主义为了追求抽象的"自由"而否定无产阶级专政，剥夺无产阶级用以反对资产阶级及其军队和一切镇压机关的最主要和最锐利的武器。无政府主义根本不想在最重要的无产阶级斗争中心组织群众运动，并越来越成为一个宗派；从这个宗派的整个策略和全部行动，其中包括反对苏联工人阶级专政的行动来看，它客观上已成为反革命势力统一战线的一员。

"革命的"工团主义，它的许多思想家（阿尔图罗·拉布廖拉、茹奥等）在战争最紧张的时期投向法西斯式"反议会"的反革命阵营，它和无政府主义一样，否定政治斗争（包括议会斗争）和无产阶级的革命专政，在工人运动，特别是工会运动中鼓吹行会分散主义，否定无产阶级政党，否定起义的必要性和过高估计总罢工的意义（采取"放任的策略"），因此，凡是在它影响所及的地方，阻挠工人群众的革命化。由于它对苏联进行攻击，否定无产阶级专政，使它在这一点上与社会民主党同流合污。

"结构社会主义"（麦克唐纳之流），继承着费边社自由博爱主义的资产阶级反革命传统（韦伯夫妇、肖伯纳等等）。它根本反对无产阶级专政和一切"暴力手段"。"结构社会主义"主张议会"夺取政权，宣布阶级斗争是'非科学的'概念"，宣扬通过赎买实行温和的国有化纲领，实行地租税遗产税和超额利润税作为消灭资本主义的手段。"结构社会主义"坚决反对苏联的无产阶级专政，与资产阶级完全联合一致而成为无产阶级共产主义运动和殖民地革命的死敌。

所谓的**"基尔特社会主义"**（彭蒂、奥拉西、霍布森、科尔）的出发点是要求取消"工资制"，认为这是一种"不道德的"制度。大多数基尔特社会主义者都坚决反对革命。基尔特社会主义回避关于政权的最重要问题，企图把工人按职业"基尔特"（工会）联合起来，相互联系，并通过和平途径把这种组织变成在资产阶级国家范围内监督和管理生产的组织，从而使资产阶级国家违背自己帝国主义的本质起到"消费者"利益的超阶级代表的作用。大多数基尔特社会主义者都否定议会制，同时也否定"直接行动"，使工人阶级处于无所作为和消极状态之中。因此，它就是一种工联主义的空想机会主义，而这种东西不可能不起着反革命的作用。

所有这些派别都与**社会民主主义**相一致，在基本的政治问题上，即无产阶级专政问题上都是无产阶级革命的主要敌人。因此，它们都在不同程度上坚决地同社会民主党站在一条战线上反对苏联。另一方面，彻头彻尾背叛马克思主义的社会民主党也日益倚重于费边主义、结构性社会主义者和基尔特社会主义者的思想体系。这些派别已成为第二国际资产阶级"社会主义"的正式的自由改良主义思想体系。

在殖民地国家，共产主义还遇到了工人运动中的一些特殊派别的影响，这些派别在一定的发展阶段上曾经起过相当很大程度的作用，但在新的发展阶段上则变成了保守力量。

孙文主义作为小资产阶级"社会主义"的意识形态在中国革命的初始阶段起过很大的积极作用。但是由于国内的阶级分化和中国革命的进一步发展，孙文主义由于抹杀阶级斗争、由于"民主的"和"超阶级"的解释社会主义而变成了阻碍革命的保守力量。

像印度**甘地主义**这样一些派别都充满着宗教观念，宣扬消极无为和否定阶级斗争，所以在革命发展过程中已变成公开的反动力量，这应当是共产主义展开坚决斗争的对象。

共产主义不同于所有这些派别，首先是不同于社会民主党之处，在于共产主义是完全根据马克思恩格斯的学说，在理论上和实践中为**无产阶级专政**而进行斗争。

共产国际为争取无产阶级专政而进行胜利斗争的前提，是在每个国家都有一个团结一致的、在斗争中锻炼出来的、有纪律的、集中的、与群众保持密切联系的共产党。

党是工人阶级的先锋队，是由工人阶级中最优秀、最有觉悟、最积极和最勇敢的成员组成的。它体现了整个无产阶级斗争的全部经验。党根据马克思主义的革命理论，代表整个阶级的共同利益和长远利益，体现出无产阶级原则、无产阶级意志、无产阶级革命行动的统一。它是一个由铁的纪律和最严格的革命民主集中制结合而成的组织，它之所以能够做到这一点，是由于无产阶级先锋队有高度的觉悟和忠于革命事业、善于与无产阶级群众保持紧密的联系，有在群众本身的经验中经受考验和证明的正确的政治领导。

为了解决建立无产阶级专政的历史任务，共产党必须首先提出和实现以下**战略目标**：

争取本阶级的大多数成员，包括女工和青工，使之处于自己的影响之下；争取广泛的劳动群众（城乡贫民、下层知识分子，即所谓"小市民"等小资产阶层）使之处于自己的影响之下，从而实现无产阶级的政治领导，共产党的领导；揭穿、揭露和消灭社会民主党和黄色工会官僚的政治影响，因为它们是资本主义最牢固的基础；争取无产阶级广大群众组织（工会、合作社、工厂委员会、苏维埃等）使之处于自己的影响之下。

争取工会这样一些无产阶级最广泛的和群众性的组织的工作具有特别重要的意义。甚至在反动工会中进行工作并善于争取群众，更换改良主义领导人并"撤销其职务"，也是准备时期的极重要任务之一。

争取广大贫民阶层和中立中农阶层也具有重大的意义。在阶级力量准备进行决定性冲突时，无产阶级和资产阶级争取广大农民阶层的斗争占有极重要的地位。因此，农民中的工作，争取其贫困阶层（无产者和半无产者），争取小农，使其处于无产阶级的思想政治领导下，从而使无产阶级成为全体人民利益的体现者和广大群众的领导者，并在他们反对金融资本的斗争中成为共产党胜利夺取政权道路上的必要前提。

党在确定自己的策略方针时，必须估计到国内外的具体形势，阶级力量的对比，资本主义稳固的程度，无产阶级准备的程度，中间阶层的立场，等等。党应该根据这些情况来确定自己斗争的口号和方法。党应该在当时形成的革命形势下提出一些过渡性口号和根据具体形势决定的一些局部性要求，使之服从于夺取政权和推翻资产阶级资本主义社会的革命目的。脱离工人阶级日常需要和日常斗争，以及用这些日常需要和日常斗争来限制党的活动，都是不能容许的。党的任务是从这些需要出发，领导工人阶级进行**夺取政权的**革命斗争。

在革命高潮中，当统治阶级已经瓦解、群众已在进行革命酝酿、中间阶层已转向无产阶级方面、群众已决心进行发动并准备牺牲时，无产阶级政党面临的任务就是领导群众向资产阶级国家展开革命进攻。为此就要宣传日益尖锐的过渡口号（苏维埃的口号、工人监督生产的口号、成立农民委员会夺取地主土地的口号等），组织群众发动，而党的一切宣传鼓动领域（包括议会活动）都必须服从于这种发动。这里包括罢工、罢工兼示威游行、罢工兼武装示威，最后总罢工并举行反对资产阶级国家政权的武装起义。这种斗争要依据军事艺术的准则，要以军事计划、战役的进攻性质、无产阶级的忠诚和英勇为前提。采取这类发动的前提条件是建立广大群众的战斗联合组织，其形式就是吸引最广泛的劳动群众参加运动（工农代表苏维埃、士兵委员会等），并在陆海军中加强进行革命工作。

在实行这些任务并过渡到新的更尖锐的口号时，必须遵循列宁主义政治策略的基本准则，要求善于引导群众走上革命的道路，使他们根据自己的经验相信党的路线的正确。

违背这一准则就必然会导致脱离群众，走向盲动主义，使共产主义从思想上蜕化为"左"的教条主义和小资产阶级"极左"冒险主义，对此必须进行坚决的斗争，如同对共产主义中的右派社会民主党进行坚决斗争一样。

在没有革命高潮的情况下，共产党应该从劳动者的日常需要出发，提出局部的口号和要求并加以发展，使之与共产国际的根本任务相结合。拒绝提出局部要求和过渡口号，是跟共产主义的策略原则不相容的，因为这样实际上使党处于消极地位和脱离群众。在这里，统一战线的策略是整个革命前时期共产党策略的极重要组成部分。

以下是局部要求和口号的几个方面：

在狭义的**工人问题**方面，经济斗争问题（反对托拉斯化资本的进攻、工资问题、工作日问题、强制性仲裁法庭问题和失业问题）转而成为总的政治性斗争问题（重大的工业冲突，结社和罢工权利，工会的政治权利）。

其次是具有直接政治性的问题（捐税、物价高涨、法西斯主义、对革命政党的迫害、白色恐怖、政府现行的一般政策）。

最后，与这些问题相联系的世界政策问题：对苏联和殖民地革命的态度，为国际工会运动的统一而进行斗争，给帝国主义的反击，同军事危险作斗争以及**有计划地准备进行反对帝国主义战争的斗争**。

在**农民问题**方面，这种局部要求就是：税收政策和农民抵押债务的问题，与高利贷资本的斗争和少地农民土地需求的问题，以及地租和对分制等等方面的问题。共产党应该从这些局部要求出发，提出相应的口号，并把它概括成为没收大地主土地和建立工农政府的口号，等等。

同样，必须经常在无产阶级和农民**青年**中，在**女工**和**农妇**中进行工作，从他们生活和斗争的特殊条件出发，把他们的要求同无产阶级的一般要求和战斗口号结合起来。

在**殖民地**和**半殖民地**，无产阶级起着相当重要的作用，在那里，资产阶级不是已经转向公开的反革命阵营，就是因为工农群众运动的展开而正在转向反革命阵营，共产党必须坚持无产阶级拥有领导权的方针，坚持工人阶级和农民专政（然后转向工人阶级专政）的方针。在这类国家里，共产党应该集中主要的注意力来建立无产阶级的广泛的群众性组织（工会）和革命的农民委员会，制定与工人阶级直接有关的要求和口号，宣传无产阶级作为一个阶级的独立性。它对资产阶级的根本敌对性，而这种敌对性决不由于与资产阶级临时结盟而消除，大力发展并使群众具有工人阶级拥有领导权的思想，并在适当的时候实行成立工农代表苏维埃组织的口号。

根据无产阶级革命和殖民地反帝斗争的共同利益，共产国际各支部应当遵循以下原则：

在**帝国主义**国家，必须经常不断地支援殖民地的革命解放运动；首先，与压迫民族在殖民和金融关系上有关的国家的工人有义务对其进行积极的援助（开展从殖民地召回帝国主义军队的运动，在军队中宣传保卫争取解放的被压迫民族，抵制运送军队和武器，组织罢工和其他形式的抗议活动），承认殖民地的分立权，即宣传殖民地有权脱离帝国主义国家，承认武装保卫不受帝国主义者侵犯（即进行起义和革命战争），通过各种手段进行宣传和积极支援。

在**殖民地**和半**殖民地国家**本身，共产党应该进行最勇敢和坚持不懈的斗争，来反对外国帝国主义，并不断地宣传同帝国主义国家的无产阶级亲善和结盟的思想，公开提出、宣传和实行土地革命的口号，唤起广大农民群众来推翻地主的压迫，并同反动的和中世纪的宗教迷信等影响进行斗争。同时，必须建立工农的独立组织，摆脱民族资产阶级的影响，只有当它不再阻挠工农革命组织并进行反对帝国主义的实际斗争时才能同它达成临时的协议。

在所谓的"文明国家"里，在无产阶级专政的旗帜下进行反对帝国主义革命的时候，共产国际支持不仅殖民地而且在形式上独立国家（如拉丁美洲）里的任何反对帝国主义压迫的运动，进行反对各种沙文主义和对大大小小被奴役种族的帝国主义蔑视的宣传（如对黑人和

"黄奴"等等），并支持这些种族反对压迫民族的资产阶级的斗争。共产国际特别要坚定不移地反对大国民族中的沙文主义，反对帝国主义资产阶级和社会民主党走狗第二国际所宣扬的沙文主义，经常不断地把帝国主义资产阶级的实际行为同苏联实行平等民族友好关系的实际行为相对比。

共产国际应当特别注意时刻准备同**帝国主义战争**危险进行斗争。无情地揭露社会沙文主义、社会帝国主义以及掩盖资产阶级帝国主义计谋的和平主义空话，宣传共产国际的基本口号，开展各方面的日常组织工作，同时把合法的和不合法的两种工作方式结合起来——这就是各国共产党应当进行的活动。共产国际的基本口号应该是：变帝国主义战争为国内战争；使"本国"的帝国主义政府失败；在帝国主义对苏联和殖民地发动战争时，用一切方法保卫它们。宣传这些口号，揭露"社会主义"的种种诡辩和国际联盟的"社会主义"假面具，永远记取1914年战争的教训——这是共产国际各支部和每个成员的必尽职责。

为了使革命工作和革命发动互相配合，为了对其进行最有效的领导，国际无产阶级必须有国际的阶级纪律，这种纪律首先必须在各国共产党的队伍内得到遵守。这个国际共产主义纪律应当表现为运动的局部利益和地方利益服从于运动的共同利益和长远利益，表现为无条件执行共产国际领导机构的一切决议。

社会民主党第二国际的每一个党服从"本国的"资产阶级及其"祖国的"纪律，与此相反，共产国际各支部则只有一个纪律，即保证各国工人为争取世界无产阶级专政而进行胜利的斗争的国际无产阶级的纪律。

"共产党人不屑于隐瞒自己的观点和意图。他们公开宣布：他们的目的只有用暴力推翻全部现存的社会制度才能达到。让统治阶级在共产主义革命面前发抖吧。无产者在这个革命中失去的只是锁链。他们获得的将是整个世界。

全世界无产者，联合起来！"①

---

① 见《马克思恩格斯文集》第 2 卷第 66 页。——编者注

图书在版编目（CIP）数据

共产国际第六次代表大会文献（2）/戴隆斌主编.
—北京：中央编译出版社，2013.12
（国际共产主义运动历史文献/王学东主编；46）
ISBN 978－7－5117－1951－5

Ⅰ．①共⋯
Ⅱ．①戴⋯
Ⅲ．①共产国际－代表会议－会议文献
Ⅳ．①D165

中国版本图书馆 CIP 数据核字（2013）第 290359 号

共产国际第六次代表大会文献（2）

出 版 人：	刘明清
出版统筹：	薛晓源
责任编辑：	苗永姝
责任印制：	尹　珺
装帧设计：	田晗工作室
出版发行：	中央编译出版社
地　　址：	北京西城区车公庄大街乙 5 号鸿儒大厦 B 座（100044）
电　　话：	（010）52612345（总编室）　（010）52612335（编辑室）
	（010）52612316（发行部）　（010）52612315（网络销售）
	（010）52612346（馆配部）　（010）66509618（读者服务部）
传　　真：	（010）66515838
经　　销：	全国新华书店
印　　刷：	北京印刷一厂
开　　本：	787 毫米 ×960 毫米　1/16
字　　数：	585 千字
印　　张：	45.25
版　　次：	2013 年 12 月第 1 版第 1 次印刷
定　　价：	260.00 元

网　　址：	www.cctphome.com	邮　箱：	cctp@cctphome.com
新浪微博：@中央编译出版社		微　信：	中央编译出版社（ID：cctphome）

本社常年法律顾问：北京市吴栾赵阎律师事务所律师　闫军　梁勤
凡有印装质量问题，本社负责调换，电话：（010）66509618